FUDAN UNIVERSITY 1905

复旦大学企业发展与管理创新研究中心
上海市人民政府决策咨询研究基地芮明杰工作室
上海市社会科学创新研究基地（产业结构调整）
上海市产业发展研究和评估中心

2018
中国产业发展年度分析报告
——多边贸易的视角

芮明杰　王小沙　主编

上海财经大学出版社

本书编委会

前　言

一

本报告是从多边贸易的视角对 2017 年第四季度至 2018 年前三季度中国产业发展状况进行分析的报告。2018 年度是我国经济与产业发展遇到重大挑战的年度，一方面，由于国际贸易保护主义抬头，中美贸易从摩擦升级为关税战争，引发全球经济波动乃至下行，令投资者对风险的担忧加剧，也使中美两国产业发展受到相当大的影响；另一方面，我国国民经济增长也出现了下行的压力，稳增长、调结构依然是 2018 年度经济工作的中心。从 2017 年第四季度至 2018 年前三季度来看，我国经济增长速度总体放缓，2017 年全年全国国内生产总值为 827 121.7 亿元，比上年增长 6.9%，其中，第四季度国内生产总值为 234 582.2 亿元，比上年同期增长 6.8%。2018 年前三季度，国内生产总值为 650 898.8 亿元，按可比价格计算，同比增长 6.7%，增速比上年同期降低 0.2 个百分点。加上第四季度，2018 年国内生产总值为 90.03 万亿元，比 2017 年增长 6.6%。

产业发展实为经济发展的核心，产业体系实为供给体系，产能过剩实为供给过剩，分析 2018 年我国产业中的传统产业与新兴产业发展和四大地区产业结构的状况，可以发现国民经济的供给一侧有许多严峻的问题，但也有新的增长力量在成长，产业的国际竞争力有所提升。然而，中美贸易摩擦与“中兴”事件的爆发，使国人充分认识到我国产业体系与产业结构方面存在的短板，充分认识到我国许多产业并未掌握产业的核心技术，尚处在产业价值链的低端。尽管这些年我国经济的对外依存度不断下降，但中国的产业体系已经融入全球产业分工体系之中，全球多边贸易体系出现各种复杂问题，必然对开放的中国经济、中国产业发展与结构调整产生影响，问题是从中长期看这样的影响究竟有多深，面有多大。

根据赫克歇尔一俄林理论，相对丰裕的要素禀赋可以在一定的组织下形成相应的产业体系，而产业体系所形成的产出，最终会成为整个社会的总供给，其中，出口品通过出口贸易实现，而国内稀缺要素由于无法形成相应的产业，对应的需求则通过进口来实现。所以H-O理论其实强调了各个国家和地区的不同要素禀赋、不同商品的不同生产函数对贸易产生的决定性作用。

从图1可见，全球经济一体化与自由的多边贸易对一个国家的产业体系有较为重要的影响。从产品与服务的出口来看，国内的产品与服务进入了全球市场，进而可以逐步进入全球的分工体系中。此时，这些产品与服务市场的边界不断扩大，促进该产业的扩张与发展。从进口的产品与服务来看，这些进口的产品与服务可以在一定程度上改变一个国家的要素禀赋，丰富原先稀缺的要素，补充国内产业与产业体系的不足，带动知识或者技术的外溢效应，进而促进国内产业与产业体系的动态调整，最终提升产业与产业体系的国际竞争力。理论是如此，实践也是如此。

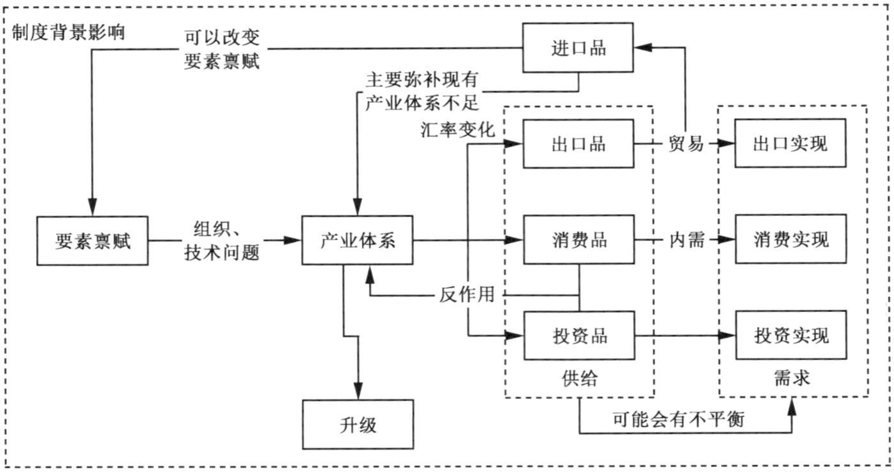

图1 多边贸易对产业发展分析的框架

1978年至今的四十年，我国经济与产业发展取得的巨大成绩，为世人所公认，究其原因是对内深化体制改革，激发动力机制；对外扩大开放，加入全球经济与产业分工体系。

二

全球化的贸易带动中国相关产业的发展，也促使中国快速成长为世界第二大经济体，但是全球贸易体系存在变革的风险，给我国的产业发展带来挑战。可以看到，在中国加入多边经济体系之后，对外贸易和产业体系均实现了快速增长，入世仅十年时间内，中国就已经成为世界第二大经济体，对外贸易总额在世界上已经达到第一。同时，在不同阶段，贸易的品类和国内产业发展的结构具有较强的相关性，产业结构也随着贸易的扩大而不断升级，因而多边贸易是中国产业体系发展的重要驱动力之一。但是多边贸易结构也在不断变化中，随着金融危机后全球经济的放缓，各国的贸易保护主义逐渐有抬头的趋势，世界的贸易体系规则可能将面临变革与挑战，这些全球贸易不确定性的增加给中国未来对外贸易以及产业发展带来了新的挑战和机遇。通过深入分析，我们得到2018年度产业发展的主要结论为：

1. 宏观经济发展面临挑战，产业发展的结构性问题有所改善

2018年度，经济总量增速放缓，市场信心不足；通胀压力开始显现，赋税压力加剧，贫富差距扩大。供给和需求方面，总产出中的工业增加值、出口总额同比放缓；需求端中的消费品零售总额增长高速，投资放缓，出口下降。新旧产业体系转换进展之中，受全球贸易摩擦的影响加大。分行业看，2018年度农业发展保持平稳；工业中的传统制造业增速低，新兴制造业投资增速上行；服务业增加值同比高企，由铁路运输业、文娱教育领跑上涨。贸易方面，近期我国对外贸易对产业发展的总体影响加大，进出口总值占比上升。

传统产业近年来发展整体平稳，进出口总额增速趋缓，其中，出口以纺织品为主、进口以矿产品为主，"一带一路"国家或地区进出口快速提升，进出口贸易对传统产业发展的支撑作用逐步减弱。从传统产业发展情况来看，传统农业发展总体平稳、增速趋缓，传统制造业发展整体趋缓、总量趋于停滞，传统服务业发展趋缓企稳。同时，传统产业发

展面临着产能过剩、发展动力不足等问题，其深层原因在于政府干预下的资源错配、外需较小导致的需求不足、自主创新投入不足、制度创新相对滞后等。

新兴产业近年来发展态势良好，进出口总额快速提升后趋于平稳，其中，出口以计算机与通信技术产业为主、进口以电子技术产业为主，国际市场主要集中在美、日、韩等国，进出口贸易对新兴产业的发展起到支撑作用，但国际贸易摩擦从供需两端对新兴产业发展产生影响。从新兴产业发展情况来看，现代农业发展突出，新型制造业保持较快增长，新兴服务业拉动作用增强。同时，新兴产业发展面临着国际市场拓展能力不足、产业创新能力不足、技术受制于人、产业协同发展能力弱等问题。

2. 多边贸易结构性问题尚未得到有效缓解，产业的核心技术、关键部件的依赖性很大

长期以来，我国进出口贸易存在对欧美等国依赖大、出口以中低端的低附加值产品为主、加工贸易的整体规模较大等结构性问题，这些问题虽然在近期有所减轻，但依然没有得到根本缓解，原因是我国目前的产业体系、核心技术、核心产品与服务使然。目前，处在价值链中低端的行业仍然占进出口贸易总额的主要位置，例如，作为出口重点产品之一的机电产品，其产品构成依然是传统的中低端产品，处在价值链的较低位置，附加值不高，技术水平远远达不到国际领先水平。而许多高新技术产品、部件、技术是主要的进口品种，如半导体芯片全年进口额高达2 600亿美元。此外，我国的服务贸易虽然近期有所增加，但总体而言数量有限，并且以服务进口为主，服务出口较少，长期处于逆差状态，在进口的服务中也以旅游、留学、运输等传统服务业务为主，新兴服务业的进出口有待发展。

从传统产业进出口贸易来看，传统产业进出口总额快速上升后逐步趋缓、贸易顺差逐步收窄；纺织原料及纺织制品在传统产业出口中占绝对主导地位，其他杂项制品出口额快速增长，而矿产品在传统产业进口中独领风骚，纺织原料和纺织制品进口额小幅增长后趋于下降；传统产业进出口贸易市场中美国、欧盟进出口平缓增长，日本的进出口趋于停滞，而"一带一路"沿线国家或地区进出口快速上升；同时，出口贸易拉动传统产业

的快速增长，对传统产业的发展起到支撑作用，但传统产业对出口的依赖度逐步下降。进出口贸易对传统产业发展的影响主要体现在：促进我国产业发展融入全球产业分工体系中，通过扩大市场需求推动我国传统产业发展。然而，传统产业国际贸易壁垒渐增，对我国传统产业的发展产生较大的影响，主要体现为加剧传统产业产能过剩。

从新兴产业进出口贸易来看，新兴产业进出口总额快速扩张后趋于平稳、贸易顺差趋于减小；计算机与通信技术产业出口额大幅提升，在新兴产业出口中占绝对主导地位，而以集成电路为代表的电子技术产业进口规模最大，并保持急速扩张的态势；高技术产品出口市场主要分布在中国香港、美国、韩国、日本和荷兰，进口市场主要分布在韩国、中国台湾、美国、日本和马来西亚，而“一带一路”国家或地区新兴产业进出口缓慢提升；同时，进出口贸易对新兴产业发展产生支撑作用，主要体现在出口贸易对新兴产业发展的拉动作用、以集成电路为代表的新兴产业进口弥补国内产业体系的不足、技术贸易进口成为我国新兴技术产业快速发展的基石等方面。进出口贸易对新兴产业发展的影响主要体现在促进人才、技术等新兴生产要素积累、促进新兴产业技术进步、促进高技术产业规模扩张等方面，同时以中美贸易摩擦为代表的国际贸易摩擦日益加剧，从供给与需求两方面对我国新兴产业的发展产生影响。

3. 地区经济增长不均衡，产业发展状况与多边贸易有相关性

进入2018年，我国四大区域的经济状况，从GDP的体量来看，2018年，东部地区GDP达到480 996亿元，占全国GDP的比重从52.68％小幅上升至53.29％。中部地区的GDP达到192 658亿元，西部地区GDP达到172 103亿元，中部与西部的GDP差距进一步扩大。东北的GDP为56 752亿元，是四个地区中GDP占比继续下降的区域。从GDP的增速来看，2018年，东部地区GDP增速为7.40％，在四个区域中横向比较增速排名第三，其余地区GDP增速依次为中部(9.16％)、西部(9.15％)、东北(4.60％)。纵向来看，各个区域GDP增速普遍都在下滑，下滑最厉害的是中部，其次是西部。四大地区经济产业、经济状况、区位条件、资源禀赋以及贸易政策的差异造成了各地区不同的多边贸易发展的巨大差异，这种差异又进一步促进了区域经济和产业发展的不均衡。因此，在制定对外贸易政策和参与多边贸易的过程中，各区域要充分利用自身的优

势，取长补短，有针对性地制定相关的贸易政策，更好地促进区域产业经济的发展。

从多边贸易发展情况看，东部地区货物进出口贸易占全国的绝大部分，多省在对外贸易总量中名列前茅，服务贸易也主要集中在东部地区，但进出口增速逐渐放缓。中部地区外贸依存度则基本稳定，但利用外商投资额处在不断增加中，加工贸易发展迅速，带动货物进出口，尤其是高新技术产品出口呈现高速增长的态势，西部地区贸易出口总额则有所下降，受产业转移的影响，加工贸易在全国的比重略有增长，“一带一路”沿线国家或地区是西部地区的重要出口地。东北地区贸易逆差持续扩大，2018年货物贸易增速回升，服务贸易增势良好，“一带一路”倡议助力东北地区传统过剩产能的输出。

从多边贸易发展条件看，东部地区对外开放程度高，无论是区位条件、人力资源、科研投入还是政府政策支持方面均具有较大的优势，贸易条件成熟。中部地区开放力度不断提升，劳动力资源丰富，在承接东部地区产业转移中有一定的优势，增长动力强劲。西部地区的资本为推动经济发展的最重要因素，广阔的边界线和“一带一路”倡议为西部地区对外贸易提供了便利条件。东北地区对外开放度呈逐年下降的态势，较高的人力资本水平和海陆两便的区位优势是对外贸易尤其是边境贸易潜力仍然存在。

三

本报告由主报告与副报告组成，与2017年的工作相同，主报告为年度产业发展分析报告。主报告分4章，第1章是分析2018年度我国经济与产业发展的总体状况，主要关注经济总量变化与产业结构、产业发展的相关特性，分析产业发展与结构变化的总体状况、相关性、影响因素尤其是中美贸易摩擦的影响，年度发展的总体特征。第2章是对我国加入多边贸易体系之后，多边贸易对我国产业发展、产业体系转换的影响进行了深入分析，对目前我国进出口贸易的总体状况、进出口贸易的结构、多边贸易体系遇到的问题与挑战等进行了分析与探讨。第3章基于多边贸易的视角进行大类产业发展动态分析，以开放经济为导向，分析传统产业和新兴产业两大类产业发展的状况、贸易对两类产业发展影响的异同，并进一步深入剖析传统产业与新兴产业发展中存在的问题及其内在联动状况，以期为促进我国产业体系转型发展提供有效的基础支撑。第4章是分区域分析2018年产业发展的总体状况以及进出口贸易的成效，将全国分为四个主要区域，东部、中部、西部以及东北地区。特别分析这四个区域产业发展尤其是传统产业、新兴产业的动态发展状况、在新旧动能转换、多边贸易对地区经济与产业发展的变化状况以及影响，比较四个区域贸易、产业发展的差异及其背后存在的问题和原因。

副报告独立成篇，主要研究在多边贸易体系下上海制造业的转型升级问题。改革开放以来，上海的对外开放度与上海的多边贸易发展有密切的关系，从国际贸易中心建设到第一个自由贸易试验区的设立，再到自由贸易港的设立与建设，上海始终走在我国扩大开放、深化改革、推动贸易自由化的前列。因为随着经济全球化的不断演进，多边贸易在一个国家和地区的综合竞争力中扮演的角色越来越重要，成为国家经济增长和区域经济与产业发展的重要基础，贸易便利化在国际竞争中的重要作用日益凸显。

那么，多边自由贸易的展开对上海制造业的转型升级有什么影响呢？有哪些影响，这关系到上海现代产业体系的建设，也关系到"上海制造"的国际竞争力。我们的研究认为，改革开放40年来，上海经济在高速增长的同时，通过多边贸易与上海国际贸易中心的建设，推动了上海制造业的发展与结构的转型，使制造业更深地融入全球经济体系中。时下，上海的制造业转型升级应该放在新一轮全球产业分工体系、全球多边贸易体系变化创新的背景下来考虑，需要在上海作为卓越全球城市的发展、长三角区域一体化战略、自贸区发展新战略和金融创新战略中进行定位与发展，让企业成为制造业转型升级的主体，走全球资源整合、走开放创新之路一定是大势所趋。

上海制造业转型升级有两个出发点：一是补短板，即针对我国产业体系中制造业发展的短板尤其是核心产业技术、核心零部件的开发与制造，如半导体、集成电路、芯片、高端医疗装备、精密机床、航空航天等产业；二是创未来，即在把握全球制造业未来发展的趋势，直接瞄准国际领先的行业，加快创新研发力度，大力协同发展，如人工智能、智能装备、工业互联网、机器人、基因医疗、卫星服务产业等。而上海多边贸易、贸易便利化的发展与自由贸易港区的进一步高质量建设，构建更加开放的贸易合作产业创新体系，吸纳和整合全球资源特别是人力资源、技术资源和创新资源，对加快上海制造业的转型升级是十分重要的。

芮明杰

2019年3月18日

目　录

主报告

第 1 章

2018 年中国产业发展总体状况分析

2017 年第四季度至 2018 年第三季度，中国宏观经济经受了内部转型压力与外部摩擦冲击，供给侧改革仍在持续，产业结构在调整之中，传统产业逐渐出清，新兴产业仍在发展，中国是否能顺利走出中等收入陷阱是我们密切关注的问题。当前阶段，我国社会人民日益增长的生活需要和不平衡不充分的发展之间的矛盾，是我国现行产业体系及其结构必须调整升级以解决的主要矛盾。

1.1 宏观经济的总体状况

本节主要分析我国 2017 年第四季度至 2018 年前三季度宏观经济发展状况以及相应的产业发展的现状与问题。

1.1.1 宏观经济的总量

2018 年，伴随着国际贸易摩擦加剧、供给侧结构改革持续发力与金融去杠杆的影响，经济新动能尚未完全形成，中国宏观经济呈现增速放缓、市场情绪低迷的态势。

1. 经济总量：经济增速放缓，市场信心欠缺

从2017年第四季度至2018年前三季度，我国经济总体增速放缓。2017年，全国国内生产总值为827 121.7亿元，比上年增长6.9%，其中，第四季度国内生产总值为234 582.2亿元，比上年同期增长6.8%。2018年前三季度国内生产总值为650 898.8亿元，按可比价格计算，同比增长6.7%，增速比上年同期降低0.2个百分点。其中第一季度同比增速为6.8%，第二季度同比增速为6.7%，第三季度同比增速为6.5%，经济增速持续下滑（见图1—1）。

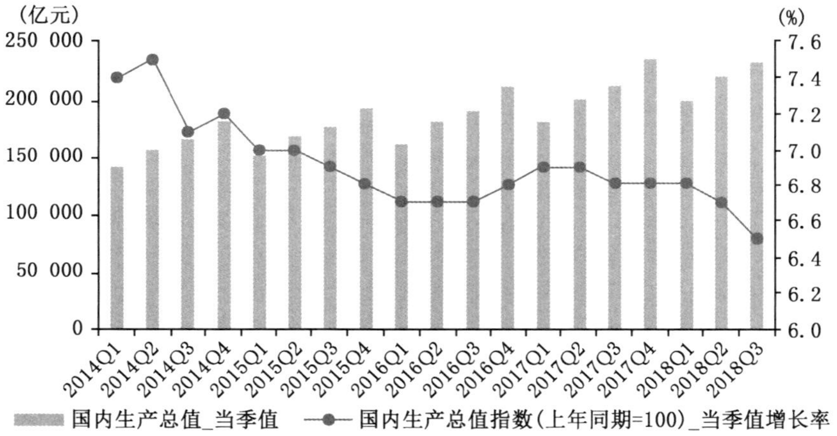

资料来源：根据国家统计局数据绘制。

图1—1 我国国内生产总值与增长率

2017年第四季度起，综合PMI（Purchasing Managers' Index）产出指数波动加剧，高点在2017年9月为55.1，低点在2018年2月为52.9。自2018年5月以来，PMI波动下降并在10月达到53.1，显示生产者对经济预期信心不足（见图1—2）。

2. 各省市GDP：广东、江苏、山东三省GDP总额最高，贵州、云南、西藏三地GDP增速最快

各省市中，广东省的区域生产总值在四个季度均为最高，2017年第四季度为25 063.85亿元，2018年第一、第二、第三季度分别为21 705.29

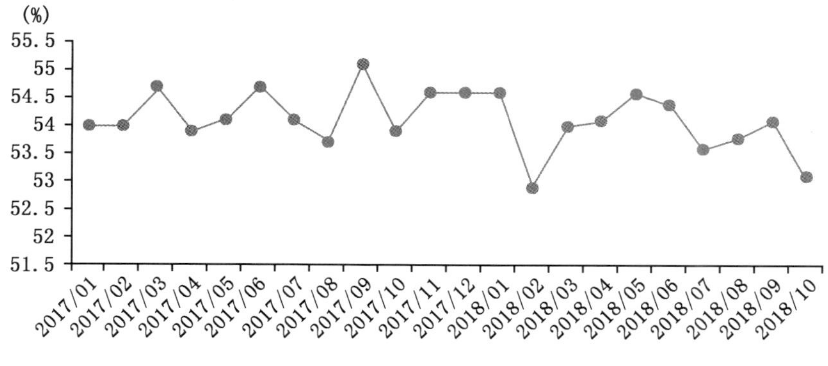

资料来源:根据国家统计局数据绘制。

图 1—2　综合 PMI 产出指数

亿元、24 636.64 亿元和 24 293.29 亿元。江苏省的区域生产总值在四个季度中排行第二,分别为 23 296.48 亿元、21 093.31 亿元、23 770.21 亿元和 22 175.76 亿元。山东省的区域生产总值在 2018 年第二季度突破两万亿元大关,达到 20 757.44 亿元。西藏自治区的生产总值在全国排行最末,仅为 300 多亿元,但其同比增速名列全国前三(见图 1—3)。

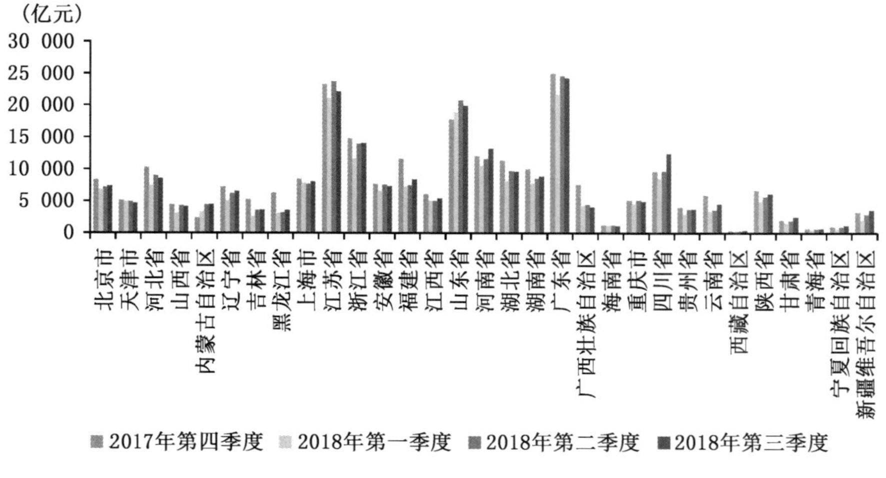

资料来源:根据国家统计局数据绘制。

图 1—3　各省、直辖市及自治区 GDP 当季值

贵州、西藏、云南三地生产总值同比增速最快,其中贵州省 2017 年第四季度至 2018 年第二季度的同比增速均超过 10%,第三季度滑落至

9%。西藏自治区2017年第四季度生产总值同比为10%,其后2018年第一、第二和第三季度分别为9.5%、9.8%和9%。云南省是第三个四季度同比均超9%的地区。GDP总值最高的广东、江苏、山东三省依旧保持高于全国GDP增速的高速增长(见图1—4)。

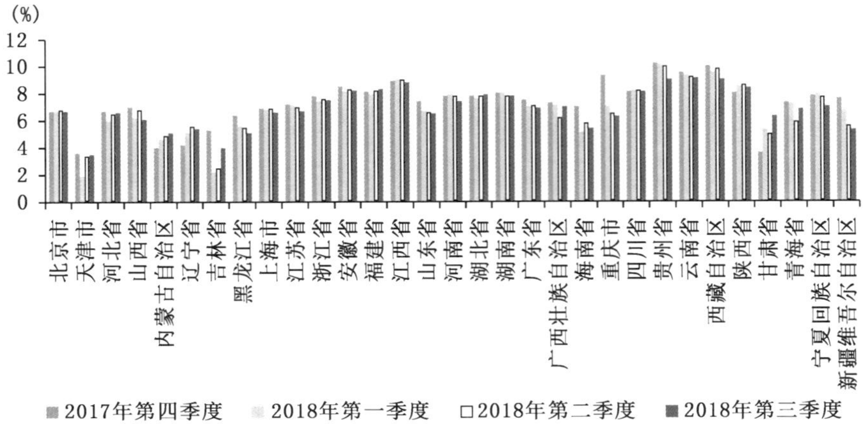

资料来源:根据国家统计局数据绘制。

图1—4 各省、直辖市及自治区GDP同比涨跌幅

3. 三次产业对GDP的贡献:第三产业增速最快,第一、第二产业贡献率占比下降

本年度第三产业贡献率依旧占比最大,2017年第四季度第三产业的贡献率为58.3%,2018年第一、第二、第三季度分别为61.6%、59.5%、61.3%。第二产业贡献率于本年度内保持平稳,从2017年第四季度至2018年第三季度均在35%左右。第一产业贡献率占比从2017年第四季度至2018年第三季度呈现先降后升的态势,2017年第四季度为7.3%,2018年第一、第二季度则低于其一半,分别为2.2%、3.4%,第三季度则有所回升,至5.5%(见图1—5)。

4. 通胀:2018年起生产者价格指数和消费者价格指数均涨幅显著

2017年10月至2018年1月,CPI保持在2%以下且一路向下,2018年2月蹿升至2.9%,4月回落至1.8%后逐渐上升至10月的2.5%。PPI自2017年第四季度的6.9%起就大幅回落至2018年3月的3.1%,后又逐渐上升,显示上游原材料产品价格正逐渐攀升。2018年初至今

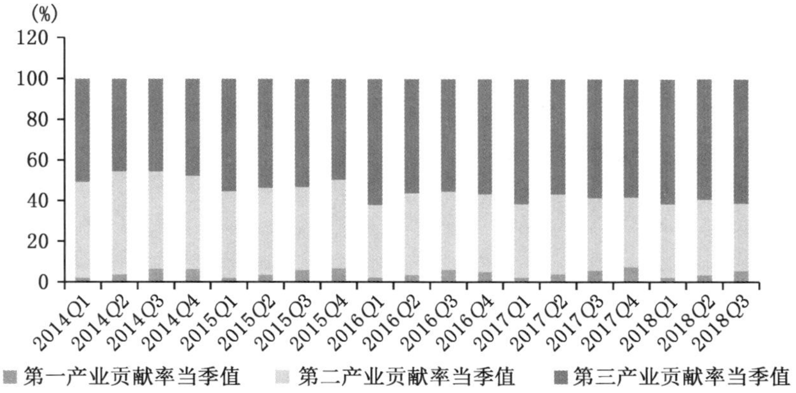

资料来源：根据国家统计局数据绘制。

图 1－5　三次产业贡献率当季值

PPI 与 CPI 敞口扩大，PPI 同比高企，工业生产者价格指数传导至下游消费者价格指数给 CPI 带来上升压力，10 月时 PPI 为 3.3%，向 CPI 收敛（见图 1－6）。

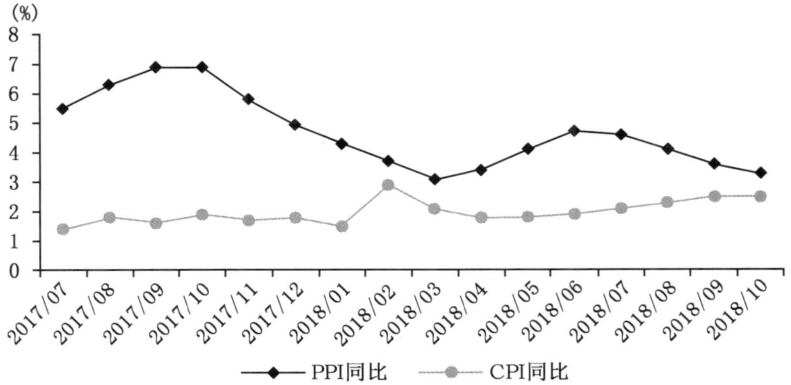

资料来源：根据国家统计局数据绘制。

图 1－6　PPI 与 CPI 同比涨跌幅

5. 就业：城镇调查失业率于第二季度攀高后回落

2018 年初至今城镇调查失业率有所波动，并于 5 月达到 2018 年低点 4.8%后，于 7 月大幅攀升至 5.1%。第三季度末城镇调查失业率有所修复，降至 4.9%，其中 31 个城市的调查失业率回落至第二季度低点

4.8%(见图 1—7)。

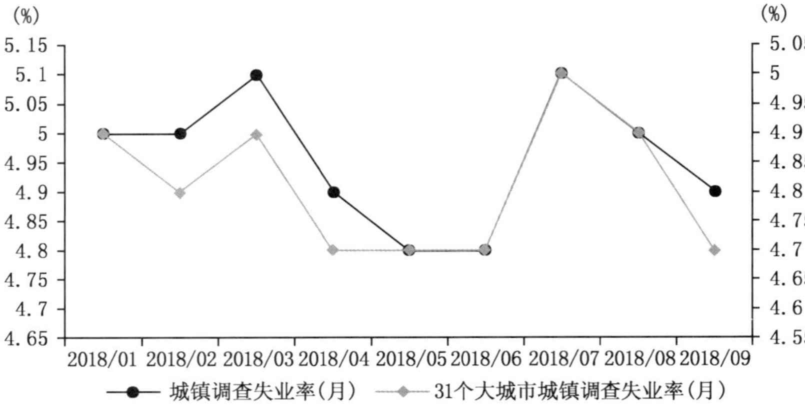

资料来源:根据国家统计局数据绘制。

图 1—7 2018 年度城镇调查失业率

6. 人均收入:2018 年第二季度居民人均可支配收入减少

2017 年第四季度居民人均可支配收入为 6 632 元,2018 年第一季度为 7 815 元,并于第二季度下降至 6 248 元,随后在第三季度回升至 6 972 元。工资性收入依旧占居民人均可支配收入的最大部分,其占比从 2017 年第四季度的 54.30%分别上升至 2018 年第一、第二、第三季度的 56.94%、58.27%、55.84%。与此相对,居民人均可支配经营净收入占比在年内下降,从 2017 年第四季度的 19.45%分别降至 17.56%、14.29%、16.81%(见图 1—8)。

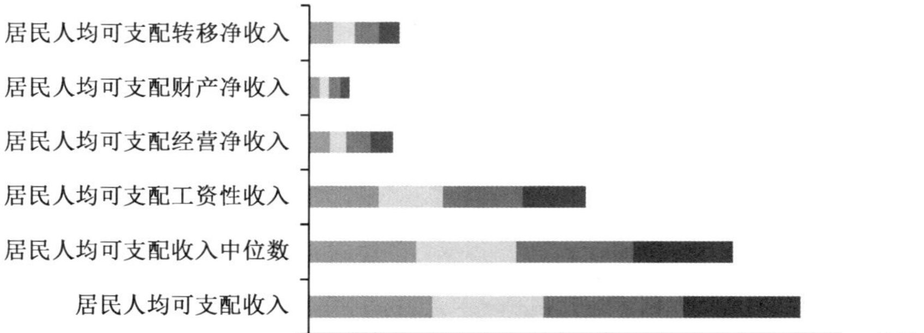

资料来源:根据国家统计局数据绘制。

图 1—8 居民人均可支配收入

7. 固定资产投资:固定资产投资完成额同比下行

固定资产投资完成额同比具有季节性波动的特点,但其趋势总体仍然向下。2017 年 10 月同比数据为 7.3%,后于 2018 年 3 月达到高点 7.9%,随后一路下降至 7 月的 6%、9 月的 5.4%(见图 1—9)。

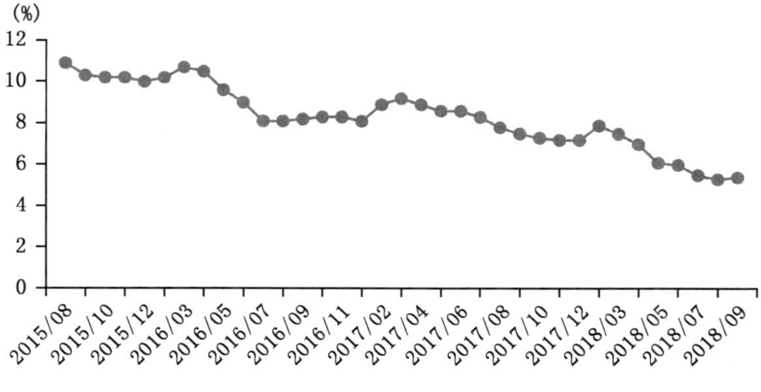

资料来源:根据国家统计局数据绘制。

图 1—9　固定资产投资完成额累计增长率

1.1.2　宏观经济的运作状况

本节从总供给与总需求两个角度来了解 2018 年度中国经济的总体状况:供给端总产出承压,工业增加值增速下滑,私人部门投资额受到挤压,对外出口总额同比放缓;需求端出口对经济的贡献下降,居民消费保持高速增长但增速放慢,固定投资总额同比均放缓。

1. 总供给:总产出额承压

(1)第一产业总产值稳中有进

第一产业总产值的季节性特点十分明显,其产值通常以年度为周期稳定上升,每年低点位于第一季度而高点位于第四季度。2017 年第四季度第一产业总产值当季值为 24 238.9 亿元,2018 年第一、第二、第三、第四季度则分别为 8 904 亿元、13 183 亿元、20 085.6 亿元和 22 561.4 亿元(见图 1—10)。2018 年第四季度总产值受宏观经济下行影响,较 2017 年度同期有所下降。

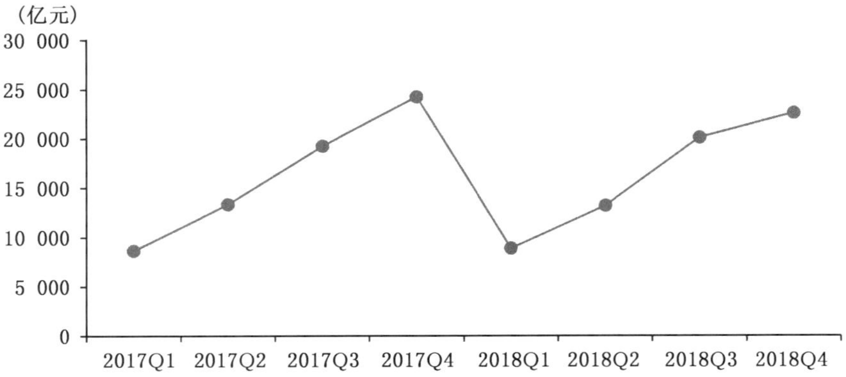

资料来源:根据国泰安数据服务中心数据绘制。

图1—10 第一产业总产值当季值

(2)工业增加值同比放缓

工业增加值增速较上年有所放缓,总体平稳但低于GDP增速。2017年第四季度同比增速保持在6.1%至6.2%的水平,进入2018年后先降后升再降:2018年3月同比增速为6%,到4月迅速攀升1个百分点,达到7%,后又于年中降至6%,9月工业增加值同比持续放缓收于5.8%(见图1—11)。

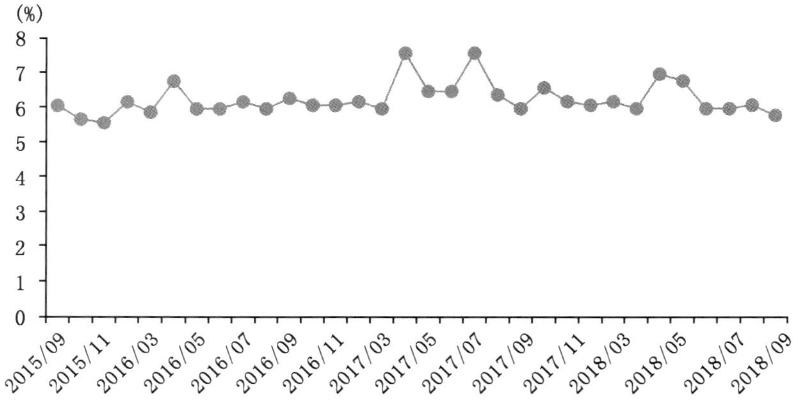

资料来源:根据国家统计局数据绘制。

图1—11 工业增加值同比涨跌幅

(3)发电量增速放缓

2017 年第四季度以来,发电总量波动上升:2017 年 10 月为 503.81 十亿千瓦时,到 2018 年 7 月为 640.02 十亿千瓦时,9 月下降至 548.31 十亿千瓦时,12 月又回升至 619.99 十亿千瓦时。发电量同比数据则在经历 2018 年 3、4、5 月的大幅攀升与 6、7 月的下降后,于 12 月达到 8.8%,超过 2017 年度同期 1.86 个百分点(见图 1—12)。

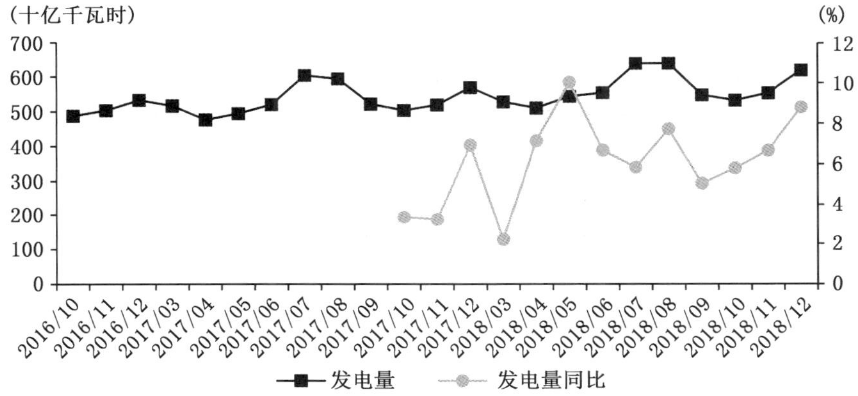

资料来源:根据国泰安数据服务中心数据绘制。

图 1—12　发电量总值与同比涨跌幅

(4)固定资产投资额下降,国有企业投资额小幅上升,私人部门投资额下降

2018 年度的固定资产投资完成额有所下降,从 2017 年 10 月的 59 339.8 亿元降至 12 月的 56 626.91 亿元。其中国有及国有控股固定资产投资额占比固定投资完成额有所上升,在 2017 年第四季度的投资额占比分别为 36.60%、37.41%、38.13%,显示国有部门对私营部门产生了一定的挤出效应。房地产开发投资额于 2017 年第四季度有下行态势,后又于 2018 年第一、第二季度有所回暖(见图 1—13)。

(5)研发经费与科研人员数量持续上升

我国研发经费投入与科研人员数量逐年上涨,占 GDP 的比重和支出增速有所上升,专利申请获得数作为衡量科研投入的成果指标也有显著增加。截至 2017 年底,我国年度上市公司国内外专利申请获得数为 587 521 件,比 2016 年度增加 20.1%(见图 1—14)。

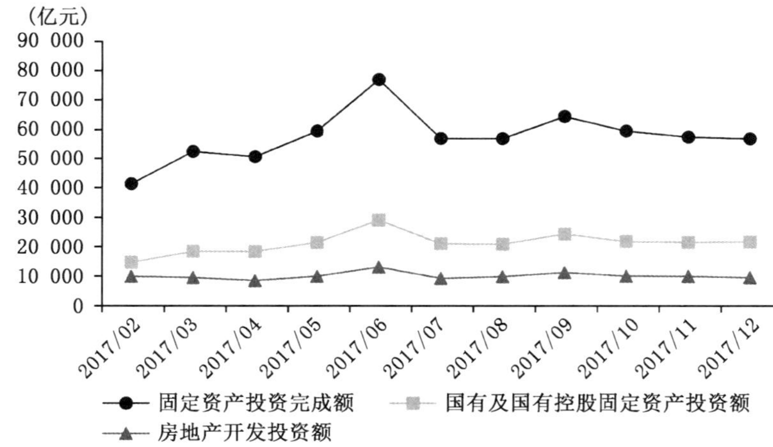

资料来源：根据国家统计局数据绘制。

图 1—13 固定资产投资完成额

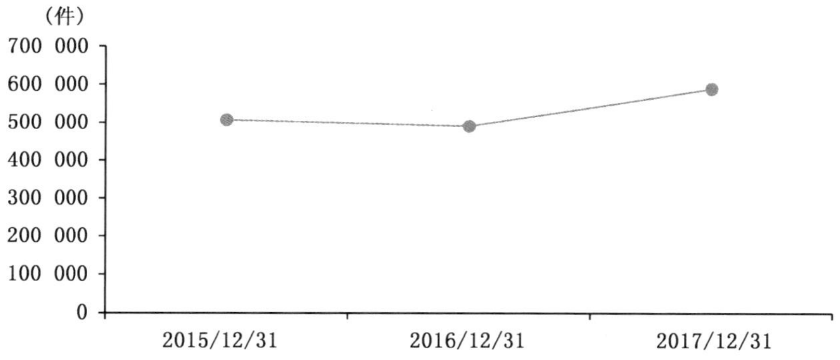

资料来源：根据国家统计局数据绘制。

图 1—14 上市公司国内外专利申请获得数

(6)2018 年以来对海外出口供给总额增速放缓

2017 年 10 月至年底，工业出口交货值从 11 181.4 亿元增长至 12 035.1 亿元，且同比数据处于上升趋势中。2018 年 3 月开始，受贸易摩擦影响，工业出口交货值明显低于上年同期水平，且同比数据大幅下滑，从 2017 年底的 10.7%降至 2018 年 6 月的 5.7%。2018 年第三季度起工业出口交货值累计增长开始回升，并于 9 月达到 8.1%，但 9 月的当期总值仍然低于 2017 年 9 月时的 66.7 亿元(见图 1—15)。

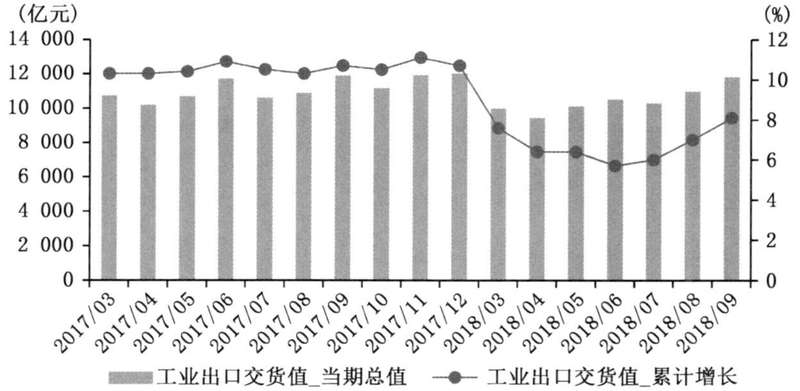

资料来源：根据国家统计局数据库相关数据绘制。

图 1—15　工业出口交货值当期总值与同比涨跌幅

2. 总需求："三驾马车"——净出口对经济的贡献率急剧下降，消费增长，投资放缓

2018 年度中，消费、投资、净出口"三驾马车"对经济的贡献率出现变化，净出口大幅下降，其中 2017 年第四季度贡献率为 28.8%，2018 年第一季度净出口贡献率降幅为 37.9%，达到 －9.1%，第二季度则为 －10.7%，第三季度回升至 －9.7%。消费对国内生产总值的贡献率从 2017 年第四季度的 45.9%分别增长到 2018 年第一、第二、第三季度的 77.8%、79.2%、76.9%。资本形成总额对国内生产总值增长的贡献率亦有微弱增长，从 25.3%到 32.8%（见图 1—16）。

(1) 固定资产投资增速持续放缓，改建类增速最高

2017 年 9 月，固定资产投资完成额为 64 328.05 亿元，后逐渐下滑。考虑季节因素的影响，固定资产投资完成额依旧处于下滑趋势当中。固定资产投资完成额累计增长同比的下滑态势更为明显，从 2017 年 9 月的 7.5%下降至 2018 年 6 月的 6%和 9 月的 5.4%（见图 1—17）。

2018 年度的改建类投资完成额同比增速在三大固定资产投资类别中最高，2017 年第四季度改建类同比增速和新建类同比增速数值相近，处于 8%至 9%的范围，但改建类同比数值上升而新建类略有下降。进入 2018 年 2 月，改建类同比攀升 10.1 个百分点，从 2017 年 12 月的 9.5%增长至 2018 年 2 月的 19.6%，此高点来自棚改项目的推进。随后于

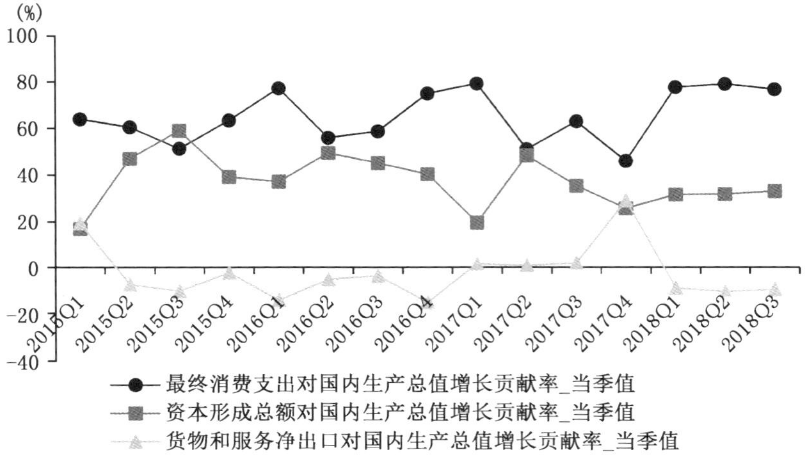

资料来源:根据国家统计局数据绘制。

图 1—16　“三驾马车”对 GDP 贡献增长率

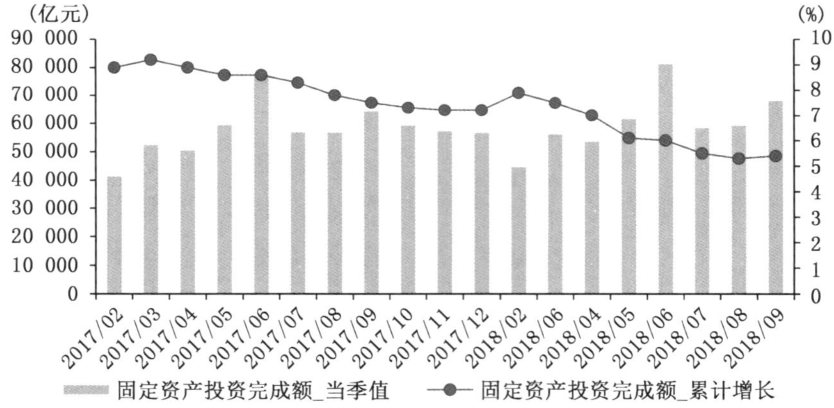

资料来源:根据国家统计局数据绘制。

图 1—17　固定投资完成额与同比涨跌幅

2018 年中改建类投资增速回落至 2017 年平均水平的 10%左右。与此同时,2018 年新建类投资同比延续 2017 年第四季度的下降趋势,降至 2018 年 8 月的 3.3%,随后两月略有上升,于 10 月达到 4.5%。扩建类固定资产投资完成额增速在低位 0 值附近波动,并于 2018 年第二季度末从负转正,但第三季度增速仍然持续向下,到达—2.1%(见图 1—18)。

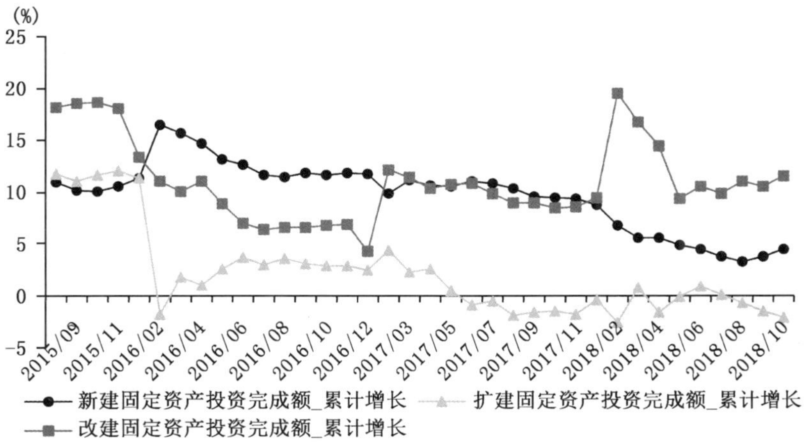

资料来源:根据国家统计局数据绘制。

图 1—18　新建、扩建与改建固定资产投资完成额累计增长

2017 年第四季度至今,国有及国有控股固定资产投资增速依旧受降杠杆影响,持续放缓,跌幅有加剧趋势。2017 年 10 月,国有及国有控股固定资产投资同比为 11.2%,于 2018 年 4 月跌落至 7.1%,为三年来首次位于民间固定资产投资增速以下,随后持续下跌并于第三季度维持在累计增长 2%以下。民间固定资产投资同比稳中有进,从 2017 年 10 月的 5.8%上升至 2018 年 3 月的 8.9%,2018 年第二、第三季度均于 8.5%左右波动(见图 1—19)。

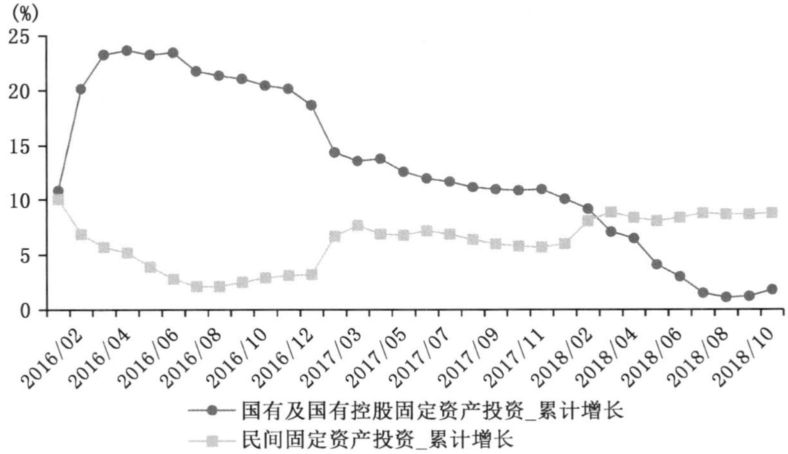

资料来源:根据国家统计局数据绘制。

图 1—19　国有及民间固定资产投资累计增长

(2)社会消费品零售总额保持高速增长,增速放缓

2018 年度社会消费品零售总额依旧平稳上升。2017 年第四季度至 2018 年第三季度,社会消费品零售总额增速有所放缓,但仍高于 GDP 同比。2017 年 10 月,社会消费品零售总额同比增速为 10%,其后同比波动放缓,到 2018 年 6 月为 9%,9 月为 8.6%(见图 1—20)。

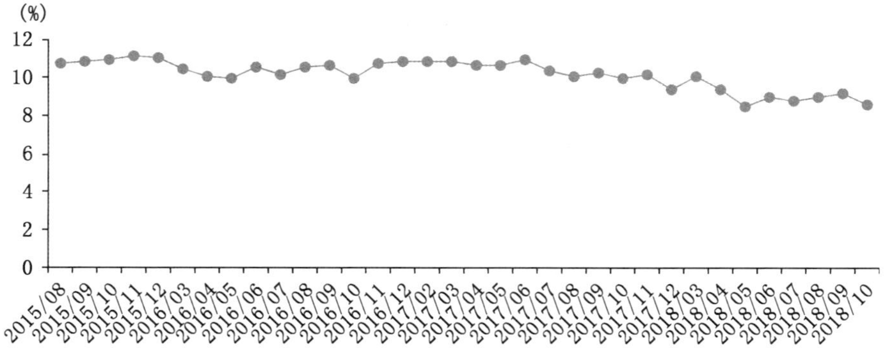

资料来源:根据国家统计局数据绘制。

图 1—20　社会消费品零售总额同比涨跌幅

2017 年第四季度至 2018 年第三季度,乡村社会消费品零售总额同比均高于城镇消费品零售总额同比。2017 年 10 月,乡村零售额同比为 11.3%,城镇同比为 9.8%,差额为 1.5%。城乡消费品零售总额增速差距于 2017 年底降至年度最低点 0.8%,后逐渐扩大至 6 月的 1.6%,第三季度同比差距有所收窄,于 10 月收于 1.3%(见图 1—21)。

商品零售与餐饮收入同比于 2018 年度趋势几乎一致,餐饮增速波动更大。2017 年 10 月,餐饮收入同比为 10.3%,商品零售为 10%。11 月,餐饮零售差额有所倒挂,餐饮同比 10%,商品同比 10.2%;随后至 2018 年 10 月,餐饮同比均高于商品零售同比。同比差额于 2018 年 6 月扩大至 1.2%,随后收窄,于 10 月达到 0.3%(见图 1—22)。

(3)进口总额略有上升;进出口增速波动加剧,外商直接投资合同增加

2018 年度进口总额略有上升,2017 年 10 月当期值为 1 507.947 亿美元,随后上升至 2018 年 1 月的 1 801.423 亿美元。2018 年 2 月进口总值滑落至 1 378.648 亿美元,3 月起回升至 1 791.043 亿美元,并于 9 月

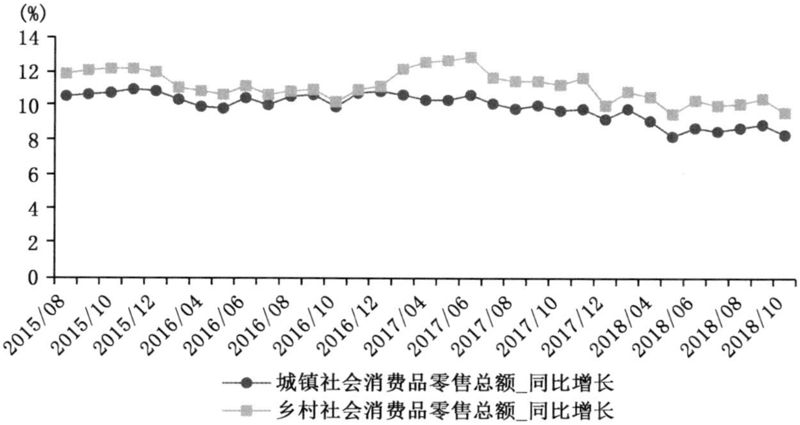

资料来源：根据国家统计局数据绘制。

图 1—21　城乡社会消费品零售总额同比涨跌幅

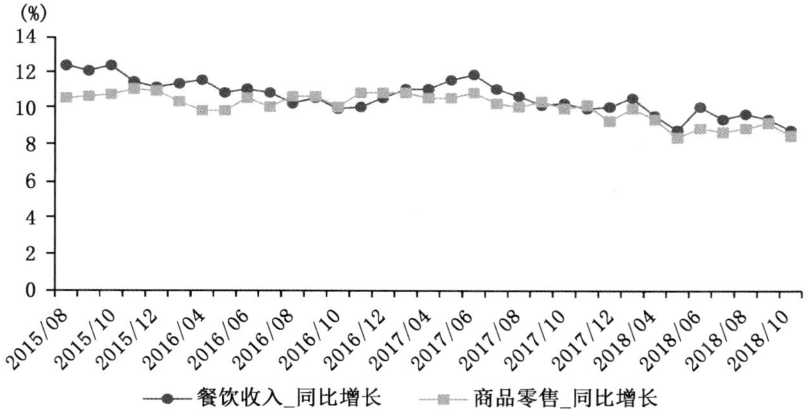

资料来源：根据国家统计局数据绘制。

图 1—22　餐饮与零售行业收入同比涨跌幅

达到 1 949.844 亿美元。同期，同比增速略有下滑，2017 年进口同比高点位于年初 1、2 月，分别为 16.7%和 38.1%。而 2018 年 1 月仍是同比数据的高点，为 36.9%，但 2 月同比增速下跌至 6.3%，3 月略有回升至 14.4%。第二、第三季度同比数据有所波动，9 月为 14.3%（见图 1—23）。

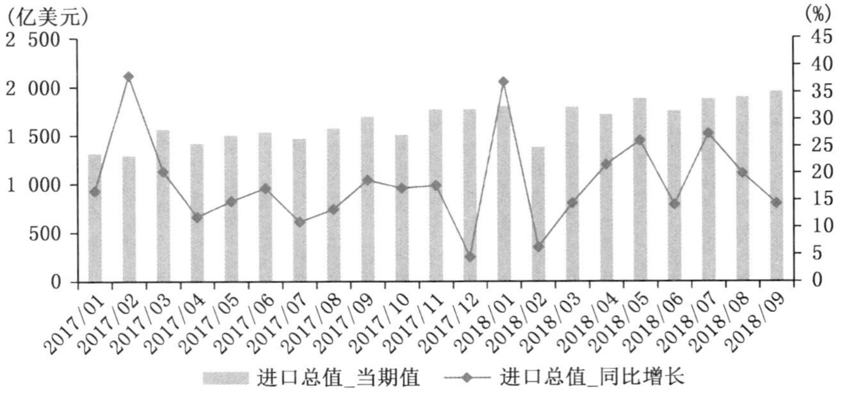

资料来源:根据国家统计局数据绘制。

图 1—23 进口总值当期值与同比涨跌幅

从 2018 年初开始,进口、出口、进出口同比的一致性趋势得到改变,相比进口同比于 2018 年初的放缓,出口额同比受中美贸易摩擦及期望效应影响波动更为剧烈。出口额增速同比于 2017 年 10 月为 6.9%,随后于 11 月上升至 12.3%,并在 10%以上维持了两个月。2018 年 2 月,出口总值受贸易摩擦的预期影响,同比数据为 44.5%,并于 3 月跌至—2.7%,

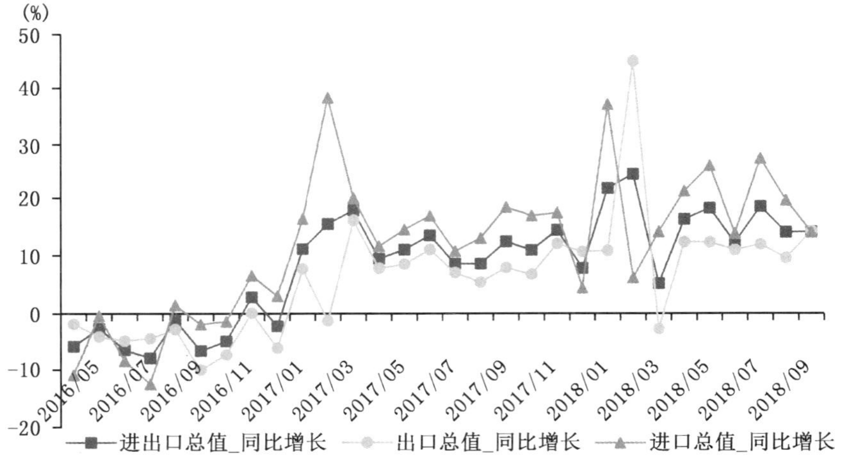

资料来源:根据国家统计局数据绘制。

图 1—24 进出口总值同比增长

随后出口总值同比略有修复并于 12%左右波动。进出口总值同比增速来自进口与出口数据之和，因此趋势与其一致：从 2017 年底起，波幅加剧（见图 1—24）。

2018 年度净出口差额延续下行的趋势，贸易顺差进一步修复。2017 年 10 月进出口差额当期值为 381.85 亿美元，随后遵循季节性变化于年底 12 月上升至 546.85 亿美元。2018 年 1 月进出口差额为 203.49 亿美元，年中差额在 300 亿美元上下波动，并在下半年有向上的趋势，于 10 月达到 340.16 亿美元（见图 1—25）。

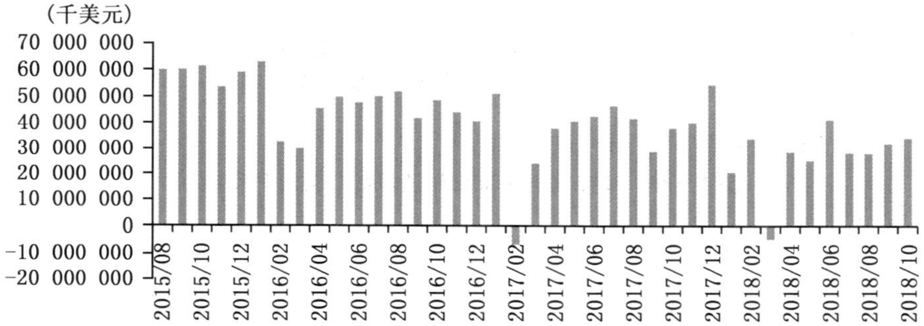

资料来源：根据国家统计局数据绘制。

图 1—25　净出口差额当期值

2017 年第四季度至 2018 年第三季度，受金融改革影响，外商直接投资合同项目数与实际利用外商直接投资金额的同比数据均有所上升。其中，外商直接投资合同项目数同比于 2018 年初激增，从 2017 年 10 月的 15.9%上升至 2018 年 1 月的 158.6%，随后同比有所下降，但依然约有 100%。合同项目数的增长尚未反映在实际利用外商直接投资金额上，2017 年 10 月实际利用外商直接投资金额同比为−2.7%，2018 年该数据转正，于 1 月达到 0.6%，后逐步上升，至 9 月达到 6.4%（见图 1—26）。

（4）工业出口交货值占比下降，但其中对美出口占比上升

2017 年第四季度至 2018 年第三季度工业出口交货值占工业增加值的比率下降，从 12.19%下降至 11.80%（见图 1—27）。其中，中国对美国出口额占中国出口总额之比趋势上升，2017 年年初为 18%左右，到 2017 年 7 月占比增长为 19.29%（见图 1—28）。

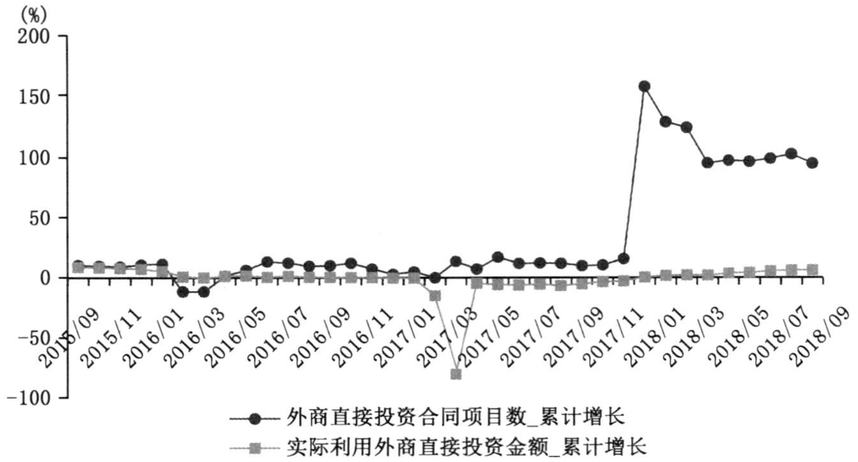

资料来源:根据国家统计局数据绘制。

图1—26 外商直接投资合同项目数与实际利用金额

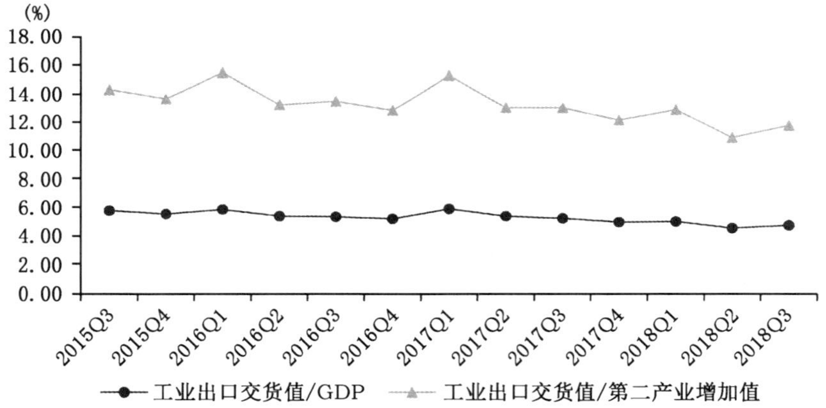

资料来源:根据国家统计局数据绘制。

图1—27 工业出口交货值占比

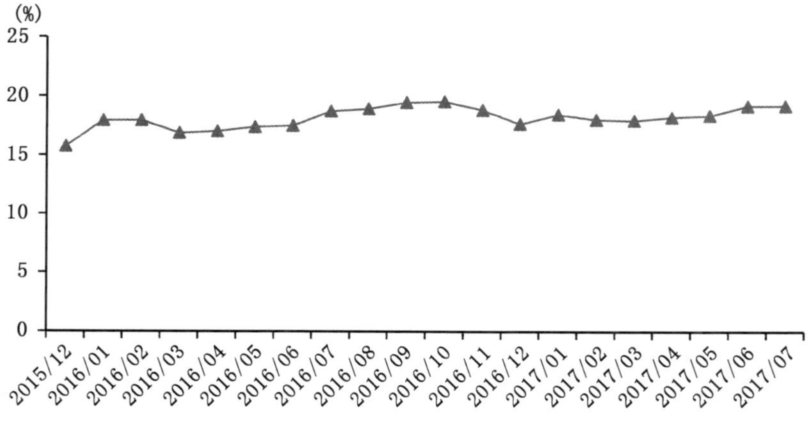

资料来源：根据国家统计局数据绘制。

图1—28　对美出口总额占出口总额的比例

1.1.3　宏观经济的运作效率

2018年度我国宏观经济的运作效率面临挑战，居民消费品通胀压力显现，赋税压力扩大，税收增速超国民生产总值与居民人均可支配收入。

1. 通胀压力显现，医疗保健类价格指数下降

2018年度工业生产者价格指数经历了一个先下后上再降的过程，2017年10月PPI同比为6.9%，随后持续下降至2018年3月的3.1%。进入2018年第二季度，PPI小幅上扬，从4月的3.4%上升至6月的4.7%；第三季度开始，PPI缓慢降至9月的3.6%。与PPI的波动不同的是居民消费价格指数(CPI)的变化较为平稳：2017年第四季度在1.8%上下波动，并于2018年2月达到当年度的高点2.9%，随后4月CPI回落至1.8%附近。2018年5月起，CPI逐渐攀升至2.5%，显示上游价格向下游居民消费端传导的过程，同PPI的差距逐渐收窄(见图1—29)。

分产业的细项价格指数中，衣食生活服务类价格同比平稳，衣着和生活用品及服务项分别在1.2%及1.5%左右波动。居住类价格指数受行政管制影响在第二季度略有下降，从2017年9月的2.8%降至2018年6月的2.3%，第三季度则回升至2.5%。交通和通信产业价格同比飙升，2017年9月仅为0.5%，后一路上升至2018年10月的3.2%。食品烟酒当年度内升幅达3.3%，2017年9月为－0.4%，2018年10月为2.9%。

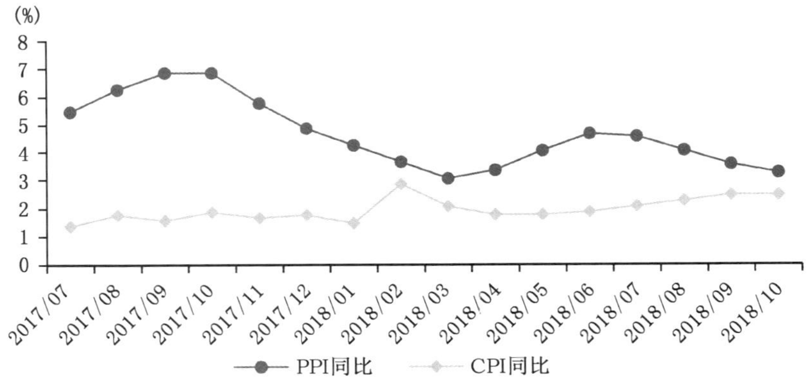

资料来源：根据国家统计局数据绘制。

图 1－29　PPI 与 CPI 同比涨跌幅

与此同时，医疗保健产业的价格同比指数则步入下降通道，从 2017 年 9 月的 7.6％降至 2018 年 10 月的 2.6％（见图 1－30）。

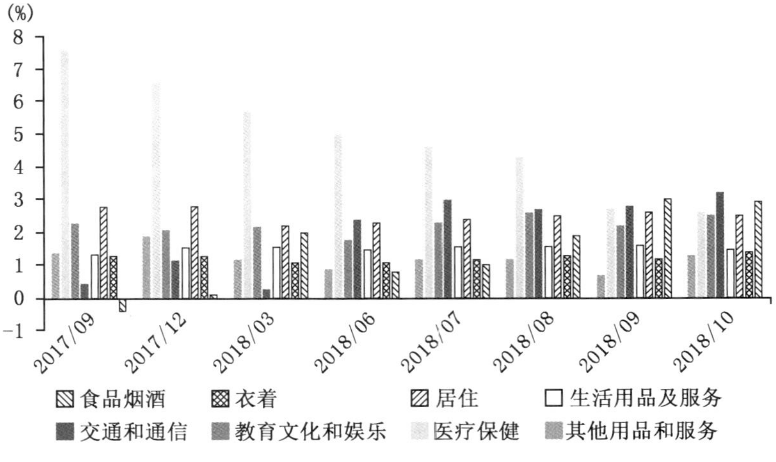

资料来源：根据国家统计局数据绘制。

图 1－30　各类商品及服务价格同比涨跌幅

工业生产者价格指数（PPI）的波动主要来自生产资料工业生产者出厂价格指数的变化，生产资料带动 PPI 自 2017 年第四季度起有所放缓，随后于 2018 年第二季度复升，又于第三季度走低，向 CPI 收敛。相比之下，生活资料工业生产者出厂价格指数一直保持平稳，于 100 上下波动，波幅小于 1 个百分点，显示居民生活资料原产品价格平稳(见图 1—31)。

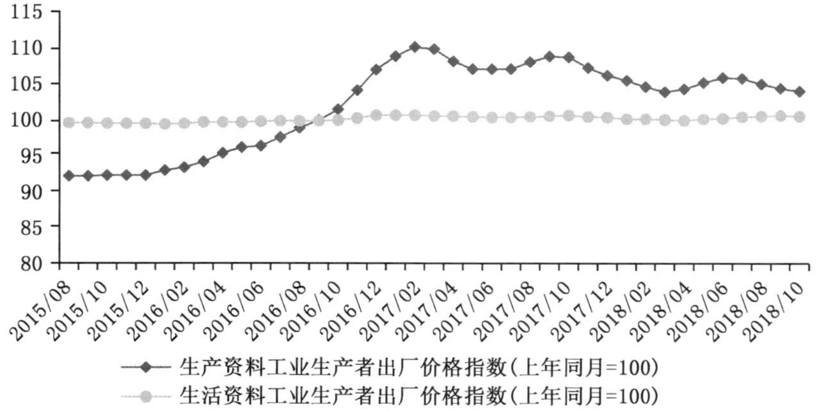

资料来源：根据国家统计局数据绘制。

图 1—31　生产资料与生活资料工业生产者出厂价格指数同比涨跌幅

PPI 中采掘业生产资料价格指数增幅最大，2017 年 9 月同比增长 5%，随后上升了 7.4 个百分点，于 2018 年 10 月达到 12.4%。原料业生产资料的价格指数同比在 2017 年 9 月为 5.1%，随后上涨至 2018 年 10 月的 6.7%。位于产业链中游的加工业价格指数较为平稳，在 4%附近波动。衣食住行类生产资料价格指数则分别维持在－1%至 1%的区间(见图 1—32)。

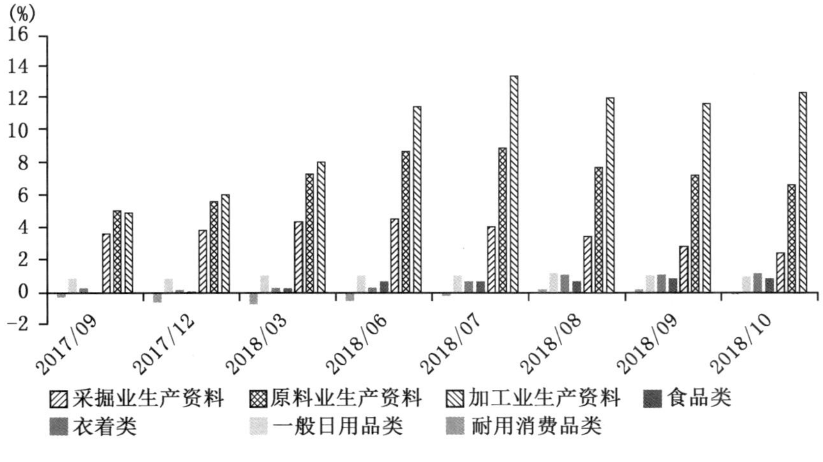

资料来源：根据国家统计局数据绘制。

图 1—32　各类生产资料价格指数涨跌幅

2. 税收增长高于GDP和居民人均可支配收入

长期以来，个人所得税月度值存在季节性波动。2017年第四季度至2018年第三季度，个人所得税总额、同比、占总税收收入数值持续增长（见图1—33）。2017年，我国个人所得税收入为11 966亿元，同比增速18.6%，高于上年同比1.6个百分点（见图1—34），占全国总税收收入的比值高达10.5%，高于上年占比1个百分点（见图1—35）。2018年1月至9月税收同比为21.1%，比2017年前三季度同比增加近2.5个百分点，高于GDP和居民人均可支配收入同比3倍之多（见图1—36）。

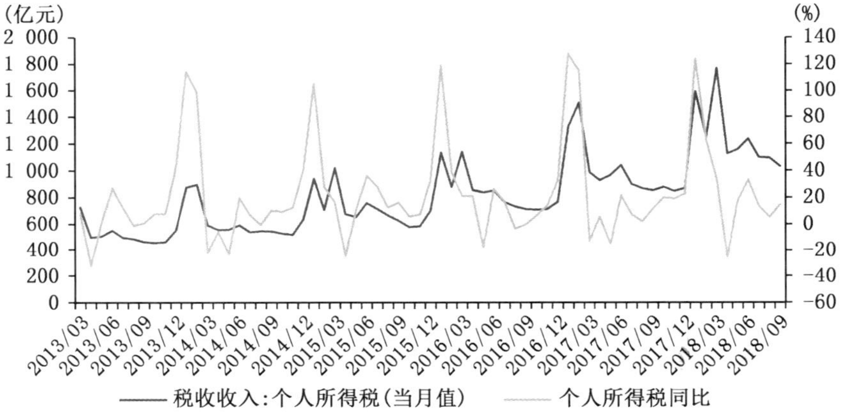

资料来源：根据国家统计局数据绘制。

图1—33 个人所得税当月值与同比涨跌幅

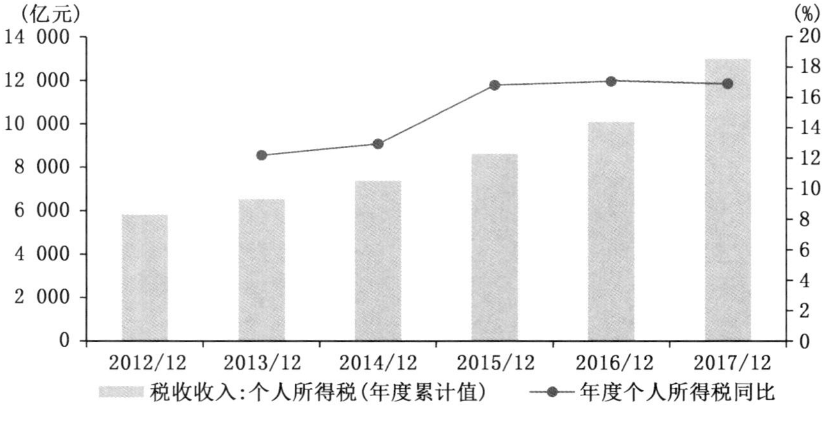

资料来源：根据国家统计局数据绘制。

图1—34 年度个人所得税累计值与同比涨跌幅

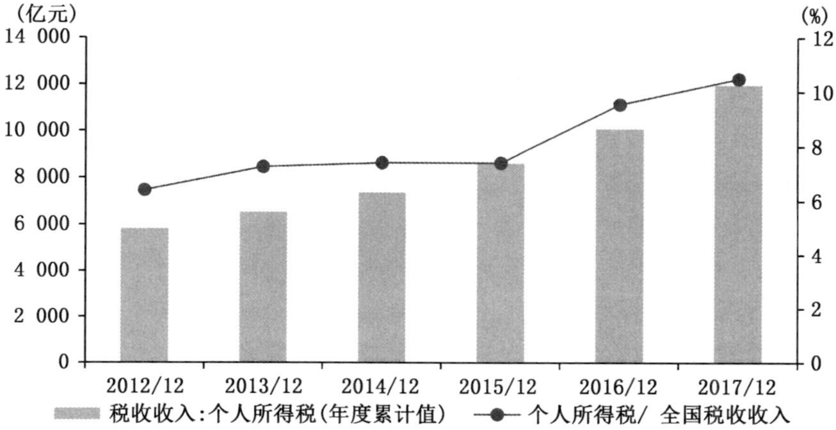

资料来源:根据国家统计局数据绘制。

图 1—35　个人所得税收入占比

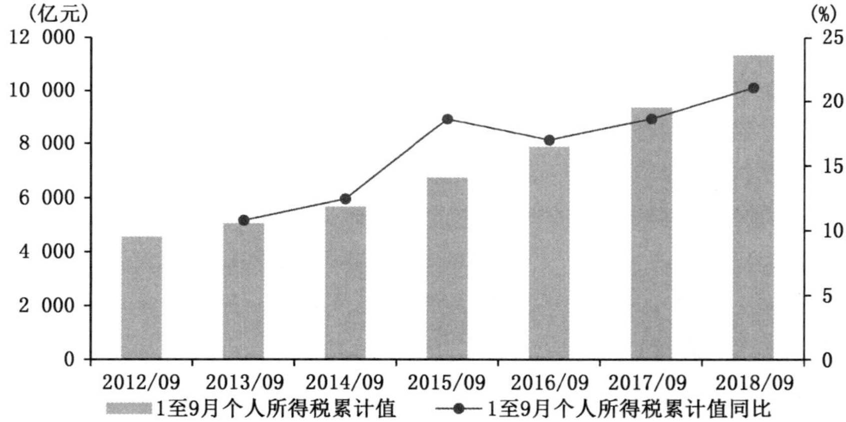

资料来源:根据国家统计局数据绘制。

图 1—36　前三季度个人所得税累计值与同比涨跌幅

1.1.4　社会福利的增减

2017 年第四季度居民人均可支配收入累计增长 7.3%,2018 年前三季度有所下降,均为 6.6%。可支配收入增速于 2017 年第四季度高于国内生产总值增速 0.5 个百分点,随其在 2018 年大幅滑落,在 2018 年第

一、第二季度小于国内生产总值增速1至2个百分点。第三季度，国内生产总值增速继续跌落至6.5%，小于居民人均可支配收入0.1个百分点。

居民人均可支配收入中位数累计增长速度提高显著，从2017年第四季度的7.3%迅速上升至2018年第一季度的8.5%，后上升至第三季度的8.7%（见图1—37）。

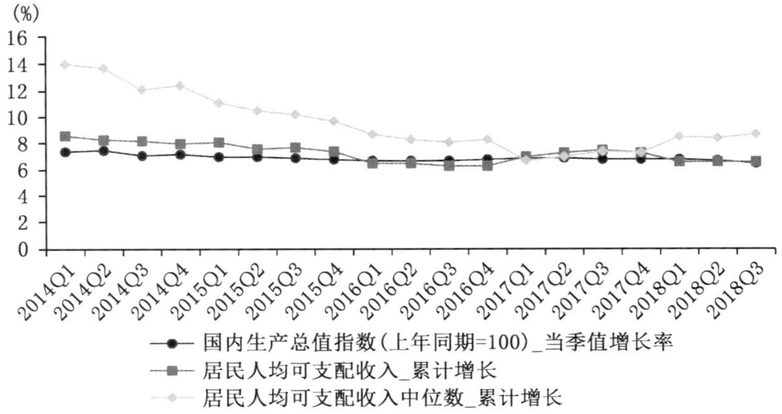

资料来源：根据国家统计局数据绘制。

图1—37 居民人均可支配收入中位数与算术平均累计增长

居民贫富差距在2017年收窄后有重新上涨趋势，居民收入中位数增速与算术平均增速差距扩大，从2017年第四季度的0%增长至2018年第三季度的2.1%。高收入居民收入增速提高更快，低收入居民收入增速显著低于平均水平（见图1—37）。

农村居民人均可支配收入较城镇居民变化更为平稳，农村居民人均可支配收入从2017年底的7.3%下降至2018年前三季度的6.8%，并在2018年前三季度保持平稳水平。城镇居民人均可支配收入在2017年第四季度和2018年第一、第二、第三季度分别为6.5%、5.7%、5.8%、5.7%。相比2017年底0.8%的差距，城乡居民可支配收入差距于2018年有所扩大，在第三季度敞口增至1.1个百分点（见图1—38）。

1.1.5 本节小结

- 经济增速放缓，市场信心欠缺，居民收入投资额下行。
- 总产出承压，国有企业固定投资弥补私营部门投资不足。

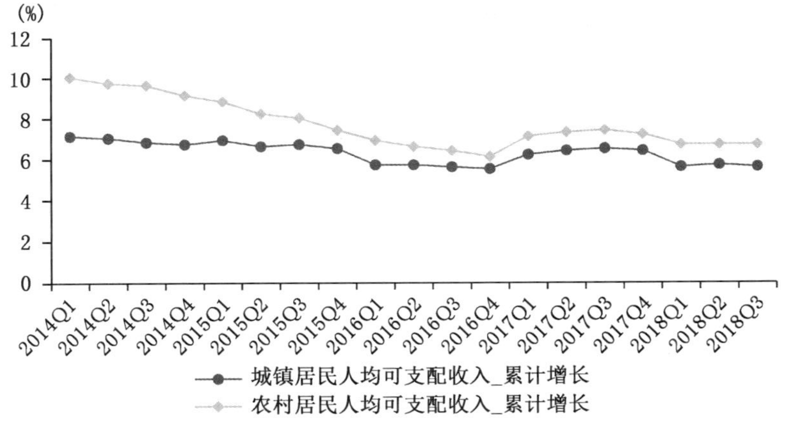

资料来源：根据国家统计局数据绘制。

图1—38　城乡居民人均可支配收入累计增长

- 需求端消费上升未能弥补出口下行。
- 通胀、失业率、企业与个人赋税均有所上升。
- 人均可支配收入额同比下行，贫富差距扩大。

2018年度中国的宏观经济总体状况面临众多挑战，经济总量增速放缓，国内生产总值同比与固定资产投资完成额同比均放缓，并且市场对经济预期信心不足。总体经济表现出通胀压力显现，CPI抬升，失业率于年内攀高。在经济运作状况中的供给端，总产出承压，工业增加值、发电量、出口总额同比增速放缓；在经济运作状况中的需求端，消费对国内生产总值的贡献增加，投资放缓，出口总额下降。其中，社会消费品零售总额高速增长，但增速下滑。进口总额有所上升，贸易顺差逐步修复，工业出口交货值占比下降。宏观经济的运作效率并不乐观，赋税压力加剧，税收增长高于国民生产总值与居民人均可支配收入同比。社会福利方面，居民收入增速平稳，但贫富差距扩大。

1.2　产业发展的总体状况

本节主要分析我国2017年第四季度至2018年前三季度产业发展的总体状况与问题。

1.2.1 第三产业增速最高，第一、第二产业贡献率占比下降

2018 年度第三产业增加值同比依旧维持其一贯的稳定趋势：2017 年第四季度为 8.3%，在 2018 年第一季度有所下降，至 7.5%，后于第二季度有所回升，并于第三季度达到 7.9%。第二产业增加值增速在 2018 年度下降显著，从年初的高点 6.3%一路降至第三季度的 5.3%。第一产业增加值指数同比与第二季度趋势相反，与第一季度趋势类似，从 2017 年第四季度的 4.4%先降后升至 2018 年第三季度的 3.6%（见图 1—39）。

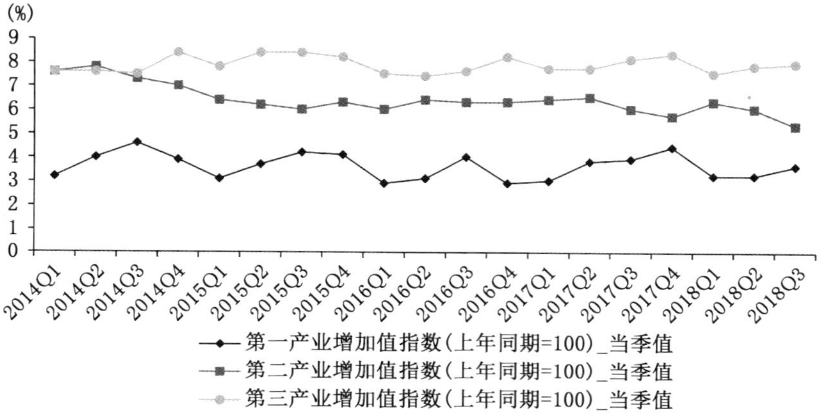

资料来源：根据国家统计局数据绘制。

图 1—39 三次产业增加值同比涨跌幅

在分行业的本年度民间固定资产投资累计增速中，占据 12 个月平均增速最高的五大头部行业分别为铁路运输业 27.9%，文化、体育和娱乐业 25.6%，教育 22.9%，计算机、通信和其他电子设备制造业 22.1%和道路运输业 21.5%。其中，第三产业占据 4 位，第二产业占据 1 位。从铁路运输业的高速增长可以看出，对基础建设类固定投资的投入扩大，第三产业的民间固定资产投资还由文化、体育和娱乐业及教育领跑，依旧保持高速增长（见图 1—40）。

1. 农业增加值同比放缓，民间投资平稳增长

第一产业农业增加值长期以来同比存在季节性波动，并于 2018 年度有所放缓，其中，2017 年第四季度为 4.5%，2018 年前三季度则在 3.5%上下波动（见图 1—41）。

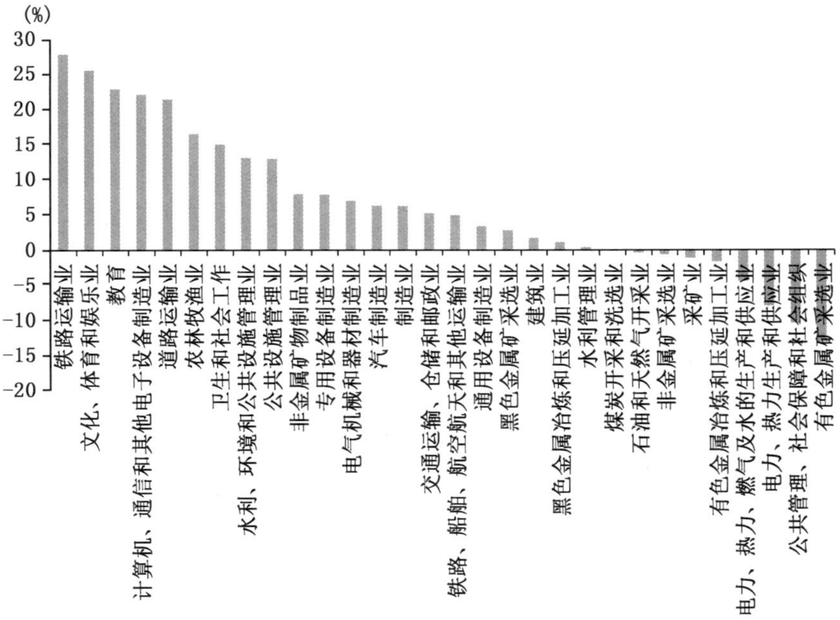

资料来源:根据国家统计局数据绘制。

图1—40 2017年10月—2018年9月平均民间固定资产投资累计增长

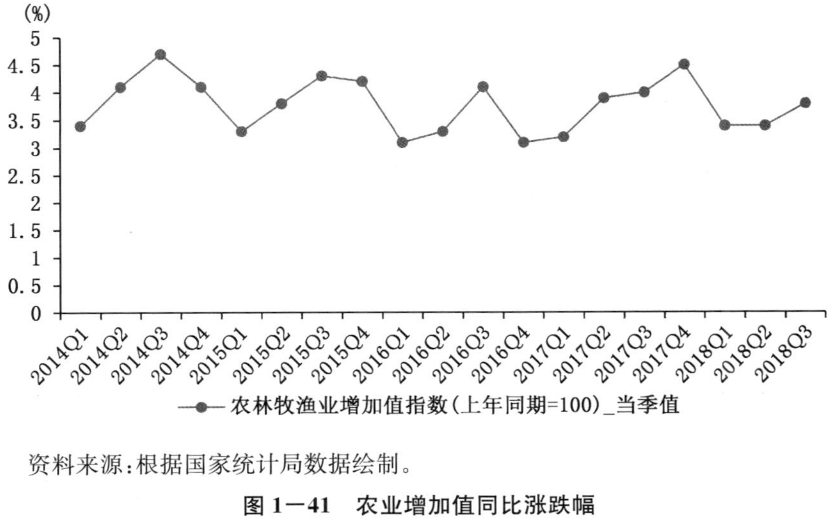

资料来源:根据国家统计局数据绘制。

图1—41 农业增加值同比涨跌幅

农林牧渔业民间固定资产投资累计增速从2017年9月的13%上升至2018年初的25.1%,后放缓至11.3%。采矿业民间固定资产投资累计增速则于2017年9月的－18％波动上升至2018年9月的12.7％，增幅约30个百分点（见图1—42）。

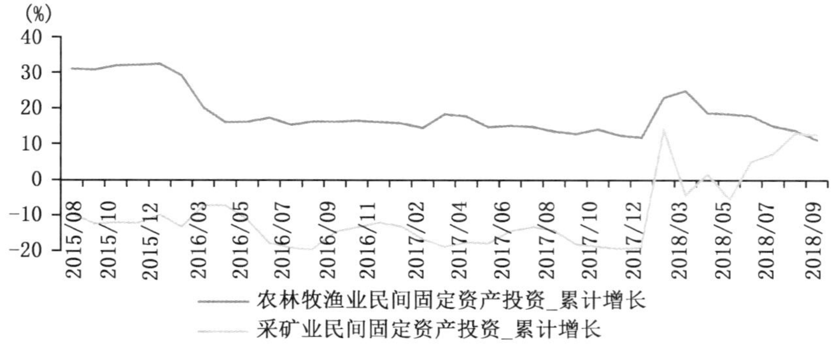

资料来源：根据国家统计局数据绘制。

图1—42 农业民间固定资产投资累计增长

2. 工业总体稳定，制造业同比略有放缓

第二产业工业与制造业增加值同比于2018年度有所下降，工业增加值指数同比下降0.3个百分点至5.9％，制造业则下降0.8个百分点，至6％。此外，建筑业受房地产业影响，同比波动较大且增速放缓，2018年第一季度的年内高点为5.4％，2018年第三季度的年内低点则仅有2.5％（见图1—43）。

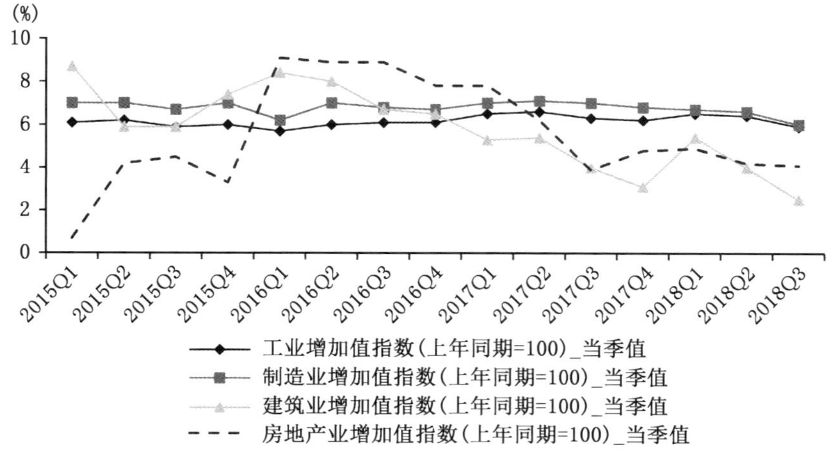

资料来源：根据国家统计局数据绘制。

图1—43 工业及细分行业同比涨跌幅

制造业民间固定资产投资累计增长在本年度内一路向上，从 2017 年 10 月的 4.1%上升至 2018 年 9 月的 9.5%，增幅为 5.4 个百分点（见图 1—44）。

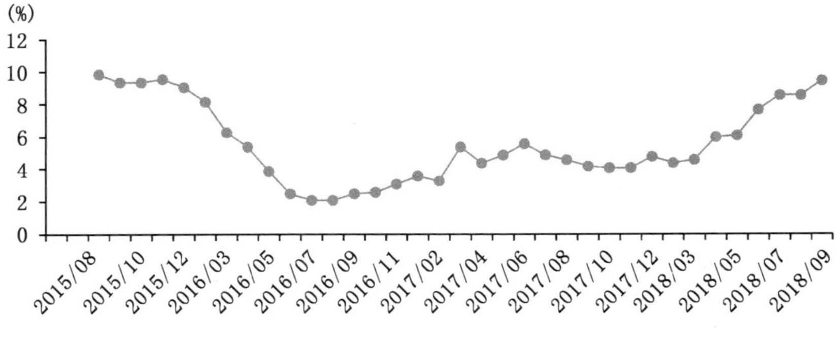

资料来源：根据国家统计局数据绘制。

图 1—44　制造业民间固定资产投资累计增长

3. 第三产业增速上升，其中信息服务行业增速最高，文娱行业领跑民间投资

2018 年度第三产业增加值同比总体较为平稳，并有略微放缓趋势。其中，信息传输、软件和信息技术服务业增加值同比则与其余细分行业不同，增长高速，本年度中同比均大于 30%（见图 1—45）。

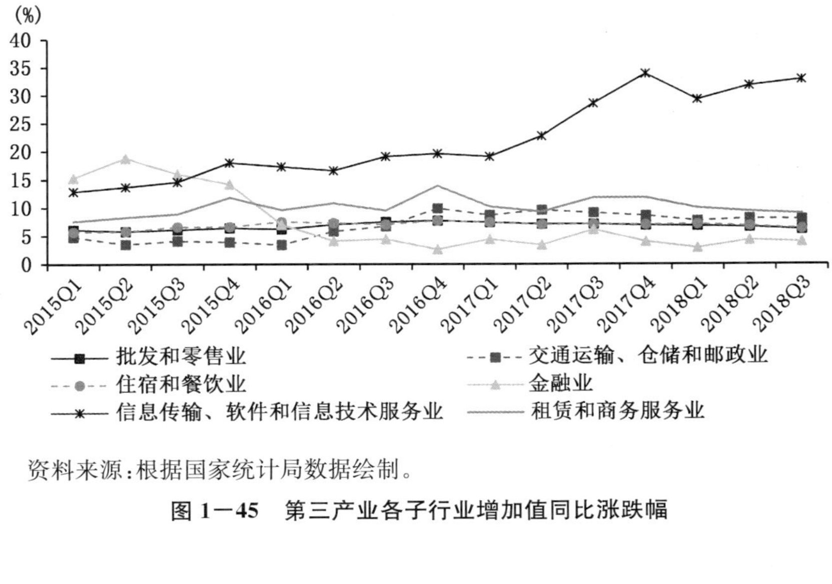

资料来源：根据国家统计局数据绘制。

图 1—45　第三产业各子行业增加值同比涨跌幅

第三产业为民间固定资产投资的热门行业，其中文化、体育和娱乐业和教育行业增速最高。2017 年 10 月，文化、体育和娱乐业和教育行业累计增速分别为 14.2%和 12.9%，到 2018 年 9 月则分别为 35.1%和 19.7%。而公共管理、社会保障和社会组织行业的民间固定资产投资增速于 2018 年 9 月下降至−8.4%。

1.2.2 工业增加值同比放缓，新兴制造业未受影响

工业增加值增速平稳，但 2018 年上半年有所放缓，低于 GDP 增速。

1. 传统制造业增速低，个别子行业规模萎缩

2018 年度分大类行业的工业增加值同比增长不一，开采辅助活动增加值同比增速最高，年度平均为 27.43%，高于年度排名第二的燃气生产和供应业约 11%。其次，新兴制造业如通信设备、计算机及其他电子设备制造业、专用设备制造业、医药制造业皆有大于 10%的年均增速。文教、工美、体育和娱乐用品制造业，酒、饮料和精制茶制造业，食品制造业等消费类制造业年均同比增长均大于 6.9%，增速高于年均 GDP 同比增速，低于新兴制造业同比增速。传统制造业中的木材加工及木、竹、藤、棕、草制品业，纺织业、造纸及纸制品业以及各种矿采选业增速最低，在 0 值周围波动，其中矿采选业大多为负增长(见图 1—46)。

2. 新兴制造业投资增速上升，集成电路行业增速最高

2017 年第四季度至 2018 年第三季度，新兴制造业中的通信设备、计算机及其他电子设备制造业，专用设备制造业，医药制造业和化学纤维制造业均为本年度增加值同比增长最瞩目的行业。其中，通信设备、计算机及其他电子设备制造业每月增加值增速皆大于 10%，并在 2018 年 8 月同比增长达到 17.1%，9 月增速略有回落，至 12.6%(见图 1—47)。

2017 年第四季度，制造业投资累计同比有所下滑，但于 2018 年 2 月起投资增速回暖，自 2018 年 2 月的 4.3%一路上升至 7 月的 7.3%(见图 1—48)。

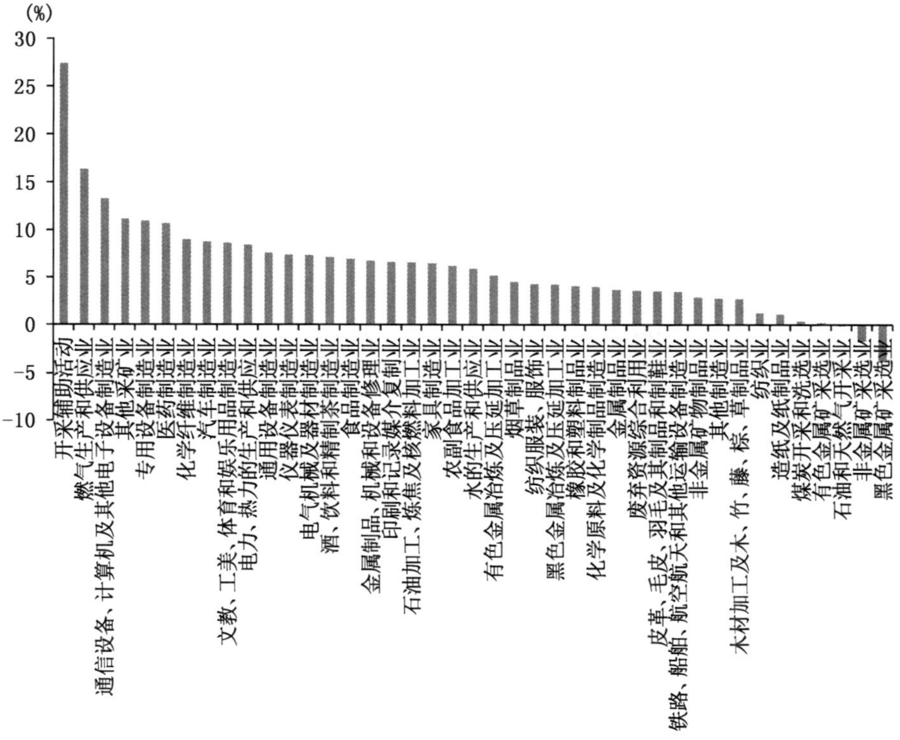

资料来源：根据国家统计局数据绘制。

图 1—46　工业增加值同比 2017 年 10 月至 2018 年 9 月平均值

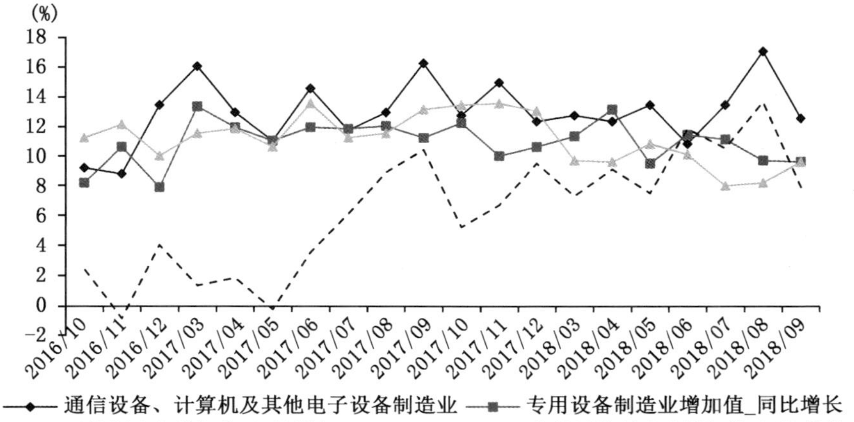

资料来源：根据国家统计局数据绘制。

图 1—47　新兴制造业各行业增加值同比涨跌幅

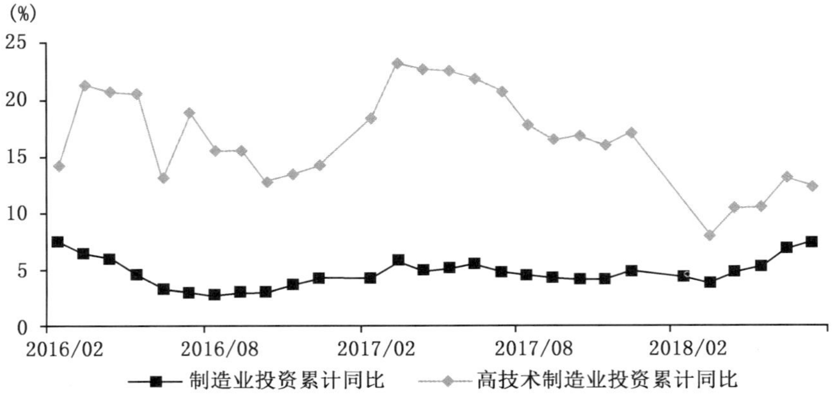

资料来源：国家统计局，天风证券研究所。

图1—48 制造业及新兴制造业投资增速

其中，新兴制造业投资累计同比较为瞩目：环境监测专用仪器仪表子行业2018年5月的投资累计增速达到106.5%，城市轨道交通子行业2月的投资累计增速达到117%。集成电路子行业投资增速持续保持高速增长，2018年4月为44.2%，7月增速上升至67.9%(见表1—1)。

表1—1 新兴制造业各子行业投资增速

行　业	2018—07	2018—06	2018—05	2018—04	2018—03	2018—02
环境监测专用仪器仪表			106.5%			
医疗诊断、监护及治疗设备	65.1%	66.3%	69.2%		39.7%	
半导体分立器件		36.3%	33.1%	23.6%		
工业自动控制系统装置	24.6%	36.3%	31.6%	30.6%		33.8%
通信系统设备			30.5%	41.0%	38.2%	70.2%
集成电路	67.9%	31.2%	28.1%	44.2%		
航空航天器及设备					33.0%	70.3%
电子电路		27.5%				
光电子器件	45.5%					
光缆	35.3%					
工业机器人						81.8%
城市轨道交通						117.0%
制造业	7.3%	6.8%	5.2%	4.8%	3.8%	4.3%

资料来源：国家统计局，天风证券研究所。

1.2.3　贸易对产业发展的总体影响

进出口贸易是对我国产业结构与产业发展的补充和调整，吸纳我国国内产业的过剩产能，弥补我国国内产业的产能不足与技术短板，使得我国产业结构得到优化与完善。

1. 工业出口占比下降，位于价值链中低端的产品占比大

出口是我国产出能力对外部经济体的贡献和衍生，也是解决我国国内市场产能过剩的一个良好方式。近年工业出口交货值占工业总产值的比例约为 10%，出口贸易作为产业发展的需求端，作用较往年有所下降。

2017 年第四季度，工业出口交货值占第二产业增加值的比值为 12.19%，随后波动下降，于 2018 年第三季度滑落至 11.8%。同期工业出口交货值占 GDP 的比值下降了 0.24 个百分点，于 2018 年第三季度达到 4.76%（见图 1—49）。

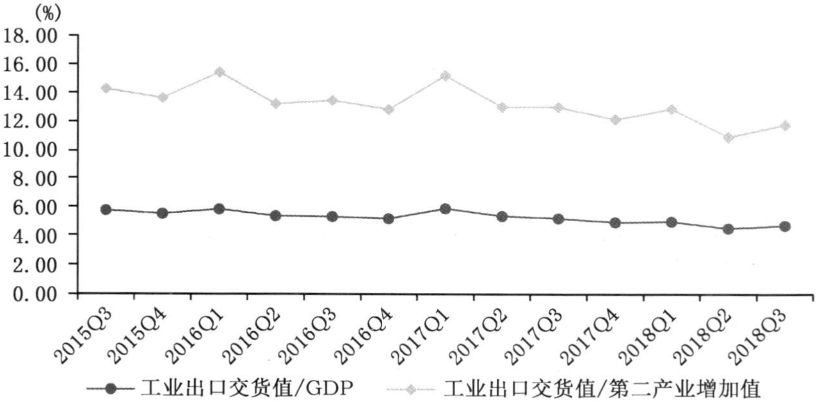

资料来源：根据国家统计局数据绘制。

图 1—49　工业出口交货值占比

根据 2017 年 6 月的截面出口指数数据，我国渔业、废弃资源综合利用业以及文教、工美、体育和娱乐用品制造业的出口指数最高。渔业的出口价格指数为 96、出口数量指数为 295.3、出口价值指数为 283.5，进口价格指数为 174.8、进口数量指数为 78、进口价值指数为 136.3，显示低价鱼类为我国出口渔业品类的主要构成且数量庞大，而高价鱼类则为进口的主要品类但数量仅为出口的 1/4。废弃资源综合利用业的出口价值指数

较高,达到231.5。传统制造业如纺织业等出口指数均较高(见图1—50)。

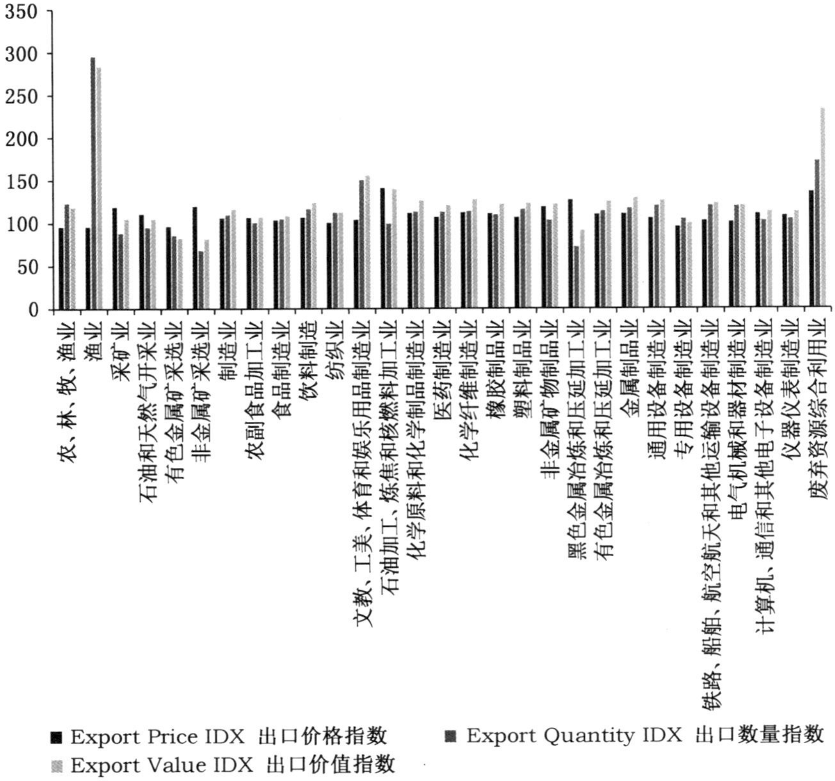

资料来源:根据国家统计局数据绘制。

图1—50 各类商品及服务出口指数

根据2018年上半年不同工业行业出口交货值及对美出口比重情况数据,支持出口的重点产业为计算机、通信和其他电子设备制造业,纺织服装、服饰业,皮革、毛皮、羽毛及其制品和制鞋业,文教、工美、体育和娱乐用品制造业等。其中,计算机、通信和其他电子设备制造业出口占比最高,接近50%。纺织服装、服饰业,皮革、毛皮、羽毛及其制品和制鞋业,文教、工美、体育和娱乐用品制造业出口占比较高,为20%以上,均对美出口占比也较高。中美贸易摩擦的实际影响额短期内与美国消费者对此类商品的需求弹性相关,消费者对价格敏感的产品将受到更大的冲击。

长期来看，由于中端制造业并不具有核心竞争力，美国消费者将有能力在他国寻找替代品（见表 1—2）。

表 1—2　　各工业产业出口交货值及对美出口占比　　单位：%，万人

行　业	出口交货值/销售产值	对美出口额/出口交货值	对美国出口/销售产值	从业人员	潜在影响就业
工业	10.3	27.1	2.8	8 493	330.5
煤炭开采和洗选业	0.1	0.1	0.0	351.5	0.000
石油和天然气开采业	0.1	0.9	0.0	67.9	0.001
黑色金属矿采选业	0.0	20.2	0.0	41.5	0.000
有色金属矿采选业	0.1	44.1	0.1	41.9	0.027
非金属矿采选业	0.3	132.1	0.3	41.8	0.1
农副食品加工业	4.4	9.4	0.4	380.3	1.7
食品制造业	5.1			198.8	
酒、饮料和精制茶制造业	1.4	4.4	0.1	147.7	0.2
烟草制品业	0.5	0.1	0.0	18.4	0.0
纺织业	9.1	22.2	2.0	403.7	8.1
纺织服装、服饰业	21.2	44.1	9.4	396.6	37.1
皮革、毛皮、羽毛及其制品和制鞋业	24.0	39.2	9.4	250.1	23.5
木材加工及木、竹、藤、棕、草制品业	6.0	28.9	1.7	130.2	2.3
家具制造业	20.4	87.0	17.8	122.2	21.7
造纸及纸制品业	4.0	38.1	1.5	119.5	1.8
印刷和记录媒介的复制业	6.0	28.6	1.7	95.6	1.6
文教、工美、体育和娱乐用品制造业	27.9	48.7	13.6	218.1	29.6
石油加工、炼焦及核燃料加工业	1.5	3.5	0.1	83.5	0.0
化学原料及化学制品制造业	4.9	19.2	0.9	443.5	4.2
医药制造业	5.2	12.2	0.6	221.2	1.4
化学纤维制造业	6.3	3.0	0.2	45.6	0.1
橡胶和塑料制品业	11.4	31.8	3.6	315.3	11.5
非金属矿物制品业	2.8	34.5	1.0	543.5	5.3
黑色金属冶炼及压延加工业	3.6	5.8	0.2	291.6	0.6
有色金属冶炼及压延加工业	2.2	14.3	0.3	188.2	0.6
金属制品业	9.4	37.9	3.6	341.7	12.2
通用设备制造业	10.1	42.1	4.2	422.5	17.9
专用设备制造业	8.6	36.2	3.1	328.7	10.2

续表

行　业	出口交货值/销售产值	对美出口额/出口交货值	对美国出口/销售产值	从业人员	潜在影响就业
汽车制造业	3.9	17.3	1.6	472.6	
铁路、船舶、航空航天和其他运输设备制造业	14.5			137.7	9.7
电气机械及器材制造业	13.9	31.7	4.4	591.8	26.1
计算机、通信和其他电子设备制造业	48.4	19.4	9.4	881	82.7
仪器仪表制造业	14.3	108.8	14.3	98.7	14.1
其他制造业	18.8	126.7	18.8	32.5	6.1

注：仪器仪表制造业、非金属矿采选业、其他制造业这三个行业的对美出口额与出口交货值比重超过100%，这可能是由于统计口径不同造成的，对美国出口金额的数据来自美国，出口交货值数据来自中国，但这仍具有参考意义，说明这些行业出口美国的比重较高。

资料来源：中国银行国际金融研究所。

2. 进口占比上升，基础材料类占比大

进口产品反映了我国国内的需求，是对我国产能缺失与产业体系不足的补充。近年来，我国进口占比稳步上升，科技、服务、高端产品的进口对我国产业的提升作用增强。2017年第四季度，进口总值占GDP的比值为4.9%，2018年则上升至5.6%左右。同期进出口总值占GDP的比值上升，进出口差额占GDP的比值则下降，反映商品与服务的进出口在我国经济活动中所处的地位稳步上升，我国贸易顺差额有所下降。

进出口活动对我国产业发展的影响在扩大，但技术、人力资本、产业市场、准入制度、监管制度等对产业发展的影响更大（见图1—51）。

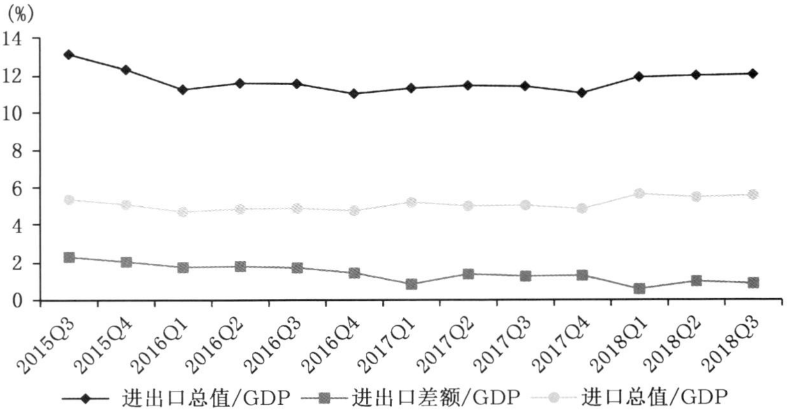

资料来源：根据国家统计局数据绘制。

图1—51　进出口与进口占比

图 1—52 为 2017 年 6 月的截面进口指数数据，我国渔业、食品制造业和化学纤维制造业为进口指数综合最高的三大行业。食品制造业，化学纤维制造业，造纸和纸制品业，文教、工美、体育和娱乐用品制造业，以及有色金属矿采选业为进口价值指数最高的行业。上述产业结构特征反映了外国商品对我国产业的补充内容和程度。

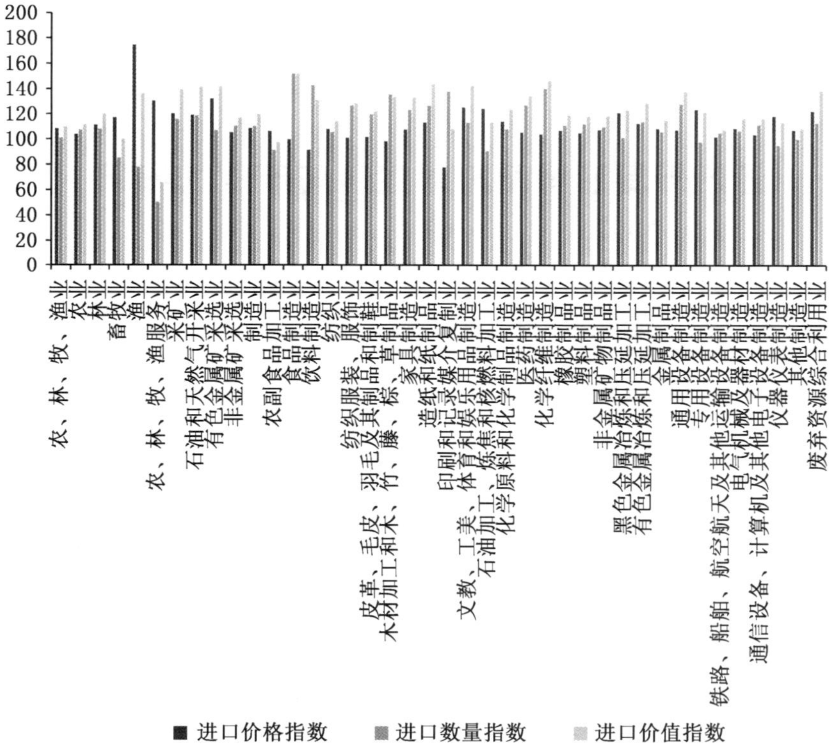

资料来源：根据国家统计局数据绘制。

图 1—52　各类商品及服务进口指数

1.2.4　本节小结

- 第三产业占比最大、增速最高。
- 传统制造业增速放缓，新兴制造业增长迅猛。
- 处于价值链中低端的行业占进出口贸易总额的首要位置。

2017 年第四季度至 2018 年第三季度，我国产业发展的总体状况面临机遇与改革。总体状况方面,第一产业增加值同比放缓,民间投资增长平稳;第二产业总体平稳,同比略有放缓;第三产业增加值同比依旧最高,且在民间固定资产投资累计增速最高的五大行业中占据第四位。

第二产业中,传统制造业增速低,个别子行业进入周期的衰退阶段;而新兴制造业投资增速上行,尤其是集成电路行业的增长备受瞩目。2017年第四季度至2018年第三季度,我国贸易对产业发展的总体影响加大,其中,进口占国内生产总值的比重上升,工业出口占国内生产总值的比重下降,进出口总值占国内生产总值的比重仍然上升。

1.3 近期外贸形势及其对经济与产业的影响

本节主要分析2017年第四季度至2018年前三季度我国的外贸经济形势,以及对经济和产业发展的影响。

1.3.1 我国外贸的基本情况

1. 对货物贸易的依赖度较高,服务贸易开始快速发展

(1)货物贸易仍然是我国外贸的主要形式

货物贸易在我国进出口贸易中占有主要比重,近年来,按国际收支口径统计的货物贸易收支占比基本都保持在90%左右(见图1—53)。根据国家外汇局统计,2018年9月,我国国际收支口径的国际货物和服务贸易收入2 352亿美元,支出2 258亿美元,顺差94亿美元。其中,货物贸易收入2 169亿美元,支出1 826亿美元,顺差343亿美元;服务贸易收入183亿美元,支出432亿美元,逆差249亿美元。

(2)货物贸易顺差持续收窄

近年来,我国货物贸易顺差持续收窄,同比增速基本维持负数,2018年3月还出现了贸易逆差(见图1—54)。2018年前三季度,我国货物贸易进出口总值为22.28万亿元,比上年同期增长9.9%。其中,出口11.86万亿元,增长6.5%,出口增速回落;进口10.42万亿元,增长14.1%;贸易顺差1.44万亿元,收窄28.3%。以美元计算,2018年前三季度,我国进出口贸易顺差2 213亿美元,与2017年前三季度的2 955亿美元相比,同比下降约25%。

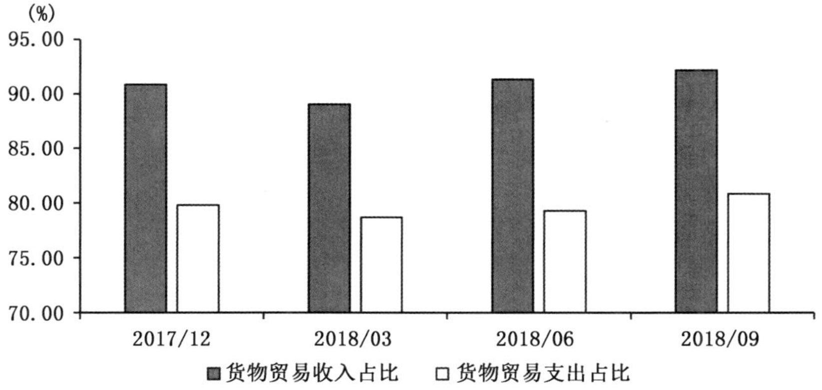

资料来源：根据海关总署数据绘制。

图 1—53　货物贸易收支占货物和服务贸易收支的比重

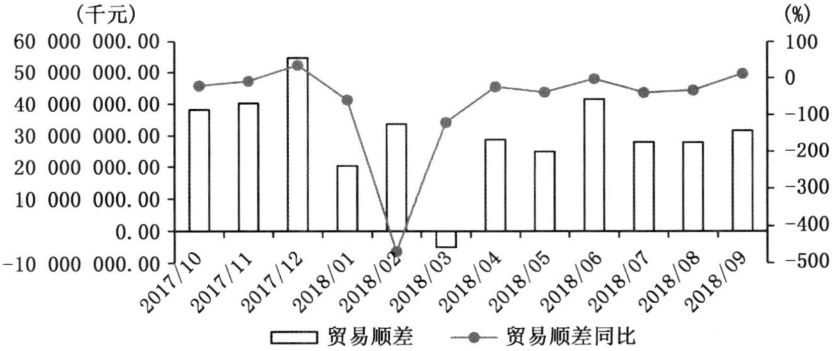

资料来源：根据海关总署数据绘制。

图 1—54　我国货物贸易顺差情况

(3)服务贸易逆差出现波动

国家统计局最新报告显示，1982 年至 2017 年，我国服务进出口总额从 47 亿美元增长到 6 957 亿美元，年均增长 15.4%。据商务部统计，以人民币计算，2017 年，我国服务出口增幅达 10.6%，是 2011 年以来出口增速最高；出口增速比进口高出 5.5 个百分点，是 7 年来我国服务出口增速首次高于进口。2018 年前三季度，我国服务贸易总量保持平稳较快的增长态势，进出口规模创历史新高，服务贸易逆差和波动明显。2018 年上半年，服务进出口额、出口额和进口额分别为 3 973.1 亿美元、1 320.9

亿美元和 2 652.2 亿美元，增速分别为 17%、22.4%和 14.4%，贸易逆差 1 331.3 亿美元，首次出现半年度收窄。而随后的 2018 年 8 月，我国服务贸易逆差 290 亿美元，创 2017 年 6 月以来的新高，逆差额较上月的 253 亿美元扩大 14.79%。2018 年 9 月，我国服务贸易逆差 249 亿美元，仍然处于较高水平(见图 1—55)。

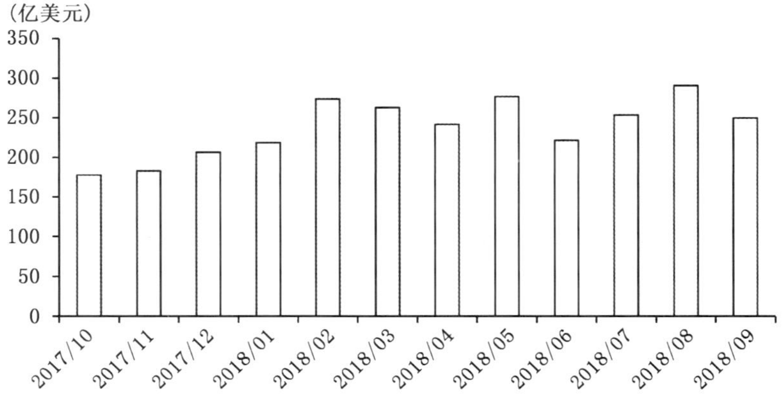

资料来源：根据国家外管局数据绘制。

图 1—55　我国服务贸易逆差情况

2. 外贸区域加速扩展，对欧美的依赖性仍然较大

(1)欧美仍是我国重要的货物和服务贸易伙伴

2017 年，欧盟、美国、东盟是我国的三大贸易伙伴，进入 2018 年，这一状况仍然存在(见图 1—56)。根据海关总署统计，2018 年前三季度，欧盟仍然是我国最大的贸易伙伴，我国对欧盟进出口 5 067.2 亿美元，同比增长 12.7%，占我国货物贸易进出口总额的 14.8%。其中，出口 3 015.21 亿美元，同比增长 11.6%；进口 2 051.99 亿美元，同比增长 14.4%。2018 年前三季度，我国对美国进出口 4 718.45 亿美元，同比增长 12.1%，占我国货物贸易进出口总额的 13.7%，美国仍为我国第二大贸易伙伴。其中，对美出口 3 488.19 亿美元，增长 13%；自美进口 1 230.26 亿美元，增长 9.4%。

根据最新发布的《关于中美经贸摩擦的事实与中方立场》白皮书，美国是中国服务贸易最大逆差来源地，且逆差快速扩大。据美国方面统计，2007—2017 年，美国对华服务出口额由 131.4 亿美元扩大到 576.3 亿美

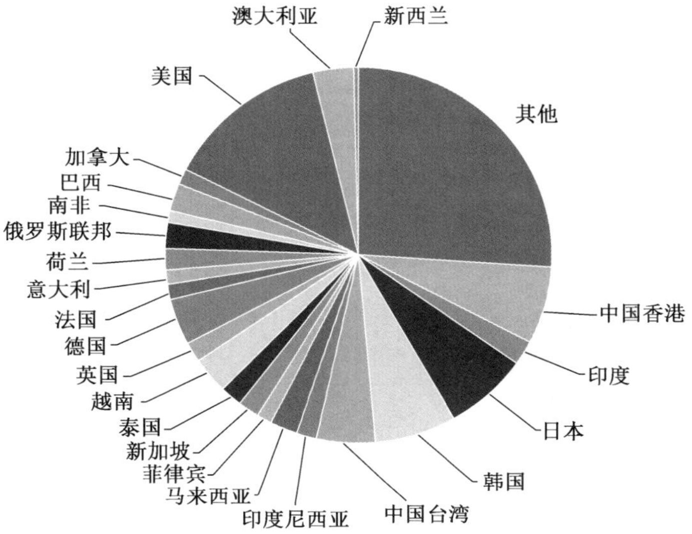

资料来源:根据海关总署数据绘制。

图 1—56　2018 年前三季度我国进出口贸易伙伴分布

元,增长了 3.4 倍,而同期美国对世界其他国家和地区的服务出口额增长 1.8 倍,美国对华服务贸易年度顺差扩大 30 倍,至 402 亿美元(见图 1—57)。据中国商务部最新发布的数据,2017 年中国自美国服务进口 870.8 亿美元,占中国服务进口的 18.6%。目前,美国是中国第二大服务进口来源地和第一大服务贸易逆差来源国,对美服务贸易逆差占中国服务贸易逆差总额的 20%左右。

中国与欧盟是重要的服务贸易伙伴,欧盟部分成员国与我国的服务贸易位居我国服务贸易的前列。在欧盟国家中,英国是欧盟成员国服务进口中我国第一大服务进口来源地,也是我国所有服务进口中的第六大服务进口来源地。根据商务部发布的数据,2017 年,中国自英国服务进口 214.1 亿美元,同比下降 3.1%,占中国服务进口总额的 4.6%。2018 年,中英双方还签署了《关于建立中英服务贸易工作组谅解备忘录》,深化中英"一带一路"项目合作,加强投资政策交流,促进双向投资,扩大服务贸易,深化两国地方和企业合作。德国是欧盟成员国中我国的第二大服务进口来源地,也是我国所有服务进口中的第七大服务进口来源地。2017 年,中国自德国服务进口 199.4 亿美元,同比增长 14.0%,占中国服

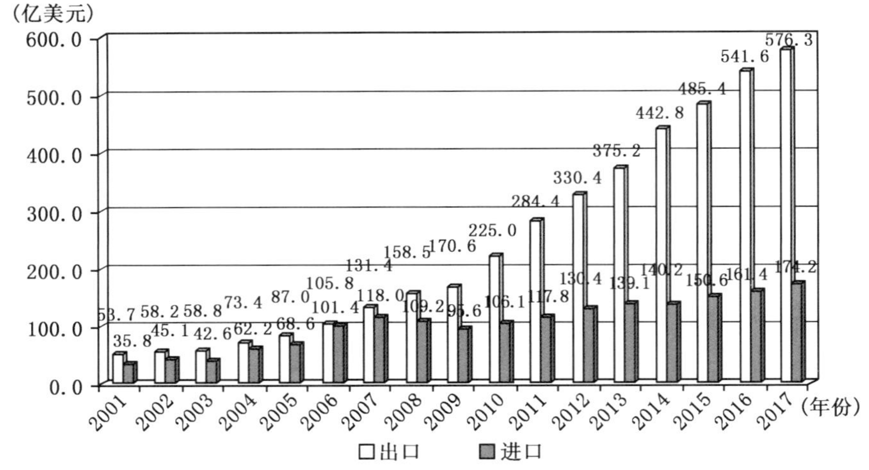

资料来源:《关于中美经贸摩擦的事实与中方立场》白皮书。

图 1—57　美国对中国服务贸易进出口

务进口总额的 4.3%。

(2)“一带一路”沿线国家或地区货物和服务贸易持续快速增长

“一带一路”沿线国家或地区贸易持续快速增长,贸易额持续扩大。根据海关总署统计,2013 年至 2017 年,我国与“一带一路”沿线国家或地区进出口总值为 33.2 万亿元,年均增长 4%,高于同期我国外贸年均增速。在占比方面,根据海关总署数据,我国与沿线国家贸易额占外贸总值的比重也在逐年提升,由 2013 年的 25%提升到 2017 年的 26.5%,2018 年前三季度占比进一步提升至 27.3%,成为对外贸易发展的一个亮点。其中,对韩国、新加坡、马来西亚、俄罗斯等国贸易总量优势明显(见图 1—58 和图 1—59)。

2017 年第四季度以来,我国与部分“一带一路”沿线国家或地区的贸易始终保持两位数增长,一些国家增速超过 40%(分别见图 1—60 和图 1—61)。在 2018 年前三季度,我国对欧盟、美国和东盟的进出口分别增长 12.7%、12.1%和 18.6%,三者合计占我国进出口总值逾 40%,对东盟的进出口增速远高于对欧美的进出口增速。同期,在出口方面,我国对多数“一带一路”沿线国家或地区均保持较高的增速;在进口方面,我国对哈萨克斯坦、越南、俄罗斯等部分“一带一路”沿线国家或地区分别增长

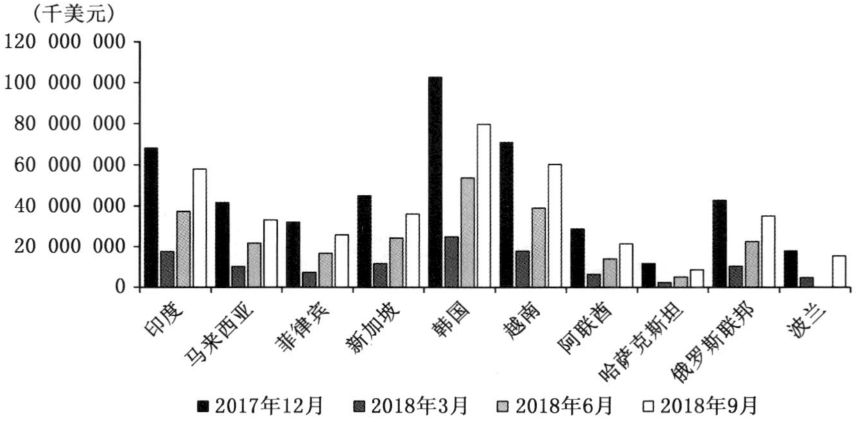

资料来源:根据海关总署数据绘制。

图 1—58　部分“一带一路”国家或地区累计货物出口情况

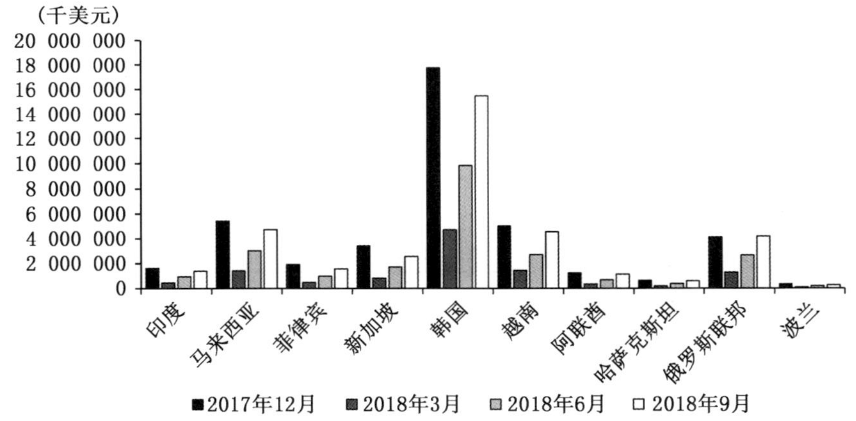

资料来源:根据海关总署数据绘制。

图 1—59　部分“一带一路”国家或地区累计货物进口情况

41.5%、40.2%和 39.2%,均高于总体增幅。

根据商务部最新发布的数据,2017 年,中国自“一带一路”沿线国家或地区服务进口总计 668.7 亿美元,同比增长 25.1%,占中国服务进口总额的 14.3%。前十大进口国家为新加坡、泰国、俄罗斯、马来西亚、越南、阿联酋、印度尼西亚、印度、菲律宾和伊朗。中国自排名前十的“一带一路”国家或地区服务进口总计 499.3 亿美元,占中国自“一带一路”沿线

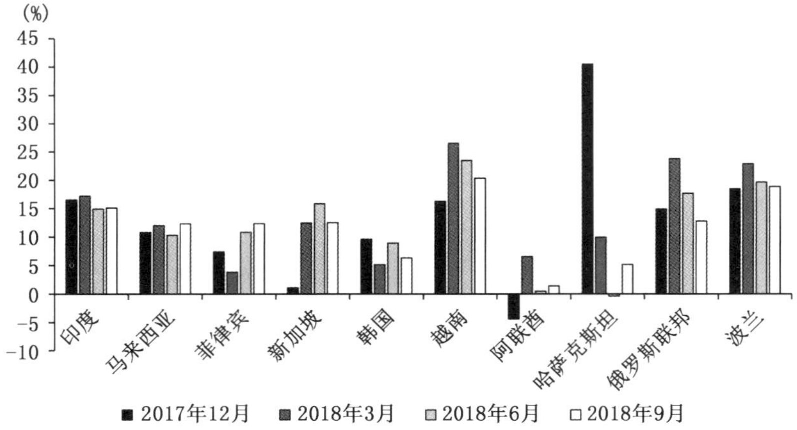

资料来源：根据海关总署数据绘制。

图 1－60　部分"一带一路"国家或地区货物出口累计同比增速

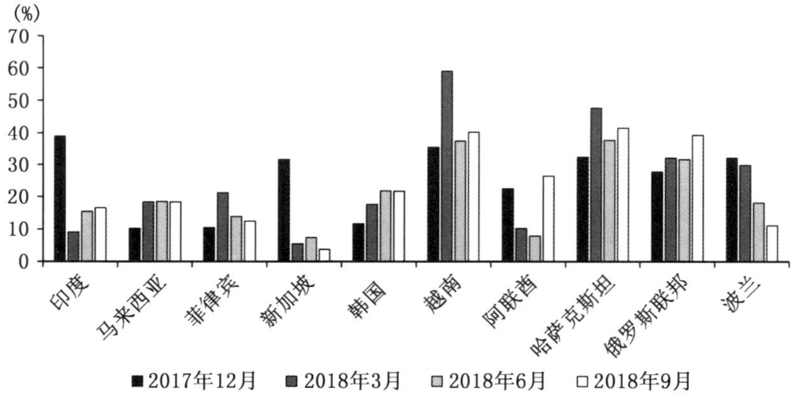

资料来源：根据海关总署数据绘制。

图 1－61　部分"一带一路"国家或地区货物进口累计同比增速

国家或地区服务进口总额的 74.7%。

截至 2017 年底，我国服务外包的业务范围已经遍及五大洲 200 多个国家和地区，服务外包执行额超亿元的国家和地区达到 130 个，"一带一路"国家或地区增速明显（见图 1－62 和图 1－63）。据商务部统计，2013－2017 年，中国企业在"一带一路"沿线国家或地区新签对外承包工程合同额累计 3 629.9 亿美元，完成营业额累计 2 307.6 亿美元，分别占同期总额的 50.5%和 47.9%。2018 年前三季度，我国境内投资者对外承包工程新签合同额 1 545.1 亿美元，完成营业额 1 089.9 亿美元，同比增长 6.4%；对外劳务合作派出各类劳务人员 35.5 万人，9 月末在外各类劳务人员 99.6 万人，较上年同期增加 3.5 万人。其中，我国对“一带一路”沿线国家或地区的对外承包工程完成营业额 584.9 亿美元，同比增长 18.4%，远高于全部对外承包工程的总体水平。

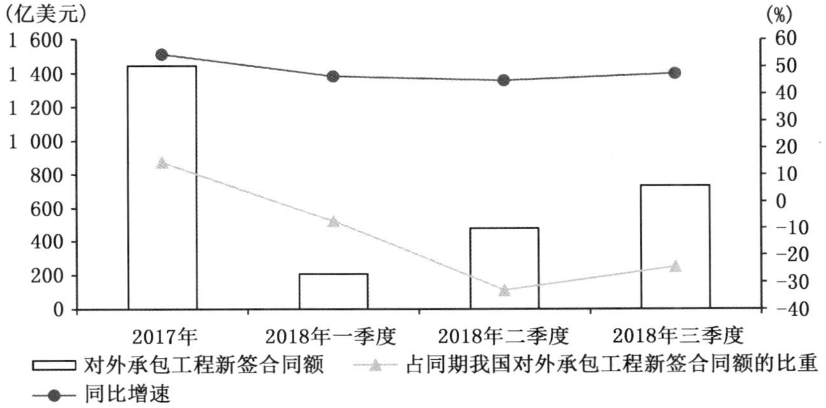

资料来源：根据商务部数据绘制。

图 1—62　我国对“一带一路”沿线国家或地区对外承包工程新签合同额

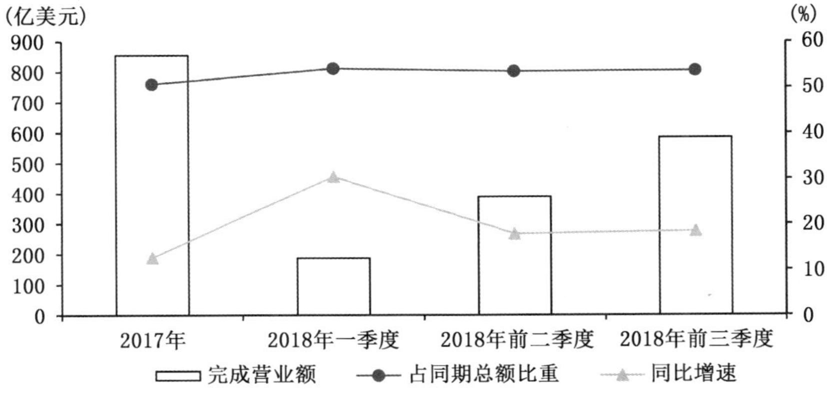

资料来源：根据商务部数据绘制。

图 1—63　我国对“一带一路”沿线国家或地区对外承包工程完成营业额

3. 对传统优势产品的依赖性仍然较大，技术含量缓慢提升

(1)具有传统优势的货物出口量仍然较大，具有技术含量的产品出口量缓慢提升

从商品章类看，电力机械、器具及其电气零件，电信与声音的录制及重放装置设备，办公用机械及自动数据处理设备等传统加工制造类产品出口金额位居前三，其中，电力机械、器具及其电气零件和电信与声音的录制及重放装置设备均超过 2 000 亿美元；此外，服装及衣着附件，杂项制品，通用工业机械设备及零件，纺纱、织物、制成品及有关产品等传统出口优势产品也依然位居前列，金额在 1 000 亿美元左右(见图 1—64)。

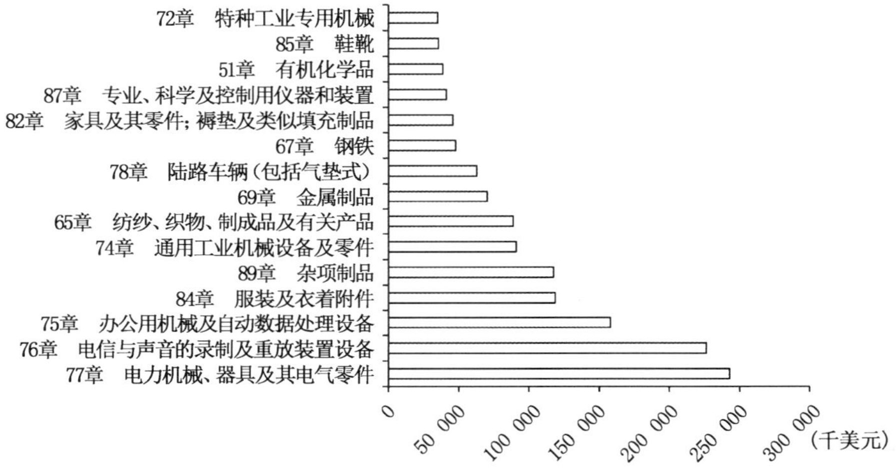

资料来源：根据海关总署数据绘制。

图 1—64 2018 年前三季度出口金额靠前的章类产品

从具体商品看，机电产品、高新技术产品等具有技术含量的产品出口比重明显较高，集成电路、手持无线电话机及其零件和汽车零配件等产品的出口均以两位数增长(见图 1—65)。2018 年前三季度，机电产品出口 10 639.53 亿美元，比上年同期增长 13.5%；高新技术产品出口 5 335.546 亿美元，比上年同期增长 15.5%，均保持了较高增速。此外，服装及衣着附件等传统优势行业出口量仍然较大。其中，2018 年前三季度，服装及衣着附件出口 1 184.775 亿美元，同比增长 0.6%，处于较低水平；纺织纱线、织物及制品出口 892.91 亿美元，同比增长 10.5%。

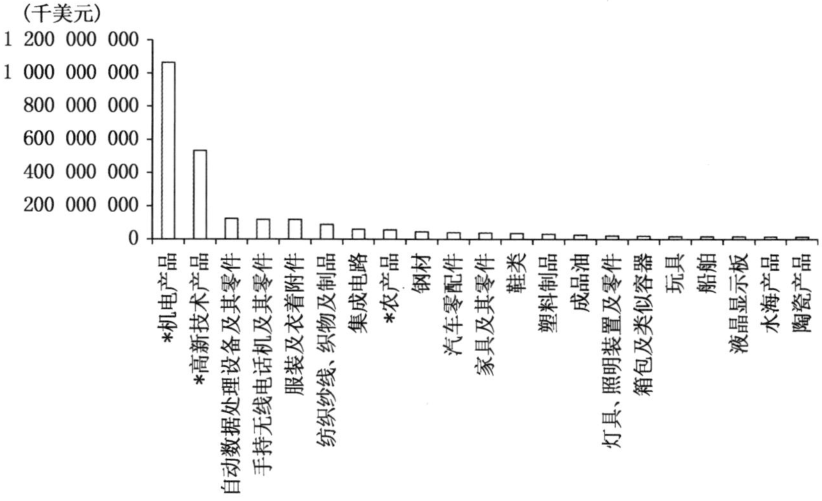

资料来源：根据海关总署数据绘制。

图 1—65　2018 年前三季度出口金额靠前的具体商品

进口方面，电力机械、器具及其电气零件，石油、石油产品及有关原料，金属矿砂及金属废料等高新技术产品以及能源、原料类的产品进口金额位居前三，前三位的这三个章类的商品进口均超过 100 亿美元，尤其是排在第一位的“电力机械、器具及其电气零件”章类，进口金额超过 300 亿美元，金额远远高于其他章类的商品；此外，陆路车辆，专业、科学及控制用仪器和装置、电信及声音的录制及重放装置设备、有机化学品等传统进口产品的进口量也依然位居前列（见图 1—66）。

从进口的具体商品结构看，高新技术产品、农产品等依然是我国主要的进口产品（见图 1—67）。其中，机电产品、高新技术产品、农产品为大类。在高新技术产品方面，2018 年前三季度，我国机电产品大类进口 7 263.644 亿美元，是我国进口产品大类中比重最大的产品，比 2017 年同期增长 18.7%，增速较高；高新技术产品大类进口 5 013.891 亿美元，比 2017 年同期增长 20.6%，增速也位居前列。在能源方面，2018 年前三季度，我国原油进口 1 720.936 亿美元，同比增长 43.1%；天然气进口 261.521 亿美元，同比增长 64.8%，同比增速迅猛。在原材料、初级形状的塑料和农产品方面，2018 年前三季度，受价格等因素影响，铁矿砂及其精矿 558.378 亿美元，金额仍然较大，但增速为－5.4%，进口数量出现下

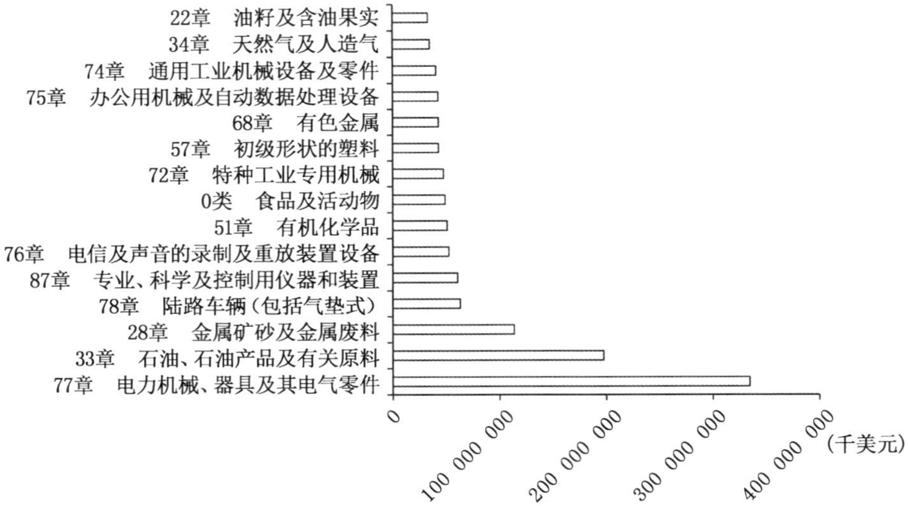

资料来源:根据海关总署数据绘制。

图 1—66 2018 年前三季度进口金额靠前的章类产品

降;未锻轧铜及铜材进口 288.289 亿美元,同比增长 29.7%;农产品进口 1 049.361 亿美元,同比增长 12.9%,增速平稳。

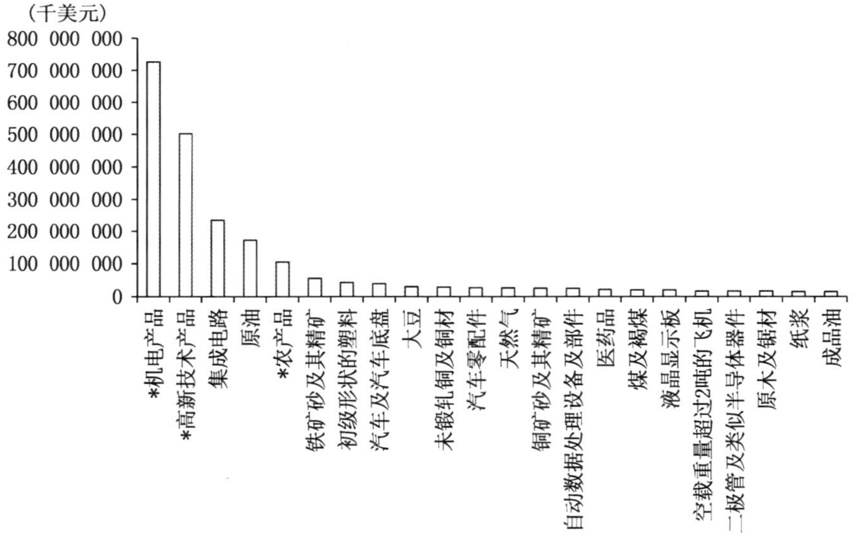

资料来源:根据海关总署数据绘制。

图 1—67 2018 年前三季度进口金额靠前的具体商品

从我国进出口的重要产品机电产品的结构看，我国机电产品的进出口依然呈现出进口相对高端产品、出口相对低端产品的形态。根据中国机电产品进出口商会发布的最新数据，2018 年一季度，我国机电商品进口以电子元器件，汽车及其关键件、零附件，电工器材，仪器仪表，自动数据处理设备及其部件、零附件等具有高技术特征的商品为主（见图 1—68）。在出口方面，2018 年一季度，我国机电产品出口以通信设备及零件，自动数据处理设备及其部件、零附件，电子元器件，电工器材，日用机械，家用电器及零件等为主（见图 1—69），其中虽然包括部分高新技术产品，但仍然以传统中低端产品为主。

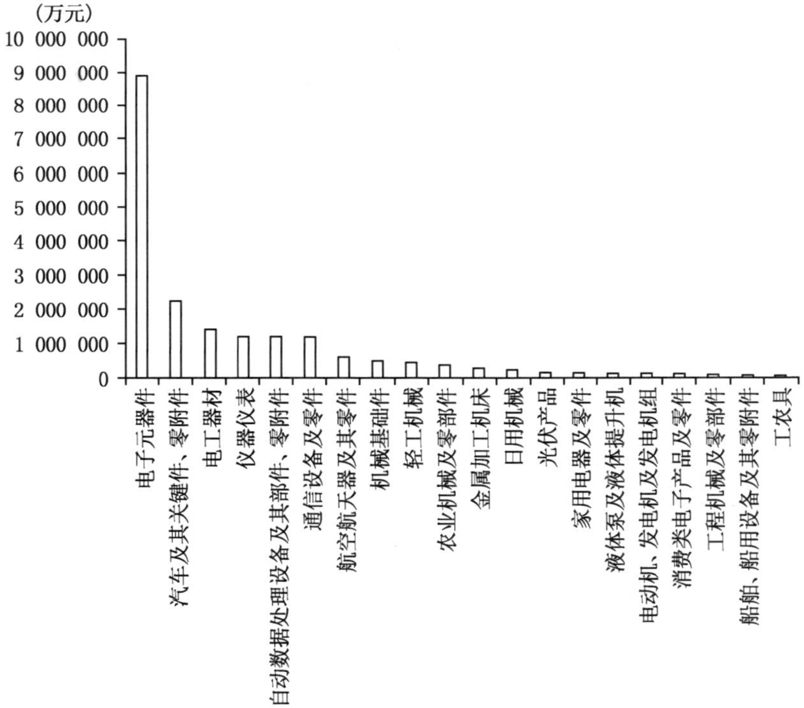

资料来源：中国机电产品进出口商会。

图 1—68　2018 年一季度主要机电产品进口金额结构

(2)传统服务进出口平稳增长，新兴服务业进出口增速存在差异

出口方面，2017 年四季度以来，我国传统服务业出口仍保持较高水平，新兴服务业出口相对较弱（见图 1—70 和图 1—71）。2018 年前三季

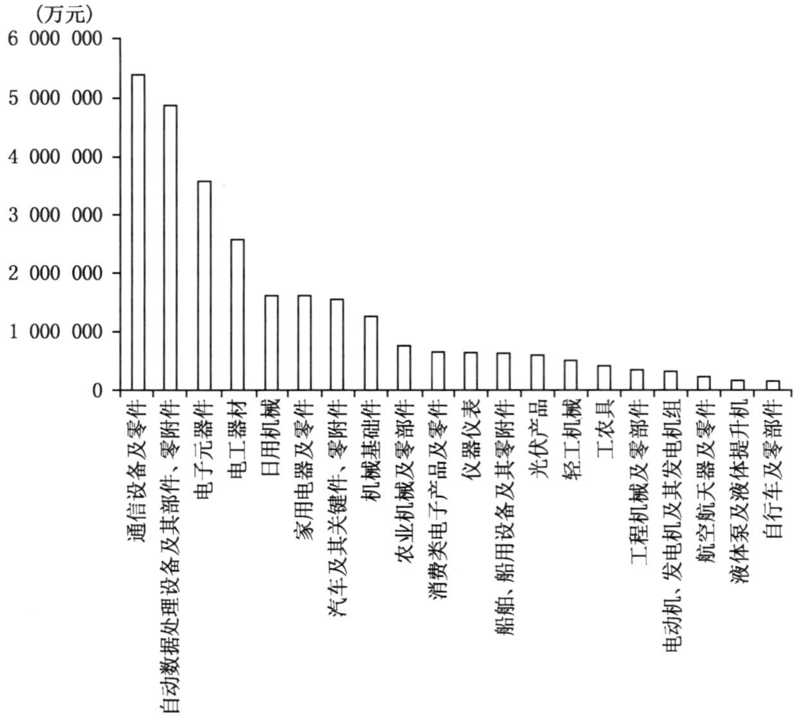

资料来源:中国机电产品进出口商会。

图 1—69 2018 年一季度主要机电产品出口金额结构

度,除其他类外,运输,旅行,电信、计算机和信息服务出口规模位居前三,分别为 106 亿美元、98 亿美元和 72 亿美元,同比分别增长 7%、51%、17%,旅行出口增速明显;加工服务、建设、维护和维修服务等也具有较大规模。金融服务,保险和养老金服务,知识产权使用费,个人、文化和娱乐服务等新兴服务出口分别为 8 亿美元、10 亿美元、14 亿美元和 2 亿美元,增速分别为 1.39%、−7%、10.06%、2.56%,规模和增速都与传统服务业出口还有较大差距。

进口方面,2017 年四季度以来,我国进口以旅行、运输等传统领域为主,知识产权使用费,电信、计算机和信息服务,保险和养老金服务等较新兴的领域规模也较大(见图 1—72 和图 1—73)。2018 年前三季度,我国旅行进口 737 亿美元,是我国进口最大的服务类别;运输进口 300 亿美元,位居第二。知识产权使用费,电信、计算机和信息服务,保险和养老金

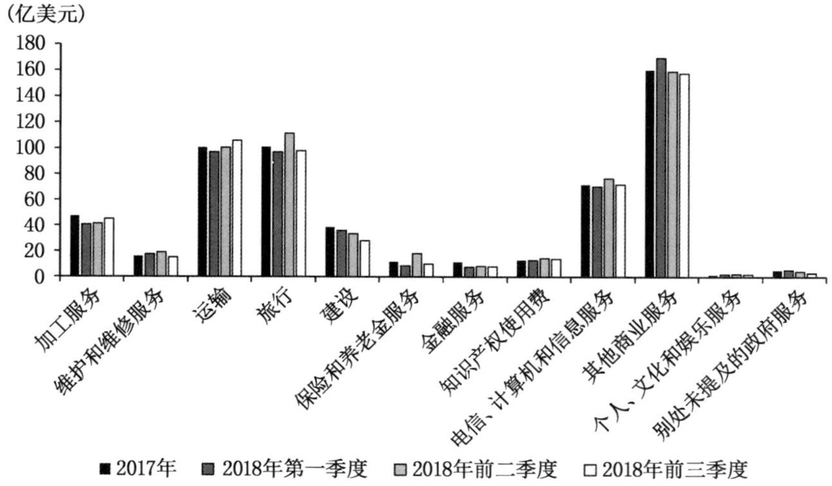

资料来源:根据国家外管局数据绘制。

图 1—70　服务业出口结构

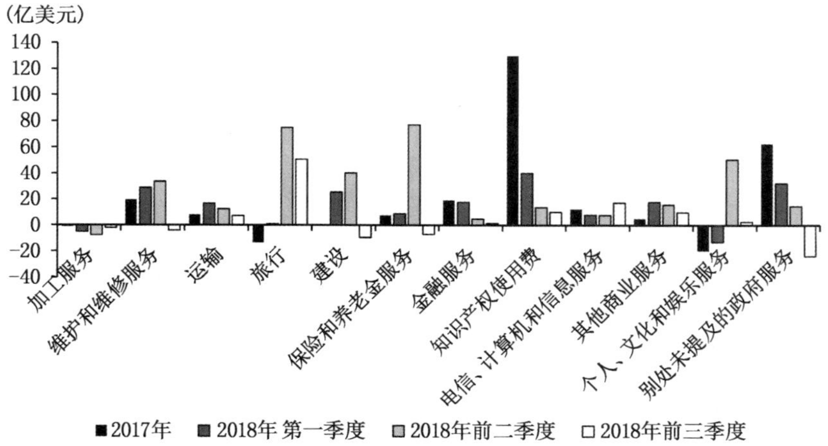

资料来源:根据国家外管局数据绘制。

图 1—71　服务业出口累计同比增速

服务进口分别为 84 亿美元、60 亿美元和 31 亿美元,与旅行和运输的金额差距较大。从增速看,2018 年前三季度,我国旅行进口增速为 15.6%,运输增速为 21.2%,增速居中;金融服务在 2018 年第一季度为 33.2%和上半年为 60%的高速增长后,2018 年第三季度增速为—1.96%;知识产权使用费增速相对稳定，2017年第四季度至2018年第三季度增速分别为20.62%、37.04%、32.43%、20.00%；个人、文化和娱乐服务增速也一直相对较高，2017年第四季度至2018年前三季度分别增长34.98%、30.11%、9.36%和17.30%。可见，各类服务以及不同时间段的增速都存在较大差异，总体而言，传统服务业增速稳定，部分新兴服务业快速增长。

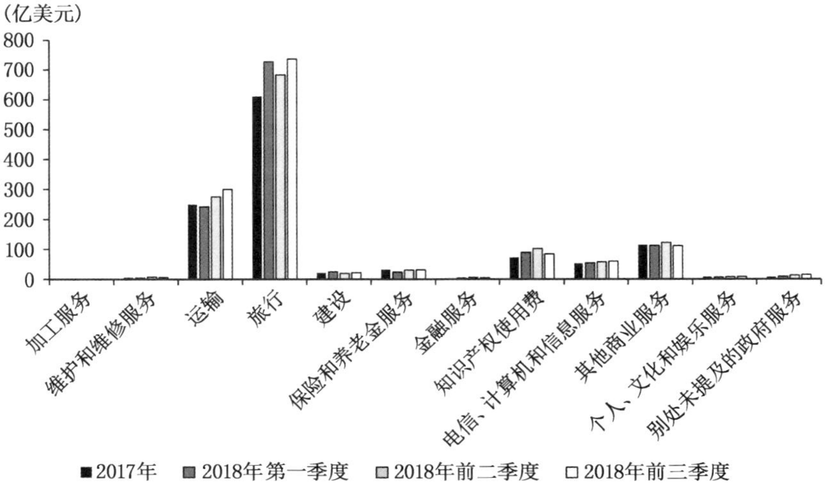

资料来源：根据国家外管局数据绘制。

图1—72 服务业进口结构

4. 一般贸易比重快速上升，对加工贸易的依赖有所下降

(1)一般贸易出口增速保持较高水平，进口增速快速增加

2017年四季度以来，我国一般贸易进出口额快速增长，比重上升，2018年第二季度之后一直保持20%左右的增长速度(见图1—74)。2017年，我国一般贸易进出口额为23 128.5亿美元，占全部贸易的56.3%，比2016年的一般贸易进出口额增长13.8%；2018年前三季度，我国一般贸易进出口额为20 071.4亿美元，增长19.5%，比上年同期13.1%的增速提升6.4个百分点。一般贸易进出口额保持快速增长，表明我国的贸易方式结构正在持续优化。

在出口方面，我国一般贸易出口增速一直保持高速增长，特别是进入2018年以来，一般贸易出口增速迅猛，并且一直保持两位数的增长速度

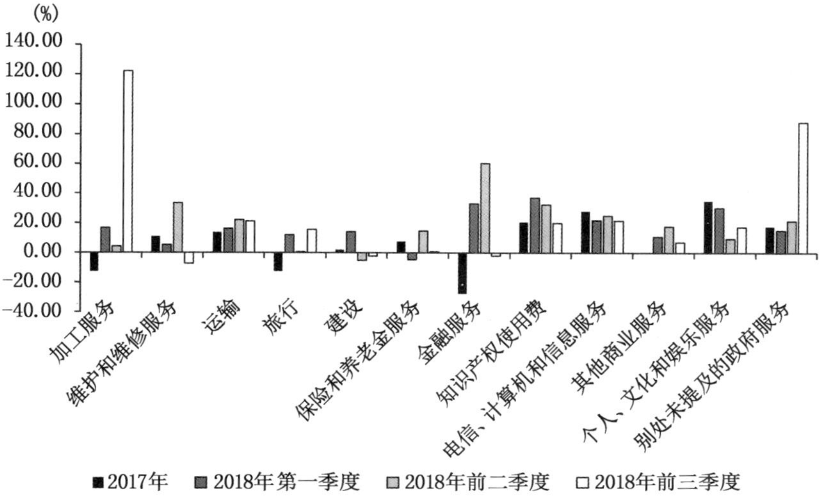

资料来源：根据国家外管局数据绘制。

图 1—73　服务进口累计同比增速

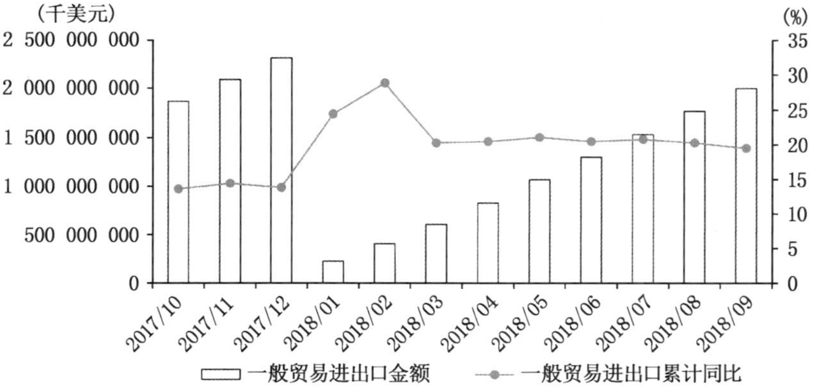

资料来源：根据海关总署数据绘制。

图 1—74　我国进出口一般贸易累计情况

（见图 1—75）。其中，2018 年 2 月的同比增速达到 33.8%，创历史新高。2017 年，我国一般贸易出口额为 12 300.84 亿美元，比 2016 年的一般贸易出口额增长 8.7%；2018 年前三季度，我国一般贸易出口额为 10 371.5 亿美元，增长 16.9%，比上年同期 7.1%的增速高出一倍，表明我国出口结构改善步伐加快。

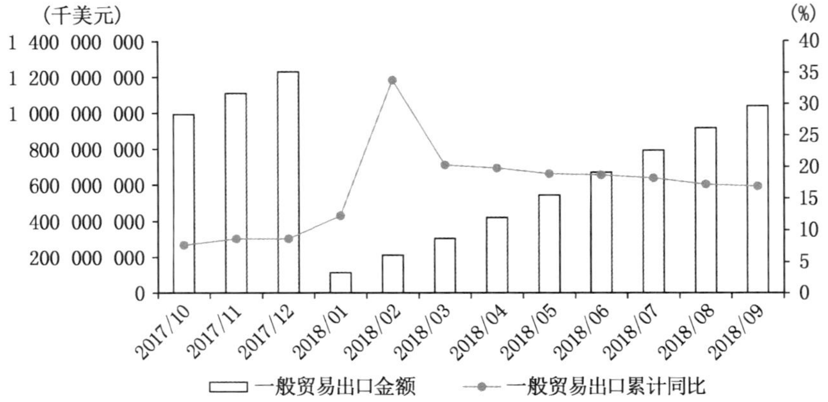

资料来源:根据海关总署数据绘制。

图1—75 我国出口一般贸易累计情况

在进口方面,除了2018年初出现了超过40%的增长外,我国一般贸易进口增速一直保持20%左右的平稳快速增长(见图1—76)。2017年,我国一般贸易进口10 827.5亿美元,比2016年的一般贸易进口额增长20.2%;2018年前三季度,我国一般贸易进口额为9 699.86亿美元,增长22.4%,略高于上年同期20.7%的增速。

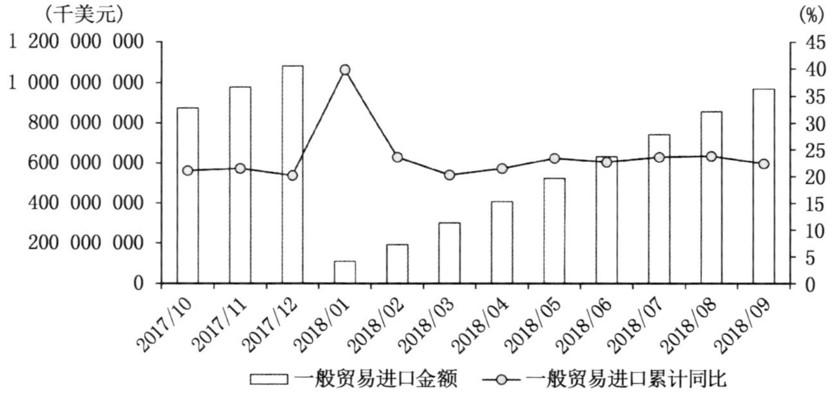

资料来源:根据海关总署数据绘制。

图1—76 我国进口一般贸易累计情况

(2)加工贸易进出口增速低于总体进出口增速

2017 年四季度以来，我国加工贸易进出口金额增速存在一些波动，但总体基本保持低位（见图 1—77）。2017 年，我国进料加工贸易额为 10 256.14 亿美元，来料加工装配贸易额为 1 644.4 亿美元，同比增速分别为 7.9%和 2.1%，二者合计 11 900.5 亿美元，占 2017 年全部贸易的 29%。2018 年前三季度，我国进料加工贸易进出口额为 7 927.45 亿美元，同比增长 9.6%，低于一般贸易增速近 10 个百分点；来料加工装配贸易进出口额为 1 334.87 亿美元，同比增长 7.5%，低于一般贸易增速 1 倍以上。2018 年前三季度，来料加工与进料加工贸易增速均低于进出口 15.7%的总体增速。

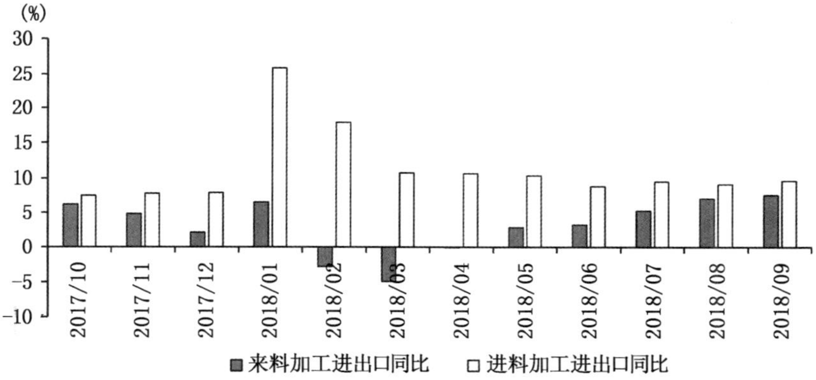

资料来源：根据海关总署数据绘制。

图 1—77　我国加工贸易进出口累计增速

在出口方面，除个别月份外，我国加工贸易出口金额增速基本保持在 10%以下（见图 1—78）；在进口方面，进料加工贸易增速相对平稳，来料加工贸易增速下滑明显，并且在 2017 年 12 月至 2018 年 6 月累计增速出现连续的负增长（见图 1—79）。加工贸易进口增速放缓，反映了贸易摩擦对企业生产预期的影响，企业出于对出口的担忧，提前减少了相关加工贸易进口。

1.3.2　近期外贸形势变化及其对经济的影响

1. 贸易复苏和贸易保护并存，加大未来外贸形势的不确定性

(1)全球货物贸易仍处在复苏区间，服务贸易持续快速增长

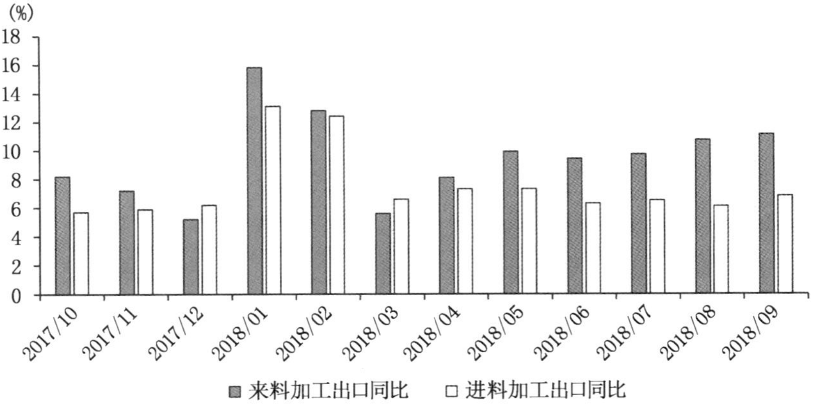

资料来源:根据海关总署数据绘制。

图 1—78 我国加工贸易出口累计增速

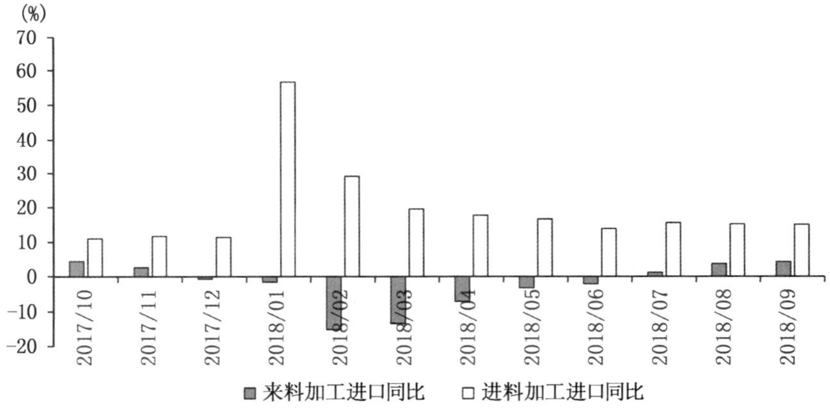

资料来源:根据海关总署数据绘制。

图 1—79 我国加工贸易进口累计增速

近年来,全球货物贸易保持复苏态势,特别是进入 2017 年以来,全球经济恢复增长、需求反弹,使得全球贸易环境大幅改善。进入 2018 年,受多种不利因素影响,全球经济复苏有所放缓,但仍然平稳。据世界贸易组织统计,2017 年,全球商品贸易量增长 4.7%,为 6 年来最高水平;贸易额增长 11%,保持平稳上升态势。进入 2018 年,世界货物贸易进出口在年初明显下滑,2018 年 2 月降至最低点 13 600 亿美元,随后有所回升。2018 年前三季度,世界货物贸易进出口总体上仍然保持平稳(见图 1—80)。

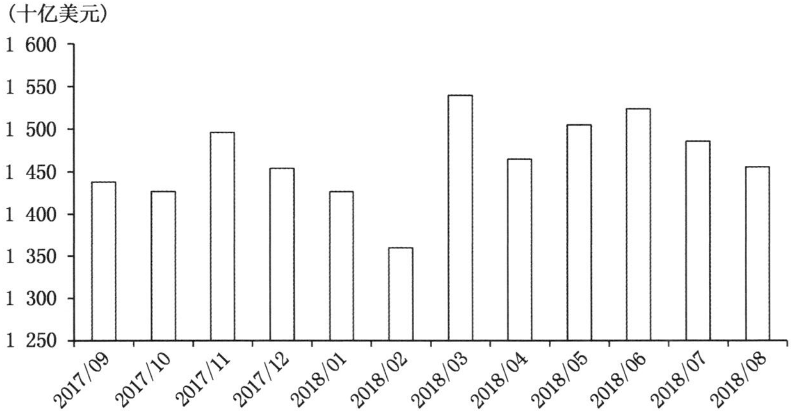

资料来源：根据 WTO 数据绘制。

图 1—80　世界货物贸易进出口总体情况

分地区看，随着全球经济的普遍复苏，当前全球贸易活动已经表现得十分活跃，大部分国家的贸易摆脱 2015 年和 2016 年的低迷状态，实现了进出口的高速增长。据世界贸易组织统计，2017 年，除中东外，世界各地的商品贸易均实现了较快增长；进入 2018 年以来，世界货物贸易持续保持良好的态势，欧洲和亚洲的进出口额继续保持高位，北美的进出口额保持平稳（见图 1—81 和图 1—82）。

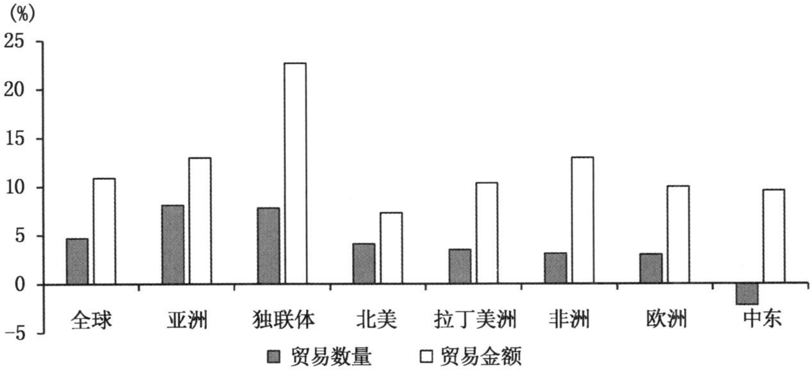

资料来源：根据 WTO 数据绘制。

图 1—81　全球分地区货物贸易增长情况

在服务贸易方面，根据中国国际服务贸易委员会 2017 年全球服务贸

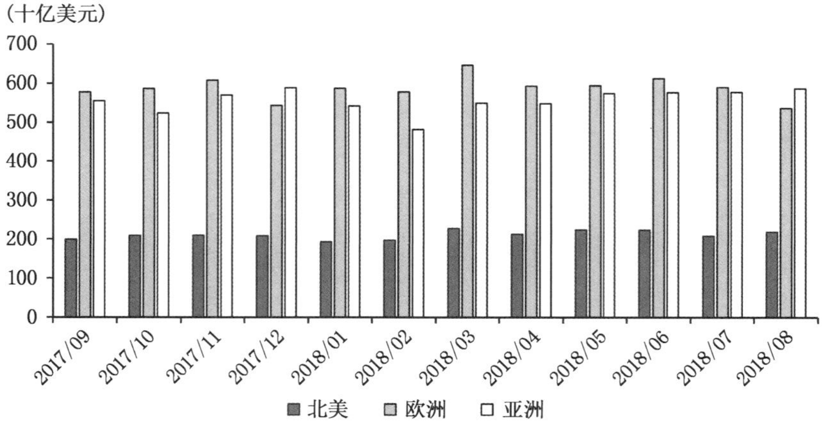

资料来源:根据WTO数据绘制。

图1—82 全球部分地区货物贸易情况

易(按照出口额计算)金额进一步扩大到5.3万亿美元,同比增长7.4%,其中,运输服务贸易增长幅度最大。根据世界贸易组织统计,2017年以来,世界商业服务保持高速增长。根据最新数据,2017年第二季度至2018年第一季度,世界商业服务增速均保持上升趋势,2018年第二季度增速有所回落,但仍然处于9.7%的高位(见图1—83)。

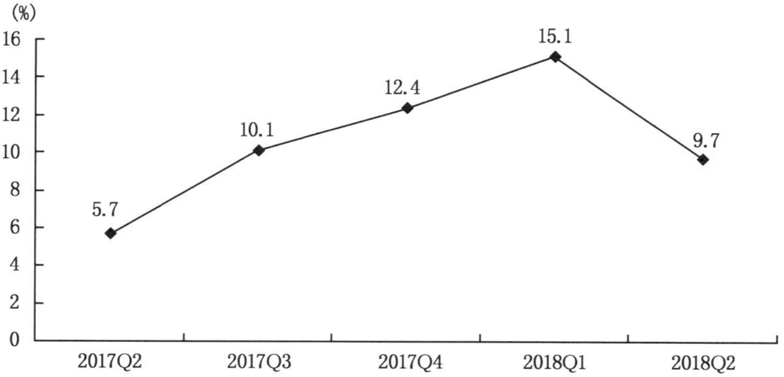

资料来源:根据WTO数据绘制。

图1—83 世界商业服务贸易增速

从地区看,根据世界贸易组织发布的最新数据,2018年第二季度,全球商业服务贸易进出口最快的地区是欧洲,达到11%;亚洲紧随其后,达到10.9%。欧洲和亚洲也是全球商业服务进出口增长最快的两个地区；北美的商业服务进出口增速为5.9%；而拉丁美洲的商业服务进出口增速相对较慢，仅为1%。

(2)欧美等国长期以来存在的对华出口限制并未明显改善

欧美等国长期对我国的进出口采取限制措施，存在对华高技术出口限制、滥用贸易救济措施和歧视中国企业对欧美投资、增加关税壁垒等问题。目前，欧美对华高技术出口限制主要集中在两个方面：一是欧美自身认为可从民用转为军用的两用技术，二是涉及国家安全的技术，例如，航空、深海开发、高技术的计算机等方面。

欧盟已经形成了统一的两用品和军品出口管理体制。长期以来，欧盟对华高技术产品一直存在出口限制，多年来，中方一直反复呼吁欧盟放宽这些限制，特别是近几年中国领导人也密集表态，呼吁欧盟放宽对华高技术产品的出口。例如，2018年7月，在李克强总理同欧洲理事会主席图斯克、欧盟委员会主席容克共同主持第二十次中国欧盟领导人会晤时，就表示希望欧方抓住机遇，扩大对华贸易和投资，放宽对华高技术出口限制，同时为中国企业赴欧投资创造公平、透明的良好环境。

美国长期以来就对中国实行严格的贸易限制，并且近年来这种贸易限制并没有得到有效缓解，特别是在军事和高科技领域，这种限制反而有加剧趋势。例如，2018年4月，中兴通讯曾被禁止以任何形式参与任何受《出口管理条例》管辖的交易，在近三个月后与美方达成和解。2018年8月1日，美国商务部表示，在原有《出口管理条例》基础上，对中国44个企业实施出口限制，进行技术封锁，涉及中国电子科技集团、中国航天科工集团旗下军工单位。此前，已有约几十家中国机构登上美方的出口管制名单，如北京航天控制仪器研究所、中国工程物理研究院、西北工业大学、北京航空航天大学等。又比如，美国将自2018年10月30日起对福建晋华实施禁售，原因是其认为福建晋华即将生产的DRAM技术可能源于美国。而根据参考消息网的消息，日本媒体2018年10月29日发表文章称，日本企业生产出包含美国技术的产品，再向中国出口时，也开始受到美国的限制，并且美国外国投资委员会列举了飞机、计算机、半导体、生物等27个行业，涉及这些领域的对美投资需要接受事前审查。上述事件不仅表明我国相关技术正处在快速发展时期，也说明了美国等国利用贸易手段寻求自身技术领先地位的事实，这不仅不利于我国技术的快速发展，也不利于我国对外贸易的快速发展。

(3)近期贸易保护主义有所升温，多边贸易体系受到挑战

近期贸易保护主义抬头对目前的多边贸易体系带来挑战。从关贸总协定到世贸组织，多边贸易体制一直是推动自由贸易和促进经济发展的最佳平台。目前来看，虽然当前世贸组织正在面临单边主义和保护主义的严重冲击，但世贸组织所代表的多边贸易机制仍然具有广泛的国际基础。中国常驻世贸组织代表张向晨认为，目前世贸组织正遭受“三重打击”：美国阻挠上诉机构新成员遴选，援引国内法的“232条款”采取贸易限制措施，援引“301条款”对自中国进口的产品加征关税①。

自2017年四季度以来，尤其是进入2018年后，美国贸易保护步伐加快趋势明显，美国与其他多国都发生了贸易摩擦，在此背景下，中美贸易摩擦有所升温(见图1—84)。

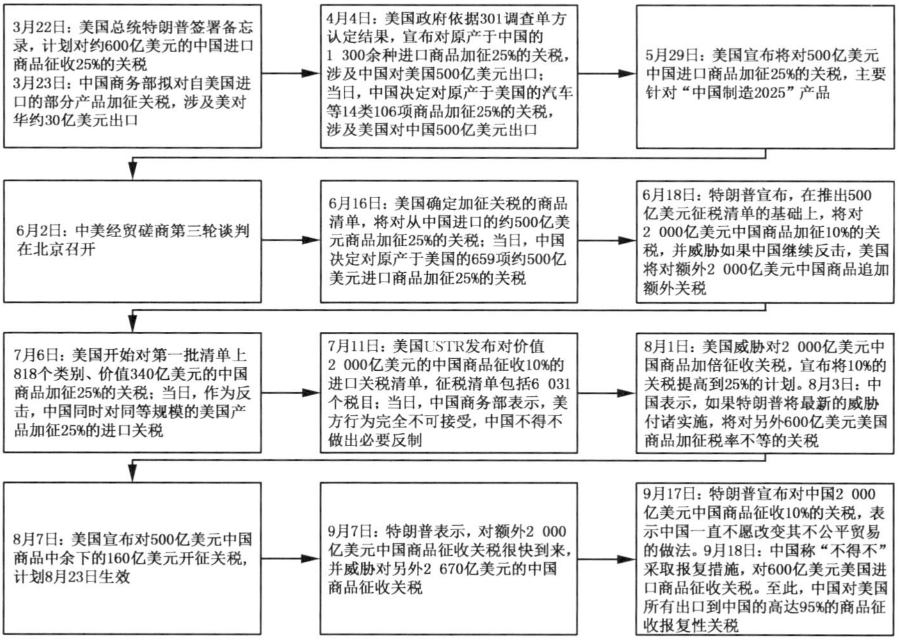

图1—84 中美贸易摩擦时间轴

① 新华社，《世贸组织正面临三大挑战》。

欧盟对华贸易限制方面，“双反”调查是十分常用的手段，近年来的变化情况在不同行业间存在差异，但总体而言摩擦不断。

近期，在许多其他领域，欧盟对华贸易仍然存在诸多限制，中国与欧盟之间的贸易摩擦事件不断（见表1—3）。

表1—3　近期欧盟与中国部分贸易摩擦事件

时　间	事　件
2017年中下旬	利用中国钢铁产能过剩为借口，宣称中国的热轧卷板产品威胁到欧盟钢铁业，对来自中国的部分不锈钢产品征收高达28.5%的临时进口关税。
2017年11月	中国电动自行车遭欧盟反倾销调查。
2018年3月	宣布将对中国不锈钢无缝钢管的反倾销税延长5年，继续对中国涉案产品征收48.3%至71.9%的高额关税。
2018年5月	欧盟委员会初步认定自中国进口的卡车、客车轮胎存在倾销行为，初步裁定征收反倾销税（但税率在2018年10月下调）。
2018年7月	欧盟委员会发布公告，对原产于中国的电动自行车作出反倾销肯定性初裁，决定对中国生产的电动自行车征收进口关税。

但在光伏领域，2017年四季度以来，欧盟对华贸易相关限制有所松动。欧盟在2013年12月开始对中国太阳能板、晶圆和电池等零件征收关税。2017年3月，欧盟委员会将“双反”措施延长18个月，而不是通常的5年。2017年9月，欧盟委员会发布对华光伏的反倾销、反补贴措施期中复审调查终裁公告，决定改变措施的形式，在措施剩余近一年的执行期内，用不受数量限制的最低限价方式替代价格承诺，并分阶段逐步调低限价水平。新机制所适用的中国企业范围是目前遵守价格承诺协议的企业以及之前主动退出价格承诺但未被发现有违反行为的企业，欧盟委员会公告显示为104家企业及其关联企业。2018年，对光伏产品的限制进一步削弱，欧盟委员会2018年9月3日宣布，将终止中国出口太阳能板的5年限制令。

2. 中美贸易相互依赖，贸易摩擦将不利于双方经济

（1）中美货物贸易关系密切，出口结构互补，依赖性大

中美货物贸易关系密切，对彼此都非常重要。据美国商务部统计，2018年前三季度，美国货物进出口额为31 276.1亿美元，比上年同期（下同）增长9.3%。其中，出口12 422.5亿美元，增长9.1%；进口18 853.6

亿美元，增长 9.4%。贸易逆差 6 431.1 亿美元，增长 10.0%。分国别（地区）看，2018 年前三季度，美国对加拿大、墨西哥、中国和日本的出口额分别为 2 253.8 亿美元、1 978.7 亿美元、933.6 亿美元和 547.9 亿美元，分别占美国出口总额的 18.1%、15.9%、7.5%和 4.4%，分别增长 7.3%、10.0%、3.1%和 9.9%，中国是美国第三大出口贸易伙伴；自中国、墨西哥、加拿大和日本的进口额分别为 3 947.3 亿美元、2 578.6 亿美元、2 411.2 亿美元和 1 048.2 亿美元，占美国进口总额的 20.9%、13.7%、12.8%和 5.6%，分别增长 8.2%、10.8%、8.5%和 3.8%，中国是美国第一大进口来源国。

对于中国而言，据海关统计，2017 年，美国是中国第一大出口目的国，也是中国第六大进口来源国，从进出口额来看，美国是我国的第二大贸易伙伴。2018 年前三季度，我国对美国进出口 4 719 亿美元，同比增长 12.1%。其中，对美出口 3 488 亿美元，增长 13%；自美进口 1 231 亿美元，增长 9.4%（见图 1—85）。

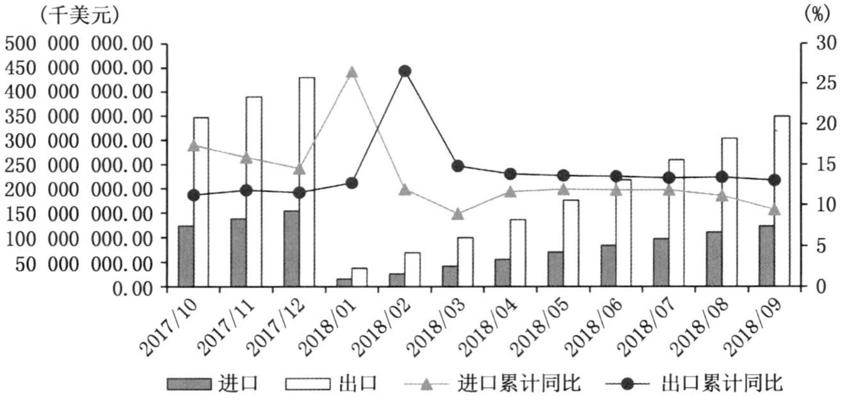

资料来源：根据商务部数据绘制。

图 1—85　中国对美国进出口情况

总体而言，中美出口结构是互补的。中国向美国出口主要依赖附加值较低的劳动密集型的制造业产品。2018 年前三季度，我国对美出口产品的领域主要是机电产品，家具、玩具、杂项制品，纺织品及原料等。其中，机电产品对美出口 1 965.74 亿美元，同比增长 8.8%，占全部对美出口的 49.8%；家具、玩具、杂项制品对美出口 460.9 亿美元，同比增长

6.3%，占全部对美出口的 11.7%；纺织品及原料对美出口 299.11 亿美元，占全部对美出口的 7.6%，位居第三位，但同比增长 2.1%，增速相对较低(见图 1—86)。

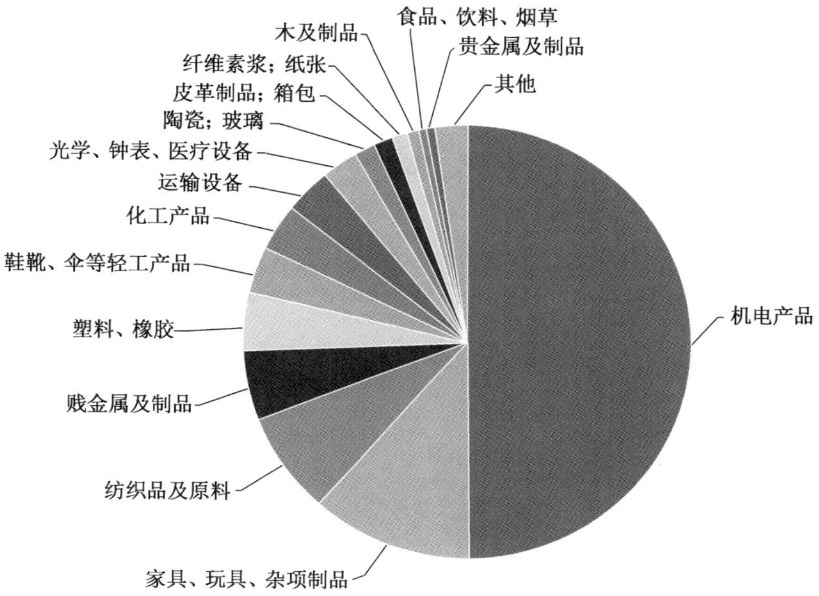

资料来源：根据商务部数据绘制。

图 1—86　2018 年前三季度我国对美出口产品构成

美国向中国出口的商品则主要依赖原材料、技术和资本密集型商品。其中，2018 年第三季度，美国向中国出口运输设备 203.82 亿美元，出口机电产品 202.31 亿美元，出口化工产品 93.24 亿美元，三项之和超过美国对华出口的 50%。此外，矿产品，光学、钟表、医疗设备，塑料、橡胶，植物产品等也占到较大比重(见图 1—87)。

(2)美国在中美服务贸易中长期处于顺差状态，对旅游类服务的依赖性大

美国对我国的服务贸易一直处于顺差状态，但服务贸易规模远不及商品贸易。1995 年以来，美国对我国的服务出口规模以 16%的年均增速持续扩大，并且长期处于顺差状态。据美国经济分析局最新数据，2018 年第二季度，美国对中国出口服务 148.84 亿美元，进口 48.18 亿美元，贸易顺差 100.66 亿美元，贸易顺差超过美国对中国服务进口的两倍(见图

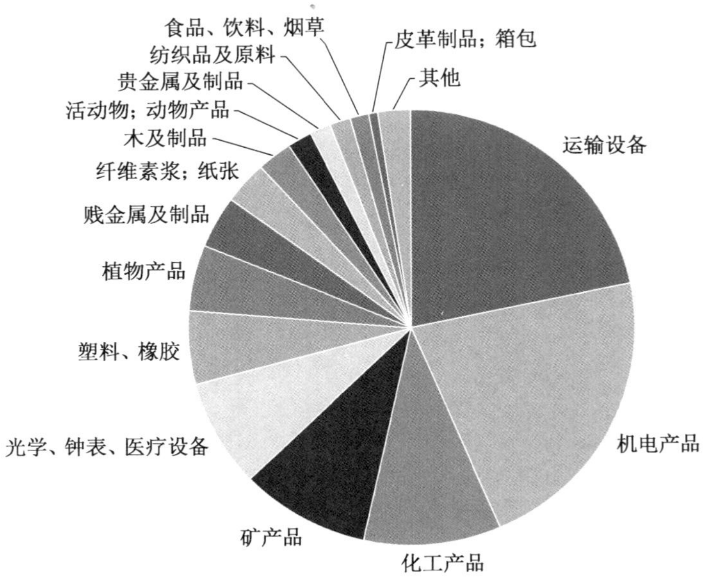

资料来源：根据商务部数据绘制。

图1—87　2018年前三季度美国对我国出口产品

1—88）。

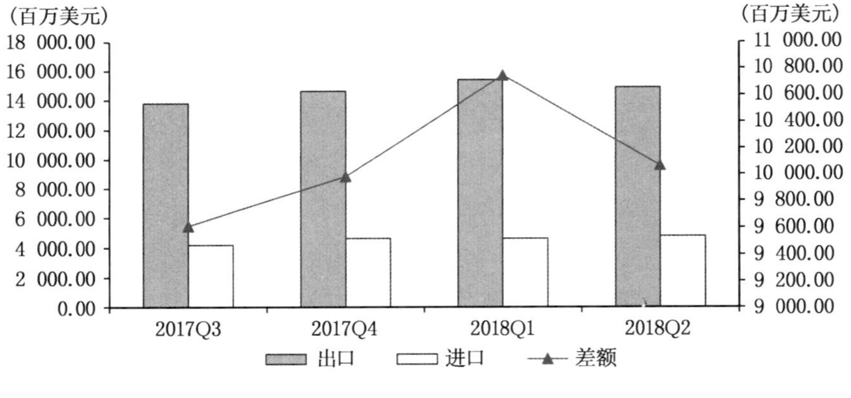

资料来源：根据美国经济分析局数据绘制。

图1—88　美国对中国服务出口和进口情况

分项来看，旅游、留学和就医等支出占据美国对华服务出口的主导地位（见图1—89）。据商务部发布的最新数据，2017年中国游客赴美旅游、留学和就医等支出合计510亿美元，占中国自美国服务进口总额的

58.6%，其中赴美游客约 300 万人次，在美旅游支出高达 330 亿美元。此外，中国自美国运输服务进口 131.4 亿美元，占比 15.1%，也具有较大比重。知识产权方面，商务部的最新数据显示，2017 年，中国向美国支付的知识产权使用费为 72 亿美元，与 2011 年相比翻了一番，其中，2017 年中国向美国支付的知识产权使用费占中国对外支付总额的 1/4。

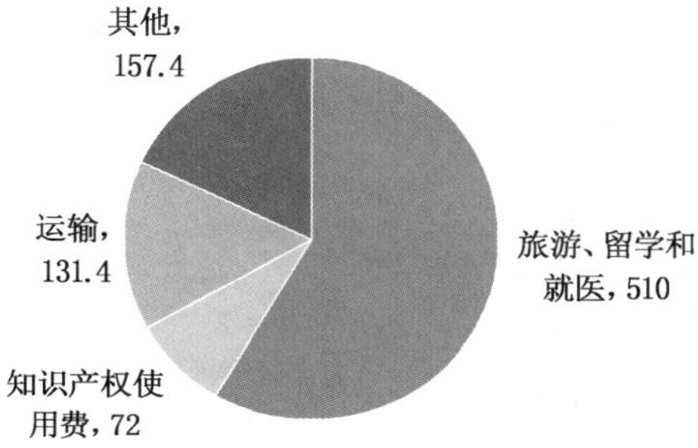

资料来源：根据商务部数据绘制。

图 1—89　2017 年美国对华服务出口构成情况（单位：亿美元）

(3)美国对华征收关税结构明显，或干扰我国经济转型升级

近期的贸易摩擦中，美国先后对中国商品征收 2 500 亿美元的关税。从产品结构看，2 500 亿美元的结构性特征明显，与“中国制造 2025”相关行业占比较大，直接针对我国产业转型升级。

根据平安证券研究所的分析，在加征关税清单中，以 HS 一级分类计算，“机电、音像设备及其零件、附件”类金额占比过半，高达 50.2%。名列第二位的是“杂项制品”，金额占比为 12.0%，接下来依次是“贱金属及其制品”“车辆、航空器、船舶及运输设备”“塑料及其制品；橡胶及其制品”“化学工业及其相关工业的产品”，金额占比分别为 6.9%、6.2%、4.9%、4.1%。这几类产品也是我国对美出口占比较大的产品（见图 1—90）。

从 HS 口径二级分类来看，在 98 类商品中，“电机、电气、音像设备及其零附件”“核反应堆、锅炉、机械器具及零件”金额占比最为突出，分别为 27.1%和 23.1%，是占比最高的类别。此外，还有一些项目的占比也相对较高，包括杂项制品项下的“家具；寝具等；灯具；活动房”，占比 12.0%；“车辆及其零附件，但铁道车辆除外”占比 5.7%；“塑料及其制品”和“钢铁制品”均占比 3.5%；“皮革制品；旅行箱包；动物肠线制品”占

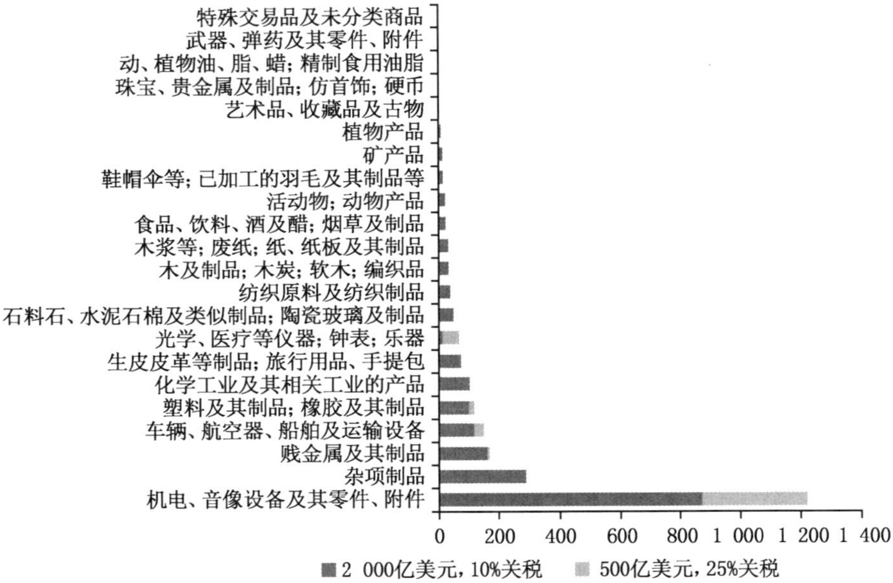

资料来源：美国商务部 ，平安证券研究所。

图 1—90 HS 一级分类下部分加征关税类别规模分布

比 3.0%；"光学、照相、医疗等设备及零附件"占比 2.6%(见图 1—91)。

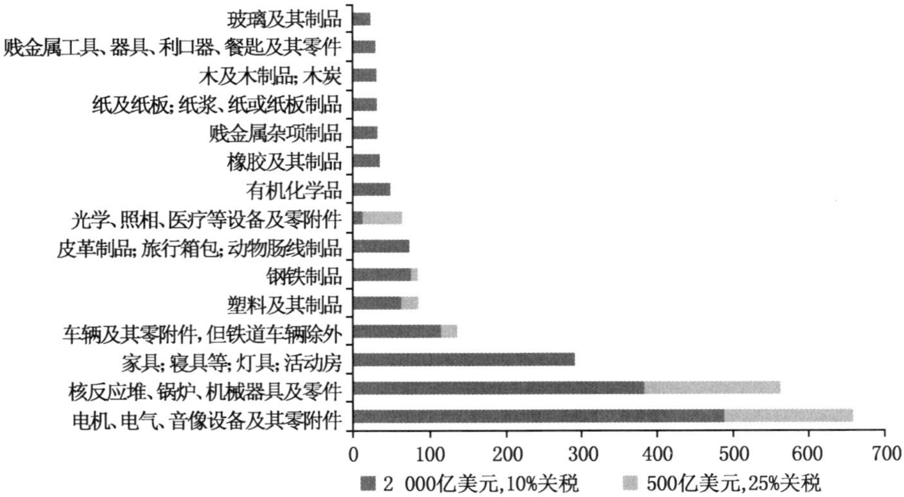

资料来源：美国商务部，平安证券研究所。

图 1—91 HS 二级分类下部分加征关税类别规模分布

3. 外贸复苏和贸易摩擦短期刺激进出口快速增长，长期影响仍有待观察

(1)外贸复苏和贸易摩擦短期刺激进出口快速增长

根据中国海关总署公布的数据，2018 年 9 月，中国对美出口额升至 467 亿美元，进口额降至 126 亿美元，中国对美贸易顺差达到有史以来最高值 341 亿美元。而在此之前，2018 年 6 月份，中国对美国贸易顺差刚刚创下 1999 年有数据以来的最高水平 289.7 亿美元。目前，中美贸易顺差处于历史高位，并且有逐步上涨的趋势(见图 1—92)，表明外贸企业抢在近期集中进出口现象明显。

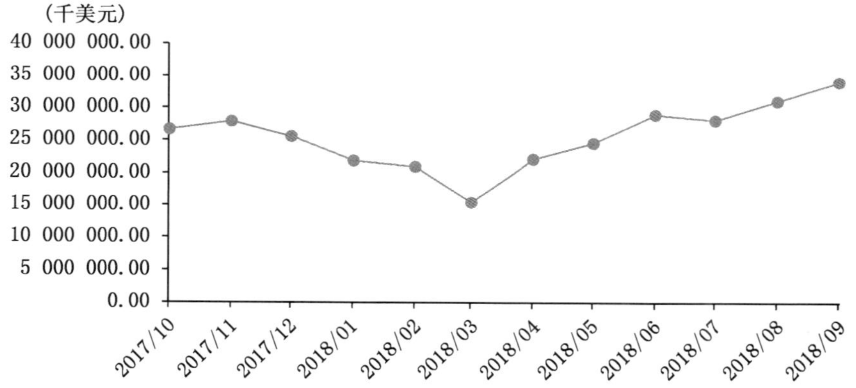

资料来源：根据商务部数据绘制。

图 1—92　我国对美国货物贸易顺差

(2)汇率等市场指标出现波动，市场反应仍处在正常区间

受中美贸易摩擦和美元强势影响，在中美贸易摩擦较为紧张的时期，人民币兑美元加速贬值，人民币兑美元汇率在 6 月份下跌了 3.5%，这是 1994 年人民币汇率并轨以来的最大单月跌幅；仅 7 月单月，人民币汇率就贬值 3%，2018 年年初至今已下跌 5.7%。至 2018 年第三季度，人民币兑美元汇率一直处于下跌状态，9 月平均汇率达到 6.844 8∶1，接近 7∶1 的水平(见图 1—93)。

在市场反应方面，进入 2018 年，尽管自 3 月份以来中美贸易冲突不断，在市场预期分化的情况下，市场逢低买入、逢高卖出的汇率杠杆作用正常发挥，外汇供求趋于基本平衡，市场预期基本稳定。中国外汇管理局

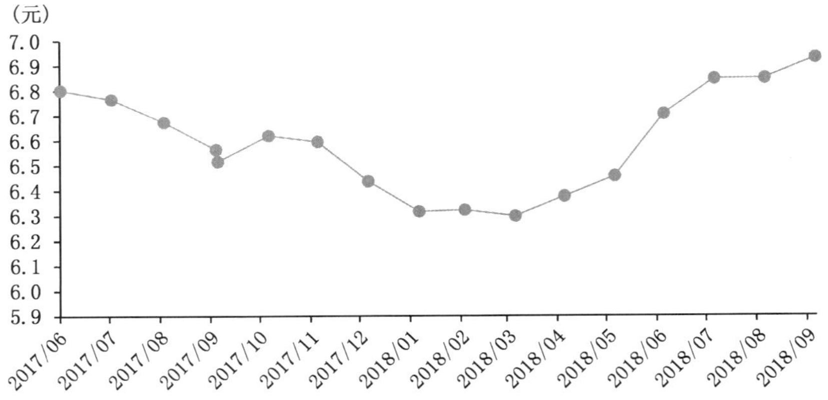

资料来源:根据国家外管局数据绘制。

图 1—93　人民币兑美元月平均汇率

发布的数据显示,2018 年前三季度,银行累计结汇 14 163.129 3 亿美元,售汇 14 443.650 7 亿美元,结售汇逆差 281 亿美元,等值 1 969 亿元人民币(见图 1—94)。

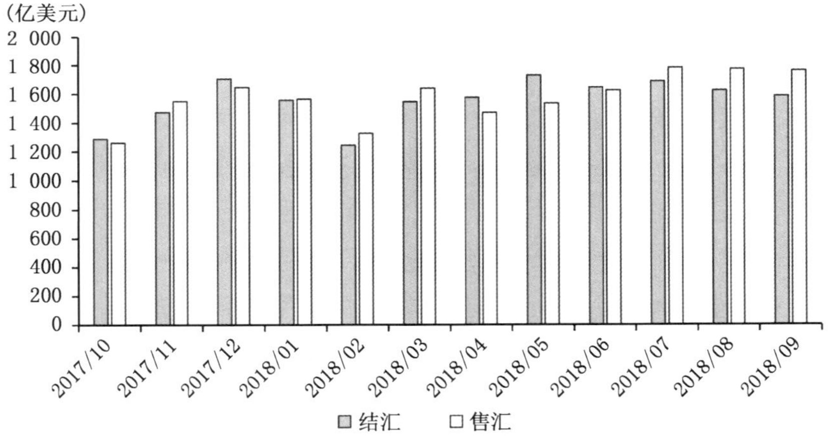

资料来源:根据国家外管局数据绘制。

图 1—94　银行结售汇情况

人民币汇率对外贸进出口有影响,但是影响程度有限。一是汇率变化对进出口是一把双刃剑,人民币贬值在理论上不仅会使企业的出口成本降低,出口收益增加,还有可能使企业的进口成本上升,加大企业进口的压力。二是在全球价值链背景下，全球范围内的跨区域上下游分工和产业内贸易普遍存在，某一经济体的汇率波动能够通过价值链迅速向外传导，从而能够使原本由单一经济体承担的经济风险得到迅速分散，减弱汇率波动带来的不利影响。

(3)外贸形势变化的深层影响逐步释放，长期仍有待观察

随着积累的合同逐步履行完毕，外贸形势变化的深层影响将逐步释放，经济对产业的影响有待进一步观察。长期来看，外贸环境复苏和贸易摩擦会改变我国对进出口地区的依赖和对产品的依赖，促使出口地区和产品转换，并进一步影响我国经济增速和结构调整。

根据国泰君安证券研究所测算，综合考虑 2 500 亿美元的商品，有机化学类（HS-29 章）、机械类（HS-84 章）、电气类（HS-85 章）、无机化学类（HS-28 章）、棉花类（HS-52 章）、纸浆类（HS-48 章）、光学设备类（HS-90 章）涉及的商品范围较广，而它们的替代弹性相较于其他行业而言也并不低，因此，受到的潜在影响更大（见图 1—95）。长期来看，对 2 500 亿美元范围的商品加收关税，将影响我国对美国出口 8.8%至 17.8%，影响我国整体出口 1.7%到 3.4%。

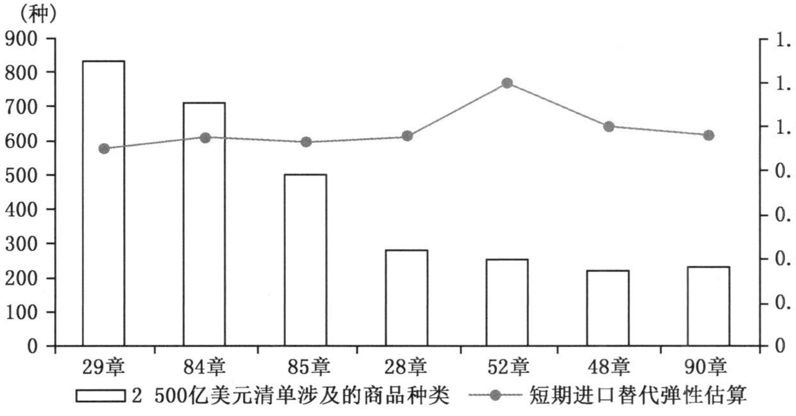

资料来源：Wind，国泰君安证券研究所。

图 1—95　贸易摩擦对部分行业的影响估算

1.3.3　近期外贸形势变化对产业的影响

考虑到近期外贸形势变化的特点，尤其是中美贸易摩擦对我国外贸

形势的持续影响，从核心技术、要素和资源供给、产业分工合作体系三个方面，本节分别选取电子信息行业、农产品行业、原油行业、汽车行业四类产业进行分析。

1. 电子信息行业：核心技术缺失，贸易摩擦阻碍产业发展

(1)电子信息行业进口替代集中在中低端产品，高端核心技术产品大量依赖进口，核心技术缺失

我国是世界上最大的半导体消费市场，根据中国半导体行业协会统计，2017 年中国集成电路产业销售额达到 5 411.3 亿元，同比增长 24.8%，但是由于我国芯片等电子信息关键技术与世界先进水平还有较大差距，使我国以芯片为代表的高端电子信息产品对外依赖严重，其中，高端芯片几乎全部要进口。以手机芯片为例，根据中商产业研究院《2018—2023 年中国芯片产业前景及投资机会研究报告》，由于国产 TD-LTE 芯片技术成熟度与国际品牌有较大差距，目前高通几乎垄断了国内 LTE 手机芯片中的八成订单。中国半导体行业协会(CSIA)的统计资料显示，2017 年中国集成电路的产品需求达到 1.40 兆元人民币，但国内自给率仅为 38.7%，且以中低端产品为主。而中商产业研究院还援引 IC insights 的数据，认为 2017 年我国集成电路自给率仅为 11.2%，而在 2020 年可以达到 15%(见图 1—96)。

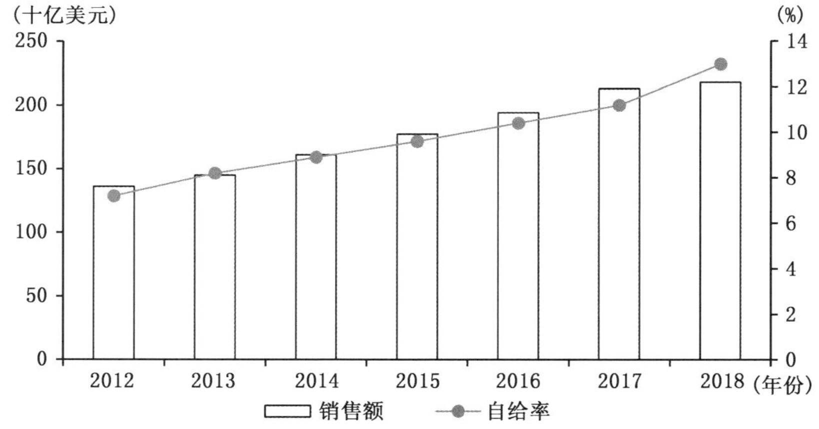

资料来源：中商产业研究院。

图 1—96 我国集成电路销售额和自给率

虽然自给率在不断提高，但中国的集成电路技术水平仍然较低。目前，我国已实现替代或正在实现进口替代的电子信息产品主要集中在中低端领域。例如，LED、中低端分立器件等个别领域已经实现了进口替代，并依靠成本优势打入美国市场。中低端 MCU、NOR FLASH、模拟、逻辑芯片以及设备材料等产品，我国正在进行进口替代，但尚未能出口到美国。中国半导体行业协会数据显示，2017 年中国大陆共有集成电路芯片设计企业约 1 380 家，普遍规模较小、研发实力较弱，只有 500 多家企业能够实现盈利。在物联网、汽车电子、消费电子领域的设计公司多数为 10 人以下的初创团队，这与高通等巨无霸企业的竞争差距明显（见表 1—4）。

表 1—4　2017 年世界半导体产业前十大企业营业收入规模及增长

序号	公司名称	国别/地区	2017 年营业收入（百万美元）	2016 年营业收入（百万美元）	同比（%）	占前十（%）	占总值（%）
1	三星	韩国	61 215	40 104	52.6	25.0	14.6
2	英特尔	美国	57 712	54 091	6.7	23.5	13.8
3	SK 海力士	韩国	26 309	14 700	79.0	10.7	6.3
4	美光	美国	23 062	12 950	78.1	9.4	5.5
5	高通	美国	17 063	15 415	10.7	7.0	4.1
6	博通	新加坡	15 490	13 223	17.1	6.3	3.7
7	德仪	美国	13 806	11 901	16.0	5.6	3.3
8	东芝	日本	12 813	9 918	29.2	5.2	3.1
9	西数	美国	9 181	4 170	120.2	3.7	2.2
10	恩智浦	欧洲	8 651	9 305	−7.0	3.5	2.1
前十名合计			245 302	185 777	32.0	100.0	58.4

资料来源：Gartner。

对于高端电子信息产品，我国进口依赖明显。这类产品主要包括高端 PC 处理器、电源、存储芯片以及高端设备材料等。中商产业研究院的研究报告指出，我国计算机系统中 CPU/MPU、通用电子系统中的 FPGA/EPLD 和 DSP、通信装备中的嵌入式 MPU 和 DSP、存储芯片中的 DRAM 和 Nand Flash、显示及视频系统中的 Display Driver 以及上游的 EDA、IP、高端半导体设备以及材料等，国产占有率都几乎为零（见表

1—5)。国内龙芯的 CPU、同创国芯的 FPGA、长江存储的 Flash 等,都与国际先进水平存在相当大的差距。

表 1—5　　2017 年部分芯片我国国产占有率

<table>
<tr><th>系　统</th><th>设　备</th><th>核心集成电路</th><th>国产芯片占有率</th></tr>
<tr><td rowspan="3">计算机系统</td><td>服务器</td><td>MPU</td><td>0%</td></tr>
<tr><td>个人电脑</td><td>MPU</td><td>0%</td></tr>
<tr><td>工业应用</td><td>MCU</td><td>2%</td></tr>
<tr><td rowspan="2">通用电子系统</td><td>可编程逻辑设备</td><td>FPGA/EPLD</td><td>0%</td></tr>
<tr><td>数字信号处理设备</td><td>DSP</td><td>0%</td></tr>
<tr><td rowspan="5">通信装备</td><td rowspan="4">移动通信终端</td><td>Application Processor</td><td>18%</td></tr>
<tr><td>Communication Processor</td><td>22%</td></tr>
<tr><td>Embedded MPU</td><td>0%</td></tr>
<tr><td>Embedded DSP</td><td>0%</td></tr>
<tr><td>核心网络设备</td><td>NPU</td><td>15%</td></tr>
<tr><td rowspan="4">内存设备</td><td rowspan="4">半导体存储器</td><td>DRAM</td><td>0%</td></tr>
<tr><td>NAND FLASH</td><td>0%</td></tr>
<tr><td>NOR FLASH</td><td>5%</td></tr>
<tr><td>Image Processor</td><td>5%</td></tr>
<tr><td rowspan="2">显示及视频系统</td><td rowspan="2">高清电视/智能电视</td><td>Display Processor</td><td>5%</td></tr>
<tr><td>Display Driver</td><td>0%</td></tr>
</table>

资料来源:《2017 年中国集成电路产业现状分析》,光大证券研究所。

(2)近期电子信息零部件进出口出现波动,美国仍是我国重要的电子信息核心零部件进口来源国

受贸易摩擦、美元汇率走高与新兴市场拓展的影响,我国电子信息行业进出口有所波动,但总体保持平稳。部分电子信息产品在经历了 2018 年年初的增速快速提升之后,回归到一个相对平稳的高位。2018 年前三季度,我国集成电路进口 2 351.59 亿美元,同比增长 27.8%;出口 613.12 亿美元,同比增长 28.4%,进出口增速基本持平(见图 1—97)。电器及电子产品进出口趋势与集成电路类似(见图 1—98)。同期,二极管及类似半导体器件进口 4.36 亿美元,出口 4.06 亿美元,进口增速

－3.5％，维持了长期的下降趋势；出口增速 5.4％，与前几个月基本持平（见图 1－99）。

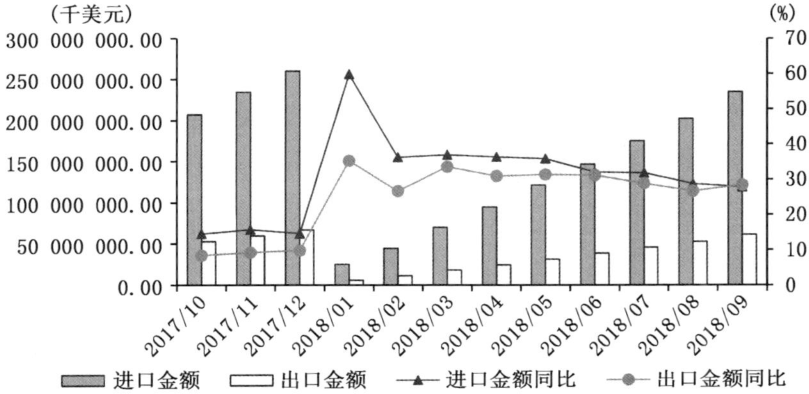

资料来源：根据海关总署数据绘制。

图 1－97　集成电路产品进出口金额累计情况

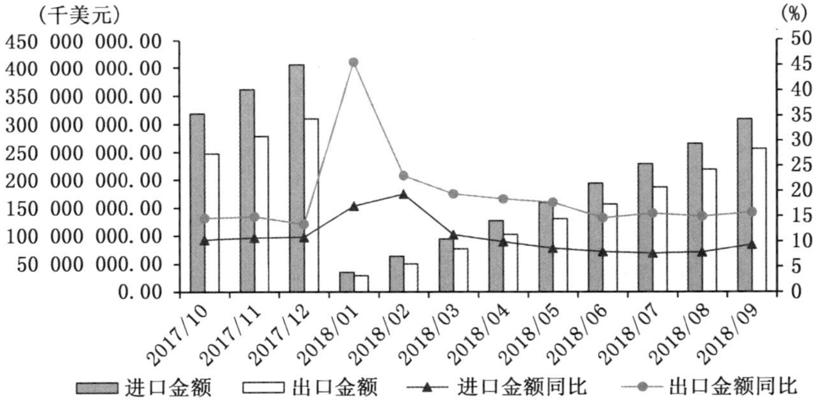

资料来源：根据海关总署数据绘制。

图 1－98　电器及电子产品进出口金额累计情况

在强大的芯片进口需求中，美国长期以来都是中国重要的芯片进口来源国。商务部 2017 年 5 月发布的《关于中美经贸关系的研究报告》显示，中国是美国第二大集成电路出口市场，美国出口的 15％的集成电路都销往中国。据美国商务部统计，2015－2017 年，中国平均每年从美国

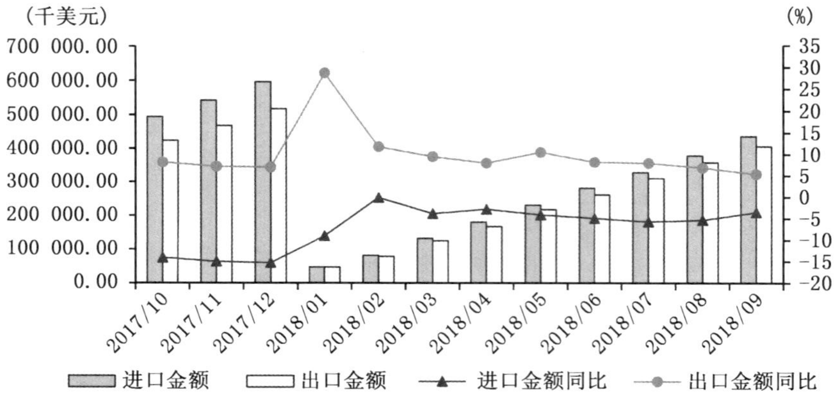

资料来源：根据海关总署数据绘制。

图 1－99　二极管及类似半导体器件进出口金额累计情况

进口电子半导体元器件约 100 亿美元（见图 1－100）。另外，也有观点认为，中国从美国进口的集成电路金额远高于美国海关统计的进口金额。

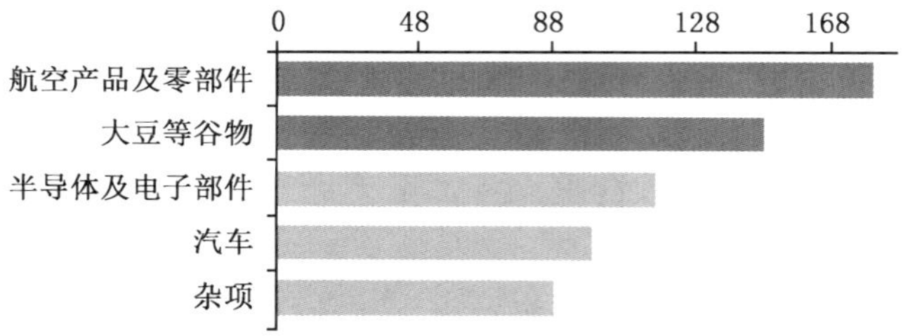

资料来源：美国商务部。

图 1－100　美国 2015－2017 年平均对华出口金额（单位：亿美元）

虽然在进口金额上各方说法不一，但美国是各方一致认同的我国高端芯片产品进口来源国，许多美国高端芯片公司均将中国视为重要市场（见图 1－101 和图 1－102）。根据英特尔公司财报，2015 年至 2017 年，仅英特尔一家公司每年在华的营业收入就超过 100 亿美元。除英特尔外，美国还拥有美光、德州仪器、博通、英伟达等多个知名半导体厂商，在中国均有重要业务。

（3）生产设备和材料自给率低，大量依赖进口，近期进口激增

据 SEMI 统计，我国半导体装备和材料产品能够自主供应不超过

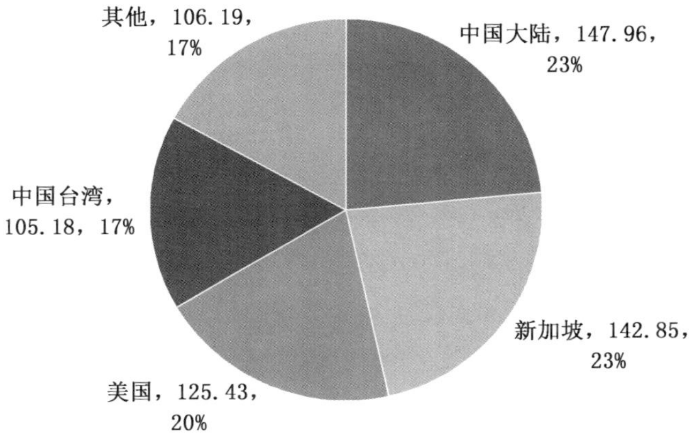

资料来源：根据 EEWORLD 数据绘制。

图 1—101　英特尔公司 2017 年营业收入来源国(单位：亿美元)

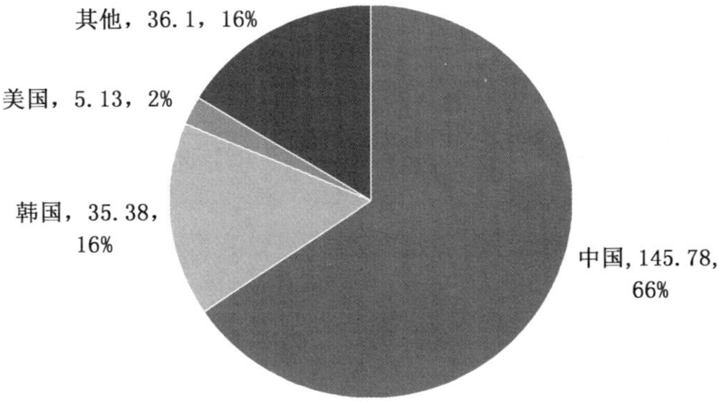

资料来源：根据 EEWORLD 数据绘制。

图 1—102　高通公司 2017 年营业收入来源国(单位：亿美元)

10%，一些关键材料主要仍依靠进口。2017 年第四季度开始，我国高新技术产品进口已经开始有上升迹象，进入 2018 年以来，除了中央处理设备、自动数据处理部件及其器件出现明显的负增长外，集成电路、二极管及类似半导体器件、存储部件等电子信息领域的高新技术产品进口保持上涨态势(见图 1—103)。

受中美贸易摩擦影响，我国生产设备类产品的进口增速明显(见图 1—104)。制造半导体和集成电路用的机器及装置的累计进口增速从

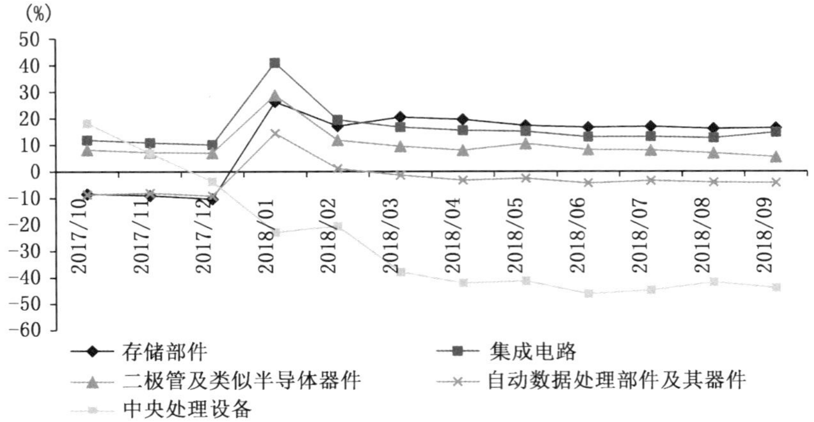

资料来源:根据海关总署数据绘制。

图1—103 部分产品进口数量累计增速

2018年3月开始都保持在70%以上,其中,2018年3月达到了166%;制造平板及显示器用的机器及装置在2017年第四季度后也增幅明显,2017年10月同比累计增速达到266.6%,但进入2018年后增速出现较明显的波动;制造单晶柱及晶圆用的机器及装置进口增速比前两类机器及装置低,但也一直保持两位数增长。

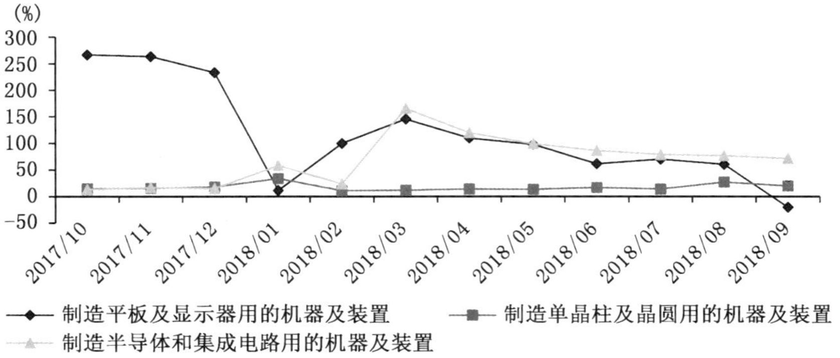

资料来源:根据海关总署数据绘制。

图1—104 部分机器及装置类产品进口数量累计增速

(4)贸易摩擦倒逼行业加大自主研发投入,摆脱进口依赖

中美贸易摩擦在对我国电子信息行业外贸环境造成不利影响的同

时，也起到了倒逼行业加大自主研发投入、努力摆脱进口依赖的作用。在贸易摩擦的巨大压力下，国内厂商的发展与机遇并存，厂商必须进一步提高创新能力和核心竞争力，国内半导体制造厂商与元器件厂商配合，挖掘国内市场需求，提升国内生产制造能力。

目前，已有一些国内厂商开始逐步对美国高端产品实现了替代，比如，海思麒麟芯片正在实现对高通的高端手机处理器芯片替代；紫光展讯的基带芯片正在实现对低端的替代；兆易创新的 NOR FLASH 产品进入全球前列；北方华创的半导体设备在中低端进行替代等。但是，在电子信息领域，我国仍有许多上游的设备、EDA（Electronics Design Automation）、IP、国内无法设计生产的元器件等，贸易摩擦势必会对这些行业产生极为不利的影响，这同时也会刺激国内厂商加大相关领域的研发投入。

自中美贸易发生摩擦以来，多家公司开始加大对半导体领域的投入，进入的公司数量增多，阿里巴巴、云南城投、富士康等企业纷纷进入半导体领域，开展新的研究（见表 1—6）。此外，目前我国正在进行国家集成电路产业投资基金二期的成立工作，拟募集 1 500 亿—2 000 亿元，二期撬动的社会资金为 4 500 亿—6 000 亿元；加上一期募集的 1 387 亿元及所撬动的 5 145 亿元社会资金，资金总额将过万亿元。多方力量加入半导体领域，为处在贸易摩擦风口浪尖的电子信息类行业注入了新的活力。

表 1—6　　自中美贸易发生摩擦以来进入半导体领域的部分公司

时　间	事　件
4 月 20 日	阿里巴巴集团宣布全资收购号称“中国大陆唯一的自主嵌入式 CPU IP Core 公司”的中天微系统有限公司，正式进军半导体领域。
4 月 21 日	云南城投集团宣布将通过投资 80 亿元左右，尽快建设一条月产 50 万片大硅片的生产线。
4 月 23 日	国内手机 ODM 龙头企业闻泰科技联合云南城投、上海矽胤斥资 114 亿元，获得安世半导体股份的 70%，成为安世半导体第一大股东，闻泰科技正式进军半导体产业。
4 月 24 日	国内电子元器件分销行业的龙头企业，深圳华强集团宣布将成立半导体集团。
5 月 1 日	康佳宣布新成立半导体科技事业部，正式进入半导体产业。
8 月 14 日	格力在 2018 年初宣布进军半导体行业后，投资 10 亿元成立半导体的全额出资公司，正式涉足半导体开发。
8 月 16 日	富士康与珠海市政府签署战略合作协议，将立足于集成电路产业发展战略，面向工业互联网、8K+5G、AI 等新世代高性能芯片的应用需求。

2. 农产品行业：国内产量有限，贸易摩擦使替代产品走俏

(1)部分农产品自给程度较低，大豆等植物产品大量依赖进口

在植物产品方面，大豆是我国进口依赖性最大的农产品之一。我国国内的大豆月度需求量基本稳定，根据天下粮仓和安信证券的数据，我国大豆月需求除了春节期间需求下降，没有明显的季节性波动。2017 年四季度以来，除了 2018 年 2 月和 3 月对大豆的需求较低外，其余月份对大豆的需求都保持在 800 万吨以上(见图 1－105)。同时，我国对大豆的需求基本依赖进口，长期以来进口量维持在较高水平。2017 年，我国大豆九成来自进口，2018 年 9 月进口 801 万吨，基本与需求量相当(见图 1－106)。

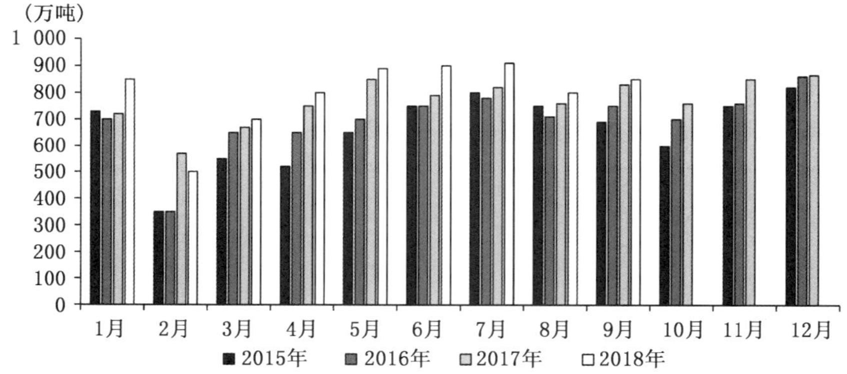

资料来源：天下粮仓，安信证券。

图 1－105　我国的大豆需求量

大豆高度依赖进口，使大豆成为我国进口金额最大的农产品。据海关统计，2017 年，我国植物产品对外贸易逆差为 363.10 亿美元。从农产品细分品种来看，农产品中大豆进口额 396.38 亿美元，远高于其他产品，贸易逆差额远高于其他商品。2018 年前三季度，大豆仍然是我国进口金额最大的农产品(见图 1－107)，进口金额达到 301.88 亿美元，虽然进口数量比上年同期有所下降，但进口金额比上年同期增长了 1.9%。

在动物产品方面，我国的进口依赖度总体较低。例如，从生猪产品来看，目前我国是世界上生猪最大的生产国，2017 年我国生猪产量达到 6 亿头以上，而同期世界生猪产量不到 13 亿头，我国生猪产量在世界总

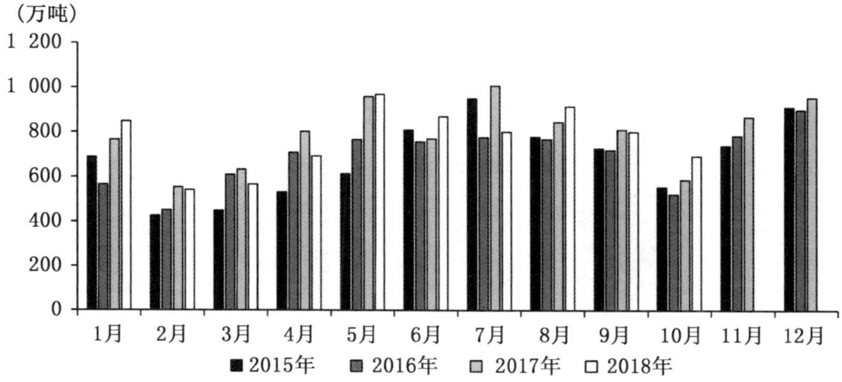

资料来源:根据海关总署数据绘制。

图 1—106　我国的大豆进口量

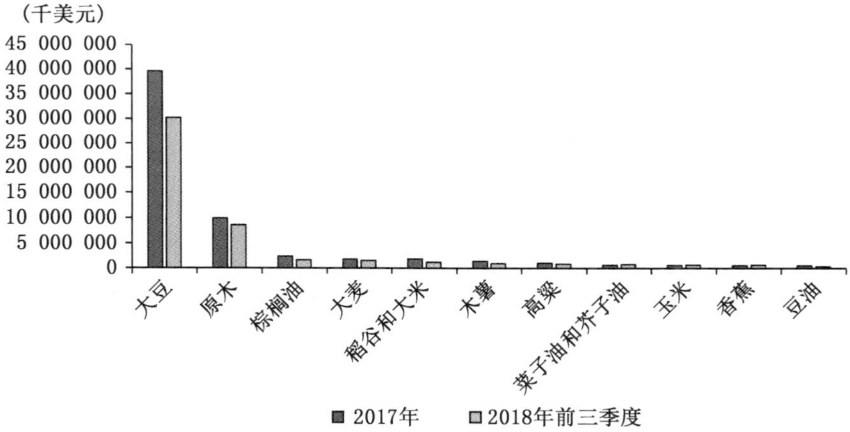

资料来源:根据海关总署数据绘制。

图 1—107　2017 年和 2018 年前三季度我国主要农产品进口金额排序

产量中的占比已经达到一半以上。根据国家统计局数据,2017 年全国生猪存栏 43 325 万头,比 2016 年下降 0.4%;生猪出栏 68 861 万头,增长 0.5%;猪肉产量 5 340 万吨,增长 0.8%。2018 年前三季度,我国猪肉产量 3 843 万吨,增长 0.3%;生猪存栏 42 887 万头,同比下降 2.3%,但总量仍然巨大,生猪出栏 49 579 万头,增长 0.1%(见图 1—108)。由此可见,我国生猪产量大,因而我国生猪并不依赖进口。

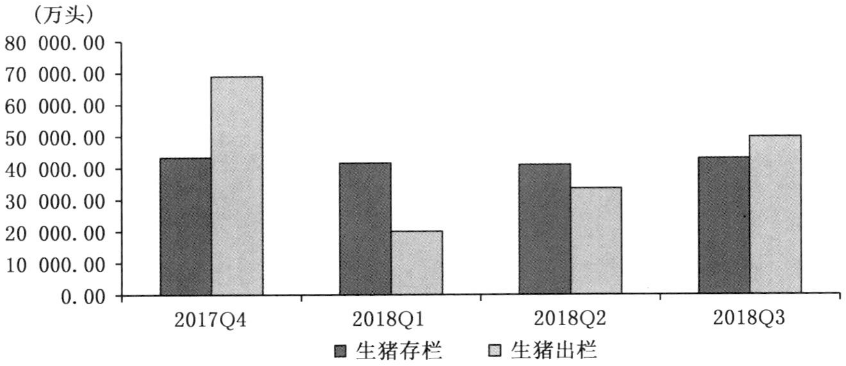

资料来源：根据国家统计局数据绘制。

图 1－108　我国生猪存栏和出栏数量

随着我国肉类进口的开放程度不断提高，对个别国家的肉类进口依赖性也进一步降低。从进口肉类准入国别看，目前允许进口肉类的国家或地区已超过 30 个；从肉类进口品种看，目前可进口的肉类品种较十年前有大幅增加，仅牛肉就达几十种产品。2017 年第四季度以来，猪肉、牛肉进口总量在我国肉类进口中占主导地位。但在增速方面，尤其是产生贸易摩擦后，猪肉进口出现了长时间的负增长，2018 年第三季度才有所回升；同时，猪肉的替代产品如牛肉、羊肉等均大幅增长（见图 1－109），而这些替代产品对美国进口的依赖度很小。根据海关统计数据，2018 年前三季度，我国畜产品进口 216.1 亿美元，同比增长 14.8%；出口 51.3 亿美元，同比增长 12.7%。其中，猪肉进口 92.3 万吨，增长 0.3%；猪杂碎进口 75.7 万吨，减少 17.8%；牛肉进口 73.8 万吨，增长 46.8%；羊肉进口 24.8 万吨，增长 32.0%。

（2）部分农产品的进口来源国有区域性和季节性的特点

对于我国进口依赖最大的植物产品大豆而言，目前全球的大豆主要产自美洲地区，其中，美国、巴西、阿根廷合计种植面积占比超过 70%。2018 年第三季度，美国的大豆种植面积 33.47 百万公顷，与巴西的种植面积 33.9 百万公顷面积相当，远高于阿根廷的 17.34 百万公顷（见图 1－110）。

上述三个主要大豆种植国家也是我国大豆进口的三大主要来源国。2017 年，我国进口大豆约 9 553 万吨，前三大进口来源国分别为巴西、美

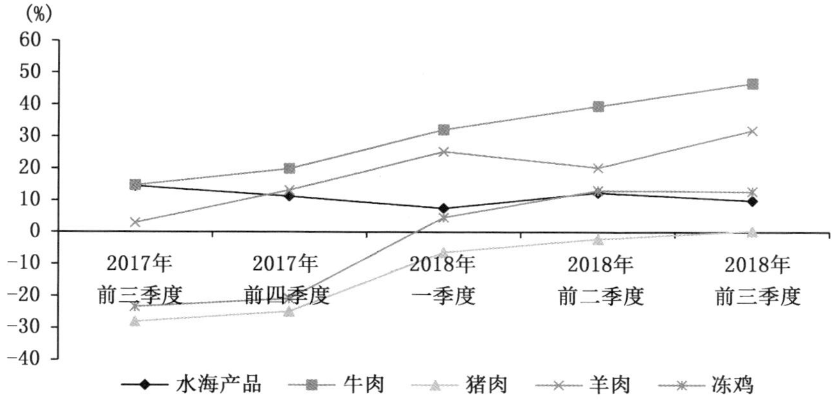

资料来源：根据海关总署数据绘制。

图1—109 我国肉类进口累计同比增速

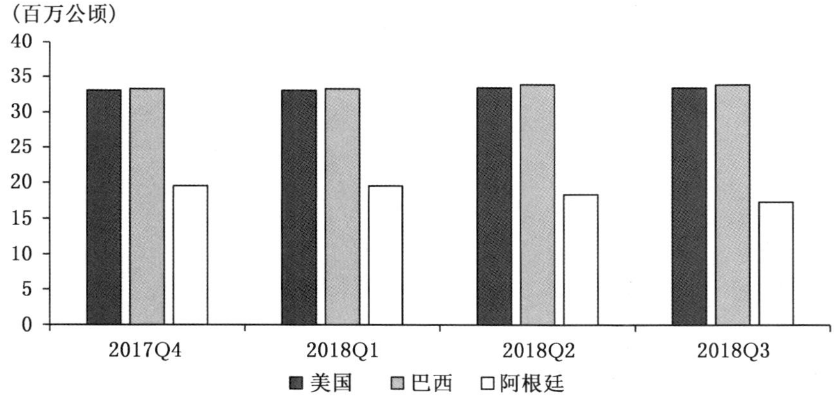

资料来源：根据 USDA 数据绘制。

图1—110 三大大豆主要种植国家的种植面积

国和阿根廷，其中，来自巴西和美国的大豆分别约占中国进口总量的53%和34%，来自阿根廷的进口占比为7%，巴西和美国的进口量在我国大豆进口中占有重要位置(见图1—111)。其余进口国还包括乌拉圭、加拿大、埃塞俄比亚、俄罗斯、乌克兰等，但所占比重明显相对较小。

每年4—8月南美是主导中国大豆进口的主要货源地，11月至次年的3月则主要从美国进口大豆(见图1—112)。因此，目前来看，贸易摩擦短期对国内大豆供应的影响有限，但长期来看，会使中国的大豆进口来

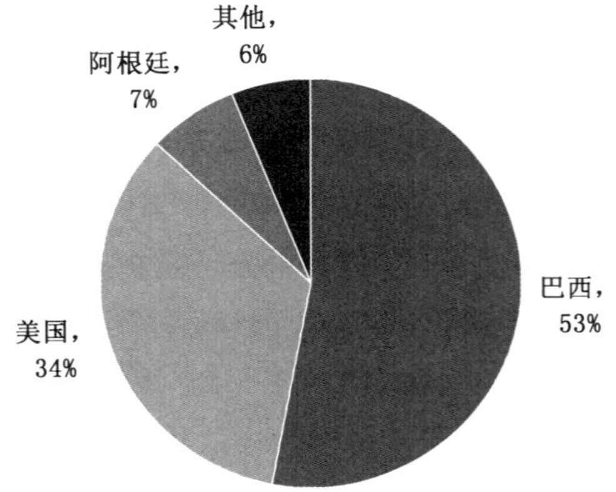

资料来源：智研咨询。

图 1－111　2017 年我国主要大豆进口国及占比

源国出现明显变动，尤其是在南美大豆进口旺季会增加大豆进口，用于弥补接下来北美大豆进口季节可能出现的进口不足。

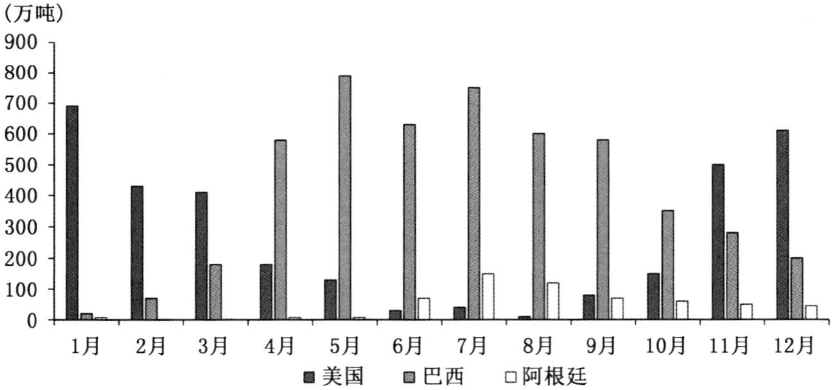

资料来源：安信证券。

图 1－112　贸易摩擦加剧前(2017 年)我国大豆进口的季节性特点

根据天下粮仓的数据，2018 年 1 至 9 月间，巴西对中国出口了 5 510 万吨大豆，与 2017 年同期相比增长 15％；美国 1 至 8 月间对中国出口的大豆总量下降到 635 万吨，与 2017 年同期相比下降了 33％。根据中金公司的研究数据，中美贸易摩擦加剧以来，中国自美国进口大豆出现明显的下降趋势（见图 1－113），而我国从巴西进口的大豆上涨明显，尤其是

2018 年 7—9 月，我国从巴西进口的大豆同比增长相当明显（见图 1—114）。

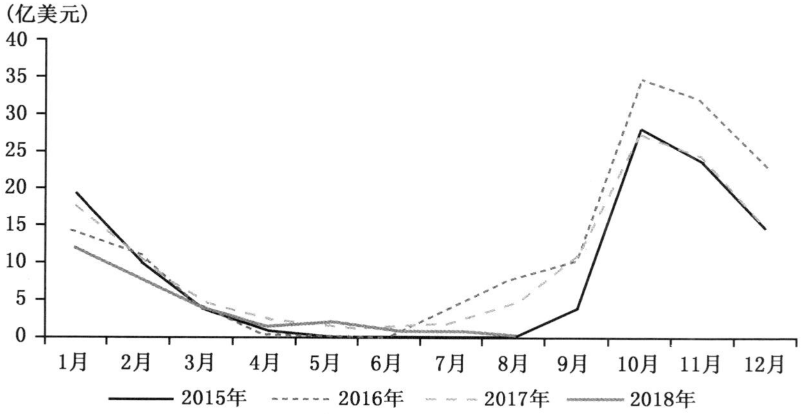

资料来源：美国商务部，中金公司研究部。

图 1—113　美国对中国大豆出口情况

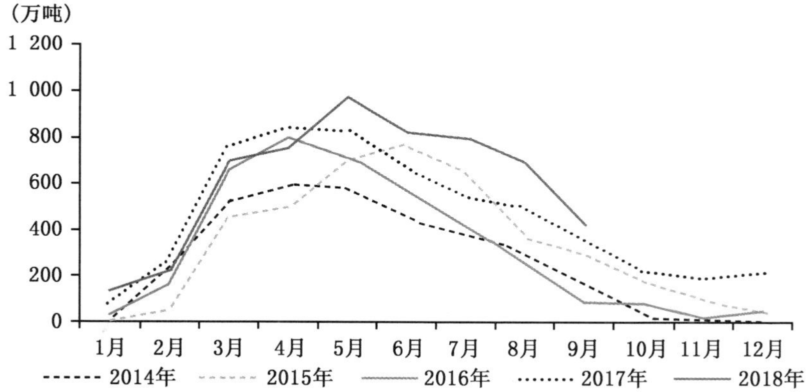

资料来源：巴西商务部，中金公司研究部。

图 1—114　巴西对中国大豆出口情况

我国进口的肉品中，2018 年前三季度，除了猪肉（含副产品）有 20%来自美国外，牛肉大部分来自南美和澳大利亚，鸡肉 80%来自巴西。同时，随着“一带一路”深入欧洲市场，部分欧洲国家也可以向中国恢复牛肉进口，加之中国牛肉供应缺口较大，未来中国的牛肉进口量和所占比重都将继续上升。

根据智研咨询发布的《2018—2024 年中国猪肉行业市场运营态势及投资前景评估报告》,美国的猪肉生产虽然成本低,折合人民币价格为每斤 4.5—5 元,中国的生产成本比美国高 80%—90%,为每斤 6—6.5 元,但是当前国内的猪肉价格已经跌至低位,美国的猪肉运到中国,需要加上30%的运输成本及贸易商的利润,而且冻猪肉本比鲜肉价格低百分之十几,如今中止关税减让,并且增加 25%的关税,综合来看,美国猪肉在国内基本上没有什么竞争力。另外,我国猪肉进口主要来源国有二十余个(见图 1—115),在这些进口国家中,美国进口猪肉的价格并不是最低的,进口猪肉价格最低的是英国和智利,在对中国供应猪肉最多的几个国家中,美国的猪肉价格排在中游。因此,此次贸易摩擦对于我国猪肉进口总体的影响有限,猪肉进口的负增长主要是由于国内市场供需导致的。

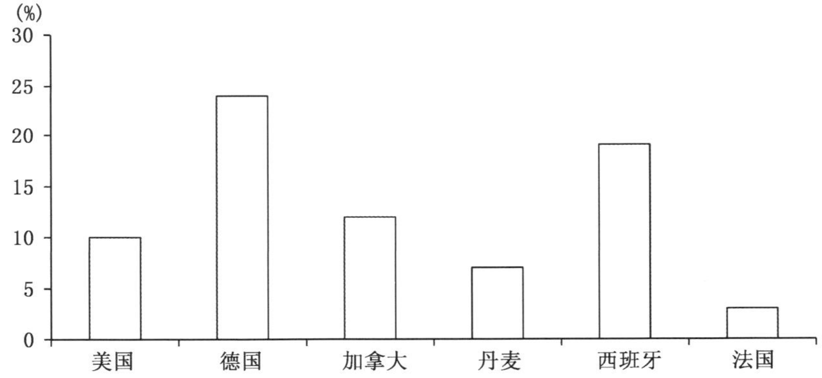

资料来源:智研咨询。

图 1—115 2017 年中国猪肉主要进口国家占比

(3)大豆等受贸易摩擦影响较大的农产品替代品进口激增后回落

2017 年第四季度以来,我国农产品进口出现波动,与中美贸易摩擦密切相关的行业降幅明显,替代产品出现明显上涨(见图 1—116)。大豆进口同比增速由 2017 年的 16%下降到 2018 年第三季度的 1.9%,其中,2018 年 3—7 月累计同比增速为负。作为替代品之一的玉米自 2017 年末以来开始快速增长,尤其是 2018 年国产玉米受天气影响,产量受限,2018 年 5 月玉米进口累计同比增速达到 353%,4 月和 5 月的玉米进口同比增速分别达到 2 973.8%和 1 628%,创历史新高。

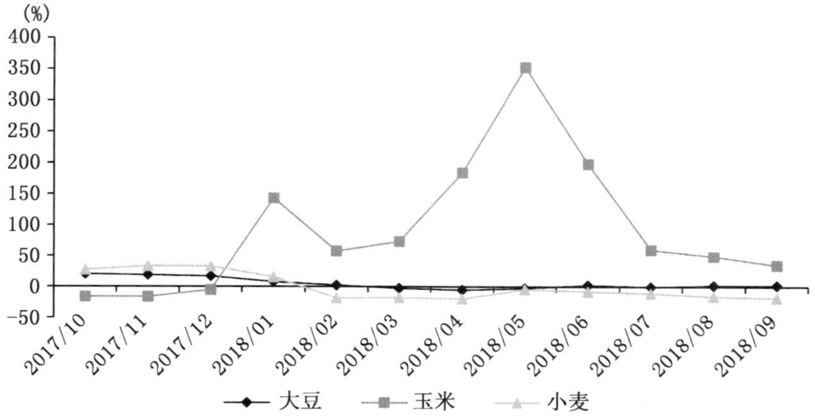

资料来源:根据海关总署数据绘制。

图1—116 部分农产品金额累计同比增速

从2016年开始,乌克兰成为我国主要的玉米进口国,美国进口玉米所占额度不大。虽然我国玉米对美国进口的依赖性相对较小,但受贸易摩擦持续发酵的影响,玉米价格在国际上持续走高,且国产玉米相对于进口玉米及其替代品而言具有一定的价格优势,加上前期进口积累,2018年9月份玉米当月进口量为4万吨,同比减少83.4%,是2016年11月份以来的最低水平,进口金额1 195.8万美元,同比减少77.3%,降幅明显(见图1—117)。此外,小麦等谷物产品的进口增速也处于下降状态。

3. 原油行业:进口依赖度大,市场担忧引发进出口格局改变

(1)原油自给率低,进口依赖性大

我国原油产量与需求量之间的差距较大,大量的原油依赖进口。据国家统计局数据显示,2017年四季度以来,除了2018年8月出现小幅正增长外,其余月份我国规模以上工业原油产量一直持续负增长(见图1—118)。据智研咨询发布的分析报告,近年来,原油产量持续低于原油消费量,消费缺口不断扩大,只能通过原油进口弥补缺口。原油进口量增速多年来维持高位,进口依赖度已达到70%以上(见图1—119)。

2018年前三季度,我国原油进口1 720.94亿美元,出口10.17亿美元,贸易逆差较大。2017年10月至2018年9月,我国原油进口量均远高于出口量,且出口增速有明显的下滑趋势,进入2018年以来一直处于负增长状态,其中,2018年3月的出口量累计增长率达到—47.2%,为近一

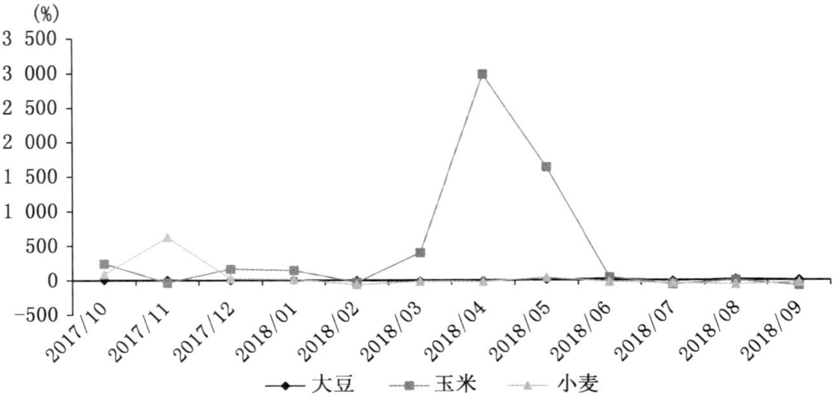

资料来源:根据海关总署数据绘制。

图 1—117 部分农产品金额当月同比增速

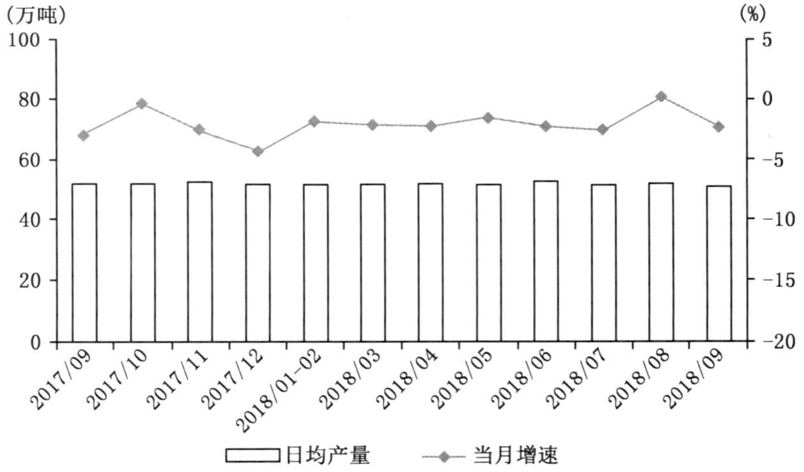

资料来源:国家统计局。

图 1—118 规模以上工业原油产量月度走势

年来的最低水平(见图 1—120)。

(2)我国原油进口以俄罗斯和中东地区为主,但美国原油出口依赖中国市场

2017 年,中国首次超过美国,成为全球最大的原油进口国。俄罗斯、沙特、安哥拉、伊拉克、伊朗和阿曼为中国前六大原油进口国,2017 年中

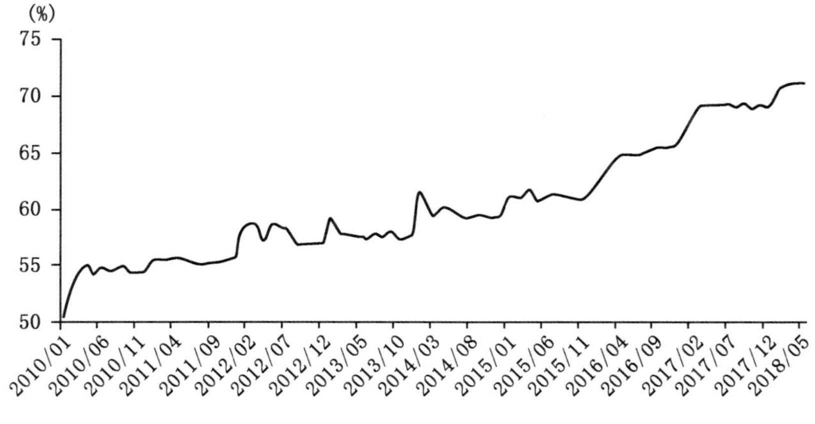

资料来源:智研咨询。

图1—119 中国原油进口依赖度

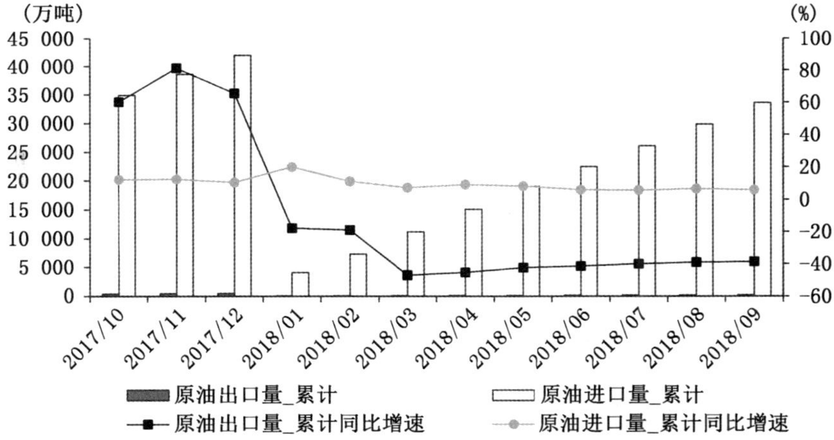

资料来源:根据海关总署数据绘制。

图1—120 我国原油进出口累计情况

国从美国进口的原油占总量的2%。尽管中国从美国进口的原油规模大幅增加,但相比从其他国家进口的原油量仍然较小。根据海关总署最新发布的数据(见图1—121和图1—122),2018年8月,我国最大的六个原油进口国与之前一致,自俄罗斯联邦进口原油570.4万吨,增加28.9%;自沙特阿拉伯进口413.4万吨,增加13%;自安哥拉进口407.1万吨,减少2.5%,上述三者合计占同期我国原油进口总量的36.5%。美国仅在中国的原油进口国中排名第十位，但进口量和进口金额同比均明显上升，这与美国原油产量提升、2017 年同期我国从美国进口的原油数量较少、原油期货等因素有关。

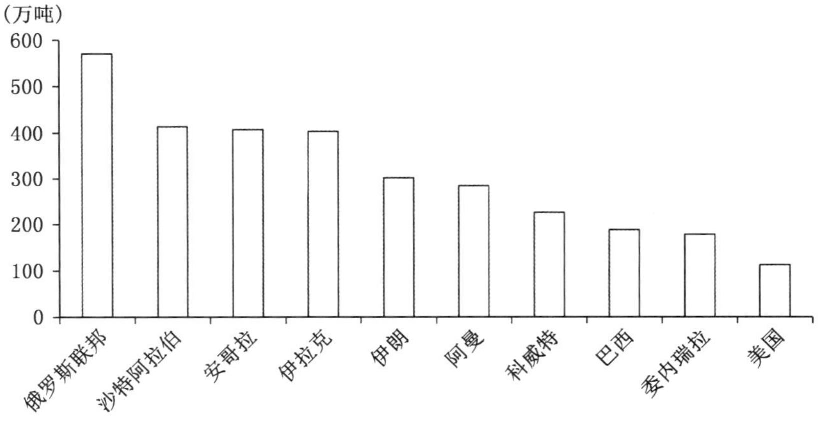

资料来源：根据海关总署数据绘制。

图 1—121　2018 年 8 月我国原油前十大进口来源地进口数量

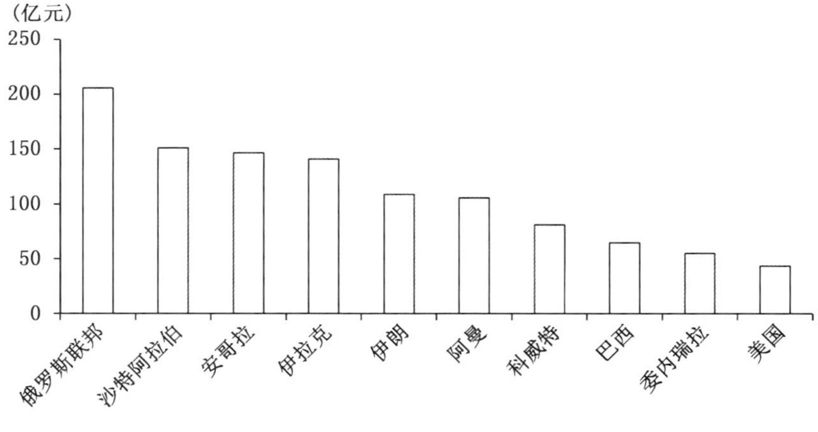

资料来源：根据海关总署数据绘制。

图 1—122　2018 年 8 月我国原油前十大进口来源地进口金额

但对美国而言，从金额上看，2017 年，美国对中国的原油出口额占美国原油总出口额的 21%，中国是美国重要的原油出口地。根据美国国家能源局最新数据，2018 年 7 月美国向中国出口的原油数量为 54.5 万桶/日（见

图 1—123)。如果中国将美国的原油列入征税对象,则会大幅影响美国对原油的出口数量。

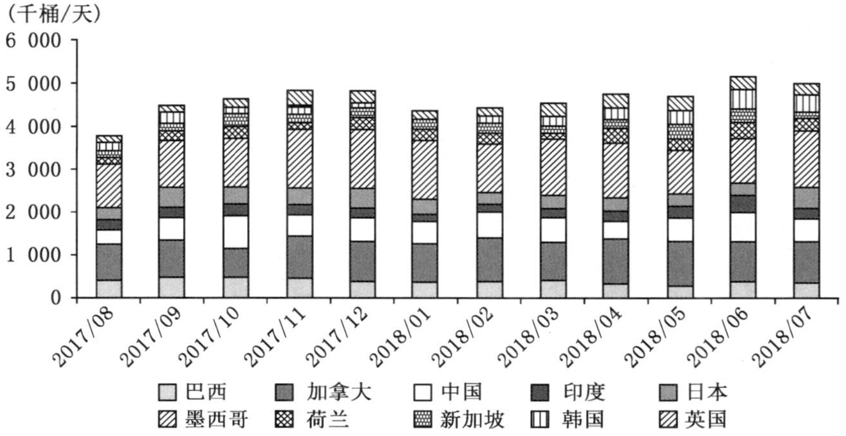

资料来源:根据 EIA 数据绘制。

图 1—123　美国主要原油出口目的国

(3)市场担忧情绪上升,对美国的石油进口已经开始出现下滑

近期,美国原油出口量出现波动下降的趋势(见图 1—124)。出于未来中国可能对美国原油征税的担忧,中国实际大幅减少了从美国的原油进口量。目前,关于中国向美国进口原油的数量有多种统计口径,得到的数据不一,但各种统计都显示,中国自美国进口原油有环比下降的趋势。根据信达证券研发中心跟踪的原油进出口数据,2018 年 1—7 月中国自美国的原油进口量平均为 35 万桶/日,其中,2018 年 2 月达到了顶峰 50 万桶/日,但是根据截至 2018 年 8 月 20 日的数据,2018 年 8 月,中国从美国的进口量仅为 9.6 万桶/日,相比 2018 年 1—7 月减少了约 25 万桶/日,这也是美国原油出口近期大幅下降的主要原因。根据美国国家能源局发布的最新数据,2018 年前 7 个月美国向中国出口的原油数量平均为 56.1 万桶/日,各月基本稳定但存在波动现象。而据《经济日报》网站消息,根据美国人口普查局最新公布的美国 8 月外贸数据显示,8 月美国原油出口降至 174.9 万桶/日,较 7 月的 213.9 万桶/日大幅减少;加拿大仍然是美国最大的原油出口国,出口量为 34.3 万桶/日,其次是韩国、中国台湾和印度,出口量分别为 26.7 万桶/日、19.8 万桶/日和 19.6 万桶/日,

对中国的原油出口量则降至零。

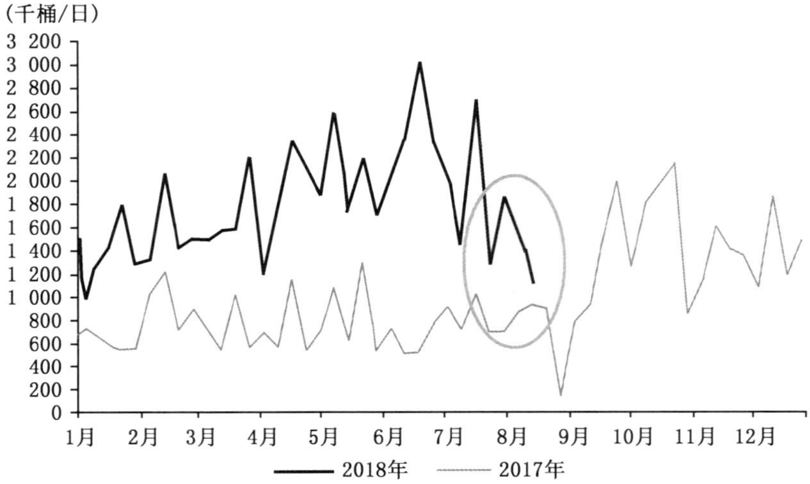

资料来源:信达证券。

图 1—124 美国原油出口量

4. 汽车行业:嵌入全球价值链分工体系,受贸易摩擦影响进出口相对平衡

(1)中国汽车进出口总体平衡,在全球价值链分工合作体系中的嵌入程度高

总体而言,我国汽车产品的进出口虽然长期处于逆差状态,进口额略高于出口额,但较为平衡(见图 1—125)。

2017 年第四季度以来,除了 2018 年初的进口额激增外,我国汽车进口开始出现波动下滑。2017 年,我国对汽车及其零部件的进口额达到 792.43 亿美元,同比增长 10.8%。2018 年前三季度,我国对汽车及其零部件等产品累计进口 630.95 亿美元,同比增长 9.3%,增速高于 2018 年上半年 3.8%的增速,但低于 2018 年第一季度 13.1%的增速,增速存在明显的波动(见图 1—126)。

汽车产品的出口则在 2018 年年初剧烈上升后呈现平稳趋势,并稳定在较高水平。2017 年,我国汽车产品出口 672.73 亿美元,同比增长 11.8%。2018 年前三季度,我国汽车产品累计出口 562.02 亿美元,除了 2018 年 1 月外,我国汽车产品出口均保持在 14%以上,其中,2018 年 2 月

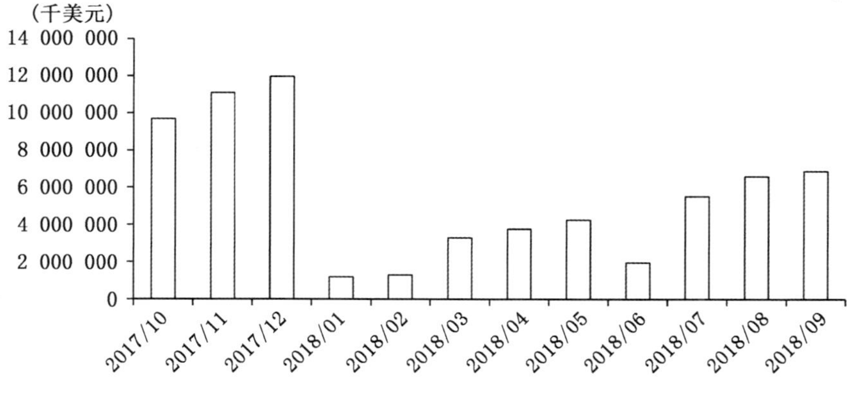

资料来源:根据海关总署数据绘制。

图 1—125　我国汽车产品进出口金额累计逆差

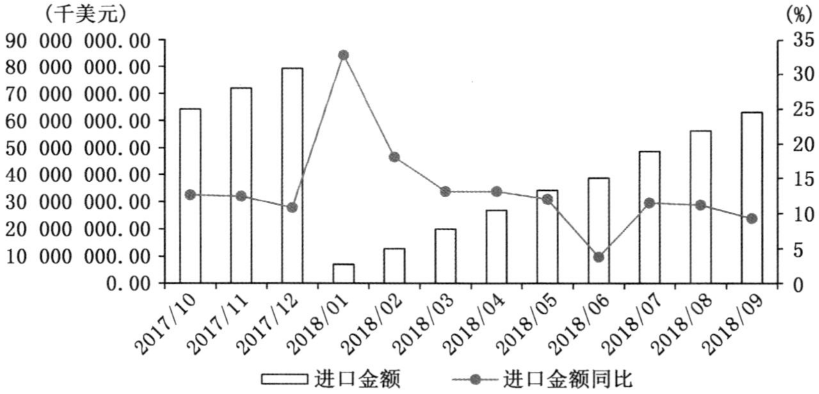

资料来源:根据海关总署数据绘制。

图 1—126　汽车产品进口情况

增幅达到 28.7%,增幅明显(见图 1—127)。

我国汽车进出口相对平衡,与我国汽车产业在全球价值链中的嵌入程度密切相关。汽车整车和汽车零部件是构成我国汽车商品出口的两大主力。2017 年,我国汽车出口占全部汽车产品出口的 57.8%,零部件出口占全部汽车产品出口的 35.03%,二者之和占全部汽车产品出口的九成以上(见图 1—128)。

中国汽车行业在全球价值链分工体系中嵌入程度较高。例如,上汽

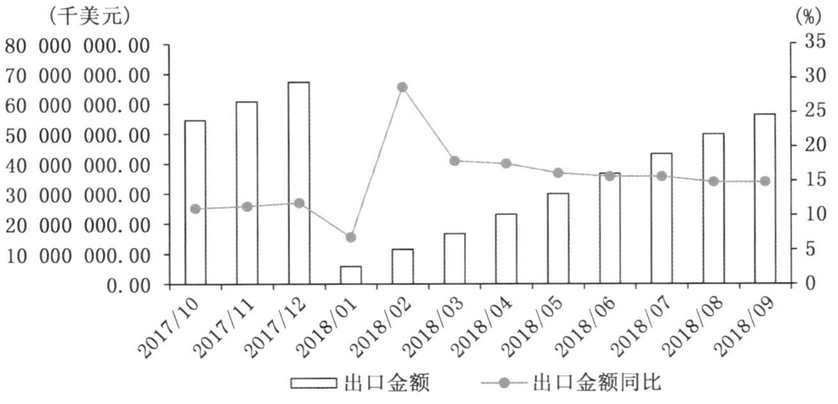

资料来源:根据海关总署数据绘制。

图 1－127　汽车产品出口情况

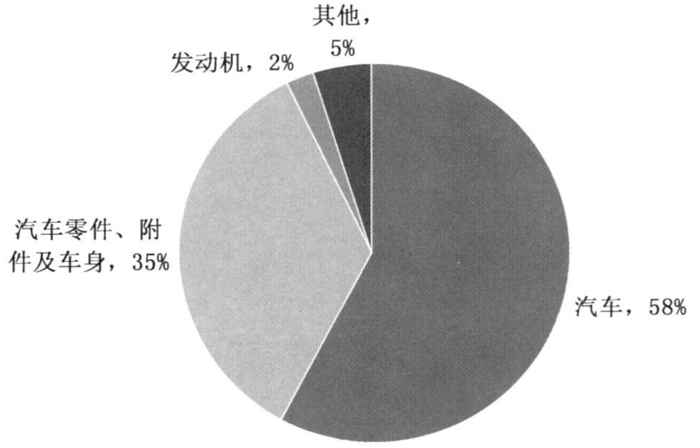

资料来源:中商产业研究院。

图 1－128　2017 年七大类汽车商品进口金额所占比重

通用汽车有限公司成立于 1997 年 6 月 12 日,由上海汽车集团股份有限公司、通用汽车公司共同出资组建而成,目前拥有浦东金桥、烟台东岳、沈阳北盛和武汉分公司四大生产基地,具有多个整车生产厂和动力总成厂。早在 2015 年末,上汽通用汽车公司生产的别克昂科威 SUV 就首次实现了由中国对北美市场的整车出口。又比如,2017 年 6 月,福特汽车宣布,福特美国密歇根工厂自 2018 年起将不再负责福克斯车型的生产工作,未来将从中国进口下一代福克斯紧凑型轿车,并且该公司称此举每年可节省10亿美元的生产成本。2018年6月,特斯拉也宣布在上海建厂,这意味着中国第一个由外资独资的汽车工厂即将到来。上述例子表明,中美汽车制造合作密切,双方在全球价值链中都具有较高的嵌入程度,这也使得双方在贸易摩擦中联系密切,受贸易摩擦的影响程度相对平衡。

(2)中美汽车行业相互依赖,贸易摩擦将影响双方的企业

中美汽车贸易总体来看是顺差逐步缩小(见图1—129)。2015—2017年贸易顺差均在30亿美元左右,其中,整车逆差在110亿美元左右,而零部件顺差在140亿美元左右。美国在中国的汽车进口国中排名第三,在中国的汽车出口国中排名第一,双方相互需求均较大。从贸易收支的角度而言,中美汽车贸易相对平衡,整体受到贸易摩擦的影响较为平衡。

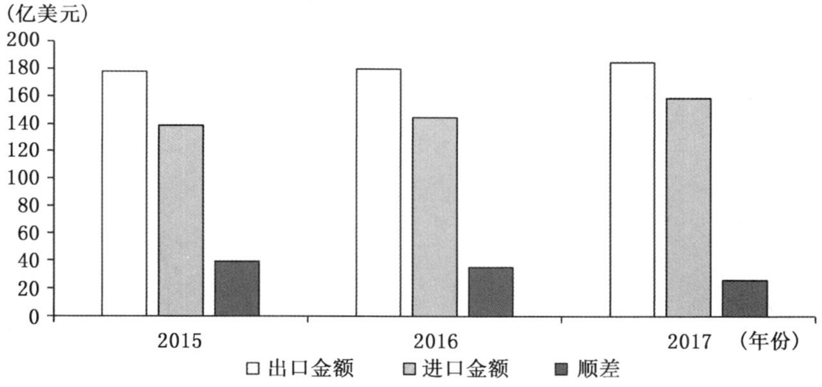

资料来源:根据商务部数据绘制。

图1—129 中国对美国汽车产品贸易情况

进入2018年以来,受贸易摩擦影响,中国自美国进口汽车及其零部件产品的增速在2018年上半年持续负增长,但进入2018年三季度后,中国自美国进口汽车及其零部件出现大幅上升,增幅回归至10%以上(见图1—130)。

出口方面则与进口相反,2018年前两个季度的累计增速都保持在接近10%,但第三季度出口下跌明显,前三季度累计增速为—20.2%(见图1—131)。这表明美国的贸易保护行为正在对我国出口到美国的汽车产品产生负面影响。由于中美贸易中许多汽车企业是中美合资,因此这种负面影响也将波及美国自身。

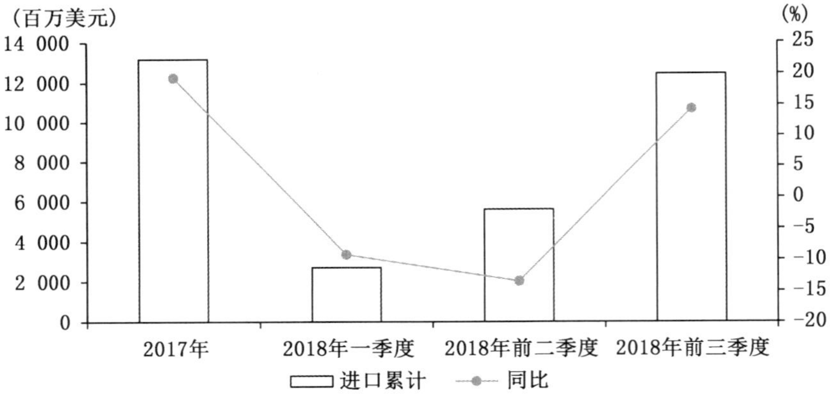

资料来源:根据商务部数据绘制。

图1—130 中国对美国车辆及其零附件产品进口情况

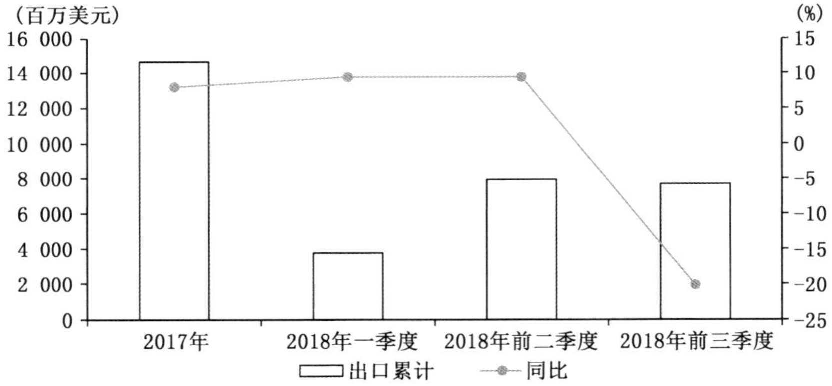

资料来源:根据商务部数据绘制。

图1—131 中国对美国车辆及其零附件产品出口情况

(3)贸易摩擦对中美汽车整车和零部件行业的影响不均

从整车和零部件进出口情况看,中国对美国的进口以整车为主,出口以零部件为主。贸易摩擦对美国的整车行业影响较大,对中国的零部件行业影响较大,大部分汽车零部件被纳入美国2 000亿美元征税名单。

2017年,中方出口美国的汽车主要是通用、福特在华工厂的产品返销,以及沃尔沃汽车,共计14亿美元。汽车零部件出口则为170亿美元,其中,相当多的部分是包括美资在内的合资企业产品。从美国进口到中国的主要是整车产品，2017 年中国整车进口 125 万辆，其中，从美国进口 28 万辆，位居第二，占比 22%（见图 1—132）。2017 年，中国整车进口金额 510 亿美元，其中，美国进口金额位居第一位，达到 131 亿美元，占比 26%（见图 1—133）。

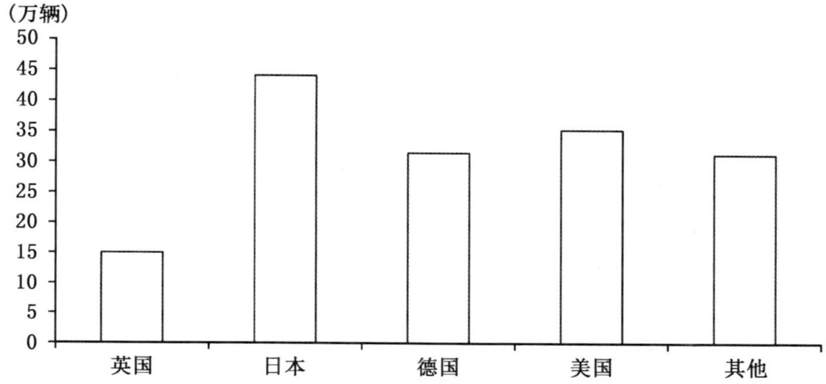

资料来源：Wind。

图 1—132　2017 年中国整车进口数量

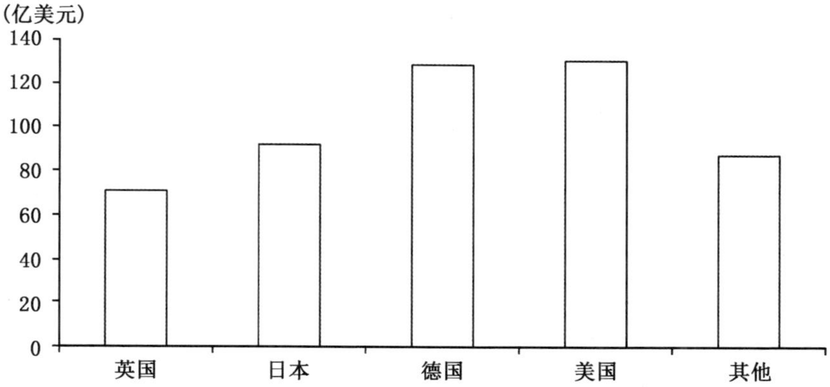

资料来源：Wind。

图 1—133　2017 年中国整车进口金额

中国是美国许多大型汽车企业的重要市场（见图 1—134）。例如，2017 年，美国通用汽车公司全球整车销量 847.9 万辆，而在中国市场上销售就达到了 404.8 万辆，占到接近一半。受美方挑起的贸易摩擦影响，自7月6日起，中方对多数列入中方加税清单中的自美进口汽车，在降税后15%现行税率的基础上，加征25%的关税，合计税率达到40%。受此影响，美国汽车对华出口受到了一定的冲击。

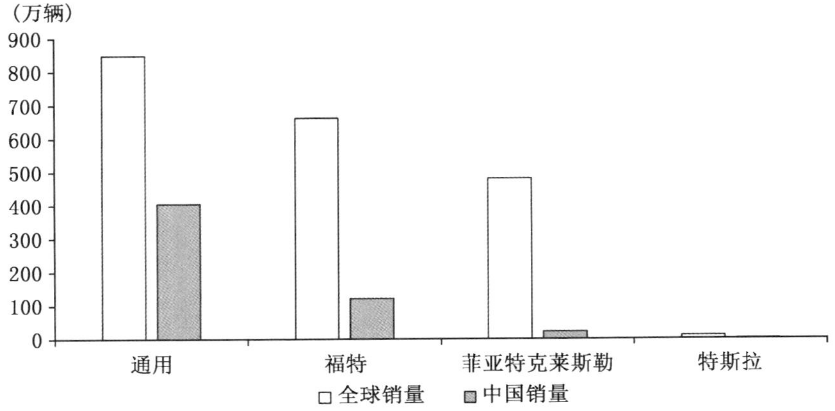

资料来源：《中国汽车报》。

图1—134 2017年美国四大车企在全球和中国的销量

零部件方面，美国是中国重要的汽车零部件出口国。2017年，中国对美出口金额在171亿美元左右，对美国出口占全部零部件出口的29%，与2016年的28%相对持平（见图1—135），而进口金额仅有28亿美元，仅占全部进口的8%（见图1—136）。因此，中美贸易摩擦中，对中国的汽车产品而言，主要影响的是汽车零部件产品的出口。

但是，由于汽车产业全球价值链分工较为完备，我国汽车企业在全球价值链中高度嵌入，因而贸易摩擦对零部件带来的影响可以得到相当多的转嫁机会。从零部件出口结构来看，汽车行驶系统零部件占比最高，达到30%左右，且顺差较大（见图1—137），其产品以车轮和轮胎等劳动密集型产品为主，在贸易摩擦的影响下，相关公司会受到一定的冲击，但是仍然可以通过在海外建厂或海外合作等方式，降低贸易摩擦带来的不利影响。此外，在当前的汽车全球价值链分工下，在汽车玻璃、内外饰等劳动密集型领域，中国的零部件龙头企业已经占据了全球的主要产能，外国企业对这些零部件龙头企业的依赖度高，使这些零部件龙头企业具备了较强的议价能力，也可以实现一定的关税转嫁，减少贸易摩擦带来的不利影响。

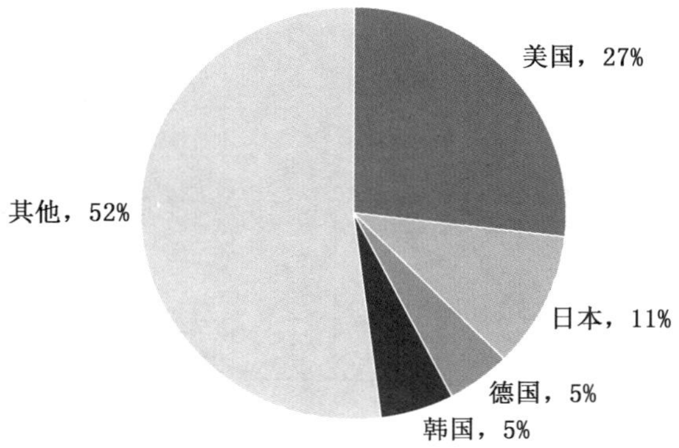

资料来源：Wind。

图1—135 2017年中国对各国的汽车零部件出口

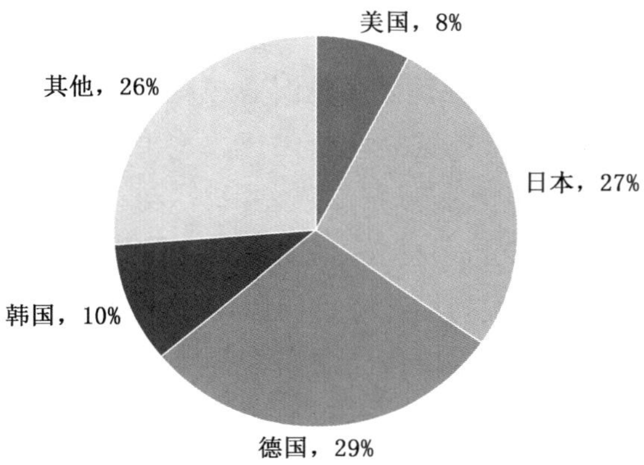

资料来源：Wind。

图1—136 2017年中国对各国的汽车零部件进口

1.3.4 本节小结

- 近期我国外贸情况总体稳定，贸易结构有所改善。
- 出口产品技术含量低、高技术产品严重依赖发达国家进口等问题仍然存在。
- 大量不稳定因素出现，与长期问题叠加，影响外贸出口。
- 贸易摩擦对不同行业的影响不均，缺乏核心技术或资源的产业受影响较大。

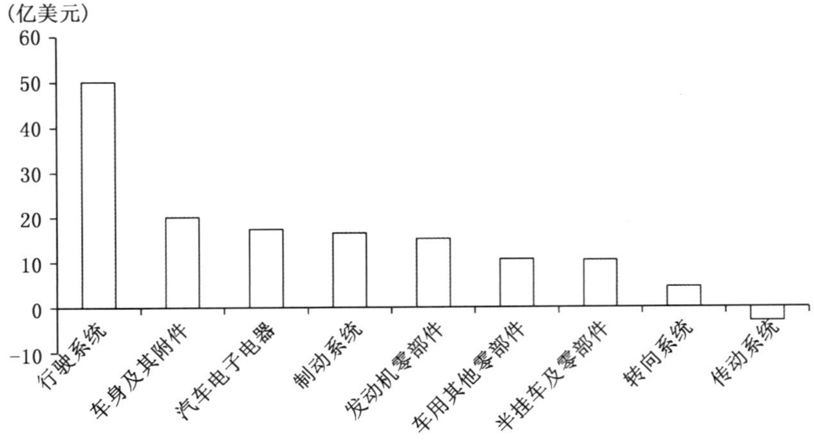

资料来源：中银国际证券。

图 1—137　中美部分汽车零部件贸易顺差情况

2017 年四季度以来，我国外贸情况总体稳定。货物贸易依然是我国贸易的主要组成部分，服务贸易增长迅速。欧美仍然是我国重要的贸易伙伴，并且货物贸易顺差、服务贸易逆差，我国与"一带一路"沿线国家或地区贸易表现抢眼，多项贸易指标高速增长。2018 年度内我国一般贸易进出口增速较快，加工贸易增速维持低位，表明我国的贸易方式和结构正在改善。产品方面，我国出口产品的技术含量虽然有所提升，但提升速度缓慢，对传统中低端产品的出口依赖较大，而进口产品中以高技术、原材料等产品为主；服务的进出口以传统服务产品为主，新兴服务进出口仍然处于培育状态。

近期全球经济整体回暖势头明显，多数国家和地区的货物和服务贸易均有增长。但近期我国外贸形势出现大量的不稳定因素，长期以来存在的贸易问题也并未得到有效缓解，中美贸易摩擦、贸易保护主义、欧美对我国长期实行高技术产品的出口限制、我国对欧美的出口依然以传统中低端产品为主等多种问题叠加，不利于我国外贸出口。

分行业看，缺乏核心技术或资源的产业在贸易摩擦中可能面临较大的不确定性，而在全球价值链分工体系中嵌入程度较深的行业受到的影响相对有限。例如，我国的电子信息产业长期高度依赖外部技术，附加值低，受到贸易摩擦的不利影响较大。对大豆、原油等商品，贸易摩擦会使这些行业的进口寻找替代品或替代国。在全球价值链分工体系中嵌入程度较高的汽车行业等，由于双方你中有我、我中有你，因而贸易摩擦影响相对平衡，总体受到的不利影响有限。

1.4　本章小结

1. 宏观经济的总体状况面临挑战，产业发展的总体状况面临机遇

2018 年度，经济总量增速放缓，市场信心不足；通胀压力开始显现，赋税压力加剧，贫富差距扩大。供给和需求方面，总产出中的工业增加值、出口总额同比放缓；需求端中的消费品零售总额增长高速，投资放缓，出口下降。分行业看，2018 年度农业发展保持平稳；工业中的传统制造业增速低，新兴制造业投资增速上行；服务业增加值同比高企，由铁路运输业、文娱教育领跑上涨。贸易方面，近期我国对外贸易对产业发展的总体影响加大，进出口总值占比上升。

2. 外贸存在的许多长期问题尚未得到有效缓解，处于价值链中低端的行业占进出口贸易总额的首要位置

长期以来，我国外贸存在对欧美等国依赖大、出口以中低端的低附加值产品为主、加工贸易的整体规模较大等问题，这些问题虽然在近期有所减轻，但依然没有得到根本缓解。特别是处在价值链中低端的行业仍然占进出口贸易总额的主要位置，例如，作为出口重点产品之一的机电产品，其构成依然是传统的中低端产品，处在价值链的较低位置，附加值不高，技术水平远远达不到国际领先水平。出口产品技术含量低、价值链位置较低等也使我国的外贸进出口容易受到贸易摩擦的影响。此外，我国的服务贸易虽然近期有所增加，但总体而言数量有限，并且以服务进口为主，服务出口较少，长期处于逆差状态，在进口的服务中也以旅游、留学、运输等传统服务业务为主，新兴服务业的进出口有待发展。

3. 近期我国外贸面临较大的不确定性，进出口结构面临调整

近期国际贸易形势的不确定因素大幅增加，贸易保护主义抬头的势头明显，多边贸易体系受到挑战，我国面临的外贸环境出现了很多不稳定因素。特别是，我国长期以来的主要贸易伙伴欧美等国，近期频频做出不利于国际贸易正常发展的举动，为我国外贸形势带来了很大的不确定性，

并且这种不确定性还将在近段时间内普遍存在。在外部环境不确定性加剧的大环境下，我国整体的进出口结构将面临调整，包括进出口的贸易伙伴国、贸易产品类型、贸易方式等方面都应有所改善，提升进出口产品的技术水平和附加值，维护多边贸易体系，改善我国的外贸发展环境。

第 2 章

多边贸易对产业发展的影响分析

根据赫克歇尔—俄林理论，相对丰裕的要素禀赋可以在一定的组织下形成相应的产业体系，而产业体系所形成的产出，最终会成为整个社会的总供给，其中出口品通过出口贸易实现，而国内稀缺要素由于无法形成相应的产业，对应的需求则通过进口来实现。所以 H-O 理论其实强调了各个国家和地区不同要素禀赋、不同商品的不同生产函数对贸易产生的决定性作用。

但是与此同时，多边贸易又对一个国家的产业体系有较为重要的影响。从产品的出口来看，国内的产品进入全球市场，进而进入全球的分工体系。同时，产品市场的边界不断扩大，促进该产业的扩张与发展。从产品的进口来看，进口可以在一定程度上改变一个国家的要素禀赋，丰富原先稀缺的要素，进而促进产业的动态调整，最终提升产业的质量。同时，进口可以弥补现有产业体系的不足，通过知识或者技术的外溢效应，优化现有产业。

本章就从贸易对产业的影响出发，探究多边贸易环境下产业的发展问题，分析框架如图 2—1 所示。本章安排如下：第一节将会对新中国改革开放以来整体的贸易结构进行阶段性的划分和分析，试图发现不同的贸易阶段产业发展的特点；第二节将会从贸易结构的角度，探究对产业结构的影响；第三节将会从外贸依存度的角度，对一些外贸依存度较高的行业进行分析；最后我们将会分析影响进出口贸易的一些主要政策及其对产业发展的影响机制，并结合近期的中美贸易摩擦，解析中美之间的贸易关系及其对双方产业的影响。

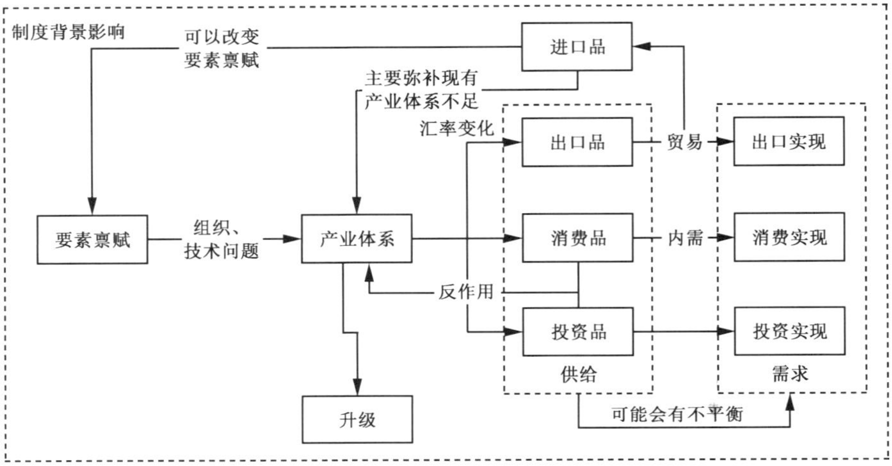

图 2—1 多边贸易对产业发展的分析框架

2.1 改革开放以来对外贸易及产业发展变化

1978 年改革开放以后，中央政府在谨慎务实的基础上开始渐进式推行改革开放的政策，打开了经济发展的新局面，实现了中国经济四十年的快速发展。其中，由于不同时期对外开放政策和对外开放程度的不同，贸易的发展也呈现出不同的阶段性特征，相应地，国内的产业格局由此也有了不同程度的发展。为了更清楚地梳理不同阶段的贸易发展状况，我们依据国家开放程度的不同（以对外贸易依存度来衡量，见图 2—2），结合重要贸易政策的实施时间，将改革开放以来的贸易发展划分为四个阶段，分别是对外开放初期阶段（1978—1991 年）、对外开放深化阶段（1992—

2001 年)、对外开放全面发展阶段(2002—2008 年)和全球贸易保护主义上升阶段(2009 年至今)。通过这四个不同的阶段,下面来探究对外开放下多边贸易和产业结构之间的关系。

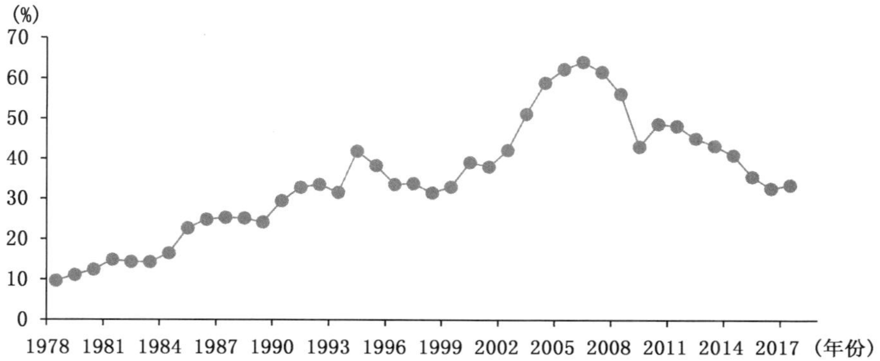

资料来源:根据国家统计局数据绘制。

图 2—2　1978 年至今对外贸易依存度的变化

2.1.1　对外开放初期阶段(1978—1991 年)

1. 对外开放政策及环境概况

自 1972 年中美建交正常化到改革开放前,中国一直实行"进口替代型"战略,1978 年十一届三中全会后,中国开始推行改革开放,对外贸易的政策也由进口替代型逐步向出口导向型战略转变。在这一转变时期,国家不断地出台改革政策,鼓励出口,主要政策包括设立经济特区、开放沿海港口城市、实行商品退税、下放外贸经营权等。

这一系列的政策打开了国内禁闭许久的对外贸易大门,缓解了国内资源短缺问题,突破了国内制度观念障碍,并逐步提高了中国的贸易自由化程度,使得国内产品出口规模不断地扩大。但此时中国的对外开放还仅处于实验探索模式阶段,"进口替代型"和"出口导向型"战略并存,开放度仍需进一步提高。

2. 货物贸易与制造业:以轻纺工业为主

改革开放后,中国逐渐开始参与国际分工,由于劳动力的比较优势,中国的轻工业、纺织工业迅速发展。同时,由于低端技术的逐步引进和出口鼓励政策,中国的货物贸易出口规模也不断地扩大。1978 年,中国贸易总额仅206.4亿美元①,到1991年,进出口贸易总额已经增加到1 357亿美元,达到1978年的7倍,在国际上的地位也从原先的32位提升到13位。其中,货物贸易出口总额从1978年的97.5亿美元上升到719.1亿美元,货物贸易进口总额则从108.9亿美元上升到637.9亿美元(见图2—3)。

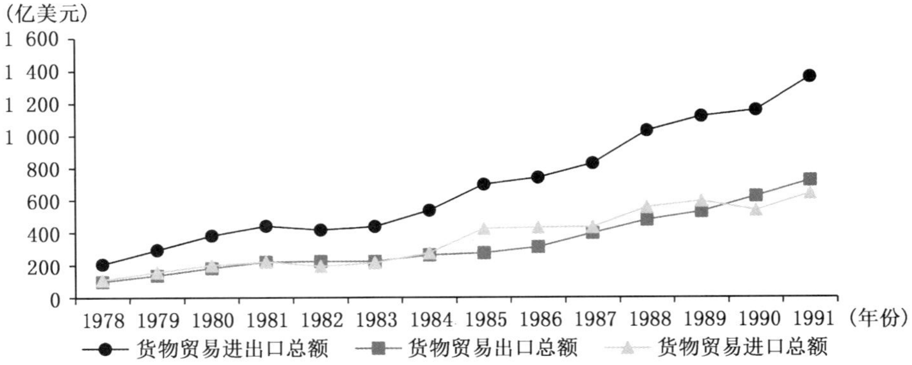

资料来源:根据国家统计局数据绘制。

图2—3 1978—1991年货物贸易进出口金额

这一时期,国内出口商品结构不断改善,实现了以农产品和原材料为主到以轻纺加工②为主的转变。1986年,以轻纺为主的产品出口比重为19%,超过了矿物燃料,并成为我国第一大类出口商品③,到1991年,以轻纺为主的产品出口比重已经达到20%。轻纺工业出口创汇也大幅度增长,1986年,纺织品取代石油,成为我国出口创汇第一产品④,1988年,轻纺工业出口创汇占全国创汇总额的1/2,比1978年增长了3倍。

同时,从国内产业结构来看,轻纺工业逐渐占据主导地位。1978年以前,国内发展以重化工业为主,轻纺工业的产品大多按照国家计划来组织生产,产品处于低端且供应不足。1978年后,在改革开放新形势下,国

① 数据来源:国家统计局。

② 轻纺工业,是生产消费资料的工业部门,包括纺织、食品、造纸、医药、日用消费品生产等行业,是国民经济的重要组成部分。根据统计年鉴的分类,轻纺工业产品主要包括食品、饮料、烟草、粮油、饲料、包装、纺织、服装、皮革、照明器具、日用硅酸制品、制浆、造纸以及日用化学品等。

③④ 陈丹,戚桂杰,常健.我国纺织工业发展战略的调整[J].山东大学学报:哲学社会科学版,2002(3):76—79.

家开始调整轻重工业的发展，提出以建设轻纺工业为主的发展战略[①]，同时逐步取消计划手段，轻纺工业迅速发展，产品加工能力大幅增强。短短几年内，轻纺工业占第二产业的比重从 43%上升至 1990 年前后的 50%左右，和重工业形成“五五开”的局面。具体来看，1988 年化纤的产量比 1978 年增长了 3.6 倍。到 1991 年底，我国共有冰箱生产线 100 多条，洗衣机生产点 70 余个，西服生产线 100 多条，棉纺企业从 1985 年的 1 737 家增长到 1990 年的 2 683 家[②]，国内产业转为以轻纺工业为主导的经济增长[③]。

3. 服务贸易与服务业：以传统服务业为主

第二次世界大战后，随着各国经济的恢复与发展，服务贸易也在全球逐渐发展起来，成为各国对外经济交往的重要组成部分。1986 年，在关贸总协定的乌拉圭回合谈判中，服务贸易成为各国谈判的焦点，并最终确立了服务贸易的相关规定，签订《服务贸易总协定》，进一步推进了服务贸易在全球的快速增长。

中国的服务贸易发展晚，基础薄弱，往往在对外贸易总额中占较低的比重。1982 年之后，中国的服务贸易才逐渐发展起来，到 1991 年，服务贸易占对外进出口贸易总额的 8.99%，其中，服务贸易出口占对外贸易出口总额的 11.56%，服务贸易进口占对外贸易进口总额的 5.76%（见图 2—4）。

从服务进出口结构来看，由于中国服务业开放较晚，服务出口主要集中在附加值较低的资源密集型行业（旅游服务）和资本密集型行业（运输行业），这两大传统服务业[④]占据了服务出口的一半以上。随着服务贸易的发展，传统服务业的比重在逐步下降，1982 年，传统服务业占服务出口总额的 80.25%，1991 年，这一比例下降至 60%[⑤]，结构稍有优化，但是速

---

① 1979 年，国家实行“三为主”（轻纺为主、出口为主、沿海为主）的发展战略，并对轻纺工业在原材料、燃料、电力供应上优先。

② 贺燕丽，钱进，李志猛．我国轻纺工业所处的发展阶段[J]．浙江经济，1992(2)：22—24.

③ 这一时期国内消费、投资膨胀，由于集中于低技术产品，轻纺工业一度出现过热的情形，1991 年底，棉纺能力为 1 491 万锭，毛纺能力为 330 万锭，设备利用率仅为 60%—70%；电冰箱生产和洗衣机生产能力利用率约为 40%；日用精铝制品生产能力 21 万吨，一半以上能力闲置。

④ 本书对服务业的具体分类参照国际货币基金组织《国际收支和国际头寸手册》（第六版）标准统计，不含政府服务。其中，传统服务业是指旅游服务和运输服务，剩余为现代服务业。

⑤ 李丹．服务贸易结构优化[D]．辽宁大学，2010.

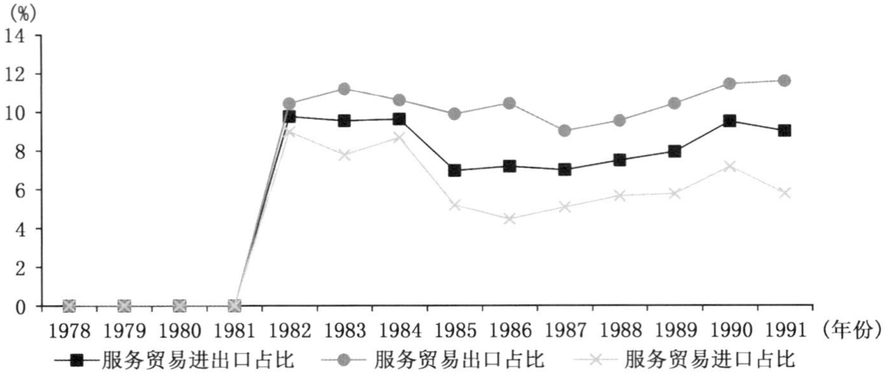

资料来源:根据国家统计局数据绘制。

图 2—4 1978—1991 年服务贸易占比

度仍旧缓慢,传统服务业仍占据了服务业的主要地位。

2.1.2 对外开放深化阶段(1992—2001 年)

1. 对外开放政策及环境概况

1992 年初,邓小平同志先后赴武昌、深圳、珠海和上海视察,并在沿途发表了重要谈话,标志着中国的对外开放进入了全面开放时期。南方谈话强调要抓住有利时机,加快改革开放的步伐。1992 年后,在原有的开放格局下,进一步多层次地推进开放,包括沿边开放、沿江开放、省会城市向内地推进;同时对外开放的重点逐渐转向产业开放,利用外资加速经济结构的调整和升级,"出口导向型战略"正式代替"进口替代型战略"。

与此同时,中国恰逢第三次国际产业转移的浪潮。从 20 世纪 90 年代开始正是美国和日本等发达经济体产业结构进一步信息化、高度化的时期,这些国家开始向中国转出资本与技术密集型产业,主要以非核心技术工序和零部件生产为主,如电子产品的加工组装等,带动中国机电和高新技术产品出口的快速扩张。全球化的趋势和进一步开放的战略共同推动了中国的产业发展。

2. 货物贸易与制造业:以机电产业为主

进一步提高开放度后,我国的对外贸易有了更进一步的发展。1992 年,我国货物贸易进出口总额为 1 655.3 亿美元,2001 年已经达到

5 096.5 亿美元(见图 2—5),对外贸易增长速度显著高于前一阶段,对外贸易依存度从 1992 年的 33.52%上升到 2001 年的 38.05%。中国已经在全球范围内及大多数的国家和地区开展贸易往来,美国、日本、中国香港、欧盟、东盟已经成为中国最重要的经贸伙伴,在世界贸易中的排名从 1992 年的第 11 位上升到 2001 年的第 7 位。

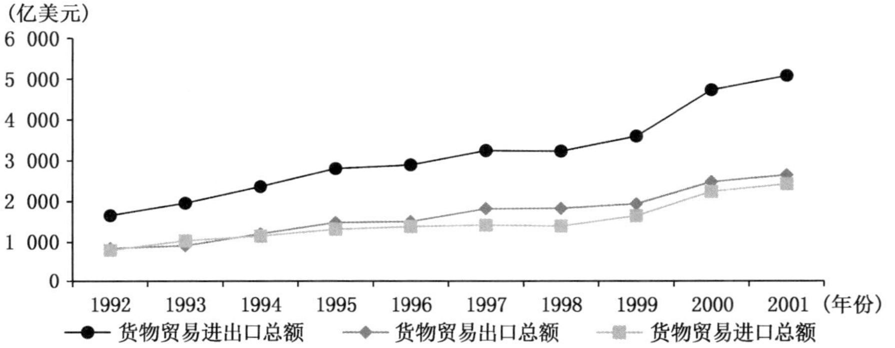

资料来源:根据国家统计局数据绘制。

图 2—5　1992—2001 年货物贸易进出口金额

这一时期,中国的劳动力比较优势发挥了重要作用,中国通过逐渐吸收外商直接投资,更加积极地参与到国际分工中。20 世纪 90 年代,发达国家纷纷开始产业结构的调整和升级,不少跨国公司将已经失去或者即将失去优势的产业,转移到具有劳动力比较优势的中国,这些新引进的工业生产技术,客观上也帮助中国建立了新的产业,并加快了工业化进程和产业结构的调整。中国的机电产业也因此在这一时期得到了快速的发展,1992 年,机电产品[①]进出口总额 544.4 亿美元,占全国进出口总额的 32.9%;到 2001 年,机电产品进出口总额已经达到 2 393.1 亿美元,占全国进出口总额的 46.9%(见图 2—6)。出口扩张更迅速(见图 2—7),1995 年,机电产品出口额首次超过纺织品,并连续多年成为中国第一大类出口

① 本书所涉及的机电产品标准来自中国商务部机电和科技产业司所编制的《机电产品进出口统计工作手册》,涵盖中国海关 HS 编码中六十八章到九十六章的部分产品,主要包括六种商品类别:金属制品、机械及设备、电气及电子产品、运输工具、仪器仪表和其他,与中国海关的统计分类一致。

商品①,在全部商品中的出口贸易地位已从20世纪80年代的次要地位上升到现在的主要地位。

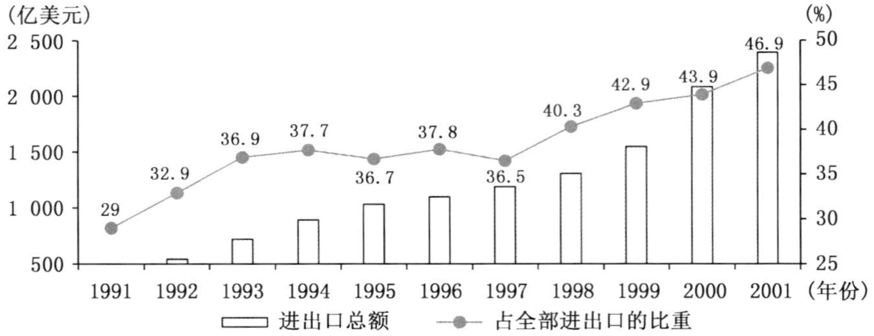

资料来源:根据《中国机械工程统计年鉴》《中国统计年鉴》②的数据绘制。

图2—6 1991—2001年机电产品进出口总额及比重

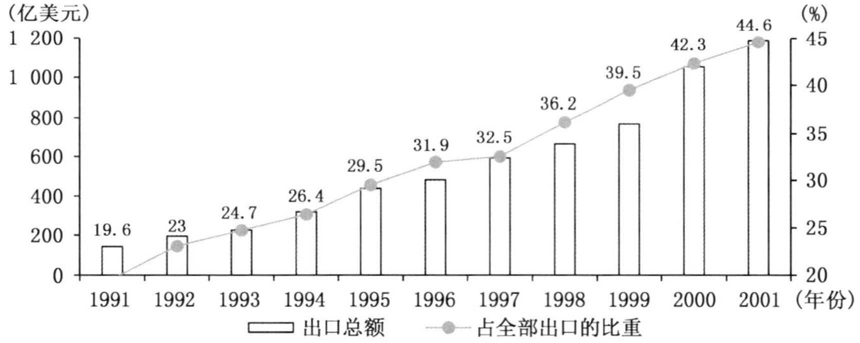

资料来源:根据《中国机械工程统计年鉴》《中国统计年鉴》的数据绘制。

图2—7 1991—2001年机电产品出口总额及比重

从国内机电行业的产值来看,这一时期机电行业的产值也在不断增长。1992年,机电行业工业总产值为6 588.07亿元,到2001年,机电行业工业总产值已经高达21 023.05亿元(见图2—8)。从数量上看,虽然发展较快,但是这一时期的机电产品主要仍集中于低端制造品,价格低

① 崔浩.加入WTO与中国机电行业对外贸易[J].中国工业经济,2002(2):39—46.

② 《中国机械工程统计年鉴》和《中国统计年鉴》对机电产品的分类与《机电产品进出口统计工作手册》中的分类一致。

廉、经营粗放、品种单一、质量差[1]，机电产业的结构需要向中高端制造调整。

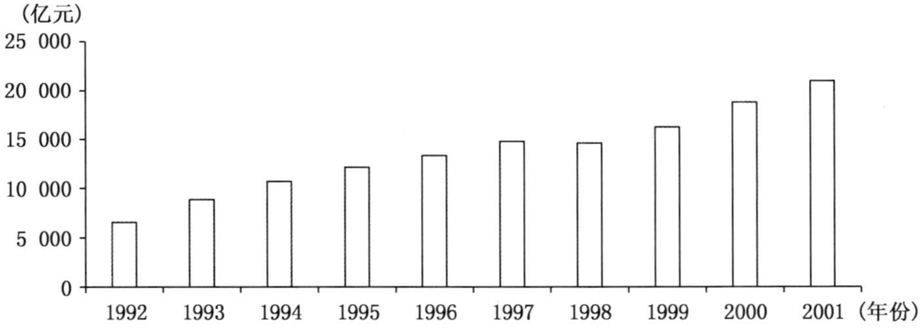

资料来源：根据《中国机械工程统计年鉴》的数据绘制。

图 2—8　1992—2001 年机电行业工业总产值

3. 服务贸易与服务业：仍以传统服务业为主，结构变化平稳

服务贸易进一步发展，在 1997 年达到顶峰后回落，虽有震荡，但仍呈上升趋势，相比于 1992 年，占比 11.54%，2000 年，服务贸易的占比上升到 12.97%(见图 2—9)。但是与货物贸易相比，比重仍旧于低位缓慢发展。从进出口结构来看，服务贸易进口的发展更快于出口(见图 2—10)。

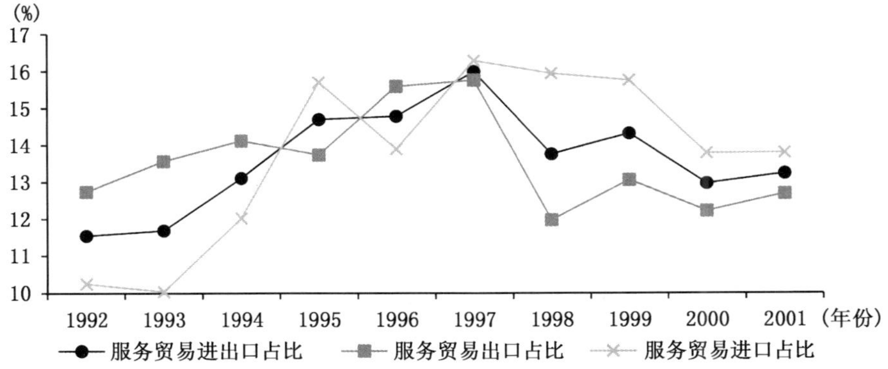

资料来源：根据国家统计局数据绘制。

图 2—9　1992—2001 年服务贸易占比

---

① 雷虹．我国机电产品对外贸易与机电行业增长的实证研究[D]．重庆大学，2006.

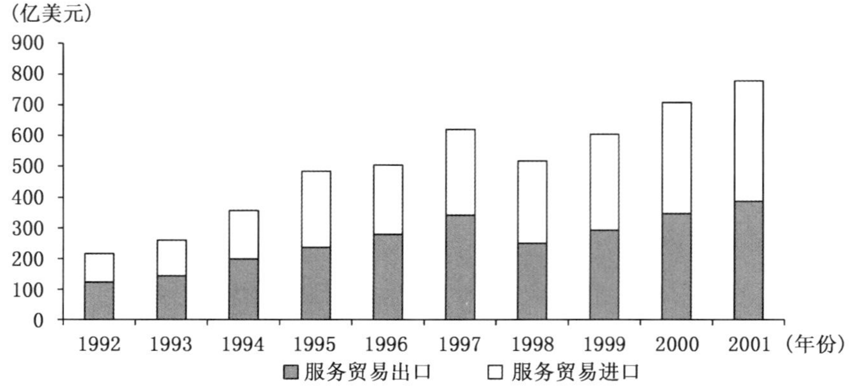

资料来源:根据国家统计局数据绘制。

图 2—10 1992—2001 年服务贸易进出口金额

从具体产业来看,服务业进一步开放,对于过去视为禁区的商业、外贸、金融、保险等服务领域,已经开始开展试点投资,过去限制投资的信息咨询等第三产业也逐步放开,对一些高新技术产业还给予了其他优惠待遇。

从服务贸易的内部结构来看,服务贸易进出口仍旧集中于传统服务业,以资源和资本密集型为主,且发展变化较为平稳。从出口来看,传统服务业占比稍有上升,现代服务业占比稍有下降。1992 年,传统服务业出口占比 60%,2001 年,传统服务业占整体服务业的比重达到 68.16%。现代服务业发展缓慢,2001 年时占比仅为 31.84%,且不少细分项的服务占比低于 5%(见图 2—11)。

从进口来看,服务贸易进口也集中于传统服务业,同时进口发展较为平稳。1997 年,传统服务业进口占比 65.19%,其中,运输业占比居首位,达到 35.87%,其次是旅游业,占比 29.32%,其余为现代服务业;2001 年,传统服务业进口占比 64.65%,几年来比例基本持平,只是旅游业服务进口反超运输业,占比第一,达 35.64%,运输业位居其次,占比 29.01%,而现代服务业由于服务业开放程度不够,占比仍旧非常低(见图 2—12)。这一时期国内服务业的发展也较为缓慢,第三产业产值占全国总产值的比重从 1992 年的 35.55%上升到 39.79%(见图 2—13),变化幅度不大。

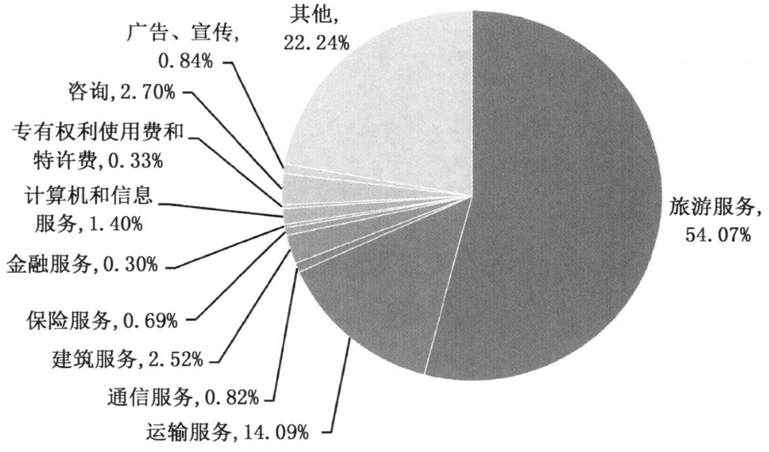

资料来源:根据张曙霄,蒋庚华(2009)①文献中的数据绘制。

图 2—11　2001 年服务贸易出口占比

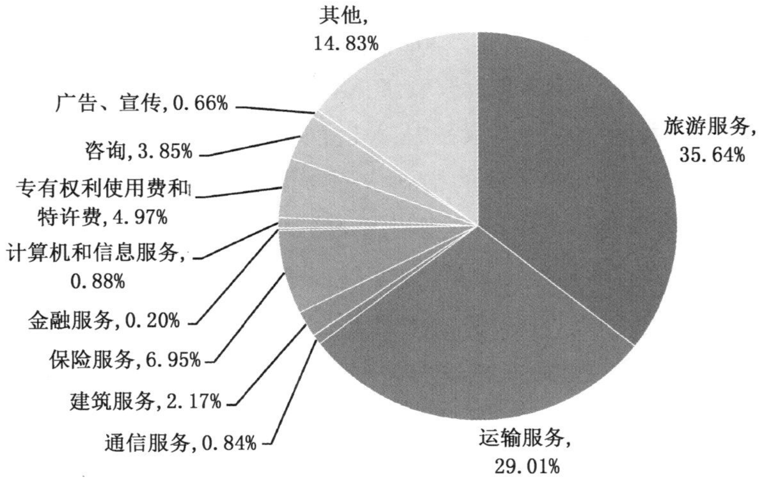

资料来源:根据张曙霄,蒋庚华(2009)②文献中的数据绘制。

图 2—12　2001 年服务贸易进口占比

①② 张曙霄,蒋庚华．中国服务贸易商品结构分析[J]．东北师范大学学报(哲学社会科学版),2009(4):53—61.

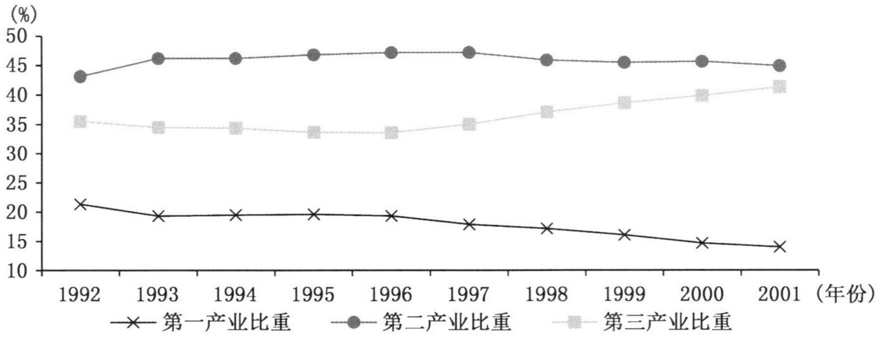

资料来源:根据国家统计局数据绘制。

图 2－13　1992－2001 年三次产业比重

2.1.3　对外开放全面发展阶段(2002－2008 年)

1. 对外开放政策及环境概况

2001 年 12 月 11 日,中国正式成为世界贸易组织的成员,标志着中国对外开放进入了一个崭新的阶段。加入世贸组织后,中国政府按照国际要求大幅降低关税,关税总水平从入世前的 15.8%降到 2005 年的 9.9%,配额、进口许可等非关税的措施也逐步取消。服务业成为开放的重点,进一步放宽外贸经营权,开放金融、保险、电信、法律、会计、建筑、旅游、教育、运输等服务贸易领域,并加大实施保护知识产权的力度。

加入世贸组织不仅使中国扩大了对外开放程度,也真正让中国的经济实现了飞跃式的成长。一方面,中国由自主单边开放转向世界贸易组织各成员间的相互开放,开放的范围进一步扩大;另一方面,开放的规则也更加国际化,由原先中国政府制定贸易政策对外开放转向按世界贸易组织的规则开放。

2. 货物贸易及制造业发展:以重化工业和高新科技为主

加入世贸组织后,中国出口商品在国际上受到的政策性歧视大为减少,再加上中国商品的竞争优势,外向型经济的发展经历了一个前所未有的黄金时期,进出口贸易总额从 2001 年的 5 096.5 亿美元上升到 2008 年的 25 632.5 亿美元,翻了 5 倍(见图 2－14)。2003 年以后,出口增长率连续多年都在 30%以上,使中国迅速成为新的全球制造业中心,这不仅对世界经济格局造成重要的影响，也极大地拉动了国内第二产业和整个经济的增长。

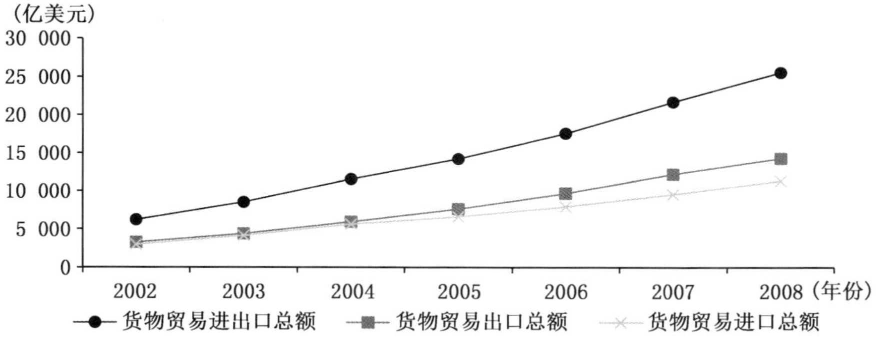

资料来源：根据国家统计局数据绘制。

图 2—14　2002—2008 年货物贸易进出口总额

2001 年以来，中国资本和技术密集的机械设备和电子等产业快速增长，占工业增加值的比重持续抬升，行业出口比较优势也明显增强。这一时期，货物贸易的出口以工业制造品为主，集中在机械和电子设备行业。2008 年，机械及运输设备出口占各类出口产品之首，比重高达 47%（见图 2—15）。

同时，电子设备等高新技术产品在我国的对外贸易结构中的占比越来越大，我国已经成为世界上电视机、投影机、手机、计算机、集成电路元件等产品的最大生产和出口基地。2007 年，通信设备、计算机及其他电子设备制造业出口额占我国制造业总出口额的 26.38%，占世界同类产品出口总额的 21.70%[①]。在这些进出口的高新技术中，主要还是集中于电子技术、计算机类和通信技术类（见图 2—16 和图 2—17）。

从产业结构来看，入世后国内制造业的产业结构向重化工业和高新技术行业转变。21 世纪之后由于发达经济体信息技术快速发展，这些国家的产业结构加速高度化，于是开始向中国等发展中经济体转出资本密

---

① 李荣林，姜茜．我国对外贸易结构对产业结构的先导效应检验——基于制造业数据分析[J]. 国际贸易问题，2010(8)：3—12.

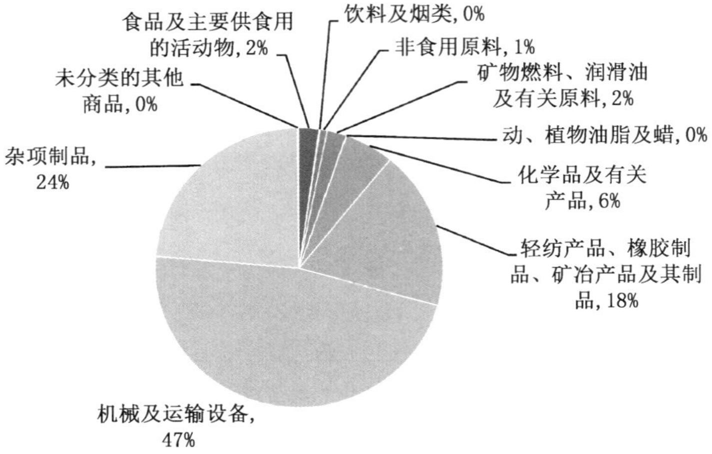

资料来源：根据商务部数据绘制。

图 2－15 2008 年各类产品出口总额按 SITC 分类

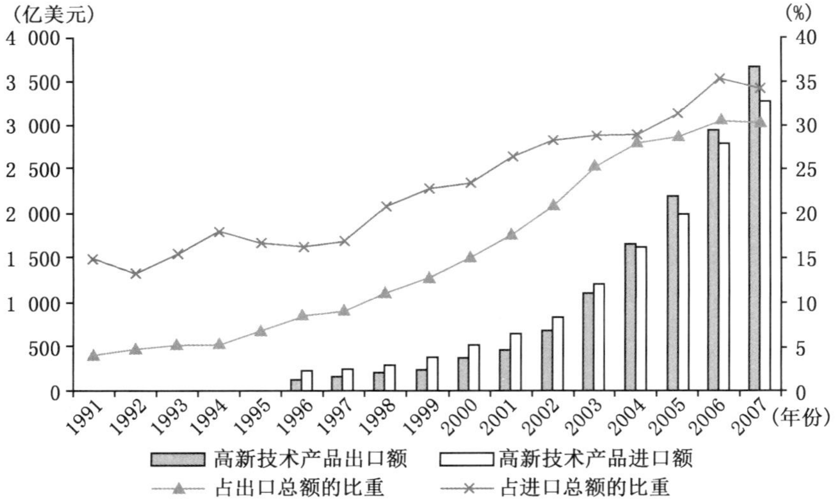

资料来源：吴国平(2009)的文献①。

图 2－16 1991－2007 年中国高新技术产品进出口状况

① 吴国平．中国与墨西哥产业和贸易结构比较[J]．拉丁美洲研究，2009，31(5)：12－22.

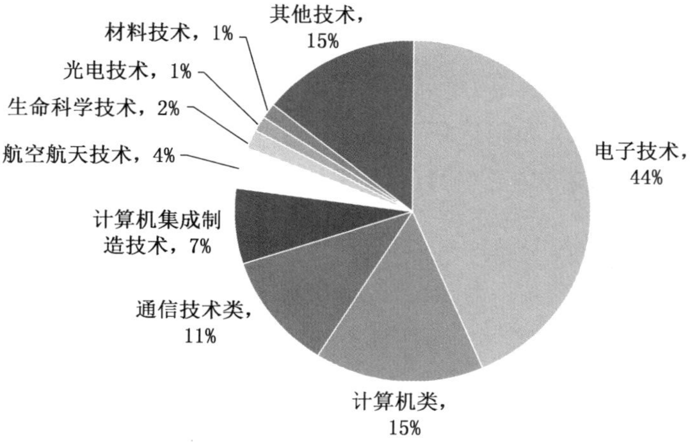

资料来源：吴国平（2009）的文献①。

图 2—17　2005 年中国高新技术产品进出口主要类别占比

集型的重化工业、技术密集型的电子和机械制造环节，极大地促进了中国重化工业以及高科技产业的发展。

这一时期，一方面，国内工业化大发展下中国的工业表现出庞大的生产规模。钢铁、煤炭、水泥、化肥、化纤、棉布、耐用消费品等产量居全球第一，而发电量居全球第二，原油产量居全球第六，建材等原材料和技术装备的产量也迅速上升，重化工业获得前所未有的发展。2010 年前后，中国机床产量占全球的比重为 38％，汽车产量占全球的 25％，电子电器产品占全球的 25.3％，中国作为新的国际制造业中心的地位开始确立（见表 2—1）。

表 2—1　中国主要机电产品产量占全球的比重

产　品	产　量	占全球的比重（％）
机床	95.9 万辆	38
工程机械	81.3 万台	20
汽车	2 211.7 万辆	25.30
电子电器产品	20 亿台	85.30

资料来源：根据长江证券研究所报告中的数据制表。

① 吴国平．中国与墨西哥产业和贸易结构比较[J]．拉丁美洲研究，2009，31(5)：12—22．

另一方面，高新技术产业产量也在这一阶段迅速增加。2009 年，电子、电器与光学设备在制造业分行业的比较优势上不断提升，明显高于其他行业（见图 2—18）。以集成电路为例，入世后中国开始承接美、日等半导体产业，尤其是封装测试环节和制造环节（见图 2—19），实现了产量的飞速增长。到 2008 年，中国集成电路产量已达到 450 万亿只（见图 2—20）。

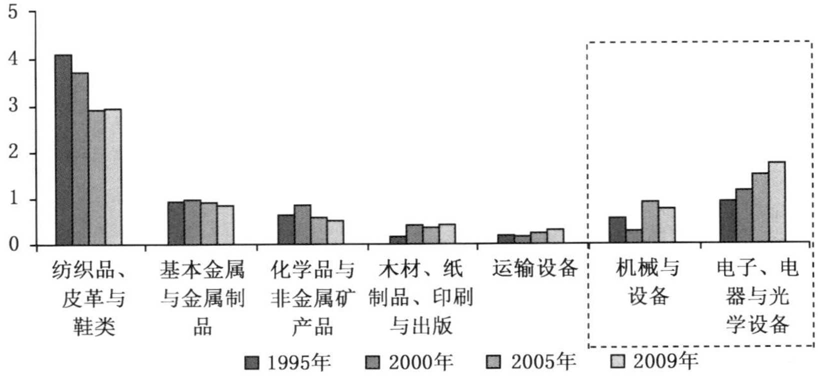

资料来源：长江证券研究所。

图 2—18　中国制造业（分行业）比较优势

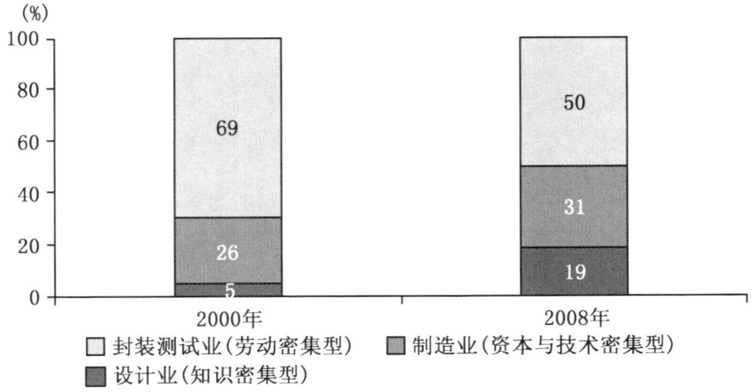

资料来源：长江证券研究所根据陈玲、薛澜（2010）①的文献绘制。

图 2—19　中国集成电路产业构成

① 陈玲，薛澜．中国高技术产业在国际分工中的地位及产业升级：以集成电路产业为例[J]．中国软科学，2010(6)：36—46.

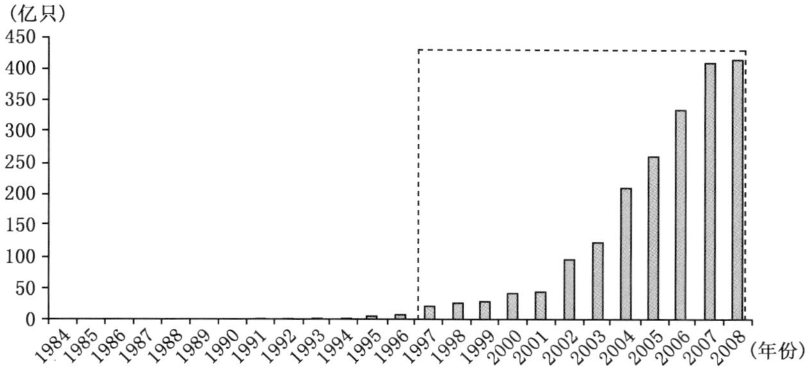

资料来源:长江证券研究所根据陈玲、薛澜(2010)①的文献绘制。

图 2—20　中国集成电路产量(1984—2008 年)

3. 服务贸易与服务业:世界地位迅速提升,结构开始优化

服务贸易在入世后也得到了迅速的发展,服务贸易进出口总额从 2002 年的 919 亿美元上升到 2008 年的 3 207 亿美元(见图 2—21)。虽然这一时期的服务贸易增长速度不如货物贸易,但是服务贸易在世界上的地位迅速提升,2007 年中国服务贸易出口额和进口额分别占世界服务贸易出口额和进口额的 3.9%和 4.2%,居世界第七位和第五位②。

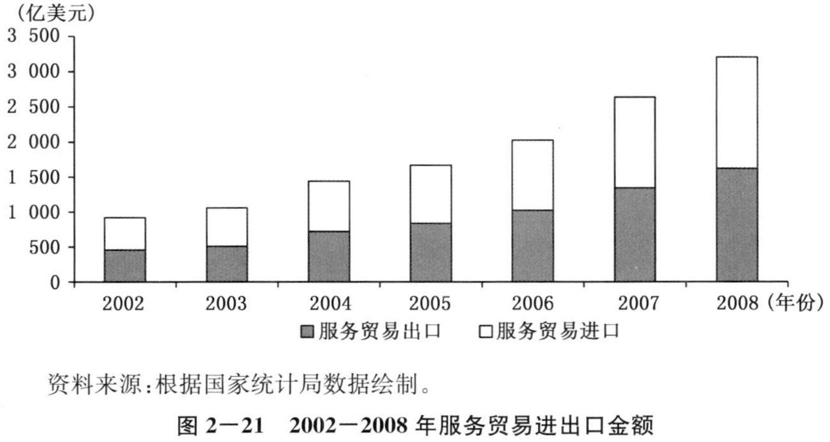

资料来源:根据国家统计局数据绘制。

图 2—21　2002—2008 年服务贸易进出口金额

① 陈玲,薛澜. 中国高技术产业在国际分工中的地位及产业升级:以集成电路产业为例[J]. 中国软科学,2010(6):36—46.

② 张曙霄,蒋庚华. 中国服务贸易商品结构分析[J]. 东北师范大学学报(哲学社会科学版),2009(4):53—61.

从服务业的进出口结构来看，传统服务业的比重开始逐渐下降，现代服务业逐步发展起来。从进口来看，我国开始逐渐引进国外现代服务业技术。2002年，现代服务业占比仅为37.04%，此后现代服务业进口占比逐年上升，2007年时，现代服务业进口比重已达到43.48%（见图2—22）。同样，服务贸易的出口也体现了这一趋势，中国的传统服务业出口逐步下降，由2002年的68.16%下降至2007年的56.36%，现代服务业出口则逐步上升，从2001年的31.84%上升至2007年的43.64%。同一时期，国内服务业也开始快速发展，产值从2002年的51 421.7亿元迅速上升到2008年的136 805.8亿元（见图2—23）。

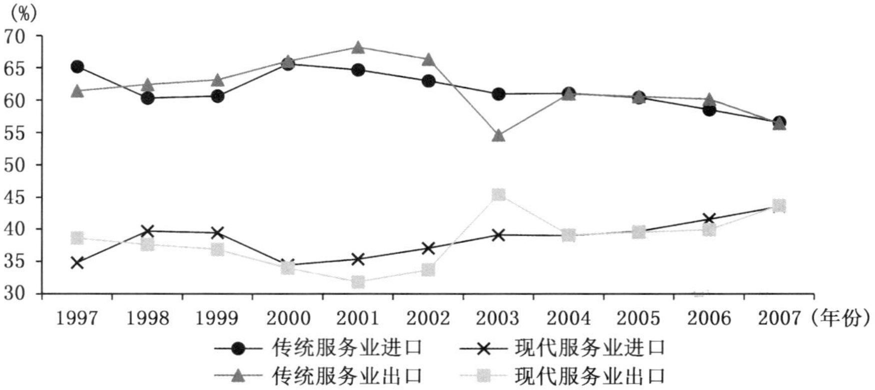

资料来源：根据张曙霄，蒋庚华（2009）①文献中的数据绘制。

图2—22 1997—2007年传统、现代服务业进出口占比

2.1.4 全球贸易保护主义上升阶段（2009年至今）

1. 对外开放政策及环境概况

2008年，美国次贷危机引发全球金融危机，全球的经济衰退导致各国贸易保护主义纷纷抬头，中国和一些贸易合作伙伴之间的摩擦不断，对中国的外贸环境造成一定的影响。然而，对外贸易对中国极为重要，长期以来，我国一直实施出口导向型的经济发展战略，出口成为推动我国经济

① 张曙霄，蒋庚华．中国服务贸易商品结构分析[J]．东北师范大学学报（哲学社会科学版），2009(4)：53—61.

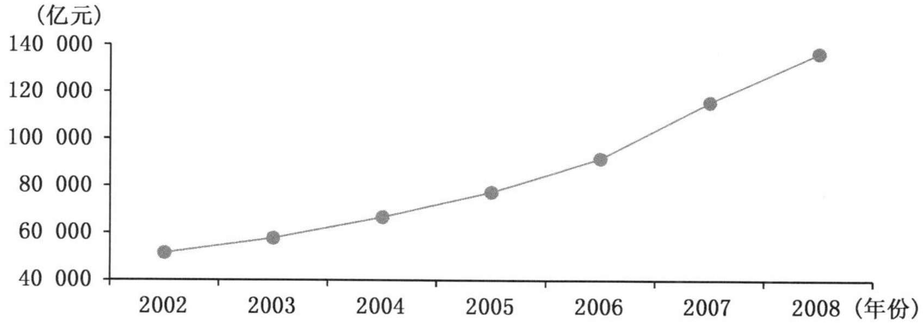

资料来源:根据国家统计局的数据绘制。

图2—23　2002—2008年国内第三产业产值增长趋势

增长的重要引擎,出口的锐减给国内的经济带来了巨大冲击,也暴露出我国外贸结构和国内产业结构的不合理性。

中国的对外贸易发展达到了新的高度,但是频繁的贸易摩擦也给中国的对外贸易带来了新的挑战。面对对外贸易摩擦不断增多,中国开始着手调整贸易结构和产业结构。2015年,中央政府提出“一带一路”的开放战略,着眼于开放内陆地区以及偏远边境,并鼓励核心技术的发展,提出“中国制造2025”计划,倡导从“数量制造”向“质量制造”转变。

2. 货物贸易和制造业:多项产品世界第一

全球的贸易保护主义的上升导致中国对外贸易出现一定程度的倒退,贸易依存度从2009年的43.16%下降至2017年的33.60%。但是由于中国劳动密集型制造业发展势头强劲,2009年到2014年对外贸易总额仍旧处于不断增长的态势(见图2—24)。2009年,中国出口货物超过德国,位居世界第一;2013年进出口货物总额(4.16万亿美元)超过美国(3.91万亿美元),位居世界第一,占世界货物贸易总额的比重从2003年的5.5%上升到2013年的11%,翻了一番。2015年开始,对外贸易总额出现了下降,中国的对外贸易形势出现了新的挑战。

从出口结构来看,2017年中国出口的产品中(见图2—25),机电仍旧占最大份额,占出口总额的39%,其次是机械,占出口总额的25%,出口产品逐渐由劳动密集型产品转为资本和技术密集型工业制成品。从细分产品来看(见图2—26),2017年电话居出口产品之首,占整体出口总额的9.66%,相对较多的出口产品还有自动数据处理设备(6.26%)、集成电路

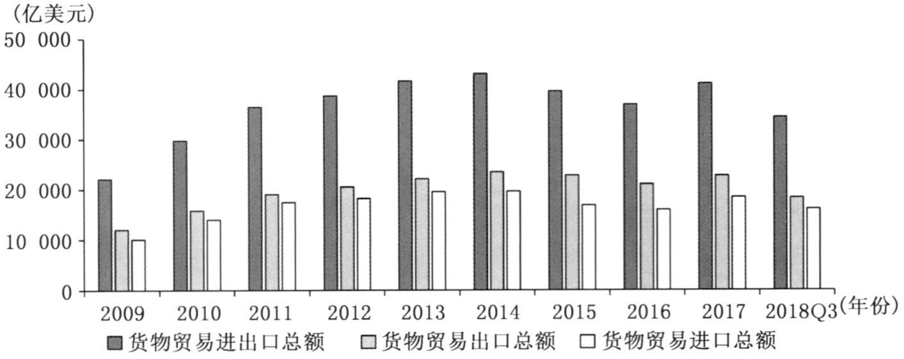

资料来源:根据国家统计局的数据绘制。

图 2—24 2009—2018 年货物贸易进出口总额

(2.93%)、车辆零部件(1.45%)、液晶装置(1.39%)、灯具(1.28%)、半导体器件(1.18%)以及家具(1.17%)。但这些制成品仍旧偏低端制造,产品内的技术含量还需提升。

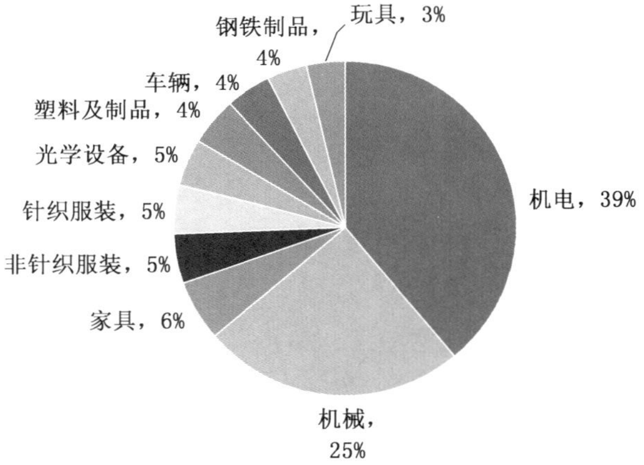

资料来源:根据 TradeMap 的数据绘制。

图 2—25 2017 年中国出口产品前十及占比

从产业结构来看,我国 2011 年工业化率开始出现趋势性回落,由 46.4%降至 2016 年的 39.8%,进入后工业化阶段。尽管增速放缓,中国仍旧是全球制造业增长的主要动力,到 2010 年前后,我国已经建立起独立、完整的工业体系,拥有联合国分类中的全部工业门类,制造业增加值

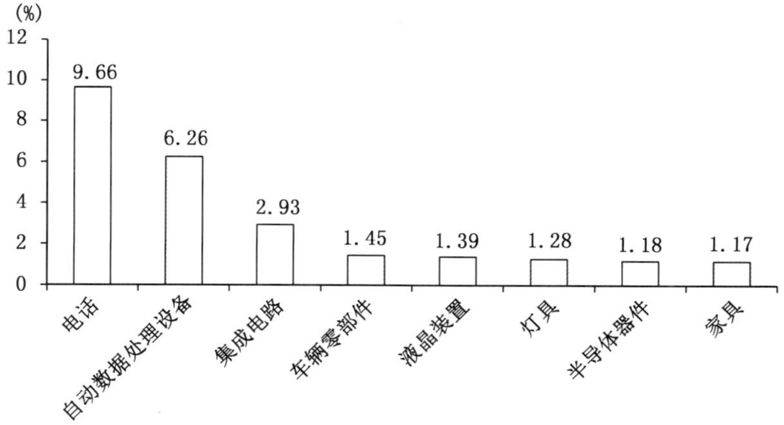

资料来源：根据 TradeMap 的数据绘制。

图 2—26　2017 年中国主要出口细分产品占比

占世界的比重已从 2005 年的 11.75%上升到 2015 年的 23.84%，在世界上排名第一。2014 年，中国主要工业品种如生铁、粗钢、煤炭、水泥等产量均已超过世界总产量的 50%(见表 2—2)。具体到产品层面上，中国高铁、发电设备、钢铁和水泥生产工业设备等已经发展至世界一流水平；在电子信息领域，一些本土品牌已经具有较强的国际竞争力。

表 2—2　　2014 年中国主要工业品生产规模及占世界总量的比重

工业品种类	年总产量	占世界总产量的比重
生铁	7.1 亿吨	59%
粗钢	8.2 亿吨	50%
煤炭	38.7 亿吨	接近 50%
造船	3 629 万载重吨	40%
水泥	24.8 亿吨	60%以上
电解铝	2 438 万吨	65%以上
化肥	6 933.7 万吨	35%
化纤	7 939 万吨	70%
平板玻璃	7.9 亿重量箱	>50%
工程机械	590 亿美元(销售额)	43%

续表

工业品种类	年总产量	占世界总产量的比重
汽车	2 372 万辆	25%
手机	16.3 亿部	71%
集成电路	9 155.3 亿元(销售额)	90.6%
制鞋	155 亿双	>60%

资料来源:根据国家信息中心提供的数据制表。

尽管在 2015 年末,习近平总书记提出“三去一降一补”的供给侧改革,但是近年来我国主要工业品的产量仍旧在世界上占据领先地位。根据世界钢铁协会的统计数据,2017 年,世界粗钢产量为 16.91 亿吨,其中,中国粗钢产量为 8.32 亿吨,较上年增长 5.7%,占世界总产量的 49.2%;世界高炉生铁生产总计 11.74 亿吨,中国产量 7.1 亿吨,较上年增长 1.8%,占世界总产量的 60.5%。同时,2018 年《BP 世界能源统计年鉴》数据显示,2017 年,世界煤炭产量为 77.3 亿吨,其中,中国产量 35.23 亿吨,占世界总产量的 45.6%。而在水泥行业,根据中国产业信息网的数据,2017 年全球水泥产量为 41 亿吨,中国全年产量为 24 亿吨,高居全球之首。

3. 服务贸易和服务业:现代服务业迅速发展

服务贸易和货物贸易同样处于不断增长的状态,货物贸易从 2009 年的 22 075 亿美元上升到 2017 年的 41 044.7 亿美元,服务贸易从 2009 年的 3 007 亿美元上升到 2017 年的 6 957 亿美元(见图 2—27)。不同于上一个阶段,这一阶段中,服务贸易的增长速度明显快于货物贸易,其中,服务贸易的进口增长尤其快速,从 2009 年的 13.58%上升到 2016 年的 22.05%(见图 2—28)。

从服务结构来看,现代服务业在这一阶段逐渐发展起来。从进口来看,现代服务业的比重近几年来逐渐下降,这也部分得益于国内的现代服务业的快速发展。从出口来看,现代服务业的出口逐步上升,2010 年,现代服务业出口占比首次超过传统服务业,2017 年现代服务业出口占比已经达到 66.47%(见图 2—29),传统服务业的出口比重则从 2009 年的

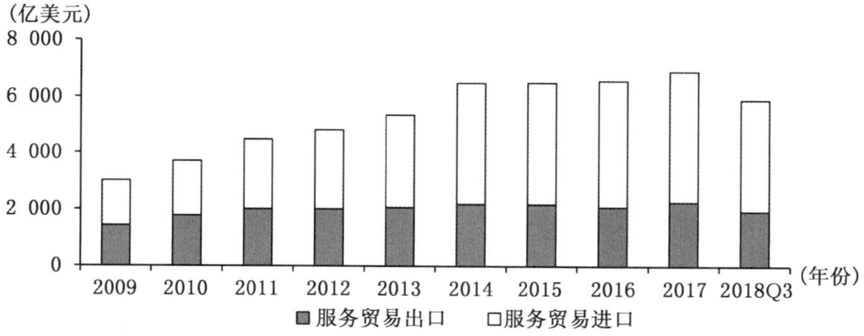

数据来源：中国商务部①。

图 2－27　2009－2018 年服务贸易进出口总额

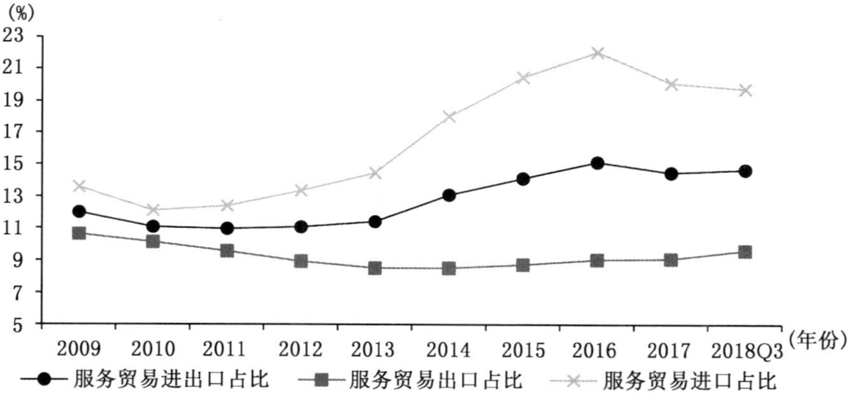

资料来源：根据国家统计局数据绘制。

图 2－28　2009－2018 年服务贸易进出口占比

52％下降至 2017 年的 33.53％。

从产业来看，国内服务业占 GDP 比重从 44.2％提升至 2016 年的 51.6％，增长率超过制造业，服务业代替制造业成为国民经济中发展最快的主导产业。与此同时，服务业内部结构也经历调整和优化，金融、信息

① 不包含政府服务。

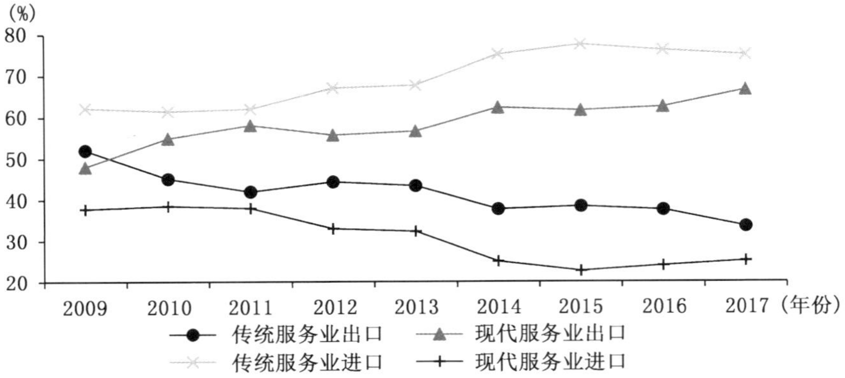

资料来源：根据 TradeMap 数据绘制。

图 2—29　2009 年至今传统、现代服务业进出口比重

服务等高端生产性服务业[①]占 GDP 的比重自 2011 年起加速提升(见图 2—30)。伴随着近期金融等行业开放度的进一步提高，高技术生产性服务业对我国经济的贡献有可能继续提升，相关服务贸易出口也将随之扩张。

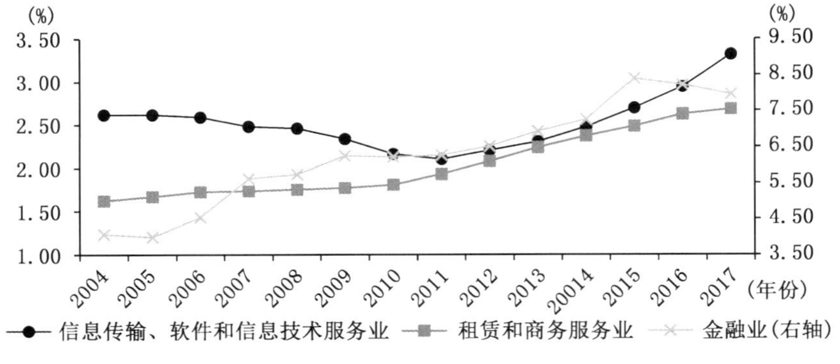

资料来源：根据 Wind 数据库数据绘制。

图 2—30　我国高端生产性服务业占 GDP 的比重

---

① 生产性服务业是指为保持工业生产过程的连续性、促进工业技术进步、产业升级和提高生产效率提供保障服务的服务行业。高端性生产服务业则是指生产性服务业中高端性的服务业，本书中主要指金融业，信息传输、软件和信息服务业以及租赁和其他商务服务业。

2.1.5　本节小结

本节主要回顾了中国改革开放之后，国内进出口贸易以及产业结构的发展总体情况，并将其分为四个阶段进行梳理。通过对这四个发展阶段的梳理，我们可以得到以下结论：

1. 开放之后，我国加入多边经济体系，对外贸易实现了快速的增长

改革开放 40 年间，中国不断加大政策的开放力度，经历了几个阶段的跨越式开放后，在 21 世纪初成功融入世界经济，实现了从封闭经济向开放经济的主动转型，对外开放度不断加大，经济增长显著。入世 10 年，中国国民生产总值年年攀升，2010 年，中国 GDP 达到 397 983 亿元，成为世界第二大经济体。同时，中国在国际上的地位也不断提升，1978 年，我国对外贸易总额在世界上排名仅 32 位，到 2009 年，中国对外贸易总额在世界上排名已经达到第一。

2. 中国的产业体系发生了巨大的变化

随着经济的快速增长，劳动力资源从第一产业向第二、第三产业转移，大量的农村劳动力得到释放，进入工业生产和服务业发展中，促进了中国劳动密集型工业的快速发展。产业结构也出现了不断的调整升级，主导产业逐渐从第一产业向第二、第三产业变化，实现了从改革开放初期以原材料和农产品为主的产业结构，向以轻纺工业为主，继而向以机电产业、重工业为主，最后向以服务业为主的产业结构的转变。

3. 在全球分工链上的地位发生改变

在全球化的进程中，我国已经逐步融入国际产业分工体系中，但由于中国对外贸易从承接发达经济体的劳动密集型产业起步，因而在参与国际分工中长期处于中下游地位，原材料、初级产品和加工制成品成为我国参与国际竞争的主要产品。相反，发达国家由于掌握生产的核心技术，拥有高附加值的产品，实质上在国际产业分工中处于支配地位。因此，虽然我国在对外开放中得到了极大的增长与发展，成为“世界工厂”，但是我国只能获取微薄的加工制造收入，出口产品附加值相对较低。

金融危机的发生打破了“西方消费、东方制造”的模式，给中国的贸易发展带来挑战的同时也带来了机遇。同时，中国劳动力成本的上升也迫

使中国转向提高产品附加值，开始逐渐尝试使用资本、技术要素参与国际分工，将一些劳动密集型的产业转移到具有更强比较优势的国家，实现出口产品的转型升级。

4. 全球贸易环境出现新挑战，世界贸易体系和制度不断变化

2008 年金融危机后，全球经济放缓，世界主要经济体为了重振国内经济，普遍表现出一定的贸易保护行为，并在以消费经济为主的发达经济体中率先体现，对我国的出口产品造成了极大的影响。2008 年以后，我国出口增长开始放缓，2015 年首次出现回落。同时，全球贸易保护主义的上升也导致中国和主要贸易国家之间的贸易摩擦不断增加，对我国的贸易环境造成了极大的挑战。

如今，世贸组织的多边贸易规则已经无法满足现阶段美、日、欧等国家和地区的贸易发展，以美国为首的发达经济体正在寻求新的全球贸易规则，2018 年，WTO 十二国和欧盟代表在加拿大首都渥太华举行了为期两天的关于 WTO 的改革会议，会议讨论了如何加强世贸组织的制度来适应现代化的全球贸易结构和要求，这预示着未来 WTO 的贸易体系和规则将会有重要改变，这也要求中国尽快调整自身的产业结构，迎接全球新的挑战。

2.2 贸易结构与产业发展

2.2.1 对外贸易结构总体概述

对外贸易结构是指构成对外贸易活动的要素之间的比例关系及其相互联系。一国的对外贸易结构可以反映该国的资源禀赋状况、产业结构状况以及经济科技发展水平。

从目前的文献归类来看，贸易结构主要表现为以下四个方面：对外贸易商品结构、对外贸易方式结构、对外贸易区域结构和对外贸易模式结构（见表 2—3）。

表 2—3　对外贸易结构分类

<table>
<tr><th>对外贸易结构</th><th colspan="2">概念辨析</th></tr>
<tr><td rowspan="2">商品结构</td><td>货物贸易结构</td><td>货物贸易结构可分为初级产品和工业制成品进出口比例结构，也可指工业制成品内部资本密集型、劳动密集型、技术密集型、人力资源密集型商品进出口比例变化结构</td></tr>
<tr><td>服务贸易结构</td><td>服务贸易结构包括运输服务、旅游服务和其他新兴服务进出口比例状况</td></tr>
<tr><td>方式结构</td><td colspan="2">一般贸易、加工贸易、其他贸易进出口比例关系</td></tr>
<tr><td>区域结构</td><td colspan="2">进出口商品的流向，反映中国的主要贸易对象以及同世界各国或地区之间的贸易联系</td></tr>
<tr><td>模式结构</td><td colspan="2">产业间贸易和产业内贸易在对外贸易模式中所占的比重及其相互间的联系</td></tr>
</table>

资料来源：张曙霄，蒋庚华(2009)①。

一个国家自身的要素禀赋差异会对国家的对外贸易结构产生影响，而对外贸易结构又将进一步影响该国的产业结构和发展，由于商品结构和方式结构与产业结构的关联相对重要，本章将主要对对外贸易的商品结构，并对对外贸易的方式结构、区域结构以及模式结构进行简要的分析。

2.2.2　对外贸易结构的影响因素

1. 要素禀赋差异影响对外贸易结构

根据比较优势理论，由于国家之间的劳动生产率并不是在所有产品上都相等的，因此每个国家应该集中生产更具有比较优势的产品，出口比较劣势的产品，可以促进双方劳动生产率的提高和经济的增长。一般而言，发展中国家的比较优势在于其丰富而廉价的低技能劳动力，如果利用这一比较优势参与国际分工，鼓励劳动密集型出口产业的发展，那么贸易将会得到快速的发展。因此，劳动禀赋资源较多的国家，劳动密集型的产业竞争力也相对较强，出口产业往往更偏向劳动密集型的产业。

我们参考陈虹计算的 1978—2008 年 RCA 的指标，来探讨一国要素禀赋的差异对外贸结构的影响。可以看出，在参与国际分工的早期，中国

① 张曙霄，蒋庚华．中国服务贸易商品结构分析[J]．东北师范大学学报(哲学社会科学版)，2009(4)：53—61.

各要素禀赋的变化对应着贸易结构的变化。图 2—31 显示了中国 1978—2008 年四大类商品 RCA 指数的变化，体现了中国产业从以资源密集型和劳动密集型为主逐渐向资本、技术密集型转变，正对应了中国出口从较低技术水平的产品转向技术设备制造品的变化。

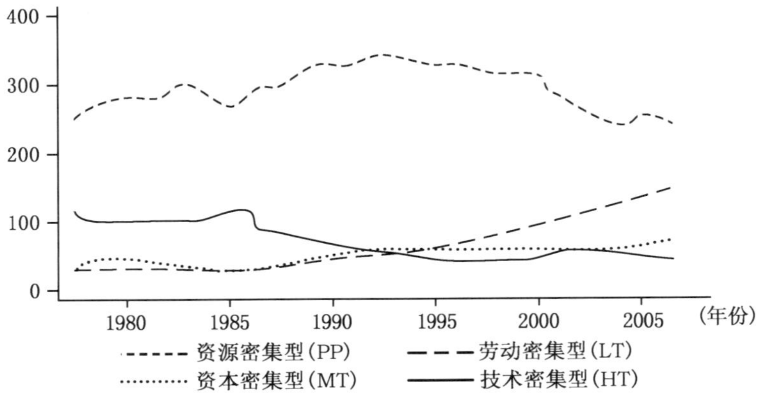

资料来源：陈虹(2011)①。

图 2—31 1978—2008 年中国不同类型出口商品 RCA 指数②

具体来看(见图 2—31)，1986 年以前，由于经济水平比较落后，中国主要依靠劳动力的比较优势，大力发展劳动密集型产业；1986 年开始，以服装、鞋靴等为代表的劳动密集型产品在国际上显示出强大的竞争力，RCA 指数迅速上升，中国的出口以轻纺产品为主；1994 年后，劳动密集型产业显性比较优势逐渐下降，而技术密集型产品 RCA 指数迅速上升，并在国际市场上占据越来越重要的地位，这一时期中国大力引进了先进的技术设备和资金来发展中高技术产业，中国主要的出口商品以一些简单加工工业品为主。2005 年以后，劳动密集型产品和资源密集型产品的显性比较优势进一步下降，而资本密集型和技术密集型产品的显性比较优势较快上升，资本、技术禀赋不断增加，也推动着中国的贸易结构向先进制造业和高新科技产业转变。

---

① 陈虹．中国对外贸易结构与产业结构的关系研究[D]．吉林大学，2011.

② 分类标准参考杨汝岱，朱诗娥(2007)在《珠三角地区对外贸易发展的国际比较》中提出的分类方法，将国际贸易商品在 SITC 三位数的基础上重新分类为资源密集型、劳动密集型、资本密集型和技术密集型四大类产品。

近年来，劳动力的比较优势进一步下降，根据郭京京(2018)[①]等人对于HS分类下各行业显性比较优势的测算，发现到2015年为止，虽然中国具有较高显性比较优势的行业主要集中在劳动密集型行业，比如"雨伞、阳伞、手杖、鞭子、马鞭及其零件"(HS66)、"已加工羽毛、羽绒及其制品、人造花、人发制品"(HS67)、"稻草、秸秆、针茅或其他编织材料制品、篮筐及柳条编织品"(HS46)等，但是全行业中显性比较优势下降较快的也多为劳动密集型行业，如"稻草、秸秆、针茅或其他编织材料制品、篮筐及柳条编织品"(HS46)、"蚕丝"(HS50)、"雨伞、阳伞、手杖、鞭子、马鞭及其零件"(HS66)、"其他动物产品"(HS05)等；而部分资本和技术密集型的产业虽然显性比较优势相对较低，但是近年来出现逐渐上升的趋势。

2. 经济发展影响对外贸易结构

中国经济主要遵从"农业—工业—服务业"的发展路径，因而出口产业也逐渐从初级产品向工业制成品发展，近年来，货物贸易占对外贸易的总额比重也在不断下降，服务贸易的比重不断增长。

同时，发展中国家和发达国家所处的不同经济发展阶段也对其在全球产业链上的位置有一定的影响。发达国家由于发展较快，在货物贸易上以资本、技术密集型为主，而发展中国家由于经济发展落后，劳动力价格便宜，因此对外出口多集中于劳动密集型行业。服务贸易也是如此。发达国家在金融、知识产权和研发等高附加值服务贸易领域的领先性尤为显著，而发展中国家的主要比重则在运输、旅游等传统服务业上。

3. 供需不匹配影响对外贸易结构

除国内要素资源禀赋、经济发展条件之外，国内供求关系的不平衡也会对对外贸易结构产生影响，当一国国内需求大于国内产业总产出时，就会转而向国际寻求进口。中国人口众多，需求巨大，因此在一些行业需要通过进口来满足国内的消费和生产需求缺口，国内需求缺口较大的主要集中于能源、矿产等资源性产品、农产品行业以及高新技术行业。

在能源方面，随着国内环境保护要求的提高，近年来，我国对原油和天然气清洁能源需求快速增长；2017年，我国已成为世界第一大原油进

---

① 郭京京，穆荣平，张婧婧，等．中国产业国际竞争力演变态势与挑战[J]．中国科学院院刊，2018，33(1)：56－67.

口国和第二大天然气进口国。2017年,我国原油对外依存度为67.4%[①]、天然气进口依赖度为39.4%,主要能源的供需缺口也在不断上升(见图2—32)。随着未来高耗能行业的收缩,居民部门的煤炭供暖将继续向天然气转变,油气资源的进口需求可能继续增长,未来中国将有可能超过日本,成为天然气第一大进口国。

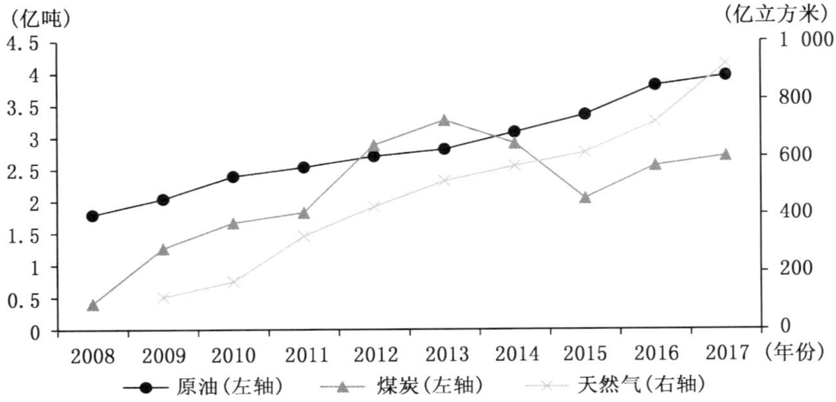

资料来源:根据Wind数据库数据绘制。

图2—32 国内主要能源进口需求

在矿产资源方面,由于国内工业化的快速推进,我国对大宗矿物原料的需求随之增长,截至2015年,我国铁铬锰等黑色金属矿、铜铝镍等有色金属矿等战略支柱性矿产消费量全球领先。但是,我国这类矿产资源严重不足,大量依赖进口,其中铁、铬、锰、铜等对外依赖度更是超过70%。2017年,铁矿石的进口依赖度达到87.5%(见表2—4)。未来随着信息化和高新科技的发展,用于计算机、电子等新兴行业的铍、锶、高纯石英、优质石墨等矿产,及主要用于化工和交通行业的铅、锂等金属资源的进口需求可能也会快速增长。

① 数据来源于中国石油集团经济技术研究院发布的《2017年国内外油气行业发展报告》。

表 2—4　铁矿石消费量和进口依赖度

年份	铁矿石消费量(万吨)	增幅(%)	铁矿石进口量(万吨)	进口依赖度
2010	94 433	8.5	61 877	65.5
2011	104 689	10.86	68 647	65.6
2012	108 555	3.69	74 402	68.5
2013	116 980	7.76	81 975	70.08
2014	117 414	0.37	93 356	79.51
2015	114 083	−2.84	95 344	83.57
2016	114 736	0.57	102 447	89.29
2017	112 937	7.15	107 487	87.5

资料来源:根据中国海关总署数据制表。

在农产品和粮食产业方面,中国人多、地狭、缺水,仅通过国内农业生产维持供求平衡已非常困难。大豆、棉花、玉米、植物油等农产品进口金额近年来不断上升(见图 2—33)。2017 年,中国进口大豆高达 397.4 亿美元,此外,还进口 64.85 亿美元谷物、45.3 亿美元食用油等农产品。

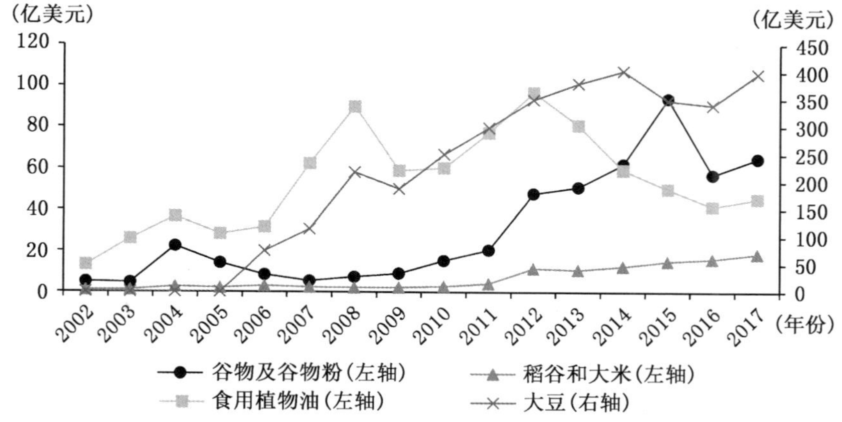

资料来源:根据 Wind 数据库数据绘制。

图 2—33　我国主要农产品进口金额

在高新技术比如半导体材料领域,我国半导体材料在国际分工中多处于中低端领域,国内企业长期研发投入和积累不足,高端产品的自给率较低,基本不足 30%,主要被美国、日本、欧盟、韩国、中国台湾等少数国际大公司垄断，国内主要依赖进口。表2—5给出了2017年不同种类半导体材料的国产化程度，从表中可以看到，大量的材料基本依赖进口。

表2—5 不同种类半导体材料国产化程度

材料类别	用　途	国产材料市场占比
硅晶片	全球95%以上的半导体芯片和器件是用硅片作为基底功能材料生产出来的	主要以6寸及以下为主，少量8寸，12寸靠进口
光刻胶	用于显影、刻蚀等工艺，将所需要的微细图形从掩模版转移到待加工基衬底	产品以LCD、PCB为主，集成电路用光刻胶主要靠进口，对外依赖度80%以上
电子气体&MO源	广泛应用于薄膜、刻蚀、掺杂、气相沉积、扩散等工艺	对外依存度80%以上
CMP抛光液	用于集成电路和超大规模集成电路硅片的抛光	国产化率不到10%
CMP抛光垫	用于集成电路和超大规模集成电路硅片的抛光	国产化率不到5%
电镀液		小部分实现国产替代
超纯试剂	是大规模集成电路制造的关键性配套材料，主要用于芯片的清洗、蚀刻	部分品类国产可满足，国产化率三成
溅射靶材	用于半导体溅射	大部分进口

资料来源：根据中国产业信息网提供的资料制表。

4. 政策因素影响对外贸易结构

1978年十一届三中全会之后，国家推行改革开放的政策，逐步将原先的进口替代型战略转为出口导向型战略，并出台了一系列的政策鼓励出口，比如对出口商品退税，增设对外贸易口岸，下放外贸经营权，大力发展“三来一补”[①]等。在这些政策的鼓励下，中国的出口规模逐步扩大。1992年后，进一步深化对外开放，我国正式迈入出口导向型战略，出口在我国经济发展中占据至高的地位。1994年到2004年间，我国的出口依存度由21.6%上升到30.7%。

除此以外，国家又出台了一些产业政策促进相关产业的发展。1979年，国家出台“三为主”政策及其相关配套政策，以轻纺为主、出口为主和

① “三来一补”是“来料加工”“来料装配”“来样加工”和“补偿贸易”的简称。

沿海为主，促进了轻纺工业产品的大幅增加和质量的改观。1985 年，国务院又发布《关于扩大机电产品出口报告》[①]，鼓励和扶持机电产品的出口，并在 1994 年、1997 年、1999 年多次鼓励机电出口的文件，机电产品在 1995 年后多年连续成为我国出口量第一的产品，机电产业得到了大发展。

经历了快速发展后，2005 年我国提出“扩大内需”，中国逐渐从出口导向阶段转向内需拉动阶段，出口产品逐步向高附加值产品转变。但是战略的改变过程相对缓慢，早先的出口导向型战略巩固了中国劳动密集型产品制造的优势，使得中国长期保持加工贸易的结构，成为世界工厂，并延续以往粗放的增长模式，造成了一些产品的产能过剩，目前这些产品仍旧占据出口的主要部分，但是附加值往往不高，需要进一步调整结构。

以中国的钢铁行业为例，1996 年，我国粗钢产量突破 1 亿吨大关，首次成为全球第一产钢大国，此后粗钢产量持续增加，国际钢铁协会数据显示，至 2014 年，我国粗钢产量高达 8.227 亿吨，占世界总产量的 50.0%。从产能利用程度来看，粗钢产能过剩是全球性问题，我国情况更严重。2015 年，我国粗钢产能利用率仅为 67.0%，较 2010 年下降 15 个百分点，比全球平均水平低约 3 个百分点，处于严重产能过剩状态[②]（见表 2—6）。2016 年，国家供给侧改革进军钢铁行业，去除过剩产能，提高产能利用率，到 2017 年为止，钢铁行业已完成超过 1.15 亿吨的产能去化目标。根据中国报告网的估计，2016 年和 2017 年产能利用率分别提高至 70.60% 和 75.75%。

与此同时，在中国对外出口的产品中，钢铁制品一直位列前十，2017 年，出口金额达到 56 724.02 亿美元，仍旧是中国主要的出口产品。中国的其他行业如煤炭、水泥、平板玻璃、电解铝、造船以及多晶硅也是如此，国内产能过剩，在国际上大量出口，但依旧是基础工业品，附加值并不高。

---

① 国办发〔1985〕128 号文，《国务院批转国家计委等八个部门关于扩大机电产品出口报告的通知》。

② 工业和信息化部的数据仅统计到 2015 年。

表 2—6 中国及全球粗钢产能利用率变化趋势 单位:%

年　份	中国粗钢产能利用率	全球粗钢产能利用率
2008	75.8	81.6
2009	81.1	70.8
2010	82	77.8
2011	79.2	80.1
2012	72	77.3
2013	72	76.8
2014	70.7	73.6
2015	67	70
2016	70.6	68.3
2017	75.75	69.5

注:2016、2017 年的中国粗钢产能利用率数据为中国报告网的估计,2008—2015 年中国粗钢产能利用率数据来源于工信部,全球钢铁产能利用率数据来源于国际钢铁协会。

资料来源:根据工信部、国际钢铁协会数据制表。

表 2—7 2017 年产能过剩行业出口额 单位:亿美元

过剩行业	出口额
钢铁制品	56 724.02
钢铁	42 980.82
矿物燃料、矿物油及其蒸馏产品;沥青物质;矿物蜡	35 348.35
船舶及浮动结构体	22 904.07
铝及其制品	22 585.05
玻璃及其制品	15 694.45
石料、石膏、水泥、石棉、云母及类似材料的制品	10 875.31

资料来源:根据海关总署数据制表。

2.2.3 对外贸易商品结构对产业发展的影响

对外贸易商品结构是对外贸易结构中最为重要的一个指标,直接衡量了一国在进出口贸易中各类商品所占的比重,而这些比重的变化能够反映出一国的相应产业的发展与变化。由于商品和服务性质的不同,对外贸易商品结构又分为货物贸易结构和服务贸易结构。货物贸易结构可以分为初级产品和工业制成品进出口比例，也可以指工业制成品内部要素比例变化，还可以从具体的进出口行业或商品来分析。而服务贸易结构则指的是运输服务、旅游服务以及其他现代服务进出口比例状况。下面将从货物贸易和服务贸易两个方面来分析贸易对产业的影响。

1. 货物贸易结构对产业发展的影响

(1)进口：改变要素禀赋

国内进口商品中所附带的资本、技术等要素的流入可以改变国内的要素禀赋，推动产业从低端劳动密集型产业向中高端资本、技术密集型产业的发展。

一方面，货物贸易规模不断扩大，进口商品中所附带的资本、技术要素不断流入。从商品结构①看，由于我国劳动要素禀赋相对较为丰裕，近年来，货物进口以资本品②和资源品③为主，中间品④占比逐渐回落，消费品⑤和农产品⑥占比整体平稳(见图 2—34)。具体来看，资本品多为资本、技术密集型产品，进口占比长期维持在最高水平，与我国工业体系逐步完善、对先进设备和技术需求提升有关；而农产品和消费品主要是劳动密集型产品，进口占比整体较低。

另一方面，外商投资设厂也弥补了国内资本不充裕的状态，并吸引了高端人才要素的流入。改革开放以来，外商资本投资主要集中在微电子、汽车制造业、家用电器、通信设备、办公用品、仪器仪表、制药、化工等产业，这些产业都是技术、资本密集型，明显促进了我国产业的升级。20 世纪 90 年代，依赖我国的工业制成品进口比例逐渐降低，2018 年第三季度，工业制成品的进口比重已经从原先的 90%降到 67.57%(见图 2—35)。

(2)进口：弥补现有产业不足

入世后国内工业的大发展带动了国内电机行业的快速成长，但是除

---

① 根据裴长洪(2013)的分类，将产品分为资源品、农产品、中间品、资本品和消费品。

② 机械及运输设备、动力机械设备、金工机械、陆路车辆、自动数据处理设备等。

③ 未经加工或因销售习惯而略作加工的资源品，如木材、煤炭、原油、铁矿石等。

④ 尚未成为最终产品，仍处于加工过程中的工业制品，如化学品、钢铁、有色金属、纱布纺织中间品。

⑤ 用来满足人们的物质文化生活需要的产品，如服装、家具、音响器材、照明装置。

⑥ 未经加工或因销售习惯而略作加工的农产品原料，如生鲜水果、肉类及肉制品、谷物等。

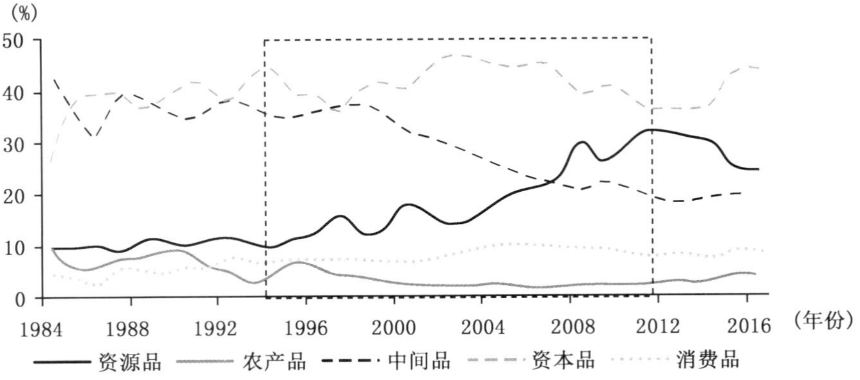

资料来源:长江证券研究所。

图2—34 我国不同类型产品进口占比

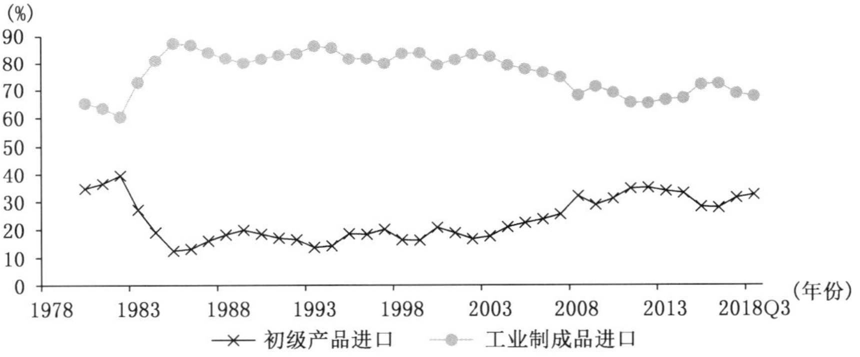

资料来源:根据国家统计局数据绘制。

图2—35 初级产品、工业制成品进口比重

机电产品外,多数技术密集型产品尚未具备竞争优势,同时在一些涉及核心知识技术的高新科技行业中,国内也还没有实现技术突破,因而进口可以弥补现有产业的不足。除此之外,很多能源及矿产资源在中国也属于稀缺品,大量的进口能够弥补这些资源需求较高的行业的发展。

2017年,中国进口产品的前十位分别是电子机械、矿物燃料、设备、矿砂、光学设备、车辆、塑料及制品、未分类商品、有机化学、油籽等高新技术产品或者资源产品(见图2—36)。进一步细分产品后也是如此,中国的集成电路、载人汽车、液晶装置等行业没有形成自己的竞争力,大量产品需要从国外进口，以弥补自身产业的不足。除高端技术要从世界进口之外，能源类产品对进口的依赖度也较高，原油（8.81%）和铁矿石（4.14%）进口占比分别是所有产品的第二和第三位，仅次于集成电路（见图2—37），说明国内的能源供给也处于较为短缺的状态。

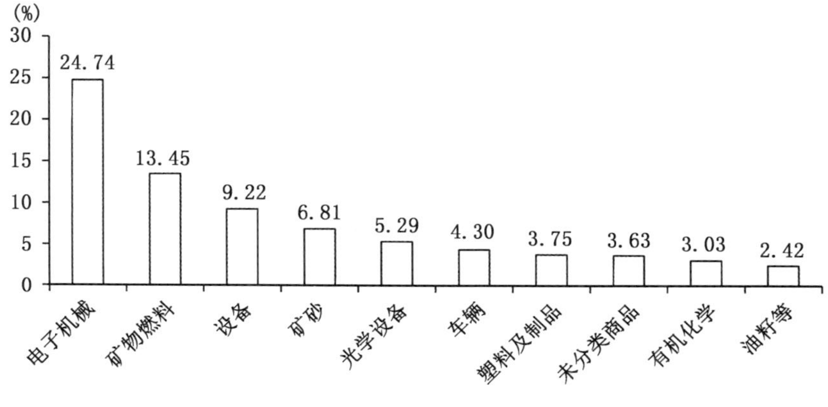

资料来源：根据 TradeMap 数据绘制。

图2—36　2017年中国进口产品前十占比

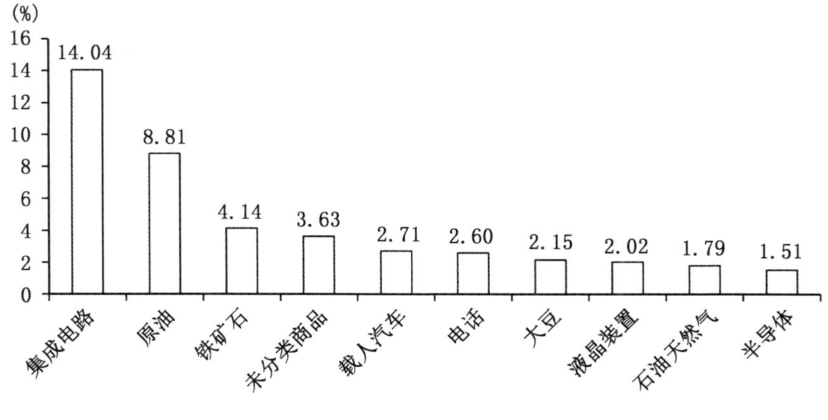

资料来源：根据 TradeMap 数据绘制。

图2—37　2017年中国出口细分产品前十占比

（3）出口：参与全球产业分工，整体制造能力较强但核心领域有差距

对外开放以后，产业市场的边界扩大，对产品的需求增加，促进国内

产业不断发展，进而进入全球产业链生产中。2001年入世以后，国际市场的拓宽快速扩大了产品的需求，国内进入快速工业化阶段，很多劳动密集型以及中低端工业品产业得到了极大的发展。近年来，很多行业的产量已经达到世界第一，中国的高铁、机电设备以及交通网络均在世界前列，中国整体的制造技术较强，且在国际上具有价格优势和品质优势。

但是我国半导体、系统软件、航空等核心技术，与发达国家仍存在明显的差距，需要从国外进口核心零部件，这与我国基础研发能力相对不足存在一定的关联。2017年，我国94.7%的研发经费用于已有技术的商业开发和应用科学研究，仅5.3%用于基础研究，远低于美国(17%)、法国(24%)、韩国(17%)、英国(17%)、日本(12%)。核心技术发展不足，使得我国部分核心零部件大量依赖进口，例如，集成电路连续数年成为我国第一大进口商品，占进口的比例(14.04%)远远高于其他产品(见图2—38)。

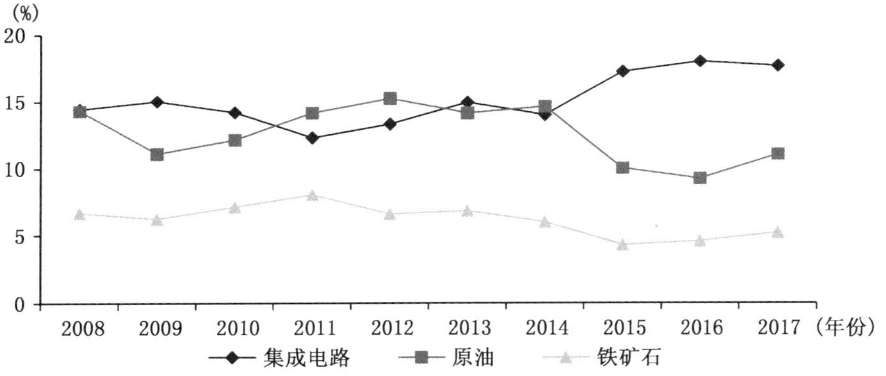

资料来源：根据TradeMap数据绘制。

图2—38 中国前三位主要进口产品占比变化

(4)出口：促进产业升级，提高产业竞争力

商品出口推动了国内相关产业的发展，改善了国内各部门的投入产出效率，而且还可以促进专业化生产和市场竞争，提升产业的国际竞争力。改革开放以来，国内的出口推动着出口产品结构不断升级，出口主导行业由劳动密集型逐步向资本、技术密集型转变，产品的附加值也在逐渐增加。2001年以后，国内的工业制成品出口占出口总额的90%以上，并不断增加(见图2—39)。

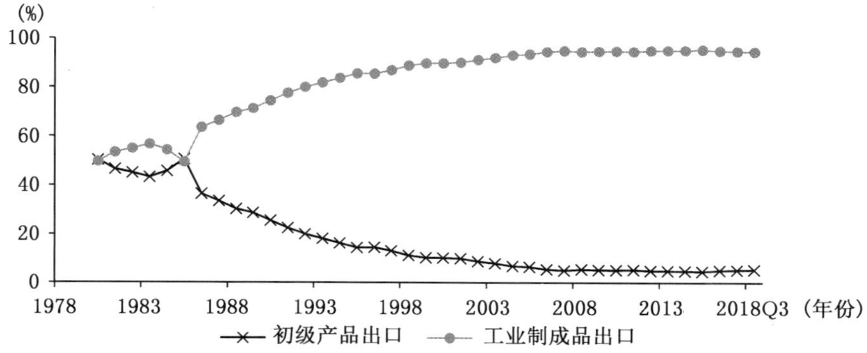

资料来源：根据国家统计局数据绘制。

图 2—39　初级产品/工业制成品出口比重

同时，从要素密集度来看，近二十年来，我国出口产品的重心逐步由劳动密集型向资本、技术密集型产品切换。加入 WTO 之初，占我国非资源型制成品的出口比重为 47%，而资本、技术密集型产品出口占比之和仅为 53%。2016 年以来，劳动密集型产品出口占比持续下降至不到 40%，资本和技术密集型产品出口占比快速上升，超出 60%，成为我国出口主导产品①。

从具体产品来看，出口带动高附加值的行业不断发展。近年来，纺织服装，皮革和鞋制品等劳动密集型制造业，以及以能源消耗为主的黑色金属冶炼业的工业增加值增速明显低于制造业平均水平；而电气机械及器材、计算机等电子设备和仪器仪表、汽车制造业等工业增加值增速明显超出制造业平均水平(见图 2—40)。此外，高技术产业增加值占工业的比重持续抬升，由 2013 年的 9.9%提升至 2015 年的 11.8%。这也表明我国产业正在逐渐向高技术、高附加值的方向转变(见图 2—41)。

2. 服务贸易结构对产业发展的影响

(1)进口：起步较晚，推动国内服务业发展，但开放度稍显不足

由于发达国家和发展中国家的经济发展阶段不同，导致全球的服务贸易出现“二元分化”的局面。英、美等发达经济体大力发展服务业，在全球服务贸易领域居领先地位，在金融、知识产权和研发等高附加值服务贸

① 数据资料来源于长江证券研究所。

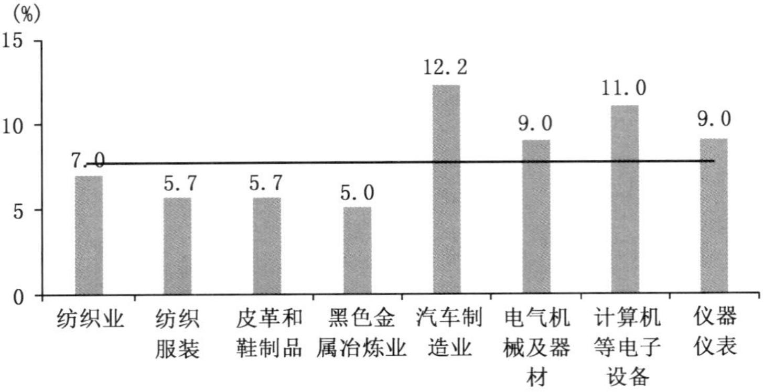

资料来源:长江证券研究所。

图 2—40　代表性制造业工业增加值近 4 年同比增速平均值

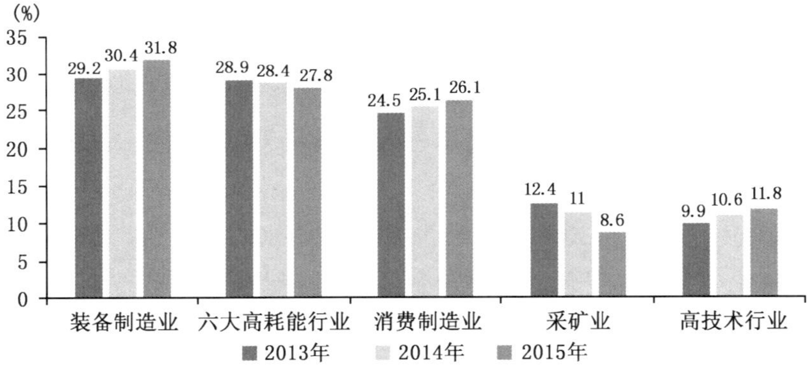

资料来源:长江证券研究所。

图 2—41　各行业增加值占工业增加值的比重

易领域的领先性尤为显著。而发展中经济体服务贸易发展较晚,多数集中发展货物贸易,服务贸易的竞争力普遍较弱,大量进口高附加值服务。近年来,发展中经济体开始逐渐发展服务贸易,服务贸易出口缓慢上升,但在全球仍处于弱势地位(见图 2—41)。2017 年,全球中低收入国家服务贸易出口仅占 22.76%,而高收入国家的服务贸易则达到 77.24%(见图 2—42)。

中国也是如此,由于服务贸易整体开放较晚,整体相对处于弱势。不

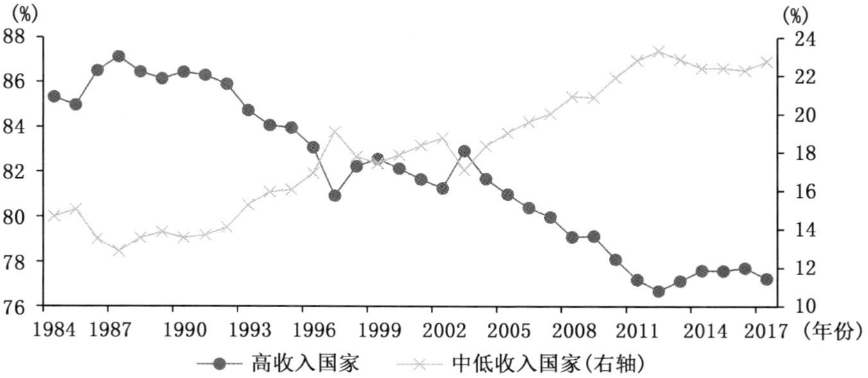

资料来源:根据世界银行数据绘制。

图 2—42　全球服务出口的国别结构

同于货物贸易的连续顺差,早期服务贸易持续处于逆差状态,但是开放之后中国对国际先进的服务业的进口推动着中国服务贸易的发展。2008年以后,中国服务贸易规模持续增长,进出口总额从2008年的3 207亿美元上升到2016年的6 575亿美元,占对外贸易总额的比重从2008年的12.24%上升到2016年的22.05%。服务贸易的发展有助于高水平、高服务标准的引入,推动国内的服务业不断发展,2012年,第三产业占GDP的比重首次超过工业,居“三产”之首(见图2—43)。

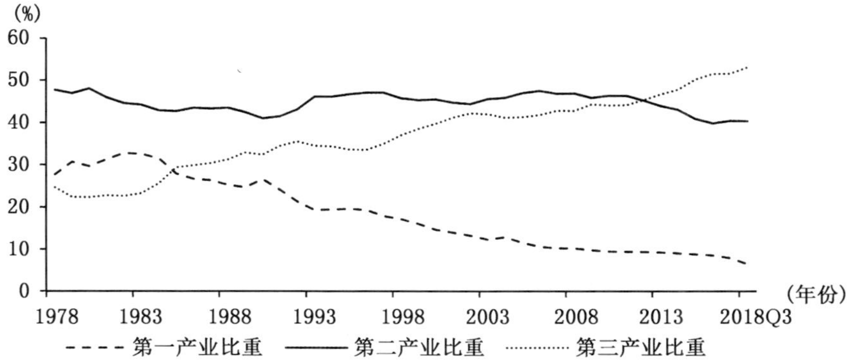

资料来源:根据国家统计局数据绘制。

图 2—43　三次产业比重变化趋势

从进口服务的结构来看,中国现代服务业的开放度可以考虑进一步加强。中国的服务进口还是主要集中于运输、旅游等传统型服务,2017年,旅行和运输这两项传统型服务进口构成了服务贸易总进口的74.92%(见图2—44)。与此同时,金融保险服务和信息化服务(电信、计算机和信息服务)进口占比较低,分别为2.59%和4.13%,其他现代服务业进口占比也极低。从全球角度来看,中国的服务贸易进口结构偏重传统服务业,而金融保险服务、信息化服务以及其他服务均远低于世界平均水平(见图2—45)。这一结构与中国服务业的贸易限制有一定的关联,未来中国服务业的开放可以进一步加大,以促进国内现代服务业更快速地发展。

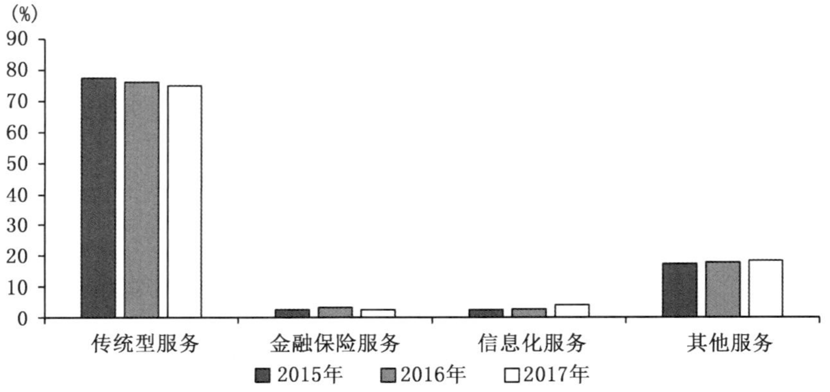

资料来源:根据TradeMap数据绘制。

图2—44 分类型服务占我国服务进口总额的比重

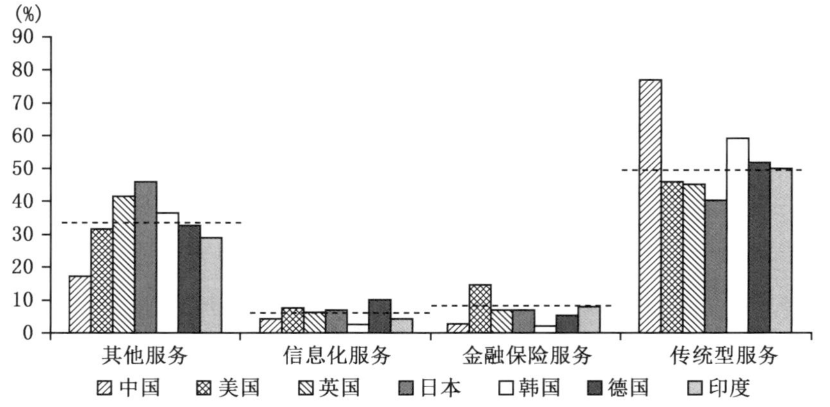

资料来源:长江证券研究所。

图2—45 2017年代表性经济体服务进口结构

(2)出口:结构逐渐升级,附加值缓慢增加

在服务贸易的出口方面,中国自 2008 年以来服务业占 GDP 的比重快速提升,在服务贸易总额增长的同时,对外出口结构也在缓慢地优化。2001 年,中国刚加入 WTO 时,服务贸易基本以资源密集型服务——旅游为主,占服务贸易总额的 54.07%。随后资本密集型服务(运输)和现代服务业的出口比重逐渐增加,2008 年,资本密集型服务(运输服务)占服务的总额已经上升到 26.55%,资源密集型服务占比下降至 28.23%,现代服务业上升至 45.22%,开始在服务贸易出口中占据主导地位。2008 年以后,传统的资源密集型和资本密集型服务出口均逐步下降,现代服务业出口逐步上升。2017 年,运输服务出口占比 16.39%,旅行服务出口占比 17.14%,而现代服务业出口占比已经达到 66.47%(见图 2—46),说明我国服务行业结构在不断地发展与升级,逐步从传统服务业向现代服务业发展。

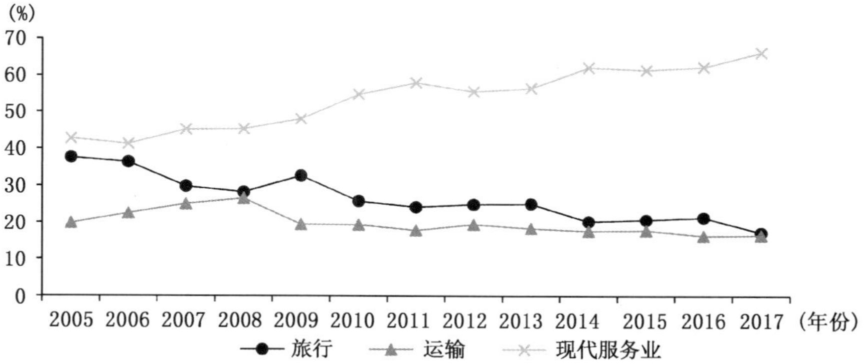

资料来源:根据 TradeMap 数据绘制。

图 2—46　2005—2017 年中国各类服务贸易占比

从现代服务业的分项来看,服务贸易的结构升级非常缓慢(见图 2—47),知识产权、金融、保险等服务占比至今仍旧非常小,也使得这部分服务业在国际上的竞争力较弱,未来有待进一步提高。

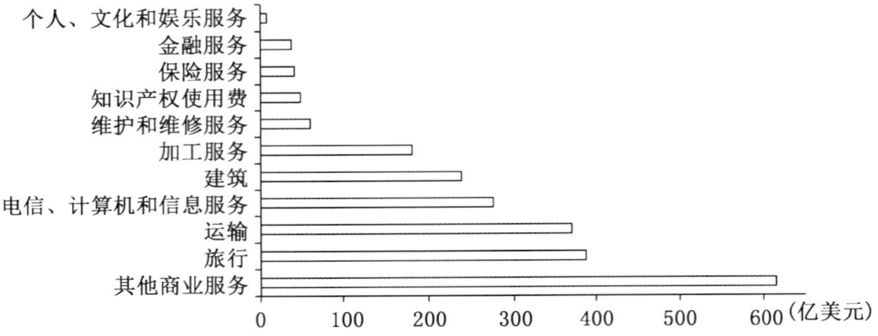

资料来源：根据 TradeMap① 数据绘制。

图 2—47 2017 年各项服务贸易出口额

2.2.4 其他对外贸易结构对产业发展的影响

1. 对外贸易方式结构

对外贸易方式结构是指一般贸易、加工贸易以及其他贸易进出口的比例关系，主要与出口产品的附加值有较大的关系。因此，这里着重分析出口的贸易方式结构，以此来反映我国出口产品的附加值和国内的产业结构。

(1)出口：近年来出口附加值逐步提升

20 世纪 80 年代，亚洲“四小龙”地区迫于劳动力成本的上升，率先将纺织服装等劳动密集型制造业外迁。此时正值中国改革开放，中国开始承接国际上纺织等劳动密集型的制造业，并以加工贸易方式融入全球分工体系，出口的纺织品、玩具、鞋帽等占全球的比重快速提升，因而从 80 年代开始，以原材料为主的一般贸易出口比重下降，加工贸易出口比重急剧上升，1995 年超过一般贸易，成为中国主要的对外出口方式。

文献中一般认为，加工贸易（尤其是来料加工贸易）具有出口自主性差、附加值较低的缺陷，而一般贸易出口自主性强、附加值较高，因而出口的贸易方式结构也可以反映一国产业的附加值高低水平。从图 2—48 中可以看出，1996 年加工贸易超过一般贸易成为我国主要的贸易方式，因

① TradeMap 的分类标准同样参照 BMP6，但是将其中的技术、专业管理咨询和其他合并为其他商业服务。

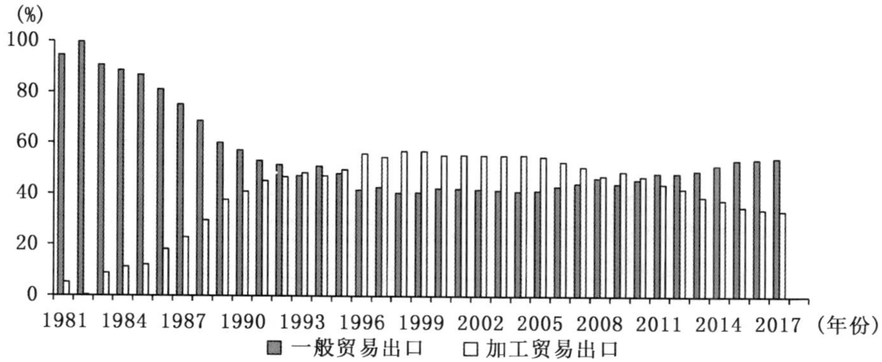

资料来源：根据国家统计局、商务部数据绘制。

图 2—48　不同贸易方式占出口总额的比重

而从 1995 年开始国内出口附加值比率持续回落（见图 2—49），2003 年跌至最低点 61.3％。

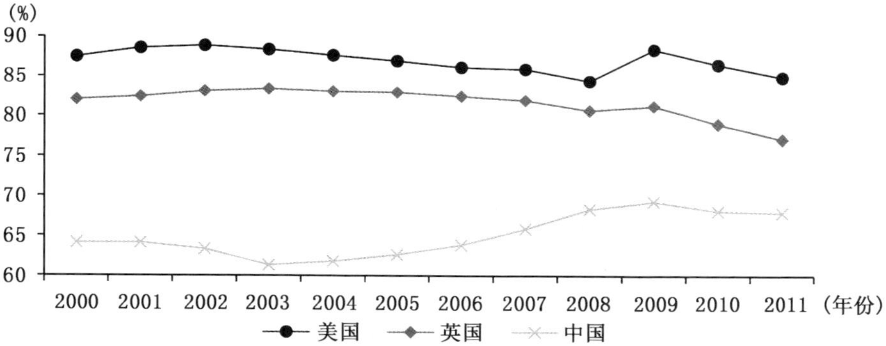

资料来源：根据 OECD① 数据绘制。

图 2—49　出口附加值比率

近年来，随着出口的扩大和要素的转变，2004 年开始，加工贸易占比逐步回落，一般贸易出口开始增长，产业转型升级带动出口附加值比率快速提升，2009 年，一般贸易出口比重超过加工贸易，此时出口附加值比率升至 69.3％。2014 年以来，一般贸易出口继续增长，并成为我国主要的贸易方式，也反映了我国产业的进一步调整。

① OECD 数据库中出口附加值比率仅统计到 2011 年为止。

(2)出口:一般贸易的增长引发贸易摩擦

根据国家经贸委委托国务院发展研究中心对外经济研究部的一项反倾销研究课题的调查,我国被反倾销的产品绝大部分是由一般贸易出口引起的。由于加工贸易出口大多利用了外放原有的出口渠道,出口量和价格仍旧受到外方控制,因此,加工贸易引起的摩擦较少,但一般贸易下,国内可以通过规模经济达到低成本生产,进而可以以低价出口至发达国家,在大规模的一般贸易增长下,廉价的中国产品不断遭到国际的反倾销调查。1995—2017年间,我国共遭遇近50个经济体发起的1 269次反倾销贸易调查,连续23年成为全球遭遇反倾销调查最多的国家或地区(见图2—50)。

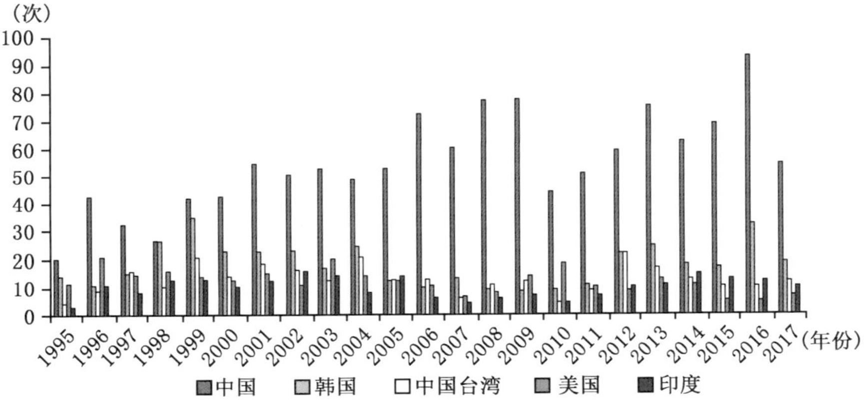

资料来源:长江证券研究所。

图2—50 遭受反倾销调查次数最多的经济体

2. 对外贸易区域结构

(1)进口:来源于发达国家,尖端技术受到限制,资源品进口集中度高

正如前面商品结构中所分析的,我国进口的产品以先进的技术品和资源品为主。先进产品中,以集成电路为例,我国主要进口地区为中国台湾(31%)、韩国(25%)、美国(4%)和日本(5%)(见图2—51),均为发达经济体。资源品诸如铁矿石、大豆、玉米等也主要从发达经济体进口。

但是先进的产品技术进口还是受到了相对的限制。早在1996年,美、日、英等40个成员国签订《瓦森纳协定》(见表2—8),对成员国向非协定成员国出口军事武器装备、尖端技术产品和稀有物资等产品的行

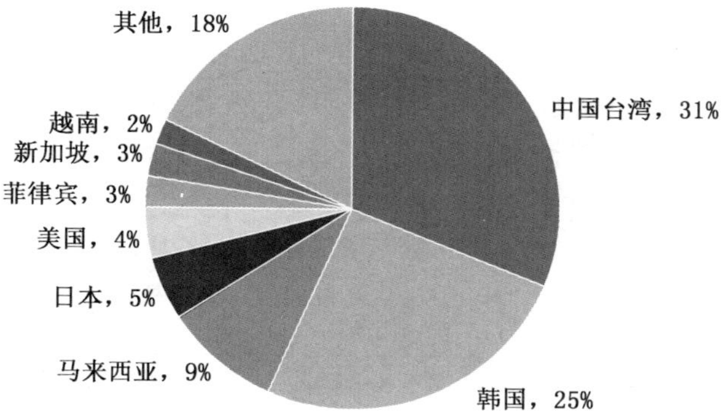

资料来源：根据 TradeMap 数据绘制。

图 2—51　2017 年集成电路进口来源地区

为进行管制。在此基础上，美国 BIS 制定《商业管制目录》，涉及电子、计算机、通信等十大行业，其中对中国的禁运清单包含超过 200 个商品项目，这些管制严重地制约了我国先进技术、知识产权等服务的进口和发展。

表 2—8　发达经济体对中国技术进口的限制

	《瓦森纳协定》	美国《商业管制目录》
主体	美、日、英等 40 个国家	美国
禁运产品分类	特种材料与相关设备、材料加工、电子设备、通信与信息安全、传感器与激光器、导航与航空电子设备、船舶类、航空航天与推进器	核以及与核相关的材料、化学、微生物及毒素、材料加工、电子设备、计算机、通信与信息安全、传感器与激光器、导航与航空电子设备、潜艇、航空航天与推进器

资料来源：外交部。

从资源品来看，由于我国资源需求大，油气资源、铁矿石等矿产资源、大豆等农产品，进口集中度普遍较高（见表 2—9）。以原油为例，2011—2017 年，我国原油进口主要来源于俄罗斯、沙特阿拉伯、安哥拉、伊拉克、阿曼苏丹国和伊朗，6 国占我国 2017 年全部原油进口的 61%，多数为中东国家。此外，天然气、铁矿石、铜矿石等，以及大豆、玉米等主要进口农产品，进口集中度也普遍较高。

表2—9 我国主要资源品和农产品进口来源国

资源品种	2017年主要进口来源及占比
原油	俄罗斯(14%)、沙特阿拉伯(12%)、安哥拉(12%)、伊拉克(9%)、伊朗(7%)、阿曼苏丹国(7%)
管道天然气	土库曼斯坦(81%)、乌兹别克斯坦(9%)、缅甸(8%)
铁矿石	澳大利亚(62%)、巴西(21%)、南非(4%)、印度(2%)
铜矿石及精矿	秘鲁(28%)、智利(26%)、蒙古(8%)、墨西哥(5%)、澳大利亚(5%)、哈萨克斯坦(4%)、美国(2%)
铝土矿	几内亚(40%)、澳大利亚(37%)、马来西亚(7%)、巴西(5%)、印度(3%)
大豆	巴西(53%)、美国(34%)、阿根廷(7%)、乌拉圭(3%)、加拿大(2%)
玉米	乌拉圭(65%)、美国(27%)、老挝(5%)、缅甸(3%)

资料来源:根据CEIC、Wind以及长江证券研究所的数据制表。

(2)出口:对新兴经济体出口占比上升,以电机、矿物燃料为主

我国出口区域结构持续变迁,根据中国海关的数据统计(见图2—52),2017年,我国占比较大的出口目的地分别为美国(18.99%)、欧盟(16.44%)、中国香港(12.34%)、日本(6.07%)、韩国(4.54%)等发达国家和地区,之后就是新兴的发展中经济体如越南(3.14%)、印度(3.01%)等。

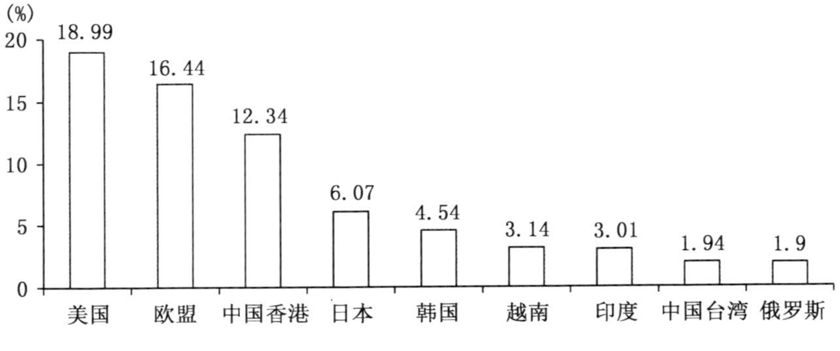

资料来源:根据中国海关数据绘制。

图2—52 2017年中国主要出口国家和地区占比

从趋势来看,我国出口区域结构出现新变化,对美、欧、日等发达经济体出口份额明显下降,由加入WTO前后的50%左右回落至40%上下

（见图 2—53），对东盟和金砖国家新兴经济体出口占比则由 10％左右上升至近年的 15％左右（见图 2—54）。对东盟和金砖国家新兴经济体出口的增长主要是因为新兴经济体经济迅速发展，对我国产品的需求也随之快速增加。

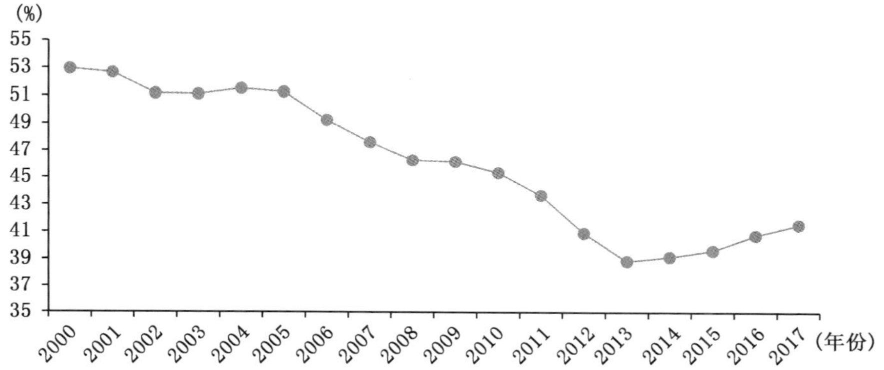

资料来源：根据中国海关数据绘制。

图 2—53　我国对美、欧、日出口份额

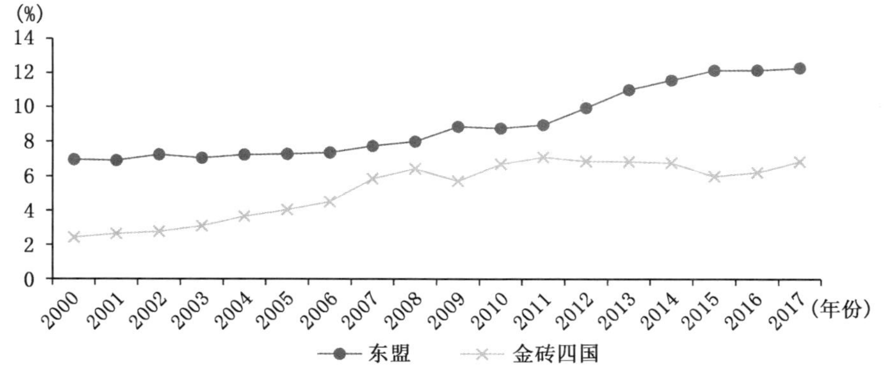

资料来源：根据中国海关数据绘制。

图 2—54　我国对“金砖四国”和东盟的出口占比

但是我国对于发达国家和发展中经济体的出口商品种类有所不同。其中，对发达国家，出口主导产品为电子机械、机械和家具。以美国为例（见图 2—55），2017 年我国对美国出口电子机械、机械和家具的比重分别为 23.57％、19.48％和 6.03％，而鞋靴和玩具等传统劳动密集型产品出口占比持续回落(见图2—56)。2001年,鞋靴占我国的出口总额均高达10%,而2017年,鞋靴均仅占出口总额的2.55%,反映中国在部分劳动密集型产业上的优势逐渐丧失,逐渐转向电子机械、机械和家具等资本、技术密集型产品。

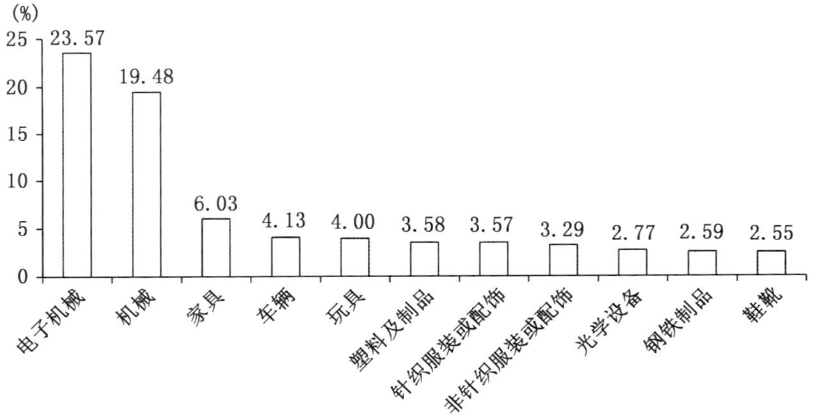

数据来源:根据TradeMap数据绘制。

图2—55　2017年中国对美国的出口产品占比

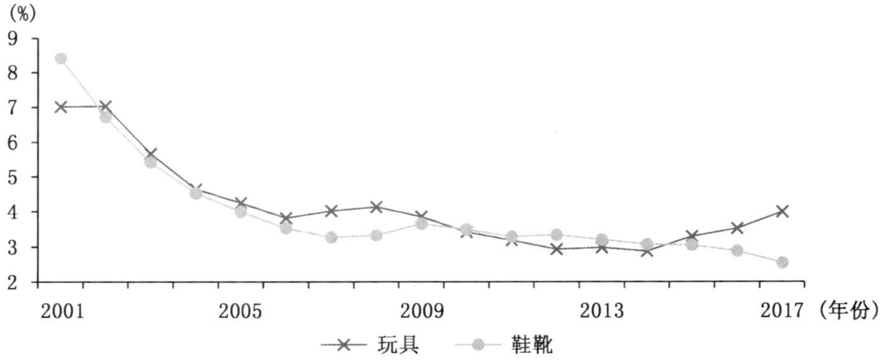

数据来源:根据TradeMap数据绘制。

图2—56　中国对美国的出口产品占比

而对于新兴经济体来说,钢铁、矿物产品等则在出口中占据重要地位。以东盟为例(见图2—57),在我国对东盟的出口中,矿物产品和钢铁仅次于电子机械和机械,前四位分别为电子机械(22.61%)、机械

(13.47%)以及矿物产品(4.65%)和钢铁(4.58%)。与对美、欧出口产品结构有所不同,钢铁在我国对东盟出口产品中占据重要地位。这主要缘于东盟国家工业发展水平普遍较弱,需要依靠大量进口钢铁和钢铁制品来满足快速增长的经济需求。

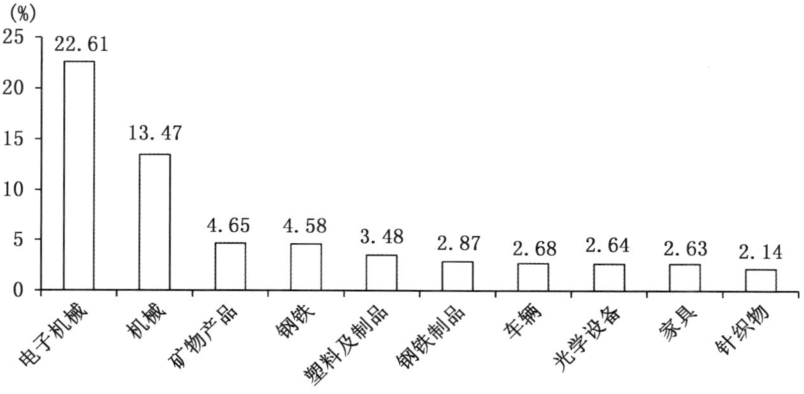

资料来源:根据 TradeMap 数据绘制。

图 2—57　2017 年中国对东盟出口产品前十占比

3. 对外贸易模式结构

对外贸易模式结构是指产业间贸易和产业内贸易在对外贸易模式中的比重。其中,产业间贸易是指在同一个国家或地区,在某一段时间内,同一种产品单向流入或流出;而产业内贸易则是指同一项产品既有流入又有流出,产业内贸易比重的增加也反映出在全球产业链上的参与程度较高,因而发达国家往往都是以产业内贸易为主。

客观上说,产业内贸易能够促进我国生产技术的发展,帮助我国获取较多的规模经济效益。但是由于跨国公司大多控制核心部分的生产,将其余附加值较低的零部件生产或组装外包给其他国家,因此当发展中国家参与到某一产品的全球产业内贸易中时,往往会处于低端位置,和发达国家形成垂直贸易。我国出口和发达国家形成垂直产业分工,竞争优势不足。

国际上最常用的计算产业内贸易水平的指标是 Grubel H. & Lloyd P. J. 指数(G-L 指数),我们参照张群(2015)所测算的按 SITC 分类的各类商品产业内贸易指数来考察 SITC 各行业的贸易模式结构。其中,G-L

指数接近0时，以产业间贸易为主；G-L指数接近1时，以产业内贸易为主。

总体来说，我国对外贸易以产业内贸易为主，但从细分类别来看，我国初级产品的出口主要以产业间贸易模式为主，产业内贸易水平较低，如SITC第2、3、4类近年来均以产业间贸易为主；而工业制成品出口以产业内贸易模式为主，比如第5类化学成品及相关产品、第6类按原料分类的制成品以及第7类机械及运输设备，产业内贸易指数均大于0.5，但产业内贸易的总体水平仍然有待进一步提高。

表2—10　　1980—2013年产业内贸易指数

类别＼年份	1980	1985	1990	1995	2000	2005	2010	2011	2012	2013
SITC0 食品及活动物	0.99	0.58	0.67	0.76	0.56	0.59	0.69	0.73	0.81	0.86
SITC1 饮料及烟类	0.63	0.68	0.63	0.45	0.66	0.8	0.88	0.76	0.74	0.73
SITC2 非食用原料（燃料除外）	0.65	0.9	0.93	0.6	0.36	0.19	0.1	0.1	0.1	0.09
SITC3 矿物燃料、润滑油及有关原料	0.09	0.05	0.39	0.98	0.55	0.43	0.25	0.21	0.18	0.19
SITC4 动植物油、脂及蜡	0.4	0.95	0.28	0.3	0.21	0.15	0.08	0.09	0.08	0.11
SITC5 化学成品及相关产品	0.56	0.47	0.72	0.69	0.57	0.63	0.74	0.78	0.78	0.77
SITC6 按原料分类的制成品	0.98	0.55	0.83	0.94	0.99	0.77	0.69	0.64	0.61	0.58
SITC7 机械及运输设备	0.28	0.09	0.5	0.75	0.95	0.9	0.83	0.82	0.81	0.81
SITC8 杂项制品	0.32	0.71	0.28	0.26	0.26	0.48	0.46	0.44	0.41	0.39
SITC9 未分类的商品	0.77	0.84	0.87	0.02	0.24	0.89	0.15	0.09	0.04	0.03

数据来源：张群（2015）①。

同时，我国产业内贸易呈现垂直型，在生活消费品产业内贸易方面，我国从更为落后的发展中国家进口低质量的产品，向发达国家出口中等质量的产品，最后从发达国家进口高质量的产品；在生产消费品方面，我国从更为落后的发展中国家进口技术含量较低的中间产品，出口技术含量中等的中间产品，从发达国家进口技术含量高的关键性中间产品，出口技术含量中等的中间产品。无论是生活消费品还是生产消费品，均处于

① 张群．中国货物贸易结构演进研究[D]．东北师范大学，2015.

中间地位，这种垂直型产业内贸易是我国经济技术二元特征在产业内贸易领域的反映，这也说明了我国工业制成品的贸易竞争优势不足。

2.2.5　本节小结

本节主要从对外贸易结构入手，分别分析了对外贸易商品结构、对外贸易方式结构、对外贸易区域结构以及对外贸易模式结构对产业发展的影响。经过分析，我们可以得到如下结论：

1. 一国的贸易结构和产业结构相互关联

一国的禀赋条件、经济发展水平、国内供需的状态以及国家所颁布的政策均会影响一国的贸易结构，同时，贸易结构反过来也会影响着产业结构的发展，通过改变国内的要素禀赋、弥补现有产业的不足、加入全球分工体系、提升产业竞争力，来推动国内产业的不断发展，同时，不断提升产业的工业附加值，促进产业从低级制造业逐渐向中高端产业升级调整。

2. 贸易的发展推动着国内产业结构的升级

从贸易的商品结构来看，无论是货物贸易还是服务贸易，进口均能够丰富原有的稀缺要素，使中国的产业结构从劳动密集型逐渐向资本、技术密集型转型。同时，对核心技术产品的进口可以弥补现有产业的不足，对现代服务业的进口可以弥补现有服务业的不足，促进国内现代服务业的发展。从贸易的方式结构来看，一般贸易方式出口比重的逐步提升推动着国内产业向高附加值的方向转变。从贸易的区域结构来看，我国进口主要来源于发达国家，对新兴经济体出口逐步增加。从贸易的模式结构来看，目前我国产业内贸易水平较低，产业内贸易水平的提高有助于优化产业结构，使我国和发达国家的贸易逐步向水平分工转变，从而提升在全球价值链上的位置。

3. 贸易对产业结构的升级也带来了一定的挑战

一方面，由于国内服务业发展较晚，新兴服务业的开放度仍旧很低，同时，国际上对尖端技术有一定的贸易限制，导致我国很多产品虽然整体制造能力较强，产量达到了世界第一，但产品的附加值仍旧较低，涉及的核心零部件仍受制于发达国家；另一方面，由于我国劳动密集型产品优势较大，因此，在比较优势的原理下大量劳动密集型产业向我国集聚，导致产业向资本、技术密集型转型升级速度缓慢，产品附加值提升速度较低，发展路径固化。此外，在多边贸易下，我国还需注意不断增加的贸易摩擦，需要正确认识贸易与产业的关系，在多边贸易过程中不断地提高自身的产业竞争能力。

2.3 对外贸易依存度对产业发展的影响

本节首先描述了我国对外贸易依存度的总体状况，然后以发达国家的经验说明了贸易依存度的变化规律，接下来回顾了我国各产业及主要产品的外贸依存度变动情况，最后分国别对货物进出口贸易进行分析，特别针对中美贸易依存度展开具体讨论。

2.3.1 我国对外贸易依存度的总体状况

对外贸易依存度反映了一国经济通过对外贸易与整个世界经济发生联系的程度，是经济开放度的主要指标之一。对外贸易依存度越高，说明世界经济对国内经济的影响越大。

已有文献对我国整体或单个产业外贸依存度的研究不少，计算方法多采用外贸总额与国内生产总值之比算作外贸依存度，用公式表示为：外贸依存度＝进出口总额/国内生产总值[①]。相应地，出口依存度被定义为出口额与国内生产总值之比，进口依存度被定义为进口额与国内生产总值之比。

从图 2－58 可看出，我国外贸依存度整体上处于高位，且常年来出口依存度均高于进口依存度，表现为贸易顺差；2005 年，外贸依存度达到最高，数值为 21.1％；2008 年，受美国次贷危机等国际市场变动影响，依存度明显下降，至 2009 年，达到低点，之后在 2010 年略有反弹，从 2011 年开始持续降低。

在商品贸易依存度方面，改革开放以来，我国的商品贸易依存度的上升幅度远远大于世界贸易依存度的上升速度（见图 2－59）。1978 年，世界平均贸易依存度为 29.27％，而中国只有 14.23％，不到世界平均水平

① 高峰．基于外贸依存度的我国产业结构调整分析——使用改进后的测算方法[J]．前沿，2013(7)：83－85.

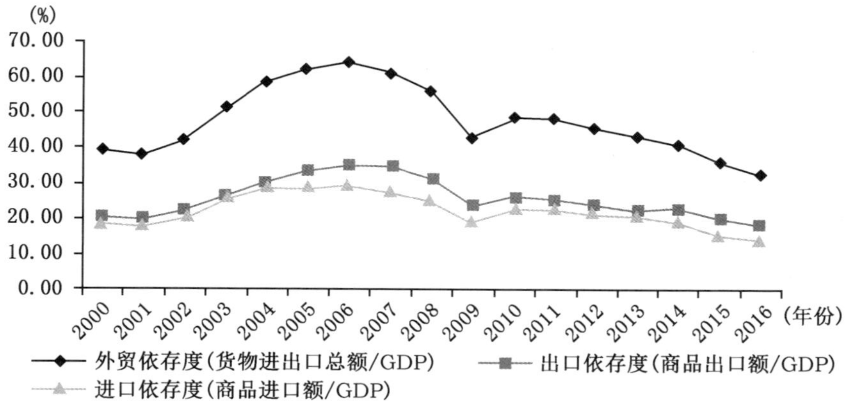

资料来源：根据国家统计局数据绘制。

图 2－58　2000－2016 年我国外贸依存度变化情况

的一半。2009 年，中国的贸易依存度比 1978 年大幅提高，已经达到 44.27%，而世界平均贸易依存度达到 41.81%。尤其是 2002 年以后，中国的贸易依存度始终高于世界平均水平。

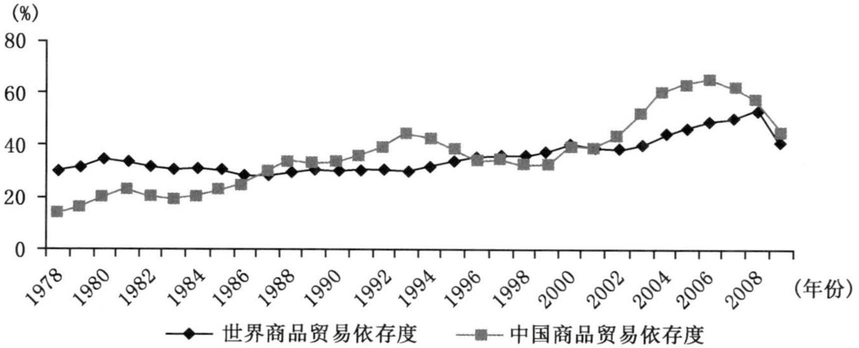

资料来源：张智革等(2011)，中国对外贸易依存度的动态分析①。

图 2－59　1978－2009 年中国与世界商品贸易依存度对比

2.3.2　对外贸易依存度的变化规律

世界其他国家对外贸易依存度的演变规律，对比我国贸易依存度的

① 张智革，吴薇．中国对外贸易依存度的动态分析[J]．国际经贸探索，2011，27(10)：19－26.

变化，有助于理解和掌握我国的对外贸易依存度的总体演变趋势和影响因素，有利于解决经济发展决策中的结构调整和潜在危机等问题。经济发展的不同时期，贸易依存度的变化规律不同，主要有以下几个方面：

1. 一国的经济发展水平影响对外贸易依存度

从对发达国家历史的纵向考察发现，在工业化初期，贸易依存度较快提高，当经济发展到一定程度以后，贸易依存度就维持在一个相对稳定的水平，所以对外贸易依存度的增速与一国经济所处的阶段和经济发展水平有关。经济发展的低级阶段，外贸依存度较低，这个时期的明显特征是第一产业在国民经济中占重要地位，工业以轻工业为主，产业结构以劳动密集型为主，能够出口换汇的产品少、品种单一、附加值低，所以进出口规模较小。经济发展到中级阶段外贸依存度比较高，其明显的特征是重工业比重逐步提高，第一产业的地位削弱，第二、第三产业的比重上升，基础工业和设施有了一定的发展，经济发展所需的许多原料、设备需从国外进口，为了平衡国际收支，出口规模也相应比较大，因此，外贸依存度比较高。当经济发展到高级阶段，外贸依存度趋于平稳甚至下降，这时的经济特征是利润来源主要依靠高新技术产业，产业结构以第三产业为主，商品进出口已不是其获取利益的主要来源，而是通过资本、技术和管理的输出、服务贸易等其他方式获取巨额的利润，所以用商品进出口量衡量的对外贸易依存度反而降低。

当今世界上各国对外贸易依存度存在巨大差异，通常发展中国家依存度高，发达国家依存度低，经济发展所处的阶段可以对此作出合理的解释。从目前各国家贸易依存度的状况也可以看出，处于工业化初期的发展中国家贸易依存度增速快，而完成了工业化的发达国家的贸易依存度普遍增速不大，经济起飞和发展阶段外贸依存度水平相对较高，经济发展成熟后外贸依存度相对较低。随着经济的发展，一个国家的对外贸易依存度由低到高，有先升后降的总趋势。我国改革开放40年，外贸水平和经济发展都处于由低到高的上升期，对外贸易依存度表现为总体上升，是符合经济发展的客观规律的。

2. 产业结构影响对外贸易依存度

处于不同的经济发展阶段，产业结构有不同的特点，因此，也会对贸易依存度水平产生影响。20世纪60年代，日本已经初步完成了工业化，国民经济的主要部门由轻工业向汽车、重化工行业转型，在此期间，虽然日本坚持贸易立国的基本政策，但贸易依存度较低，维持在20%左右（见图2—60）。韩国则不同，1962年，韩国工业化开始时，贸易依存度与日本基本相同，大约在20%。在第一次工业化期间（1962—1975年），其经济主导部门是纺织等轻工业，贸易依存度水平较高，1975年即接近60%，一直到2000年，虽然有些波动，但基本维持在60%的水平。日、韩的经验说明，当一国的工业化主要是以轻工业为主要推动力量时，贸易依存度水平较高；当工业化的主导部门为重化工业时，贸易依存度较低。

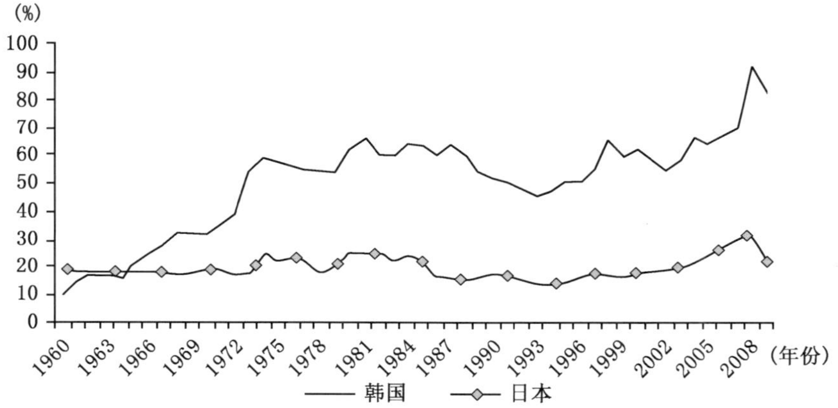

资料来源：张智革等（2011），中国对外贸易依存度的动态分析[J].国际经贸探索，2011,27(10):19—26。

图2—60 日本与韩国的外贸依存度演变趋势

农业和工业占国民经济的比重，以及服务业等第三产业的规模比例也会影响贸易依存度。农业和工业比重越大，贸易依存度越高；服务业占GDP的比重越大，贸易依存度越低。以服务业为主的产业结构是导致发达国家外贸依存度偏低的重要原因。我国的服务业和第三产业的规模还处于初级发展阶段，制造业和农业仍然是国民经济中的主要支柱，因而外贸依存度显示偏高的特征。

3. 贸易结构影响对外贸易依存度

此外，贸易结构也是一个重要的影响因素。中国对外贸易增长主要靠两头在外的加工贸易，加工贸易比例过大，重复计算的贸易额会反映到贸易依存度指标上。1981年，中国加工贸易出口11.31亿美元，进口

15.04亿美元。到2008年，中国加工贸易出口6 751.14亿美元，进口3 783.77亿美元，加工贸易总额增长了400倍，但一般贸易只增长了30余倍，这种贸易结构夸大了贸易依存度。以2008年为例，当年加工贸易进出口总额为10 535亿美元，其中，从国外进口的3 784亿美元又体现在我国的出口产品上，实际中国的加工贸易净出口额为2 967亿美元，如果扣除因为加工贸易的重复计算，中国的贸易额将减少7 568亿美元，贸易依存度将因此而下降15个百分点（见图2—61）。

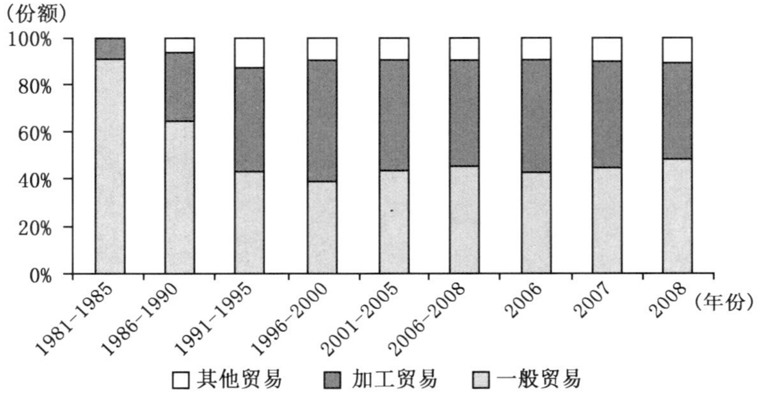

资料来源：张智革等(2011)，中国对外贸易依存度的动态分析。

图2—61　改革开放以来中国的贸易结构

4. 影响贸易依存度的政策因素

影响贸易依存度的政府政策主要包括：一国的关税水平、汇率制度、进口配额以及各种贸易鼓励和限制政策。以汇率水平为例，人民币存在一定程度上的低估，造成贸易依存度虚高。人民币在中国境内的购买力要高于按汇率折算后在境外的购买力。2009年，世界银行按照购买力平价计算的中国GDP为9.09万亿美元，而按照市场汇率计算的GDP仅仅为4.985万亿美元，购买力平价汇率计算的GDP是市场汇率的1.823倍，如果考虑这个因素，中国2009年的贸易依存度将下降为24.28%，达到与美国、日本接近的水平。而根据Penn World Table 7.0提供的最新数据，按照购买力平价计算的中国GDP是按照中国市场汇率计算GDP的3.07倍。因此，如果考虑汇率因素，那么中国的实际贸易依存度将会显著下降。

2.3.3　我国各产业及主要产品的外贸依存度变动状况

2017年，进口效益进一步提升。中国机电产品进口5.78万亿元，增长13.3%。部分重要设备和关键零部件、优质消费品进口较快增长，其中，发动机、集成电路和数控机床进口分别增长17.6%、17.3%和13.8%。中国能源资源产品进口增长较快，保障了国内市场需求，缓解了经济发展面临的资源约束。原油、铁矿砂、天然气、钢材、铜精矿等十类大宗商品合计进口2.88万亿元，增长36.3%，占中国进口总额的23.1%，比2016年提高3个百分点。

2017年，部分高附加值机电产品出口增长快于整体。中国机电产品出口8.95万亿元，增长12.1%，占中国出口总额的58.4%，比2016年提高0.7个百分点。高技术含量、高附加值的高新技术产品出口增长13.3%，快于总体增速2.5个百分点，占比提高0.6个百分点，至29.4%。其中，汽车、计算机、手机出口分别增长27.2%、16.6%和11.3%。纺织品、服装、鞋类、箱包、玩具、家具、塑料制品七大类劳动密集型产品出口3.08万亿元，增长6.9%，占出口总额的20.1%，比2016年下降0.7个百分点。

回顾中国各产业及主要产品的外贸依存度，我们一方面探讨了2002—2007年国内42个产业部门外贸依存度变动情况，另一方面分析了2000—2010年我国进出口商品结构变动情况。

1. 2002—2007年各产业外贸依存度变动情况

张燕和陈漓高(2007)利用投入产出分析方法，计算了2002年投入产出表中对外贸易对各产业部门增加值的贡献率，由此将我国2002年投入产出表中的42个产业部门划分为四个象限[①](见表2—11)。

其中，四个象限的产业部门在外贸依赖度上有以下特征：

第一象限未真正参与国际分工，更加依赖国内的要素供给和市场需求，包括：与进出口不相密切的产业部门、与进口相密切的产业部门中的自然资源进口依赖型产业部门；

① 张燕，陈漓高．从对外贸易角度看中国产业升级的路径——基于投入产出法的实证分析[J]．世界经济研究，2007(12)：42—48．

表 2—11 我国 2002 年投入产出表的产业部门分类

第二象限 工业部门：化学工业 12，通用、专用设备制造业 16，交通运输设备制造业 17 非工业部门：信息传输、计算机服务和软件业 29，科学研究事业 36，化学工业、卫生、社会保障和社会福利事业 40	第三象限 工业部门：金属制品业 15，电气、机械及器材制造业 18，通信设备、计算机及其他电子设备制造业 19，仪器仪表及文化办公用机械制造业 20，其他制造业 21 非工业部门：租赁和商务服务业 34，其他社会服务业 38
第一象限 工业部门：煤炭开采和洗选业 2，石油和天然气开采业 3，金属矿采选业 4，非金属矿采选业 5，食品制造及烟草加工业 6，石油加工、炼焦及核燃料加工业 11，非金属矿物制品业 13，金属冶炼及压延加工业 14，废品废料 22，电力、热力的生产和供应业 23，燃气生产和供应业 24，水的生产和供应业 25 非工业部门：农业 1，建筑业 28，交通运输及仓储业 27，邮政业 28，住宿和餐饮业 31，金融保险业 32，房地产业 33，综合技术服务业 37，教育事业 39，公共管理和社会组织 42	第四象限 工业部门：纺织业 7，服装、皮革、羽绒及其制品业 8，木材加工及家具制造业 9，造纸印刷及文教用品制造业 10 非工业部门：批发和零售贸易业 30，旅游业 35，文化、体育和娱乐业 41

资料来源：张燕等(2007)，从对外贸易角度看中国产业升级的路径——基于投入产出法的实证分析。

第二象限引进国外资本品、技术、中间品发展本国产业，但是该产业产品尚不具有国际竞争力，包括：与进口密切相关的产业部门中的资本品、技术、中间品依赖型产业部门；

第三象限引进国外资本品、技术、中间品发展本国产业，该产业产品具有较强的国际竞争力，包括：与进出口密切的产业部门中的资本品、技术、中间品依赖型产业部门；

第四象限的产业自身已经具有很强的竞争力，包括：与进出口密切的产业部门除资本品、技术、中间品依赖型产业以外的其余产业部门，以及与出口密切的产业部门。

高峰(2013)引进沈利生(2003)首次提出的计算外贸依存度新公式，使用 2002 年、2007 年投入产出表分别对我国 42 个产业部门的外贸依存度、出口依存度和进口依存度进行了测算①，发现 2007 年与 2002 年相比，整体上外贸依存度有所提高，这缘于出口、进口依存度的双重提高。根据

① 高峰．基于外贸依存度的我国产业结构调整分析——使用改进后的测算方法[J]．前沿，2013(7)：83—85.

依存度的大小，可以确定各产业对国际市场的依赖程度。我们基于该测算结果整理出 2002—2007 年各产业外贸依存度的变化情况，如表 2—12 所示。

表 2—12　　2002—2007 年我国各产业外贸依存度的对比

与 2002 年相比，2007 年外贸依存度明显变化的产业（变化幅度超过 5%，下同）	提高：废品废料；金属矿采选业；石油和天然气开采业；租赁和商务服务业；通信设备、计算机及其他电子设备制造业
	降低：其他社会服务业；仪器仪表及文化办公用机械制造业；服装、皮革、羽绒及其制品业；电气、机械及器材制造业；非金属矿采选业
与 2002 年相比，2007 年出口依存度明显变化的产业	提高：通信设备、计算机及其他电子设备制造业；租赁和商务服务业；木材加工及家具制造业；金属冶炼及压延加工业；纺织业
	降低：其他社会服务业；服装、皮革、羽绒及其制品业；仪器仪表及文化办公用机械制造业
与 2002 年相比，2007 年进口依存度明显变化的产业	提高：废品废料；金属矿采选业；石油和天然气开采业
	降低：纺织业；电气、机械及器材制造业；金属制品业

资料来源：高峰(2013)，基于外贸依存度的我国产业结构调整分析——使用改进后的测算方法。

2. 2000—2010 年我国进出口商品结构变动情况

魏浩(2014)在五位码多种产品分类的基础上，构建了一个分析进口商品结构的新框架，对中国进口商品结构进行了具体的测度①，发现在 2000—2010 年间，低技术工业制成品在我国进口中所占份额下降幅度最大，中等技术工业制成品所占份额上升幅度最大，且成为我国第一大进口商品(见表 2—13)。

2010 年，在中国进口商品中，按照份额排名依次为中等技术工业制成品、高技术工业制成品、其他类型初级产品、金属类制成品、资源类初级产品、其他资源型制成品、低技术工业制成品和农业资源型制成品，份额分别为 33.78%、29.12%、11.40%、8.33%、5.84%、5.05%、4.73% 和 1.75%。这反映了中等技术工业制成品是我国进口的第一大商品，高技术工业制成品是我国进口的第二大商品，农业资源型制成品进口最少。

① 魏浩．中国进口商品的国别结构及相互依赖程度研究[J]．财贸经济，2014，35(4)：69—81.

表 2－13　　2000－2010 年中国进口商品结构以及占世界进口的份额　　单位：%

计算指标		中国进口商品结构			中国进口占各类商品世界进口总额的份额		
年　份		2000	2005	2010	2000	2005	2010
全部商品		100	100	100	3.24	5.89	7.38
初级产品	资源类初级产品	1.66	2.42	5.84	4.53	7.84	17.06
	其他类型初级产品	10.25	9.01	11.40	4.35	4.65	6.79
工业制成品	金属类制成品	6.88	6.42	8.33	5.27	7.61	9.79
	农业资源型制成品	3.89	1.72	1.75	4.18	3.82	4.85
	其他资源型制成品	3.95	3.84	5.05	2.30	3.87	6.01
	低技术工业制成品	19.20	21.64	4.73	2.94	7.21	2.88
	中等技术工业制成品	27.50	31.72	33.78	2.57	5.62	7.76
	高技术工业制成品	26.68	23.23	29.12	3.82	6.11	8.38

资料来源：魏浩(2014)，中国进口商品的国别结构及相互依赖程度研究。

从变化趋势来看，2000－2010 年间，中国进口商品结构不断变化，只有农业资源型制成品和低技术工业制成品两类产品所占份额整体表现为下降趋势。其中，低技术工业制成品所占份额下降幅度最大；其他各类产品所占份额都整体表现为上升趋势，中等技术工业制成品所占份额上升幅度最大，资源类初级产品次之。总体来看，两类初级产品进口所占份额在上升，工业制成品整体占比有所下降，其中，其他资源型制成品、金属类制成品进口总体变动不大，低技术工业制成品下降幅度最大，中等技术工业制成品上升幅度最大。

在世界市场份额方面，2000－2010 年间，中国进口在世界市场上所占份额大幅增加，从 2000 年的 3.24%增加到 2010 年的 7.38%。其中，资源类初级产品份额增加最大，中等技术工业制成品的份额增长较大，高技术工业制成品和金属类制成品的份额增长较大，农业资源型制成品所占份额增幅微弱，低技术工业制成品所占份额稍有下降。

上述进口商品结构的变化，反映了我国自改革开放以来实行的是鼓励劳动密集型出口的战略性贸易政策。由于进口贸易又带有一定程度的进口替代政策的特征，这种战略性贸易和进口替代政策更多地鼓励外商投资企业(包括出口替代和进口替代)和加工贸易，使中国对就业的依赖和对技术转移的依赖都集中于外商投资企业及其发展的加工贸易。而2008 年国家对出口贸易政策进行了较大幅度的调整，执行这些政策的结果是出现了出口贸易快速增长后的回落，并引起了中国出口贸易结构的若干变化①。

表 2—14 反映，在高速增长年份，初级产品出口增速虽然增加，但比较平稳，而机电产品和高新技术产品出口增速更快，出口商品结构呈现高级化趋势。从 2006 年开始，初级产品出口增长提速，而机电产品和高新技术产品出口增长速度明显下降，导致初级产品在出口商品结构中略有回升，而机电产品和高新技术产品在出口结构中的比重上升幅度很小，出口结构高级化趋势呈现停滞状态。

表 2—14　　2002—2008 年中国出口商品结构的变化　　单位：%

项目 \ 年份	2002	2003	2004	2005	2006	2007	2008
初级产品出口增速	8.1	22.0	16.5	20.9	7.9	16.3	24.8
初级产品出口占比	8.7	7.9	6.8	6.4	5.5	5.1	5.4
机电产品出口增速	32.3	44.8	42.3	32.0	28.8	27.6	17.3
机电产品出口占比	48.2	51.9	54.5	56.0	56.7	57.6	57.6
高新技术产品出口增速	46.1	62.6	50.2	31.8	29.0	23.6	13.1
高新技术产品出口占比	20.8	25.2	27.9	28.6	29.0	28.6	29.1

资料来源：根据海关数据绘制。

从表 2—15 看出，化肥、钢材等高能耗产品从净进口转为净出口，煤炭和焦炭等资源性产品的净出口量虽然下降，但 2008 年受国际价格利益驱动，出口金额甚至回升；其他资源性产品的净出口量仍然保持较大规模，原油和成品油等完全净进口的资源产品，其出口金额也都保持一定的增长速度。这说明国家采取的出口贸易调整政策，在限制资源性和高能耗产品出口方面所采取的措施虽然不少，但成效并不显著，在国际价格利

① 裴长洪．中国贸易政策调整与出口结构变化分析：2006—2008[J]．经济研究，2009(4)：4—16.

益与限制出口政策的成本收益比较中，前者占上风，而人民币升值导致的制成品出口竞争力下降，又为初级产品国际价格利益的拉动增加了新的出口动力。

表 2—15　2003—2008 年中国若干资源性产品出口金额增速与净出口量

项目＼年份	2003	2004	2005	2006	2007	2008
化肥出口额增速	—	—	−22.8	15.6	220.1	16.9
化肥净出口量(万吨)	−1 213	−1 240	−940	−588	184	323
煤炭出口额增速	8.6	38.6	12.1	−14.0	−10.5	58.9
煤炭净出口量(万吨)	8 312	6 805	4 551	2 498	215	503
焦炭出口额增速	74.7	136.1	−40.7	−14.2	52.4	90.1
焦炭净出口量(万吨)	1 472	1 501	1 276	1 450	1 530	1 213
原油出口额增速	28.2	−20.3	103.5	1.5	−38.4	16.9
成品油出口额增速	56.0	6.3	61.9	9.9	29.8	49.3
氧化铝出口额增速	172.9	−48.4	25.9	2.7	32.0	57.6
铁合金出口额增速	80.1	55.8	−9.1	43.3	47.6	44.7
钢材出口额增速	42.2	168.5	56.9	100.7	68.3	43.8
钢材净出口量(万吨)	−3 021	−1 507	−530	2 450	4 578	4 380
铝锭铝材出口额增速	58.1	59.8	10.5	54.7	8.5	16.8
铝锭铝材净出口量(万吨)	11	47	75	125	143	186

资料来源：根据海关数据绘制。

根据上述分析可知，为何我国同时存在一个具有竞争力的劳动密集型出口部门和资本密集型工业的发展特征，如果限制加工贸易发展，紧缩出口贸易政策，必然导致中国出口结构高级化趋势的逆转。因此，应采取正确的政策导向，实现“转变外贸增长方式”的思路。

2.3.4　货物进出口分国别分析

2017 年，中国对发达经济体进出口全面回升，其中，对欧盟、美国的进出口分别增长 15.5％和 15.2％，二者合计占中国进出口总额的 29.3％。随着“一带一路”建设扎实推进，中国对“一带一路”沿线国家进出口增长 17.8％，高出进出口总体增速 3.6 个百分点。其中，对俄罗斯、波兰和哈萨克斯坦等国进出口分别增长 23.9%、23.4%和 40.7%。新兴市场开拓取得积极成效，中国对东盟进出口增长 16.6%，对“金砖国家”进出口增长 24.9%(见图 2—62)。

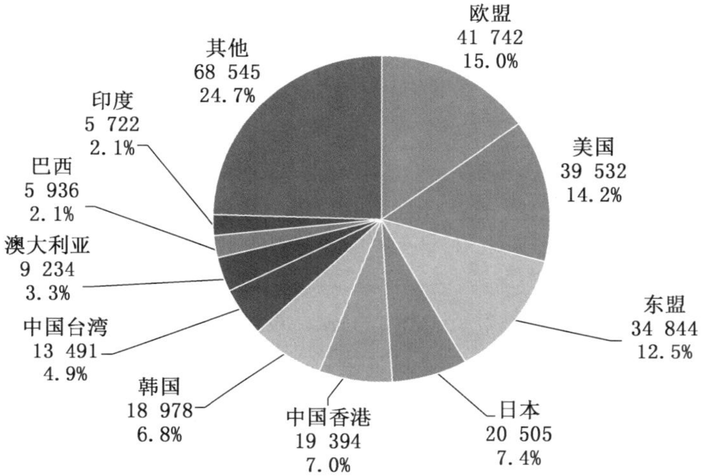

资料来源：根据商务部统计数据绘制。

图 2—62　2017 年中国对主要贸易伙伴进出口金额及占比(单位：亿元)

1. 主要国家及地区进出口额对比

根据 2017 年中国对主要贸易伙伴进出口金额占比的排名，我们选择欧盟、东盟、日本作为主要比较地区，美国则在后续部分单独分析。

(1)欧盟 27 国贸易

据欧盟统计局统计，2018 年 1—5 月，欧盟 27 国与中国货物进出口额为 2 829.6 亿美元，增长 14.8%。其中，欧盟 27 国对中国出口 993.2 亿美元，增长 16.2%，占欧盟 27 国出口总额的 10.3%，与上年同期基本持平；欧盟 27 国自中国进口 1 836.4 亿美元，增长 14.1%，占欧盟 27 国进口总额的 18.9%，与上年同期基本持平。1—5 月，欧盟 27 国与中国的贸易逆差 843.3 亿美元，增长 11.6%。中国是欧盟 27 国最大的逆差来源国。

截至 2018 年 5 月，中国为欧盟 27 国第二大出口市场和第一大进口来源地。

(2)日本贸易

据日本海关统计，2018年1—6月，日本与中国双边货物进出口额为1 216.2亿美元，增长5.5%。其中，日本对中国出口640.8亿美元，增长7.6%，占日本出口总额的19.1%，提高0.7个百分点；日本自中国进口833.3亿美元，增长6.1%，占日本进口总额的22.9%，下降1.1个百分点。日本与中国的贸易逆差128.6亿美元，下降22.9%。

截至2018年6月，中国是日本第一大出口贸易伙伴和第一大进口贸易伙伴。

(3)东盟贸易

据海关统计，2018年1—5月，我国与东盟双边贸易总额为1.49万亿元人民币，比上年同期增长11.9%。其中，对东盟出口8 114.5亿元，增长10.4%；进口6 796.6亿元，增长13.7%。5月进出口总额3 190.4亿元，增长9.7%，其中，出口1 799.8亿元，增长9.5%；进口1 390.6亿元，增长9.9%。

越南为我国在东盟内最大贸易伙伴，对9个东盟国家进出口实现增长。2018年5月，我国对东盟10国除老挝外的9个国家进出口保持增长，其中，对越南进出口规模位列东盟各国首位，为711.2亿元，增长13.6%。同期，对马来西亚进出口598.2亿元，增长6.5%；对泰国进出口502亿元，增长6.4%；对新加坡进出口480.2亿元，增长14.7%。

机电产品为最主要的进出口商品，成品油出口激增，初级形状的塑料和天然气进口快速增长。2018年5月，我国对东盟出口机电产品851亿元，增长8.2%，占同期我国对东盟出口总值的47.3%；出口纺织纱线、织物及制品176.2亿元，增长8%；出口钢材114.8亿元，增长20.5%；出口成品油106.3亿元，增长1.1倍。

进口方面，我国自东盟进口机电产品640.2亿元，增长7.5%，占同期我国自东盟进口总值的46%；进口农产品112.3亿元，增长21.5%；初级形状的塑料和天然气分别进口57.4亿元和36.5亿元，分别增长60.9%和86.3%。

2. 重点商品进出口额对比

总的来看，我国各类商品进出口对发达国家的依赖度比较大。截至2016年10月的数据显示，在技术类工业制成品领域，日本、美国、德国、韩国四个发达国家一直垄断着中国的进口贸易(见图2—63)；在农业制成品领域，美国、加拿大是中国的主要进口来源国，泰国、印度尼西亚、智利、南非、俄罗斯等发展中国家也占据一定的份额（见图 2—64）。

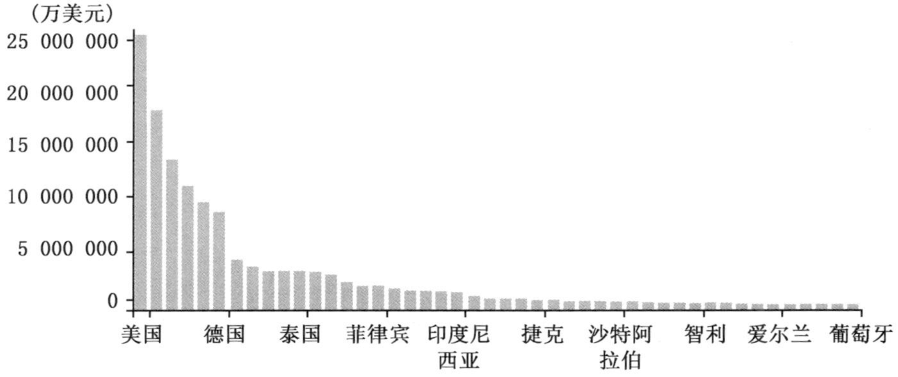

资料来源：根据商务部统计数据绘制。

图 2—63　机电产品进出口分国别统计情况（截至 2016 年 10 月）

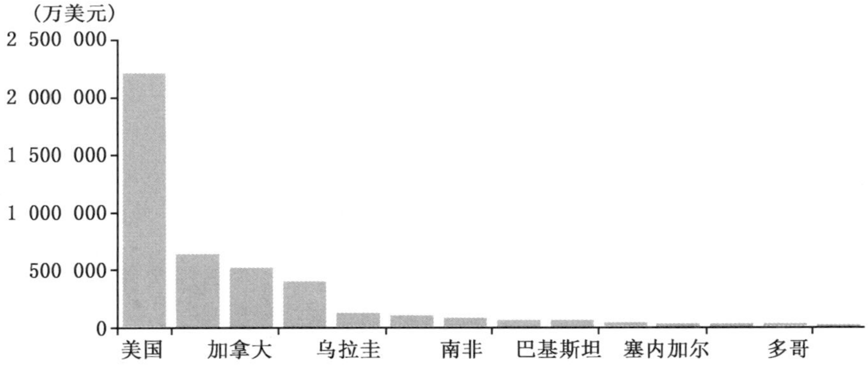

资料来源：根据商务部统计数据绘制。

图 2—64　农产品进出口分国别统计情况（截至 2016 年 10 月）

对于 2017—2018 年的最新情况，我们主要从最终消费品[①]和自然资源两个方面分析国别的进口依赖，从部分高附加值机电产品分析国别的出口依赖。

---

① 本书中的“消费品”范围为 SNA（国民账户体系）核算中界定的“消费品”概念，主要包括食品、衣着鞋帽、日化用品、电子电器、家具、交通工具、文化娱乐产品七大类产品。

(1)2017年突破万亿元后,我国消费品进口值维持在高位

2017年,我国消费品进口值首次突破1万亿元。据海关统计,2017年,我国进口消费品1.1万亿元人民币,较上年增长15.3%,占同期我国进口总值的8.8%(见图2—65)。

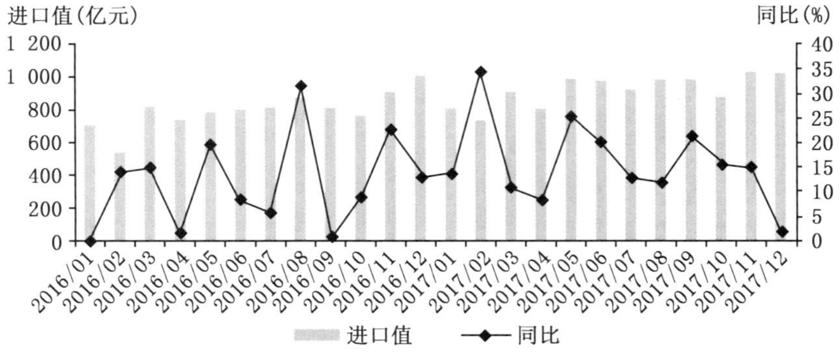

资料来源:根据海关数据绘制。

图2—65　2016年至2017年我国消费品进口月度走势

截至2018年8月份,我国消费品进口值维持在高位。据海关统计,2018年前8个月,我国进口消费品7 961.8亿元,较上年同期增长12.4%,占同期我国进口总值的8.8%(见图2—66)。

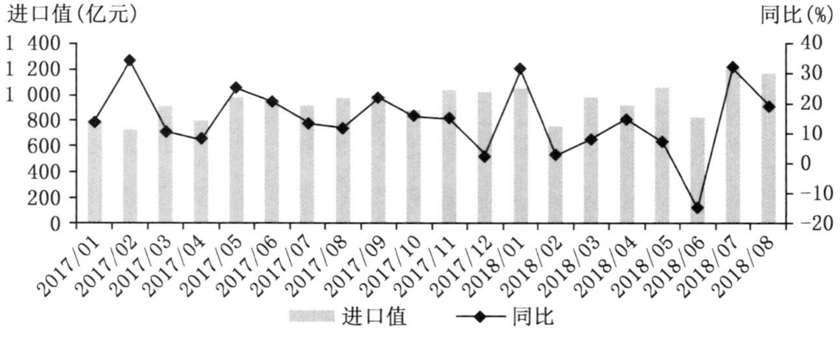

资料来源:根据海关数据绘制。

图2—66　2017年至2018年8月我国消费品进口月度走势

欧盟是最大的进口来源地,2017年,自新西兰和澳大利亚进口快速增长,2018年自美国进口明显下降。2017年,我国自欧盟进口消费品

4 366.7 亿元，增长 18.7%，占同期我国消费品进口总值的 39.7%。同期，自美国进口 1 547.5 亿元，增长 12.6%；自新西兰和澳大利亚分别进口 351.6 亿元和 291.6 亿元，分别增长 43.3%和 39.1%。据 2018 年 8 月的统计，我国自欧盟进口消费品 473.6 亿元，增长 21%，占同期我国消费品进口总值的 40.6%。同期，自美国进口 116.4 亿元，下降 11%，占 10%，比重下滑 3.4 个百分点。此外，自新西兰、澳大利亚和韩国分别进口 39.4 亿元、34.7 亿元和 29.6 亿元，分别增长 17.6%、25.3%和 39.1%。

乘用车进口规模居首，医疗保健品和水海产品进口值居前，化妆品进口增幅最大。2017 年，我国进口乘用车 3 382 亿元，增长 16.2%，占同期我国消费品进口总值的 30.8%。同期，分别进口医疗保健品、水海产品和化妆品 1 421.6 亿元、559.5 亿元和 437.2 亿元，分别增长 23.1%、19.6%和 48.6%。据 2018 年 8 月的统计，我国进口乘用车 327.8 亿元，增长 13.5%，占同期我国消费品进口总值的 28.1%。同期，分别进口医疗保健品、水海产品和化妆品 135.7 亿元、68.9 亿元和 66.6 亿元，分别增长 2.9%、32.3%、79.4%。

(2)2018 年我国原油进口量价齐升

据海关统计，2018 年 1—8 月，我国进口原油 3 亿吨，比上年同期增加 6.5%，价值 9 787.9 亿元人民币，增长 34.4%。价格方面，进口均价为每吨 3 271.4 元，上涨 26.2%。8 月，进口均价延续上涨趋势，升至每吨 3 576.2 元，为 2015 年 1 月以来的最高位，连续 23 个月保持同比上涨，环比上涨 3%(见图 2—67)。

俄罗斯、沙特阿拉伯和安哥拉为前三大进口来源地，自美国进口量倍增。8 月，我国自俄罗斯进口原油 570.4 万吨，增加 28.9%；自沙特阿拉伯进口 413.4 万吨，增加 13%；自安哥拉进口 407.1 万吨，减少 2.5%，上述三者合计占同期我国原油进口总量的 36.5%。前十大原油进口来源地中，自美国进口量增加 1.5 倍。

(3)2017 年我国手机出口量减少

对香港地区的出口占据半壁江山，对欧盟、东盟和韩国的出口减少。2017 年，内地对香港地区出口手机 6.2 亿部，减少 12.4%，占 50.9%；同期，对美国出口 1.3 亿部，增加 6.1%；对欧盟出口 9 230.1 万部，减少

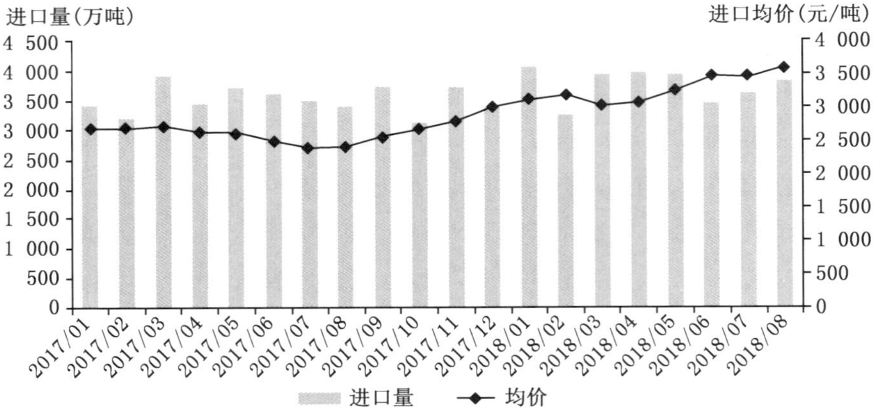

资料来源:根据海关数据绘制。

图 2—67　2017 年至 2018 年 8 月我国进口原油量价走势

4.5%。此外,对东盟、韩国分别出口 5 972.9 万部和 5 715.9 万部,分别减少 2.1%和 2.9%。

(4)2018 年上半年我国家电出口值小幅增长

欧美市场保持增长,对部分中东国家出口降幅明显。2018 年上半年,我国对美国出口家电 381.9 亿元,增长 4.9%,占 23%;对欧盟出口 257.5 亿元,增长 7.9%;对日本出口 149.2 亿元,下降 10%;对东盟出口 101.8 亿元,增长 6.9%。此外,对香港地区、印度、墨西哥、韩国出口均呈两位数增长。同期,对沙特阿拉伯、伊朗分别下降 25.2%和 16.9%。

2.3.5　中美贸易依存度分析

事实上,中国经济增长的结构已经发生深刻的变化,无论用全口径外贸依存度(进出口额/GDP)还是窄口径外贸依存度(进出口额/非服务业增加值)看,都使美国经济对中国的依赖程度上升,而中国经济对美国的依赖程度在过去几年正呈现出逐步下降的趋势。

1. 总体情况:中国对美贸易依赖度降低

中美利益高度交融的同时,中国对美国的贸易依赖度是逐渐下降的。中国加入世贸组织以来,中美贸易失衡出现了逐年加剧的态势。中美之间贸易失衡的绝对值不断扩张,体现为中国对美国货物贸易的顺差和美国对中国服务贸易的顺差。一方面,中国对美国的货物贸易顺差从 2000

年的298亿美元上升至2017年的2 780亿美元;另一方面,自金融危机以来,中国经济对贸易的依赖度有所下降:货物贸易顺差占中国GDP的比重呈现倒U形走势,在2006年金融危机之前达到5.2%的峰值,之后不断下滑,2016年,该项目顺差占中国GDP的比重仅为2.3%;而对中国的货物贸易逆差占美国GDP的比重在近20年来则是呈不断上升的趋势,从2000年的0.8%提高至2017年的1.9%(见图2—68)。

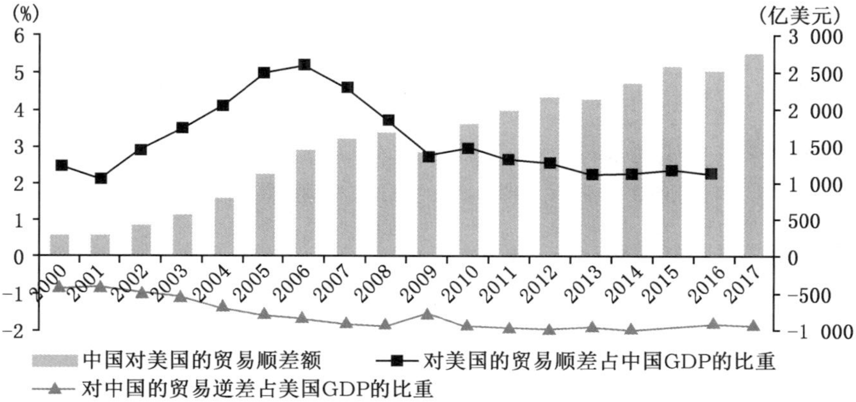

资料来源:CEIC数据库。

图2—68　中国对美国的货物贸易顺差额及其占中美GDP的比重

尽管互为重要的贸易伙伴国,但金融危机之后,由于出口伙伴的多元化,中国对美国的贸易依赖度显著降低,而美国对中国的进出口依赖度则与日俱增。在中国2001年加入WTO时,对美国的出口占中国总出口的20.4%,从美国的进口占中国总进口的10.8%,而2017年中国对美国的进、出口则分别占中国总进、出口的18.9%和8.4%。与这种趋势相反的是,从2001年到2017年,美国对中国的出口和进口占其总出口和总进口的比重从2.6%和9.0%分别上升至8.4%和21.6%(见图2—69)。

对中国贸易量,特别是对中国进口的迅速扩张,导致美国对中国的贸易赤字占其总贸易赤字的比重从2001年的20.2%上升至2017年的47.1%。中国对美国的贸易顺差占中国总贸易顺差的比重近年来下调显著。在2006年之前,对美贸易顺差甚至超过中国总顺差,说明整体来看中国对其他国家保持贸易赤字。然而,这种对美国的贸易依赖度随着中国出口伙伴的多元化迅速降低,2017年,中国对美国的贸易顺差占其总

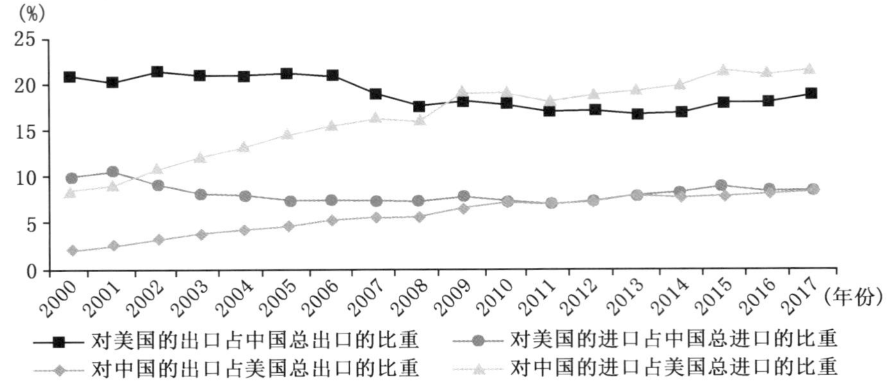

资料来源:CEIC 数据库。

图 2—69 中美对对方的进出口贸易依赖度对比

贸易顺差的 63.5%(见图 2—70)。

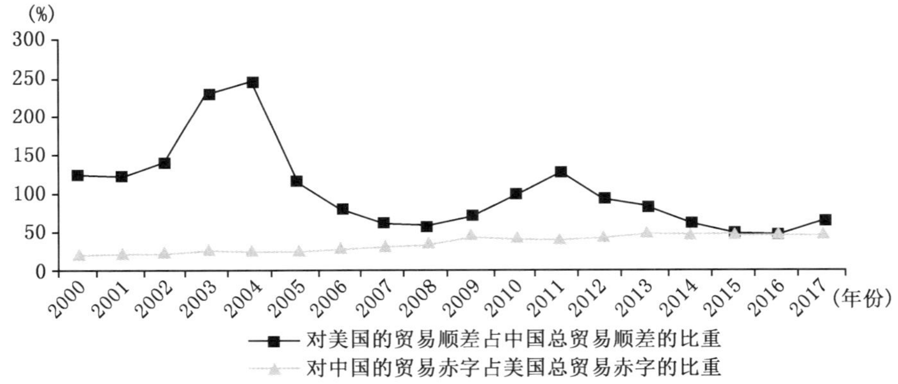

资料来源:CEIC 数据库。

图 2—70 中美对对方的贸易依赖度对比

近年来,中国进口和出口的目的国都更加分散化。从 2000 年至 2017 年,中国对东盟国家的出口份额从 6.9%上升至 12.4%;由于经济发展所需要的原材料、石油和其他大宗商品需求量的扩张,中国从拉丁美洲、非洲、大洋洲等大宗产品储备丰富的地区的进口也迅速扩张,这挤压了中国与美国的贸易份额。与之相反,美国对中国的进出口需求都更加旺盛,与中国日益扩张的贸易挤压了美国与日本、加拿大等国家之间的贸易份额，也使得美国对中国的贸易赤字进一步扩大。

虽然从总量上看，中美贸易顺差仍然在逐步扩大，美国仍然是中国最大的贸易伙伴，贸易战无疑将对中国对外贸易乃至整体经济产生较大影响；但是当前中国对美贸易依存度较之以前已经有了显著下降，随着中国贸易对象分散化和与其他贸易对象的贸易量不断攀升，对美贸易的决定性作用正在减弱。

2. 细分行业：中国主要从美国进口飞机、汽车、农产品、能源燃料

为了深入了解中美贸易不平衡的现状，我们将行业分类进一步细化，探究在三级行业分类标准下中美之间的贸易情况。由表 2－16 所示，中国对美国单项产品的进口量远低于对美国单项产品的出口量。对美国进口量最多的产品集中在机器和交通运输设备领域，其中 2017 年中国对美国的飞机和飞行器设备、汽车的进口都超过 100 亿美元。除机器和交通运输设备之外，进口量较高的产品包括油料、有色金属废料等原材料制品以及页岩气等矿物燃料。

表 2－16　　　　中美贸易量最多的产品列表（2017 年）

中国对美国出口量最多的产品列表	进口量（亿美元）	所属一级行业分类	中国对美国出口量最多的产品列表	出口量（亿美元）	所属一级行业分类
飞机和飞行器设备	162.7	机器和交通运输设备	通信设备	826.9	机器和交通运输设备
油籽及含油果实	124.1	原材料（除燃料）	自动化数据处理仪器	505.1	机器和交通运输设备
汽车	106.2	机器和交通运输设备	婴儿车、玩具、游戏和体育用品	262.5	杂项制品
热电子及冷极管	59.3	机器和交通运输设备	办公设备，数据处理机	153.5	杂项制品
沥青矿物提取油：原油	44.3	矿物燃料、润滑剂及其他	电机设备	141.3	机器和交通运输设备

资料来源：CEIC 数据库。

中国对美国出口量最多的产品主要分布在机器和交通运输设备以及杂项制品领域，其中机器和交通运输设备的出口已经超过杂项制品，成为最主要的出口行业。2017 年，中国对美最主要的出口产品为通信设备和自动化数据处理仪器，两者均隶属机器和交通运输设备行业。

此外，近年来中国对美国的矿物燃料进口依赖度正屡创新高。随着

美国页岩油开采技术的不断完善，中国从美国的石油进口成井喷式增长，2008年中国从美国的原油进口仅有250美元，而2017年的原油进口则高达31.5亿美元。对美适当扩大原油进口有助于多元化我国的进口能源结构，降低对单个国家的能源依赖度，保障我国的能源安全。

表2—17展示了最近十年来中国从最主要的10个原油进口国进口原油的结构变化。由表可见，中国的原油进口集中度正在不断降低，2008年从前五个和前十个原油进口国进口的原油分别占总原油进口的65.3%和82.1%，而2017年对应占比则分别下降至55.5%和79.3%。目前，中国年消费原油6亿吨，其中，2017年原油进口量突破4亿吨，而美国原油2017年年产量超过5亿吨，出口量已经超过OPEC大部分成员国，2018年很有可能超过1亿吨。此外，当前美国天然气产能过剩，而且由于主要产气的州天然气运输基础设施很差，很难向港口运输，导致气价很低，仅相当于中国到岸价格的1/3。如果中国能够大量进口美国的石油和天然气，一方面将拉升美国的基础设施投资，另一方面也可能更有助于能源在美国国内清洁化使用，在国内使用更多的天然气，对中国出口更多的石油。

表2—17　　最近十年来中国的原油进口结构变化情况

排名	2008年		2012年		2017年	
	国家	占比(%)	国家	占比(%)	国家	占比(%)
1	沙特阿拉伯	20.1	沙特阿拉伯	20.0	俄罗斯	14.6
2	安哥拉	17.4	安哥拉	15.1	沙特阿拉伯	12.7
3	伊朗	12.3	俄罗斯	9.3	安哥拉	12.1
4	阿曼	8.8	伊朗	8.1	伊拉克	8.5
5	俄罗斯	6.7	阿曼	7.2	阿曼	7.5
6	苏丹	4.9	伊拉克	5.7	伊朗	7.4
7	科威特	3.3	委内瑞拉	4.7	巴西	5.4
8	哈萨克斯坦	3.2	哈萨克斯坦	4.0	科威特	4.4
9	委内瑞拉	2.7	科威特	3.8	委内瑞拉	4.1
10	阿联酋	2.6	阿联酋	3.4	阿联酋	2.5

资料来源：CEIC数据库。

2.3.6　本节小结

贸易依存度表示一国经济与外部经济联系的紧密程度，在开放经济条件下表现为相互开放市场的国家之间形成了对经济的相互依赖，这种依赖将以乘数形式产生相互冲击，进而形成国与国之间经济波动的传递。对外贸易依存度的高低，一方面反映本国利用国际市场的能力与资源在世界范围内配置的能力；另一方面也反映出本国经济受外国经济波动影响的程度。对外贸易依存度是个中性指标，对它的高低变化测度和影响因素分析，可以对经济结构、贸易政策提供客观的评价依据。

虽然中国的对外贸易依存度在2002—2007年呈现出过大的偏离，但总体上还是符合国际经验的。高贸易依存度是工业化进程的阶段性必然趋势，2002—2007年的偏离可以解释为产业结构不合理、加工贸易的份额过高、贸易政策的出口导向和人民币汇率变化原因所致。

回顾我国各产业及主要产品的外贸依存度变动情况，发现我国对外贸易中存在两个问题：一是外贸依存度较强的制造业中加工贸易依然占有较大份额；二是石油、矿产等能源部门进口依存度明显提高，能源净进口持续增长。

随着我国经济结构调整的推进，我国外贸发展呈现出新局面。自2017年以来，中国与主要发达经济体进出口保持平稳增长，与非洲、拉丁美洲进出口贸易也保持较快增长，与“一带一路”沿线国家进出口保持良好的发展态势。

进口商品种类更加丰富，与人们生活密切相关的化妆品、水果及干果、药品、汽车及零部件、部分日用消费品等商品进口呈现快速增长态势。

机电产品、高新技术产品出口好于劳动密集型产品，“高耗能、高污染、资源性”产品出口量明显减少，反映出口商品结构进一步改善，外贸绿色发展取得明显成效。

2.4　对外贸易政策对产业发展的影响

随着经济全球化和贸易自由化进程的加快，关税等传统的贸易壁垒正逐步淡出国际贸易领域，受到越来越多的限制和约束；相反，以技术法规、技术标准、认证制度等为主要内容的新型贸易壁垒却日益凸显，成为贸易壁垒的主导形式。

2.4.1 WTO框架下非关税壁垒措施的主要表现形式及其效应

一般来讲，非关税壁垒(non-tariff barriers)是指一国政府为了调节、管理和控制本国的对外贸易活动，影响贸易格局和利益分配而采取的除关税以外的各种行政性、法规性措施的总和。由于非关税壁垒的实施往往出于不同的动机与考虑，且通过不同的途径和方式达到限制商品自由贸易的目的，因此，非关税壁垒本身包含多种具体的表现形式。

非关税壁垒包含的种类繁多、表现形式多种多样，且各国政府(或地区)对非关税壁垒的界定本身又存在一定的偏差，加之部分隐性的非关税壁垒难以从各国政府公开的文件或资料中获得，因此，对非关税壁垒的准确度量存在相当大的难度。目前，国际上常用的度量非关税壁垒的方法都从不同的角度对非关税壁垒展开研究(见表2—18)，每种度量方法都各有一定的优势和局限性。

表2—18 国际上常用的度量非关税壁垒措施的主要方法

序号	方法	英文名称	方法使用者	特点
1	频率类度量方法	frequency-type measures	Leamer(1990)、Constantine Michalopoulos(2000)等	包含覆盖率(coverage ratio)和频数比率(frequency index)两个主要指标
2	等量关税法和价格差值法	the tariff equivalent or price wedge	Roningen and Yeats(1976)、Baldwin(1975)、Bhagwati and Srinivasan(1975)等	将非关税措施的影响转化为相应程度的名义关税率来量化
3	等量补贴法	subsidy equivalents	Webb、Lopez and Penn(1990)等	一种简洁的度量政府政策对生产厂商补贴的研究方法
4	有效保护率	effective rate of protection	Balassa(1965)、Corden(1966)、Baldwin(1984)等	规避了名义关税率的局限，是度量贸易保护扭曲的主要指标
5	贸易限制指数	the trade restrictiveness index	Anderson and Neary(1994)等	是"消费和产出扭曲的单一等量关税"
6	建模分析法	modelling approaches	Deardorff and Stern(1989)、de Melo and Tarr(1992)等	分析框架较为严格，目前主要集中于复杂的模拟模型研究

资料来源：根据联合国贸发会议(UNCTAD)研究报告及相关文献的总结。

非关税壁垒措施一方面成为各国执行贸易保护政策的主要工具，另一方面也为世贸组织成员创新贸易保护形式、寻求贸易保护的广泛空间创造了条件。诸如反倾销反补贴、技术标准、环境壁垒、保障措施、灰色区域以及公平贸易等措施已经或正在逐渐成为 WTO 框架中允许的隐性的非关税措施。由我国商务部一年一度出版的《国别贸易投资环境报告》将非关税壁垒分为若干具体的小类，包括进口限制、通关环节壁垒、技术性贸易壁垒、政府采购等。同时商务部的《贸易投资壁垒信息收集指南》指出："尽管贸易壁垒的种类可以分出 2 000 多种，但目前出口遭遇壁垒的问题主要是反倾销和技术壁垒。"

2001 年，我国加入世贸组织时，正值国际贸易进入关税与非关税壁垒后时代，迎来了出口贸易拓展的大好机遇。然而，我国出口贸易遭到国外（主要是美国、欧盟）一轮又一轮反倾销、反补贴、特殊保障措施和各种形式的技术性贸易壁垒的"围攻"。据商务部信息网公布的信息统计，2001—2010 年，对华反倾销案件 564 起，平均每年 56.4 起；2004—2010 年，对华反补贴案件 43 起，平均每年 6 起；2001—2010 年，对华保障措施 119 起，平均每年 12 起；2002—2010 年，对华特殊保障措施案件 33 件，平均每年 4 起。加入世贸组织后十年中，国外对我国出口产品提起的反倾销、反补贴、保障措施和特殊保障措施案件高达 759 起，平均每年 76 起，是 WTO 成员中的最大受害国。这不仅使我国出口企业经济损失高达数千亿美元，而且对外贸易形象也受到严重损害。与此同时，自 2001 年以来，我国出口贸易由技术性贸易壁垒引发的贸易纠纷也日益增多，出口企业也因此遭受巨大的经济损失，在很大程度上制约了我国对外贸易的发展。

1. 反倾销、反补贴

世贸组织所允许的保护国内产业的合法手段有三种：反倾销、反补贴和保障措施。为了规范各国反倾销与反补贴的行为，GATT（关税与贸易总协定）乌拉圭回合达成了《反倾销协议》与《反补贴协议》。大多数 WTO 成员纷纷举起反倾销、反补贴大棒保护国内产业免受冲击。我国在国外反倾销诉讼中首当其冲，涉及各大类出口商品，如轻工、家电、五金、化工、工艺、食品、机械、土畜、医药、纺织品和服装、农产品，甚至一些高科技产品。单从美国对华反倾销的统计结果来看，从中国改革开放到加入 WTO 的 23 年间，美国累计对华发起反倾销立案调查 87 起，平均每年 3.78 起；而从中国加入 WTO 到 2010 年间，反倾销立案调查总量则为

61起，平均每年6.78起。这严重影响了我国出口的增长和国民经济的发展，具体表现为：第一，被征收高额反倾销税，致使我国出口创汇损失严重；第二，反倾销指控缩小了我国出口商品的国际市场份额，某些商品的出口市场迅速萎缩，甚至完全消失；第三，造成我国出口商品非正常回流，冲击国内市场；第四，严重影响了中国出口商品的国际形象，恶化我国的外交投资环境，挫伤了国外企业对中国投资的信心和积极性，给我国扩大和利用外资造成不利影响。与此同时，我国的进口贸易中已存在外国产品程度不同的在中国市场上进行倾销的现象，影响到新闻纸、化工、机电、钢材等我国传统产业的发展。

2. 技术性壁垒

技术性贸易壁垒(Technical Barriers to Trade，TBT)是指进口国以维护国家安全、保障人类健康、保护生态环境、防止欺诈行为和保证产品质量为由，对进口产品采取的强制性或自愿性的技术措施。技术措施本身是中性的，但它的运用具有两面性：一方面，有利于提高产品质量，保护产品使用和消费过程的安全，维护消费者的合法权益；另一方面，对进口产品起着限制作用，成为进口国限制进口的工具。技术措施作为非关税壁垒，比数量限制的非关税壁垒和关税壁垒限制进口的力度更大，效果更显著。

WTO《技术性贸易壁垒协议》是第八轮(乌拉圭回合)多边贸易谈判(1986年9月15日—1993年12月15日)达成的新协议，其真正目的在于对进口产品采取技术措施进行规范，防止进口国把技术措施当作限制进口的技术手段。据世界贸易组织统计，1995—2007年，各成员通报影响贸易的新规则总量23 897件，其中，技术性贸易措施16 974件，占总数的71%。随着国际市场全球化程度的加深，美国、欧盟、日本等经济发达国家和地区越来越多地利用技术性贸易壁垒作为贸易保护的工具。

当前，技术性贸易壁垒不仅渗透到机电产品、化工产品的贸易之中，而且以前所未有的速度深入农产品、纺织品和医药产品等贸易领域。这是因为，技术性贸易壁垒比其他非关税壁垒更具有隐蔽性、可操作性和针对性，是当前新贸易壁垒中最难以申诉的非关税壁垒措施，特别是发展中国家深受其害。另外，技术性贸易壁垒的广泛性还体现在其受影响的产品不仅涉及初级产品，中间产品和制成品也越来越多。

调查表明，2002年中国有71%的出口企业、39%的出口产品遭遇到国外技术壁垒的限制，造成损失约170亿美元。对出口的影响涉及所有省份，发达地区损失绝对金额高，中西部地区损失相对比例高。食品、土畜产品出口受到的损失最为严重，有近90%的企业受限，造成损失约90亿美元；轻工、机电类产品较加入世贸组织前受到的影响更为严重，损失分别约为40亿美元和20亿美元。

3. 环境壁垒(绿色壁垒)

环境壁垒实际上是技术性壁垒的一种主要形式，其表现形式主要有环境关税、环境市场准入、“环境反补贴”、“环境反倾销”、环境贸易制裁、推行国内PPM标准及其他标准、消费者的消费选择(绿色消费)、强制性环境标志、强制要求ISO14000认证、繁琐的进口检验程序和检验制度，以及要求回收利用、政府采购、押金制度等。它的制定依据往往是国际公约和GATT/WTO规定保护人体健康、保护资源和生态环境以及发达国家的技术水平。环境壁垒与技术性壁垒一样，一方面，它们的运用促使国际贸易商品质量评估体系的健全，极大地推动了国际贸易的发展；另一方面，对于发展中国家来说，由于其技术水平落后、国际竞争力低，此类壁垒已使得发展中国家的许多产品被发达国家拒之门外。

环境壁垒对我国许多出口企业损害较大。1998年9月11日，美国要求所有来自中国的木质包装和木质铺垫材料须附有中国出入境检验检疫机关出具的证书，证明木质包装经过热处理、熏蒸处理或防腐处理，达到环保标准，违规货物将整批禁止入境，这使我国1/3以上的对美出口受到影响。1999年初，继美、加之后，英国自这年2月1日起，实行此项保护环境新标准。之后，欧盟也宣布对从中国离境产品的木质包装采取紧急措施，实施新的检疫标准。据当时的估算，仅欧盟的这一决定至少影响中国70多亿美元的对欧出口贸易。2002年上半年，欧盟以我国出口的对虾氯霉素超标为由对我国对虾等水产品实行禁运，也给我国水产品外贸造成了极大的损失。随着国际竞争的日益加剧，我国受环境壁垒的负面影响将更大，环境壁垒对我国外贸出口的影响程度已经并将远远超过“反倾销”案件带来的影响。

在纺织品服装出口方面，由于欧美、日本等国和地区严格的环保法规和日益发展的环保运动，环境壁垒日益成为纺织品贸易中的一个重要壁垒。这些规定不仅对纺织品中有害化学品的使用严格限制，而且对纺织品生命周期中的各个阶段，包括纤维生产、棉花种植和处理、产品的加工及制造、消费者使用等都有明确的环保要求和规定，如规定有机氯载体、甲醛残留量、防腐剂、可溶性重金属残留物、织物酸碱度、染色牢度和特殊气味等；禁止使用破坏臭氧层的物质；要求抑制或消灭一些有害病菌；生产过程中排放的污染物不能超标等。据不完全统计，我国此类产品不符合“绿色”要求的覆盖面大约为15%，影响出口近80亿美元。中国纺织工业协会会长杜钰洲指出，作为纺织品、服装出口大国，我国加入世贸组织之后，虽然同贸易伙伴之间的关税越来越低，但是“环境壁垒”正成为新的非关税贸易壁垒。

4. 灰色区域

优惠性原产地规则和政府采购政策等灰色措施仍然游离于WTO多边约束规则之外，并被大多数成员作为贸易保护手段而广泛运用。一般而言，原产地规则是指各国政府为了确定商品原产国和地区而采用的法律、规章和普遍运用的行政命令的总称。其核心内容是判定货物原产地标准。它是一个背后隐藏着巨大经济利益的“政策性问题”。现由WTO管辖的《原产地规则协议》是GATT于1994年发展完善的协议，明确指出“这一原产地规则与契约性的和区域自治性的贸易体制所提供的、超出关税与贸易总协定第1.1款范围的关税优惠无关”。这一协议是迄今为止在原产地规则领域最为系统的一项法律文件。

政府采购政策是指各级政府及其所属机构为了开展日常的政务活动或为公益提供公共设施和服务的需要，使用财政性资金或属于财政性资金的预算外资金，在财政的监督下以法定的方式、方法和程序，对货物、工程和服务的购买。按照国际上的通常算法，各国每年的政府采购总额占国内生产总值的10%—15%，占财政支出的30%左右。政府采购直接关系到货物或服务供应商的经济利益，它对本国的产业发展和对外贸易会产生重大影响。各国为此在不同程度上制定了各类法规政策对本国产品及其供应商提供优惠待遇。为避免歧视性政策和手段在各国的政府采购中愈演愈烈，使政府采购在国际规则的指导下运行，乌拉圭回合对东京回合达成的《政府采购协议》作了若干重要的修正与发展，并将该协定的适用范围从货物采购扩大到服务采购。此协议也是构成WTO法律体制的一部分。

原产地规则一方面对我国进出口贸易产生着积极影响：有利于我国运用WTO原产地规则享受稳定的最惠国待遇，有利于我国更加充分地享受普遍优惠制待遇，也有利于减少贸易摩擦和解决贸易争端问题。另一方面，过高的原产地标准将既使我国企业出口遇到新的壁垒，又让我国加工贸易的发展经受新的考验。因为国际上对原产地规则的解释或理解不尽一致，执行WTO《原产地规则协议》也并未统一各国原产地标准的具体技术标准，导致执行中的偏差及填制原产地规则证书产生麻烦，甚至限制和扭曲贸易和投资，进而造成贸易偏差。特别是来料加工产品，如果根据有关规定将其判定为中国原产品，则在贸易统计中就不得不全值统计，这就很容易使我国背上沉重的"顺差"包袱，且容易遭到进口国的反倾销报复。如果不将其判定为中国原产品，只签发加工装配证书，又可能给国外客户带来不便，甚至影响来料加工业务的发展。

2.4.2 我国出口补贴制度

根据世贸组织《补贴与反补贴措施协议》对出口补贴的法律定义，出口补贴是指法律上或事实上视出口实绩为唯一条件或多种条件之一而给予的补贴。出口补贴政策一般以产业结构政策为基础，它是在产业结构优先性基础上由政府对某些出口产业或部门提供优惠政策，包括出口补贴、优惠贷款、优先满足引进先进技术和进口原材料对外汇的需要、税收的减免或优惠税率以及对出口产业实行生产性补贴等。在实践中，发达国家主要对农产品和部分高科技产品实行出口补贴，发展中国家大多对工业品实行出口补贴。

改革开放以来，我国政府根据国际经济环境和本国国情，选择了外向型经济发展战略。随着我国企业更深地融入世界经济和更多地参与国际经济竞争，补贴效应越来越明显，中央政府和地方政府越来越依靠补贴政策（主要是税收优惠和减免）吸引外资，推动宏观经济发展。1994年，国家计划委员会为了促进我国汽车出口国外市场，制定了《根据出口业绩向企业提供获得贷款和外汇的优先权》的出口鼓励政策。同时，为推动我国汽车制造业的国产化进程，国家计委制定了《根据汽车的国产化率提供优惠关税税率》的相关措施。该政策规定，对含进口技术的客车、货车和摩托车达到一定国产化比例的生产企业提供优惠关税税率。

1997 年 4 月 1 日采取新税制后，规定对小汽车零部件关税和进口环节税的减免应视其国产化率而定。中国政府已承诺在 2000 年前逐步取消这些补贴(见表 2—19)。此外，国家政策性银行提供的直接出口信贷和出口信贷担保有可能构成出口补贴。例如，1991 年以来，中国进出口银行累计提供出口信贷 210 亿元，这些补贴因授予企业“一项利益”而具有较明显的出口补贴性质。

表 2—19 我国出口补贴和进口替代补贴

补贴名称	补贴时间	补贴目标	补贴形式
依出口实绩获得贷款及外汇的优先权	1994—2000 年	增加汽车出口	优先获得贷款和外汇
根据汽车生产的当地化程度提供优惠税率	1994—2000 年	提高汽车工业国产化率	优惠税率

资料来源：《中国入世协定书》，上海人民出版社 2001 年版。

入世后，出口补贴和进口替代补贴已受到世贸组织《补贴与反补贴措施协议》的严格禁止。

2.4.3 中美贸易关系的演变对中国经济和产业的影响

中美贸易是中国多边贸易的重要部分，两者贸易关系的变化对中国经济和产业有重大影响。此次中美贸易战的大背景是中美两国各自内部经济社会环境均发生了深刻变化，而且随着经济规模的此消彼长，两大国关系进入新的磨合期。我们将中美贸易关系分成以下 3 个阶段，分别分析其演变对中国经济和产业的影响。

1. 恢复阶段：1979—2000 年，中美展开全方位合作

中美自 1979 年建立正式外交关系以来，双边经贸关系虽受两国政治关系的影响，经历了许多波折，但长期以来，一直保持着较快的发展速度。据中国商务部统计，2002 年中美贸易额达到 971.8 亿美元，在中国进出口贸易总额中所占比例为 15.7%，美国是居日本之后的中国第二大贸易伙伴。

从经济结构上看，中国经济占主导地位的是传统的劳动密集型产业，美国经济占主导地位的是技术密集型产业以及与之密切相关的服务业。从贸易结构上看，中国对美国出口的主要是鞋类、服装和玩具等传统产品，美国出口到中国的则是飞机、电站设备、电子和机械设备等高新技术

产品。这些互补性特征，决定中美发展经贸关系有利于双方的经济利益。

20 世纪 80 年代，中美贸易摩擦和争端以经济性为主，并主要集中在配额（尤其是纺织品）和反倾销（主要是工业品）方面。从 1989 年以后，政治因素和经济因素在中美贸易摩擦和争端中并存，一方面美对华采取了经济制裁、歧视性的出口管制和禁运、审议最惠国等政治手段，另一方面中美在纺织品配额、反倾销、贸易平衡等问题上存在较大分歧。

2. 竞合阶段：2001—2016 年，中美在合作中开始竞争

自中国加入 WTO 以来，中美双边贸易额不断攀升，美国作为中国第二大贸易伙伴，2009 年中美双边贸易总值达到 2 982.6 亿美元。但与此同时，中美贸易摩擦发生的频率越来越高，涉案产品金额也在不断增大。中美贸易摩擦进入了新的历史阶段，两国贸易摩擦主要包括反倾销问题、纺织品配额问题、贸易发展不平衡问题、农产品贸易之争问题、知识产权问题。

据统计，从中国加入 WTO 至 2007 年，美国对华共实施反倾销、反补贴和特保措施三类贸易救济措施 51 起，涉案产品 73 种。在 2007—2009 年，美国对华发起的“双反”及特保措施的立案调查达 25 起（见表 2—20）。其中，金属制品、化学化工产品和纺织产品成为涉案产品的重灾区，涉案产品 2011 年度出口总额达到 100 多亿美元。美国对大多数涉案产品同时进行“双反”调查已成为近两年来对华贸易摩擦的一个新特点，而一旦立案调查的事实成立，国内该类产品基本上会被排挤出美国市场。

表 2—20　　2002—2009 年美国对华贸易摩擦的产业分布状况

	食品	纺织	化工	金属	机械	电子	交通
双反措施	1	5	21	24	7	—	3
特保措施	—	22	1	3	1	—	—

资料来源：根据中国贸易救济信息网公布的调查立案数量进行统计。

国家之间无摩擦地开展贸易是建立在产业完全互补基础上的，而这种理想状态往往并不存在，即便存在也会因各国产业发展不均衡而被打破，产业间的此消彼长必然触及既得利益者，贸易摩擦因而不可避免。同时，在市场不完全竞争的现实条件下，无论是垄断竞争还是相互倾销，都使得工商业界有借助于国家政策获取更多贸易利益的冲动，贸易摩擦不

仅存在于产品层次上，而且向制度层次延伸。微观经济原因主要有以下几方面：

(1)中美产业结构差异明显，中国出口集中于劳动密集型产品

美国在经济转型过程中，传统产业如纺织、钢铁、小型家电等失去成本竞争优势。中国在产业结构升级优化进程中，廉价劳动力优势逐渐发挥作用，劳动密集型产品成为主导出口产品，对美国部分传统的劳动密集型产业带来压力和挑战，从而引发了中美在这些领域的贸易摩擦。

中国的出口产品结构在改革开放以来发生了显著变化，工业制成品及资本、技术密集型产品的出口比例逐年提高。除了飞机等少数品种外，中国几乎出口所有的制成品。然而，不管是纺织品、服装、玩具等传统出口产品，还是机电、计算机等新兴产品，中国的加工大多集中于劳动密集环节，因此，中国产品具有较强的价格竞争力。这些附加值不高、产品差异化水平不大而价格竞争力又较强的产品对美出口，并且是大批量的出口，极易引起美国的警惕，遭遇其贸易壁垒的限制。

(2)产业内贸易水平与中美贸易摩擦之间存在反向关系①

近年来，随着中美总体产业内贸易指数逐渐走低，中美贸易摩擦发生的频率也在逐步提高。从中美不同产业发生贸易摩擦的情况来看：①中美贸易摩擦半数以上发生在纺织服装产品和金属制品等产业内贸易和边际产业内贸易指数较低的产业中，由于 WTO 针对中国的特别保障措施即将到期，近两年美国较少采取这一措施，而是更频繁地对国内出口的纺织品和金属制品发起“双反”调查(两年共发生 15 起)；②随着中美化学化工产品和交通产品的产业内贸易指数逐步上升，该产业发生贸易摩擦的频率逐渐降低(两年共发生 4 起)；③随着中美机械产品的产业内贸易指数逐步下降，发生在该产业的贸易摩擦逐渐上升(两年共发生 4 起)。

(3)中国外贸战略过于强调出口，外贸企业恶性竞争

中国自改革开放以来采取以出口创汇为首要目标的粗放式的外贸战略，形成了巨大的出口规模。出口导向战略在为中国经济发展赢得资金的同时，也加剧了国际贸易摩擦。

中国多年来实行外贸出口导向战略，而外贸增长方式相对落后，低价

① 柳剑平等(2009)提出产业内贸易水平与中美贸易摩擦之间存在着反向关系的观点。

竞销、重复建设、无序增长、一味追求外贸数量扩张、“薄利多销”等现象广泛存在。不少外贸企业为完成出口指标，对出口产品定价过低，从而经常被控倾销。有的企业为了换取出口补贴和出口退税，无利也要销售，造成不规范的定价行为。

(4)中国外贸依存度过大

自中国实行对外开放政策以来，对外贸易成为推动国民经济发展的重要力量，但是，中国外贸依存度逐年上升。与此同时，中国对外贸易伙伴集中在美国、日本、欧盟这三大地区，而对这三大地区出口又集中在纺织品、服装、鞋类、玩具、家用电器、箱包等附加值不高、产品差异化水平较低而价格竞争力比较强的产品上。在美、日、欧等国家和地区采取贸易保护主义措施时，中国往往首当其冲。

(5)中美外贸标准不一致

中国的技术法规、标准及认证制度体系等不够健全，与国际标准存在较大的差距。中国的一些行业标准和国家标准往往迁就工艺落后、设备陈旧的企业，这增大了中国同贸易伙伴发生贸易摩擦(特别是知识产权纠纷)的概率。在贸易统计方面，美国采用原产地标准，与中国海关统计不同，而转口贸易是中国对美贸易的一个重要特征，大量货物经由中国香港转口到美国。据估计，如果扣除经香港转口和转口增加价值，美国商务部统计的对华贸易逆差将减少 1/4 左右。

(6)中国行业协会预警机制不完善，中国企业自我保护意识差

在多种因素制约下，中国行业协会发展较为缓慢。同时，行业协会大多由政府部门转型而来，作为本行业企业利益代言人的角色意识较弱，大多数未能建立有效的行业自律机制，服务不深入、不到位，对企业的协调力度不够。中国各行业应对贸易摩擦的机制也不完善，与美国的“扣动扳机机制”、欧盟的“进口检测快速反应机制”相比，中国几乎是空白。

中国企业普遍缺乏敏锐、通畅的信息捕捉、分析和传递系统，国际营销谋略不足，对国外市场的动态了解不及时。此外，中国企业应对贸易摩擦的技巧相对落后，大量企业甚至害怕或不愿与发起贸易摩擦国家的企业“对簿公堂”。有关资料显示，在对华反倾销的案件中，有一半案件中国企业没有应诉，而是采取改变出口产品规模、型号或转而向别的国家出口的措施，致使美国等国家易于作出肯定性的反倾销裁决。

3. 竞争阶段:2017 年至今,中美开启全面竞争

2017 年,美国单方面挑起经贸摩擦,不仅影响中美贸易,也恶化了全球贸易发展环境,给全球贸易投资发展带来重大不确定性。国际货币基金组织研究认为,美国对经贸伙伴发起的贸易战到 2020 年将使世界经济损失 0.5%,相当于 4 300 亿美元。当前中美经贸摩擦影响有限,总体风险可控。

(1)特朗普上台,拉开中美竞争摩擦的序幕,关税层面的贸易战正式启动

2018 年以来,中美贸易摩擦不断升级。2018 年 3 月 22 日,美国总统特朗普签署针对中国"知识产权侵权"的总统备忘录,内容包括对价值 600 亿美元(约合人民币 3 798.6 亿元)的自中国进口商品加征关税,并限制中国企业对美投资并购,标志着特朗普酝酿已久的对华贸易战正式打响。在 301 调查报告中,美国还针对中国的产业政策提出诸多质疑,指责中国政府在外资准入、培育发展战略性新兴产业、"中国制造 2025"等政策上对外资企业造成了不正当竞争,随后发生的中兴制裁事件更激化了中美之间的贸易矛盾,这增加了中美两国贸易走势的不确定性。表 2—21 给出了中美过去将近 30 年来的四次贸易战,均以中国承诺采取相关举措、中美达成相关协议而得到化解。我们认为美国对华发起的本轮贸易战与历史上前四次贸易摩擦存在本质不同。

表 2—21 中美前四次贸易战

时期	方式	焦点	声称的惩罚	占比	后果
1991 年 4 月—1992 年 1 月	特别 301	化学与药品专利、版权	针对纺织品、服装及电子产品等 106 种产品列出了总共 15 亿美元的惩罚性征税	16%	《中美知识产权谅解备忘录》:中国承诺加入国际条约和修改有关法律《中美市场准入谅解备忘录》
1994 年 6 月—1995 年 2 月	特别 301	执法,盗版,商标侵权	向 24 类、价值 28 亿美元的产品征收 100%的重度惩罚性关税	13%	第二个知识产权协议:中国承诺采取一系列执法措施
1996 年 4 月—1996 年 6 月	特别 301	盗版,执法	对纺织品、服装和电子产品等价值 30 亿美元的中国商品征收 100%的惩罚性关税	11.3%	《中美知识产权磋商协议》:对美出版物和音像制品进口不设限额,并大幅降低关税,设立合资企业等

续表

时　期	方 式	焦　点	声称的惩罚	占比	后　果
2005 年 4 月	中国货币法案	汇率操纵	如果人民币不升值，就对中国出口的所有商品一律加征 27.5%的惩罚性关税	100%	2005 年 7 月，人民币实现有管理的浮动汇率制度

资料来源：马弘等(2018)，中美贸易摩擦升级战略思考——基于日本经验的视角。

(2)中美两国经济的连接渠道

在当前的全球经济体制下，中美两国经济之间通过三条重要渠道存在着千丝万缕的联系。第一条渠道是国际贸易。两国都从对方进口大量的商品和服务，同时也向对方出口大量的商品和服务。2017 年，中国向美国出口商品 4 298 亿美元，占中国全年商品总出口的 19%；美国向中国出口商品 1 539 亿美元，占美国全年商品总出口的 10%(见图 2—71)。

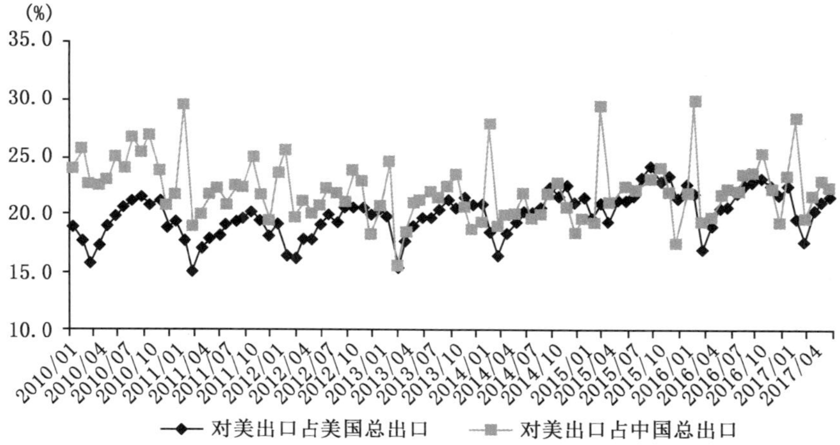

资料来源：商务部，UN Comtrade。

图 2—71　2010—2017 年中国对美商品出口占中美双方贸易比例

与此同时，中美两方双边服务贸易的规模也在迅速增长。从出口价值来看，2015 年美国出口中国的服务贸易为 469 亿美元，与 2000 年相比，美国出口中国的服务贸易价值增速为 8.3%。中国占美国出口世界服务贸易价值的份额也从 2000 年的 1.7%逐年上升到 2015 年的 6.5%(见图 2—72)。因此，面对美国发动的贸易保护措施，中国拥有更多的余地和制衡能力，更能争取到美国商界的支持。

第二条渠道是国际投资。两国都在对方境内有大量的直接投资和间

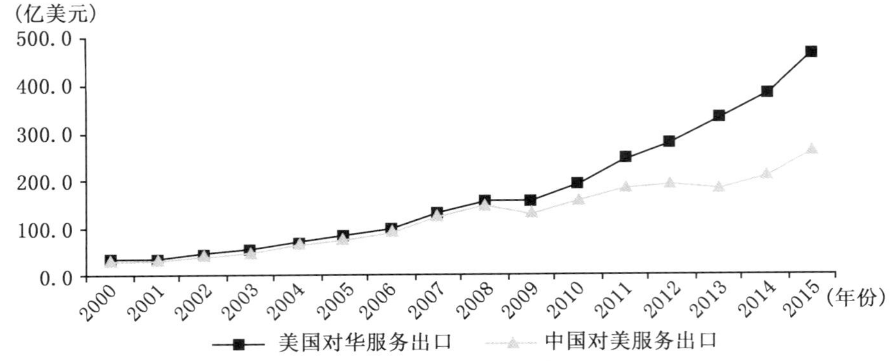

资料来源:商务部,UN Comtrade。

图2—72 2000—2015年中美服务贸易增长迅速

接投资。以2015年为例,在华美资企业实现销售收入5 170亿美元,利润超过360亿美元。中国企业在美国的直接投资虽然相对规模较小,但金融危机之后也显著增加,截至2016年底,累计投资已达到1 090亿美元,遍及美国50个州中的46个。此外,中美两国居民和企业均在对方国家的证券交易所持有大量的股票或者债券资产,中国政府外汇储备的主要投资品种就是美国政府债券。根据美国财政部公布的最新主要国债数据,2018年4月,中国持有总值为1.18万亿美元的美国国债,持有量居全球首位。

第三条渠道是人员交往和人力资本互通。中美两国均有大量的居民在对方国家访问、学习、工作或生活。2016年,中国赴美国留学的人员总数高达35.3万人,占到美国国际学生总数的34%。美国到中国留学和旅游的人数也持续增加。以清华大学苏世民书院为例,书院学生中来自美国的比例占到45%,为各个国家之最。

除以上三条主要渠道外,还有大量的其他证据证明中美两国经济的高度交融和深层次联系。2016年一年里,中国消费者购买了4 490万部苹果手机,以及510万辆通用、福特、菲亚特克莱斯勒美国三大汽车品牌在华生产的合资汽车,分别占当年苹果手机和三大汽车品牌全球销量的21%和33%。由于苹果手机和通用汽车的最终组装位于中国境内,这些购买行为并未计入中国从美国的进口。但从利益主体来看,从这些购买行为中获利最大的是美国企业。根据德意志银行的估算,如果考虑这些因素，美国 2015 年对华贸易逆差仅为 304 亿美元，远远小于贸易逆差显示的 3 675 亿美元，在出口结构不发生明显变化的假设下，估算 2017 年美国实际对华贸易逆差在 310 亿美元左右，显著低于特朗普政府用作发动中美贸易失衡的核心证据的 3 752 亿美元逆差。

美国政府深知中美经济高度的交融性和依赖性，在中国对美贸易依赖度不断下降的同时，美国宣称将对中国施加的一系列所谓“贸易战”“金融战”和“科技战”措施最终都只会给美国经济带来更大的负面影响。

(3)中美贸易摩擦对中国外贸影响总体有限

2018 年前三季度，中国对美国进出口 3.06 万亿元，增长 6.5%，占中国外贸总额的 13.8%，美国仍是中国第二大贸易伙伴。其中，中国对美国出口 2.27 万亿元，增长 7.4%；自美国进口 7 981.3 亿元，增长 3.8%。从数据来看，中美贸易依然保持增长。据分析，主要有以下因素：

一是美国国内市场需求增长。2018 年以来，美国经济保持较快增长，失业率降至数十年来新低，居民消费信心能力增强，企业投资信心上升，国内市场需求总体较旺盛，带动进口商品需求快速增长。前 8 个月，美国商品进口额同比增长 9.5%，增速较 2017 年同期提高 3 个百分点。相应地，美国市场对中国商品的进口需求也在扩张。

二是中美产业链紧密相连。总体来看，中国产业链完整、制造能力强、产品性价比高，美国科技发达、资源丰富、人均收入水平高，双边经济结构互补性较强，蕴藏的贸易机会多，市场选择已让两国形成“你中有我，我中有你”的利益格局。特别是对美国消费者而言，中国商品物美价廉，是日用消费品的首选。

三是进出口企业履行合同。在国际贸易中，从签订合同到实际进出口一般会存在数月甚至更长的时滞。美国对中国商品加征关税后，双方企业原先已签订的合同大多继续履行，使得进出口数据基本稳定。尤其是为准备四季度消费旺季的销售，企业提前备货，对双边贸易起到支撑作用。

(4)中美贸易摩擦的预期冲击

根据美国商务部的数据，2017 年，中国对美国出口总量为 5 056 亿美元，而中国对美国进口总量为 1 304 亿美元。目前，美国对中国出口的产品的平均关税在 3%左右，贸易战打响后，这一关税将提升至 25%。

首先，贸易战通过以下三条路径冲击中国CPI，叠加考虑国际油价等大宗商品价格上涨的影响，2018年底CPI将推升至3%附近。

一是进口商品涨价：征收关税直接导致进口商品价格上升，从而推高CPI；短期主要考虑大豆以及豆制品影响。

二是人民币汇率短期贬值：贸易摩擦导致顺差下降，进而造成增长减速，货币财政政策转向宽松，加上市场预期变化，触发人民币贬值。

三是总需求下降的负反馈：对应居民收入降速，对通胀形成抑制作用。

其次，贸易战加剧国内产能过剩，PPI将回落。

一方面，贸易战短期促使PPI回落，中长期引发通缩压力。未来6—12个月产能过剩压力导致PPI涨幅回落至1%—2%，影响相对温和。中长期看，若按GDP降速1.4个百分点计算，PPI趋向零增长。

另一方面，高债务下，新增的GDP难以覆盖还息压力。国内企业杠杆率为160.7%，当前一般企业贷款利率为6%，一旦GDP增长率进入7%—8%，意味着很大一部分企业只能通过加杠杆避免发生债务危机。

综上分析，贸易战不但引起我国净出口对经济贡献的下降，同时还将引起居民收入下降，内需收缩，企业盈利预期下降，最终导致投资萎缩。据测算，贸易战对GDP的综合影响远大于单一的外需拉动损失（约2倍），故对制造业投资的冲击不可忽视。在贸易战冲击下，叠加高债务杠杆，GDP中长期或跌入十分艰难的处境，类似2014—2016年经济困难时期。

此外，由于中国出口美国的大量消费品和中间投入处于价值链的中低端，美国中低收入群体和中小企业从中获益，因此，一旦贸易摩擦升级，美国物价上涨，将严重影响低收入选民群体的生活，产生政治问题。

(5)中美贸易战对国内产业的影响

对于中美贸易摩擦，国内众多学者对此造成的影响进行了测算分析。谢建国和黄秋月(2014)采用1990—2011年美国对中国反倾销案件涉案产品的HS 8位编码数据，研究了美国对中国发起反倾销对中国相关涉案产品对美出口的影响。结果表明，美国对华反倾销影响了中国对美涉案产品的出口，但这种影响只具有短期特征；美国对华反倾销申诉导致了中国涉案产品出口对世界其他国家出口的转移，而且这种转移具有持续性；以反倾销作为贸易平衡手段并不会改变中美贸易的长期失衡，由于美国对华反倾销降低了美国市场在中国出口产品全球市场中的地位，美国对华贸易反倾销实际上也损害了美国自身的利益①。

王小梅等(2014)对 2008 年金融危机以来中国遭受的贸易保护主义进行了统计描述，并结合中国 HS 4 位数编码的出口数据，实证检验了美国实施的贸易保护主义措施对中国出口的影响。研究表明：贸易保护主义对中国的机械、金属、矿产品和加工食物行业中产品的出口阻碍尤其明显。机械和金属这两个行业遭遇的保护主义措施数量比较多，因此受到了保护主义措施的显著冲击。虽然针对纺织品行业的保护主义措施数量较多，但其出口受到的冲击较小。此外，保护主义措施显著地减少了矿产品和加工食物行业的产品出口②。

如今中美逆差如此之大，多为贸易转移和离岸外包的结果。表 2—22 总结了 2016 年美中贸易顺、逆差排名前十位的商品。中国虽然也向美国输出发射器、数据处理机器等高技术含量的产品，但还是以儿童玩具、鞋类、家具等依赖加工贸易的商品为主。美国对华出口顺差前十的商品主要是资源、农业产品。中国是美国最大的农产品和飞机出口市场，出口到中国的农产品占其农产品总出口的 16.1%，出口到中国的飞机及配件占美国总出口的 12.5%。对华出口顺差较大的还包括药品。可以预见，美国会更多地要求中国开放消费品(比如电子产品)市场以及生产性服务行业准入。

表 2—22　2016 年中美贸易顺、逆差前十位商品

排序	中美顺差			中美逆差		
	商品名	SITC 编码	差额 (亿美元)	商品名	SITC 编码	差额 (亿美元)
1	原棉	2631	5.5	电视，无线电广播；发射器等	7643	381.2
2	糖苷、腺体、抗血清、疫苗和类似产品	5416	5.2	数字数据处理器	7522	348.1

① 谢建国，黄秋月．反倾销与中国的出口损害——基于美国对华贸易反倾销案例数据的研究[J]．世界经济研究，2014(2)：41—47.

② 王小梅，秦学志，尚勤．金融危机以来贸易保护主义对中国工业出口的影响研究[J]．国际贸易问题，2014(9)：88—97.

续表

排序	中美顺差			中美逆差		
	商品名	SITC编码	差额（亿美元）	商品名	SITC编码	差额（亿美元）
3	非机械或电气等物理分析设备	8744	5.0	儿童玩具，室内游戏等	8942	208.3
4	药物（包括兽药）	5417	5.0	鞋	8510	151.2
5	无环醇及其衍生物	5121	5.0	其他家具及零件	8219	109.8
6	醇酸树脂和其他聚酯	5823	4.9	椅子	8211	103.0
7	摄影胶片，平板和纸（电影胶片除外）	8822	4.6	点钞机、数据处理器等的零配件	7599	99.7
8	干草和饲料	0811	4.3	杂项塑料制品	8939	91.1
9	食物垃圾和动物饲料	0819	4.1	彩色电视接收器	7611	84.8
10	锯木和单板原木	2472	4.0	车辆零配件	7849	75.9

资料来源：联合国商品贸易数据库。

在部分产品上，美国对中国出口增长不足，其中既有供给方面的因素，也有需求方面的因素。从供给上看，美国始终对出口中国的高科技产品特别是军民两用产品加以种种限制。美国国际贸易委员会的报告（2009）指出，美国对华的先进技术产品出口，包括信息技术通信产品、生物科技产品以及航空航天产品，显著低于对其他国家的出口。从需求上看，中国随着国民收入的提高，对美国高质量消费品的需求也日益增长。2017年，中国市场零售额达5.8万亿美元，接近美国同年零售水平，这说明中国具有巨大的市场需求。传统上讲，中国从美国进口的“三大件”包括粮食（玉米、大豆），波音飞机和好莱坞电影。中国政府承诺未来逐渐放开消费品领域，比如，降低汽车进口关税。中国已于2017年12月1日起降低187项消费品进口关税，商品种类包括药品、日化用品、服装鞋帽、家用设备等，平均税率从17.3%降至7.3%。这些措施既能减少中美贸易摩擦，又能够增进消费者的福利。

2.4.4 本节小结

2018年以来，世界经济政治格局深刻调整，形势更加错综复杂，外部环境发生深刻变化；中国经济保持总体平稳、稳中有进的发展态势，但结构调整阵痛继续显现，经济运行稳中有变、稳中有缓，给中国外贸发展带来了新问题和新挑战。我国坚持扩大开放，贯彻、落实促进外贸稳定增长政策措施，扩大进出口企业，积极应对困难与挑战，取得了积极的成效。2018 年前三季度，中国对外贸易保持稳中向好态势，增速总体平稳，结构持续优化，动力加快转换，发展的质量和效益稳步提升。

为了国家的经济和技术安全，保护人类的健康安全和生态环境，合理、有效地保护我国的主导产业和幼稚产业，我们应参照国际规范建立起自己的非关税壁垒保护体系，既积极、主动地融入 WTO 所倡导的贸易自由化大潮中，又在对本国市场采取合理、有效的保护的同时，规范自身的贸易行为，树立高度的忧患意识和积极的防范意识。通过技术引进、技术创新，不断提高出口产品的高科技含量和绿色化程度，提升产业结构，提高商品的竞争力和市场占有率，从而推进我国对外经济贸易的发展。

面对美国强加于中国的贸易纷争，我国始终坚信，对话而非对抗才是贸易纠纷理性的解决之道。中美双边贸易存在不平衡，这一问题需要历史地、全面地看待。归根结底，双边贸易不平衡是由双方的经济结构、产业竞争力和国际分工决定的，是市场运行的结果。解决中美贸易不平衡问题，需要双方共同努力。

2.5　本章小结

本章从多边贸易的角度出发，考虑全球化贸易对中国自身产业发展的作用。

1. 从历史发展来看，贸易在中国经济发展的过程中起到了极为重要的作用

全球化的贸易带动中国相关产业的发展，也促使中国快速成长为世界第二大经济体，但是全球贸易体系存在变革的风险，给我国的产业发展带来挑战。可以看到，在中国加入多边经济体系之后，对外贸易和产业体系均实现了快速的增长，入世仅十年时间，中国就已经成为世界第二大经济体，对外贸易总额在世界上已经达到第一。同时，在不同阶段内，贸易的品类和国内产业发展的结构具有较强的相关性，产业结构也随着贸易的扩大而不断升级，因而多边贸易是中国产业体系发展的重要驱动力之

一。但是多边贸易结构在不断变化中，随着金融危机后全球经济的放缓，各国的贸易保护主义逐渐有抬头的趋势，世界的贸易体系规则可能将面临变革与挑战，这些全球贸易不确定性的增加给中国未来对外贸易以及产业发展带来了新的挑战和机遇。

2. 从贸易结构来看，中国工业制造能力全球领先，但产业需往价值链更高处升级

中国工业制造能力全球领先毋庸置疑，但出口商品和服务附加值较低，竞争优势不足，近年来出口产品附加值缓慢提升，反映了其仍处于产业价值链低端。一般来说，贸易结构反映一国的资源禀赋状况、产业结构状况以及经济科技发展水平。通过研究可以发现，贸易结构的改善有助于产业结构的升级。通过改变国内要素禀赋、弥补现有产业的不足、加入全球分工体系、提升产业竞争力，推动国内产业的不断发展。但是，目前中国的贸易结构也反映出中国产业结构存在一定的问题，虽然近几年来中国出口产品的附加值逐渐提高，但是与发达国家相比，中国出口产品的附加值总体仍旧较低，在全球价值链上处于相对较低的位置；并且，低端比较优势的集中容易造成发展中国家发展路径固化，导致产业向资本、技术密集型转型升级速度缓慢，难以形成能与发展中国家竞争的产业。这些问题的暴露也需要中国正确认识贸易与产业的关系，在多边贸易过程中不断提高自身的产业竞争能力。

3. 从外贸依存度来看，我国对外贸易依存度一直偏高，对美贸易依存度有所降低

对外贸易依存度的高低，一方面反映本国利用国际市场的能力与资源在世界范围内配置的能力，另一方面也反映本国经济受外国经济波动影响的程度，可以对经济结构、贸易政策提供客观的评价依据。中国的对外贸易依存度一直呈现出过大的偏离，但这是工业化进程的阶段性必然趋势。回顾我国各产业及主要产品的外贸依存度变动，发现我国对外贸易中存在两个问题：一是外贸依存度较强的制造业中加工贸易依然占有较大份额；二是石油、矿产等能源部门进口依存度明显提高，能源净进口持续增长。随着我国经济结构调整的推进，我国外贸发展呈现出新局面，进口商品种类更加丰富，出口商品结构进一步改善。无论用全口径外贸依存度（进出口额/GDP）还是窄口径外贸依存度（进出口额/非服务业增

加值)看,都使美国经济对中国的依赖程度上升,而中国经济对美国的依赖程度在过去几年正呈现出逐步下降的趋势。

4. 从对外贸易政策来看,我国应加强国际经贸合作,规范自身的贸易行为,主动融入贸易自由化大潮

随着经济全球化和贸易自由化进程的加快,关税等传统的贸易壁垒正逐步淡出国际贸易领域,受到越来越多的限制和约束;相反,以技术法规、技术标准、认证制度等为主要内容的新型贸易壁垒却日益凸显,成为贸易壁垒的主导形式。我国参照国际规范建立起自己的非关税壁垒保护体系,既积极、主动地融入 WTO 所倡导的贸易自由化大潮中,又在对本国市场采取合理、有效的保护的同时,规范自身的贸易行为,树立高度的忧患意识和积极的防范意识。中国与美国互为第一大贸易伙伴国,两国通过贸易合作实现了优势互补,获得了广泛、巨大的经济利益。而 2017 年美国单方面挑起经贸摩擦,不仅影响中美贸易,也恶化了全球贸易发展环境,给全球贸易投资发展带来极大的不确定性。当前中美经贸摩擦影响有限,总体风险可控,未来要解决此类贸易不平衡问题,则需要参与方共同努力,以对话而非对抗,理性地处理多边贸易中出现的纠纷。

第3章

基于多边贸易的大类产业发展动态分析

本章在分析新兴产业和传统产业发展概况的基础上，通过近些年来的贸易数据分析多边贸易条件下传统产业与新兴产业进出口情况的变化及趋势，进而分析多边贸易对我国传统产业和新兴产业发展的影响。

3.1 传统产业发展动态分析

3.1.1 传统产业及其发展概况

1. 传统产业概念界定

传统产业是指在工业化进程中相对于新兴主导产业来说，前一个阶段主导产业高速增长后保留下来的一系列产业①。从生产要素密集度来看，传统产业大多是劳动密集型产业或资本密集型产业，其以传统生产技

① 孔祥敏．中国传统产业在知识经济时代的前途[J]．长白学刊，2001(6)：42－45.

术为主导,进行传统产品的生产[①]。

本报告中将传统产业的概念拓展到三次产业中,即包括传统农业、传统制造业和传统服务业。

(1)传统农业

传统农业主要是指在自然经济条件下,采用人力、畜力、手工工具、铁器等为主的手工劳动方式,靠世代积累下来的传统经验发展,以自给自足的自然经济居主导地位的农业,包括传统种植业、林业、牧业、渔业等(见表 3—1)。

表 3—1　　传统农业主要领域

行业类型	细分领域
农业	种植业
	林业
	牧业
	渔业

(2)传统制造业

传统制造业主要是指在中国工业化发展进程中发挥重要作用的能源产业(煤炭、原油开采、电力等)和原材料工业(如钢铁、有色金属、建材、化工原料或材料等)等传统基础性产业以及食品、饮料、纺织、服装等加工制造型产业(见表 3—2)。

表 3—2　　传统制造业主要领域

行业类型	细分领域
煤炭开采和洗选业	烟煤和无烟煤开采洗选
	褐煤开采洗选
	其他煤炭采选
石油和天然气开采业	石油开采
	天然气开采

① 赵强,胡荣涛. 加快传统产业改造和升级的步伐[J]. 经济经纬,2002(1):28—31.

续表

行业类型	细分领域
黑色金属矿采选业	铁矿采选
	锰矿、铬矿采选
	其他黑色金属矿采选
有色金属矿采选业	常用有色金属矿采选
	贵金属矿采选
	稀有稀土金属矿采选
非金属矿采选业	土砂石开采
	化学矿开采
	采盐
	石棉及其他非金属矿采选
农副食品加工业	谷物磨制
	饲料加工
	植物油加工
	屠宰及肉类加工
	水产品加工
	蔬菜、菌类、水果和坚果加工
食品制造业	焙烤食品制造
	糖果、巧克力及蜜饯制造
	方便食品制造
	乳制品制造
	罐头食品制造
	调味品、发酵制品制造
	其他食品制造
酒、饮料和精制茶制造业	酒的制造
	饮料制造
	精制茶加工
烟草制品业	烟叶复烤
	卷烟制造
	其他烟草制品制造

续表

行业类型	细分领域
纺织业	棉纺织及印染精加工
	毛纺织及染整精加工
	麻纺织及染整精加工
	丝绢纺织及印染精加工
	化纤织造及印染精加工
	针织或钩针编织物及其制品制造
	家用纺织制成品制造
	产业用纺织制成品制造
纺织服装、服饰业	机织服装制造
	针织或钩针编织服装制造
	服饰制造
皮革、毛皮、羽毛及其制品和制鞋业	皮革鞣制加工
	皮革制品制造
	毛皮鞣制及制品加工
	羽毛(绒)加工及制品制造
	制鞋业
木材加工和木、竹、藤、棕、草制品业	木材加工
	人造板制造
	木质制品制造
	竹、藤、棕、草等制品制造
家具制造业	木质家具制造
	竹、藤家具制造
	金属家具制造
	塑料家具制造
	其他家具制造
造纸和纸制品业	纸浆制造
	造纸
	纸制品制造

续表

行业类型	细分领域
石油、煤炭及其他燃料加工业	精炼石油产品制造
	煤炭加工
	核燃料加工
	生物质燃料加工
黑色金属冶炼和压延加工业	炼铁
	炼钢
	钢压延加工
有色金属冶炼和压延加工业	常用有色金属冶炼
	贵金属冶炼
	稀有稀土金属冶炼
	有色金属压延加工
……	……

(3)传统服务业

传统服务业,一是指需求是“传统”的(其需求在工业化以前就广泛存在),二是指生产方式是“传统”的(“前资本主义生产方式”,如家仆服务和传统商业等),典型行业如商贸业、餐饮业、住宿业、旅游业等(见表3—3)。

表3—3 传统服务业主要领域

行业类型	细分领域
住宿业	旅游饭店
	一般旅馆
	民宿服务
	露营地服务
	其他住宿业
餐饮业	正餐服务
	快餐服务
	饮料及冷饮服务
	餐饮配送及外卖送餐服务
	其他餐饮业

续表

行业类型	细分领域
零售业	综合零售
	食品、饮料及烟草制品专门零售
	纺织、服装及日用品专门零售
	文化、体育用品及器材专门零售
	医药及医疗器材专门零售
	汽车、摩托车、零配件和燃料及其他动力销售
	家用电器及电子产品专门零售
	五金、家具及室内装饰材料专门零售
	货摊、无店铺及其他零售业

2. 2018年传统产业发展动态

(1)传统农业发展总体平稳，增速趋缓[①]

近10年我国农业生产总体平稳趋缓。农业总产值逐年增加，2017年农业总产值达114 696.2亿元；农业总产值增长指数小幅波动，总体呈放缓态势，尤其自2013年以来下降趋势明显，从2008年的最高值105.6%下降至2016年的103.6%，2017年略回升至104.0%（见图3—1）。

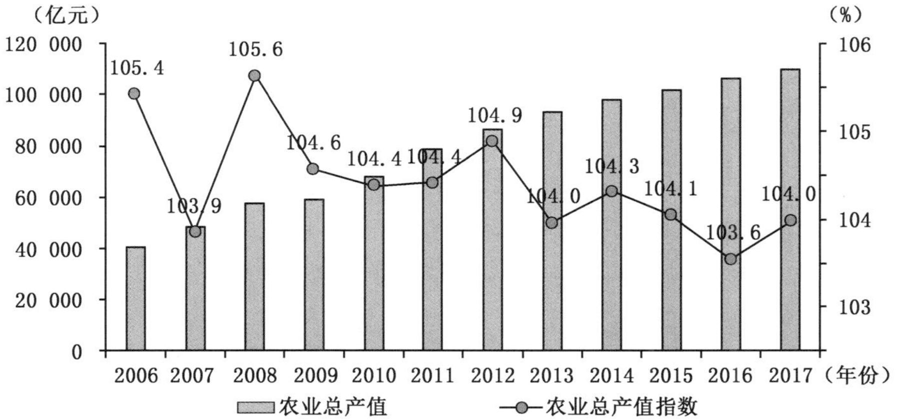

资料来源：根据国家统计局数据绘制。

图3—1　2006年以来中国农业生产情况

① 因传统农业无单独统计数据，且新兴农业在全部农业中的份额有限，因此以全部农业数据代替传统农业。

近一年农业增长相对平稳，农业增加值大幅波动，从 2017 年第四季度的 25 154.4 亿元下降至 2018 年第一季度的 9 333 亿元，第二、第三季度逐步回升，三季度其值达到 20 841.9 亿元；增加值指数变化相对平稳，从 2017 年第四季度的 104.5%下降至 2018 年第一季度的 103.4%，第二季度增加值指数持平，第三季度略有回升，其值为 103.8%(见图 3—2)。同时，农业投资保持良好的增长态势。在乡村振兴战略带动下，2018 年以来第一产业投资保持较快增长，前三季度同比增长 11.7%，增速高于全部投资 6.3 个百分点。其中，农业投资增长 12.4%，畜牧业投资增长 11.7%，渔业投资增长 14.1%①。

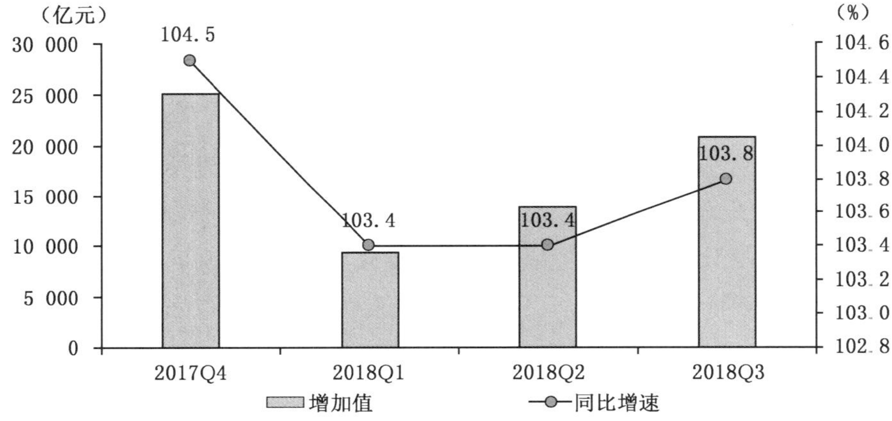

资料来源：根据国家统计局数据绘制。

图 3—2 近一年农业增加值及其增速

(2)传统制造业发展整体放缓

近年来，传统制造业发展整体趋缓，总量趋于停滞。2001 年以前，我国传统制造业发展相对缓慢，1995—2001 年传统制造业典型行业主营业务收入年均增速为 8.41%；随着我国加入 WTO，2002 年开始我国传统制造业发展逐步加速，典型行业增速迅速提升，尤其 2003 年增速高达 56.44%，在 2004—2005 年增速大幅回落至 28.62%，之后维持高速增长。2002—2008 年我国传统制造业典型行业主营业务收入平均增速高

① 国家统计局 5 位司局级官员解读 2018 年中国经济“三季报”，中国经济网，2018-10-22，http://www.ce.cn/xwzx/gnsz/gdxw/201810/22/t20181022_30593361.shtml。

达 31.94%；2009 年受国际金融危机的影响，传统产业增速大幅下降，主营业务收入同比增速下降至 4.28%，而 2010 年迅速回升至 29.13%。2010 年后，随着国内外经济发展环境的变化及我国供给侧结构性改革力度的加大，我国传统制造业发展整体趋缓，尤其 2015 年主营业务收入大幅下降，2016—2017 年小幅回升，整体呈增速趋缓、总量增长停滞的状态（见图 3—3）。

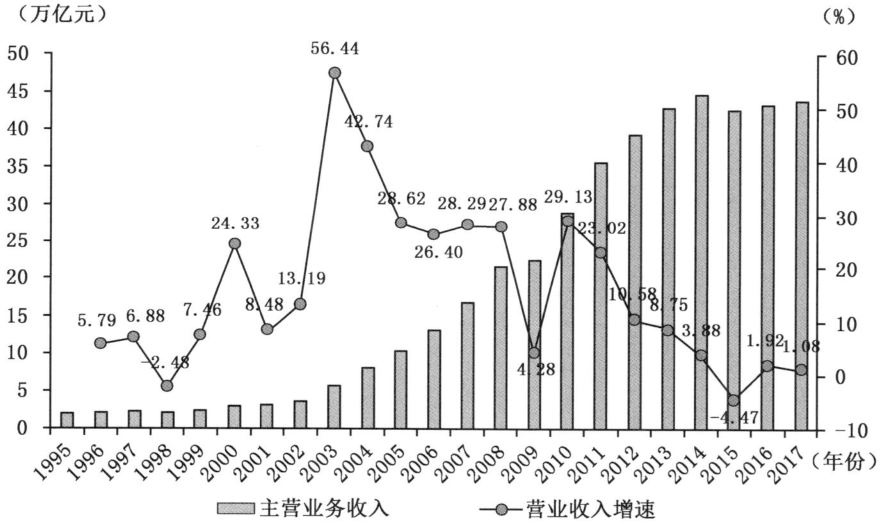

资料来源：根据国家统计局数据绘制。

图 3—3　2010 年以来传统产业典型行业主营业务收入及其增速

近一年传统制造业发展增长缓慢，大多数行业呈负增长。从典型产业主要产品产量来看，2017 年 10 月至 2018 年 9 月，生铁产量共 7.40 亿吨，比上期增加 0.21 亿吨，增长 2.86%；粗钢产量共 8.96 亿吨，比上期增加 0.55 亿吨，增长 6.57%；钢材产量 10.90 亿吨，比上期减少 0.38 亿吨，下降 3.41%；原煤产量 34.78 亿吨，比上期减少 2.76 亿吨，下降 7.35%；焦炭产量 4.26 亿吨，比上期减少 0.23 亿吨，下降 5.05%；水泥产量 22.39 亿吨，比上期减少 1.60 亿吨，下降 6.68%；玻璃产量 8.20 亿重量箱，比上期增长 0.21 亿重量箱，增长 2.61%（见表 3—4）。

表3—4　2017年10月—2018年9月典型产业主要产品产量

时　间	生铁（亿吨）	粗钢（亿吨）	钢材（亿吨）	原煤（亿吨）	焦炭（亿吨）	水泥（亿吨）	玻璃（亿重量箱）
2017年10月	0.60	0.72	0.92	2.84	0.35	2.20	0.64
2017年11月	0.55	0.66	0.87	3.00	0.34	2.21	0.61
2017年12月	0.55	0.67	0.88	3.15	0.35	1.91	0.61
2018年1—2月	1.13	1.37	1.59	5.16	0.67	2.23	1.30
2018年3月	0.60	0.74	0.90	2.90	0.36	1.54	0.69
2018年4月	0.63	0.77	0.92	2.93	0.37	2.11	0.71
2018年5月	0.67	0.81	0.97	2.97	0.36	2.15	0.71
2018年6月	0.66	0.80	0.96	2.98	0.36	2.00	0.74
2018年7月	0.68	0.81	0.96	2.82	0.36	1.96	0.73
2018年8月	0.67	0.80	0.96	2.97	0.37	2.00	0.73
2018年9月	0.66	0.81	0.97	3.06	0.37	2.08	0.73
合　计	7.40	8.96	10.90	34.78	4.26	22.39	8.20
增减量	0.21	0.55	−0.38	−2.76	−0.23	−1.60	0.21
同比增减（%）	2.86	6.57	−3.41	−7.35	−5.05	−6.68	2.61

资料来源：根据国家统计局数据整理制成。

尽管主要传统制造业大多产品产量有所下降，但石油、钢铁、建材等传统产业利润增长较多。2018年前三季度，钢铁行业利润增长71.1%，建材行业增长44.9%，石油开采行业增长4倍，石油加工行业增长30.8%，化工行业增长24.5%。5个行业合计对规模以上工业企业利润增长的贡献率为72.4%①。

（3）传统服务业发展趋缓企稳

近年来，传统服务业发展快速下降后逐步回暖趋稳。2002—2006年间我国传统服务业高速平稳发展，2007年开始增长放缓，增速波动中逐步趋缓，到2014年开始筑底回升，呈现逐步趋稳的态势。从典型行业来看，住宿和餐饮业2002—2006年平稳高速增长，到2006年增加值达4 792.6亿元，增加值指数高达112.6%；2007—2009年受国际金融危机

① 国家统计局，前三季度工业利润较快增长，2018-10-29，http://www.stats.gov.cn/tjsj/sjjd/201810/t20181027_1630078.html。

影响，住宿和餐饮业增速大幅下降，到 2009 年增加值为 6 957.0 亿元，增加值指数下降至 103.8%，尤其 2007 年和 2009 年下降幅度最大，分别较上年下降 3.0 和 5.8 个百分点；2010 年，住宿和餐饮业增加值增速大幅反弹，但随后波动中逐步趋缓，到 2013 年增加值达 10 228.3 亿元，增加值指数下降至 103.9%；从 2014 年开始，住宿和餐饮业增速逐步缓慢回升，到 2016 年增加值指数回升至 107.4%，增加值达 13 358.1 亿元；2017 年，住宿和餐饮业增加值为 14 594.1 亿元，增加值指数为 107.1%，较上年略有下降，但仍高于国民经济增长速度(见图 3—4)。

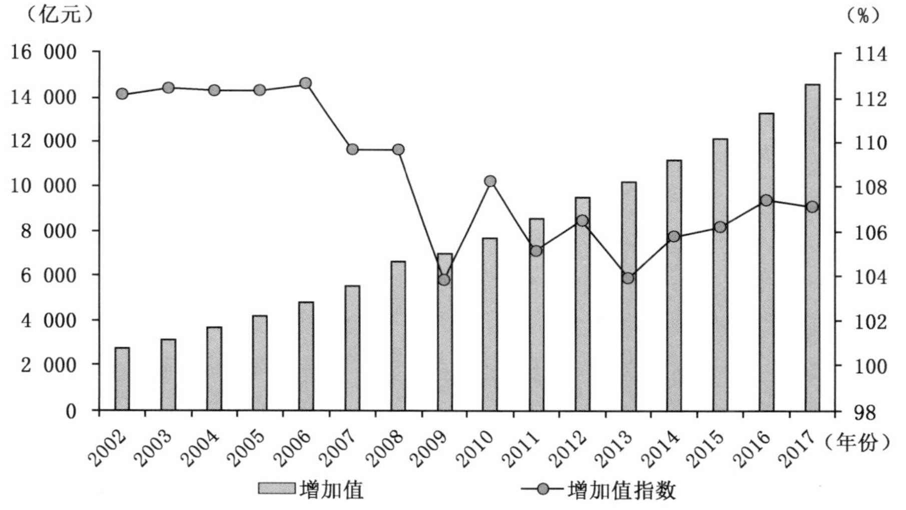

资料来源：根据国家统计局数据绘制。

图 3—4　2002 年以来传统服务业典型行业发展情况

近一年来传统服务业发展基本平稳、增速逐步趋缓。从典型行业来看，2017 年第四季度社会消费品零售总额平稳增长，增速相对较高，11 月社会消费品零售总额为 34 108.2 亿元，同比增速高达 10.2%；12 月社会消费品零售总额继续增长，其值高达 34 734.1 亿元，但增速略下滑至 9.4%。2018 年第一季度增速略有回升，第二季度开始增速呈波动中趋缓的态势，第三季度传统服务业发展逐步加快，社会消费品零售总额同比增速缓慢回升，2018 年 9 月社会消费品零售总额为 32 005.4 亿元，同比增长 9.2%(见图 3—5)。

3. 2018 年传统产业发展问题分析

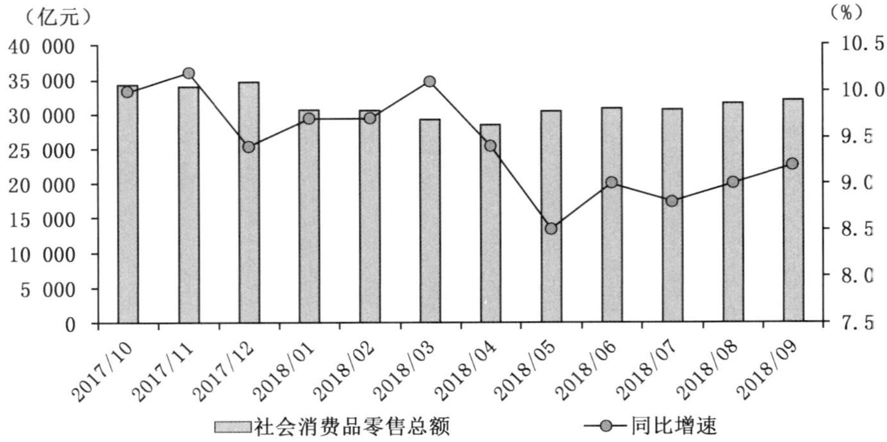

注:2018 年 1 月和 2 月的数据以 1、2 两个月总数平均而得。

资料来源:根据国家统计局数据绘制。

图 3—5　近一年社会消费品零售总额及其增速

(1)传统产业整体需求下降

传统产业需求下降已成为现阶段发展的必然趋势。改革开放以来,我国经济发展中传统产业的发展起到了重要的支撑作用。随着我国工业化发展阶段的变化及国内外发展形势的变化,传统产业整体需求逐步下降,在经济发展中的支撑作用逐步降低。

例如,钢铁行业,从国内外比较的角度来看,我国钢铁产业已进入产业生命周期的衰退期,消费需求或已见顶,未来将持续下降。从 1900 年以来主要发达国家粗钢产量来看,英国粗钢产量于 1970 年达到最高值 0.28 亿吨后逐步下降,美国和日本于 1973 年达到最高值,分别为 1.37 亿吨和 1.19 亿吨,之后波动中逐步趋降(见图 3—6)。可见,主要发达国家粗钢产量均呈现出产量逐步提升见顶后下降的态势。从 1990 年以来主要发达国家表观人均粗钢消费量,美国从 1990 年的 0.41 吨/人逐步下降至 2016 年的 0.32 吨/人,英国从 1990 年的 0.28 吨/人逐步下降至 2016 年的 0.18 吨/人,均呈逐步下降的态势。对比来看,我国表观人均粗钢消费量在 1990—2000 年波动中缓慢趋升,而 2001 年开始平稳快速提升,2013 年达 0.55 吨/人,远高于美国和英国的水平,而从 2014 年开始逐步下降,到 2016 年其值为 0.51 吨/人(见图 3—7)。总体来看,通过与主要发达国家的对比可知，以钢铁行业为代表的传统产业会逐步步入产业生命周期的衰退期，而我国钢铁行业已进入衰退期，需求将逐步下降，同时我国传统产业的发展也面临着类似的发展趋势。

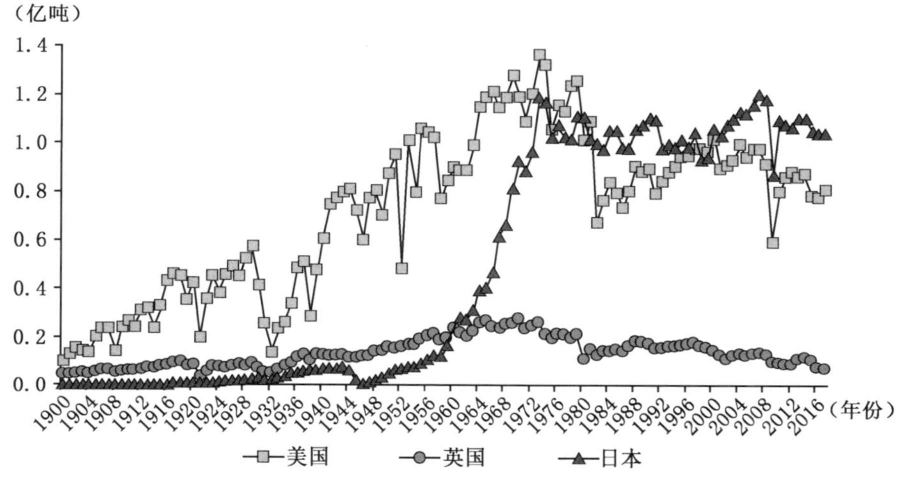

资料来源：国际钢铁协会。

图 3－6　1900－2017 年主要发达国家粗钢年产量情况

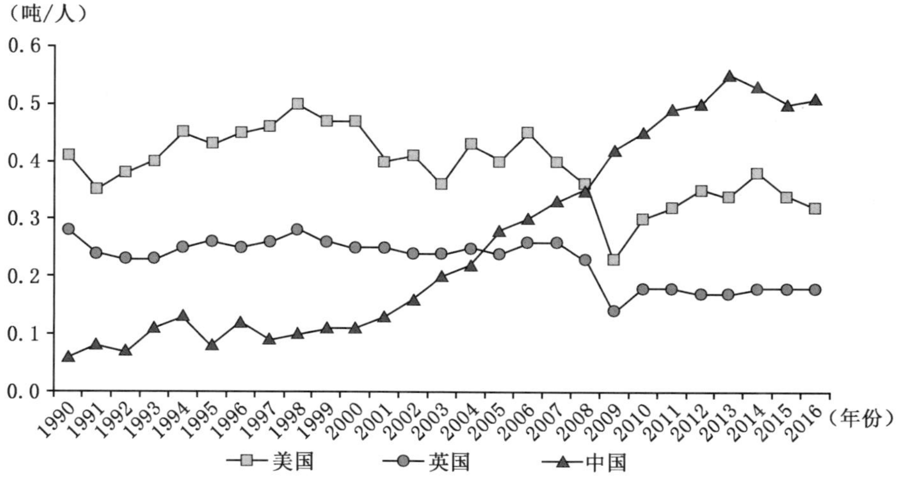

资料来源：国际钢铁协会。

图 3－7　1990 年以来我国与主要发达国家表观人均粗钢消费量变化对比情况

(2)传统产业产能过剩依然突出

2018年,我国工业产能利用率持续提升,反映了供给侧结构性改革持续推进的效果。前三季度,全国工业产能利用率升至76.6%,较一季度提升0.1个百分点(见图3—8)。其中,传统产业产能利用率也稳步提升,煤炭开采和洗选业2016年第四季度以来产能利用率快速提升,从2016年第四季度的60.7%提升到2018年第二季度的72.9%,提升幅度高达12.2%,第三季度产能利用率有所下降,其值降至70.1%;黑色金属冶炼及压延加工业2016年第四季度以来产能利用率平稳提升,从2016年第四季度的73.0%提升到2018年第三季度的78.7%,两年提升5.7%(见图3—9)。尽管2018年以来传统产业产能利用率表现出进一步提升的态势,但传统产业产能过剩的问题依然突出,传统产业主要行业领域产能利用率仍然远低于国际通行的产能利用率合理区间(79%—83%)。

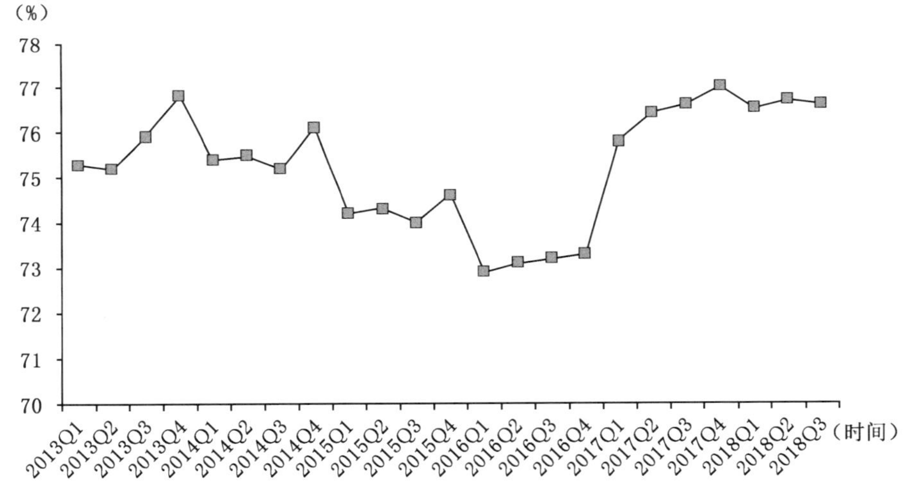

资料来源:Wind,毕马威分析。

图3—8　工业产能利用率变化情况

我国传统产业产能过剩的原因主要在于政府干预导致的资源错配和总量过大情况下市场需求不足两个方面。

首先,政府干预导致资源错配。当前发生产能过剩的行业大多数为重化工业中的原材料行业,在消费需求不足的情况下,投资是拉动经济增长的主要动力,尤其像原材料产品作为中间产品,投资是其推动力。改革

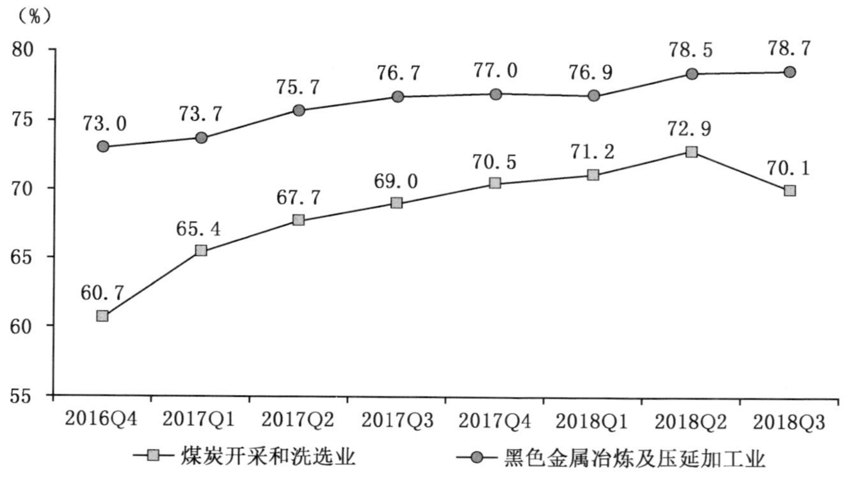

资料来源：根据国家统计局数据绘制。

图 3—9　传统产业典型行业产能利用率变化情况

开放以来，随着政府不断地简政放权以及国企改革的深入，投资过度的机制已经有很大的改观。但是，在当前中国经济转型时期，不少地方政府仍存在过度投资倾向，而且在很大程度上还保留着原有体制下的预算软约束，在发展经济、提供社保、扩大就业等多方面都承担着一定的社会责任，同时具有支配各种生产资源的能力。在面对经济增长率作为晋升考核机制的背景下，地方政府不仅在发展经济上具有很高的积极性和主动性，而且地方政府之间也存在一定的竞争。政府指令为导向的投资机制及信贷结构等，直接导致大部分传统产业领域资源错配，进而加重产能过剩问题。

其次，总量过大情况下市场需求不足。我国自加入 WTO 以来，传统产业产能迅速扩张，按照国际标准工业分类，在 22 个大类中，中国在 7 个大类中名列第一，在 500 多种主要工业品中，钢铁、水泥、汽车等 220 多种工业品产量居世界第一位①。在如此巨大的产量规模情况下，随着国内产业生命周期中需求的下降和国外贸易摩擦的增多，国内外市场需求均呈现下降趋势，因此必然导致我国传统产业产能过剩。

① 李伟，高质量发展有六大内涵，人民网，2018-01-22，http://opinion.people.com.cn/n1/2018/0122/c1003—29777411.html。

(3)传统产业发展动力不足

近年来,在中国经济增长步入新常态后,传统产业发展面临巨大的困难。许多企业陷入"贫困化增长"的"低水平均衡陷阱"而不能自拔[①]。主要表现是,资源和市场"两头在外""大进大出",过度依赖外向型经济;由于产能大而又缺乏相应的核心竞争力,处于中间加工环节的中小企业缺乏应对上游原材料价格变动和下游自建营销网络的能力,从而受到上下游两端的挤压,利润微薄,增产不增效,生产规模的扩张不仅无法带来"规模经济效应",甚至使企业因为市场竞争压力而"进退两难",陷入更为被动的境地[②],传统产业发展的内在动力不足。

一方面,传统产业收益率低下。为了表征传统产业工业企业发展的效率,以工业企业收益率作为衡量指标进行分析,其中,行业收益率=100×行业利润总额/行业主营业务收入。2011年以来,我国传统产业收益率逐年下降,2015年低至4.60%,2016年和2017年有所回升,但仍处于相对低位(见图3-10)。我国制造业发展中,人力成本、土地成本等各方面成本快速上升,严重挤压我国制造业企业营业利润,且市场需求趋于下降,传统产业收益率低下,直接导致我国工业企业进一步扩大生产的积极性受挫。

另一方面,传统产业内在技术创新不足。一是技术创新主要依靠行业外新兴技术扩散。传统产业由于已经度过了技术创新高发阶段,加之产业增长空间有限,因此,不管从技术研发取得突破的可能性考虑,还是从研发投入的经济性看,都会使得传统产业的相关利益主体更加谨慎地开展研发活动。这就会导致传统产业的研发投入强度较低,并且其技术创新主要依靠行业外的新兴技术扩散[③]。从发达国家传统产业技术创新实践看,传统产业技术能力的提升主要依靠吸收新兴产业的技术创新来实现[④]。例如,信息通信技术(ICT)创新及其应用,让美国纺织业等传统

---

① 唐维维.中国传统产业的"贫困化增长"[J].重庆工学院院报(社会科学),2008(10):60-65.

② 李鹏飞.促进传统产业转型升级的政策转型研究——基于产业技术经济特征的分析[J].当代经济管理,2007.10.

③ Drayse, M. H. Globalization and Innovation in A Mature Industry: Furniture Manufacturing in Canada [J]. *Regional Studies*, 2011, 45(3): 299-318.

④ 张于喆.美国促进自主创新的特点和基本经验[J].全球科技经济瞭望,2014(5):26-31.

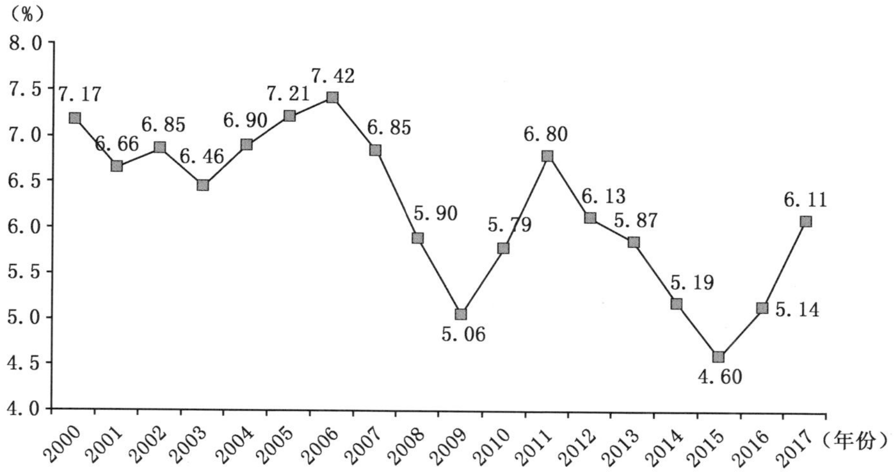

资料来源：根据国家统计局数据计算绘制。

图3—10　传统产业典型行业收益率变化

产业技术水平大幅提升；互联网技术的应用，使商贸业迅速发展。二是制度创新的相对滞后阻碍了传统产业自主创新发展。制度创新是传统产业创新发展的关键，但目前有利于传统产业创新发展的体制机制有待继续优化和完善。首先，企业管理制度有待完善，传统产业中存在大量的僵尸企业，市场无法及时出清，其以大量的贷款苟延残喘，造成大量优质资源的市场错配，从而造成传统产业整体创新效益低下。其次，我国企业法人治理结构相对不完善，以致难以完全迎合市场需求，给传统产业创新带来较大的挑战。尤其是传统产业领域存在大量的家族式企业，这类企业多依靠企业创办人自身的工作能力创立，在制度化建设以及人才培养方面存在诸多的制约，较难吸引丰富的有利于创新发展的要素资源。再次，我国企业的管理文化中对创新的重视程度不够，难以营造出有利于创新发展的新文化氛围，不利于创新活动的开展。

3.1.2　传统产业进出口贸易动态分析

本节以海关统计的《商品名称及编码协调制度的国际公约》(International Convention for Harmonized Commodity Description and Coding System，简称协调制度，Harmonized System，缩写为 HS)中产品分类进

出口数据为基础，选择其中 14 种典型的传统产业产品类型作为传统产业进出口贸易的代表①，就出口贸易动态进行分析。

1. 传统产业进出口贸易整体态势

(1)进出口总额变化情况

传统产业进出口总额快速上升后逐步趋缓。2001 年，我国加入 WTO 以前传统产业进出口总额小幅增长，增速波动幅度较大，1995 年传统产业典型领域进出口总额 1 280.18 亿美元，到 2001 年进出口总额增加到 1 909.66 亿美元；2002 年开始传统产业进出口总额及其增速大幅提升，到 2004 年进出口总额达 3 556.92 亿美元，增速高达 29.99%；2005 年后传统产业进出口金额增速略有放缓，但仍保持在 20%以上，到 2008 年，进出口总额达 8 205.63 亿美元，同比增长 27.57%；受国际金融危机影响，2009 年传统产业进出口总额大幅下降，同比减少 15.63%，但 2010 年大幅度反弹，增速达 37.02%的历史新高；2011 年开始增速一路下滑，到 2015 年进出口同比下降 17.10%，进出口总额为 12 443.16 亿美元，较 2014 年下降 2 567.02 亿美元；2016 年进出口降幅收窄，到 2017 年传统产业进出口总额转降为升，扭转了近两年持续下降的态势，进出口金额为 13 357.12 亿美元，同比增长 14.47%(见图 3—11)。

2017 年进出口总额大幅回升，其原因主要有以下几个方面：

一是大宗商品价格同比上涨，推动进口值快速增长。2017 年，国际市场大宗商品价格整体呈现同比上涨态势，带动我国进口价格指数上升至 109.4，价格对进口增长的贡献率为 52.6%。同时进口原材料价格上涨影响传导至出口制成品，2017 年我国出口价格指数为 103.9，价格对出口增长的贡献率为 37.3%。

二是世界经济温和复苏，外部需求有所回暖。根据世界贸易组织统计数据，2017 年前三季度全球 70 个主要经济体，货物贸易合计出口值同比增长 9%以上，贸易增势明显，从而带动了我国传统产业外贸的增长。

① 分析中 14 类典型传统产业分别为：活动物、动物产品；植物产品；动、植物油、脂、蜡，精制食用油脂；食品，饮料、酒及醋，烟草及制品；矿产品；生皮、皮革、毛皮及其制品，鞍具及挽具，旅行用品、手提包；木及制品，木炭，软木，编织品；木浆等，废纸，纸、纸板及其制品；纺织原料及纺织制品；鞋帽伞等，已加工的羽毛及其制品，人造花，人发制品；石料、石膏、水泥、石棉、云母及类似材料的制品，陶瓷产品，玻璃及其制品；杂项制品；艺术品、收藏品及古物；特殊交易品及未分类商品。

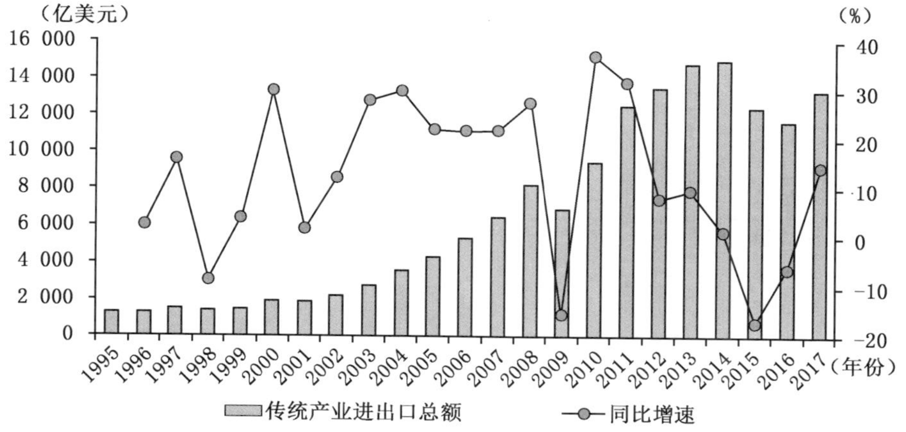

资料来源:根据国家统计局数据绘制。

图3—11　1995年以来传统产业典型行业进出口金额及其增速变化

三是国内经济稳中向好,为进口增长奠定基础。2017年,随着供给侧结构性改革深入推进,国内经济保持稳中向好的发展态势,实体经济经营改善带动我国进口需求增加;同时我国实行了一系列扩大进口政策措施,包括降低部分消费品进口关税、提高贸易便利化水平等,对传统产业扩大进口产生了积极的影响。

四是"一带一路"倡议稳步推进,新兴市场开拓有力。2017年,我国与"一带一路"沿线国家或地区进出口增长17.8%,高出我国进出口增速3.6个百分点。同期,我国与拉美国家进出口增长22%,与非洲国家进出口增长17.3%,对新兴市场的开拓卓有成效。

此外,2015年和2016年我国对外贸易进出口连续两年负增长,基数较低的因素也在一定程度上抬高了2017年传统产业的外贸增速。

(2)进口与出口变化对比

传统产业进口增速大幅波动,出口增速相对平缓,贸易顺差进一步增大的趋势减弱。2001年以前,传统产业进口额与出口额增幅均相对较小,两者平均增速分别为9.39%和6.82%;2001年后传统产业进口额与出口额均大幅度提升,2002—2008年间传统产业进口和出口平均增速分别为29.00%和19.80%,进口增速远大于出口增速,贸易顺差扩大后趋于收窄;2009年受国际金融危机影响,传统产业进口与出口均大幅下跌,

2010年开始进口额大幅增长，但增速逐步下降，2011—2014年进口额高于传统产业出口额；2015—2016年传统产业进口增速大幅下降，2015年其值低至32.31%，而传统产业出口下降相对平缓；2017年传统产业进口和出口均开始回升，尤其进口增幅十分明显，出口额回升至7 114.69亿美元，同比增长5.13%，而进口额回升至6 242.43亿美元，同比增长27.37%（见图3—12）。

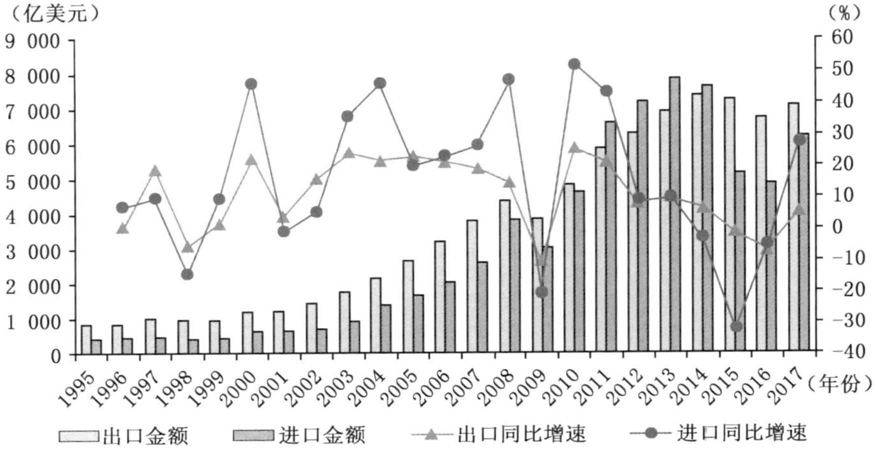

资料来源：根据国家统计局数据绘制。

图3—12　1995年以来传统产业典型行业进口与出口变化对比

（3）近一年进出口变化情况

传统产业进出口增速波动中趋升，进出口总额缓慢增长。2018年1月之前传统产业进出口增速平稳波动，平均增速为11.63%，进出口总额波动中趋升；2018年2月进出口总额大幅下降，其值低至1 036.42亿美元，创近一年新低，而因2017年2月下降幅度更大，2018年2月同比增速大幅提升，其值高达32.76%；2018年3月进出口同比增速大幅回落至—4.84%，而进出口总额略有上升；2018年4—5月传统产业进出口同比增速大幅提升，进出口总额迅速增长；2018年6月开始传统产业进出口总额小幅波动，同比增速小幅提升至7月17.88%的高值后又缓慢下降，2018年9月传统产业典型领域进出口总额为1 342.08亿美元，同比增长13.95%（见图3—13）。

近一年传统产业进口平稳高速增加，出口增速波动中趋于平稳，整体

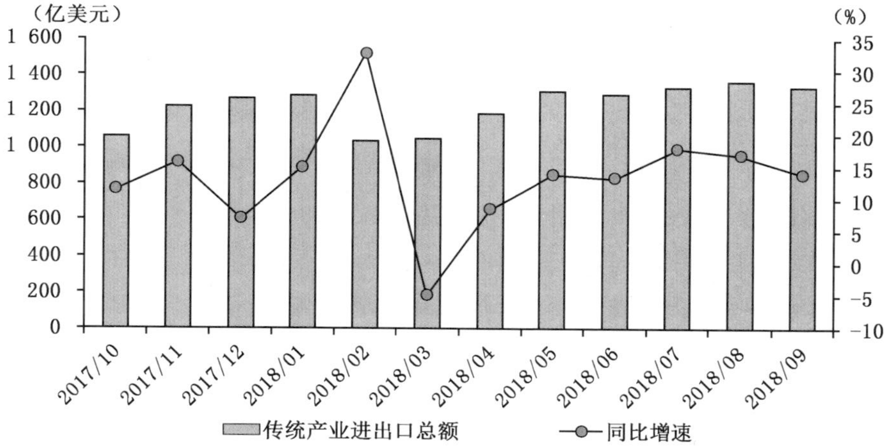

资料来源：根据国家统计局数据绘制。

图 3—13　近一年传统产业典型行业进出口金额及其增速变化

低于进口增速，传统产业贸易顺差逐步收窄。2017 年第四季度，传统产业出口额逐月增加，增速小幅波动，2017 年 12 月出口额为 686.94 亿美元，同比增长 2.29%；而传统产业进口额平稳高速增长，平均增速高达 20.71%，2017 年 12 月进口额为 581.85 亿美元，同比增长 13.20%。2018 年第一季度，传统产业出口额逐月下降，2018 年 3 月出口额低至 442.15 亿美元，同比下降 19.56%，创近一年最低；进口额 2 月份大幅回落后迅速回升，3 月份进口额为 606.44 亿美元，同比增长 9.8%，贸易逆差达 164.29 亿美元。2018 年 4 月开始传统产业出口额逐步回升，总额趋于停滞，增速小幅提升，9 月份出口额为 693.81 亿美元，同比增长 9.55%；传统产业进口小幅波动，增速高位波动中趋升，并于 9 月份大幅回落，其值下降至 19.07%，进口总额为 648.2 亿美元。整体来看，传统产业进口增速明显高于出口增速，贸易顺差逐步减小，反映出我国传统产业比较优势逐步减弱的态势（见图 3—14）。

2. 传统产业进出口结构的变化

本节选择 HS 分类中进出口数据占比相对较大的 8 类进行传统产业

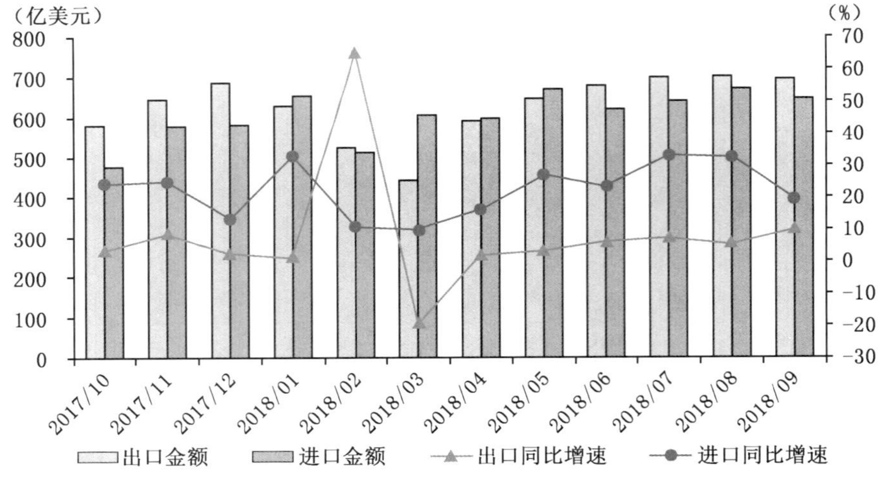

资料来源:根据国家统计局数据绘制。

图3—14　近一年传统产业典型行业进口与出口情况对比

进出口结构分析[①]。

(1)传统产业出口结构变化

纺织原料及纺织制品在传统产业出口中占绝对主导地位,其他杂项制品出口额快速增长。纺织原料和纺织制品出口额在传统产业出口中一直处于绝对主导地位,且其发展中增长的总额度最大,从1995年的358.78亿美元上升到2014年的2 786.10亿美元,20年间净增长2 427.32亿美元,而2015年开始纺织原料及纺织制品出口额逐渐下降,同时纺织原料及纺织制品出口在传统产业出口中的占比也从2015年开始加速下降,从1995年的41.93%下降至2017年的36.12%。杂项制品出口额快速提升,从1995年的94.82亿美元增加到2017年的1 592.54亿美元,增长16.79倍,同时其在传统产业典型领域出口中的占比从1995年的11.08%提升至2017年的22.38%。其他各领域在20多年的发展中出口额均有不同程度的增加,但增幅相对较小,其中第十三类石料

① 分析中的8类分别为:第二类为植物产品;第五类为矿产品;第八类为生皮、皮革、毛皮及其制品,鞍具及挽具,旅行用品、手提包;第十类为木浆等,废纸,纸、纸板及其制品;第十一类为纺织原料及纺织制品;第十二类为鞋帽伞等,已加工的羽毛及其制品,人造花,人发制品;第十三类为石料、石膏、水泥、石棉、云母及类似材料的制品,陶瓷产品,玻璃及其制品;第二十类为杂项制品。

等制品以及第十类木浆等出口份额略有上升，分别提升 3.32% 和 1.76%，而第二类植物产品、第五类矿产品、第八类皮革等和第十二类鞋帽伞等出口份额逐步降低（见图 3—15 和图 3—16）。

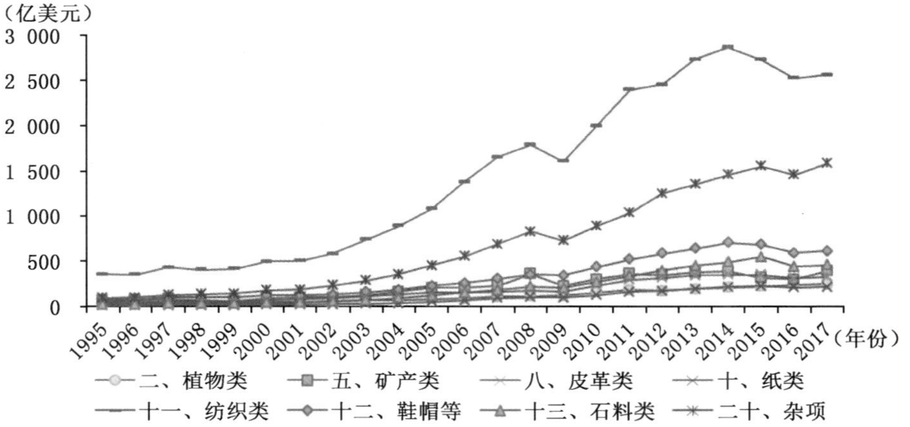

资料来源：根据海关总署数据绘制。

图 3—15　1995 年以来传统产业典型领域出口金额变化

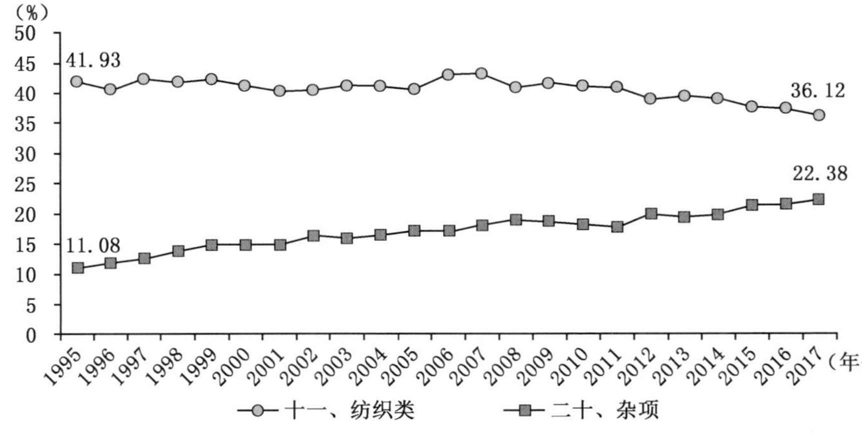

资料来源：根据海关总署数据绘制。

图 3—16　1995 年以来纺织原料及纺织制品和杂项制品出口占比变化

（2）传统产业进口结构变化

矿产品在传统产业进口中独领风骚，纺织原料及纺织制品进口额小幅增长后趋于下降。矿产品进口额迅速增长，从 1995 年的 72.30 亿美元上升到2013年的4 695.03亿美元，2015年和2016年大幅下降，但2017年又大幅回升至3 799.66亿美元，矿产品在传统产业进口中的占比从1995年的17.03%上升至2017年的60.87%。相反，纺织原料及纺织制品进口额增幅很小，从1995年的158.19亿美元增长到2012年的408.54亿美元，并于2013年开始逐步下降，2017年进口额为310.44亿美元，纺织原料及纺织制品的金额从1995年的37.26%下降至2017年的4.97%。其他领域的进口额均有不同程度的增长，变化相对较小（见图3—17和图3—18）。

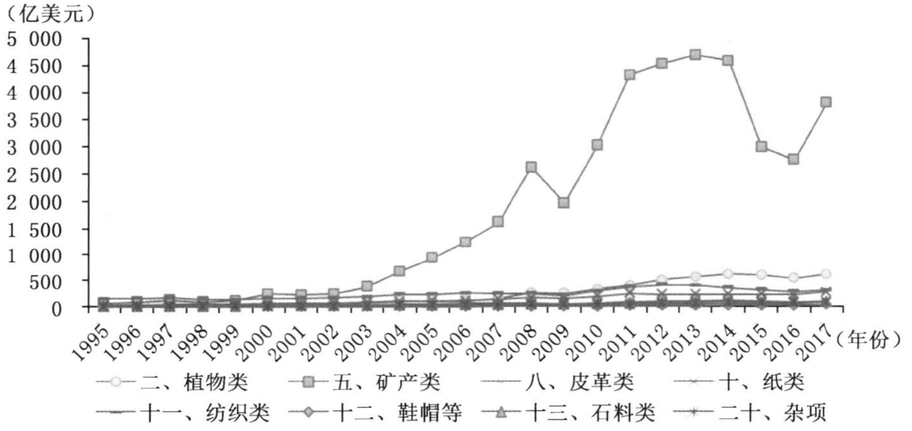

资料来源：根据海关总署数据绘制。

图3—17 1995年以来传统产业典型领域进口金额变化情况

3. 传统产业进出口市场结构的变化

本节以我国传统产业进出口贸易体量相对较大的美国、日本、欧盟及“一带一路”沿线国家[①]为研究重点，通过其传统产业典型领域进出口额变化情况对传统产业进出口市场结构变化情况进行分析。

(1)传统产业出口市场结构的变化

从出口额来看，面向美国、欧盟的出口额平缓增长，日本的出口额缓

① “一带一路”沿线国家包括泰国、菲律宾、越南、马来西亚、新加坡、印度尼西亚、缅甸、印度、巴西、俄罗斯、南非、沙特、阿联酋、阿曼、伊朗和土耳其。

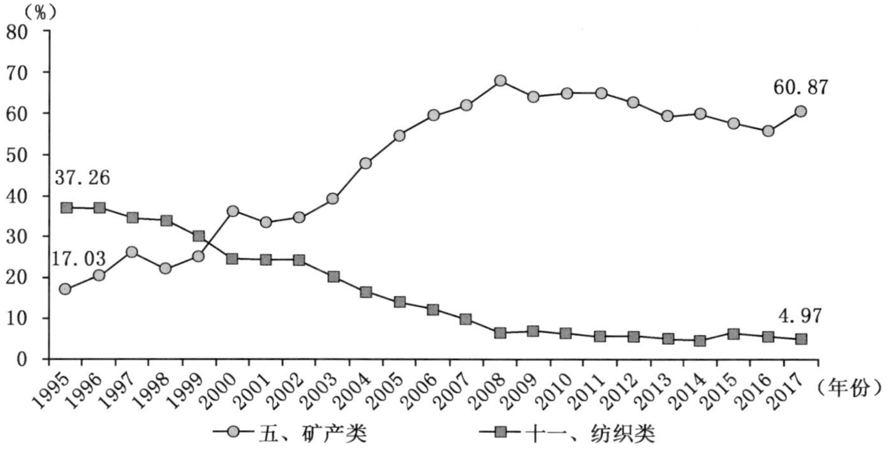

资料来源:根据海关总署数据绘制。

图 3－18　1995 年以来纺织原料及纺织制品和矿产品进口占比变化情况

慢增长后呈下降态势,而“一带一路”沿线国家出口额快速上升①。2001 年之前面向四大区域的出口增长均相对缓慢,其中,日本和美国处于主导地位。2002 年开始面向美国和“一带一路”的出口开始加速,而面向日本的出口额增长相对平缓,到 2008 年对欧盟、美国、“一带一路”沿线国家或地区和日本的出口额分别为 879.61 亿美元、826.66 亿美元、720.67 亿美元和 481.54 亿美元。2009 年受国际金融危机影响,面向四大区域的出口均有所回调,其中对日本的出口降幅最小。2010 年开始,面向四大区域的出口走势逐步分化,其中,对“一带一路”沿线国家的出口快速上升,对美国和欧盟的出口平稳增长后趋于停滞,而对日本的出口小幅上涨后逐步下降(见图 3－19)。

“一带一路”:2010 年开始我国传统产业在“一带一路”沿线国家的出口额迅速飙升,从 2009 年的 663.61 亿美元迅速提升至 2014 年的 1 845.89 亿美元,5 年增长近 2 倍;2015 年和 2016 年连续两年下降,但 2017 年受大宗物资价格上涨等因素的影响,出口额开始回升,2017 年“一

① 1995－2007 年部分国家进出口数据缺失,包括欧盟以及“一带一路”沿线国家中泰国、菲律宾、越南、马来西亚、新加坡、印度尼西亚、缅甸、印度、南非、沙特、阿曼、伊朗、土耳其,因而引起 2008 年数据的突变,下同。

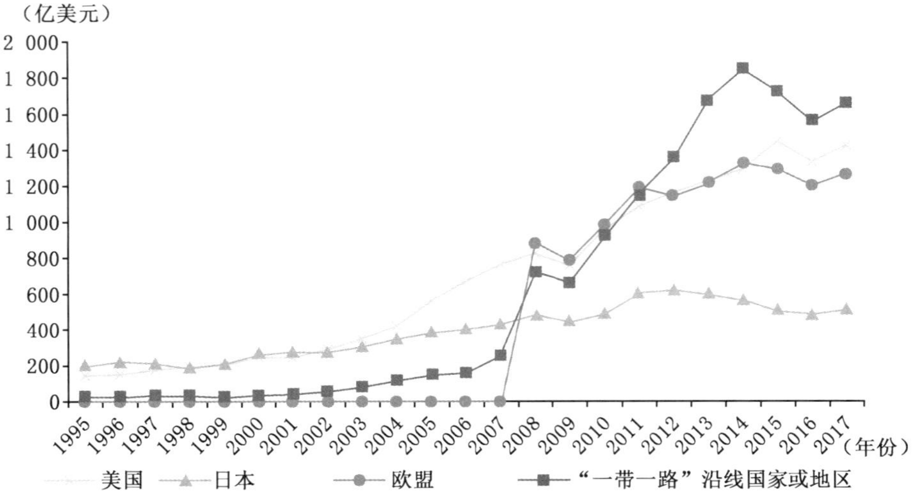

资料来源：根据海关总署数据绘制。

图3—19 1995年以来主要国家或地区传统产业出口额变化情况

带一路”沿线传统产业典型行业出口额为1 658.44亿美元。

美国：从2010年开始传统产业出口额平稳提升，从2009年的753.80亿美元上升到2015年的1 439.85亿美元，6年增长近一倍；2016年有所下降，但2017年迅速回升，传统产业典型行业出口额达1 422.30亿美元。

欧盟：2010—2014年传统产业出口额平稳增长，从787.03亿美元提升至1 324.81亿美元，5年间累计增长近70%；2015—2016年连续下降，2017年略有回升，其值为1 261.21亿美元，低于“一带一路”沿线国家和美国。

日本：2010—2012年传统产业出口额缓慢提升，达617.84亿美元的历史峰值；2013年开始平缓下降，2017年略有回升，其值为511.02亿美元。

从出口市场份额来看，面向日本的出口市场份额大幅下降，美国、欧盟出口市场份额相对平稳，而“一带一路”国家市场份额逐步趋升。1995年，我国传统产业对四大区域出口市场份额由高到低依次为日本、美国和“一带一路”沿线国家，2001年我国加入WTO后对日本的出口市场份额快速下降，对美国和“一带一路”沿线国家的出口市场份额平稳增长。

2008 年国际金融危机后，“一带一路”沿线国家或地区传统产业出口市场份额进一步上升后趋于平稳，欧盟市场份额缓慢下降后趋于平稳，美国市场份额小幅波动后趋于平稳，而日本市场份额持续下降，到 2017 年，我国传统产业出口市场份额由高到低依次为“一带一路”沿线国家(34.17％)、美国(29.31％)、欧盟(25.99％)和日本(10.53％)(见图 3－20)。

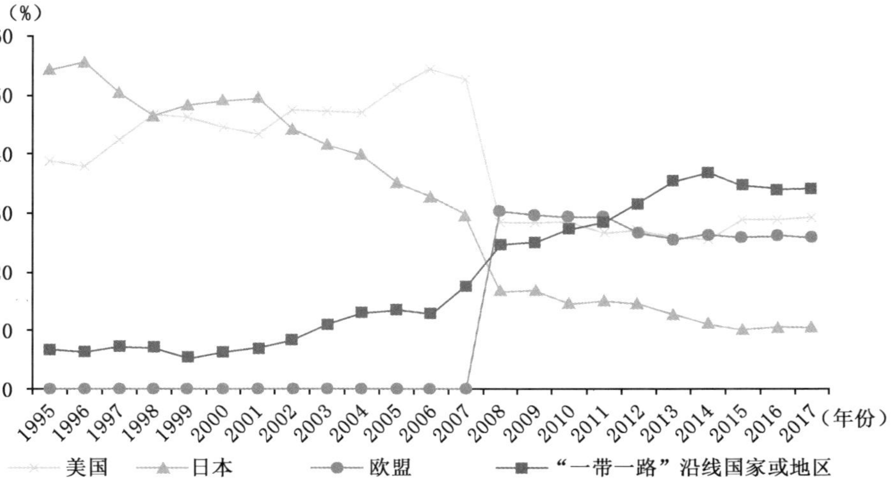

资料来源：根据海关总署数据绘制。

图 3－20　1995 年以来主要国家或地区传统产业出口市场份额变化情况

从各地区出口结构来看，“一带一路”沿线国家以纺织品、杂项制品、矿产品为主，美国以杂项制品、纺织品和鞋帽等产品为主，欧盟以纺织品、杂项制品和鞋帽等为主，日本以纺织品、杂项制品和食品为主，在“一带一路”沿线对其他区域尤其是日本形成了一定的出口替代。我国对“一带一路”沿线国家出口的纺织品、杂项制品、矿产品分别占对其传统产业出口额的 36.23％、15.56％和 9.56％，其占比分别较 1995 年提高 2.03％、6.09％和 6.45％；我国对美国出口的杂项制品、纺织品和鞋帽等分别占对其传统产业出口额的 35.88％、29.84％和 11.22％，分别较 1995 年增长 10.77％、7.12％和－15.63％；我国对欧盟出口的纺织品、杂项制品和鞋帽等分别占对其传统产业出口额的 37.48％、27.97％和 10.44％，分别较 2008 年增长－4.82％、4.69％和 2.62％；我国对日本出口的纺织品、杂项制品和食品等分别占对其传统产业出口额的 38.55％、17.30％和

10.46%，分别较1995年增长－6.75%、12.43%和2.90%。总体来看，面向“一带一路”沿线国家的出口在传统产业大多数领域逐步超过了其他国家的市场份额，对其他国家尤其是日本的出口形成了一定的替代作用，其中第二类植物产品、第五类矿产品及第十一类纺织品等领域趋势尤为显著（见图3－21）。

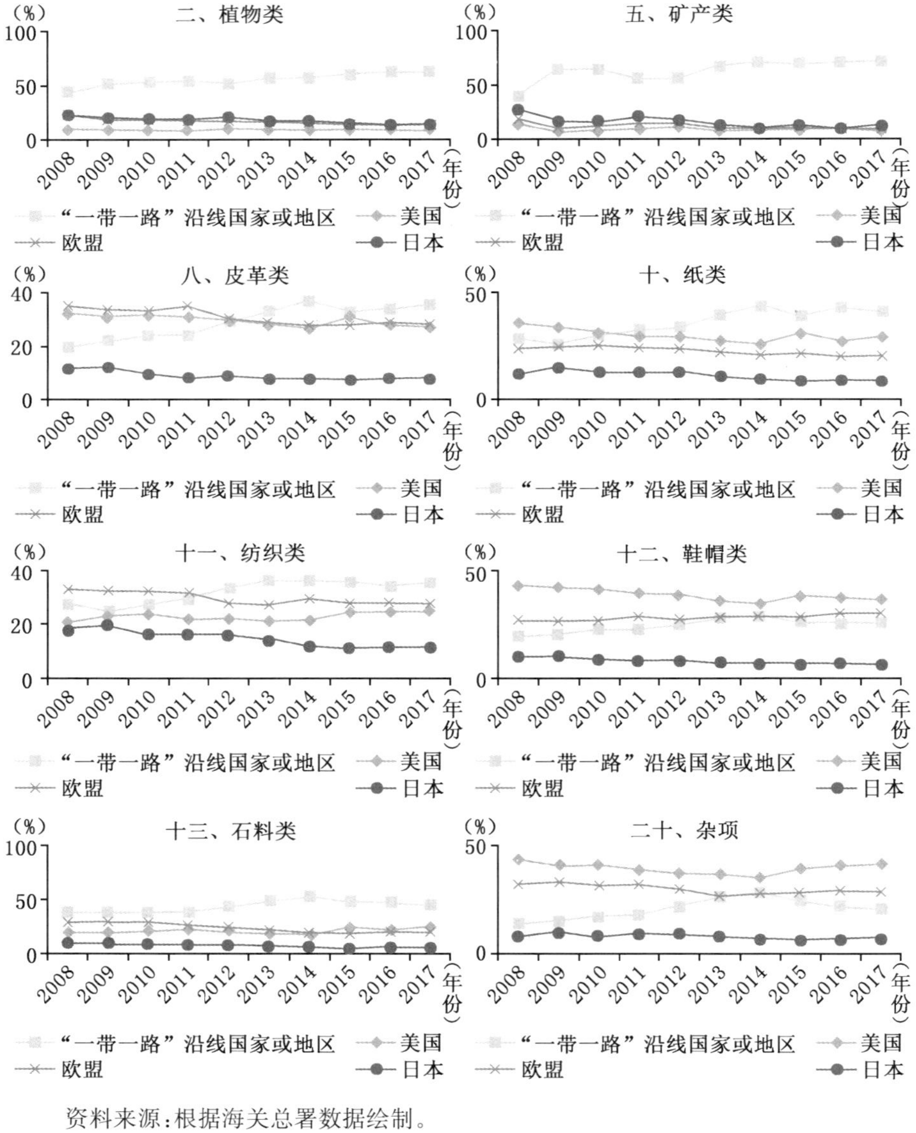

资料来源：根据海关总署数据绘制。

图3－21 传统产业典型行业在四大区域出口份额变化情况

(2)传统产业进口市场结构的变化

从进口额来看,面向日本的进口额趋于停滞,美国、欧盟进口额缓慢提升,而"一带一路"沿线国家或地区进口额高速增长。2001 年之前面向四大区域的进口额增长均相对缓慢,其中,日本和美国处于主导地位。2002 年开始,面向美国和欧盟的进口额逐步加速,而面向日本的进口额增速相对平缓,到 2008 年对"一带一路"沿线国家或地区、美国、欧盟和日本的进口额分别为 1 515.12 亿美元、232.11 亿美元、139.38 亿美元和 132.45 亿美元。2009 年受国际金融危机影响,面向四大区域的进口均有所回调,其中对"一带一路"沿线国家或地区进口的降幅最大。2010 年开始,面向"一带一路"沿线国家或地区、美国和欧盟的进口全面回升,其中,"一带一路"沿线国家或地区的进口额迅速飙升,而面向日本的进口额小幅增长后逐步下降(见图 3—22)。

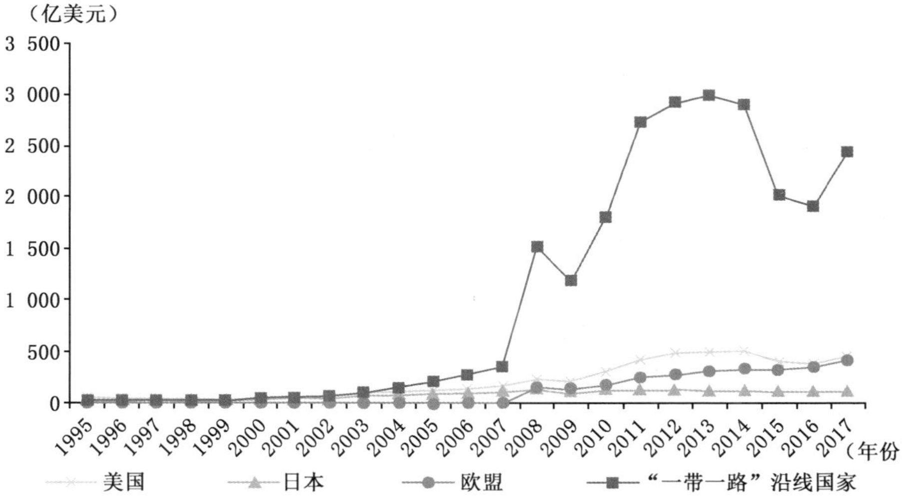

资料来源:根据海关总署数据绘制。

图 3—22 1995 年以来主要国家或地区传统产业进口额变化情况

"一带一路":2010 年后我国传统产业在"一带一路"沿线国家或地区的出口额迅速飙升,从 2009 年的 1 180.64 亿美元迅速提升至 2011 年的 2 726.35 亿美元,2 年增长近 1.3 倍;2012—2013 年缓慢增长,其值达近年来历史最高(2 991.33 亿美元),2014 年开始小幅下降;2015 年受国际大宗商品价格大幅下跌的影响(2015 年,我国铁矿砂、煤、成品油、铜等大宗商品进口平均价格纷纷下跌，同比跌幅分别为39%、21.8%、38.3%、17.1%。)，传统产业进口额大幅下降至2 008.00亿美元，2016年进一步下降；2017年，受国际大宗商品价格大幅上升的影响，2017年传统产业进口额迅速回升至2 440.17亿美元。

美国：2010年后我国传统产业在美国的进口额平稳提升，到2014年其值上升至512.18亿美元，较2009年翻一番；2015年受国际大宗商品价格大幅下跌的影响，进口额呈较大幅度的下滑，2016年小幅下降后，到2017年又大幅回升至455.44亿美元。

欧盟：2010年以来我国传统产业在欧盟的进口额持续平稳增长，从2009年的128.65亿美元上升至2017年的427.12亿美元，增长近3倍。

日本：2010年以来我国传统产业在日本的进口额保持相对平稳的水平，其值在110亿美元上下浮动。

从进口市场份额来看，面向美国、日本的进口市场份额平缓下降，欧盟的进口市场份额缓慢提升，而“一带一路”沿线国家的市场份额迅速提升后趋于饱和。2008年国际金融危机前，我国传统产业进口额在美国和日本的市场份额逐步下降，分别从1995年的46.64%和40.63%下降至2007年的26.85%和16.21%，而在“一带一路”沿线国家的市场份额迅速提升，从1995年的12.73%增加到2007年的56.94%。2008年国际金融危机后，我国传统产业进口市场格局趋于平稳：“一带一路”沿线国家市场份额保持在70%以上的水平，并呈现出小幅下降的态势；美国市场份额基本维持在12%左右的水平；欧盟于2008—2014年维持在7.5%左右的水平，2015年开始小幅提升，到2017年市场份额上升至12.43%；日本进口市场份额处于缓慢下降态势，2017年其值为3.27%(见图3—23)。

从各地区进口结构来看，“一带一路”沿线国家以矿产类、植物类产品为主，美国以植物类、矿产类和纸类产品为主，欧盟以矿产类、食品类和纸类产品为主，日本以纺织类、石料类和杂项制品为主。我国从“一带一路”沿线国家进口的矿产类占其传统产业进口额的份额从1995年的33.35%上升到2017年的65.08%，处于绝对的主导地位，而位居第二的植物类占比仅为11.75%，反映出我国对以石油为主的矿产类产品巨大的需求。我国从美国进口的植物类、矿产类和纸类产品分别占其传统产业进口额的比例为37.24%、19.86%和12.61%，分别较1995年增加

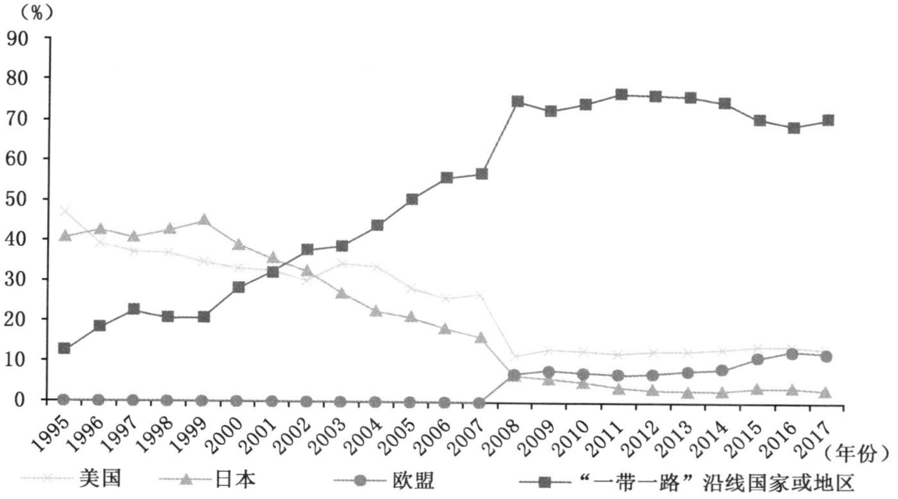

资料来源:根据海关总署数据绘制。

图 3—23　1995 年以来主要国家或地区传统产业进口市场份额变化情况

6.54%、17.18%和－0.65%。我国从欧盟进口的矿产类、食品类和纸类产品分别占其传统产业进口额的 21.42%、18.06%和 12.03%,分别较 2008 年提高 12.06%、8.30%和－12.61%。我国从日本进口的纺织类、石料类和杂项制品分别占其传统产业进口额的 23.64%、19.11%和 18.46%,分别较 1995 年提高－43.99%、13.52%和 12.96%(见表 3—5)。总体来看,我国从“一带一路”沿线国家进口的以石油为主的矿产类产品迅速提升,从而拉开了“一带一路”沿线国家传统产业进口与其他区域传统产业进口的差距。

表 3—5　　四大区域主导进口类型在该区域传统产业进口中市场份额的变化情况

国家或地区	行业类型	进口市场份额(%)			
		1995 年	2008 年	2017 年	增减
“一带一路”	二、植物类	1.59	6.12	11.76	10.17
	五、矿产类	33.35	77.53	65.08	31.73
美国	二、植物类	30.70	37.76	37.24	6.54
	五、矿产类	2.68	8.89	19.86	17.18
	十、纸类	13.26	17.94	12.61	－0.65

续表

国家或地区	行业类型	进口市场份额(%)			
		1995 年	2008 年	2017 年	增减
欧盟	四、食品类	—	9.76	18.06	8.30
	五、矿产类	—	9.36	21.42	12.06
	十、纸类	—	24.64	12.03	−12.61
日本	十一、纺织类	67.63	27.23	23.64	−43.99
	十三、石料类	5.59	9.30	19.11	13.52
	二十、杂项	5.50	5.32	18.46	12.96

资料来源：根据海关总署数据制成。

4. 进出口贸易对传统产业的支撑作用

本节以 18 类典型传统产业数据为基础，分析传统产业出口对传统产业发展的支撑作用[①]。

出口贸易拉动传统产业的快速增长。贸易是经济增长的发动机，因为贸易可以突破供给与需求的约束，通过专业化分工实现比较优势，并通过参与国际竞争和分工带来学习效应[②]。同理，进出口贸易对我国传统产业的发展也起到了良好的支撑作用。2001 年加入 WTO 之后，我国产业发展融入世界产业发展体系中，出口贸易的增加带动了传统产业的快速发展。2008 年后受国际金融危机的影响，传统产业出口贸易率先下滑，并导致传统产业发展速度下滑(见图 3—24)。

传统产业对出口贸易的依赖性逐步降低。2008 年国际金融危机以来，传统产业典型行业出口额在其主营业务收入中的占比逐年下滑，从 2008 年的 8.83%下降到 2017 年的 5.40%(见图 3—25)，反映出传统产业对出口贸易的依赖性逐步降低。

---

① 18 类典型传统产业分别为：煤炭开采和洗选业，石油和天然气开采业，黑色金属矿采选业，有色金属矿采选业，非金属矿采选业，农副食品加工业，食品制造业，酒、饮料和精制茶制造业，烟草制品业，纺织业，纺织服装、服饰业，皮革、毛皮、羽毛及其制品和制鞋业，木材加工和木、竹、藤、棕、草制品业，家具制造业，造纸和纸制品业，石油、煤炭及其他燃料加工业，黑色金属冶炼和压延加工业以及有色金属冶炼和压延加工业。

② 华民．新“里昂惕夫之谜”：贸易失衡的超边际分析——兼论中美贸易摩擦的理论根源与演变趋势[J]．探索与争鸣，2018(6)：4—12、27、141.

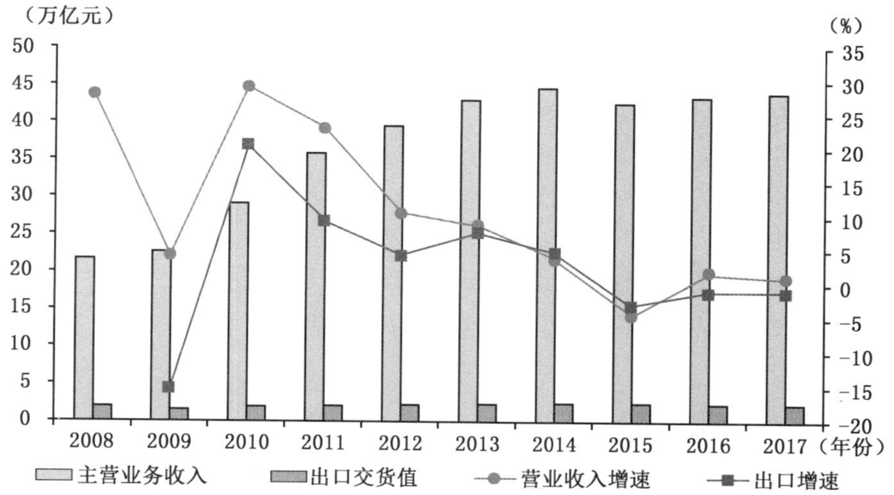

资料来源：根据国家统计局数据绘制。

图 3－24　2008 年以来传统产业主营业务收入与出口交货值对比分析

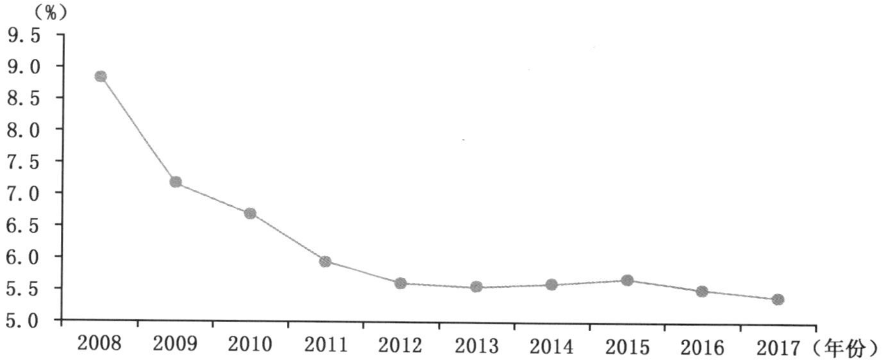

资料来源：根据国家统计局数据绘制。

图 3－25　2008 年以来传统产业出口占比变化情况

3.1.3　进出口贸易对传统产业发展的影响

1. 进出口贸易对传统产业发展的影响路径分析

对外贸易促进我国产业发展融入全球产业分工体系。自改革开放以来，在实现从以重工业为导向的发展战略向以市场为导向、以比较优势为基础的发展战略的转变过程中，我国经济多年连续以大于 8%的速度增长，进出口额占国民生产总值的比重也一直在上升。随着经济全球化进程的不断加快，国际贸易在各国经济发展中的作用日益增强。在2001年我国加入WTO之后，我国多边贸易体系逐步形成和完善，并融入全球产业分工体系之中，成为世界产业发展的重要组成部分。对于仍属于发展中国家的中国而言，加入世贸组织以来对外贸易对我国产业的发展，尤其是对我国传统产业的发展产生的作用更为突出。

出口贸易通过扩大市场需求推动我国传统产业发展。传统产业对外贸易与我国传统产业的发展及产业结构存在密切的内在联系。概括起来，对外贸易在经济发展中的基本功能是扩大总需求，通过扩大传统产业对外贸易规模可以促进传统产业的增长。例如，我国钢材出口的高速增长带动钢材产能的快速提升、钢材产量高速增长。2001年我国加入WTO之后钢材出口逐步加速，2002年钢材出口量增速大幅提升至16.07%，2003—2007年钢材出口一直保持超高速增长，尤其2004年和2006年，钢材出口量增速分别高达103.72%和109.60%，到2007年钢材出口量从2001年的474万吨提升至6 265万吨，同比增速仍高达45.66%。在出口量高速扩张的带动下，我国钢材产量迅速增长，2001—2007年平均增速达23.26%，产量从2001年的13 146万吨上升到2007年的56 561万吨。同时，钢材出口量在钢材总产量中的占比逐年攀升，从2001年的2.95%上升至2007年的11.08%。2008—2009年受国际金融危机影响，钢材出口量大幅下降，尤其在2009年同比下降58.47%，出口量在钢材总产量中的占比迅速下降至3.54%。2010年，钢材出口量大幅反弹，之后呈现出波动中趋缓的态势，但仍明显高于钢材产量增速，钢材出口量在总产量中的占比逐渐恢复，到2015年提升至10.00%(见图3—26和图3—27)。

2. 国际贸易摩擦对传统产业发展的影响

(1)传统产业国际贸易壁垒渐增

我国自加入WTO以来，传统产业出口额迅速提升，我国贸易出口满足国外市场需求的同时，也对其他国家产业的发展产生了一定的冲击。随着2008年国际金融危机以来世界经济发展环境的剧变，传统产业国际贸易壁垒逐步增多。

2017年，美国依据1962年《贸易扩展法》第232节，启动针对全球钢

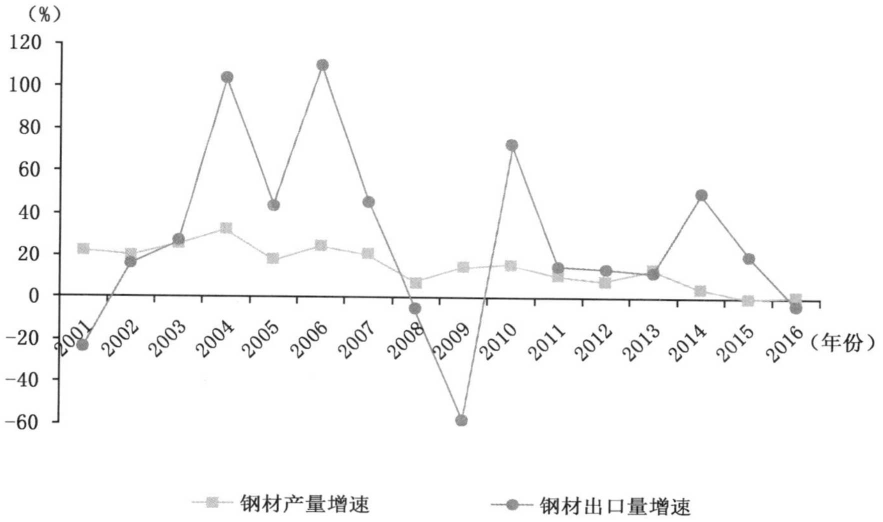

资料来源:根据国家统计局数据绘制。

图 3—26　2001 年以来钢材产量及出口量对比情况

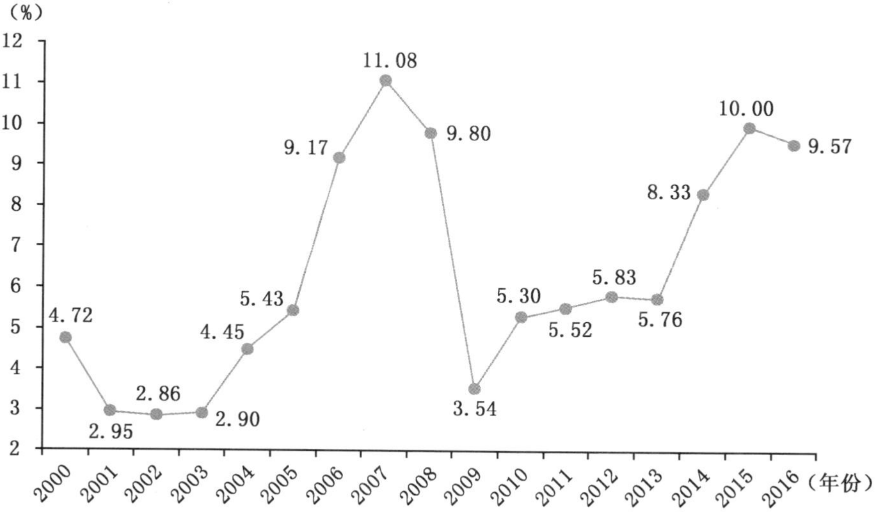

资料来源:根据国家统计局数据绘制。

图 3—27　2000 年以来钢材出口占比变化情况

铁、铝进口的“232 条款调查”,特朗普于 2018 年 3 月 8 日正式发布命令,宣布对进口钢铁产品加征 25%的关税,对进口铝产品加征 10%的关税,征税时限自 2018 年 3 月 23 日开始，暂无终止期限。同时，可基于以下两个原因申请特定钢铁和铝产品排除：一是美国国内生产的产品不能提供充足和合理的、可获得的数量或满意的质量；二是基于特定的国家安全考虑，申请人须为美国国内的直接受影响的利害关系方。

“232 条款调查”虽然表面上是针对所有进口产品的，但实际上有其重点针对对象：之前美国商务部曾提出将 12 个国家(巴西、中国、哥斯达黎加、埃及、印度、马来西亚、韩国、俄罗斯、南非、泰国、土耳其和越南)作为主要目标，征收至少 53%的钢铁进口关税，对其他国家不征关税。对其他国家不加征关税，前提是其出口数量不超过之前的水平。就铝产品，美国商务部曾提出的另一个方案是针对从中国内地、中国香港、俄罗斯、委内瑞拉和越南进口的所有铝产品征收 23.6%的关税，对其他国家不加征关税，前提是其出口数量不超过之前的水平。

(2)贸易摩擦加剧传统产业产能过剩

自 2001 年加入世贸组织以来，中国出口一直保持较快增长，根据世界贸易组织正式公布的各国贸易排名，从 2009 年起中国已连续多年成为世界货物贸易的第一大出口国，其中，传统产业贸易占主要地位。工信部政策法规司原司长李国斌在 2015 年第十五届中国经济论坛的发言中提出，在世界 500 多种主要工业产品中，中国有 220 多种产品的产量居世界第一[①]。

然而，国际金融危机过后国际经济发展环境和外贸环境发生了变化，中国传统产业出现明显的产能过剩。国际贸易摩擦的逐步升温，将直接或间接影响我国传统产业的外需，进而加剧传统产业产能过剩，尤其产量居世界第一的产品将首当其冲。

3.1.4 本节小结

传统产业发展整体平稳，其中，传统农业发展总体平稳、增速趋缓，传统制造业发展整体趋缓、总量趋于停滞，传统服务业发展趋缓企稳。同时，传统产业发展面临着整体需求下降、产能过剩、发展动力不足等问题，

① 李伟，高质量发展有六大内涵，人民网，2018-01-22，http://opinion.people.com.cn/n1/2018/0122/c1003—29777411.html。

其深层原因在于钢铁等传统产业已步入衰退期,政府干预下的资源错配、外需约束导致的需求不足、产业收益率较低、自主创新投入不足、制度创新相对滞后等。

整体来看,传统产业进出口总额快速上升后逐步趋缓,2017年进出口金额为13 357.12亿美元,同比增长14.47%,同时出口增速有所下降,贸易顺差逐步收窄。从传统产业进出口结构来看,纺织原料及纺织制品在传统产业出口中占绝对主导地位,2017年出口额为2 570.07亿美元,占传统产业出口总额的36.12%,而其他杂项制品出口额快速增长;矿产品在传统产业进口中独领风骚,2017年进口额为3 799.66亿元,占传统产业进口总额的60.87%,而纺织原料及纺织制品进口额小幅增长后趋于下降;从传统产业进出口贸易市场结构来看,美国、欧盟进出口平缓增长,日本进出口趋于停滞,而"一带一路"沿线国家进出口快速上升。同时,近年来,出口贸易拉动传统产业的快速增长,对传统产业的发展起到支撑作用,但传统产业对出口的依赖度逐步下降。

进出口贸易对传统产业发展的影响主要体现在:促进我国产业发展融入全球产业分工体系,通过扩大市场需求推动我国传统产业发展。然而,传统产业国际贸易壁垒渐增,对我国传统产业的发展产生较大的影响,主要体现在加剧传统产业产能过剩。

3.2 新兴产业发展动态分析

3.2.1 新兴产业及其发展概况

1. 新兴产业的概念界定

新兴产业有广义和狭义之分:广义的新兴产业是指那些在新技术革命成果的基础上建立起来的对经济发展具有战略意义的产业,这些产业创新性突出,是科技创新活动最为集中的领域;狭义的新兴产业是指那些依靠科技革命成果衍生出来的高新技术企业①。新兴产业的发展处于产业生命周期的初创期或成长期,具有良好的市场前景,并代表着产业未来

① 黄南.世界新兴产业发展的一般规律分析[J].科技与经济,2008,21(5):31-34.

发展的方向。

本报告中延伸和引用广义的新兴产业的概念,即新兴产业主要包括现代农业、新型制造业和新兴服务业。

(1)现代农业

现代农业主要是指应用现代科学技术、现代工业提供的生产资料和科学管理方法的社会化农业,在按农业生产力的性质和状况划分的农业发展史上,是最新发展阶段的农业,主要包括设施农业、生物育种以及其他现代农林牧渔服务业(见表3—6)。

表3—6　　现代农业主要领域

行业类型	细分领域
设施农业	设施农业种植
	设施林业经营
	设施畜牧养殖
	设施水产养殖
生物育种	—
其他现代农林牧渔服务业	农业生产托管服务
	农林牧渔业智能管理服务
	专业化农业服务

(2)新型制造业

新型制造业主要是指以现代科学技术武装的制造业,它通过科技创新来降低能源消耗、提高生产效率、减少环境污染、增加产品附加值、提高经济效益,最终增强国际竞争能力[①],主要包括国家战略性新兴产业、高新技术产业以及"中国制造2025"重点领域,如新一代信息技术产业、生物医药及高性能医疗器械、高端装备制造等。本报告考虑数据的完整性及可获得性,重点聚焦国家统计局发布的《战略性新兴产业分类(2017)》所涉及的行业(见表3—7)。

① 李廉水,杜占元."新型制造业"的概念、内涵和意义[J].科学学研究,2005,23(2):184—187.

表 3—7　新型制造业主要领域

行业类型	细分领域
新一代信息技术产业	下一代信息网络产业
	电子核心基础产业
	新兴软件和新型信息技术服务
	互联网与大数据服务
	人工智能
高端装备制造产业	航空装备产业
	卫星及应用产业
	轨道交通装备产业
	海洋工程装备产业
	智能制造装备产业
新材料产业	先进钢铁材料
	先进有色金属材料
	先进高分子材料
	先进无机非金属材料
	高性能纤维及制品和复合材料
	前沿新材料
	新材料相关服务
生物产业	生物医药产业
	生物医学工程产业
	生物农业产业
	生物质能产业
	其他生物业
新能源汽车	新能源汽车整车制造
	新能源汽车装置、配件制造
	新能源汽车相关设施及服务
	新能源汽车相关服务

续表

行业类型	细分领域
新能源产业	核电产业
	风能产业
	太阳能产业
	生物质能及其他新能源产业
	智能电网产业
	新能源产业工程及技术服务
节能环保产业	高效节能产业
	先进环保产业
	资源循环利用产业
	节能环保工程与技术服务

(3)新兴服务业

新兴服务业是指伴随着信息技术的发展和知识经济的出现、伴随着社会分工的细化和消费结构的升级而新生的行业,或用现代化的新技术、新业态和新的服务方式改造提升传统服务业而产生的,向社会提供高附加值、满足社会高层次和多元化需求的服务业,主要包括数字创意产业、现代技术服务与创新创业服务业、现代生产性服务业等(见表3—8)。

表3—8　新兴服务业主要领域

行业类型	细分领域
数字创意产业	数字文化创意
	设计服务
	数字创意与融合服务
现代技术服务与创新创业服务业	研发服务
	技术推广服务
	质量检验(测)技术服务
	知识产权服务
	相关专业技术服务
	其他现代技术服务
	创新创业服务
	追溯技术服务

续表

行业类型	细分领域
现代生产性服务业	先进制造业服务
	现代贸易物流服务
	现代互联网金融
	其他现代金融服务
	现代商务服务
	人力资源服务

2.2018年新兴产业发展动态

随着新一轮全球技术变革的推进，“双创”环境持续优化，市场活力与社会创造力充分释放，我国新兴产业不断发展和壮大，成为推动经济转型升级、提质增效的重要力量。

(1)现代农业发展突出

党的十九大报告提出“推动新型工业化、信息化、城镇化、农业现代化同步发展”，并要求“构建现代农业产业体系、生产体系、经营体系，完善农业支持保护制度，发展多种形式的适度规模经营，培育新型的农业经营主体，健全农业社会化服务体系，实现小农户和现代农业发展有机衔接”。加快农业现代化发展、促进“四化”同步发展，是党和国家在科学把握现代化发展规律的基础上做出的重大战略部署。新一轮科技革命和产业革命蓄势待发，新主体、新技术、新产品、新业态不断涌现，为农业转型升级注入强劲驱动力。随着生物技术、信息技术等先进技术及生产模式的大量运用，我国现代农业呈现出良好的发展态势及趋势。

(2)新型制造业保持较快发展

近年来，新型制造业整体实现较快增长。新兴产业作为引领未来经济社会发展的重要力量，其发展已成为世界主要国家抢占新一轮经济和科技发展制高点的重大战略。我国新兴产业整体实现较快增长，增速远快于国民经济总体水平，在稳定经济增长、促进转型升级方面发挥着积极作用。

从高新技术产业营业收入来看，总量稳步上涨、增速趋稳回升。2010年，全国高新技术产业营业收入大幅上涨，总额高达12.95万亿元，同比增长50.25%;2011年后增速逐步回落,到2015年营业收入增长至22.22万亿元,同比增速降至最低值2.27%;2016年,高新技术企业营业收入大幅增长,总额达26.11万亿元,同比增速大幅回升至17.49%;2017年,高新技术企业营业收入进一步大幅提升,其值高达30.71万亿元,同比增长17.60%,略高于2016年的水平(见图3—28)。

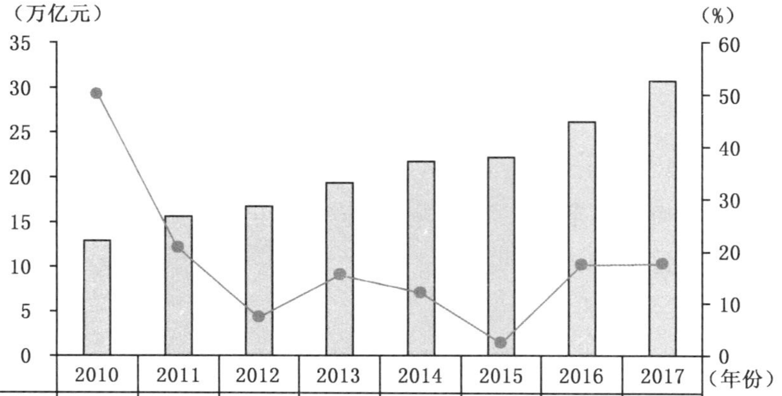

	2010	2011	2012	2013	2014	2015	2016	2017
营业收入	12.95	15.62	16.77	19.38	21.73	22.22	26.11	30.71
同比增速	50.25	20.63	7.37	15.56	12.11	2.27	17.49	17.60

资料来源:根据科技部数据绘制。

图3—28 2010年以来全国高新技术企业营业收入及其增速变化情况

从高新技术产业盈利情况来看,净利润增长回落后逐步加速。高新技术产业净利润与营业收入变化趋势基本一致,2010年,全国高新技术产业净利润大幅上涨,总额达9 806.7亿元,同比增长54.96%;2011—2012年增速大幅回落,2012年净利润较上年有所下降,降幅为0.96%;2013年后净利润逐年增长,增速波动中逐步趋升,到2016年高新技术企业净利润总额增长至18 859.7亿元,同比增速大幅回升至26.62%(见图3—29)。

近一年来新型制造业发展加快,发展质量和速度稳步提升,主要表现在:高新技术产业和战略性新兴产业增长较快。2017年第四季度,我国高新技术产业高速增长,其中,11月份高新技术产业工业增加值累计同比增速高达13.5%;2018年高新技术产业发展增速有所下降,但整体保持基本平稳,1—9月份,高新技术产业增加值同比增长11.8%(见图3—30);尽管

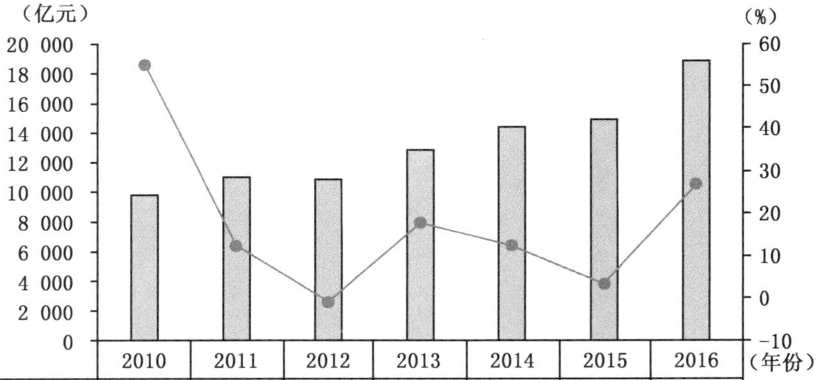

	2010	2011	2012	2013	2014	2015	2016
净利润	9 806.7	10 997.8	10 892.0	12 825.2	14 399.2	14 894.8	18 859.7
同比增速	54.96	12.15	-0.96	17.75	12.27	3.44	26.62

资料来源：根据科技部数据绘制。

图 3—29　2010 年以来全国高新技术企业净利润及其增速变化情况

增速较 2017 年有所下降，但仍处于相对高位，高于规模以上工业 5.6 个百分点，占规模以上工业增加值的比重为 13.4%，比 1—8 月份提高 0.2 个百分点；战略性新兴产业同比增长 8.8%，增速高于规模以上工业 2.4 个百分点，占规模以上工业增加值的比重为 18.5%，比 1—8 月份提高 0.1 个百分点①。新兴工业产品产量高速增长。2018 年 9 月，服务机器人、智能电视、3D 打印设备、生物基化学纤维、太阳能电池等新兴制造业产品保持高速增长，新能源汽车、工业机器人、集成电路产量同比分别增长 54.8%、9.3%和 11.7%。

同时，近一年来新兴产业投资增速持续回升。前三季度，高新技术制造业投资增长 14.9%，增速比 1—8 月份提高 2 个百分点，比全部制造业投资高 6.2 个百分点；制造业中技术改造投资增长 15.2%，增速比全部制造业投资高 6.5 个百分点②。

(3)新兴服务业拉动作用增强

---

① 文兼武，工业增长总体平稳 发展质量不断提升，国家统计局，2018-10-22，http://www.stats.gov.cn/tjsj/zxfb/201810/t20181022_1629130.html。

② 李俊波，固定资产投资增速缓中企稳，国家统计局，2018-10-22，http://www.stats.gov.cn/tjsj/sjjd/201808/t20180814_1615815.html。

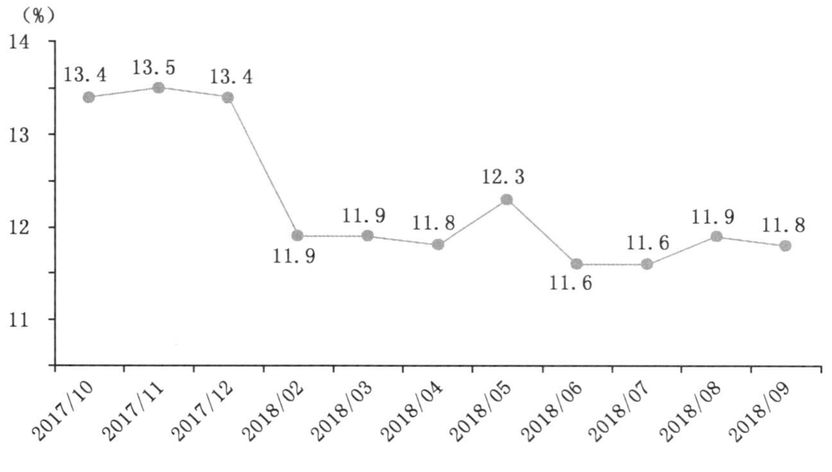

资料来源:根据科技部数据绘制。

图3—30 近一年全国高新技术产业工业增加值增速变化情况

新兴服务业蓬勃发展,增速远高于国民经济发展水平。近年来,随着我国创新创业环境的持续优化,市场活力与社会创造力充分释放,新兴服务业不断发展和壮大,成为推动经济转型升级、提质增效的重要力量。例如,卫星导航与位置服务业近年来一直持续高速发展,行业产值翻十倍以上。2007年,卫星导航与位置服务业产值为198亿元,同比增速高达55.9%;2008—2010年间产值继续保持增长,但增速逐年递减,2010年产值为505亿元,同比增长29.5%;2011—2013年间卫星导航与位置服务业增速有较大的波动,尽管2012年增速下降至15.7%,但仍远高于我国服务经济发展速度;2014年后,卫星导航与位置服务业产值增速波动中逐步趋缓,呈现出从超高速向高速发展过渡的态势;到2017年,卫星导航与位置服务业产值达2 550亿元,同比增长20.4%(见图3—31)。

新兴服务业迅速增长。2018年1—8月规模以上服务业企业中,战略性新兴服务业营业收入同比增长15.9%,科技服务业营业收入同比增长15.8%,高新技术服务业营业收入同比增长14.3%,增速分别快于全部规模以上服务业营业收入增速3.9个百分点、3.8个百分点和2.3个百分点。其中,数据处理和存储服务同比增长37.2%,新材料技术推广服务同比增长28.1%,互联网信息服务同比增长27.8%,互联网接入及相关服务同比增长20.7%。规模以上生产性服务业利润同比增长

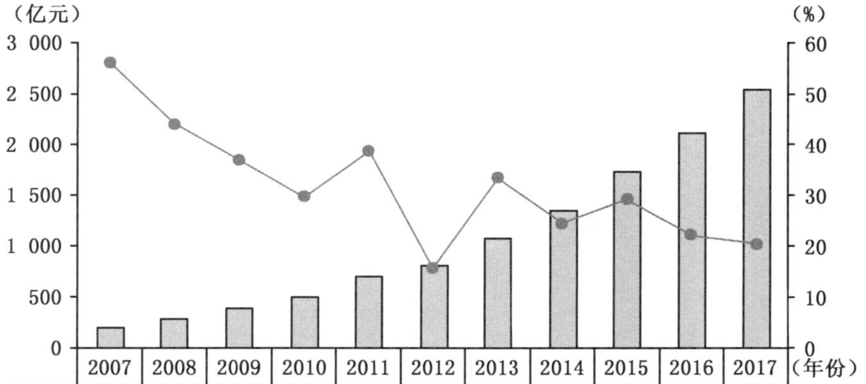

	2007	2008	2009	2010	2011	2012	2013	2014	2015	2016	2017
产值	198	285	390	505	700	810	1 080	1 343	1 735	2 118	2 550
增速	55.9	43.9	36.8	29.5	38.6	15.7	33.3	24.4	29.2	22.1	20.4

资料来源:根据科技部数据绘制。

图 3—31　近年来全国卫星导航与位置服务业产值及其增速变化情况

23.5%。从近一年发展情况来看,以软件业为代表的新兴服务业增速不断上升。2017 年第四季度,我国软件业收入高速增长,全年累计收入达 55 037 亿元,同比增长 13.9%;2018 年 2 月,软件业发展有较大幅度的下降,但 3 月开始逐月增加,1—9 月我国软件业收入达 44 989.8 亿元,同比增长 15.1%,高于 2017 年的最高值(见图 3—32)。

新消费发展较快。近一年来网上零售额高速增长,2017 年第四季度平均增速高达 40%;2018 年 2 月增速进一步上升,其值高达 43.0%,3 月份开始增速逐步下降;1—9 月,全国网上零售额 62 785 亿元,同比增长 28.7%。其中,实物商品网上零售额 47 938 亿元,增长 30.2%,占社会消费品零售总额的比重为 17.5%,比上年同期提高 3.5 个百分点;非实物商品网上零售额为 14 847 亿元,增长 24.1%(见图 3—33)。

3.2018 年新兴产业发展问题分析

(1)自主创新能力不强,陷入低端化发展老路

新兴产业核心技术的自主创新能力依然不强,尽管在一些领域取得突破,但整体上我国新兴产业核心技术、前沿技术的自主研发能力和创新能力依然较弱,很多环节尚不能自给自足,关键技术、关键零部件受制于人。1998 年以来,我国专有权利使用费和特许费贸易逆差逐年扩大,从 1998 年的 4 亿美元逐步扩大到 2017 年的 239 亿美元,2018 年前三季度

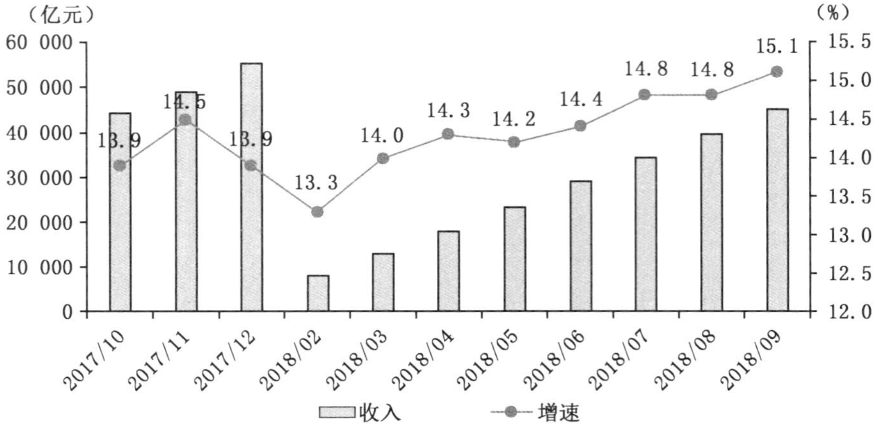

资料来源：根据工业和信息化部数据绘制。

图3—32 近一年软件业收入及其同比增速变化情况

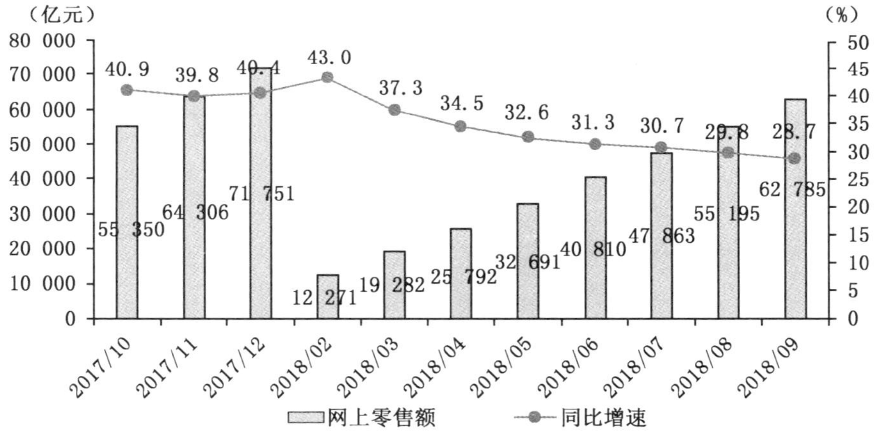

资料来源：根据工业和信息化部数据绘制。

图3—33 近一年网上零售额及其同比增速变化情况

高达236亿美元，预计2018年将超过250亿美元，多年来累计净进口额达2 308亿美元（见图3—34）。由于技术水平落后，我国制造业整体上大而不强，新兴产业高端产品供给还存在不足，包括在民航发动机、燃气轮机、特种材料、精密仪器、高端制造设备等关键零部件生产方面核心技术不足。有学者指出，我国制造业核心技术和高端技术的80%都需要依靠外资提供[①];我国90%以上的高档数控机床、90%的芯片、100%的光纤制造装备、85%的集成电路制造设备、80%的石化设备、70%的轿车工业装备需要进口,技术对外依赖度达到50%[②]。

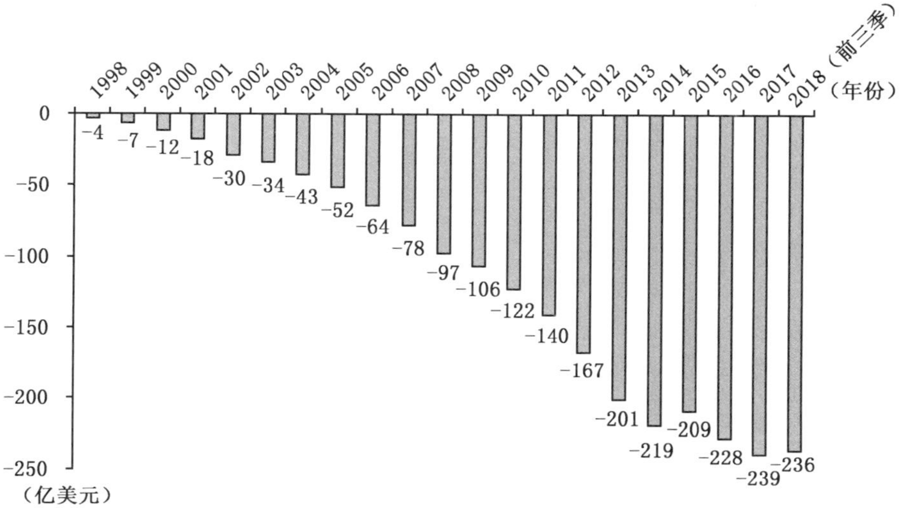

资料来源:根据国家外汇管理局数据绘制。

图3—34 1998年以来我国专有权利使用费和特许费贸易差额变化

从典型行业领域重点企业来看:半导体产业,全球前13名无1家中国大陆的企业,前13名中有6家是美国的,英特尔、高通、博通占据前三名,半导体产业中美国是绝对的霸主(见表3—9)。飞机制造产业,第一名是美国波音,全年营业收入超900亿美元,和第二名的欧洲空客几乎垄断200座以上的大飞机市场,而目前中国的商飞C919大飞机刚刚首飞,差距非常大。医疗器械产业,全球前十的企业中美国有6家,处于垄断地位,中国未有1家企业上榜[③]。

---

① 罗百辉. 中国制造业发展现状及其对策,价值中国网,2011.

② 刘动,王志永,李敬远,等. 浅谈中国加工制造业发展现状[J]. 中国科技博览,2015(16):171—171.

③ 中美19个产业强弱对比,差距比想象的大,《智能制造》公众号,2018.3。

表3—9　　半导体领域典型重点企业情况

名　称	研发支出（亿美元）	研发支出排名	同比增速（%）	销售额（亿美元）	销售额排名	同比增长（%）	研发销售比（%）
英特尔	127.4	1	5	563.13	1	7	22.40
高通	51.09	2	—7	154.36	4	—4	33.10
博通	31.88	3	—4	153.32	5	1	20.50
三星	28.81	4	11	435.35	2	4	6.50
东芝	27.77	5	—5	109.22	9	16	27.60
台积电	22.15	6	7	293.24	3	11	7.50
联发科	17.3	7	13	86.1	11	29	20.20
美光	16.81	8	5	128.42	7	—11	11.10
恩智浦	15.6	9	—6	94.98	10	—10	16.40
SK海力士	15.14	10	9	142.34	6	—15	10.20
英伟达	14.63	11	10	63.4	16	35	22
德州仪器	13.7	12	7	123.49	8	2	11
意法	13.36	13	—6	69.44	13	1	19.30

资料来源：《智能制造》公众号。

同时，我国新兴产业的发展仍多处于全球产业价值链分工较低环节。多年来，我国相对廉价的劳动力资源和国际产业资本结合，在支撑我国经济高速增长的同时，也固化了处于全球产业链上低端制造环节的不利定位，造成了我国以初级制造业（电子产品、纺织轻工、资源产品）为主的出口产品格局和以高端生产资料（数控机床、精密仪器、高端泵阀）为主的进口产品格局。这种以劳动需求密集、资源消耗大、出口产品价值低为主要特征的分工模式，既使我国产业升级受制于人，也使得我国产业增加值率和利润率不高。

（2）市场培育力度不足，新产品推广困难重重

创新产品供需对接方面，一些企业反映虽然有的创新产品性能已达到国内、国际领先水平，但国内用户不愿意承担使用国内产品的风险，在招标中设置了较高的门槛。创新产品的供需对接不到位，导致部分企业创新活力低下。一些民营企业反映，在申请专项建设基金过程中，如果没有国资背景或者政府担保，项目难以通过银行审批。

国际市场拓展方面，处于产业成长早期和国际化探索阶段的战略性新兴产业面临着众多经营难题。比如，企业新技术、新产品的市场规模优势尚未显现，不能迅速形成利润和具有持续创新的能力，致使有些新技术企业难以迅速成长。再如，国际市场环境的不确定性、国际化经验的缺失等导致我国战略性新兴企业进一步开拓国际市场的能力受限。尽管我国战略性新兴企业在国际市场上生存年限要高于一般企业平均值，但也呈现出国际市场开发不平衡、布局不完善、国内外市场不协调等不足，新兴产业国际市场的拓展能力略显不足。

市场环境方面，由于新兴领域发展变化快，新兴产业往往面临市场制度建设滞后等问题，如贵州省大数据行业缺乏高效、权威、可行的大数据交易制度，行业存在很多不规范的行为，导致客户信息存在泄露风险，影响大数据产业健康发展。国内专利侵权违法成本低，知识产权保护力度不够，如新的工业设计存在被模仿的风险。一些新兴行业的相关标准偏低，鼓励“低价中标”导致质次低价的产品充斥市场，优质的创新产品得不到很好的应用。

(3)新兴产业空间布局粗放，产业集群效应相对较弱

国家高新技术开发区建设取得了良好的成绩，但空间分布分散。为了推动我国高新技术产业的发展，1988 年 8 月中国国家高新技术产业化发展计划——“火炬计划”开始实施，创办高新技术产业开发区和高新技术创业服务中心被明确列入火炬计划的重要内容。截至 2017 年底，我国已建成国家级高新技术产业开发区 157 家，2017 年营业收入达 307 057.50 亿元，从业人员达 1 940.74 万人，为我国新兴产业的发展奠定了良好的基础。然而，我国国家级高新技术产业开发区遍布于全国 30 个省市区[①]，空间分布十分粗放，且多数开发区产业特色并不明显，并未形成良好的产业集群。

同时，新兴产业低端盲目扩张情况严重。地方政府新兴产业发展高度同质，主要依赖于政策驱动。在“中国制造 2025”地方行动计划或实施方案中，多数省市都提出发展芯片、高档数控机床、增材制造、工业机器人、动力电池、纳米材料、石墨烯等，加之资本市场的热捧，许多企业纷纷

① 西藏自治区无国家级高新技术产业开发区。

加大投资力度，低端盲目扩张现象严重，地区产业发展重点存在雷同。如在机器人领域，当前全国正在扎堆建设机器人产业园，大量“小、散、弱”的机器人制造企业主要依靠政策补贴而生存，国内机器人制造企业迅速扩张，但实际质量良莠不齐，不利于该产业的健康成长。

3.2.2 新兴产业多边贸易动态分析

1. 新兴产业进出口贸易整体态势

(1)进出口总额变化情况

新兴产业进出口快速扩张后趋于平稳。2000年以来，我国高新技术产业进出口快速增长，2003年增速高达52.36%，并于2004年开始增速逐步回落；受国际金融危机影响，2009年高新技术产业进出口大幅下降，进出口总额较2008年下降708亿美元，增速同比下降9.35%；2010年，高新技术产业进出口重回增长轨迹，但因2009年基数太低，其增速大幅提升，高达31.79%；2011年开始，高新技术产业进出口呈现逐步放缓的态势，并于2014年开始进出口总额出现负增长；2015年以来受很多国家对高新技术产品采取贸易保护措施及我国劳动力成本不断提升等多重因素的影响，2016年高新技术产业进出口总额大幅下降，其值为11 276.56亿美元，同比下降6.29%；2017年，高新技术产业进出口回归常态，因2016年基数过低，2017年增速迅速回升至10.98%，进出口总额达12 514.77亿美元，达历史最高值，为2000年高新技术产业进出口总额的14倍(见图3—35)。

(2)进口与出口变化对比

新兴产业进口与出口的差额逐步增大后趋于平稳。从高新技术产业进口与出口金额来看，2004年以前进口金额大于出口金额，但出口增速相对较快，高新技术产业贸易逆差逐步收窄；2004年后出口金额反超进口金额，高新技术产业贸易顺差逐步扩大，反映出我国高新技术产业的发展取得了一定的成效；2009年受国际金融危机的影响，我国高新技术产业进口与出口双双大幅下降，分别同比下降9.4%和9.3%；2010年，我国高新技术产业进口与出口均重回增长态势，其值分别为4 126.73亿美元和4 924.14亿美元，因2009年基数过低，其增速迅速反弹，分别为33.2%和30.7%；从2011年开始，进口与出口均继续保持上涨的态势，

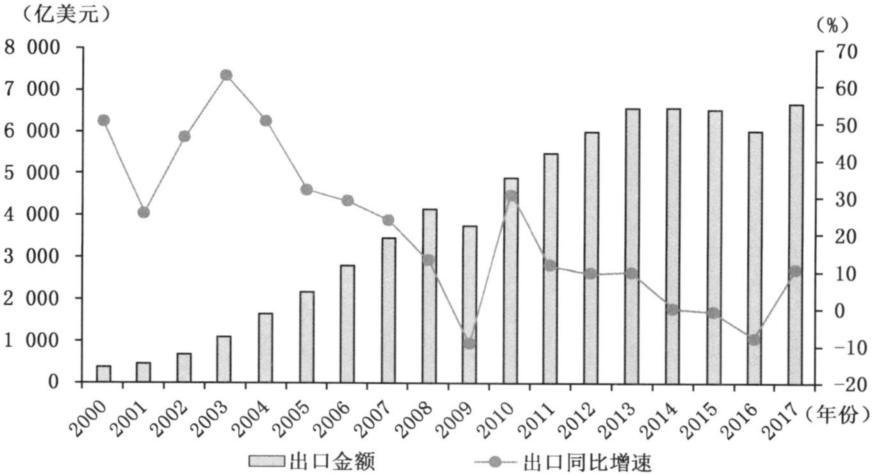

资料来源:根据海关总署数据绘制。

图3—35 2000年以来高新技术产业出口金额及其同比增速变化情况

但增速逐步趋缓,到2014年我国高新技术产业出口额达6 605.34亿美元,进口额达5 514.11亿美元,顺差高达1 091.23亿美元;2015年后高新技术产业进口额和出口额均趋于停滞甚至下滑,尤其2016年进口额和出口额均大幅下降,而出口下降幅度更大,贸易顺差逐步收窄;2017年高新技术产业进口与出口均回归常态,其值分别为5 840.34亿美元和6 674.44亿美元,因2016年基数较低,其增速迅速回升,分别为11.5%和10.6%。从高新技术产业进口与出口增速来看,2009年前出口额增速高于进口额增速,2009年后高新技术产业进出口增速趋于同步(见图3—36)。

(3)近一年进出口变化情况

近一年新兴产业进出口额快速增长,增速波动中逐步趋缓。2018年1月之前,我国高新技术产业进出口总额增速波动中趋升,增速相对较高,2018年1月同比增速高达31.65%;2018年2月进出口总额大幅下降,其值仅894.42亿美元,同比增速为14.26%;2018年3月进出口总额大幅提升,其后保持平稳缓慢增长的态势,而进出口增速在3—4月份缓慢提升之后,5月份开始呈波动中下降态势。2018年9月,高新技术产业进出口额为1 389.69亿元,同比增长14.96%(见图3—37)。

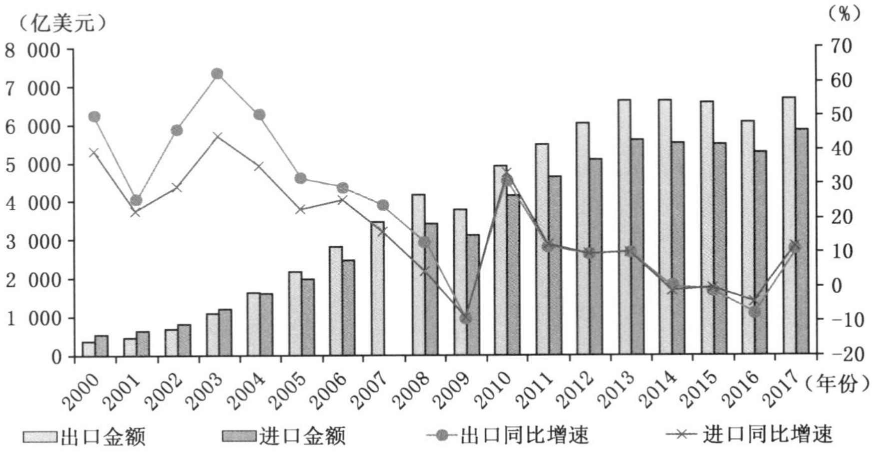

资料来源:根据海关总署数据绘制。

图3-36 2000年以来高新技术产业进口金额与出口金额及其同比增速变化情况

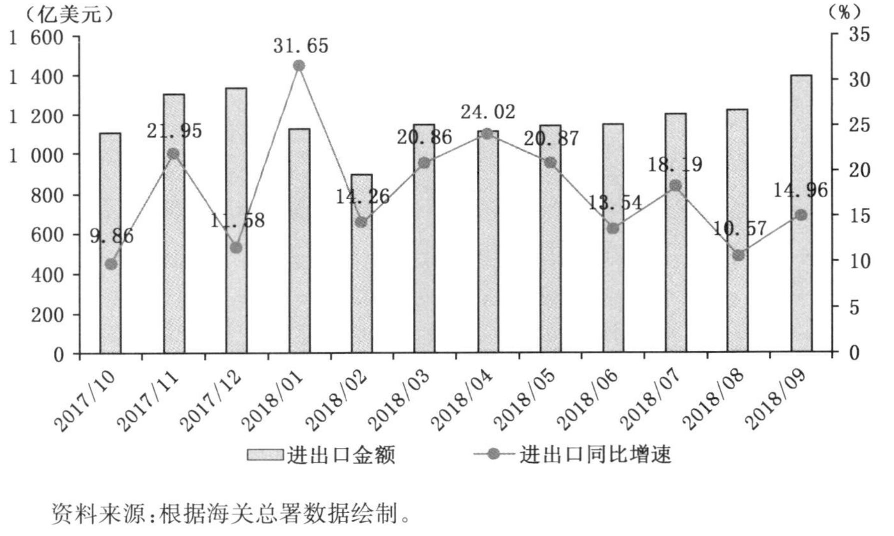

资料来源:根据海关总署数据绘制。

图3-37 近一年高新技术产业进出口金额及其同比增速变化情况

新兴产业进口增速大幅波动、出口增速平缓波动中逐步减小。从我国高新技术产业进口来看,2017年第四季度进口总额逐月平稳上升,增速波动较大,2017年12月进口额为595.38亿美元,同比增长5.91%;2018年1—2月进口额逐步下降,尤其2月份受春节休假等因素影响,进口额下降至 405.77 亿美元，同比增长 7.18%；2018 年 3 月进口额大幅反弹，之后保持平稳缓慢增长的态势，增速高位大幅波动，2018 年 9 月进口额为 678.13 亿美元，同比增长 14.6%。从我国高新技术产业出口来看，出口额与进口额的变化趋势相似，但同比增速波动幅度较小，2018 年 9 月我国高新技术产业出口额为 711.56 亿美元，同比增长 15.31%。2018 年 3 月份以来，高新技术产业出口增速持续低于进口增速，反映出中美贸易摩擦对我国新兴产业出口的阻碍作用(见图 3—38)。

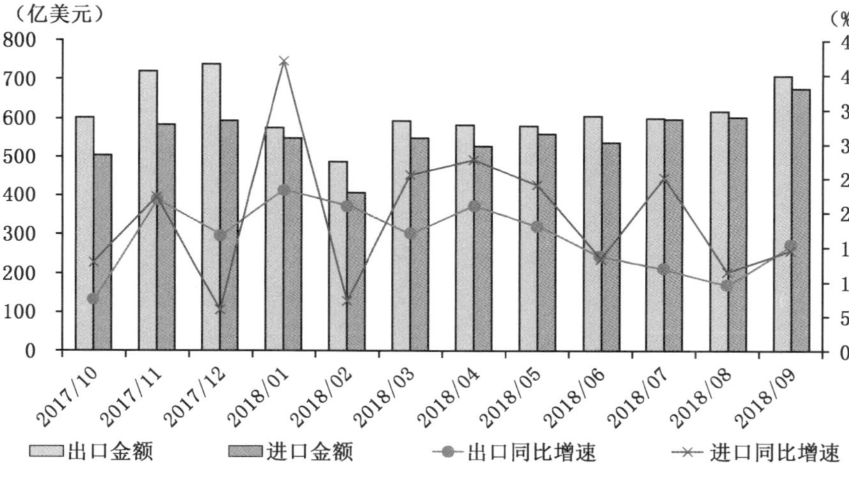

资料来源：根据海关总署数据绘制。

图 3—38　近一年高新技术产业进口金额与出口金额及其同比增速变化情况

2. 新兴产业进出口产品结构的变化

(1)新兴产业出口结构的变化

计算机与通信技术产业出口额大幅提升，在新兴产业出口中占绝对主导地位。2000 年，我国高新技术产业出口额由高到低依次为计算机与通信技术 270.09 亿美元、电子技术 58.45 亿美元、生命科学技术 13.75 亿美元等。随着我国加入 WTO，高新技术产业出口逐步加速，计算机与通信技术产业、电子技术产业增长尤为显著，2008 年出口额由高到低依次为计算机与通信技术 3 083.81 亿元、电子技术 554.40 亿元、光电技术 245.90 亿元等。2009 年受国际金融危机影响，计算机与通信技术产业出口大幅下降，而其他产业相对平稳；2010 年开始回归增长轨迹，电子技术产业 2014 年回落后企稳，而计算机与通信技术产业 2015 年开始回落，尤其 2016 年大幅下降，到 2017 年出现大幅回升，其中，手机出口的迅速增长起到了很大的推动作用。2017 年，计算机与通信技术产业出口额高达 4 577.79 亿美元，占高新技术产业出口总额的 68.59%；其次为电子技术产业，出口额为 1 193.34 亿美元，占高新技术产业出口总额的 17.88%；计算机与通信技术、电子技术产业合计占比高达 86.47%。总体来看，计算机与通信技术产业增长幅度很大，在我国高新技术产业出口中处于绝对主导地位，电子技术产业紧随其后，而其他类型产业出口所占份额较小（见图 3—39）。

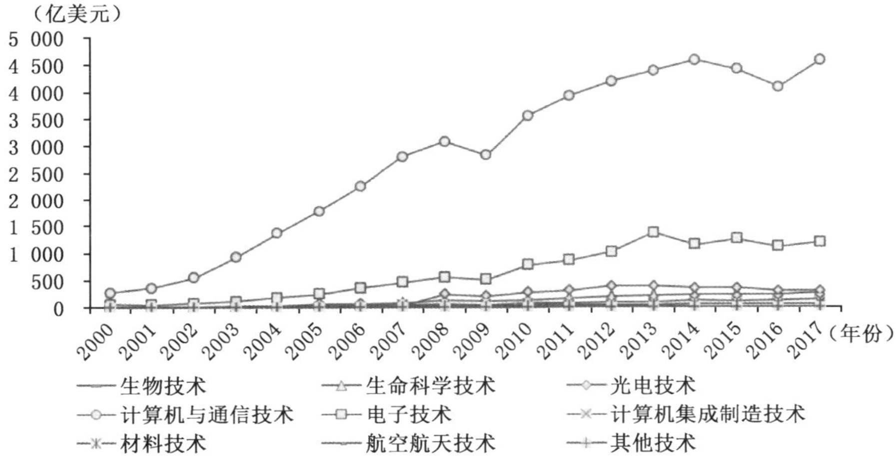

资料来源：根据海关总署数据绘制。

图 3—39　2000 年以来高新技术产业各细分领域出口金额变化情况

（2）新兴产业进口结构的变化

电子技术产业进口规模最大，并保持急速扩张的态势。电子技术产业进口额增幅最大，在高新技术产业的进口额占比从 2000 年的 36.80% 上升至 2017 年的 52.61%，增加的份额高达 15.81%，反映出我国以集成电路为代表的电子技术产业发展相对薄弱，以巨大的进口来弥补国内产业链的不足；计算机与通信技术产业进口额占比下降幅度最大，从 2000 年的 39.32%下降至 2017 年的 19.41%，下降份额高达 19.91%，反映出我国计算机与通信技术领域产业发展实力增强，形成了一定的进口替代；

光电技术进口额 2008 年迅速提升，市场份额跃居高新技术产业中的第 3 位，且基本维持现状；其他类型产业也有不同程度的增长，但幅度相对较小。2017 年，电子技术产业进口额高达 3 072.50 亿美元，占高新技术产业进口总额的 52.61%；其次为计算机与通信技术产业，进口额为 1 133.70 亿美元，占高新技术产业进口总额的 19.41%。电子技术产业和计算机与通信技术产业两者合计占高新技术产业进口总额的 72.02%（见图 3—40）。

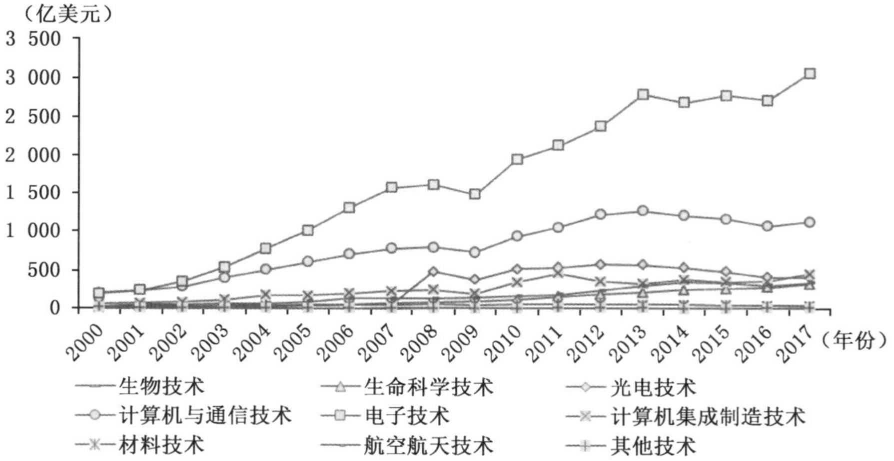

资料来源：根据海关总署数据绘制。

图 3—40　2000 年以来高新技术产业各细分领域进口金额变化情况

3. 新兴产业进出口市场结构

(1)新兴产业出口市场结构

2016 年，我国高新技术产品出口的前五大贸易伙伴与 2015 年相比未发生变化，仅比例结构稍有变化。这 5 个国家或地区分别是中国香港、美国、韩国、日本和荷兰，所占比重分别为 27.1%、18.9%、6.0%、5.6%和 4.3%。高新技术产品进口排前 5 位的国家或地区分别是韩国、中国台湾、美国、日本和马来西亚，所占比重分别为 18.9%、18.2%、9.3%、8.4%和 6.0%[①]。

① 科技部，2016 年我国高新技术产品贸易状况分析。

高新技术产品进口从技术领域分布看，计算机与通信技术进口主要来自东盟和韩国，二者分别占我国该技术领域进口的22.1%和13.5%，日本位列第三，占比8.0%；电子技术进口主要来自台澎金马关税区、韩国和东盟，三者分别占我国该技术领域进口的29.7%、21.0%和18.9%；航空航天技术进口则主要来源于美国和欧盟，二者分别占我国该技术领域的55.1%和33.5%。

高技术产品出口从技术领域分布看，计算机与通信技术出口地主要为中国香港、美国和欧盟，三者所占比重分别为24.7%、23.5%和14.8%；电子技术出口主要集中在香港地区，占该技术领域出口的45.0%，其次为东盟、台澎金马关税区和韩国，分别占11.2%、9.5%和8.4%；航空航天技术领域主要出口美国、中国香港和欧盟，分别占该技术领域出口的26.4%、21.2%和13.9%。

(2)"一带一路"国家新兴产业进出口情况

"一带一路"发展战略的实施给我国高新技术产品贸易带来了明显的增长效应。按照"一带一路"沿线64个国家的口径计算，2016年我国对"一带一路"国家产品进口占总额的16.2%。尤为重要的是，在2016年我国高新技术产品贸易整体"双降"的背景下，"一带一路"国家实现了进出口双增长，进出口额分别较2015年提高0.8个百分点和1.4个百分点。

近年来，我国对"一带一路"国家新兴产业的出口持续，计算机与通信技术出口所占份额最高。2017年，我国对"一带一路"国家的出口商品中，通信设备类(第8517目：电话机；其他发送或接收声音、图像或其他数据用的设备)的出口额最大，达649.9亿美元，占我国对"一带一路"国家出口总额的8.39%；其次为计算机类(第8471目：自动数据处理设备及其部件；其他品目未列名的磁性或光学阅读机、将数据以代码形式转录到数据记录媒体的机器及处理这些数据的机器)，出口额为248.5亿美元，出口额比重为3.21%。从2013—2017年的出口额同比增速看，在中国对"一带一路"国家出口额排名前5位的商品中，通信设备类的出口额从2013年的471.7亿美元增至2017年的649.9亿美元，2017年同比增速达18.3%(见图3—41)。

近年来，中国对"一带一路"国家进口的集成电路金额渐升，超过了石

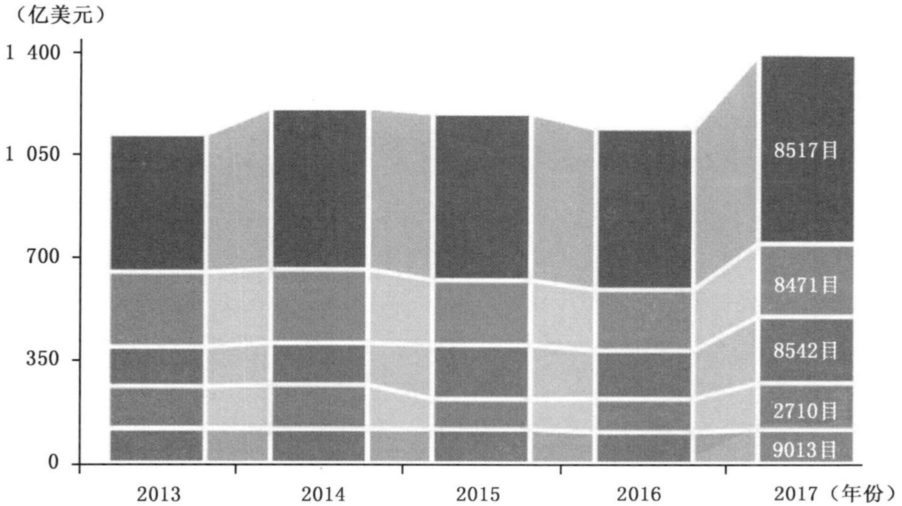

资料来源：根据国家信息中心数据绘制。

图 3－41　中国对"一带一路"国家出口前五位的商品近 5 年出口额

油进口额，位居榜首。2017 年，中国对"一带一路"国家的进口商品中，集成电路（第 8542 目）进口额最大，达 1 139.8 亿美元，占中国自"一带一路"国家进口总额的 17.1%。从 2013－2017 年的进口额同比增速看，在中国自"一带一路"国家进口额排名前 5 位的商品中，集成电路进口额呈波动上升趋势，2015 年超过了石油类产品，成为进口额最大的商品；受原油价格下跌的影响，石油类产品自 2015 年起大幅下降，2017 年出现较为明显的回升；其他类商品进口额变化相对较小（见图 3－42）。

4. 进出口贸易对新兴产业的支撑作用

(1)出口贸易对新兴产业的拉动作用

新兴产业出口额增速总体高于工业增加值增速，出口贸易对新兴产业的发展产生一定的拉动作用，但依存度逐步降低。2001 年我国加入 WTO 之后，新兴产业出口快速发展，并带动新兴产业增加值快速提升，2002－2006 年高新技术产业出口额增速分别高于工业增加值增速 18.87 个百分点、24.41 个百分点、14.98 个百分点、6.78 个百分点、0.21 个百分点，高新技术产业出口额在高新技术产业总产值中的占比逐年增加，从 2000 年的 20.78%提升至 2005 年的 32.05%，2006 年后随着高新技术产

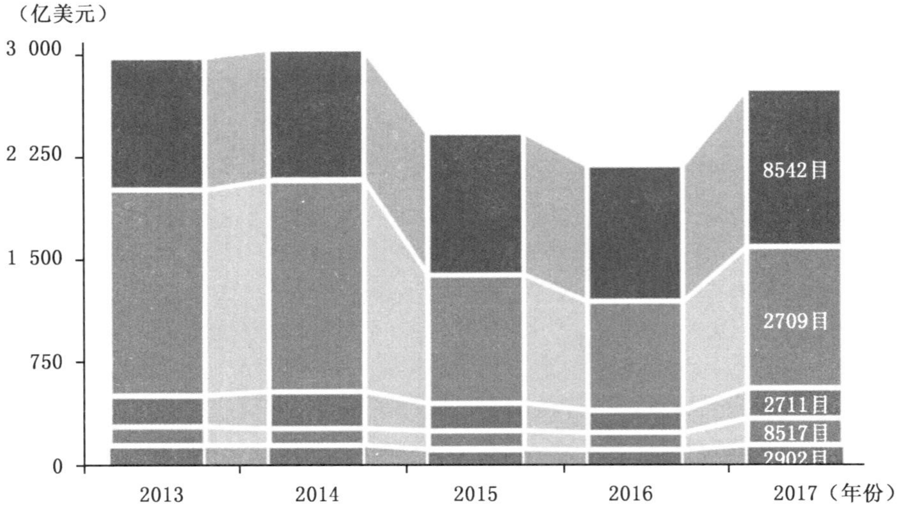

资料来源:根据国家信息中心数据绘制。

图 3—42 中国从"一带一路"国家进口前五位的商品近 5 年进口额

业出口的快速下滑,高新技术产业增加值增速逐步放缓,高新技术产业对出口的依存度逐步降低①(见图 3—43 和图 3—44)。

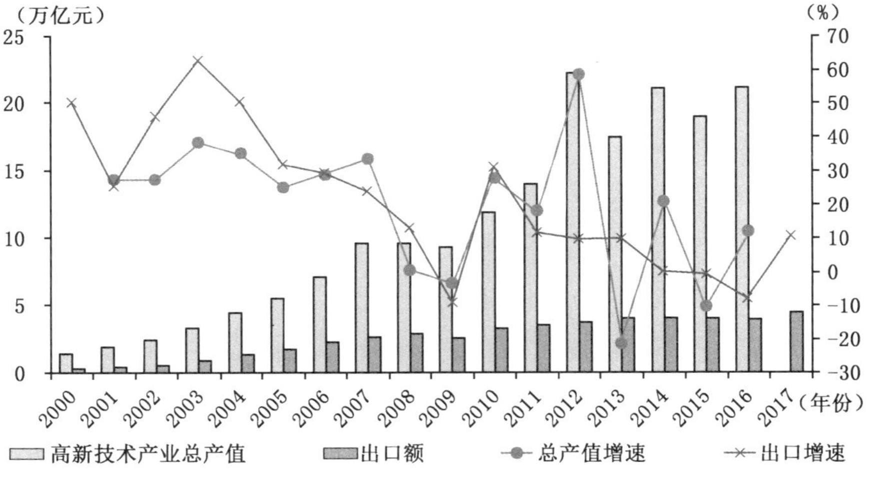

资料来源:根据科技部、海关总署数据绘制。

图 3—43 2000 年以来高新技术产业工业总产值及出口额变化对比情况

① 2017 年全国高新技术产业总产值数据缺失。

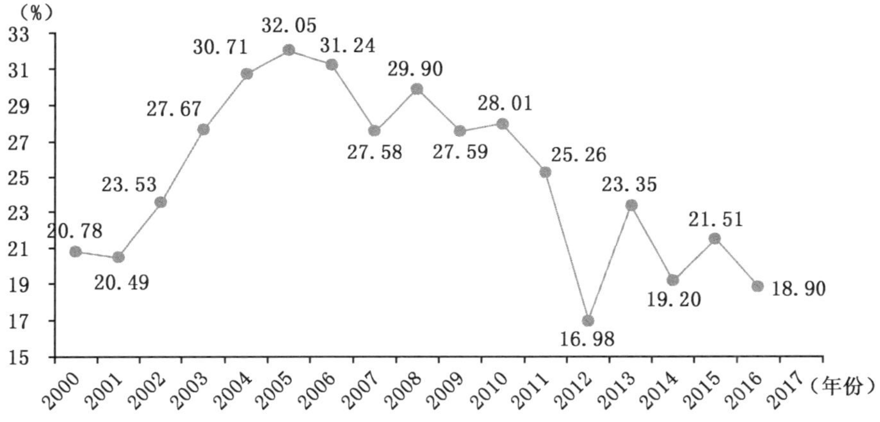

资料来源:根据科技部、海关总署数据绘制。

图 3—44　2000 年以来出口在高新技术产业中的占比变化情况

(2)进口贸易对新兴产业发展的支撑

以集成电路为代表的新兴产业进口,弥补国内产业体系的不足,支撑了我国新兴产业的发展。电子技术产业进口额增幅最大,在高新技术产业进口额的占比从 2000 年的 36.80%上升至 2017 年的 52.61%,上升的份额高达 15.81%(见图 3—45)。

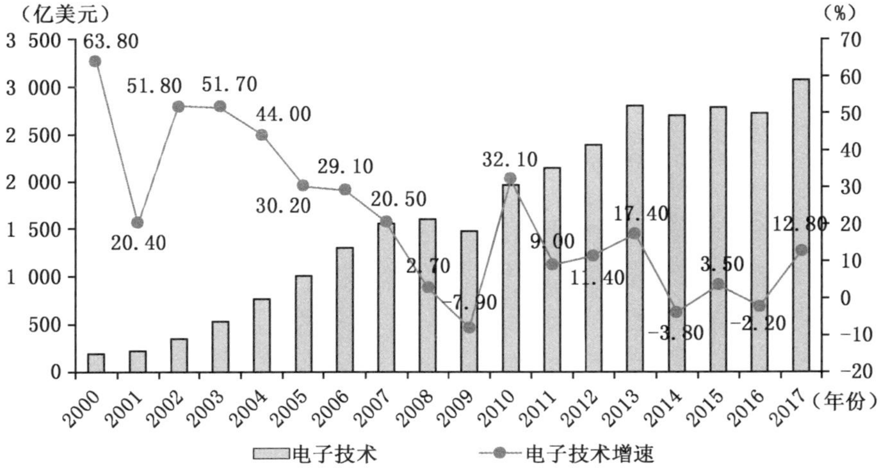

资料来源:根据科技部、海关总署数据绘制。

图 3—45　2000 年以来电子技术产业进口额及其增速变化情况

(3)技术贸易对新兴产业发展的支撑

技术贸易进口高速增长,成为我国新兴产业发展的基石。专有权利使用费和特许费进口额从 2000 年的 106.05 亿元提高到 2017 年的 1 931.01 亿元,二十多年翻了 18 倍,平均增速高达 20%左右,尤其在 2001 年、2002 年我国加入 WTO 初期,专有权利使用费和特许费进口额增速分别高达 51.26%和 60.68%(见图 3—46)。

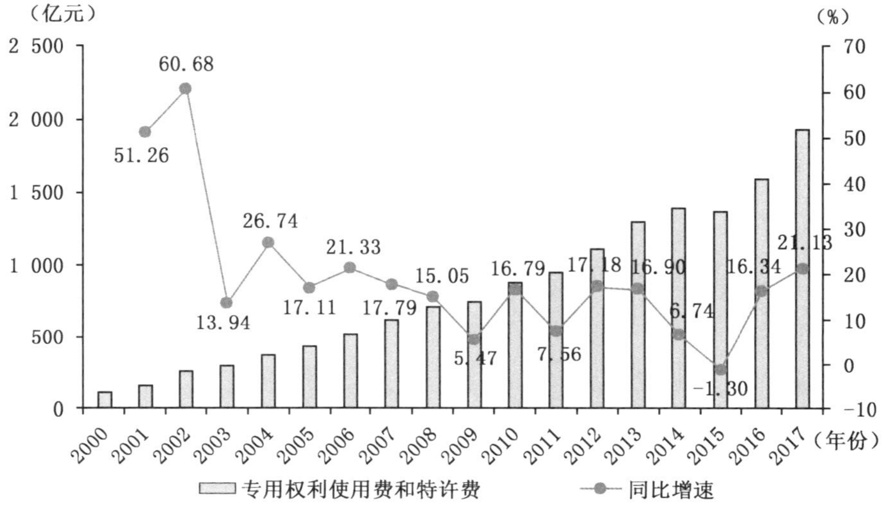

资料来源:根据科技部、海关总署数据绘制。

图 3—46　2000 年以来专利技术进口额及其增速变化情况

3.2.3　进出口贸易对新兴产业发展的影响

1. 进出口贸易对新兴产业发展的影响路径分析

(1)进出口贸易促进新兴产业生产要素积累

对外贸易能促进国内的资本积累,进而增加人力资本、技术资本等要素的积累,而这些要素是促进产业发展的重要条件。同时,受到规模报酬效应的影响,一国要素资本的积累会带来要素流动,加速产业发展。

①资本积累。中国新兴产业在资本投入方面和发达国家相比还有较大的差距,因而资本积累在促进高技术产业发展方面具有较大的回报效应。在比较优势的作用下,通过进口取得国际分工的利益,大大地节约了生产成本和社会劳动力,进而提高出口的相对收益率,意味着资本劳动比

率即人均资本水平的上升。同时,吸引外商直接投资或资本品进口,形成“静态的资本积累”,将直接提高资本积累水平。因此,国际贸易是参与国之间资本流动的过程,生产函数将随之扩张。此外,通过出口获得外汇,企业获取利润的同时积累外汇资本,促使非贸易行业资源转移,加大外贸企业的资本投入。通过规模报酬效应,资本积累带来资本流入,形成良性循环,促进新兴产业发展。

②人力资本积累。人力资本积累具有两重含义,就中国而言,首先,随着产业规模的扩大,普通劳动者的数量会大幅增加。其次,要符合参与国际竞争的要求,加大技术人员、研发人员的人力资本投入,包括对产业内部员工的培训以及直接吸引国际上优秀员工加盟,促使人力资本增加。随着我国对外贸易程度的加强,经济技术水平、教育水平的提高,高技术产业以其高回报、高收益、污染小等特点,吸引着大量的人才。不同行业对外贸易水平不同有利于优化我国的就业结构,例如,计算机和通信技术类产品占我国高新技术产品出口的比重均为68.59%,相对地,从事这类行业的人员为881万人,占高新技术产业从业人员的55%以上。

(2)进出口贸易促进新兴产业技术进步

在开放经济的条件下,产业发展受到国际市场各种复杂因素的影响,创新压力较大,产业创新不仅受到世界发展水平的制约,而且根据世界分工的要求,我国进行技术创新的范围会被局限于具有特定优势的产业。对外贸易是经济增长的“发动机”,同时先进技术设备的进口可以帮助提升国内相关产业的技术水平,一旦被消化以后,就会有效地缩短与出口国家之间的技术差距。

新兴产业的进口分为初级产品、中间产品、最终产品。其中,中间产品涉及的产业链条较长,一方面,对下游产业产生竞争压力,促使下游产业蓬勃发展,另一方面,促进前向产业专业化分工和标准化发展。通过最终产品的进口,发达国家可以向我国同时输出与贸易有关的技术、性能、参数等,从而发生了“技术外溢”,使我国新兴产业技术水平能够在低成本下较快地提高,而这个过程通过“干中学”来完成。新兴产业的进口可满足国内市场对外国产品的潜在需求,引起国内生产投资方向的变化,激发国内创新意识,并通过模仿、“技术外溢”等效应,提高自主创新能力。同时,国外优秀产品的进入会对本土的企业造成竞争压力,有助于行业内更快地学习和创新，促进产业技术实力的增长①。

(3)进出口贸易促进高新技术产业规模扩张

对外贸易可以改变新兴产业的市场条件，开拓产品供求市场，带来国外需求。随着非洲经济环境以及安全环境的明显改善，非洲地区的经济战略地位不断上升，近年来我国积极开拓非洲市场，2017 年向非洲地区出口的货物总值达到 947.39 亿美元。

此外，通过进出口贸易，国内市场不再处于封闭状态，国内消费者对全新产品、创新性产品的需求增加，促使国内技术产业快速发展。国内企业需要不断开发潜力，与国外企业竞争，以此形成产品供给增加，价格下降，产品种类增加的形势，反过来进一步促进国内需求增长。例如，苹果手机在全球市场走红，在国内用户体验了苹果等智能系统以后，对智能手机的需求大幅增加，国内手机品牌如华为、小米等必须与国外市场竞争，提高手机性能的同时使智能手机价格下降，产品种类增加。

2. 国际贸易摩擦对新兴产业发展的影响

(1)国际贸易摩擦

2008 年全球金融危机爆发以来，全球贸易增长持续低迷，以大规模跨国投资驱动、高增长中间品贸易为特征的全球价值链步入深度结构调整期，原有的以"消费国—生产国—资源国"为核心链条的全球贸易"大循环"变得愈发不可持续。在此背景下，一些处于全球价值链中低端的新兴经济体，通过创新驱动不断向全球价值链中高端发展，推动整个全球价值链重构。以中国为例，制造业参与全球价值链重构存在两种趋势：一是不断提升自身在全球价值链中的地位；二是增加全球价值链的参与度。这些趋势一方面体现了中国深入参与经济全球化，从"制造业大国"向"制造业强国"迈进；另一方面也导致中国成为全球遭遇贸易摩擦最严重的经济体，并且电子设备、机械与设备制造业等制造业部门是遭受反倾销措施的"重灾区"。

2017 年 8 月，美国总统特朗普签署总统备忘录授意美国贸易代表办公室对中国发起"301 调查"，拉开了中美新一轮贸易摩擦的序幕。随后，中美贸易摩擦愈演愈烈，涉及面也越来越大。2018 年 6 月 15 日，美国白

① 魏然．我国高技术产品对外贸易对产业增长的影响研究[D]. 北京交通大学，2014.

宫宣布对从中国进口的、含重要工业技术的500亿美元商品征收25%的关税，并提到这些商品与“中国制造2025”相关。美国贸易代表办公室发布了包含1 102种商品的征税清单，其中包括航空航天、信息通信技术、机器人技术、工业设备、新材料和汽车等新兴产业领域。中国方面立即做出回应，宣布对美国出口至中国的695项、价值约500亿美元的商品加收关税，主要包括农产品、汽车、水产品、化工品、医疗设备、能源产品等。

(2)贸易摩擦对我国新兴产业发展的影响

从供给侧来看，通过设置技术转移壁垒，以阻止中资企业并购或高技术元器件供应链的限制，直接或间接削弱我国新兴产业企业研发、创新的能力和效率。中美贸易摩擦中，美国主要针对我国与发达国家处在并行水平的产业领域，在这些领域我国并非承接产业转移，而是需要自主创新，主要通过加大技术转移壁垒进行限制(见图3—47)。

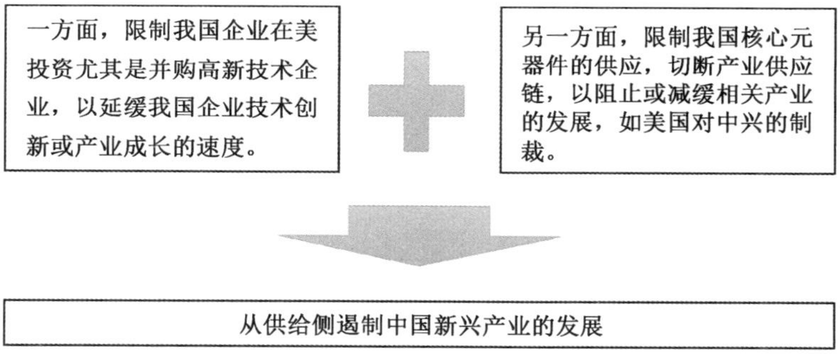

图3—47　美国从供给侧遏制中国新兴产业发展的主要途径

从需求侧来看，中国新兴产业很大程度上依赖于外需，美国对我国新兴产业的产品提高关税，间接提高其销售价格，削弱其竞争优势，进而压缩国际市场需求空间。中国新兴产业的市场与传统产业一样，很大程度上依赖于外需。对产自于我国的某些新兴产业的产品提高关税，直接地提高了该产业产品的销售价格，从而遏制了其在美国的市场需求空间，这是从市场方面影响我国新兴产业成长速度的最大因素。

3.2.4　本节小结

新兴产业发展态势良好，其中，现代农业发展突出；新型制造业保持较快增长，2017年高新技术企业营业收入高达30.71万亿元，同比增长 17.60%，全国高新技术产业工业增加值增速保持 10%以上的高速发展态势；新兴服务业拉动作用增强，卫星导航与位置服务业、软件业等迅速发展，网络零售、新零售等新兴业态高速增长。同时，新兴产业发展面临着自主创新能力不强、处于价值链中低端，市场培育力度不足、新产品推广困难重重，新兴产业空间布局分散、产业集群效应相对较弱等问题。

从新兴产业进出口贸易来看，新兴产业进出口总额快速扩张后趋于平稳、贸易顺差趋于减小；计算机与通信技术产业出口额大幅提升、在新兴产业出口中占绝对主导地位，而以集成电路为代表的电子技术产业进口规模最大，并保持急速扩张的态势；高新技术产品出口市场主要分布在中国香港、美国、韩国、日本和荷兰，进口市场主要分布在韩国、中国台湾、美国、日本和马来西亚，而“一带一路”国家新兴产业进出口缓慢提升。

同时，进出口贸易对新兴产业发展产生支撑作用，主要体现在出口贸易对新兴产业发展的拉动作用、以集成电路为代表的新兴产业进口弥补国内产业体系的不足、技术贸易进口成为我国新兴技术产业快速发展的基石等方面。进出口贸易对新兴产业发展的影响主要体现在促进人才与技术等要素积累、促进新兴产业技术进步、促进高新技术产业规模扩张等方面，同时以中美贸易摩擦为代表的国际贸易摩擦日益加剧，从供给与需求两个方面对我国新兴产业的发展产生影响。

3.3 基于多边贸易视角的大类产业发展比较分析

3.3.1 传统产业与新兴产业发展差异性分析

1. 新兴产业营业收入增速高于传统产业

从营业收入增速来看，新兴产业整体高于传统产业。2010 年以来，全国各行业发展从高速发展逐步向中高速发展过渡，2016 年开始营业收入企稳回升。其中，以高新技术产业为代表的新兴产业 2010 年主营业务收入增速高达 50.25%，2011 年大幅下降至 20.63%，之后波动中趋缓，

2015 年低至 2.27%，2016 年大幅回升至 17.49%，2017 年进一步提升至 17.60%；而以煤炭、纺织等十八大典型行业为代表的传统产业 2010 年主营业务收入增速为 29.13%，从 2011 年开始逐年下滑，到 2015 年主营业务收入同比下降 4.47%，2016 年呈现企稳回升的态势，增速转负为正，达到 1.92%的弱增长，2017 年增速进一步放缓，其值为 1.08%。整体来看，新兴产业主营业务收入增长快于传统产业，从 2010 年以来新兴产业平均增速高于传统产业 8.72 个百分点(见图 3—48)。

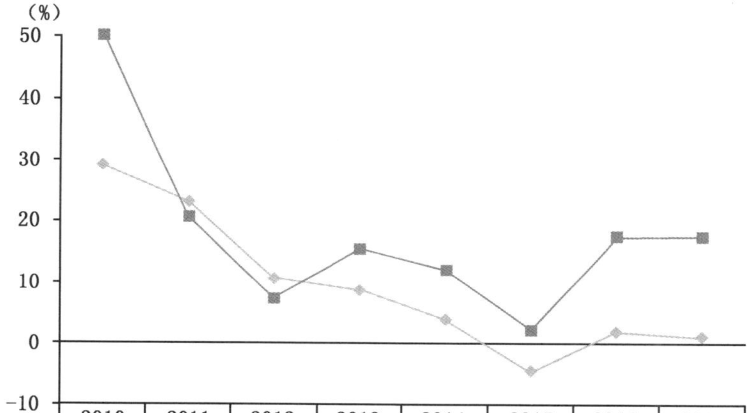

	2010	2011	2012	2013	2014	2015	2016	2017 (年份)
传统产业	29.13	23.02	10.58	8.75	3.88	-4.47	1.92	1.08
新兴产业	50.25	20.63	7.37	15.56	12.11	2.27	17.49	17.60

资料来源：根据国家统计局数据绘制。

图 3—48　2010 年以来传统产业与新兴产业主营业务收入增速比较

2. 新兴产业盈利能力优于传统产业

从利润总额增速来看，新兴产业盈利能力优于传统产业。从 2010 年以来，全国各行业盈利能力均有不同程度的下降。2010 年，高新技术产业和传统产业九大典型行业利润总额增速均高达 50%以上，分别为 54.96%和 53.03%；2011 年，两大类产业利润总额增速分别下降至 12.15%和 12.23%，下降幅度和趋势基本一致；2012 年开始，传统产业和新兴产业增速逐步分化，其中，新兴产业利润总额增速小幅下降至－0.92%，之后波动中趋升，2016 年增速达 26.62%，而传统产业 2012 年大幅下降至－10.12%，之后在低位震荡，到 2015 年连续四年维持 10%左右的下降速度，到 2016 年增速大幅回升至 42.86%。总体来看，新兴产业利润总额增速高于传统产业，2010年以来平均增速高于传统产业8.08个百分点，说明新兴产业盈利能力相对较强，而传统产业盈利能力相对较弱（见图3—49）。

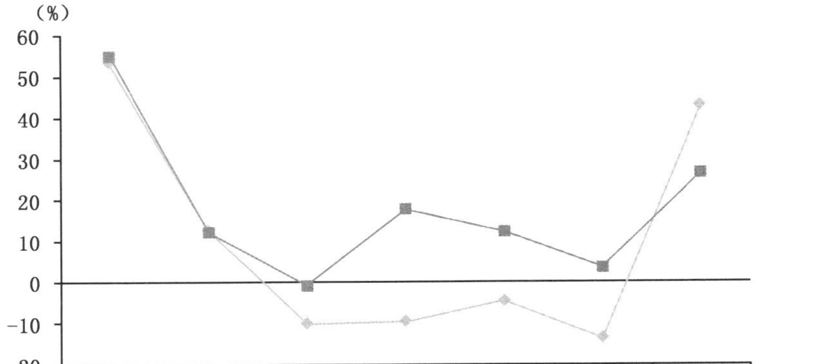

	2010	2011	2012	2013	2014	2015	2016
传统产业	53.03	12.23	-10.12	-9.82	-4.82	-13.73	42.86
新兴产业	54.96	12.15	-0.96	17.75	12.27	3.44	26.62

资料来源：根据国家统计局数据绘制。

图3—49　2010年以来传统产业与新兴产业利润总额增速比较

3. 新兴产业进出口增速与传统产业趋同

从进出口总额增速来看，新兴产业进出口增速与传统产业逐步趋同。2008年国际金融危机前新兴产业进出口总额增速明显高于传统产业，2001—2007年以高新技术产业为代表的新兴产业进出口平均增速为32.70%，而同期以十八大典型行业为代表的传统产业平均增速为19.63%，低于新兴产业13个百分点；2008—2010年传统产业和新兴产业进出口均大幅波动，从2011年开始新兴产业进出口增速率先大幅下降，从2012年开始传统产业进出口增速亦大幅下降，与新兴产业均保持下降态势；2017年传统产业与新兴产业进出口均实现回升，分别达14.47%和10.98%（见图3—50）。

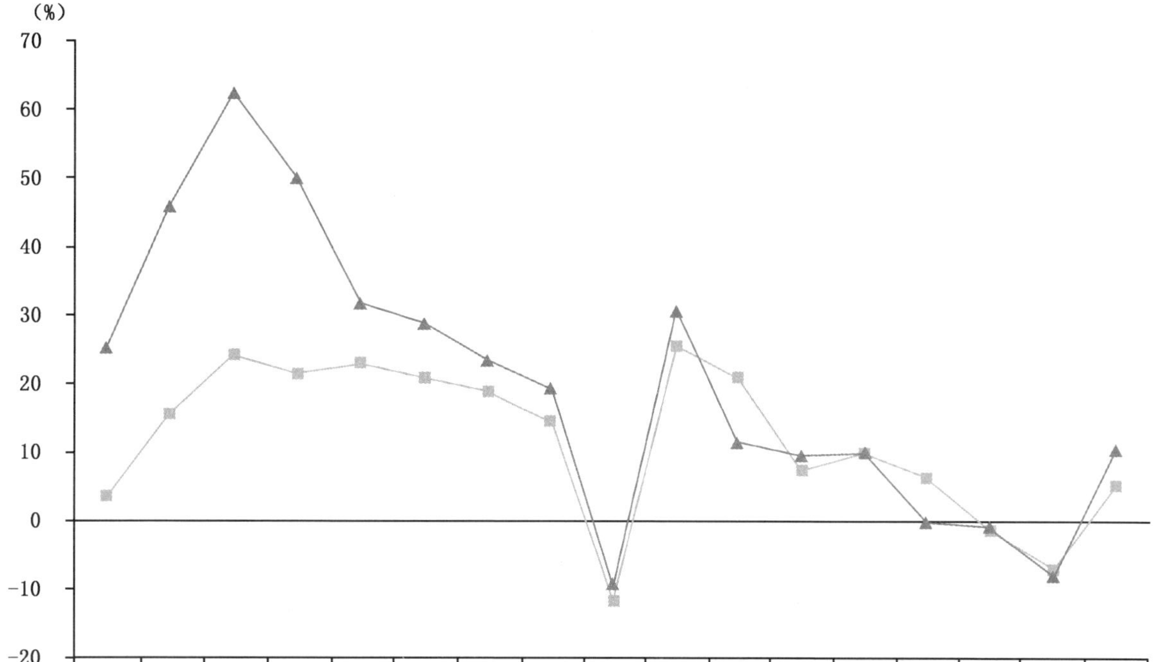

	2001	2002	2003	2004	2005	2006	2007	2008	2009	2010	2011	2012	2013	2014	2015	2016	2017
传统产业出口增速	3.59	15.64	24.15	21.40	23.00	21.08	18.89	14.46	-11.4	25.45	21.02	7.41	9.87	6.32	-1.36	-6.98	5.13
新兴产业出口增速	25.41	46.08	62.56	50.05	31.84	28.98	23.57	19.49	-9.31	30.65	11.45	9.55	9.84	0.03	-0.81	-7.84	10.53

资料来源：根据国家统计局数据绘制。

图 3-50　2001 年以来传统产业与新兴产业进出口增速比较

3.3.2 传统产业与新兴产业结构变化及其内在关联

1. 传统产业结构变化分析

投资品产业所占份额逐步下降，消费品产业所占份额逐步上升[①]。2005年以来，18类传统产业典型行业中黑色金属冶炼和压延加工业、石油和天然气开采业等投资品产业在产业体系中的占比逐步下降，其中，黑色金属冶炼和压延加工业主营业务收入在18类传统产业典型行业中的占比从2005年的20.77%下降到2017年的15.36%，下降5.41个百分点，石油和天然气开采业占比从2005年的5.92%下降至2017年的1.74%，石油、煤炭及其他燃料加工业从2005年的11.57%下降至2017年的9.28%，而有色金属冶炼和压延加工业相对特殊，在产业体系中的占比有所上升；农副食品加工业、食品制造业等消费品产业在产业体系中的占比逐步上升，其中，农副食品加工业从2005年的9.97%上升至2017年的14.68%，食品制造业从2005年的3.53%上升至2017年的5.27%，酒、饮料和精制茶制造业从2005年的2.94%上升至2017年的4.02%，而纺织业相对特殊，占比有所下降(见图3—51)。

2. 传统产业与新兴产业发展的内在关联

(1)新兴产业促进传统产业转型和升级

新兴产业在传统产业发达的地区落地生根，形成生机蓬勃的新兴产业集群，并基于产业链的传导效应为传统产业的发展提供新机会，通过知识溢出、技术扩散等方面不断推动传统产业转型和升级[②]。例如，互联网技术的高速发展改变了传统产业的营销模式，传统的基于实体店的营销模式被互联网技术基础上的B2C、C2C等模式所取代，传统的、依托平面媒体进行广告投放的模式正为各种移动互联网下的各种智能终端所取代，传统的、依托线下了解消费者需求的模式正为网络形态的在线感知模式所取代等。

(2)传统产业形成新兴产业的需求驱动

---

① 投资品产业是指产品用于再生产的产业，主要包括金属冶炼行业、石油行业等；消费品产业是指产品用于最终消费的产业，主要包括食品加工业、食品制造业等。

② 杨萍．我国战略性新兴产业与传统产业协同发展路径研究[J]．改革与战略，2014(12)：125—127.

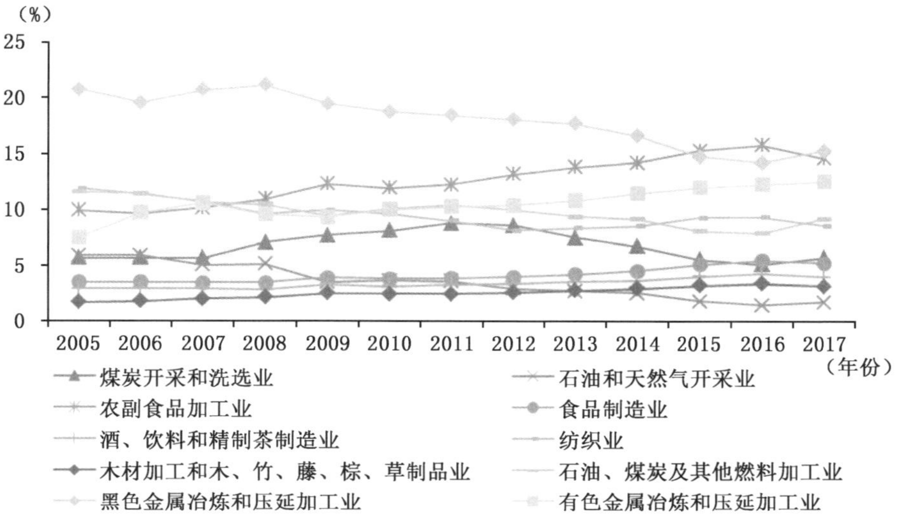

资料来源:根据国家统计局数据绘制。

图 3—51　传统产业典型行业主营业务收入占比变化情况

传统产业在发展过程中暴露出的资源利用效率低下、单位产品高能耗等现实问题,成为制约我国经济建设实现可持续健康发展的亟待突破的“瓶颈”问题,传统产业亟须通过新技术的有效应用形成新的发展路径。因此,传统产业的发展为新兴产业提供了更好的支撑和新的市场需求,有利于新兴产业集群的进一步发展,有助于促进新兴产业与传统产业联动、共生发展。以汽车产业为例,1999—2011 年间我国汽车产业呈持续发展态势,汽车生产总量由 1999 年的 183.2 万辆增长到 2011 年的 1 841.64 万辆。在实现高度发展的同时,汽车产业发展中也暴露出高能耗、高排放、低技术含量等现实问题,汽车产业的发展亟须重大技术创新。建立在燃料电池等新能源技术基础上的新能源汽车以清洁燃料作为动力来源替代传统汽车的内燃电动机,综合使用动力控制和驱动方面的先进技术。新能源汽车一方面重构了传统汽车的基本结构,甚至引致整个汽车产业链的重构,另一方面又极大地降低了汽车使用过程中的能耗和排放。2011 年以来,新能源汽车生产呈高速发展的态势,增速远高于传统汽车生产的增速(见图 3—52)。

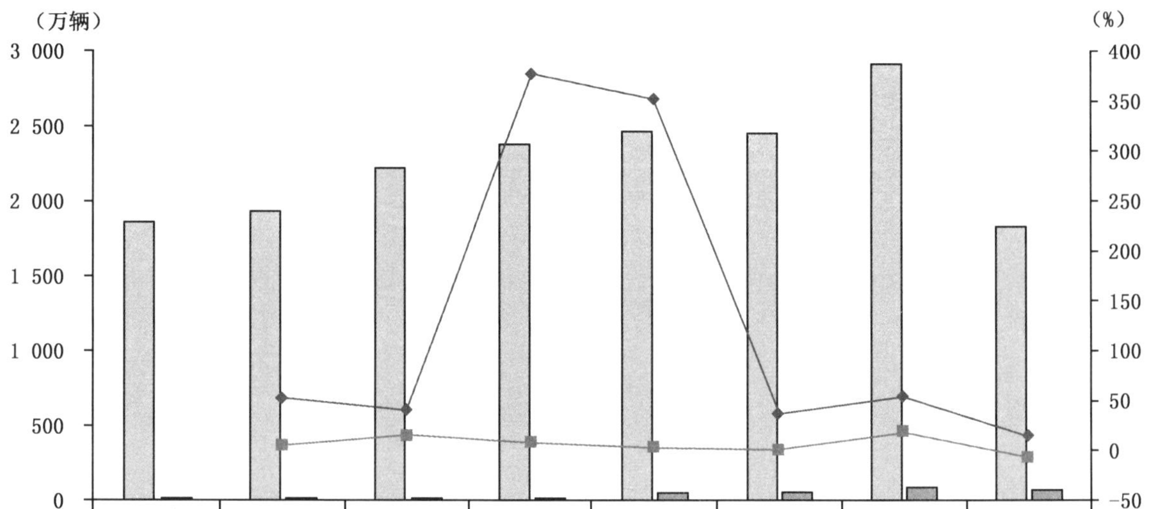

	2011年	2012年	2013年	2014年	2015年	2016年	2017年	2018年1-8月
汽车	1 841.64	1 927.18	2 211.68	2 372.29	2 450.33	2 442.1	2 901.5	1 813.5
新能源汽车	0.82	1.25	1.76	8.38	37.9	51.7	79.4	60.7
汽车增速	-	4.64	14.76	7.26	3.29	-0.34	18.81	-6.25
新能源汽车增速	-	52.44	40.80	376.14	352.27	36.41	53.58	14.67

注：以2018年1-8月的数据按比例换算为2018全年数据计算增速。
资料来源：根据工信部数据绘制。

图 3-52　2011 年以来汽车与新能源汽车产量及其增速对比分析

3. 产业发展体系中新旧发展动能的转化

从出口占比来看,传统产业出口占比逐步降低,新兴产业出口占比逐步提升,但市场份额趋于平衡。本报告以出口占比反映传统产业和新兴产业出口的份额,即传统产业或新兴产业出口额在全国出口总额中所占的比重。2000—2008年,传统产业十八大典型领域出口额占比逐步下降,从47.95%下降至30.56%,而高新技术产业出口额占比逐步上升,从14.86%上升至29.05%;2009年后,传统产业和新兴产业出口额占比趋于平稳,整体传统产业出口市场份额略高于新兴产业(见图3—53)。

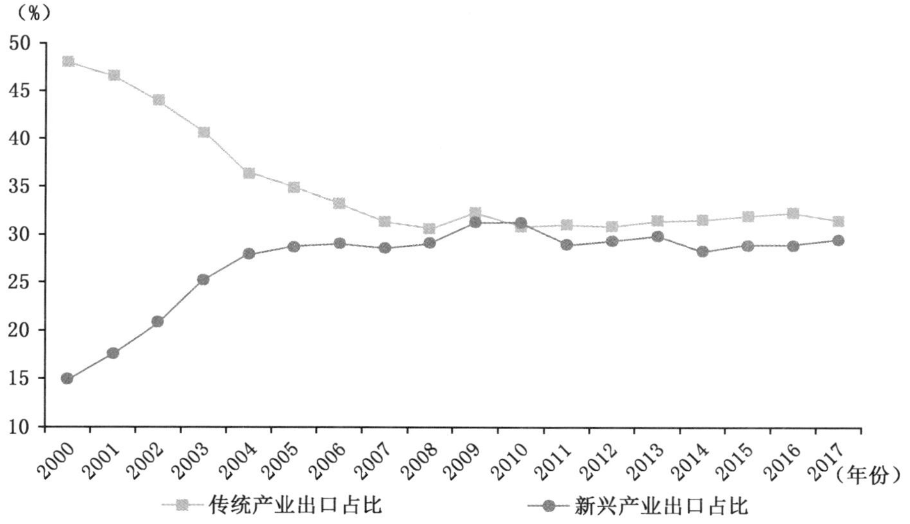

资料来源:根据国家统计局、海关总署数据绘制。

图3—53　2000年以来传统产业与新兴产业典型行业出口额占比变化情况

从进口占比来看,新兴产业进口占比波动中趋升,传统产业进口占比波动较大。以进口占比反映传统产业和新兴产业进口的份额,即传统产业或新兴产业进口额在全国进口总额中所占的比重。加入WTO后,传统产业进口占比迅速下降,而新兴产业进口份额迅速提升,到2007年传统产业十八大典型行业进口份额从30.11%下降至27.32%,而新兴产业进口市场份额从23.33%提升至30.02%。2008年金融危机后传统产业进口占比逐步提升,到2013年传统产业进口占比提升至40.39%,2014年又大幅下降,2017年表现出回升的态势;国际金融危机后新兴产业进口占比逐步下滑，到2011年下降至26.56%，之后开始缓慢提升，到2017年高新技术产业进口占比达31.72%（见图3—54）。

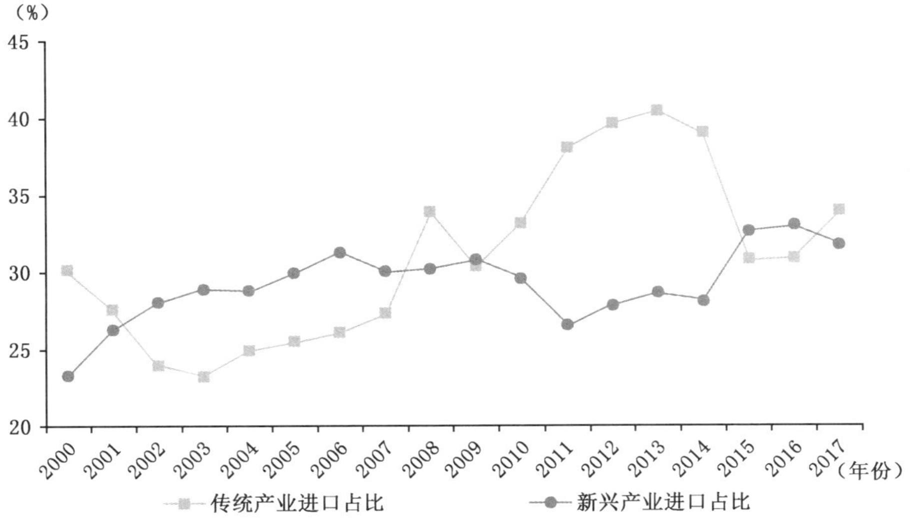

资料来源：根据国家统计局、海关总署数据绘制。

图3—54 2000年以来传统产业与新兴产业典型行业进口额占比变化情况

新兴产业比较优势逐步增强，产业发展体系中新旧动能转换。传统产业和新兴产业在进出口份额方面的变化，反映出我国传统产业与新兴产业发展比较优势的变化。新兴产业出口占比的提升，说明新兴产业发展在国际贸易体系中比较优势的增强，新兴产业在我国国民经济发展中的地位逐步提升，参与全球产业分工的竞争力进一步加强；新兴产业的发展中产业体系尚不完善，需要通过新兴产业的进口加以弥补，新兴产业进口占比的提升反映出我国新兴产业投入的增加和产业结构的完善。同时，传统产业出口占比的下降和进口占比的提升，说明传统产业在国际贸易体系中比较优势的减弱。因此，我国产业发展体系中新兴产业发展动能在逐步增强，而传统产业发展动能在相对减弱，呈现出新旧动能转换的态势。在未来产业发展中，传统产业将继续发挥基础性的作用，新兴产业将成为提升我国在全球产业链分工位置的重要抓手。

在2008年之前，我们的企业都非常注重原料、能源、土地、廉价劳动力、市场等这些生产要素，但是现在，大家更注重的要素是信息、技术、创新、高技术人才等。所以，生产要素的权重发生了变化，新兴产业大量产生，互联网、物联网、云计算、大数据、人工智能、生物医药、新能源、新材料等，在 2008 年的金融危机之后，经过调整，这些新的增长动力在中国出现。中国经济进入了一个动力转换期，老动力正在进行结构调整，新动力欣欣向荣、蓬勃发展。

3.3.3　本节小结

从传统产业与新兴产业的发展对比来看，新兴产业营业收入增速高于传统产业，2017 年新兴产业典型行业营业收入增速为 17.60%，而传统产业典型行业增速为 1.08%；新兴产业盈利能力优于传统产业，2010 年以来新兴产业典型行业利润总额平均值为 18.03%，而传统产业为 9.95%；新兴产业进出口增速与传统产业趋同，2008 年国际金融危机前新兴产业增速明显高于传统产业，而 2009 年开始传统产业和新兴产业进出口增速逐步收窄，趋于同步。

从传统产业与新兴产业的结构变化来看，传统产业内部结构中黑色金属冶炼、石油和天然气开采业等投资品产业所占份额逐步下降，农副食品加工业、食品制造业等消费品产业在产业体系中的占比逐步上升；传统产业与新兴产业的发展存在密切的关联，一方面，新兴产业促进传统产业转型与升级，另一方面，传统产业形成新兴产业的需求驱动；同时，多边贸易条件下新兴产业参与国际产业体系的程度加深，而传统产业在进出口贸易中的地位逐渐下降，我国产业发展体系中新旧动能开始转化。

3.4　本章小结

随着进出口贸易环境的变化，我国传统产业和新兴产业的发展表现出不同的发展特征与趋势。本章基于多边贸易的视角，分析传统产业与新兴产业进出口情况变化及其对我国传统产业与新兴产业发展产生的影响。

1. 传统产业近年来发展整体平稳，进出口总额增速趋缓，其中，出口以纺织品为主，进口以矿产品为主，“一带一路”国家进出口额快速提升，进出口贸易对传统产业发展的支撑作用逐步减弱。从传统产业发展情况来看，传统农业发展总体平稳、增速趋缓，传统制造业发展整体趋缓、总量趋于停滞，传统服务业发展趋缓企稳。同时，传统产业发展面临着产能过剩、发展动力不足等问题，其深层原因在于政府干预下的资源错配、外需较小导致的需求不足、自主创新投入不足、制度创新的相对滞后等。从传统产业进出口贸易来看：传统产业进出口总额快速上升后逐步趋缓、贸易顺差逐步收窄；纺织原料及纺织制品在传统产业出口中占绝对主导地位，其他杂项制品出口额快速增长，而矿产品在传统产业进口中独领风骚，纺织原料及纺织制品进口额小幅增长后趋于下降；传统产业进出口贸易市场中美国、欧盟进出口平缓增长，日本进出口趋于停滞，而“一带一路”沿线国家进出口快速上升；同时，出口贸易拉动传统产业的快速增长，对传统产业的发展起到支撑作用，但传统产业对出口的依赖度逐步下降。进出口贸易对传统产业发展的影响主要体现在：促进我国产业发展融入全球产业分工体系中，通过扩大市场需求推动我国传统产业发展。然而，传统产业国际贸易壁垒渐增，对我国传统产业的发展产生较大的影响，主要体现为加剧传统产业产能过剩。

2. 新兴产业近年来发展态势良好，进出口总额快速提升后趋于平稳，其中出口以计算机与通信技术产业为主、进口以电子技术产业为主，国际市场主要集中在美、日、韩等国，进出口贸易对新兴产业的发展起到支撑作用，但国际贸易摩擦从供需两端对新兴产业发展产生影响。从新兴产业发展情况来看，现代农业发展突出，新型制造业保持较快增长，新兴服务业拉动作用增强。同时，新兴产业发展面临着国际市场拓展能力不足、产业创新能力不足、技术受制于人、产业协同发展能力弱等问题。从新兴产业进出口贸易来看，新兴产业进出口总额快速扩张后趋于平稳，贸易顺差趋于减小；计算机与通信技术产业出口额大幅提升，在新兴产业出口中占绝对主导地位，而以集成电路为代表的电子技术产业进口规模最大，并保持急速扩张的态势；高新技术产品出口市场主要分布在中国香港、美国、韩国、日本和荷兰，进口市场主要分布在韩国、中国台湾、美国、日本和马来西亚，而“一带一路”沿线国家新兴产业进出口缓慢提升；同时，进出口贸易对新兴产业发展产生支撑作用，主要体现在出口贸易对新兴产业发展的拉动作用、以集成电路为代表的新兴产业进口弥补国内产业体系的不足、技术贸易进口成为我国新兴技术产业快速发展的基石等方面。进出口贸易对新兴产业发展的影响主要体现在促进人才、技术等新兴生产要素积累、促进新兴产业技术进步、促进高技术产业规模扩张等方面，同时以中美贸易摩擦为代表的国际贸易摩擦日益加剧，从供给与需求两方面对我国新兴产业的发展产生影响。

3. 新兴产业发展态势优于传统产业，进出口增速逐步趋同，新兴产业在进出口贸易中的地位逐步上升，新旧动能开始转化。从传统产业与新兴产业发展对比来看，新兴产业营业收入增速高于传统产业、盈利能力优于传统产业，而新兴产业进出口增速与传统产业趋同；传统产业内部结构中重工业所占份额逐步下降、轻工业所占份额逐步上升；传统产业与新兴产业的发展存在密切的关联，一方面，新兴产业促进传统产业转型与升级，另一方面，传统产业形成新兴产业的需求驱动；同时在多边贸易条件下新兴产业参与国际产业体系的程度加深，而传统产业在进出口贸易中的地位逐渐下降，我国产业发展体系中新旧动能开始转化。

第 4 章

多边贸易视角下的地区产业发展比较分析

为推动区域经济均衡发展，国家“十一五”规划将我国分为中部、东北、西部、东部四大区域，并提出“中部崛起”“东北振兴”“西部开发”“东部新跨越”的战略政策。从我国四大区域的多边贸易发展情况以及经济与产业发展现状看，四大地区经济基础、资源禀赋、发展条件各具特点，多边贸易状况也有很大的差异。本章拟在分析 2018 年我国四大区域产业发展动态、多边贸易发展状况、多边贸易对产业发展的影响以及多边贸易发展条件的基础上，进一步比较分析四大区域前述诸方面的长短，从而探究多边贸易视角下各个区域产业发展存在的问题、成因与可能举措。

4.1 东部地区产业发展动态分析

东部地区包括北京、天津、河北、上海、江苏、浙江、福建、山东、广东和海南共 10 个省市。京津冀、长三角、珠三角城市发展群均汇集于此，是我国社会经济最发达的地区。东部地区自改革开放以来始终在地区发展、创新引领、对外贸易等方面承担着引导全国发展的重任，为全面深化改革、对外开放起到示范作用。2018 年，东部地区经济持续稳定增长，增速较为平稳，外贸总量继续保持领先，就与全国其他地区比较而言，仍具有较大的优势。近年来，为响应国家"一带一路"发展政策，东部各地区发布多项对外贸易计划文件，促进该地区发展，如上海市根据建设国际贸易中心方针，制订《"十三五"时期上海国际贸易中心建设规划》《上海市加快促进服务贸易发展行动计划(2016—2018)》等发展计划。江苏省政府印发《江苏省对外贸易"优进优出"行动计划(2016—2020)》等。

4.1.1　东部地区产业发展总体情况

1. 经济发展平稳，前三季度北京、江苏与全国 GDP 增速持平

东部地区 GDP 总量始终占全国 GDP 总量的较高比例，2017 年，全国 GDP 总量为 82.7 万亿元，东部地区 GDP 占比达到 54.37%，较 2016 年上升 0.6%。2017 年，GDP 总量排名前三位的地区分别为广东(8.9 万亿元)、江苏(8.6 万亿元)、山东(7.2 万亿元)。北京、上海 2017 年 GDP 总量也分别达到 2.8 万亿元与 3.0 万亿元。2017 年，福建省 GDP 总量超越上海，达到 3.23 万亿元。预计 2018 年底东部地区 GDP 将达到 47.34 万亿元。广东在经济总量方面高歌猛进，前三季度实现地区生产总值 7.06 万亿元，首次在前三季度突破 7 万亿元，排名全国第一(见图 4—1)。

东部 GDP 增速较快的地区依次为河北、福建、江苏。2017 年末，河北 GDP 增速达到 12.14%，福建为 11.16%，江苏为 11%，北京、上海 2017 年 GDP 增速也分别达到 9%与 8%(见图 4—2)。从 2018 年前三季度增速来看，北京、江苏与全国 GDP 增速持平(6.7%)，广东、浙江、福建 GDP 增速略高于全国水平，其余东部省市略低于全国水平。预计 2018 年东部地区增速将为 5.28%(见表 4—1)。

表 4—1　　2018 年前三季度东部地区各省三次产业结构

区域＼总量	第一产业增加值(亿元)	第二产业增加值(亿元)	第三产业增加值(亿元)	三次产业结构(%)		
北京	79	3 735	17 697	0.4	17.4	82.2
天津	109	5 855	8 695	0.7	39.9	59.4
河北	1 942	11 308	11 977	7.7	44.8	47.5

续表

总量 区域	第一产业增加值(亿元)	第二产业增加值(亿元)	第三产业增加值(亿元)	三次产业结构(%)		
上海	61	7 112	16 483	0.3	30	69.7
江苏	2 179	30 604	34 256	3.3	45.7	51
浙江	1 233	16 923	21 640	3.1	42.5	54.4
福建	1 423	11 434	10 455	6.1	49.1	44.8
山东	3 514	26 677	29 416	5.9	44.8	49.3
广东	2 614	29 096	38 925	3.7	41.1	55.2
海南	715	803	2 028	20.2	22.7	57.3
东部地区	13 869	143 548	191 572	4	41.1	54.9
全国	42 173	262 953	345 773	6.5	40.4	53.1

资料来源:根据国家统计局数据、万得数据库数据制成。

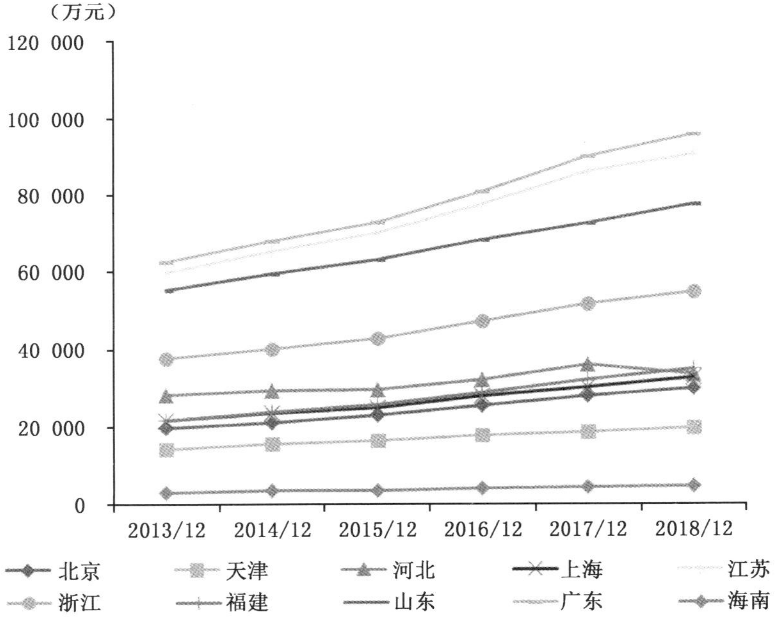

注:2018 年全年数据为 2017 年第四季度与 2018 年前三季度数据之和(如无特别指出,下同)。

资料来源:根据国家统计局数据、万得数据库数据绘制。

图 4—1 2013—2018 年(预计)东部地区 GDP 变化情况

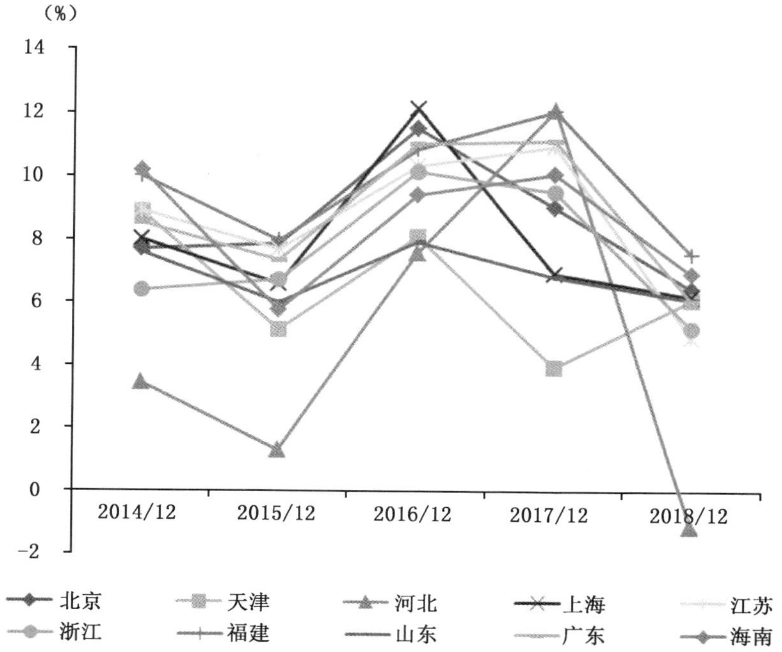

资料来源：根据国家统计局数据、万得数据库数据绘制。

图 4－2　2014－2018 年(预计)东部地区分省市 GDP 增速

2. 产业结构优化，三产比重持续上升

根据统计数据，2014 年东部地区产业结构由原来的“二三一”转变为“三二一”结构，三产占比持续增高，二产占比降幅明显，一产占比略微有所下降。2017 年，东部地区三次产业结构为 4.72 ∶ 41.6 ∶ 53.68，预计 2018 年三次产业结构比例将调整为 4.4 ∶ 40.8 ∶ 54.8，一产、二产占比将持续下降，三产比重保持上升趋势(见图 4－3)。

从产业结构来看，东部大部分地区(包括北京、天津、上海、江苏、浙江、山东、广东等)第三产业占比高于第二产业。北京第三产业占比最高，达到 82.2%；其次为上海，达到 69.7%；福建省第二产业占比较高，达到 49.1%。海南省第一产业与第二产业占比接近，分别为 20.2% 和 22.7%。从总体情况看，北京、上海大城市第三产业占比持续增加，其他省市第三产业仍有较大发展空间(见表 4－1)。

3. 传统产业结构持续调整，新兴产业发展迅速

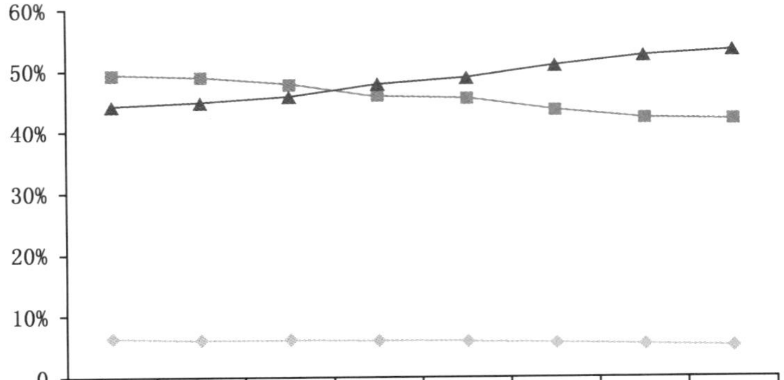

	2010年	2011年	2012年	2013年	2014年	2015年	2016年	2017年
第一产业占比	6.30%	6.22%	6.20%	5.92%	5.75%	5.63%	5.35%	4.92%
第二产业占比	49.37%	48.92%	47.80%	46.17%	45.44%	43.55%	42.28%	42.03%
第三产业占比	44.33%	44.86%	46.00%	47.90%	48.81%	50.82%	52.37%	53.05%

资料来源：根据万得数据库数据绘制。

图4—3　东部地区一二三产占比变化情况

东部地区具有较好的产业基础。传统产业[①]中，机械工业、电子工业、化工工业、汽车工业、建筑材料和纺织业等具有一定的创新发展潜能（见图4—4）。在新兴产业中，高端装备、新能源、生物医药、节能环保的创新发展，引领了全国其他区域。

从高新技术产业发展主营业务收入来看，东部地区部分省市高新技术产业快速发展。其中，广东、江苏两省作为东部地区的领头羊，主营业务收入远远高于其他省份，2015年，广东省主营业务收入达到33 308.07亿元，江苏省达到28 530.17亿元，山东省近年来高新技术产业主营业务收入快速增加，2015年达到11 535.26亿元，其次是上海市，近年来有所下降，2015年达到7 213.01亿元。河北省与海南省主营业务收入相对较低（见图4—5）。

① 部分传统产业包括煤炭开采和洗选业，食品制造业，纺织业，木材加工及木、竹、藤、棕、草制品业，家具制造业，造纸及纸制品业，石油加工、炼焦及核燃料加工业，黑色金属冶炼及压延加工业，有色金属冶炼及压延加工业。高新技术产业包括医药制造业，航空、航天器及设备制造业，电子及通信设备制造业，计算机及办公设备制造业，医疗仪器设备及仪器仪表制造业，信息化学品制造业。

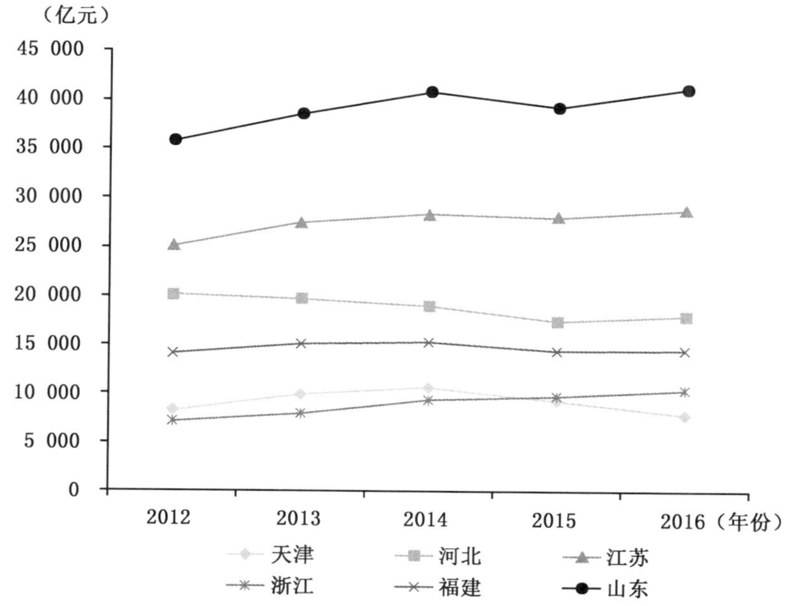

资料来源:根据万得数据库相关数据、《中国科技统计年鉴》绘制。

图 4—4　东部地区传统产业主营业务收入情况

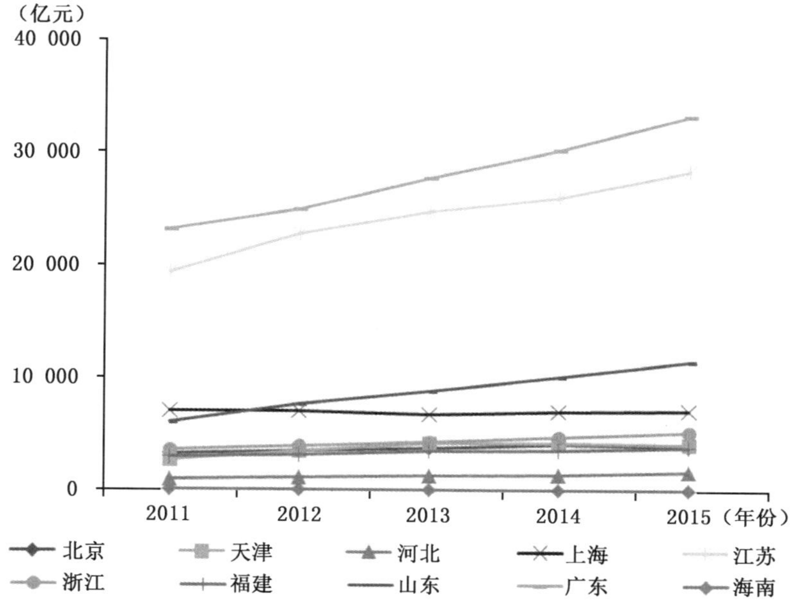

资料来源:根据万得数据库相关数据、《中国科技统计年鉴》绘制。

图 4—5　2011—2015 年东部地区高新技术产业主营业务收入

从北京市及江苏省传统产业发展情况来看，煤炭开采和洗选业，石油加工、炼焦及核燃料加工业主营业务收入呈明显下降趋势（见图4—6）。江苏省木材加工及木、竹、藤、棕、草制品业与家具制造业有明显上升趋势，其他传统产业主营业务收入呈下降趋势（见图4—7）。

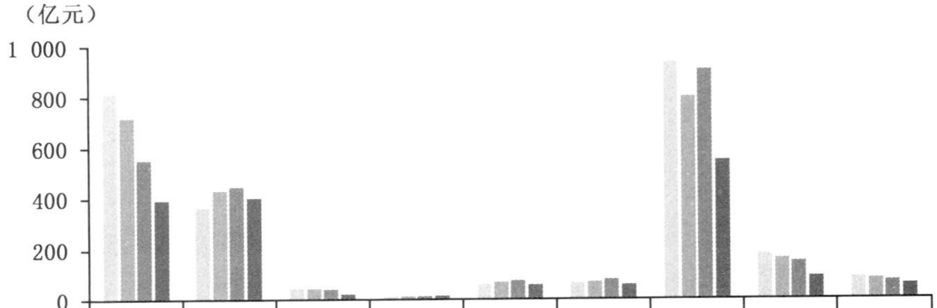

	煤炭开采和洗选业	食品制造业	纺织业	木材加工及木、竹、藤、棕、草制品业	家具制造业	造纸及纸制品业	石油加工、炼焦及核燃料加工业	黑色金属冶炼及压延加工业	有色金属冶炼及压延加工业
2012/12	814	364	49	12	61	68	933	180	84
2013/12	716	430	45	14	69	72	797	161	81
2014/12	549	444	43	15	75	74	905	148	73
2015/10	393	402	23	13	55	55	543	88	55

资料来源：根据万得数据库相关数据、《中国科技统计年鉴》绘制。

图4—6 北京市2012—2015年10月累计部分传统产业发展情况

从北京市2012—2015年部分新兴产业发展来看，汽车制造业与计算机通信等产业发展迅速，主营业务收入增加明显。医药制造业、电子机械及器材制造业等其他产业发展相对平稳。江苏省统计数据显示，部分新兴产业如计算机、通信和其他电子设备制造业及电子机械及器材制造业主营业务收入增长迅速。汽车制造业、通用设备制造业主营业务收入也保持一定的增长趋势（见图4—8和图4—9）。

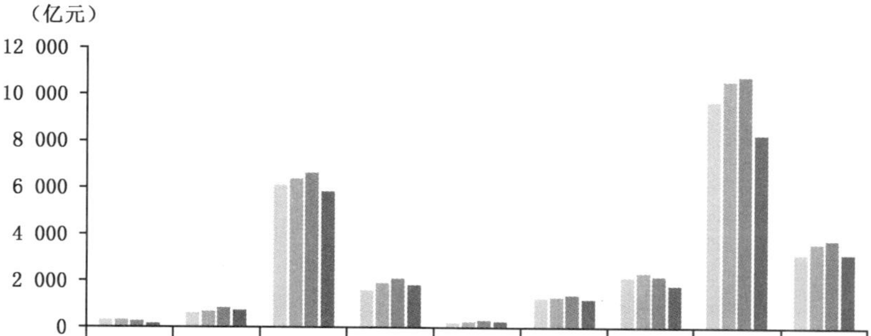

	煤炭开采和洗选业	食品制造业	纺织业	木材加工及木、竹、藤、棕、草制品业	家具制造业	造纸及纸制品业	石油加工、炼焦及核燃料加工业	黑色金属冶炼及压延加工业	有色金属冶炼及压延加工业
2012/12	322	586	6 121	1 581	212	1 279	2 154	9 726	3 174
2013/12	291	695	6 387	1 936	248	1 316	2 374	10 625	3 641
2014/12	250	825	6 637	2 089	302	1 408	2 206	10 783	3 798
2015/10	173	759	5 826	1 841	268	1 231	1 763	8 270	3 138

资料来源：根据万得数据库相关数据、《中国科技统计年鉴》绘制。

图 4—7　江苏省 2012—2015 年 10 月累计部分传统产业发展情况

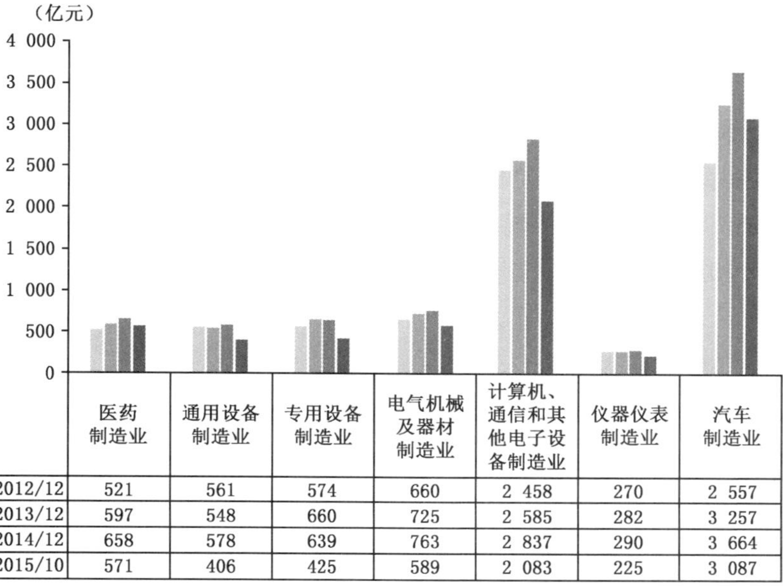

	医药制造业	通用设备制造业	专用设备制造业	电气机械及器材制造业	计算机、通信和其他电子设备制造业	仪器仪表制造业	汽车制造业
2012/12	521	561	574	660	2 458	270	2 557
2013/12	597	548	660	725	2 585	282	3 257
2014/12	658	578	639	763	2 837	290	3 664
2015/10	571	406	425	589	2 083	225	3 087

资料来源：根据万得数据库相关数据、《中国科技统计年鉴》绘制。

图 4—8　北京市 2012—2015 年 10 月累计部分新兴产业发展情况

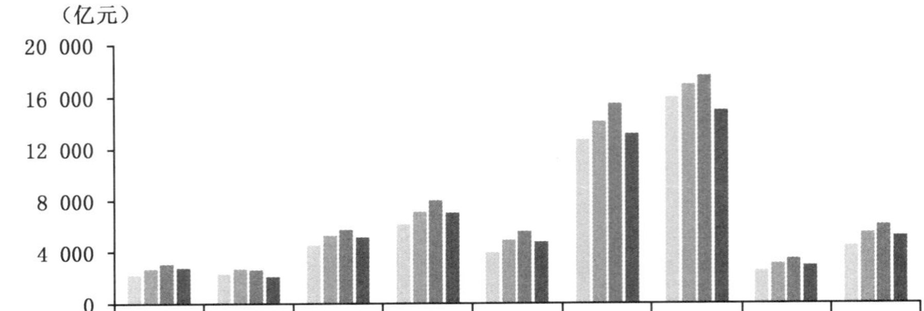

	医药制造业	化学纤维制造业	金属制品业	通用设备制造业	专用设备制造业	电气机械及器材制造业	计算机、通信和其他电子设备制造业	仪器仪表制造业	汽车制造业
2012/12	2 268	2 345	4 587	6 130	3 938	12 686	16 020	2 566	4 449
2013/12	2 676	2 681	5 283	7 108	4 942	14 176	16 957	3 050	5 466
2014/12	3 073	2 620	5 725	8 021	5 503	15 542	17 719	3 426	6 035
2015/10	2 829	2 053	5 129	7 072	4 762	13 158	15 023	2 898	5 161

资料来源：根据万得数据库相关数据、《中国科技统计年鉴》绘制。

图4—9 江苏省2012—2015年10月累计部分新兴产业发展情况

4.1.2 东部地区多边贸易发展情况

1. 货物贸易出口持续上升，进口近年来呈下降趋势

根据统计数据显示，自2005年以来东部地区出口金额持续上升，近年来增速减缓。2005年至2014年间出口金额增速较快，其中，2010年增速达到29.91%。近年来，出口增速放慢，呈现减缓趋势，2017年增速为6.21%。2005年东部地区出口金额仅为6 798亿美元，至2017年，东部地区出口金额已达到18 564亿美元(见图4—10)。

分地区情况来看，各省市出口结构与趋势稳定，广东省出口金额始终排列第一，远远超出其他省市地区。2016年，广东省出口金额达到5 986.02亿美元。排名第二的是江苏省，2012年出口金额达到3 285.24亿美元，2016年为3 190.53亿美元。排名其次的为浙江省和上海市(见图4—11)。

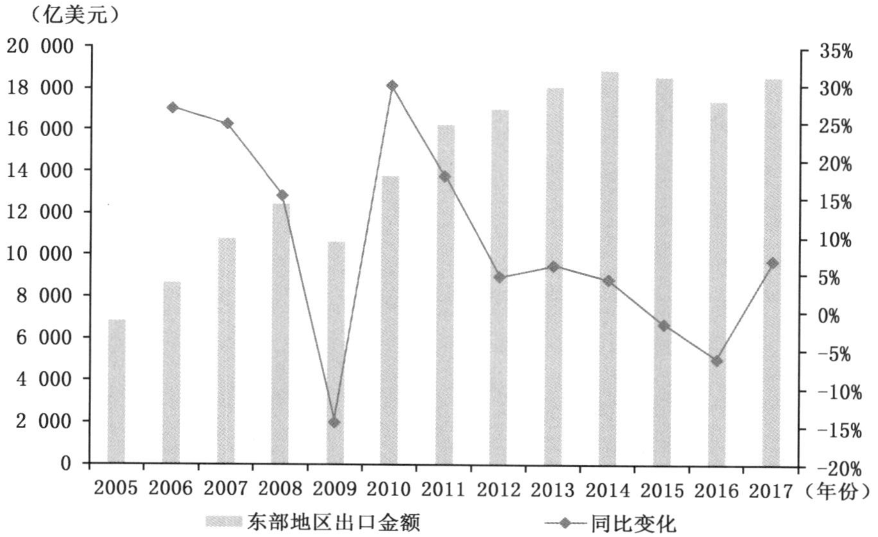

资料来源：根据万得数据库相关数据绘制。

图4—10 2005—2017年东部地区出口金额与同比变化情况

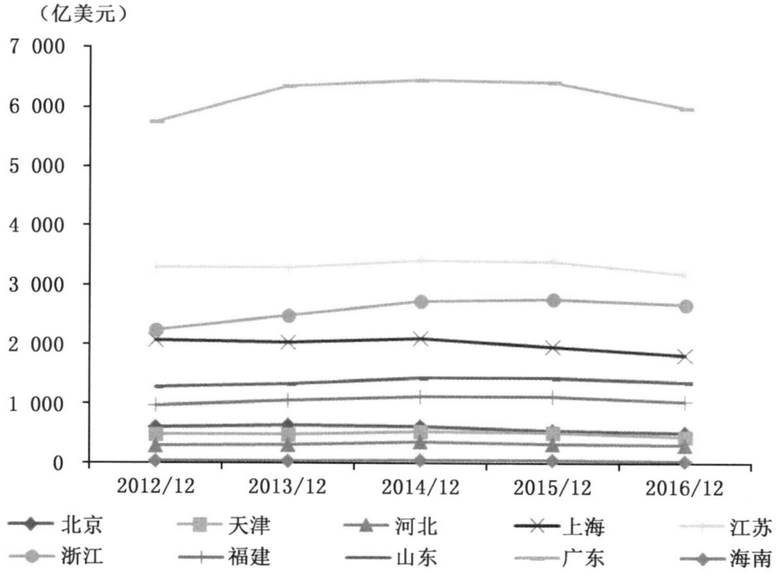

资料来源：根据万得数据库相关数据绘制。

图4—11 2012—2017年东部地区出口金额情况

根据统计数据显示，2005—2013 年以来东部地区进口金额保持上升趋势，近年来，进口金额呈略微下降趋势。2005 年至 2013 年间进口金额增速较快，2010 年增速达到 38.41%，2013 年达到 16 772.7 亿美元，近年来略微下降，2015 年进口金额为 14 212.5 亿美元。2005 年，东部地区出口金额仅为 5 985 亿美元，至 2017 年东部地区出口金额达到 15 260 亿美元（见图 4—12）。

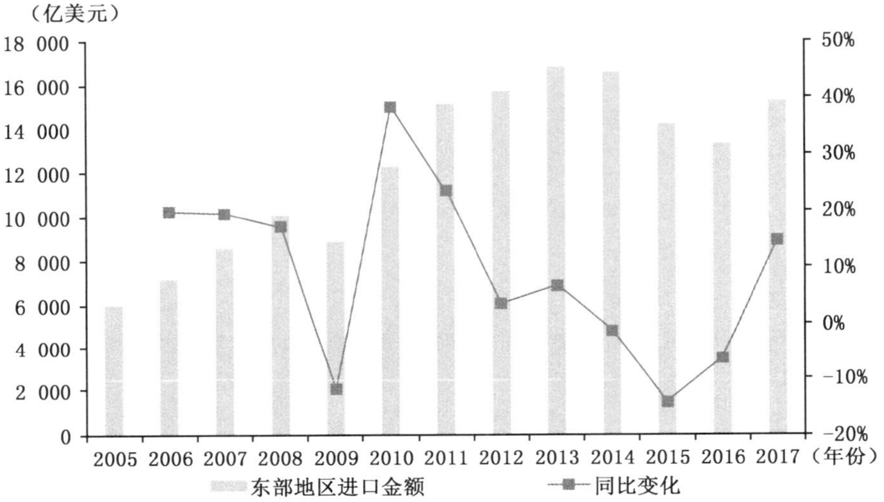

资料来源：根据万得数据库相关数据绘制。

图 4—12　2005—2017 年东部地区进口金额与同比变化

从各区域进口占比来看，东部地区进口占比呈逐年下降趋势，由 2005 年的 96.69%下降为 2017 年的 82.77%。数据表明，其他地区进口之和占比呈逐年上升趋势（见图 4—13）。

本区域各省市总体进口金额近年来呈下降趋势，尤其表现在北京、江苏、广东三个省市。广东省进口金额始终排列第一，远远超出其他省市地区。2013 年末，广东省进口金额达到 4 552.18 亿美元，至 2016 年末，广东省进口金额下降为 3 566.96 亿美元。2016 年末排名第二的是上海市，2012 年进口金额达到 2 298.57 亿美元，2016 年为 2 504.16 亿美元。江苏省近年来呈现明显的下降趋势，2014 年末进口金额为 3 531.80 亿美元，2016 年末下降为 2 303.26 亿美元，其后排名依次为山东省和浙江省（见图 4—14）。

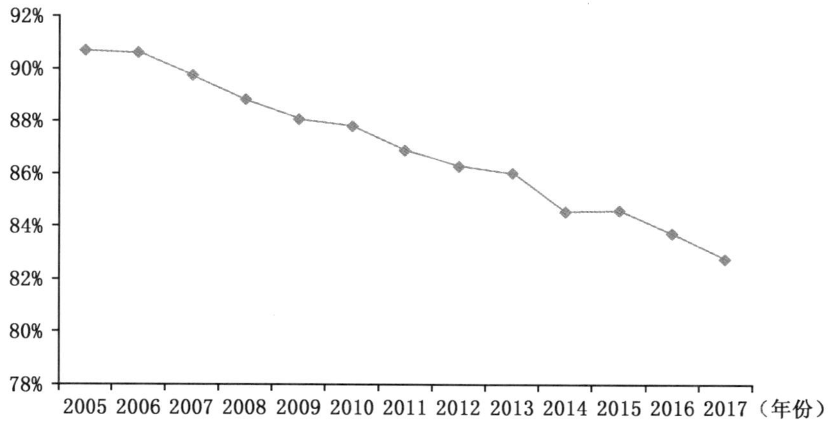

资料来源：根据万得数据库相关数据绘制。

图 4－13　2005－2017 年东部地区进口占比情况

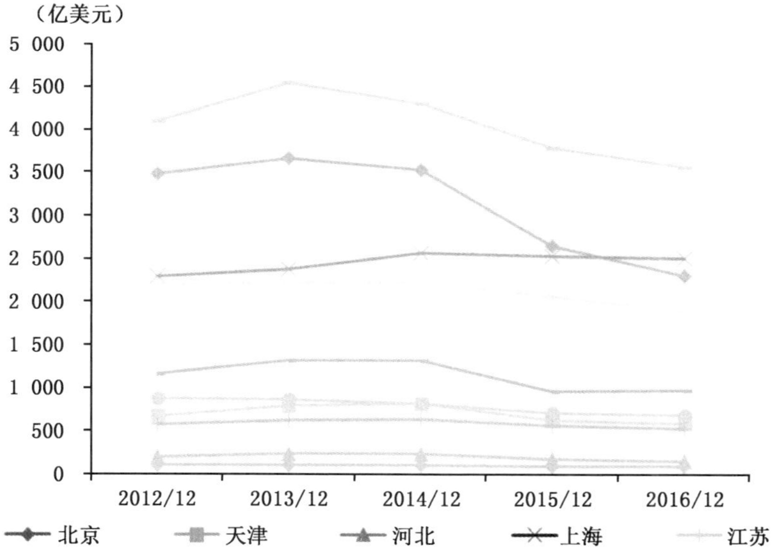

资料来源：根据万得数据库相关数据绘制。

图 4－14　2012－2016 年东部地区进口金额

2. 广东货物贸易进出口量领先，北京、上海进口贸易额较高①

从2017年东部地区各省市货物贸易进出口情况来看，广东省、江苏省、上海市排名前三，其中，广东省遥遥领先。货物贸易进出口最少的省份为河北省及海南省。2017年，广东省货物贸易进出口额达到68 155亿元，江苏省为40 022.1亿元，上海市为32 237.8亿元。从进出口金额同比增长来看，江苏省增长速度较快，达到19.1%；北京市达到17.6%；其次为浙江省，达到15.3%（见图4—15）。

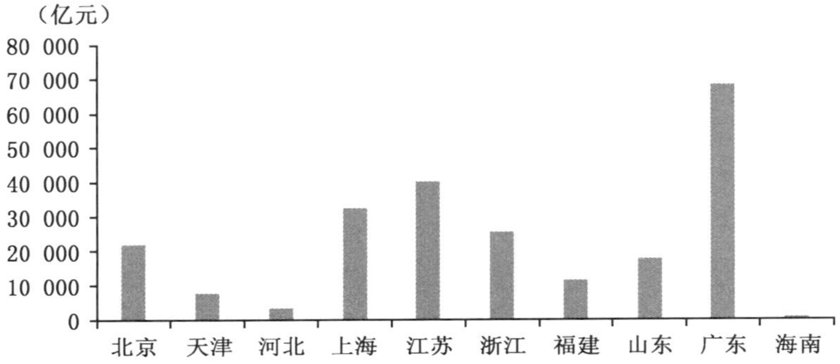

资料来源：根据国家商务部发布数据绘制。

图4—15 2017年东部各省市货物贸易进出口情况

从2017年各省市货物贸易出口情况来看，广东省、江苏省、浙江省排名前三，其中，广东省遥遥领先。2017年，广东省货物贸易出口达到42 186.8亿元，江苏省达到24 607.2亿元，浙江省为19 445.9亿元。货物贸易出口最少的省份为河北省及海南省。从出口金额同比增长来看，江苏省增长速度较快，达到16.9%，北京市达到15.3%，其次为浙江省，达到10.1%（见图4—16）。

从2017年各省市货物贸易进口情况来看，广东省、上海市、北京市排名前三。2017年，广东省货物贸易进口达到25 969.1亿元，上海市达到19 117.5亿元，北京市为17 961.3亿元。货物贸易进口最少的省份为河北省及海南省。从进口金额同比增长来看，浙江省的增长速度较快，达到35.6%，福建省达到27.5%，其次为山东省，达到22.2%（见图4—17）。

---

① 数据来源于商务部快报，http://www.fiet.gov.cn/xxgk/tjxx/hwmy/201801/t20180130_1197581.html。

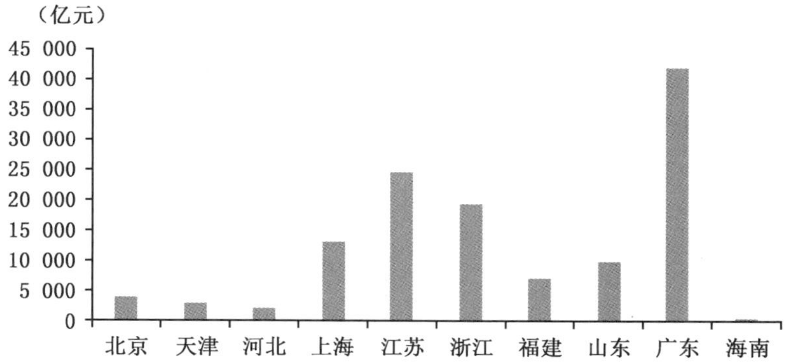

资料来源：根据国家商务部发布数据绘制。

图 4—16　2017 年东部各省市货物贸易出口情况

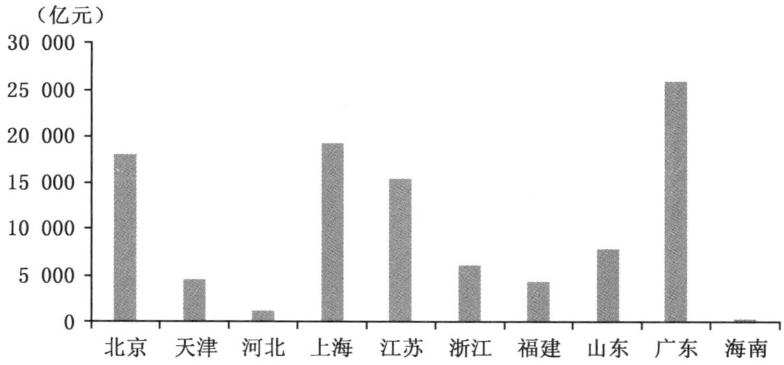

资料来源：根据国家商务部发布数据绘制。

图 4—17　2017 年全国各省市货物贸易进口情况

3. 广东、江苏、上海仍为机电产品进出口金额较大地区

根据 2015—2017 年东部地区机电产品各省市进出口情况，排名前三的机电产品进出口金额最高的为广东省、江苏省及上海市。近三年来，各省市机电产品贸易排序无较大变化（见图 4—18）。

2017 年，广东、江苏、上海机电产品进出口金额分别达到 6 704 亿美元、3 713.6 亿美元、2 731.4 亿美元。从进出口增速来看，江苏省增速最高，达到 15.3%，其次河北省为 11.5%，浙江省为 10.6%，天津市为 10.3%（见图 4—19）。

2017 年，机电产品各省市进口金额排名前三的为广东省、上海市及

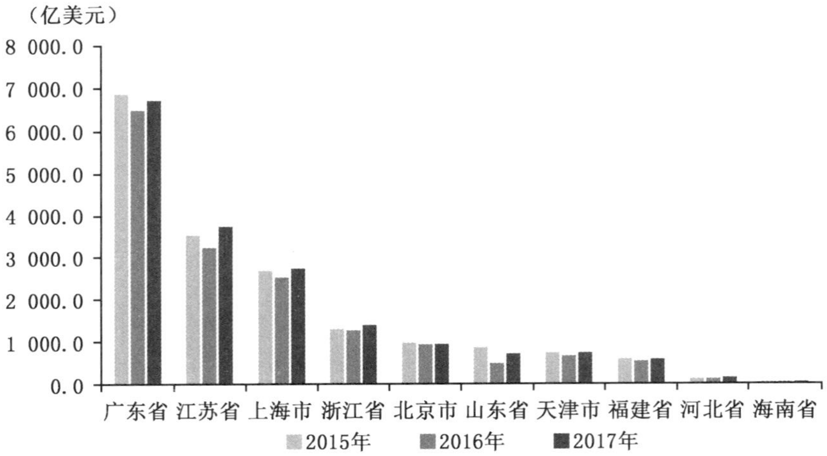

资料来源:根据国家商务部发布数据绘制。

图4—18 2015—2017年机电产品各省市进出口情况

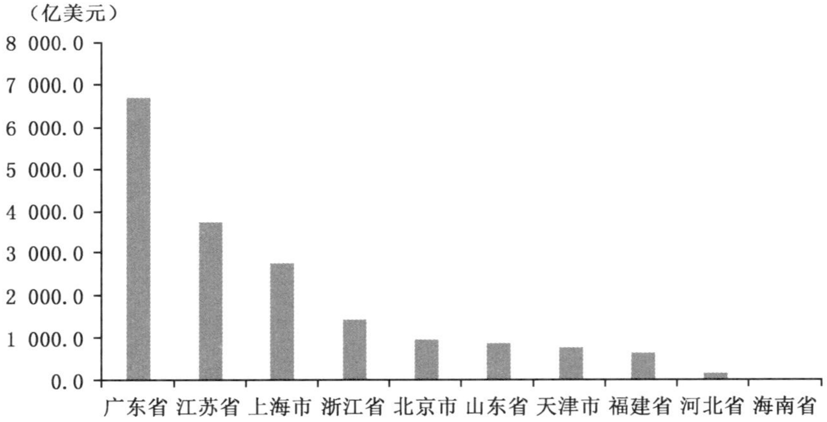

资料来源:根据国家商务部发布数据绘制。

图4—19 2017年东部地区机电产品各省市进出口情况

江苏省,分别达到2 501亿美元、1 365.2亿美元、1 343.3亿美元。从进口增速来看,江苏省增速最高,达到22.2%,其次天津市为19.5%,江苏省为17.5%,福建省为12.4%,海南省进口降低为33.3%(见图4—20和图4—21)。

4. 服务贸易基础好,进出口占比显著

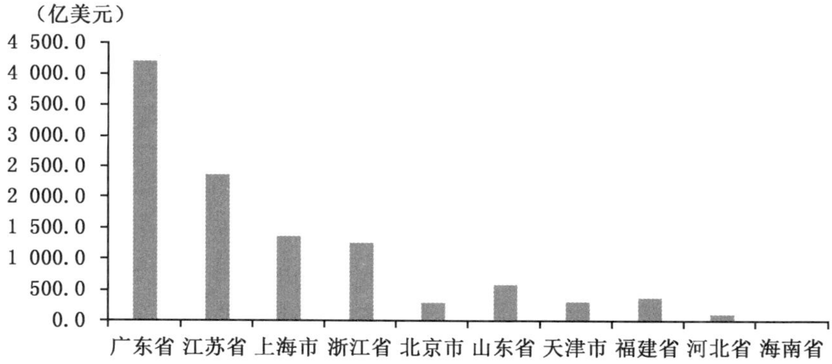

资料来源：根据国家商务部发布数据绘制。

图 4—20　2017 年东部地区机电产品各省市出口情况

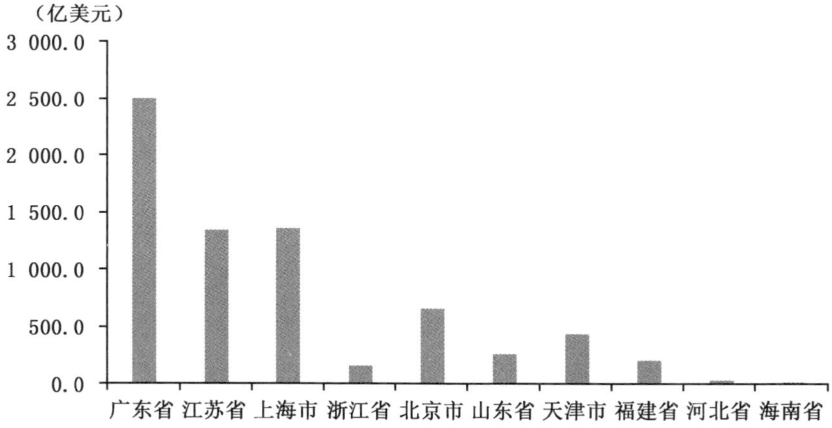

资料来源：根据国家商务部发布数据绘制。

图 4—21　2017 年东部地区机电产品各省市进口情况

东部沿海地区经济发展水平较高，服务贸易基础较好，再加上服务贸易创新发展试点大多集中在这些地区，制度创新和优惠政策效果显著，一直是中国服务贸易发展的主力军。2016 年，中国服务进出口规模前五大省市为广东、上海、北京、江苏、浙江，金额分别为 9 787 亿元、9 651 亿元、9 328 亿元、4 140 亿元、2 950 亿元，合计占服务进出口的 67%。2016 年，长江经济沿线 11 个省市合计实现服务进出口 21 762 亿元，占全国的比重为 40.7%。其中，上海服务进出口占全国的 18%，占长江经济带省份中的44.3%。京津冀地区合计实现服务进出口1 543亿元，占全国服务贸易进出口的21.6%。其中，北京服务贸易进出口占全国的17.4%，占京津冀地区总额的80.8%[①]。

5. 一般贸易是主要贸易方式，边境小额贸易出口强势增长

东部地区与“一带一路”国家的进出口以一般贸易方式为主。从出口来看，2013—2017年一般贸易出口额总体呈上升趋势，占东部地区对“一带一路”国家出口总额的比重均保持在60%以上，2017年一般贸易出口额为3 912.1亿美元。进料加工贸易是第二大出口贸易方式，占所有贸易方式出口的比重逐年下降，由2013年的26.1%降至2017年的19%。其他贸易的出口额5年间稳步上升，每年均保持在10%以上的增速。边境小额贸易在2016年之前每年出口额不到100万美元，2017年猛增至125.4亿美元（见图4—22）。

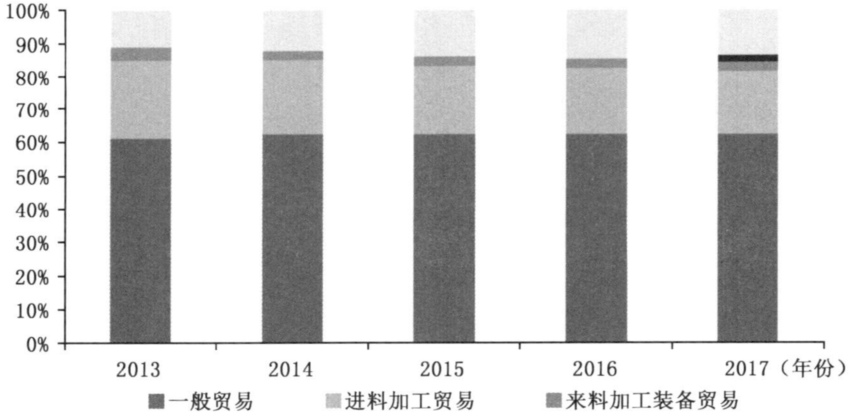

资料来源：国家信息中心，《“一带一路”贸易合作大数据报告(2018)》。

图4—22　2013—2017年东部地区对“一带一路”国家出口的主要贸易方式比重

6. 高新技术产品进出口近年来呈下降趋势[②]

东部地区高新技术产业出口额2011年至2013年呈增长趋势，近两年来呈下降趋势。2013年出现拐点，出口金额达到5 633.26亿美元，

① 详见中国服务贸易状况，中国“一带一路”网。

② 高新技术产品包括计算机与通信技术、生命科学技术、电子技术、计算机集成制造技术、航空航天技术、光电技术、生物技术、材料技术、其他技术，来源于《中国科技统计年鉴》。

2016 年出口金额为 4 824 亿美元，较 2015 年下降 9.74%（见图 4—23）。高新技术产品出口占比也呈快速下降趋势，2011 年出口占比达到 92%，至 2016 年为 79.84%（见图 4—24）。

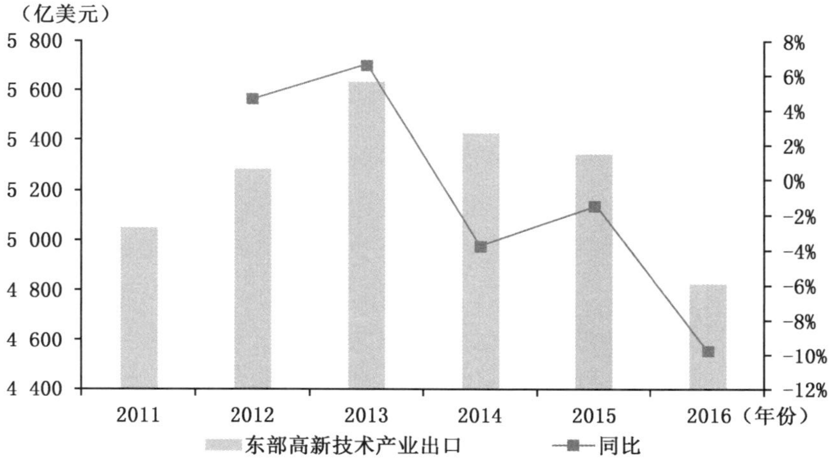

资料来源：根据万得数据库数据绘制。

图 4—23　东部地区高新技术产品出口与增长情况

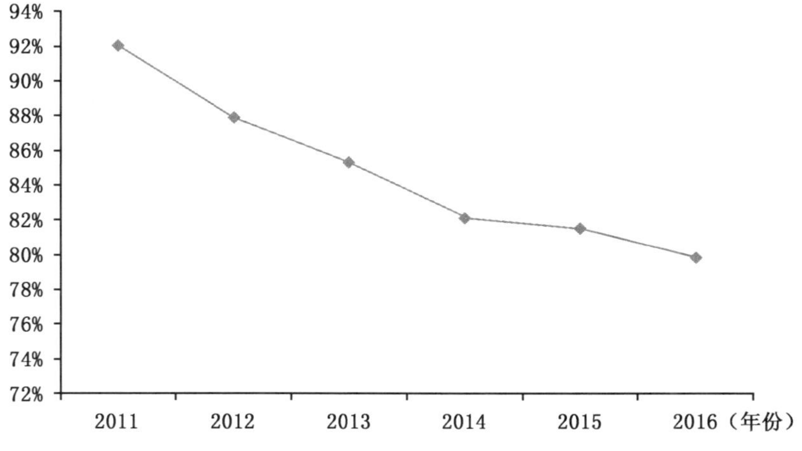

资料来源：根据万得数据库数据绘制。

图 4—24　2011—2016 年高新技术产业出口占比情况

东部地区高新技术产品进口额 2011 年至 2013 年呈增长趋势，近两年来有所下降。2013 年出现拐点，进口金额达到 4 920.15 亿美元，2016

年进口金额为4 350.33亿美元，较2015年下降5.68%（见图4—25）。

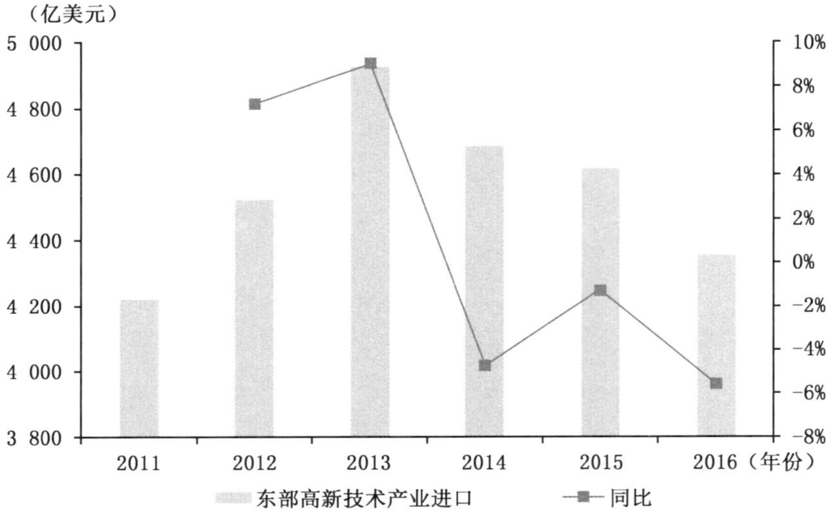

资料来源：根据万得数据库数据绘制。

图4—25　东部地区高新技术产品进口与增长情况

从各省市情况来看，2017年高新技术产品各省市进出口较高的前三个地区为广东省、江苏省、上海市。进出口金额分别达到4 182.9亿美元、2 330.1亿美元、1 686.3亿美元，其次为天津市、北京市、福建省、山东省及浙江省。2017年，高新技术产品进出口增速最快的省为江苏省，增速达到19.2%，其次为福建省及浙江省，达到16.2%，江苏省为8%（见图4—26）。

从各省市情况来看，2017年高新技术产品出口较高的三个地区为广东省、江苏省、上海市，出口金额分别达到2 157.19亿美元、1 380.1亿美元、841.7亿美元，其次为浙江省、天津市、福建省、山东省及北京市（见图4—27）。2017年，进出口增速最快的省为福建省，增速达到18.3%，其次为江苏省，增速为18.2%。

从各省市情况来看，2017年，高新技术产品各省市进口较高的前三个地区为广东省、江苏省、上海市。进口金额分别达到2 025.8亿美元、950亿美元、844.6亿美元，其次为天津市、北京市、福建省、山东省及浙江省。2017年，进口增速最快的省份为浙江省，增速达到27.7%，其次为江

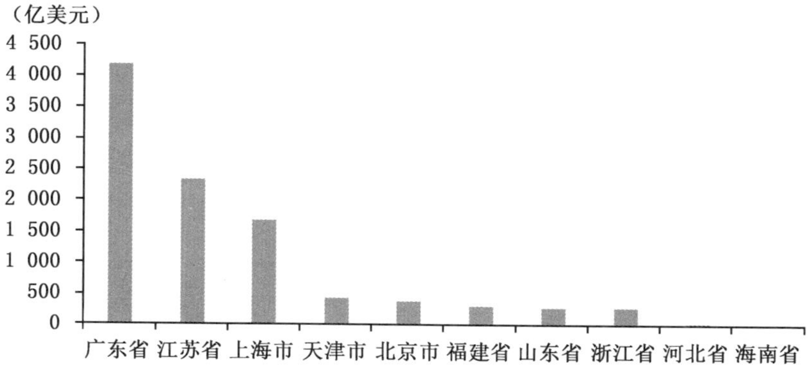

资料来源：根据商务部发布数据绘制。

图 4—26　2017 年高新技术产品东部地区各省市进出口情况

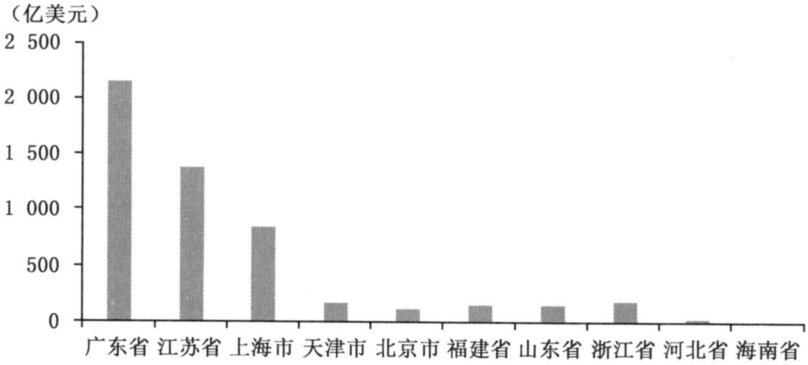

资料来源：根据商务部发布数据绘制。

图 4—27　2017 年高新技术产品东部地区各省市出口情况

苏省，达到 20.8%，天津市为 20%，福建省为 14.4%（见图 4—28）。

7. 亚洲、大洋洲地区和西亚地区是东部地区主要的进出口市场①

在"一带一路"各区域中，亚洲、大洋洲地区和西亚地区是东部地区主要的进出口市场。2017 年，东部地区对亚洲、大洋洲地区的出口额为 3 124.6 亿美元，占东部地区的 50.2%。从进口来看，2017 年，东部地区自亚洲、大洋洲地区的进口额为 3 523.5 亿美元，占"一带一路"进口总额

① 上海市经济和信息化委员会。

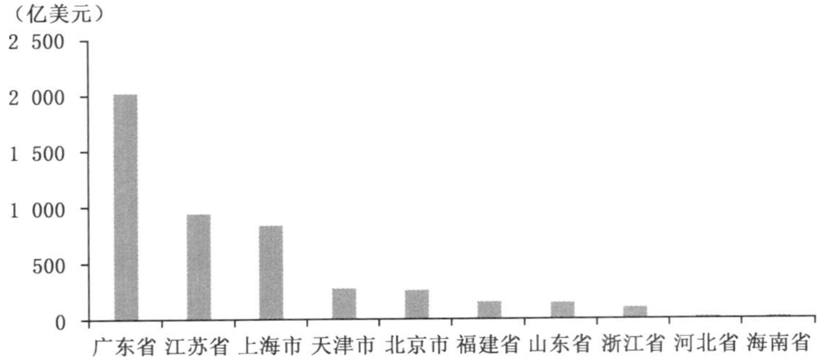

资料来源：根据商务部发布数据绘制。

图 4－28　2017 年高新技术产品东部地区各省市进口情况

的 66.9%[①]（见图 4－29 和图 4－30）。

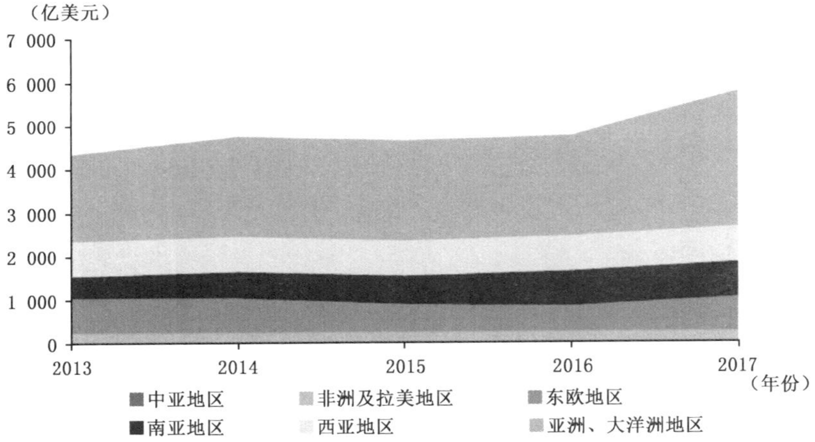

资料来源：国家信息中心，《“一带一路”贸易合作大数据报告（2018）》。

图 4－29　2013－2017 年东部地区国际贸易主要出口地区

2017 年，东部地区对“一带一路”国家或地区出口的商品主要集中于 HS 商品编码第 85 章（电机、电器设备及其零件等）和第 84 章（核反应堆、锅炉、机器、机械器具及零件），两者合计占东部地区“一带一路”国家或地区出口额的 38.9%。从进口商品看，HS 85 章排名第一，2017 年进口额达到 1 501.1 亿美元，排名第二位的是 HS 27 章（矿物燃料、矿物油及蒸

① 《“一带一路”贸易合作大数据报告（2018）》。

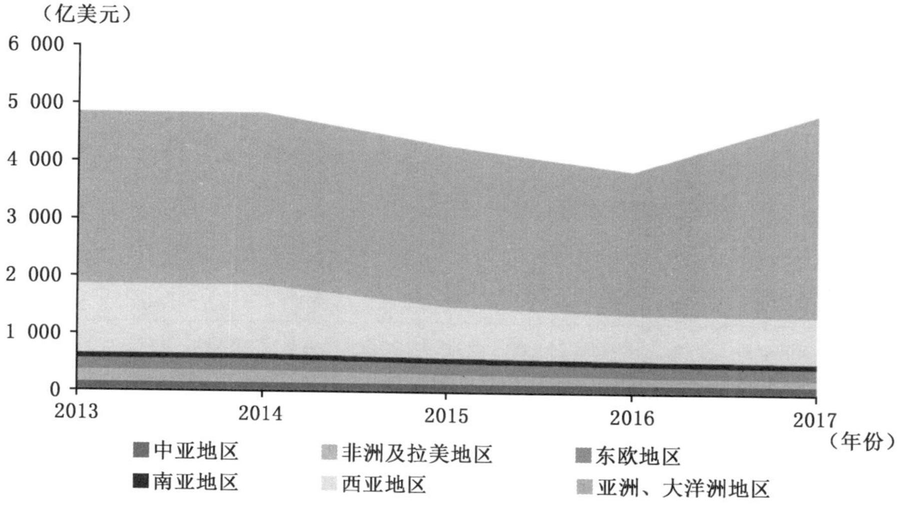

资料来源：国家信息中心，《“一带一路”贸易合作大数据报告(2018)》。

图 4—30　2013—2017 年东部地区国际贸易主要进口地区

馏产品）。其中，广东省是自“一带一路”国家或地区进出口机电产品最主要的省份，进口额为 747.9 亿美元①（见图 4—31 和图 4—32）。

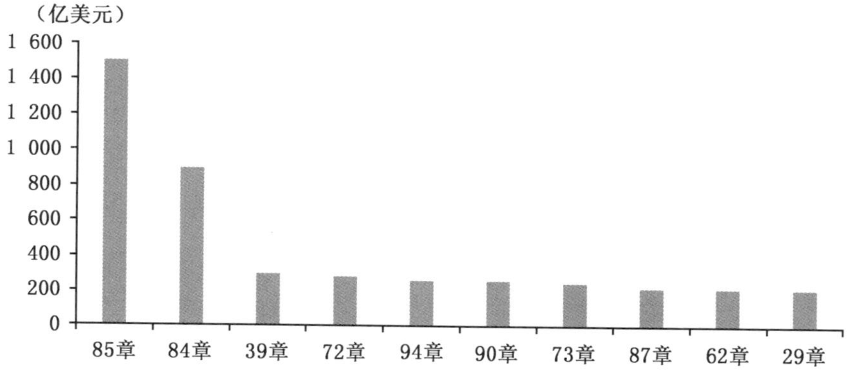

资料来源：国家信息中心，《“一带一路”贸易合作大数据报告(2018)》。

图 4—31　2017 年东部地区对“一带一路”国家出口前 10 位商品

从浙江省出口区域结构来看，主要出口区域为欧洲、美国、东盟地区，分别占比为 22%、19%、9%。日本、俄罗斯、韩国有部分出口。重要出口

① 国家信息中心，《“一带一路”贸易合作大数据报告(2018)》。

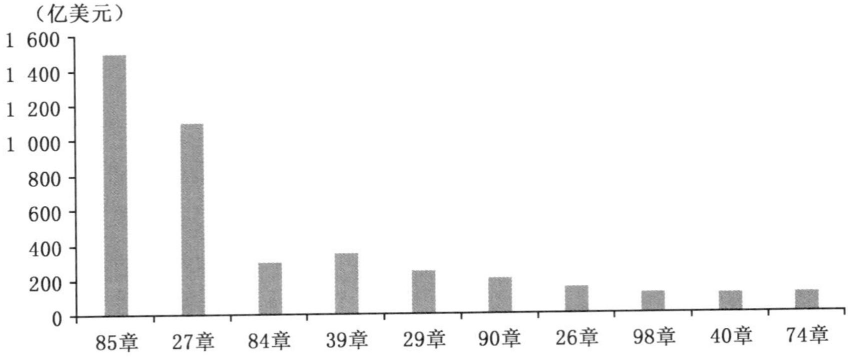

资料来源:国家信息中心,《"一带一路"贸易合作大数据报告(2018)》。

图 4-32 2017年东部地区自"一带一路"国家进口前10位商品

国家占比达到61.9%(见图4-33)。2010年至2017年,浙江省进出口总额呈逐年上升趋势,2010年进出口总额仅为2 535亿元,2017年达到3 779亿美元,较上年增长12.3%(见图4-34)。

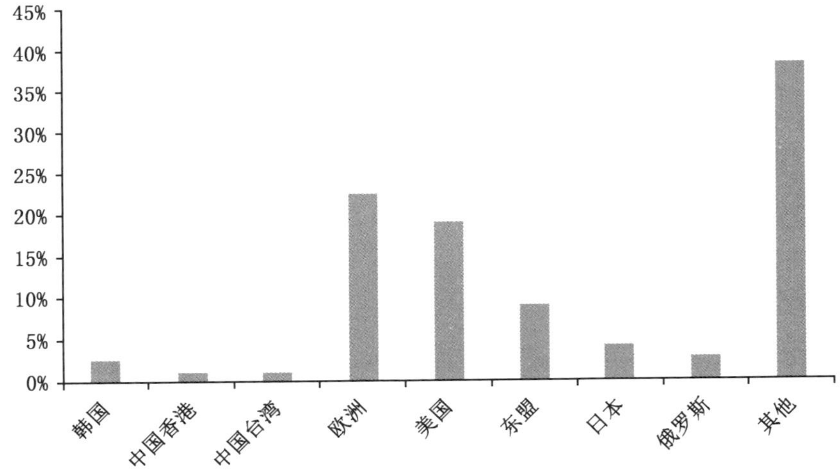

资料来源:根据浙江省经济和信息化委员会数据绘制。

图 4-33 浙江省2017年出口区域结构

从浙江省进口区域结构来看,主要进出口区域为东盟、欧洲、日本、韩国等地,分别占比为13.5%、12.4%、10.7%、8.7%,美国进口占比为8.1%,重要进口国家(地区)占比达到63.9%(见图4-35)。

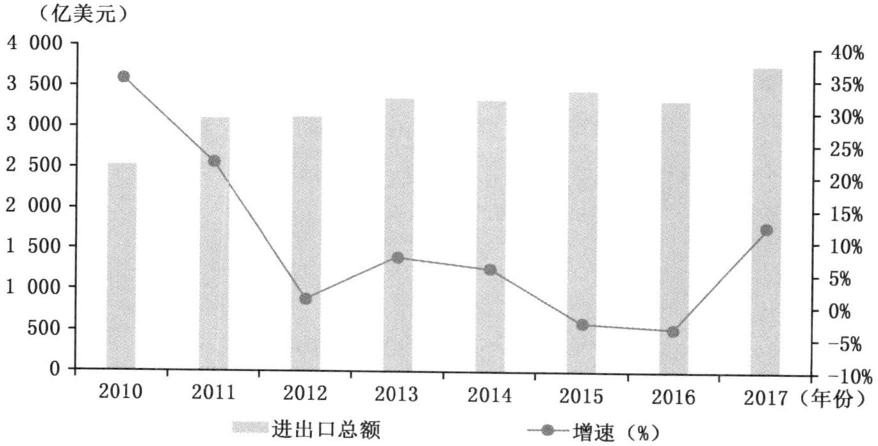

资料来源：根据浙江省经济和信息化委员会数据绘制。

图 4—34　浙江省 2010—2017 年进出口情况与增速

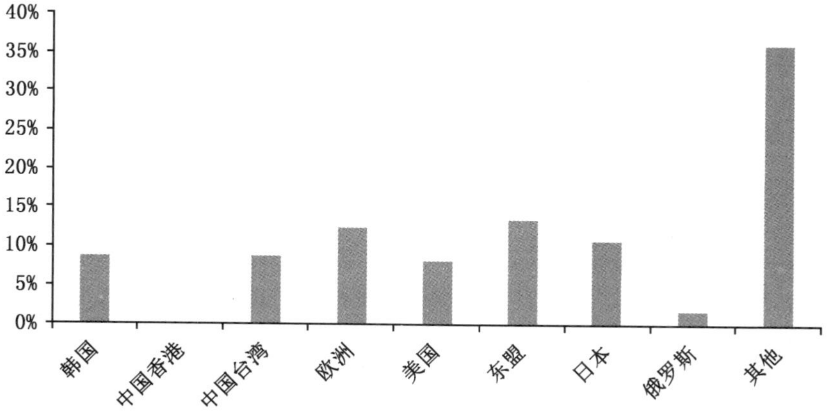

资料来源：根据浙江省经济和信息化委员会数据绘制。

图 4—35　浙江省 2017 年进口区域结构

4.1.3　多边贸易对东部地区产业发展的影响

1. 广东、江苏、浙江积极参与“一带一路”国家沿线贸易

2017 年，东部地区与“一带一路”国家或地区进出口额为 11 494.1 亿美元，较 2016 年增长 13.1%，占全国与“一带一路”国家或地区进出口总

额的79.8%。从各省市看,2017年,广东、江苏、浙江、山东和上海对“一带一路”国家或地区的出口额较高,分别占中国对“一带一路”国家或地区出口总额的25.9%、15.1%、14.1%、8.3%和5.8%,合计占69.2%[①](见图4—36)。从进口看,2017年,广东、江苏、上海、山东和浙江自“一带一路”国家或地区进口额较高,分别占中国自“一带一路”国家或地区进口额的22.8%、16.1%、12.2%、9.7%和5.5%,合计占66.3%[②]。

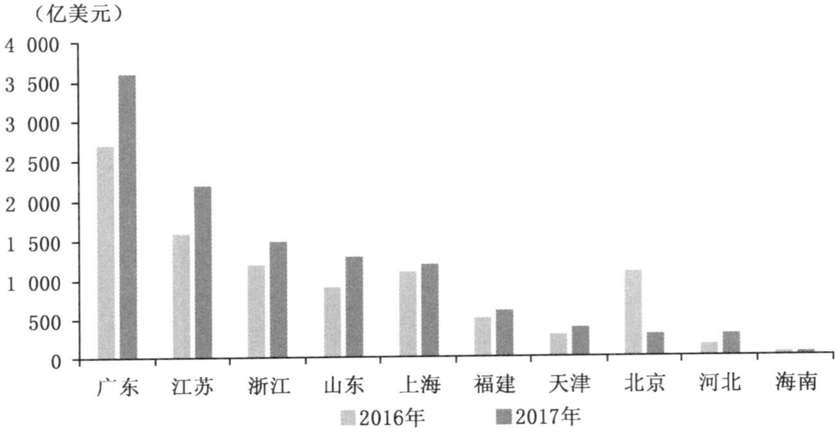

资料来源:国家信息中心,《“一带一路”贸易合作大数据报告(2018)》。

图4—36 2016—2017年东部地区对“一带一路”国家或地区出口额前10的省市

2. 电气机械、通信设备、纺织服装为浙江省重要的出口行业

2017年,浙江省规模以上工业分行业出口交货值及增速表明,电器机械、通信设备、通用设备及纺织服装是主要的出口行业,其次为金属制品、橡胶和塑料、汽车等。与2016年相比,金属制品行业出口增速最高,达到15.4%,其次通信设备为14.2%,纺织服装略有下降,为—1.9%(见图4—37)。

根据浙江省2017年规模以上工业分行业出口交货值占比分析可以得出,浙江省出口依存度较高的行业为电气机械与通信设备,其中,电气机械出口交货值占比达到13.41%,通信设备占比达到9.28%,其次通用设备为8.5%,纺织服装为7.36%(见图4—38)。

①②《“一带一路”贸易合作大数据报告(2018)》,https://max.book118.com/html/2018/0529/169409054.shtm。

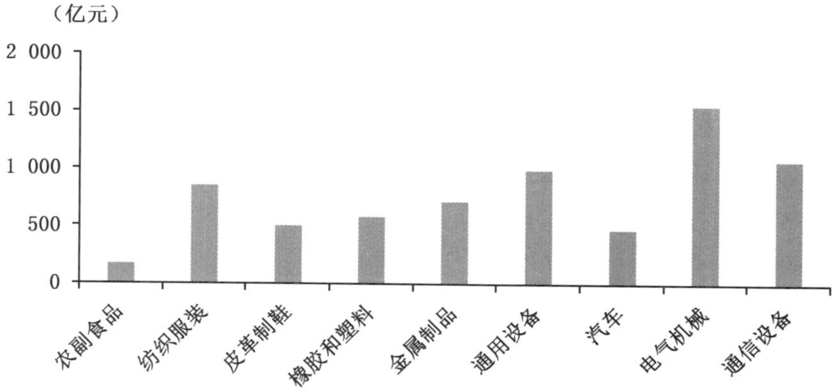

资料来源：根据《浙江省统计年鉴》数据绘制。

图 4—37　2017 年规模以上工业分行业出口交货值

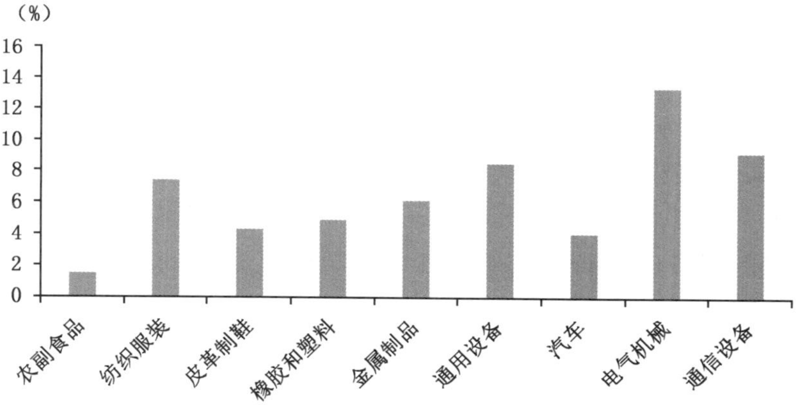

资料来源：根据《浙江省统计年鉴》数据绘制。

图 4—38　2017 年规模以上工业分行业出口交货值占比

3."一带一路"带动下江苏对外贸易结构转型优化

近年来，江苏的机电行业成长迅速，出口不再是以低端的初级加工产品为主，工业制成品出口所占比重逐渐超过初级产品。据统计数据显示，2016 年，江苏机电产品出口达 2 080.04 亿美元，占出口总额的 65.14%。在出口方面，机械设备、手机、集成电路中的存储器、汽车零件、医疗器械分别实现了 1.1%、35.4%、19.5%、7.1%和 6.3%的增长。高新技术产品增长迅速，计算机、生命科学技术产品、航空产品等比 2015 年均增长了

10%以上。从进口来看，利用能源资源类产品价格相对低位的时间窗口进行了“进口扩大”，铁矿砂、煤炭、成品油、液化气、大豆等实现了部分增长①。

4.1.4 东部地区多边贸易发展条件

1. 东部地区多边贸易资源

根据自然资源分布与社会经济发展状况，中国客观上存在着东部地区的发展具有较大优势。东部地区涵盖京津冀、长江三角洲、珠江三角洲城市群，是中国最为发达的城市地区。东部地区率先发展，承担着为全国引路、示范的作用，在经济发展、转型、改革方面走在前面。东部地区经济和科学技术发展水平较高，工业、农业、交通运输业和基础设施良好，商品经济相对发达，对外交通便利。东部地区率先进行了经济特区、经济开放区的建设，具有对外贸易发展的良好经济基础。东部沿海地区以其对外经济交流与合作中的地域便利与通商传统，成为中国对外开放与经济率先发展的首选之地。

(1)资本要素不断积累

从 2008 年到 2017 年，东部地区固定资产投资完成额呈现先增加后减少的趋势，2007 年完成额为 12 859.53 亿元，2013 年完成额达到 27 175.17 亿元，2017 年固定资产投资降为 15 988.13 亿元。近年来，占全国固定资产投资完成额的比重保持稳定(见图 4—39)。

(2)劳动力要素丰富

从 2007 年到 2017 年，东部地区常住人口从 4.7 亿人增长到 5.3 亿人，呈现稳定增长之势(见图 4—40)。东部地区研发人才数量逐年增加，近几年增速略微放缓。至 2015 年，东部地区研发人才数量为 18.72 万人，较 2015 年增长 3.7%(见图 4—41)。

2. 东部地区多边贸易政策

近年来，东部地区提出促进对外贸易发展政策，主要体现在提升技术贸易竞争能力，研究“新技术、新产业、新模式、新业态”，并鼓励地区企业

① 朱玉赢，“一带一路”倡议下江苏对外贸易结构的发展转型研究，科技经济导刊，http://www.kjjdk.cn/html/5439012539.html。

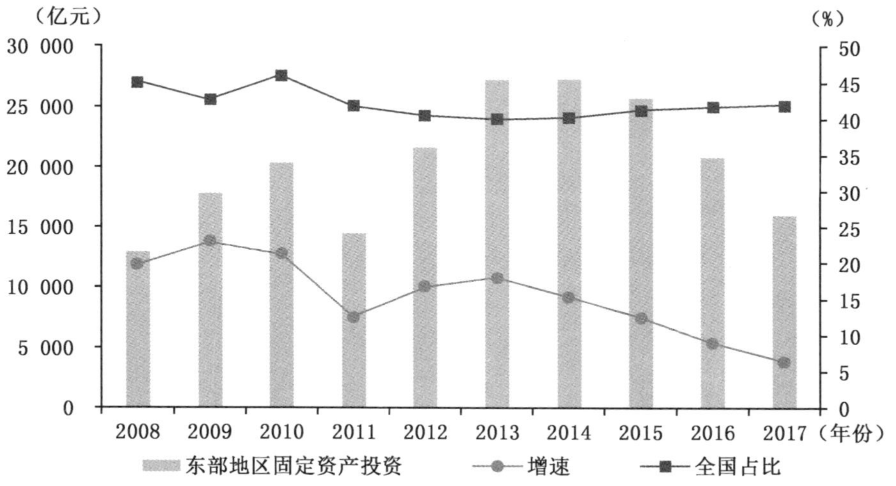

资料来源：根据万得数据库数据绘制。

图4－39　2008－2017年东部地区固定资产投资完成额情况

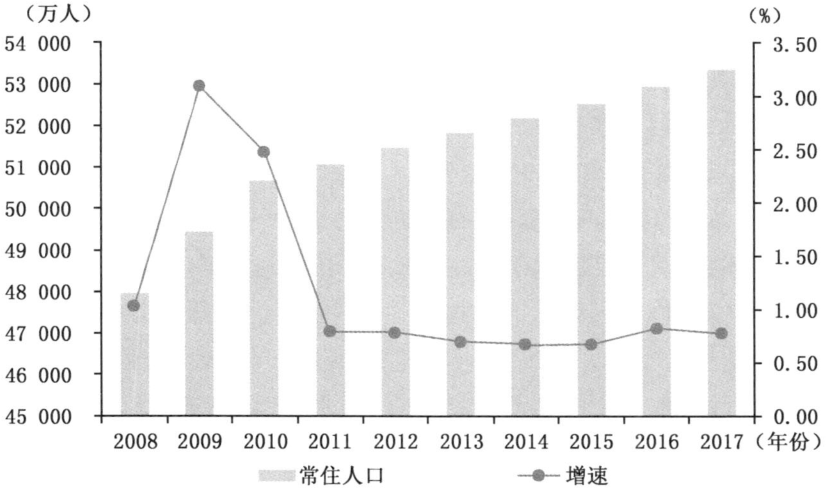

资料来源：根据万得数据库数据绘制。

图4－40　2008－2017年东部地区常住人口

开展技术引进，推动地区对外贸易发展。

上海市提出增强城市核心功能，推进上海国际贸易中心建设。一是推进自贸试验区制度创新，打造贸易制度环境新高地；二是促进对外贸易

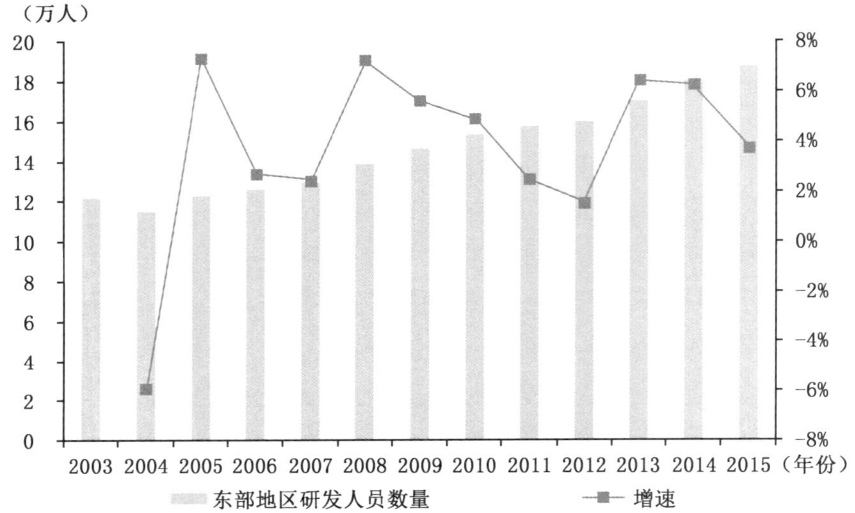

资料来源:根据万得数据库数据绘制。

图4—41 2003—2015年东部地区研发人员数量以及增速

优进优出,培育外贸竞争新优势;三是推动投资贸易深度融合,激发贸易增长新动能;四是提升内需市场能级,促进新消费,创造贸易新供给;五是完善现代市场体系,推动贸易流通能级迈上新台阶;六是增强服务辐射功能,拓展贸易发展新空间。依托自贸区建设,上海市提出推进自贸试验区制度创新。营造透明、规范、高效的贸易便利化环境,完善国际贸易中心建设法治环境,营造更加宽松的贸易人才发展环境;促进对外贸易优进优出,培育外贸竞争新优势。推动出口迈向中高端,提升进口综合效益,推进服务贸易创新发展。促进新消费,创造贸易新供给。增强对国内外消费的吸引力,培育和挖掘新消费增长点,促进"互联网+"商业模式创新。增强服务辐射功能,拓展贸易发展新空间。建设支撑国家自由贸易区和"一带一路"倡议的重要枢纽城市,发挥长江经济带龙头城市的贸易服务辐射功能,推进贸易中心与国际经济、金融、航运中心建设联动,服务具有全球影响力的科技创新中心建设。重点提出加快发展跨境电子商务。认定一批跨境电商示范园区,形成集聚和示范效应;培育并认定一批外贸综合服务试点企业，给予通关、出口退税、检验检疫、融资服务等便利化措施[①]。

广东自由贸易试验区制度创新实施意见中重点提出赋予自贸试验区更大的管理权限，吸引人才、资金、技术等资源在自贸试验区集聚，促进高端产业发展。试点赋予自贸试验区省级经济管理权限，有利于自贸试验区以经济社会发展为出发点和落脚点。支持国际中转集拼业务发展。建设跨境数字贸易服务平台。在南沙新区片区建设跨境数字贸易综合服务系统华南运营基地，为各国贸易商提供跨越多国海关（多边界）的国际贸易清报关、争议事件处置等一站式服务解决方案。同时提出，建设"粤港＋'一带一路'"跨境投资与贸易综合服务平台。推动与香港有关部门及专业服务机构开展协同创新、协同服务[②]。

江苏省提出积极参与"一带一路"建设，积极开展面向沿线国家的贸易促进活动。力争到 2020 年，对"一带一路"沿线国家或地区出口占全省出口的比重超过 1/4。支持柬埔寨西港特区、印尼双马农工贸合作区等国家级、省级境外经贸合作区建设，鼓励企业参与国际产能和装备制造合作，发展对外工程承包，带动成套设备、原材料、技术、标准、品牌和服务出口[③]。同时，江苏省提出加快建设国际营销服务体系，着力推动家纺服装、建材、家电、工具等传统优势出口行业，在俄罗斯、东欧、中东、南非、拉美等地区培育一批展示中心、分拨中心和批发市场，在美国、英国、欧盟等发达经济体自建或收购一批零售网点和售后服务网点，支持装备制造龙头企业，加快建设一批境外维修服务中心和备件基地。推进新兴产业国际化。推动新一代信息技术、高端装备、海洋工程、航空航天、新材料、节能环保、生物医药和新型医疗器械、新能源和智能电网、新能源汽车、数字创意十大战略性新兴产业国际化发展。

---

① 详见《"十三五"时期上海国际贸易中心建设规划》解读说明，http://www.scofcom.gov.cn/shsewgh/243274.htm。

② 详见广东省人民政府办公厅关于印发《深化中国（广东）自由贸易试验区制度创新实施意见的通知》，http://zwgk.gd.gov.cn/006939748/201808/t20180828_779360.html。

③ 详见《江苏省对外贸易"优进优出"行动计划（2016－2020）》，http://www.jiangsu.gov.cn/art/2016/11/24/art_46556_3614919.html。

4.1.5 本节小结

1. 自改革开放以来，地区自身的优势和国家财政及优惠政策的支持，使得东部地区获得优先发展的机会，东部地区对外开放程度较高，与世界各国均有较大的贸易往来。近十年来，广东、江苏、上海、浙江、北京、山东、福建、天津等省市均是国家对外贸易的主要省市。广东多项对外贸易指标排名第一，进出口总额居第二的江苏省，近年来参与“一带一路”对外贸易，发展较为迅速。

2. 从对外贸易出口情况来看，近年来出口增长有所减缓，进口呈下降趋势，广东、北京、江苏较为明显。广东省货物贸易进出口总量领先，北京、上海两市进口贸易额较高。广东、江苏、上海仍为机电产品进出口较大地区。

3. 在“一带一路”各区域中，亚洲、大洋洲地区和西亚地区是东部地区主要的进出口市场。广东、江苏、浙江对“一带一路”国家或地区的进出口额最高。2017年，东部地区对“一带一路”国家或地区出口商品主要集中于电机、电器设备及其零件、核反应堆、锅炉、机器、机械器具及零件。从浙江省出口区域结构来看，主要出口区域为欧洲、美国、东盟地区，电器、通信、纺织为重要的出口产业。江苏的机电行业成长迅速，出口不再是以低端的初级加工产品为主，工业制成品出口所占比重逐渐超过初级产品，高新技术产品如计算机、生命科学技术产品、航空产品增长迅速。

4. 东部地区对外贸易无论是从科研投入还是政府政策支持方面均具有较大的优势。东部地区教育经费逐年始终保持增长趋势，研发人才数量逐年增加。各地区制定详细的贸易政策，并有效付诸实施，提升技术贸易竞争能力，研究“新技术、新产业、新模式、新业态”，不断进行对外贸易开放，促进本地区发展。

4.2 中部地区产业发展动态分析

中部地区包括山西、安徽、江西、河南、湖北、湖南共6个省份，是中国地理经济腹地。虽然从地理位置来看，中部地区既不沿边也不沿海，但人口众多，耕地面积辽阔，拥有十分丰富的自然资源，位于东部和西部地区相邻的特殊地理位置，在经济社会发展与对外贸易格局中占有重要地位。自 2006 年《中共中央国务院关于促进中部地区崛起的若干意见》印发实施后，中部地区对外贸易水平开始呈现明显提升的趋势。2008 年金融危机后，随着东部沿海地区产业的转移，国务院出台了《关于中西部地区承接产业转移的指导意见》，推动中部地区承接东部产业转移，促进中部加工贸易的发展，带动中部对外贸易迅速增长。2013 年，共建"一带一路"倡议的提出为中部地区的贸易发展提供了巨大的发展机遇。

4.2.1　中部地区产业发展总体情况

1. 经济稳定增长，增速有所放缓

2018 年前三季度，中部地区 GDP 总量为 137 359.06 亿元，同比增长 7.76%；占全国的比重为 21.1%，占比略有下降。河南省 GDP 总量达到 35 537.4 亿元，是中部地区唯一突破"三万亿"的省份，湖北、湖南和安徽三省 GDP 总量都突破了"两万亿"，分别达到了 27 634.35 亿元、25 321.58 亿元和 21 632.90 亿元，江西省和山西省 GDP 总量也都突破了"一万亿"，达到 15 592.50 亿元和 11 640.33 亿元（见图 4—42）。

从 GDP 增速来看，中部地区六省 GDP 从 2011 年开始均呈现逐步下降的趋势，到 2015 年见底，2016 年、2017 年回升。经济增速回升，说明我国"去库存""去产能"的经济政策取得了显著的效果。2018 年前三季度，GDP 增速整体有所下降，原因主要有两方面：一方面，由于我国坚定实施"去杠杆"的经济政策，降低了经济的系统性风险，所以经济增速有所下降；另一方面，为了经济的可持续发展，执行了严格的环保政策。分省来看，山西、湖北、安徽、河南四个省的增速高于全国平均增速，其中，山西增速是中部六省中最高的，为 11.28%，其次是湖北（10.20%），安徽、河南、江西、湖南四省的增速分别为 9.19%、8.03%、5.89%、3.39%（见图 4—43）。

2. 三产比重持续上升，首次呈现"三二一"的产业结构

2018 年前三季度，中部地区三次产业结构为 8.27∶44.86∶46.87，

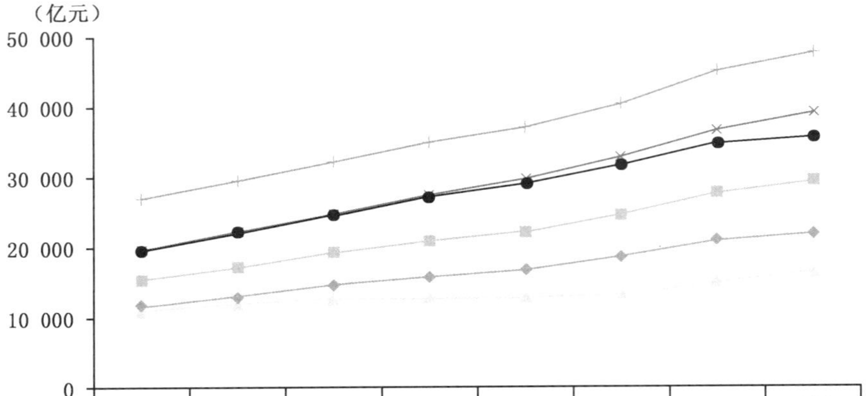

	2011年	2012年	2013年	2014年	2015年	2016年	2017年	预计2018年
山西	11 237.6	12 112.8	12 665.3	12 761.5	12 766.5	13 050.4	14 973.5	16 153.5
安徽	15 300.7	17 212.1	19 229.3	20 848.8	22 005.6	24 407.6	27 518.7	29 340.2
江西	11 702.8	12 948.9	14 410.2	15 714.6	16 723.8	18 499	20 818.5	21 685.9
河南	26 931	29 599.3	32 191.3	34 938.2	37 002.2	40 471.8	44 988.2	47 628.9
湖北	19 632.3	22 250.5	24 791.8	27 379.2	29 550.2	32 665.4	36 523	39 081.3
湖南	19 669.6	22 154.2	24 621.7	27 037.3	28 902.2	31 551.4	34 590.6	35 419.9

注：2018 年全年数据为 2017 年第四季度与 2018 年前三季度数据之和（如无特别指出，下同）。

资料来源：根据国家统计局数据、万得数据库数据绘制。

图 4－42　2011－2018 年中部地区 GDP 总量变化趋势

首次实现了“三二一”的产业结构，其中，三产比重较 2017 年提高了 1.84 个百分点，二产、一产比重分别下降了 0.56 个百分点和 1.28 个百分点。对比全国三次产业结构来看，中部地区第一、第二产业比重均显著高于全国平均水平，第三产业比重仍有较大的提升空间（见图 4－44）。

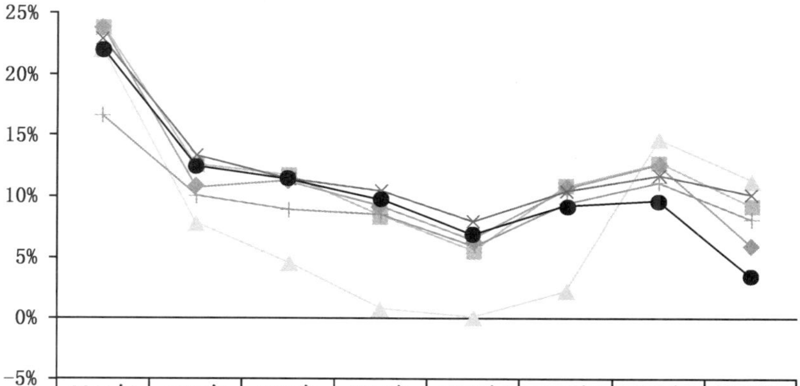

	2011年	2012年	2013年	2014年	2015年	2016年	2017年	2018*年
山西	22.14%	7.79%	4.56%	0.76%	0.04%	2.22%	14.74%	11.28%
安徽	23.80%	12.49%	11.72%	8.42%	5.55%	10.92%	12.75%	9.19%
江西	23.82%	10.65%	11.29%	9.05%	6.42%	10.61%	12.54%	5.89%
河南	16.62%	9.91%	8.76%	8.53%	5.91%	9.38%	11.16%	8.03%
湖北	22.95%	13.34%	11.42%	10.44%	7.93%	10.54%	11.81%	10.20%
湖南	21.77%	12.63%	11.14%	9.81%	6.90%	9.17%	9.63%	3.39%

注：2018* 表示 2018 年前三季度数据。

资料来源：根据国家统计局数据、万得数据库数据绘制，此处为现价数据。

图 4—43　2011—2018 年中部地区 GDP 增速变化趋势

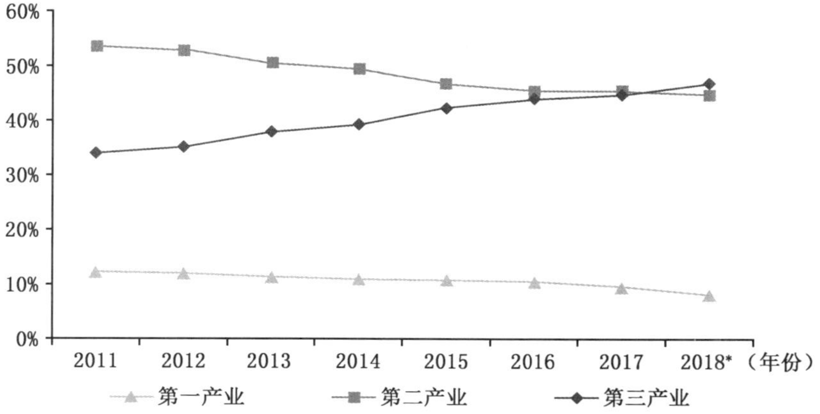

注：2018* 表示 2018 年前三季度三次产业结构数据。

资料来源：根据国家统计局数据、万得数据库数据绘制。

图 4—44　2011—2018 年前三季度中部地区三次产业结构变化趋势

中部地区各省三次产业结构不尽相同，其中，山西、湖南两省在2017年已经呈现出"三二一"的产业结构特征，湖北在2018年前三季度也完成了"三二一"的产业结构转变，而其余三省的第二产业仍是支撑其经济增长的主动力。此外，山西省第一产业比重低于全国水平，第三产业比重与全国水平持平，而其余五省则都是第一产业占比高于全国水平，第三产业占比低于全国水平(见表4—2)。

表4—2　　2018年前三季度中部地区各省三次产业结构

区　域	一产增加值(亿元)	二产增加值(亿元)	三产增加值(亿元)	三次产业结构
山西	470.78	4 988.59	6 180.96	4.0∶42.9∶53.1
安徽	1 488.40	10 218.20	9 926.30	6.9∶47.2∶45.9
江西	1 042.90	7 448.30	7 101.30	6.7∶47.8∶45.5
河南	3 279.08	16 639.36	15 618.96	9.2∶46.8∶44.0
湖北	2 631.78	12 130.81	12 871.76	9.5∶43.9∶46.6
湖南	2 534.50	10 669.18	13 178.07	9.6∶40.4∶50.0
中部地区	11 447.44	62 094.44	64 877.35	8.3∶44.9∶46.9
全国	42 172.60	262 953.10	345 773.20	6.5∶40.4∶53.1

资料来源：国家统计局、万得数据库。

3. 传统产业保持平稳，高新技术产业增长迅速

中部地区传统产业主营业务收入保持平稳，2016年达到67 713.8亿元，同比增长3.43%，相较于2015年，增速(－5.11%)实现反转。从整体来看，传统产业主营业务收入在2014年之前增长迅速，在2014年之后基本保持平稳(为了便于分析，本小节选取部分传统产业①，以透视整个传统产业的特征，见图4—45)。分省来看，2016年，河南省传统产业主营业务收入最高，达到20 449.6亿元，同比增长5.12%，首次突破了"两万亿"；湖南省最低，仅为8 574.3亿元；而山西省是中部地区传统产业主营业务收入出现负增长的唯一省份；其余各省传统产业主营业务收入比较接近，变化趋势也基本相似。

① 部分传统产业包括煤炭开采和洗选业，食品制造业，纺织业，木材加工及木、竹、藤、棕、草制品业，家具制造业，造纸及纸制品业，石油加工、炼焦及核燃料加工业，黑色金属冶炼及压延加工业，有色金属冶炼及压延加工业(湖南省家具制造业数据缺失，不做调整)。

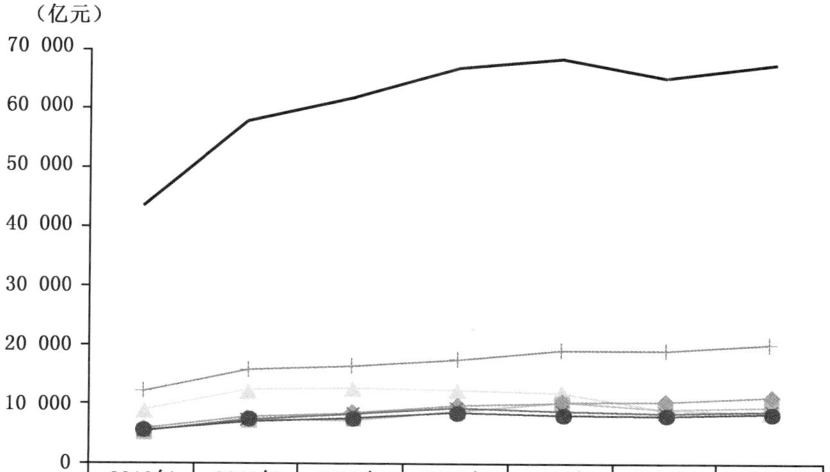

	2010年	2011年	2012年	2013年	2014年	2015年	2016年
山西	9 017.1	12 339.4	12 737.1	12 546.6	11 854.4	9 261.3	8 910.7
安徽	5 312.3	7 099.6	7 647.2	8 748.2	9 307.2	9 214.7	9 612.3
江西	5 552.7	7 287.6	8 372.9	9 693.9	10 668.0	10 607.2	11 321.8
河南	12 382.4	16 009.2	16 844.2	18 041.6	19 520.4	19 454.2	20 449.6
湖北	5 766.8	7 541.8	8 445.8	9 486.1	9 225.3	8 829.0	8 845.2
湖南	5 752.3	7 768.7	7 862.0	8 545.6	8 420.7	8 104.2	8 574.3
中部地区	43 783.5	58 046.4	61 909.1	67 062.1	68 996.0	65 470.6	67 713.8

资料来源：根据万得数据库数据绘制。

图 4—45　2010—2016 年中部地区部分传统产业主营业务收入及变化趋势

由于中部各省战略性新兴产业数据不易获得，本小节使用高新技术产业替代战略性新兴产业分析。2011—2016 年，中部地区高新技术产业主营业务收入保持快速增长，从 7 848.4 亿元增长到 23 773.4 亿元，年均复合增速达到 25%，占全国高新技术产业主营业务收入的比重也从 8.97%提升到 15.46%。分省来看，河南省 2016 年高新技术产业主营业务收入比 2011 年增长了 3.6 倍，位居中部地区第一位；山西省高新技术产业规模最小，2015 年仅为 997.4 亿元（见图 4—46）。

4.2.2　中部地区多边贸易发展情况

1. 货物贸易进出口保持高速增长

2007—2017 年，中部地区出口保持高速增长，货物贸易出口额从

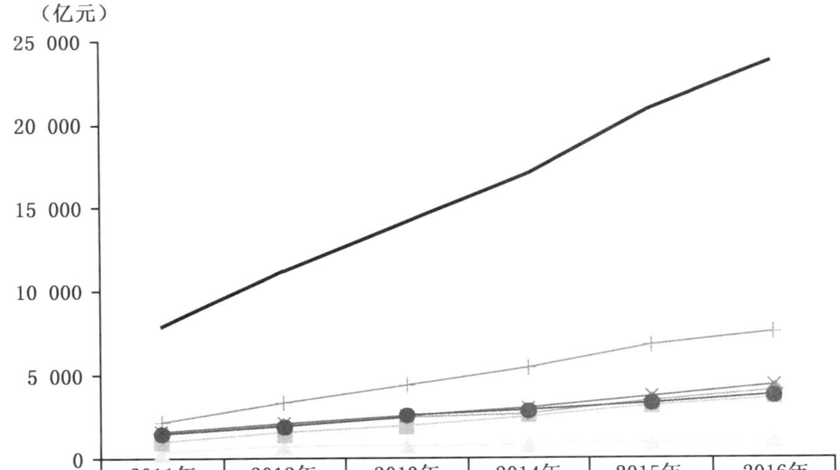

	2011年	2012年	2013年	2014年	2015年	2016年
山西	302.4	621.5	707.8	793.6	864.7	997.4
安徽	1 055.1	1 460.0	1 831.4	2 533.0	3 064.1	3 587.6
江西	1 432.0	1 856.7	2 289.6	2 611.9	3 318.1	3 913.6
河南	2 033.5	3 257.8	4 284.4	5 293.1	6 653.8	7 401.6
湖北	1 552.1	2 027.3	2 445.3	2 948.0	3 655.1	4 211.9
湖南	1 473.4	1 880.7	2 564.9	2 834.4	3 280.2	3 661.3
中部地区	7 848.4	11 104.0	14 123.3	17 014.1	20 836.1	23 773.4

资料来源：根据《中国科技统计年鉴》相关数据绘制。

图4－46　2011－2016年中部地区高新技术产业主营业务收入及变化趋势

438.95亿美元增长到1 740.71亿美元，年均复合增速达到14.77%。2018年前三季度达到1 422.92亿美元，同比增速为16.83%，继续保持高速增长（见图4－47）。中部地区货物贸易出口占全国的比重保持稳定上升的趋势，占比从2007年的3.60%上升至2017年的7.69%，累计上升4.09个百分点，年均上升0.41个百分点。2018年前三季度占比为7.79%，相较于上年略微提升。

分省来看，2018年前三季度中部地区货物贸易出口额最高的是河南省，达到353.38亿美元，占中部地区的比重接近25%；其次是江西和安徽。前述三省合计占比达到62.41%。从增速来看，增速最快的是湖南省，2018年前三季度同比增速达到29.76%，其次是河南（26.88%）、山西（23.21%）和安徽（19.32%），江西和湖北的增速都在两位数以下，低于中

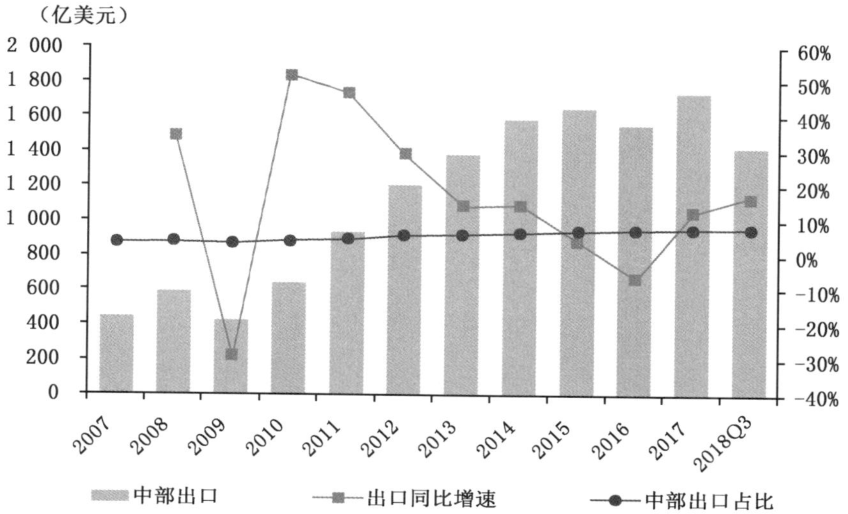

注：2018Q3 表示 2018 年前三季度数据，下同。

资料来源：根据万得数据库相关数据绘制。

图 4—47　中部地区出口及其增速与占比

部和全国平均增速（见表 4—3）。

表 4—3　　2018 年前三季度中部地区六省货物贸易出口情况

区　域	货物贸易出口额（亿美元）	同比增速（%）	占中部地区的比重（%）
山西	91.62	23.21	6.44
安徽	267.53	19.32	18.80
江西	271.34	1.17	19.07
河南	353.38	26.88	24.84
湖北	238.10	9.31	16.73
湖南	200.95	29.76	14.12
中部地区	1 422.92	16.83	—
全国	18 275.60	12.25	—

资料来源：根据万得数据库相关数据整理而来。

货物贸易进口增速稳中有升。2007—2017 年，中部地区进口保持高速增长，货物贸易进口额从 304.31 亿美元增长到 1 011.73 亿美元，年均复合增速达到 12.77%，略低于出口增速。2018 年前三季度达到 849.74

亿美元，同比增速为23.31%，高于2017年整体增速，也高于同期出口增速。中部地区货物贸易进口占全国的比重保持稳定上升的趋势，占比从2007年的3.18%上升至2017年的5.49%，累计上升2.31个百分点，年均上升0.23个百分点。2018年前三季度占比为5.29%，相较于上年略微下降（见图4—48）。

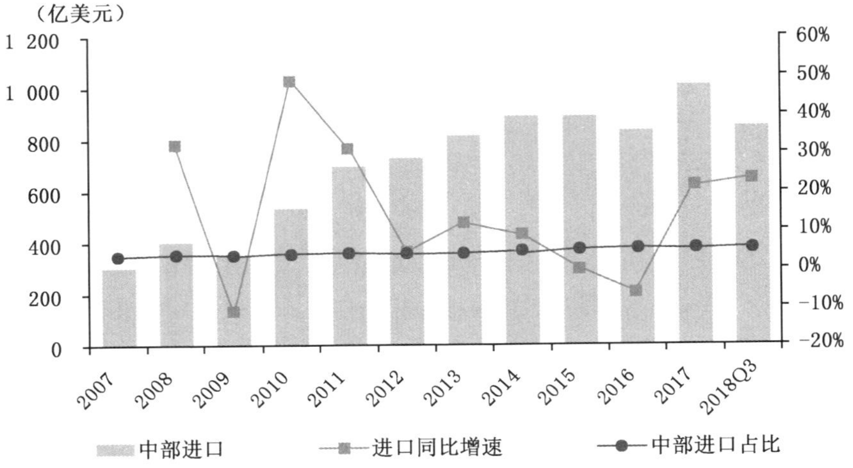

注：2018Q3表示2018年前三季度数据，下同。

资料来源：根据万得数据库相关数据绘制。

图4—48　中部地区进口及其增速与占比

分省来看，2018年前三季度中部地区货物贸易进口额最高的是河南省，达到207.49亿美元，占中部地区的比重接近25%；其次是安徽和湖北，三省合计占比达到65.13%。从增速来看，增速最快的是山西省，2018年前三季度同比增速达到40.02%，其次是湖南（35.35%）、江西（26.91%）和安徽（23.96%），增速最低的是河南（12.32%），低于中部和全国平均增速（见表4—4）。

表4—4　　2018年前三季度中部地区货物贸易进口情况

区　域	货物贸易进口额（亿美元）	同比增速（%）	占中部的比重（%）
山西	67.59	40.02	7.95
安徽	204.16	23.96	24.03
江西	109.80	26.91	12.92

续表

区　域	货物贸易进口额(亿美元)	同比增速(%)	占中部的比重(%)
河南	207.49	12.32	24.42
湖北	141.73	21.17	16.68
湖南	118.97	35.35	14.00
中部地区	849.74	23.31	—
全国	16 073.70	20.16	—

资料来源:根据万得数据库相关数据整理而来。

2. 服务贸易维持逆差状态,但呈积极变化

中部服务贸易呈现逆差状态。2017 年,湖北省服务贸易进出口总额 121.4 亿美元,其中,服务贸易进口 94.7 亿美元,出口 26.7 亿美元①。2018 年 1—8 月,河南省服务贸易进出口总额 45.7 亿美元,增长 3.6%,其中,出口 11.2 亿美元,进口 34.5 亿美元②。2016 年,湖南省服务贸易进出口总额为 51.5 亿美元,其中,服务贸易出口 9.1 亿美元,服务贸易进口 42.4 亿美元,3 项指标均居中部六省第 4 位③。

服务贸易呈现积极变化。以服务贸易总量位居中部首位的湖北省为代表,中部地区服务贸易呈现以下四个新特点:一是服务贸易出口增速显著高于进口增速。2017 年,湖北省服务贸易进口 94.7 亿美元,同比增长 2.53%;出口 26.7 亿美元,同比增长 21.53%,服务贸易出口增速高于进口增速 19 个百分点。二是服务贸易结构不断优化。2017 年,湖北省新兴服务贸易领域增长快于传统服务贸易,所占比重持续上升,金额达 1.62 亿美元,占比 1.3%,同比提升了 0.5 个百分点。知识产权使用费、文化和娱乐服务、维修和维护服务等新兴领域增幅均在 30%以上,分别为 36%、52%和 164%。三是"一带一路"沿线市场呈现多元化发展趋势。中部地区与"一带一路"沿线国家存在很强的互补性,与"一带一路"沿线国家服务贸易增势良好,双边贸易额不断攀升。四是服务外包继续实现

① 中国服务贸易指南网,2017 年湖北省服务贸易呈现积极新变化,http://tradeinservices.mofcom.gov.cn/article/news/gnxw/201803/56988.html。

② 河南省商务厅,2018 年 1—8 月全省商务运营情况分析,http://www.hncom.gov.cn/newsopen/show/104608.aspx。

③ 湖南省商务厅,湖南服务贸易发展研究报告,http://www.199it.com/archives/672253.html。

高速增长。2017年，湖北省服务外包执行额21.59亿美元，同比增长18.39%。新增服务外包企业84家，累计达1 169家；新增服务外包从业人员3.6万人，累计达37.9万人。

3. 美国是最大的贸易伙伴，亚洲、大洋洲是“一带一路”中的主要进出口市场

分国家来看，美国是最大的贸易伙伴。2018年前三季度，中部对美国进出口金额总计达到2 360.4亿元，占中部六省进出口贸易总额的15.98%，同比上年增长了24.34%。分省来看，河南省对美国的进出口金额最大，达到833.5亿元，占河南省进出口总额的22.72%，同比增长43.2%；安徽省对美国进出口总值472.6亿元，仅次于河南省，同比增长20.90%；山西省对美国进出口总值182.3亿元，同比增长54.4%，增速最快（见表4—5）。

表4—5　2018年前三季度中部地区对美国贸易进出口情况

区　域	对美国进出口金额（亿元）	同比变动（%）	占比（%）
山西	182.3	54.40	17.60
安徽	472.6	20.90	15.44
江西	306.8	—3.81	12.44
河南	833.5	43.20	22.72
湖北	325.6	18.90	13.21
湖南	239.6	11.70	11.54
合　计	2 360.4	24.34	15.98

资料来源：各省海关。

分地区来看，在“一带一路”各区域中，亚洲、大洋洲地区是中部地区的主要进出口市场。从出口情况来看，中部地区出口市场相对分散，2017年中部地区对亚洲、大洋洲地区出口额为250.9亿美元，与2016年相比略有上升，占中部地区对“一带一路”国家出口总额的43.1%，占中国对亚洲、大洋洲地区出口总额的6.4%；其中，河南、江西是中部地区中对亚洲、大洋洲地区出口最多的省，出口额分别为57.9亿美元和56.0亿美元，占中部地区对亚洲、大洋洲地区出口总额的比重分别为23.1%和22.3%。西亚地区、南亚地区和东欧地区也是中部地区重要的出口市场，

占比分别为19.7%、17.7%和12.6%。2018年前三季度,河南省对亚洲地区的进出口总额达到1 771.09亿元,占河南省进出口总额的48.28%,同比增长6.25%[①](见图4—49)。

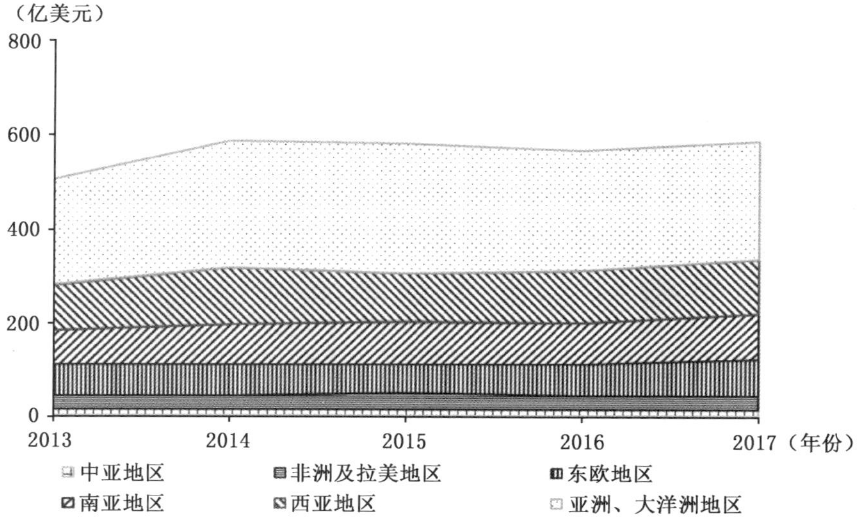

资料来源:国家信息中心等,《"一带一路"贸易合作大数据报告(2018)》。

图4—49 2013—2017年中部地区对"一带一路"各地区出口额

从进口情况来看,2017年,中部地区自亚洲、大洋洲地区进口额为211.1亿美元,较2016年相比增长19.2%,占中部地区自"一带一路"国家进口总额的76.5%,占中国自亚洲、大洋洲地区进口总额的4.9%;其中,河南省是中部地区中自亚洲、大洋洲地区进口最多的省,进口额为88.3亿美元,占中部地区自亚洲、大洋洲地区进口总额的41.8%,但占比自2013年起逐年下降(见图4—50)。

4. 一般贸易占据主要份额,民企和外资企业外贸贡献最大

从贸易方式看,一般贸易占据主导地位。2018年前三季度,中部六省一般贸易进出口额合计9 280.5亿元,占进出口总额的62.83%;加工贸易进出口额合计4 981.6亿元,占进出口总额的33.72%(见表4—6)。分省来看,山西省与河南省以加工贸易为主,加工贸易占比分别为

① 郑州海关,前三季度我省外贸进出口大幅增长,http://xiamen.customs.gov.cn/zhengzhou_customs/501404/501406/501408/2045171/index.html。

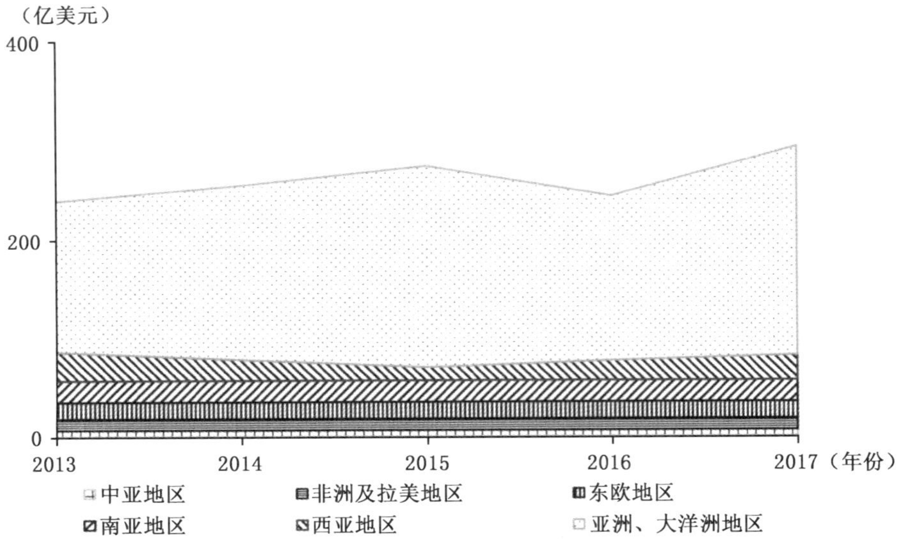

资料来源：国家信息中心等，《“一带一路”贸易合作大数据报告(2018)》。

图4—50 2013—2017年中部地区自“一带一路”国家各地区进口额

68.60%和61.32%；安徽、江西、湖南、湖北都是以一般贸易为主。从体量上来看，安徽省一般贸易进出口额达到2 210.1亿元，一般贸易体量最大；河南省加工贸易进出口额达到2 249.5亿元，远远领先于其他省份。

表4—6 2018年前三季度中部地区贸易方式情况

区域	一般贸易进出口额(亿元)	占比(%)	加工贸易进出口额(亿元)	占比(%)
山西	313.3	30.27	709.9	68.60
安徽	2 210.1	72.21	660.6	21.58
江西	1 998.5	81.02	439.0	17.80
河南	1 355.1	36.94	2 249.5	61.32
湖北	1 871.0	75.91	422.6	17.15
湖南	1 532.5	73.82	500.0	24.08
合计	9 280.5	62.83	4 981.6	33.72

资料来源：各省海关。

民企和外资企业外贸贡献最大。2018年前三季度，湖南省民营企业完成进出口额1 380.1亿元，同比增长35.6%，高于总体增速约10.5个百分点，占比提高6.7个百分点，至66.48%，民营企业继续保持第一大经营主体地位①；湖北省民营企业进出口1 214.1亿元，增长6.7%，占全省外贸总值的49.3%，对湖北省进出口总值增长的贡献率达到43%。湖北省外商投资企业进出口668.4亿元，增长12.3%，占27.1%，对全省增长贡献率为41%②；江西省民营企业进出口1 646.06亿元，增长1.13%，占全省外贸总值的66.73%③；河南省民营企业进出口1 068.4亿元，增长24.9%，占同期河南省外贸总值的29.1%；外商投资企业进出口2 271亿元，增长14.6%，占61.9%④。

从对"一带一路"国家的进出口主体来看，民营企业是中部地区出口的主力军，但是占比逐年下降。民营企业是中部地区对"一带一路"国家出口的主要贸易主体，2013—2017年民营企业出口额呈现先增后减的趋势，2014年达到最高366.7亿美元，占所有贸易主体出口额的63.0%；2017年，其出口额降为320.8亿美元，占比为55.1%。外资企业排名第二，出口额自2013年起逐年稳步增加，2017年出口额为143.4亿美元，较2013年增长49.0%，占所有贸易主体出口额的比重由2013年的19.5%上升至2017年的24.6%(见图4—51和图4—52)。

外资企业始终是中部地区自"一带一路"国家进口首要的贸易主体，2013—2017年外资企业进口额占所有贸易主体进口额的比重基本保持在50.0%左右，2016年进口额有所下降，2017年止降回升，达到138.0亿美元，与2015年的五年最高值基本持平。民营企业进口额在2016年下滑后小幅上涨，2017年出口额为74.4亿美元，占所有贸易主体进口额的26.9%。国有企业进口额在2013—2016年连续四年下降，直到2017年急剧上涨，进口额为63.5亿美元，较2016年增长41.5%(见图4—53和图4—54)。

---

① 湖南省商务厅，2018年1—9月湖南商务情况通报，http://hunancom.gov.cn/swt/public/wx/cms/article/d7cb40d32a9b45e283be861deb63ddde。

② 武汉海关，前三季度湖北省外贸进出口保持较快增长 提质增效呈现八大特点，http://wuhan.customs.gov.cn/wuhan_customs/506378/506380/2051154/index.html。

③ 南昌海关，前三季度江西进出口增长4.1%，http://nanchang.customs.gov.cn/nanchang_customs/496836/496842/496843/2046338/index.html。

④ 郑州海关，前三季度我省外贸进出口大幅增长，http://xiamen.customs.gov.cn/zhengzhou_customs/501404/501406/501408/2045171/index.html。

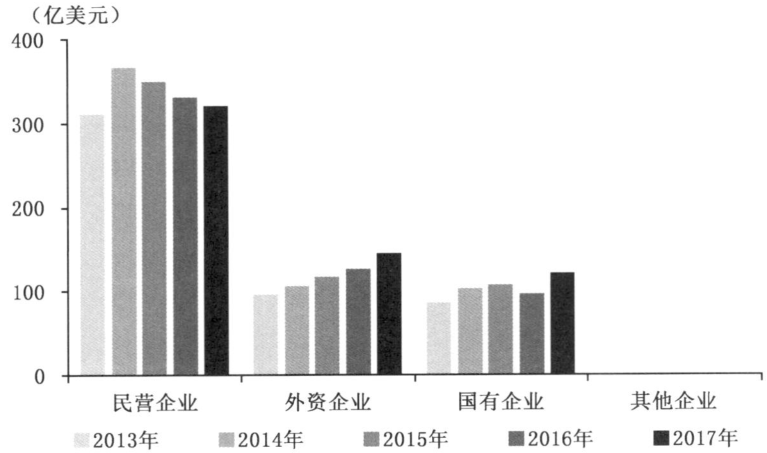

资料来源：国家信息中心等，《"一带一路"贸易合作大数据报告(2018)》。

图4—51 2013—2017年中部地区主要贸易主体对"一带一路"国家的出口额

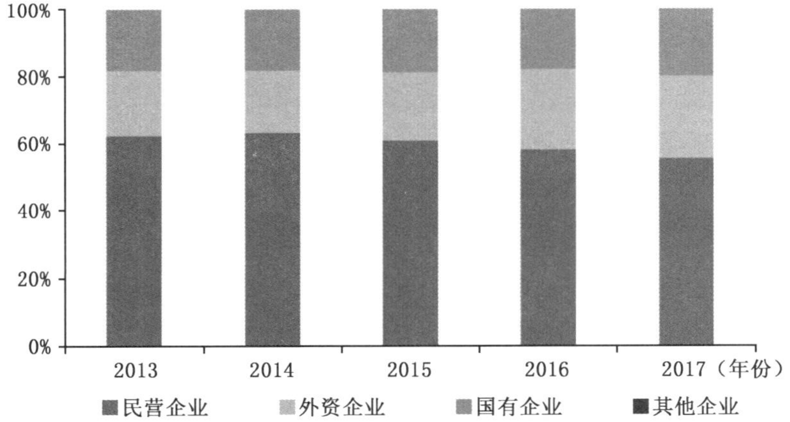

资料来源：国家信息中心等，《"一带一路"贸易合作大数据报告(2018)》。

图4—52 2013—2017年中部地区主要贸易主体对"一带一路"国家出口额的比重分布情况

5. 机电产品是出口主力，高技术产业出口持续提升

机电产品是出口主力。2018年前三季度，中部机电产品出口金额总计达到5 170.0亿元，占中部商品出口总额的55.03%，同比上年增长15.84%。分省来看，2108年前三季度河南省的机电产品出口金额最大，

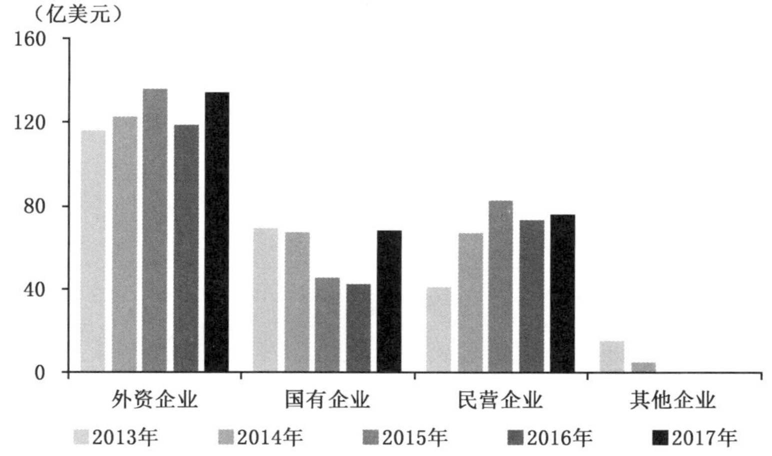

资料来源：国家信息中心等，《“一带一路”贸易合作大数据报告(2018)》。

图4—53　2013—2017年中部地区主要贸易主体自“一带一路”国家的进口额

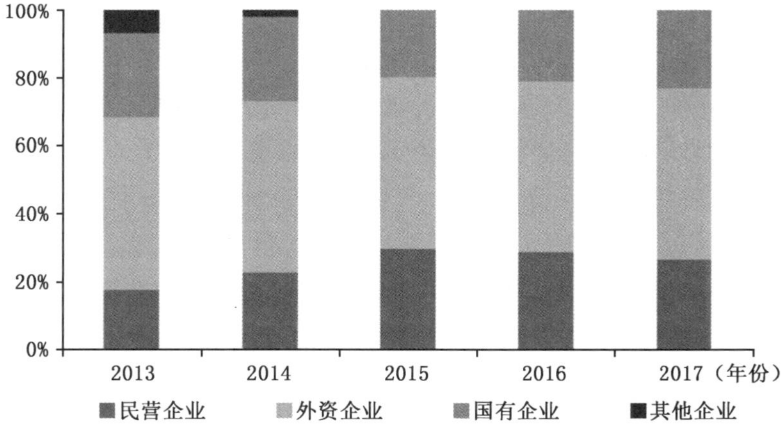

资料来源：国家信息中心等，《“一带一路”贸易合作大数据报告(2018)》。

图4—54　2013—2017年中部地区主要贸易主体自“一带一路”国家进口额的比重分布情况

达到1 599.3亿元，占河南省出口总额的69.32%；其次是安徽省，机电产品出口额达到1 005.2亿元，也突破了千亿元大关。从机电产品出口的增速来看,2018年前三季度山西省同比增长24.90%[①],增速最快,其次是河南省(22.47%)、安徽省(19.3%)、湖南省(17.3%)、江西省(10.8%)、湖北省(1.4%)(见表4—7)。

表4—7 2018年前三季度中部地区机电产品出口情况

区 域	机电产品出口额(亿元)	同比变动(%)	占出口总值的比例(%)
山西	426.8	24.90	56.80
安徽	1 005.2	19.30	57.90
江西	716.5	10.80	40.90
河南	1 599.3	22.47	69.32
湖北	852.0	1.40	55.20
湖南	570.1	17.30	43.74
合 计	5 169.9	15.84	55.03

资料来源:各省海关。

高新技术产业出口持续提升。2011年到2016年,中部地区高新技术产业出口额从164.02亿美元增长到570.42亿美元,累计增长247.77%,年均复合增长率达到19.90%;高新技术产业出口占全国的比例从2.99%上升到9.44%,提升了6.45个百分点(见图4—55)。2011年到2016年,中部地区高新技术产业进口额从137.33亿美元增长到369.26亿美元,累计增长268.88%,年均复合增长率达到21.87%,但是2015—2016年增速为—6.20%,呈下降趋势;高新技术产业进口占全国的比例从2.96%上升到7.05%,提升了4.09个百分点(见图4—56)。

4.2.3 多边贸易对中部地区产业发展的影响

1. 积极引进外商投资,对外开放大有空间

从外贸依存度来看,不同于全国外贸依存度一直保持下降的趋势,中部地区外贸依存度基本保持平稳。2011—2015年中部地区外贸依存度都维持在10%以上,2016年外贸依存度为9.78%,相较于2015年下降了1个百分点,远低于全国平均水平(32.73%),见图4—57。

---

① 太原海关,前三季度山西省进出口总值破千亿,http://www.customs.gov.cn/customs/302249/mtjj35/2063497/index.html。

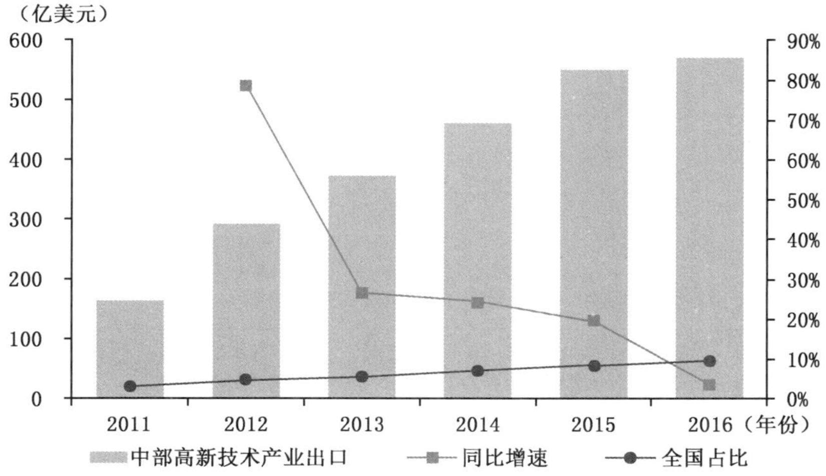

资料来源：科技部，万得数据库。

图 4－55　2011－2016 年中部地区高新技术产业出口情况

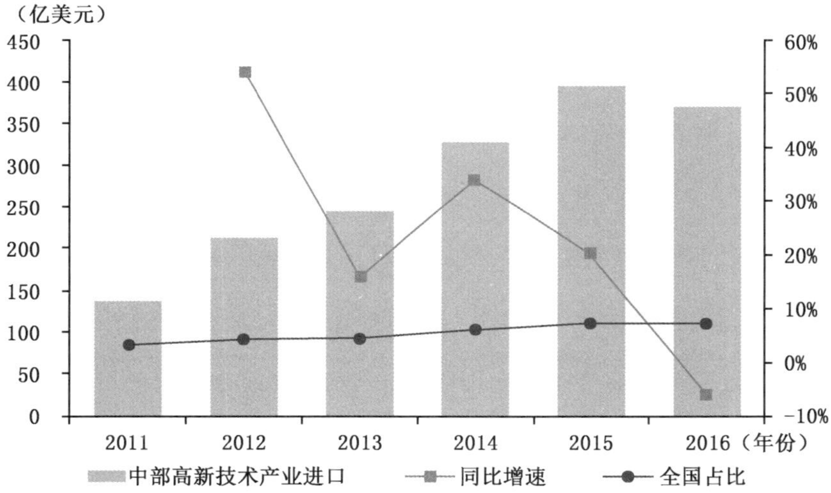

资料来源：科技部，万得数据库。

图 4－56　2011－2016 年中部地区高新技术产业进口情况

从外资依存度来看，中部地区外资依存度与全国外资依存度走势相反。从 1994 年开始，全国外资依存度进入下降通道，而中部地区外资依存度从 2000 年开始一直处于上升通道。在 2007 年，中部地区外资依存

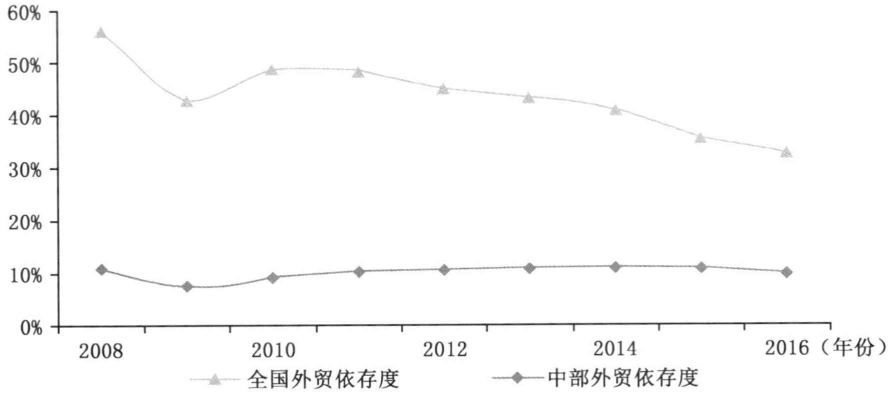

资料来源：万得数据库。

图4—57 2008—2016年中部地区与全国外贸依存度变化情况

度首次超越了全国平均水平。2016年，中部地区外资依存度为2.77%，高出全国外资依存度1.66个百分点(见图4—58)。

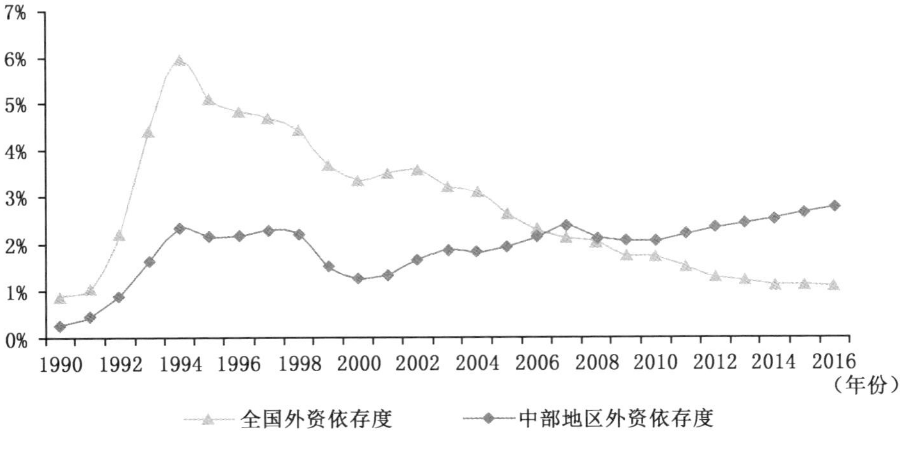

资料来源：万得数据库。

图4—58 1990—2016年中部地区与全国外资依存度变化情况

2.“一带一路”带动中部地区开放型经济建设

目前来看，中部地区在“一带一路”贸易发展中有着重要的地位。2017年，中部地区与“一带一路”国家进出口总额为858亿美元，达到5年来最高值，较2016年增长9.4%，占全国与“一带一路”国家进出口总额的 6.0%。其中,出口额为 582.0 亿美元,较 2016 年增长 5.6%,占中国对"一带一路"国家出口额的 7.5%;进口额为 276.0 亿美元,较 2016 年增长 18.4%,占中国自"一带一路"国家进口额的 4.1%。中部地区 2017 年与"一带一路"国家的贸易顺差为 305.9 亿美元,较 2016 年缩小 11.9 亿美元(见图 4—59)。

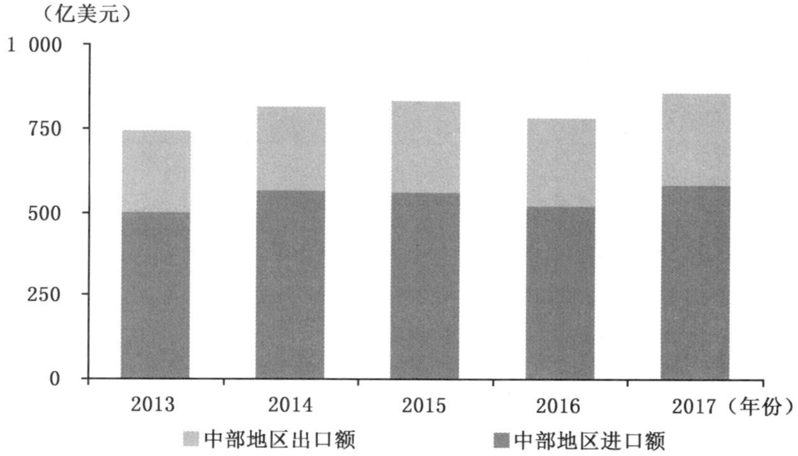

资料来源:国家信息中心等,《"一带一路"贸易合作大数据报告(2018)》。

图 4—59　2013—2017 年中部地区与"一带一路"国家进口额和出口额

在中部地区,2017 年河南与"一带一路"国家进出口总额最多,为 238.2 亿美元,在 31 个省市区中排名第 13 位,占中部地区与"一带一路"国家进出口总额的 27.8%,安徽、湖北、江西、湖南的占比也达到 10%以上。与 2016 年相比,除江西外,中部地区各省份与"一带一路"国家进出口总额均有所增加,其中,山西增幅最明显,为 31.4%;江西降幅为 15.6%(见图 4—60)。

2017 年,中部地区对"一带一路"国家出口排名前 5 的省分别为河南、安徽、湖北、江西、湖南,山西出口额增速最大,达 57.2%,中部地区只有江西出现下降,降幅为 18.55%。

2017 年,中部地区自"一带一路"国家进口排名前 5 的省份为河南、湖北、安徽、湖南、山西。中部 6 省中江西、山西与 2016 年相比,进口额出现小幅下降,降幅分别为 2.4%和 1.1%。

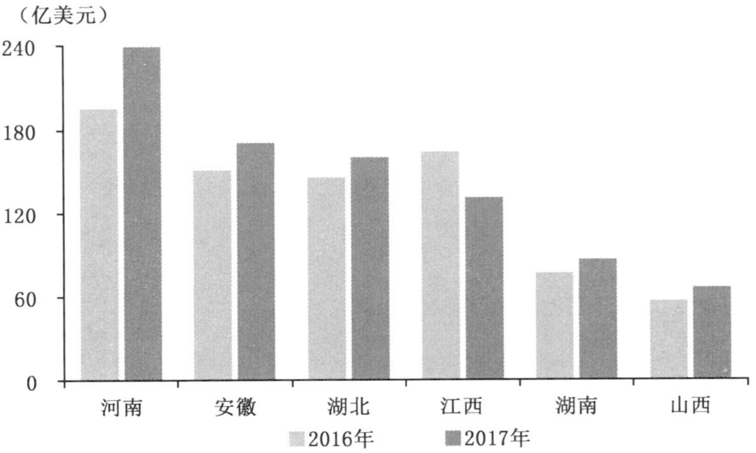

资料来源:国家信息中心等,《"一带一路"贸易合作大数据报告(2018)》。

图 4—60 2016 年和 2017 年中部地区各省与"一带一路"国家进出口总额

"一带一路"为中部地区打造开放型经济提供了发展机遇。2015 年,由国家发改委、商务部、外交部共同发布的《推动共建丝绸之路经济带和 21 世纪海上丝绸之路的愿景与行动》(以下简称《愿景与行动》)中指出,大力建设以郑州、武汉、长沙、南昌、合肥等省会城市为主的内陆开放型经济高地,建立中欧通道铁路运输、口岸通关协调机制,打造"中欧班列"品牌,建设沟通境内外、连接东中西的运输通道。支持郑州、西安等内陆城市建设航空港、国际陆港,加强内陆口岸与沿海、沿边口岸通关合作。中部地区向西可以通过铁路运输到达中亚,再到俄罗斯,然后通向欧洲。同时,在中部地区建设内陆城市航空港,彻底解决中部内陆无海运的难题。"一带一路"倡议的《愿景与行动》中还明确指出,基础设施互联互通是"一带一路"建设的优先领域,要加强能源基础设施互联互通合作,特别是加强资金融通、人才流通以及科技合作等,这不但整合了国内资源,而且通过"一带一路"还畅通了国际资源的流动。

3. 出口提升制造业生产率,促进产业绿色发展

谢众等(2017)[①]研究了中部地区出口强度与整体制造业的生产率的

① 谢众,郑梦炜. 出口活动、贸易强度与制造业行业生产率——来自我国中部地区的经验数据[J]. 工业技术经济,2017,36(6):11—20.

相关性。他们发现贸易出口活动和强度对提升中部地区制造业全要素生产率有正向作用。但是出口活动的促进作用主要是促进高新技术产业的生产率。对于传统制造业，中部地区的出口活动抑制了生产率的增长。同时，贸易出口在当期的效果更为明显，而出口强度对提升技术水平的影响更为长远。

刘红英等(2018)①采用基于跨期生产前沿的方向性距离函数(IFD-DF)，测算中国绿色发展效率，发现东部绿色发展效率平均值最高，中部次之，西部最低，且进口贸易显著提高了中国整体的绿色发展效率，出口贸易则显著降低了中国整体的绿色发展效率。从分地区来看，进出口贸易的环境效应存在明显的区域差异，进口贸易可以改善中国东部和西部地区的绿色发展效率，但对中部地区的绿色发展效率有显著负影响；出口贸易可以改善中国东部和中部地区的绿色发展效率，原因在于出口企业为了满足国际市场上更高的技术要求和环保标准，需加强绿色技术研发和绿色产品生产，从而获得绿色技术进步。中部地区承接了大量东部的加工贸易产业，出口产品中劳动密集型产品凸显，因此，中部地区出口产品中的人力、资本、技术要素比例高，加之环境规制强度较大，所以出口的绿色效应得以显现。

4.2.4　中部地区多边贸易发展条件

1. 中部地区多边贸易资源

(1)资本要素不断积累

从 2005 年到 2017 年，中部地区固定资产投资完成额从 17 116.40 亿元增长到 163 399.97 亿元，累计增长 954.64%，年均复合增速为 20.69%。近 3 年，固定资产投资完成额维持平稳的状态，占全国固定资产投资完成额的比重略有下降的趋势(见图 4—61)。

(2)劳动力要素丰富

从 2007 年到 2017 年，中部地区常住人口从 3.53 亿人增长到 3.69 亿人，累计增长 4.55%，呈稳定增长之势(见图 4—62)。从 2007 年到

① 刘红英，杨志江．进出口贸易、绿色发展效率与区域差异——基于中国各地区面板数据的实证研究[J]．江苏商论，2018(4)：62—66.

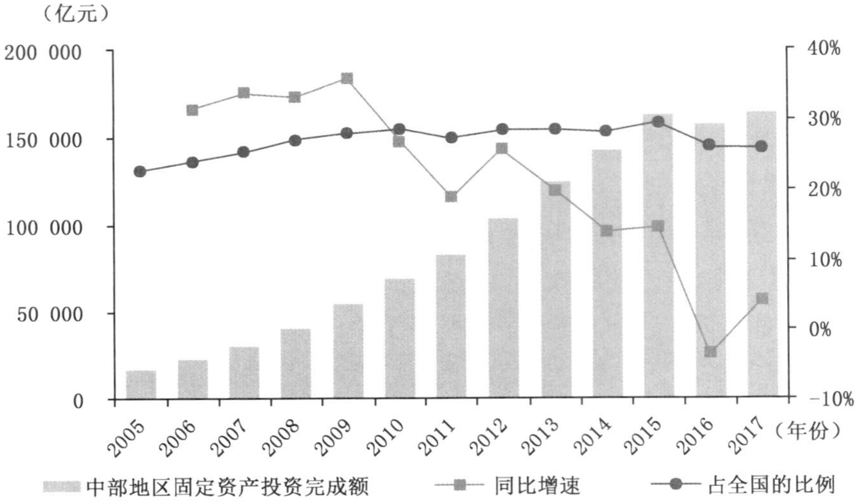

资料来源:万得数据库。

图 4-61 2005-2017 年中部地区固定资产投资完成额情况

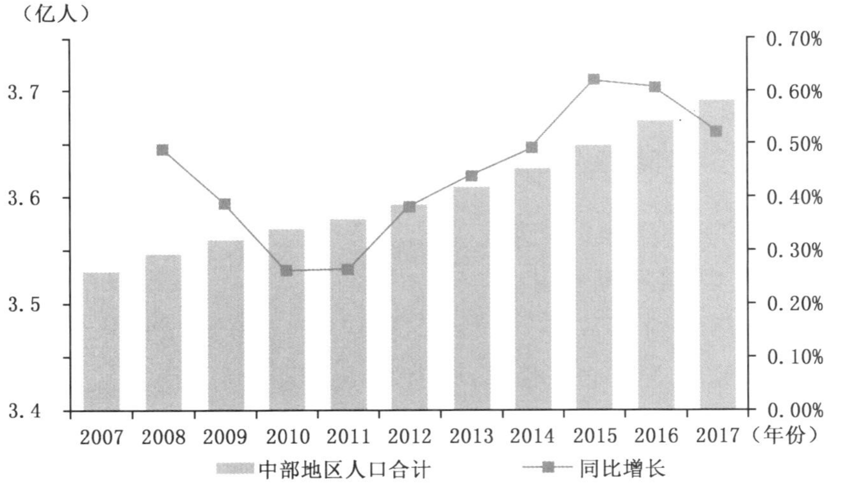

资料来源:万得数据库。

图 4-62 2007-2017 年中部地区常住人口

2015 年,中部地区研发人员数量从 47 137 人增长到 66 860 人,累计增长 41.84%,作为技术型劳动力的研发人员数量保持上涨的趋势(见图 4-63)。

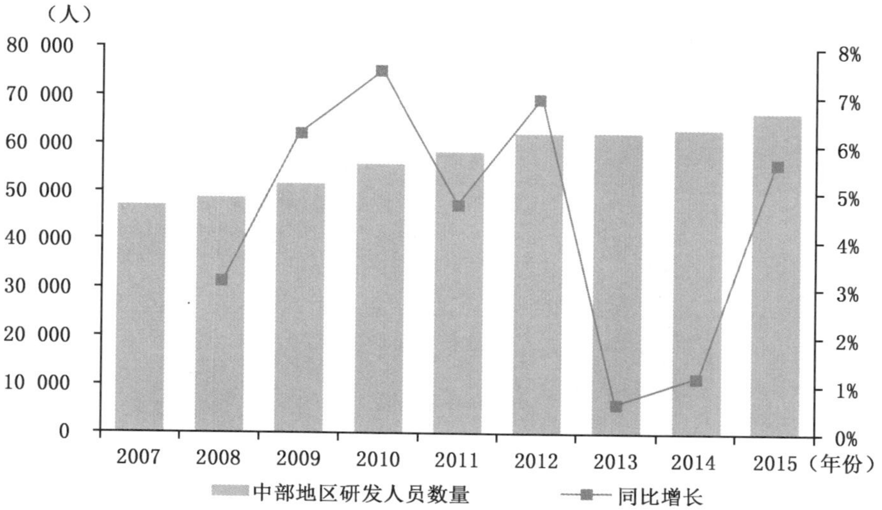

资料来源：万得数据库。

图4—63 2007—2015年中部地区研发人员数量变化

2. 中部地区多边贸易政策

以河南为例，河南2017年颁布了《中国（河南）自由贸易试验区管理试行办法》等文件，加大力度建设中国（河南）自由贸易试验区，包括郑州片区、开封片区、洛阳片区（见表4—8）。其中，郑州片区重点发展智能终端、高端装备及汽车制造、生物医药等先进制造业以及现代物流、国际商贸、跨境电商、现代金融服务、服务外包、创意设计、商务会展、动漫游戏等现代服务业，在促进交通物流融合发展和投资贸易便利化方面推进机制创新，打造多式联运国际性物流中心，发挥服务“一带一路”建设的现代综合交通枢纽作用。开封片区重点发展服务外包、医疗旅游、创意设计、文化传媒、文化金融、艺术品交易、现代物流等服务业。洛阳片区重点发展装备制造、机器人、新材料等高端制造业以及研发设计、电子商务、服务外包、国际文化旅游、文化创意、文化贸易、文化展示等现代服务业。

表 4—8 河南省贸易发展相关政策一览

年份	文件	主要内容
2017	《中国(河南)自由贸易试验区管理试行办法》	将自贸试验区建设成为服务"一带一路"建设的现代综合交通枢纽,全面改革开放试验田和内陆开放型经济示范区。
2016	《河南省人民政府关于促进加工贸易创新发展的实施意见》	推动加工贸易产业向全球价值链高端跃升,为对外贸易调结构、转动力、提质量、稳份额提供有力支撑,为加快推进"贸易强省"建设、构建开放型经济新体制做出更大贡献。
2016	《河南省人民政府关于加快发展服务贸易的实施意见》	完善服务贸易政策支持体系,创新服务贸易发展模式,改善河南省服务贸易发展环境,构建服务业对外开放新体制,提升"河南服务"的国际竞争力和影响力。
2015	《河南省促进外贸稳定增长若干政策措施》	扩大自主品牌商品出口,加快建立国际营销网络,扩大河南省鼓励进口技术和产品目录范围,加快开拓"一带一路"沿线市场,加快发展跨境电子商务等。

资料来源:河南省政府。

4.2.5 本节小结

1. 中部地区经济稳定增长,产业转型取得成效。2018 年前三季度,中部地区 GDP 总量为 137 359.06 亿元,同比增长 7.76%(名义增速),略低于全国平均名义增速。第三产业比重持续上升,首次呈现"三二一"的产业结构。同时,高新技术产业也保持高速增长,经济增长的动能强化。

2. 货物贸易进出口保持高速增长,服务贸易维持逆差状态。2018 年前三季度,货物贸易进口额达到 1 422.92 亿美元,同比增速为 16.83%,继续保持高速增长;货物贸易出口额达到 849.74 亿美元,同比增速为 23.31%,高于 2017 年的整体增速,也高于同期出口增速。服务贸易方面,目前还是维持逆差状态,但是呈现出一些积极的新变化。

3. 中部地区开放力度仍在加大。近年来,中部地区的外贸依存度基本维持稳定,但是实际利用外商投资额保持上升,对应的外资依存度也在上升,并且远高于全国平均水平,说明中部地区开放力度仍在加大。而贸易出口一方面能提升中部地区制造业全要素生产率,另一方面也能优化绿色发展效率,所以加大对外开放有利于中部地区实现经济可持续增长。

4. 中部地区劳动力资源丰富,承接了东部产业转移,加工贸易发展迅速，带动中部对外贸易迅速增长。未来，应该抓住“一带一路”的巨大发展机遇，转变贸易增长方式，扩大服务业出口，加快形成以服务经济为主导的出口导向。

4.3　西部地区产业发展动态分析

西部地区包括陕西、四川、云南、贵州、广西、甘肃、青海、宁夏、西藏、新疆、内蒙古、重庆共 12 个省、自治区和直辖市。西部地区疆域辽阔，国土面积 687 万平方公里，占全国总面积的 72%。“十三五”期间，西部地区经济增速保持全国领先。预计到 2020 年，西部地区将实现地区生产总值超过 20 万亿元，人均地区生产总值突破 5.4 万元[①]。西部地区第三产业发展缓慢，部分省市第一产业占 GDP 的份额较高。由于自然资源较为丰富，地区大多数企业依赖自然资源，加工业较多。民营经济发展缓慢，影响了产业结构的转型与新兴产业的发展。

西部地区与蒙古、俄罗斯、塔吉克斯坦、哈萨克斯坦、吉尔吉斯斯坦、巴基斯坦、阿富汗、不丹、锡金、尼泊尔、印度、缅甸、老挝、越南 14 个国家接壤。在历史沿革中，西部地区与国外地区有着良好的商贸关系。改革开放以来，尽管西部地区紧随国家对外开放的大格局，但对外贸易与开放程度始终远远落后于中国其他地区。近年来，西部地区的部分省份，如四川、贵州等进一步抓住国家改革开放的机遇，创新发展，不断对外开放，对外贸易有所增长。

2016 年 8 月底，党中央、国务院决定在重庆市、四川省、陕西省等西部地区新设立自贸试验区。2016 年 12 月，国务院公布的《西部大开发“十三五”规划》提出：西部地区应坚持开放引领，促进互利共赢的共享理念；促进西部大开发与“一带一路”建设，长江经济带发展紧密衔接、相互支持，加快内陆沿边开放步伐；着力打造重庆西部开发开放的重要战略支撑和成都、西安、昆明、南宁等内陆开放型经济高地，支持建设宁夏、贵州等内陆开放型经济试验区，推动内蒙古面向俄罗斯、蒙古，新疆面向中亚，西藏面向南亚，云南面向南亚、东南亚，广西面向东南亚开放，深化与周边

---

① 《中国西部发展报告(2017)》。

国家毗邻地区的合作，共同“打造陆海内外联动、东西双向开放的全面开放新格局”①。

4.3.1 西部地区产业发展总体情况

1. 西部经济持续稳定增长，四川、广西、云南排名前三

西部地区GDP始终占全国GDP的比例较低，2017年，全国GDP总量为82.7万亿元，西部地区GDP为17.10万亿元，占比达20%，较2016年增长9%。其中，四川的GDP总量遥遥领先，是西部省份中唯一突破“三万亿”的省份，并与周边的陕西、重庆(GDP总量排名第二、第三)联动发展，成为堪比长三角、珠三角、环渤海的中国经济第四极。内蒙古、广西、云南、贵州、重庆GDP总量介于“一万亿”和“两万亿”之间；不足“一万亿”的省份有甘肃、宁夏、青海、西藏，处于国内较低水平。2018年，西部地区GDP预计将达到175 492亿元，增速预计为4.11%(见图4－64和图4－65)。

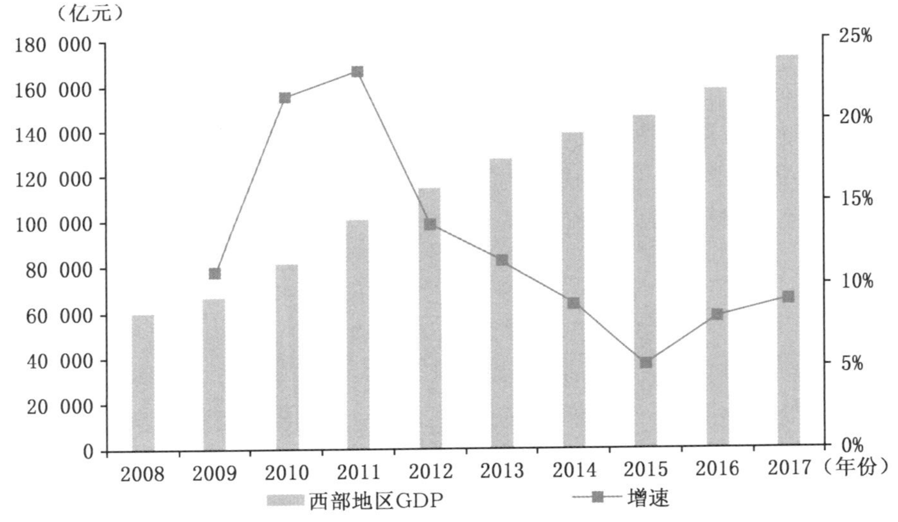

资料来源：根据万得数据库相关数据绘制。

图4－64 西部地区GDP及增速

① 详见《西部大开发“十三五”规划》。

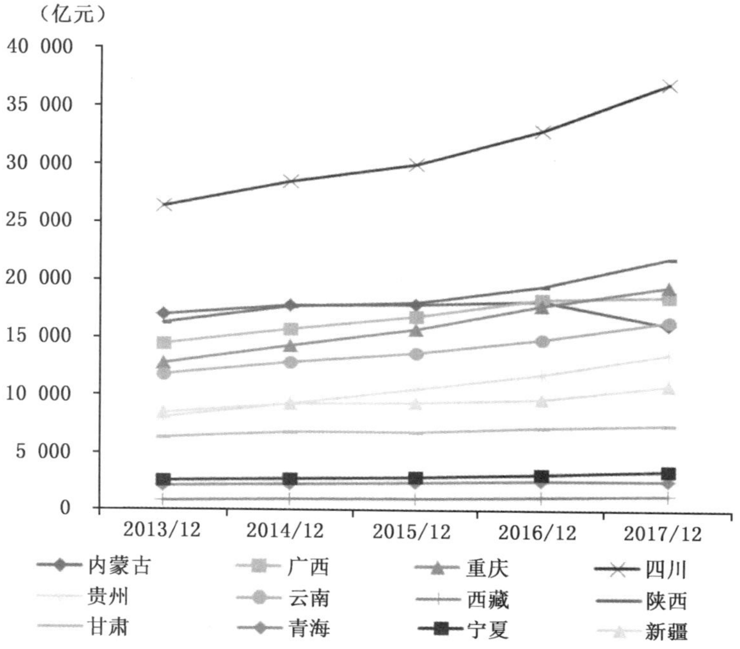

资料来源：根据国家统计局、万得数据库数据绘制。

图 4－65　西部地区分省市 GDP 情况

近年来，西部地区 GDP 增速总体呈下降趋势，2017 年增速有所回升，除 2015 年，甘肃的 GDP 增速出现轻微负增长（－0.7%），并于 2016 年迅速扭转外，其他省市平稳增长。2017 年，GDP 增速达到 10%以上的省、自治区分别为四川、贵州、云南、西藏、陕西、新疆；其中，贵州省保持强劲增长势头，2017 年 GDP 增速达到 15%（见图 4－66）。

2. 三次产业结构持续优化，地区间仍存在较大差异

1997－2010 年我国西部地区三大产业的比重中，第二产业仍占主导地位，其比重均高于 40%，与国家出台西部大开发政策相符。近年来，西部地区第三产业占 GDP 的比重持续上升，西部大开发的良好带动趋势使得西部地区产业结构优化调整，2015 年，西部地区产业结构由原来的“二三一”模式转变为“三二一”模式。2017 年，三产占比达到 46.73%，二产占比呈持续下降趋势，2017 年降低为 41.79%，一产占比持续略微下降。陕西、广西、青海、宁夏、内蒙古五个省、自治区二产占比仍高于三产占比。

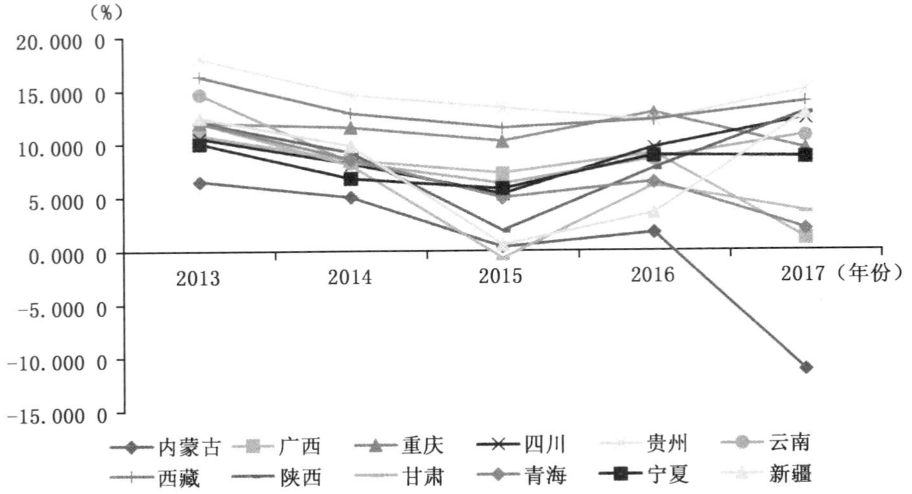

资料来源：根据国家统计局、万得数据库数据绘制。

图4—66　西部地区分省市GDP增速变化

由于西部各省份资源禀赋差异较大，内蒙古主导产业以原料开采与加工、能源与化工为主的资源型工业。新疆、贵州有较好的农业基础，自身的生态敏感性较强，而西藏、云南地区自然资源良好，旅游资源丰富，近年来旅游业也获得较大的发展(见图4—67)。

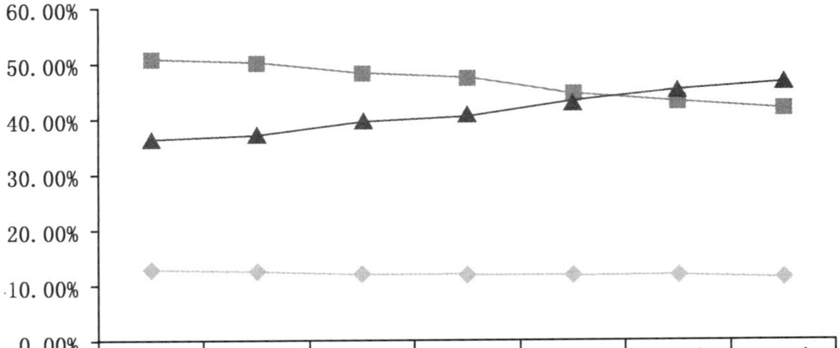

	2011年	2012年	2013年	2014年	2015年	2016年	2017年
第一产业占比	12.74%	12.58%	12.08%	11.90%	11.96%	11.87%	11.48%
第二产业占比	50.92%	50.13%	48.26%	47.39%	44.58%	42.95%	41.79%
第三产业占比	36.34%	37.28%	39.66%	40.71%	43.33%	45.18%	46.73%

资料来源：根据万得数据库相关数据绘制。

图4—67　西部地区三次产业结构情况

根据 2018 年前三季度西部地区部分产业结构占比来看，重庆、四川、甘肃三省市三产占比超过 50%；四川、云南、甘肃三省一产占比较高，分别为 11.2%、11.8%、11.5%；陕西、青海、宁夏二产占比较高，分别为 48.7%、46.4%、49.6%（见表 4—9）。

表 4—9　　2018 年前三季度西部地区部分省市三次产业结构

区　域	第一产业增加值（亿元）	第二产业增加值（亿元）	第三产业增加值（亿元）	三次产业结构（%）		
重庆	960	5 843	7 971	6.5	39.5	54
四川	3 462	11 480	15 912	11.2	37.2	51.6
贵州	1 563	3 942	4 897	15	37.9	47.1
云南	1 388	4 433	5 799	11.8	38.1	49.9
陕西	930	8 218	7 720	5.5	48.7	45.8
甘肃	696	2 117	3 231	11.5	35	53.5
青海	142	894	891	7.4	46.4	46.2
宁夏	186	1 382	1 217	6.7	49.6	43.7
全国	42 173	262 953	345 773	6.5	40.4	53.1

资料来源：根据国家统计局、万得数据库数据绘制。

3. 传统产业发展平稳，部分省市高新技术产业发展迅速

西部地区产业结构以传统产业[①]为主。长期以来，重工业所占的比例较高，其中，采掘业和原料加工业所占的比重较大，从传统产业主营业务收入来看，内蒙古、四川、陕西排名前三。2015 年，除广西、贵州、重庆三省市外，其余省市主营业务收入均有所减少（见图 4—68）。

西部地区高新技术产业主营业务收入总体上保持快速增长，2015 年，总额达到 14 919 亿元，占全国高新技术产业主营业务收入的 10.7%，相较东部、中部地区仍有较大差距。分省市来看，排名前三的为四川、重庆、陕西。新疆、西藏高新技术产业主营业务收入处于全国较低水平（见图 4—69）。

根据四川省近年来部分传统产业主营业务变化情况，煤炭开采和洗

① 部分传统产业包括煤炭开采和洗选业，食品制造业，纺织业，木材加工及木、竹、藤、棕、草制品业，家具制造业，造纸及纸制品业，石油加工、炼焦及核燃料加工业，黑色金属冶炼及压延加工业，有色金属冶炼及压延加工业。

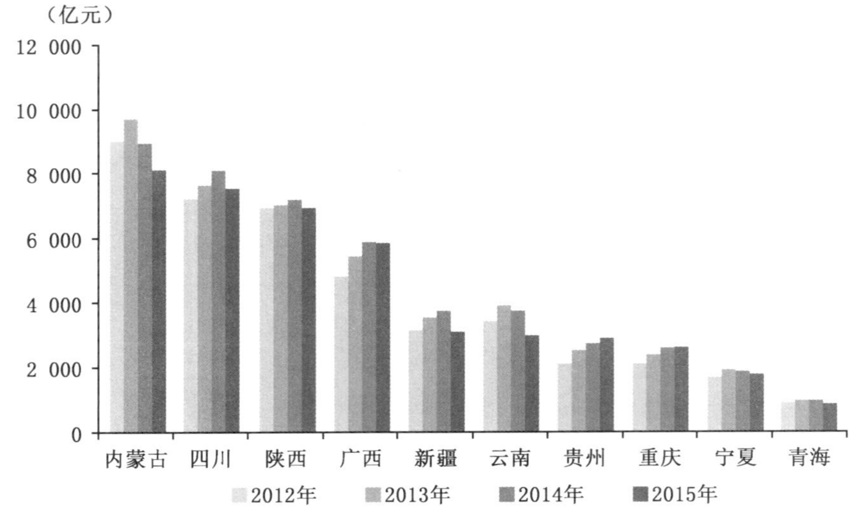

资料来源:根据万得数据库相关数据绘制。

图4—68 2012—2015年西部地区部分传统产业主营业务收入

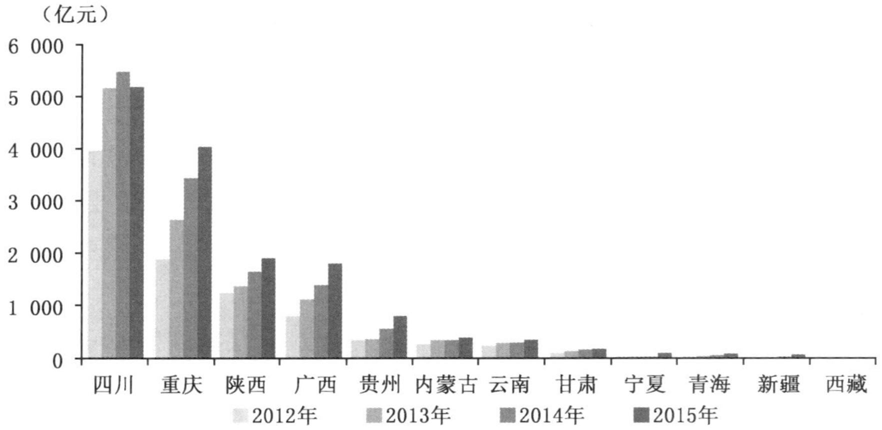

资料来源:《中国科技统计年鉴》。

图4—69 2012—2015年西部地区高新技术产业主营业务收入

选业、有色金属冶炼及压延加工业主营业务收入有所减少,黑色金属冶炼及压延加工业主营业务收入有减少的趋势。从部分新兴产业主营业务收入情况来看,汽车制造业、计算机通信等设备制造业发展迅速。通用设备制造业、专用设备制造业等其余产业呈稳定增长趋势(见图4—70和图

4—71)。

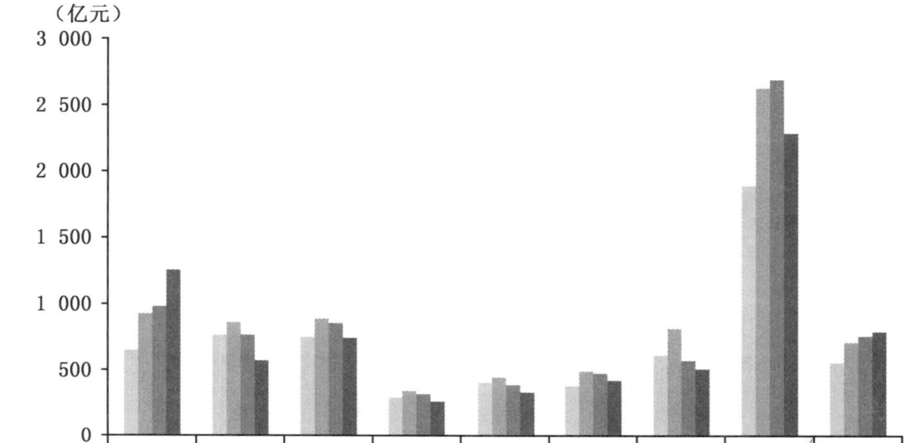

	煤炭开采和洗选业	食品制造业	纺织业	木材加工及木、竹、藤、棕、草制造业	家具制造业	造纸及纸制品业	石油加工、炼焦及核燃料加工业	黑色金属冶炼及压延加工业	有色金属冶炼及压延加工业
2015-10	655	760	746	291	406	383	616	1 891	553
2014-12	928	862	882	341	444	493	815	2 631	709
2013-12	982	768	853	312	387	473	570	2 697	759
2012-12	1 249	569	743	263	334	419	504	2 287	791

资料来源:根据万得数据库相关数据绘制。

图 4—70　2012 年 12 月—2015 年 10 月四川省部分传统产业主营业务收入累计情况

4.3.2　西部地区多边贸易发展情况

1. 货物贸易出口有所下降,进口近年来持续上升

2005 年以来,西部地区出口额持续上升,至 2014 年,出口额达到 2 174.58 亿美元,近年来出口额有所下降。2005 年,西部地区出口额仅为 653.36 亿美元,至 2017 年,出口额已达到 1 785.04 亿美元,同比增长 17.41%。2009 年至 2014 年出口额增速较快,2011 年增速达到 49.86%(见图 4—72)。自 2014 年以来,西部地区出口占比有所下降,至 2016 年,出口占比仅为全国的 7.25%,2017 年有所上升,达到全国的 7.89%(见图 4—73)。

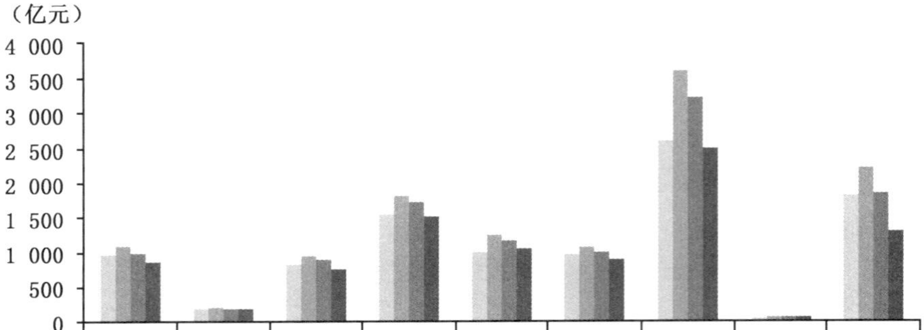

	医药制造业	化学纤维制造业	金属制品业	通用设备制造业	专用设备制造业	电气机械及器材制造业	计算机、通信和其他电子设备制造业	仪器仪表制造业	汽车制造业
2015-10	968	182	831	1 552	994	962	2 611	53	1 813
2014-12	1 098	200	956	1 814	1 242	1 073	3 590	60	2 212
2013-12	986	193	890	1 727	1 156	1 000	3 226	64	1 852
2012-12	855	191	753	1 513	1 047	897	2 504	67	1 296

资料来源：根据万得数据库相关数据绘制。

图4—71　2012年12月—2015年10月四川省部分新兴产业主营业务收入累计情况

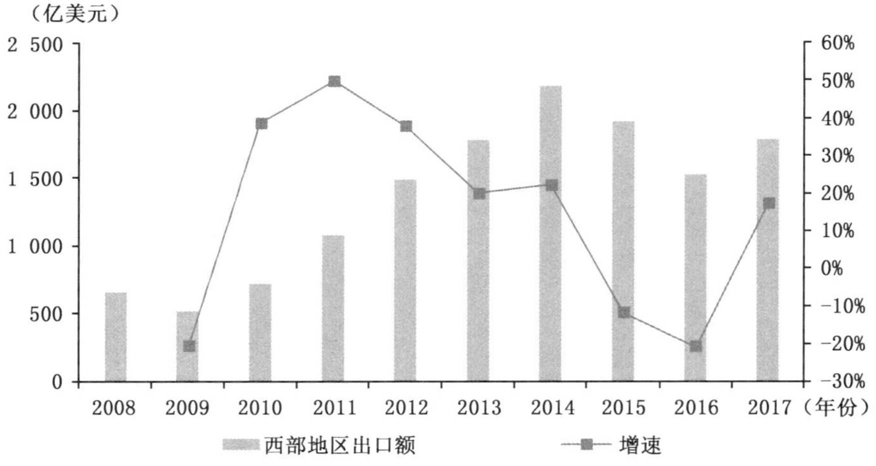

资料来源：根据万得数据库相关数据绘制。

图4—72　2008—2017年西部地区出口额与增速

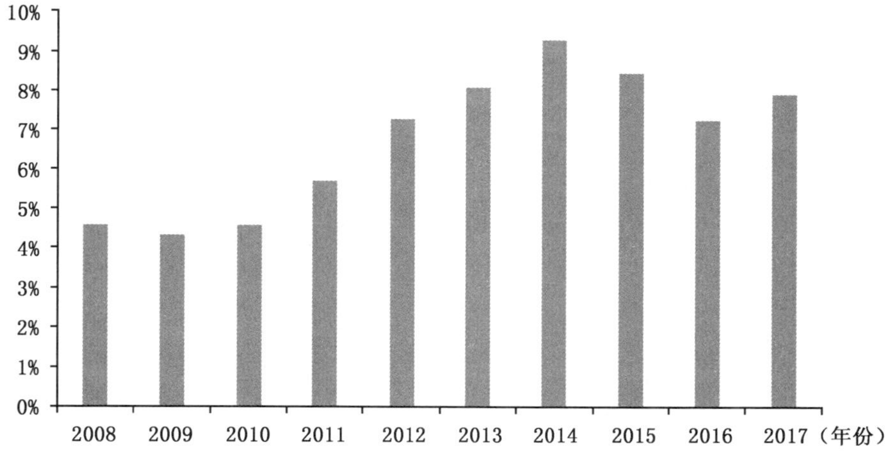

资料来源：根据万得数据库相关数据绘制。

图 4—73　2008—2017 年西部地区出口占比

2018 年 1—9 月，西部地区出口额达到 1 515 亿美元，同比增长 21.0%，增速同比提高 4.6 个百分点，增速较高地区为甘肃、陕西，分别增长 53.3%和 42.1%；西藏同比下降 9.2%，宁夏、新疆同比分别下降 29.8%和 12.4%[①]。

2012 年至 2016 年各省、市、自治区出口额有所下降。重庆出口金额始终排名第一，远超其他省、市、自治区。2016 年末，重庆市出口金额达到 406.54 亿美元；其次为四川省，2016 年出口金额达到 279.48 亿美元；广西壮族自治区排名第三，2016 年为 229.26 亿美元（见图 4—74）。

2008 年以来，西部地区进口金额保持上升趋势，2008 年，西部地区进口金额仅为 414.15 亿美元；至 2017 年，西部地区进口金额达到 1 314.16 亿美元（见图 4—75）。2005 至 2014 年间进口金额增速较快，2010 年增速达到 42.01%。2018 年 1—9 月，西部地区进口金额达到 1 176 亿美元，同比增长 24.1%，增速较高的云南、甘肃分别增长 82.6%和 43.4%，青海、宁夏同比分别下降 20.6%和 19.7%[②]。从进口占比来看，西部地区占比始终保持逐年上升趋势，由 2005 年的 3.66%上升至 2017 年的 7.13%，与东部地区进口逐年下降趋势相互呼应（见图 4—75）。

①② 国家发改委相关数据。

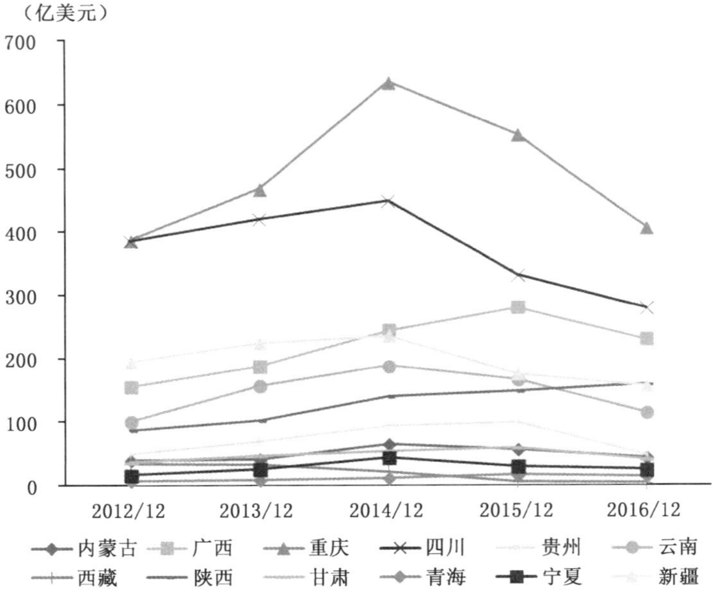

资料来源：根据万得数据库相关数据绘制。

图 4—74　西部地区分省市出口金额

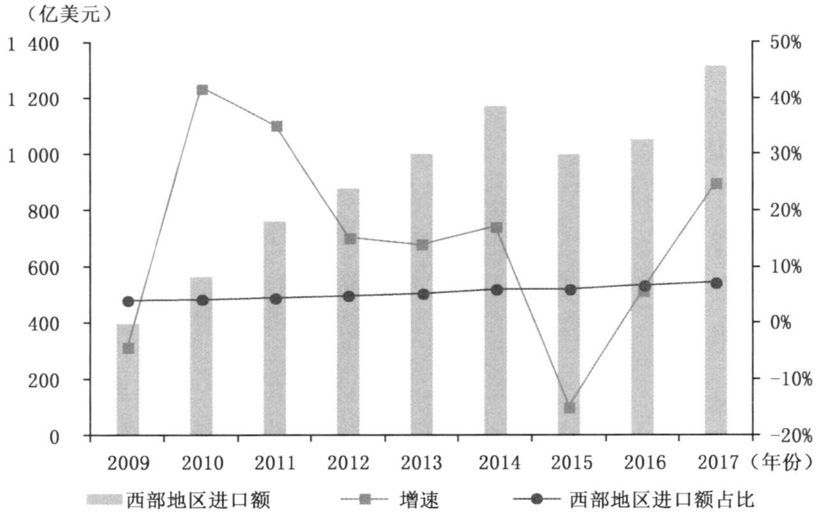

资料来源：根据万得数据库相关数据绘制。

图 4—75　西部地区进口额、增速与占比

各省市总体进口金额近年来呈上升趋势，尤其表现在广西、重庆、四川三个省、市、自治区。2014 年，重庆市进口额达到 320.31 亿美元，2016 年下降为 220.99 亿美元。2014 年，四川省进口金额达到 253.64 亿美元，至 2016 年末下降为 213.59 亿美元。甘肃省近年来呈明显下降趋势，2014 年末进口金额为 53.27 亿美元，2016 年末下降为 27.7 亿美元；下降趋势明显的还有陕西省，2016 年末为 141.1 亿美元（见图 4－76）。2017 年，广西壮族自治区进口金额排列第一，达到 247.01 亿美元。

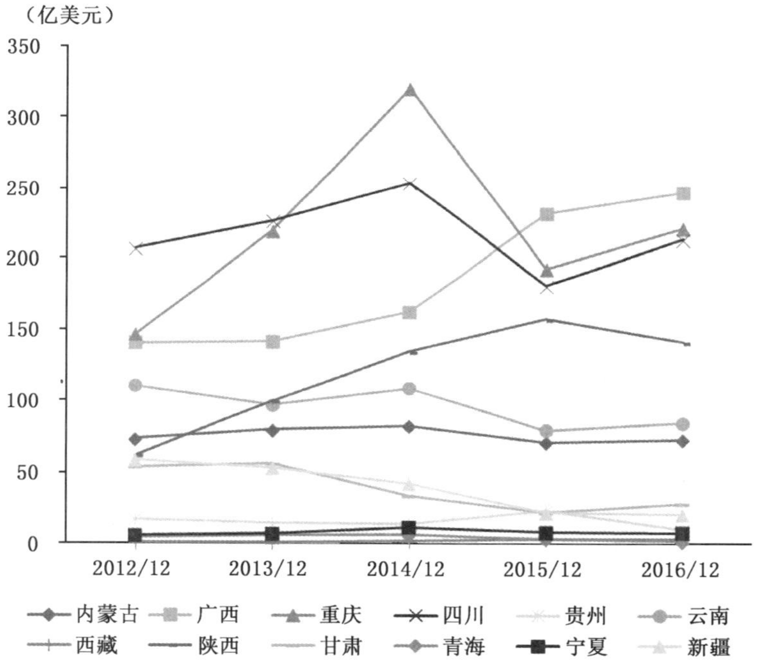

资料来源：根据万得数据库相关数据绘制。

图 4－76　西部地区进口金额

2. 广西、重庆、四川货物贸易进出口排名前三，贵州增速明显

从 2017 年西部地区分省、市、自治区货物贸易进出口情况来看，四川、重庆、广西排名前三。货物贸易进出口最少的省份和自治区为青海省及西藏自治区，见表 4－10。2017 年，四川省货物贸易进出口额达到 4 605.9 亿元，位列西部地区第一，同比增长 41.2%。“一带一路”建设的稳步推进和中国（四川）自由贸易试验区的设立，带动了四川空、铁、水、陆

全方位立体对外开放通道和平台建设的快速发展，这也让“四川造”更快、更便捷地到达全球各地。四川汽车产业集聚效应进一步凸显，2017年全年四川进出口汽车达6.8万辆，同比增加55.4%；进出口值达55.8亿元，同比增长60.9%[①]。

表4—10　西部地区2017年货物贸易进出口情况　单位：亿元

地　区	进出口额	出口额	进口额	同比(%)		
				进出口	出口	进口
西部地区	20 950.5	12 064.7	8 885.8	23.4	20.3	28
内蒙古	942.4	334.8	607.6	22.6	15.4	27
广西	3 866.3	1 855.2	2 011.1	22.6	22.3	23
重庆	4 508.2	2 883.7	1 624.5	8.9	7.8	11
四川	4 605.9	2 538.5	2 067.4	41.2	37.4	46.2
贵州	549	390.2	158.9	46.2	24.9	151.6
云南	1 578.7	772.1	806.6	19.9	1.5	44.9
西藏	58.9	29.5	29.3	13.9	−5.6	43.6
陕西	2 715.2	1 660	1 055.1	37.4	58.8	13.3
甘肃	341.7	123.8	218	−24	−53.4	18.5
青海	44.4	28.7	15.7	−56	−68.2	49
宁夏	341.3	247.7	93.6	58.6	50.4	85.6
新疆	1 398.4	1 200.4	198	19.9	16.5	45.8

资料来源：商务部快报，http://www.fiet.gov.cn/xxgk/tjxx/hwmy/201801/t20180130_1197581.htm。

重庆市为4 508.2亿元，同比增长8.9%，全年重庆通过中欧班列(重庆)进出口178.8亿元[②]。广西壮族自治区为3 866.3亿元，比上年增长22.6%，其中，边境小额贸易(边民互市贸易除外)进出口836.30亿元，比上年增长5.8%[③]。从进出口金额同比增长来看，宁夏增长速度较快，达到58.6%，贵州省达到46.2%，四川省达到41.2%(见图4—77)。

从2017年各省市货物贸易出口情况来看，重庆、四川、广西排名前三。重庆市达到2 883.7亿元，其中机电产品出口值达到1 285.1亿元，

①②③ 全国31个省市的外贸数据，http://www.sohu.com/a/219023205_480375。

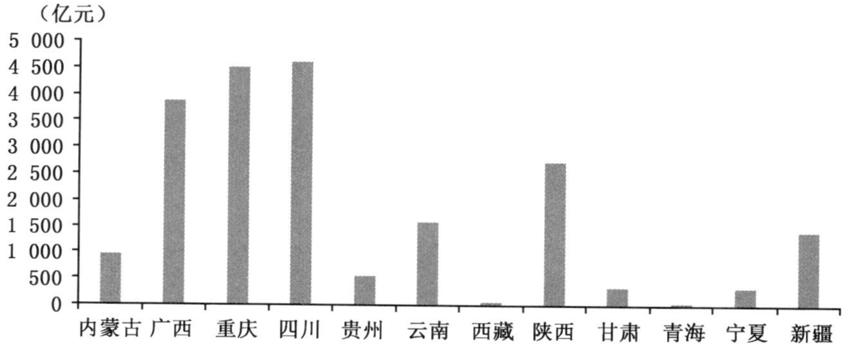

资料来源：根据万得数据库相关数据绘制。

图 4—77　西部地区 2017 年货物贸易进出口情况

占同期重庆出口总值的 44.6%，对全市出口值增长的贡献率达到 112.6%，成为拉动重庆外贸增长的“主引擎”。四川省货物贸易出口达到 2 538.5 亿元，广西壮族自治区达到 1 855.2 亿元。货物贸易出口最少的省份和自治区为西藏自治区及青海省。从出口金额同比增长来看，陕西省增长速度较快，达到 58.8%，宁夏达到 50.4%，四川省达到 37.4%（见图 4—78）。

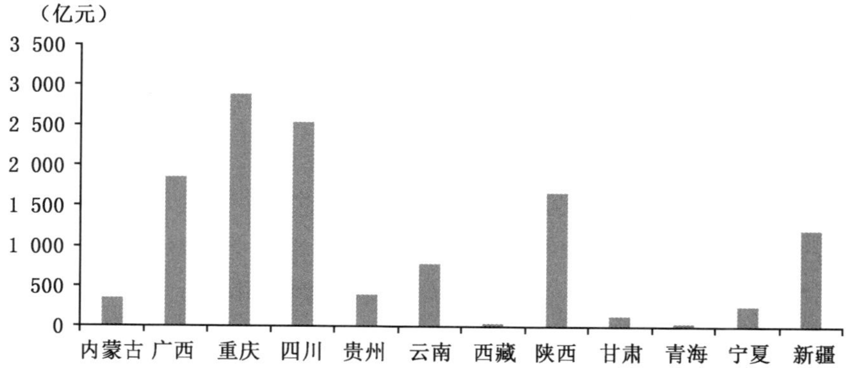

资料来源：根据万得数据库相关数据绘制。

图 4—78　2017 年西部地区货物贸易出口情况

从 2017 年各省、市、自治区货物贸易进口情况来看，四川省、广西壮族自治区、重庆市排名前三。四川省达到 2 607.4 亿元，广西壮族自治区达到 2 011.1 亿元，重庆市为 1 624.5 亿元，全年重庆通过中欧班列（重庆)进口20.1亿元,增长24%,主要商品为汽车及零配件、乳品和钢铁制标准紧固件等[①]。货物贸易进口最少的省份和自治区为西藏自治区及青海省。从进口金额同比增长情况来看,贵州省的增长速度较快,达到151.6%,宁夏回族自治区达到85.6%,云南省达到46.2%(见图4—79)。

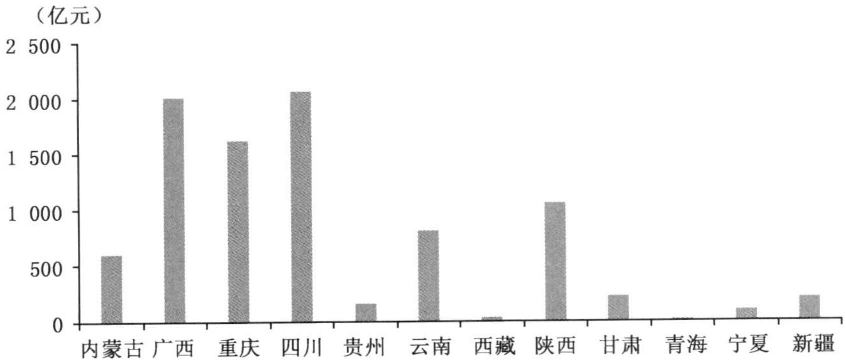

资料来源:根据万得数据库相关数据绘制。

图4—79 2017年西部地区货物贸易进口情况

3. 一般贸易为主要方式,加工贸易有所发展

2017年,广西加工贸易进出口额达到804.3亿元,增长25.5%,出现了快速增长的势头。2017年,重庆、四川、陕西三省市作为西部地区的主要省市,加工贸易额占西部地区加工贸易额的比重达到81.6%。但西部地区加工贸易额占全国的比重依然很低,2017年仅为9.7%[②](见图4—80)。

4. 机电产品进出口保持增长,四川、重庆、陕西为主要地区

根据2015—2017年西部地区机电产品分省市进出口情况表,机电产品进出口金额排名前三的为四川省、重庆市及陕西省。2017年,四川省机电产品进出口有大幅上升,达到553.1亿美元,重庆市达到522.2亿美元,陕西省达到333.2亿美元。2017年,广西壮族自治区达到169.5亿美元,其他省份和自治区均低于50亿美元,西藏仅为2.7亿美元(见图4—81)。

---

① 全国31个省市的外贸数据,http://www.sohu.com/a/219023205_480375。

② 卢伟.中国宏观经济研究院国土开发与地区经济研究所.是什么在阻碍西部地区对外开放?——外贸篇

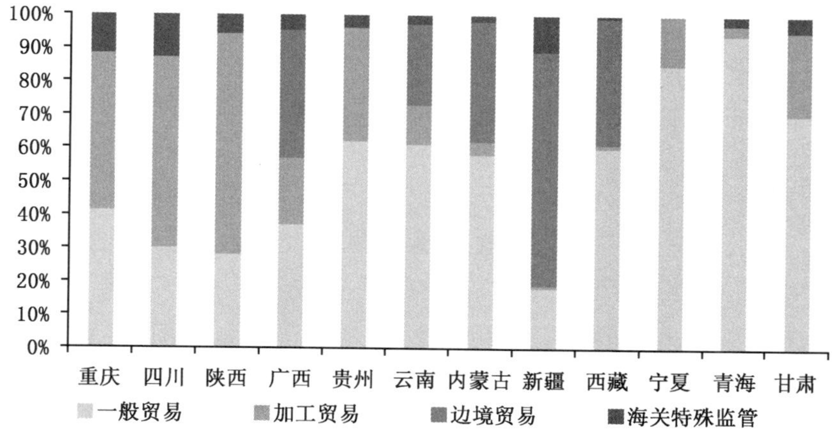

资料来源：国家信息中心，《"一带一路"贸易合作大数据》。

图4—80　2017年西部地区分省、市、自治区不同贸易方式占比

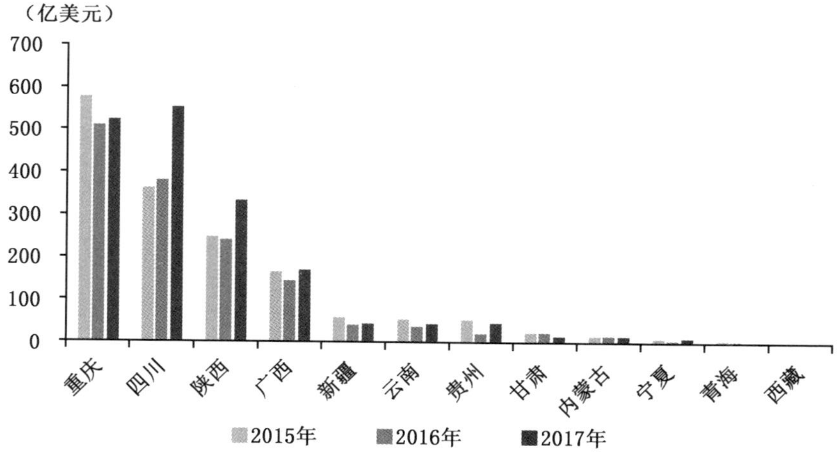

资料来源：根据国家商务部发布数据绘制。

图4—81　2015—2017年西部地区机电产品分省、市、自治区进出口情况

2017年，四川省、重庆市、陕西省机电产品进出口金额分别达到553.1亿美元、522.2亿美元、333.2亿美元。从进出口增速来看，贵州省增速最高，达到105.6%，其次宁夏回族自治区为76.3%，四川省为45.3%，陕西省为38.1%，甘肃省、青海省明显减少，分别降低为22.7%与68.2%（见图4—82）。

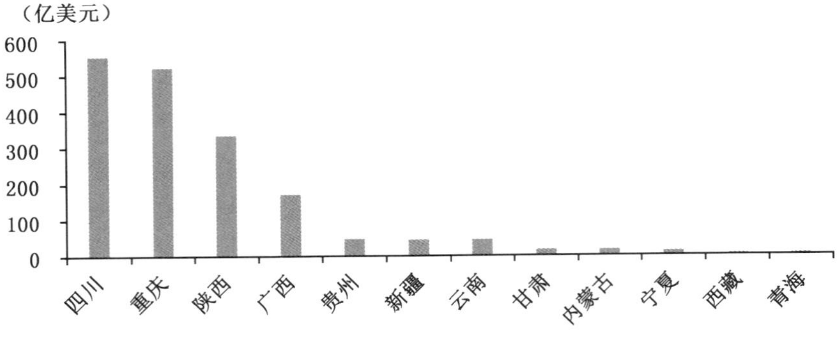

资料来源:根据国家商务部发布数据绘制。

图 4—82　2017 年西部地区机电产品分省、市、自治区进出口情况

2017 年,机电产品分省市出口金额排名前三的为重庆市、四川省及陕西省,分别达到 361.7 亿美元、295.6 亿美元以及 213.2 亿美元。从出口增速来看,西藏自治区增速最高,达到 100.3%,其次贵州省为 77.4%,陕西省为 61%,甘肃省与青海省进口额减少,分别降低为 32.6%与 95.3%(见图 4—83)。

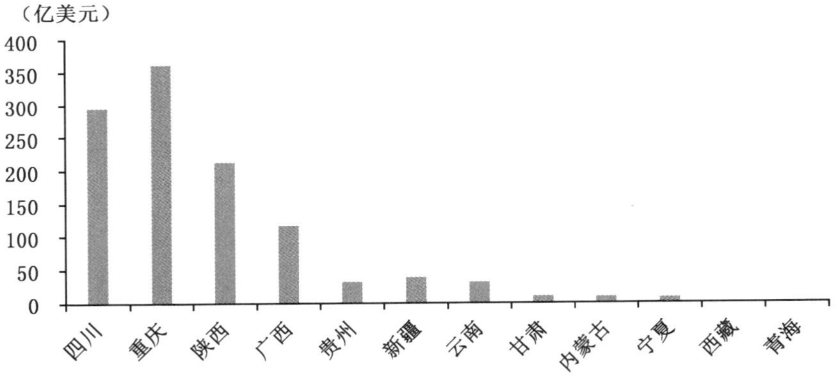

资料来源:根据国家商务部发布数据绘制。

图 4—83　2017 年西部地区机电产品分省、市、自治区出口情况

2017 年,机电产品分省市进口金额排名前三的为四川省、重庆市及陕西省,分别达到 257.1 亿美元、160.5 亿美元、119.9 亿美元。从进口增速来看,贵州省增速最高,达到 225.9%,其次青海省为 165.1%,重庆市为 160.5%,甘肃省、内蒙古进口额减少,分别降低为 16.4%与 42.3%(见

图 4—84)。

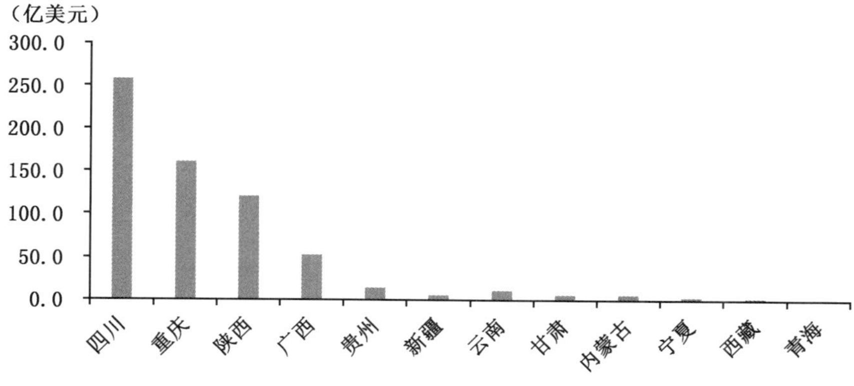

资料来源:根据国家商务部发布数据绘制。

图 4—84　2017 年西部地区机电产品分省、市、自治区进口情况

5. 高技术产品进出口呈增长趋势,四川省、重庆市、陕西省排名前三①

西部高新技术产业出口额在 2011 年至 2014 年呈增长趋势,2015 年有所下降,2016 年回升。2014 年,出口金额达到 491.05 亿美元,2016 年出口金额为 473.88 亿美元,较 2015 年下降 5.85%(见图 4—85)。

高新技术产业出口占比也呈快速上升趋势,2011 年,出口占比为 3.52%,至 2016 年上升为 7.84%,数据表明,西部地区高新技术产业近年来发展迅速(见图 4—86)。

西部高新技术产业进口额近年来呈增长趋势。2011 年达到 182.57 亿美元,2016 年进口金额达到 392.54 亿美元,2015 年以来增速放缓,2016 年增速为 3.83%(见图 4—87)。

2017 年,高新技术产品分省市进出口额较高的前三个地区为四川省、重庆市、陕西省,进出口金额分别达到 488 亿美元、409.8 亿美元、299 亿美元,其次为广西壮族自治区、贵州省、云南省。其他省、市、自治区高新技术产品进出口额低于 8.8 亿美元,青海省仅为 0.26 亿美元。2017 年,进出口增速最快的省为贵州省,增速达到 204.7%,四川省为 55.1%

① 高新技术产品包括计算机与通信技术、生命科学技术、电子技术、计算机集成制造技术、航空航天技术、光电技术、生物技术、材料技术、其他技术,来源于《中国科技统计年鉴》。

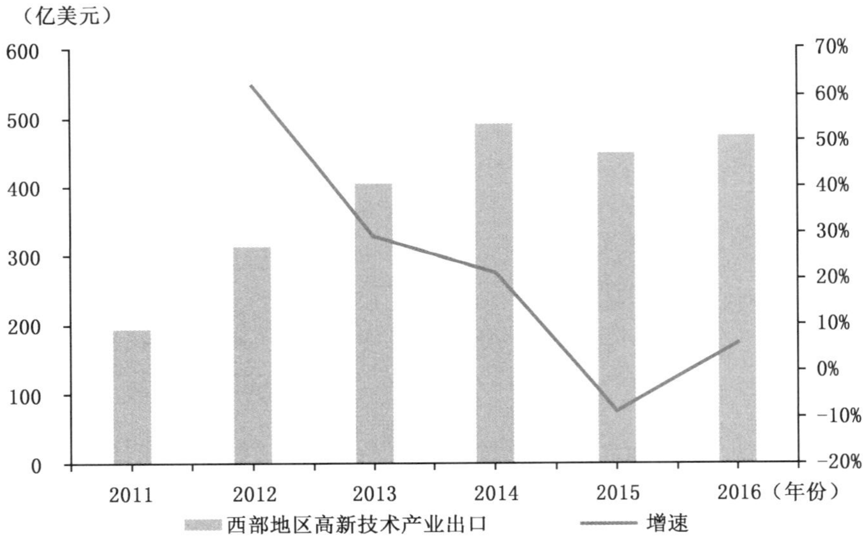

资料来源：根据万得数据库相关数据绘制。

图4—85 西部地区高新技术产业出口及增速情况

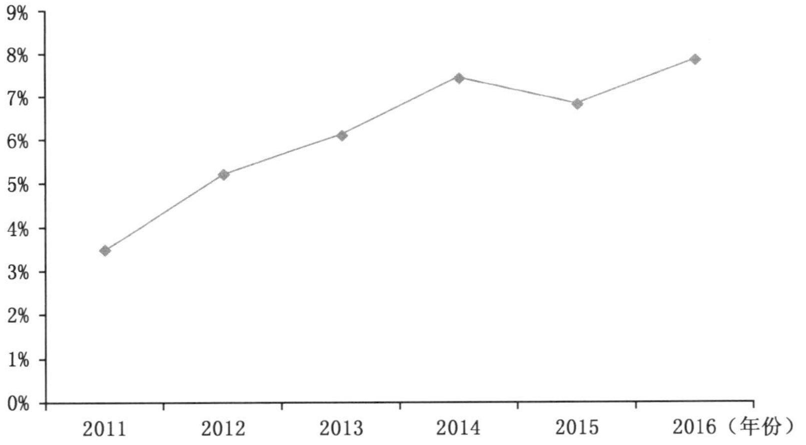

资料来源：根据万得数据库相关数据绘制。

图4—86 西部地区高新技术产业出口占比

（见图4—88）。

分省市情况来看，2017年高新技术产品分省市出口额较高的前三个地区为四川省、重庆市、陕西省，分别达到281.8亿美元、250.1亿美元、

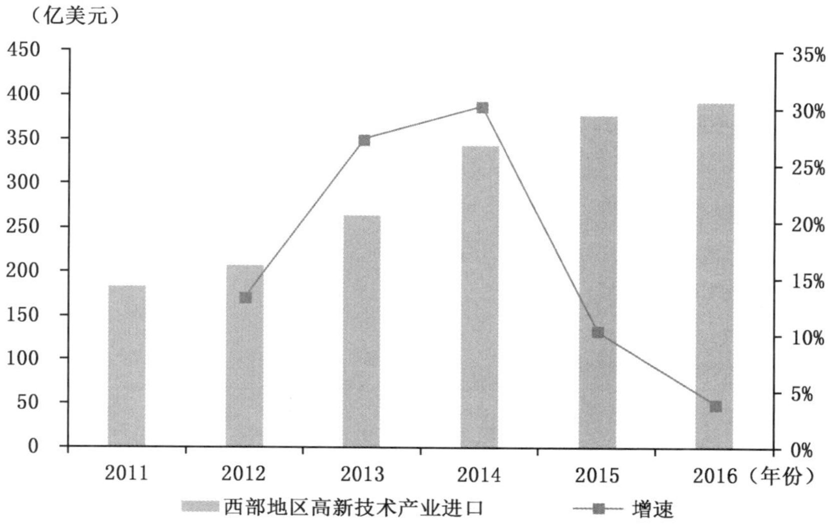

资料来源：根据万得数据库相关数据绘制。

图 4—87　西部地区高新技术产业进口及增速情况

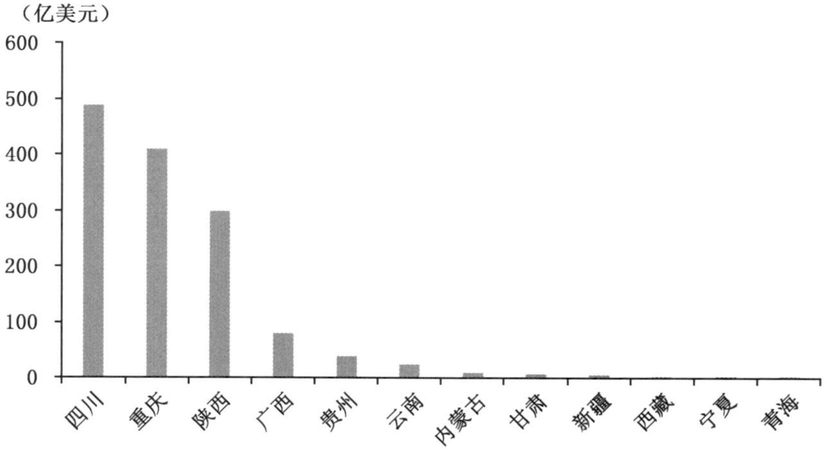

资料来源：根据国家商务部发布数据绘制。

图 4—88　2017 年高新技术产品西部分省、市、自治区进出口情况

189.4 亿美元，其次为广西壮族自治区、贵州省、云南省。其他省、市、自治区出口均低于 5.6 亿美元，青海省仅为 0.02 亿美元。2017 年，进出口增速最快的省为贵州省，达到 157.3%，其次为四川省，达到 59.6%，青海省与新疆出口分别降低为93%与31.3%(见图4—89)。

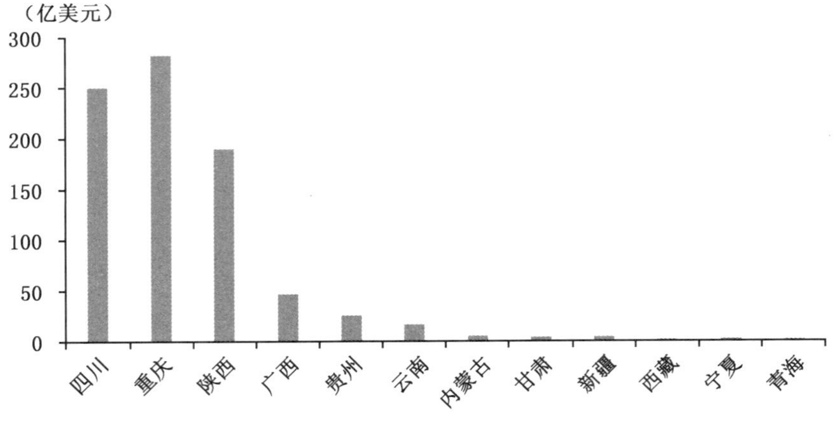

资料来源:根据国家商务部发布数据绘制。

图4—89　2017年西部地区高新技术产品分省、市、自治区出口情况

分省市情况来看,2017年,高新技术产品分省市进口较高的前三个地区为四川省、重庆市、陕西省,其中,四川省高新技术产品进口远远超过其他省市,进口金额分别达到237.9亿美元、128亿美元、109.6亿美元,其次为广西、贵州省、云南省,其他省、市、自治区低于3.4亿美元。2017年,进口增速最快的省份为贵州省,达到372.47%,其次为青海省,达到243%,宁夏为173.5%,陕西省为113%(见图4—90)。

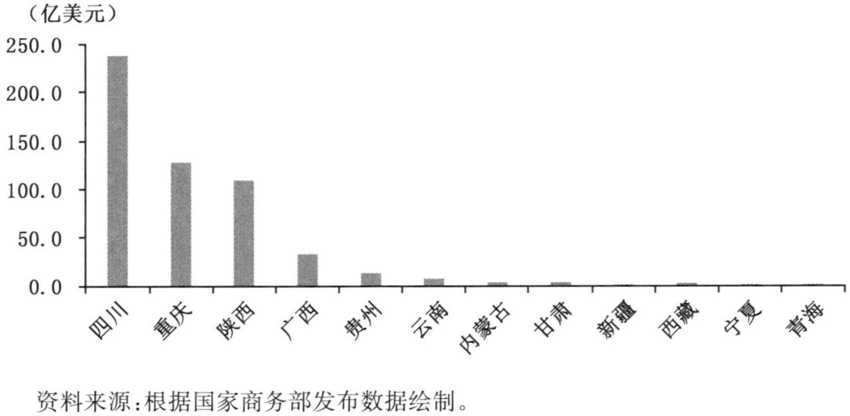

资料来源:根据国家商务部发布数据绘制。

图4—90　2017年西部地区高新技术产品分省、市、自治区进口情况

6. 亚洲、大洋洲地区和中亚地区是西部地区主要的进出口市场[①]

在“一带一路”各区域中,亚洲、大洋洲地区和中亚地区是西部地区主要的进出口市场。从出口看,2017 年西部地区对亚洲、大洋洲的出口额为 371.3 亿美元,占西部地区对“一带一路”国家出口总额的 54%。四川是西部地区中对亚洲、大洋洲地区出口最多的省,出口额为 102.7 亿美元。从进口看,2017 年中国西部地区自亚洲、大洋洲地区的进口额为 437.9 亿美元,占西部地区自“一带一路”国家进口总额的 58.7%,其中,广西是西部地区中自亚洲、大洋洲地区进口最多的地区(见图 4—91 和图 4—92)[②]。

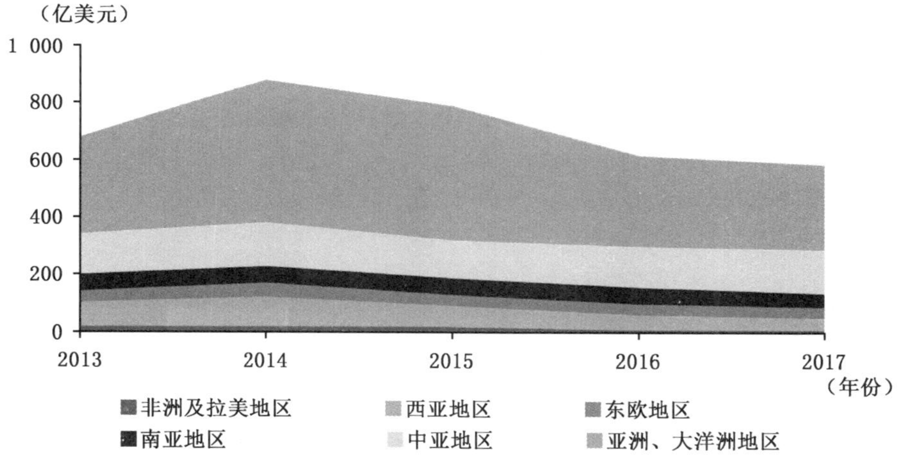

资料来源:国家信息中心,《“一带一路”贸易合作大数据报告(2018)》。

图 4—91　2013—2017 年西部地区对“一带一路”地区出口额

2017 年,西部地区对“一带一路”国家出口商品主要集中于 HS 商品编码第 85 章(电机、电器设备及其零件等)、第 84 章(核反应堆、锅炉及其机械器具和零件)。两者合计占西部地区对“一带一路”国家出口额的 43.5%。西部地区进口商品较为多元,主要集中在 HS 85、HS 27(主要为矿物燃料、沥青物质),HS 98 章(特殊交易品未分类)以及 HS 26(矿砂、矿渣及矿灰)。其中,新疆、四川、广西、内蒙古分别是西部地区自“一带一

① 上海市经济和信息化委员会。

② 《“一带一路”贸易合作大数据报告(2018)》。

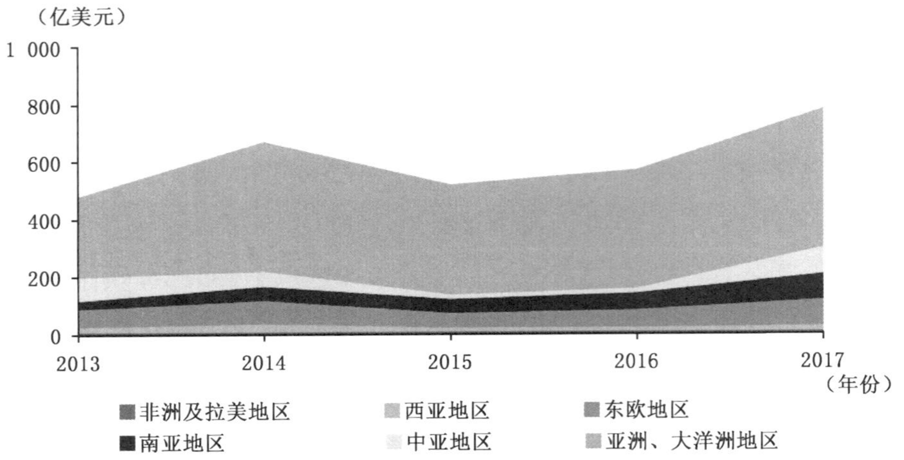

资料来源：国家信息中心，《"一带一路"贸易合作大数据报告（2018）》。

图 4—92 2013—2017 年西部地区对"一带一路"地区进口额

路"国家进口 HS 85、HS 27、HS 98 以及 HS 26 的主要地区（见图 4—93 和图 4—94）[①]。

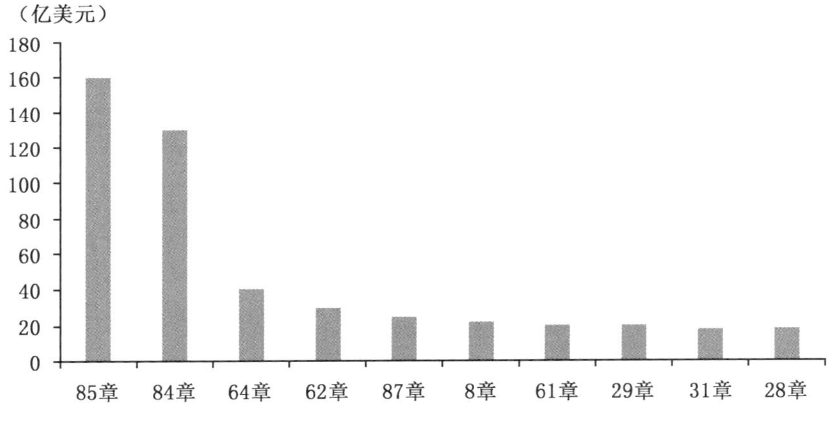

资料来源：国家信息中心，《"一带一路"贸易合作大数据报告（2018）》。

图 4—93 2017 年西部地区"一带一路"国家出口前 10 位商品

以贵州省为例。近年来，贵州省进出口总额有所下降，2014 年进出

① 《"一带一路"贸易合作大数据报告（2018）》。

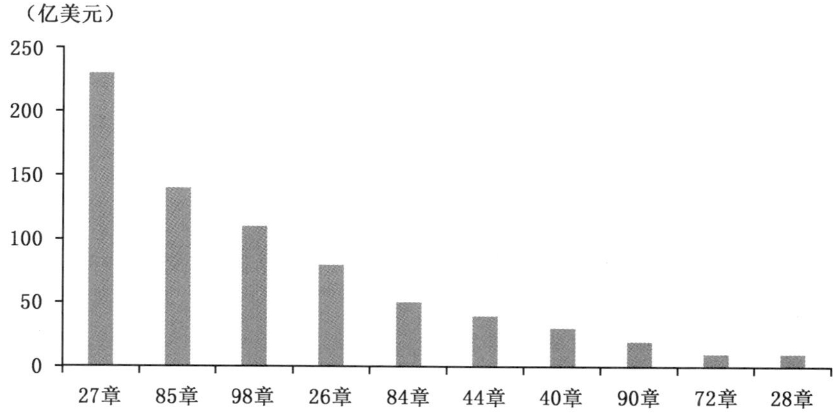

资料来源：国家信息中心，《“一带一路”贸易合作大数据报告(2018)》。

图 4—94　2017 年西部地区“一带一路”国家进口前 10 位商品

口总额为 802 319 万美元，2016 年下降至 378 597 万美元，较 2015 年降低 50.6%。贵州省 2012—2015 年保持持续增长趋势，至 2016 年，出口额与进口额均有大幅下降(见图 4—95 和图 4—96)。

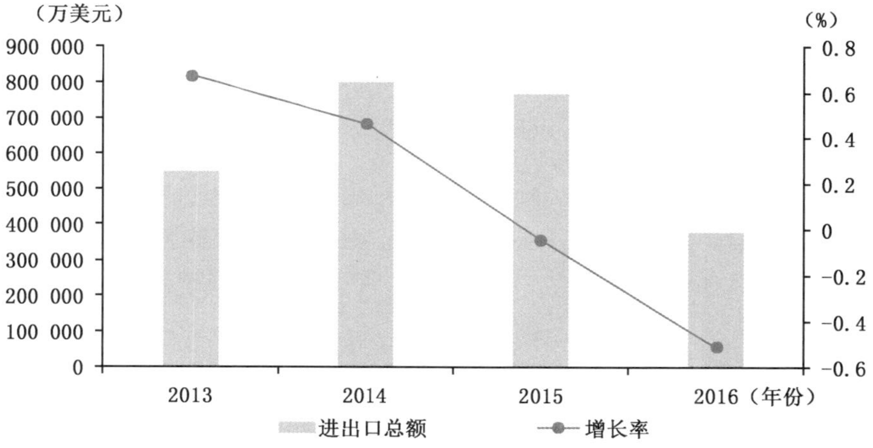

资料来源：根据《贵州省统计年鉴》数据绘制。

图 4—95　2013—2016 年贵州省进出口总额与增长率

分地区情况来看，贵州省近年来进出口总额主要来源区域为亚洲地区，2015 年进出口总额为 735 215 万美元，2016 年为 355 018 万美元；其次为北美洲地区，2016 年进出口总额为 62 284 万美元；其他地区进出口

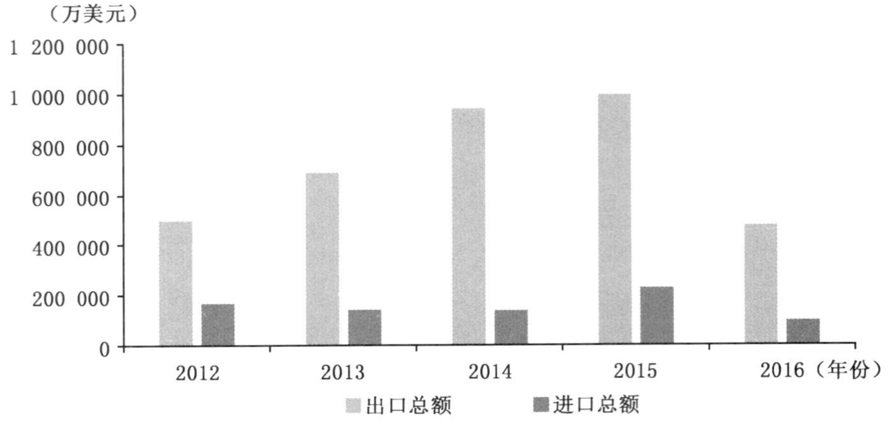

资料来源：根据《贵州省统计年鉴》数据绘制。

图4—96　2012—2016年贵州省进口与出口总额

总额相对较低(见图4—97)。

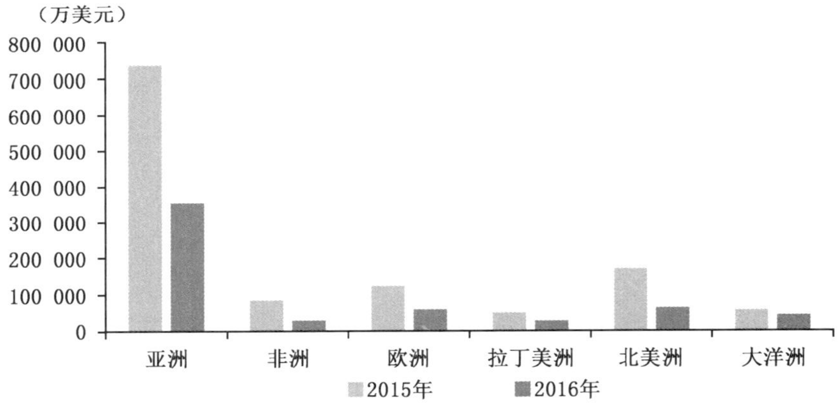

资料来源：根据《贵州省统计年鉴》数据绘制。

图4—97　贵州省分地区进出口总额

从贵州省近年来出口区域结构来看，主要出口区域为亚洲，2015年出口总额达到587 208美元，2016年有所下降，达到304 336美元；其次为拉丁美洲，2015年出口总额为134 615美元，2016年为47 200美元；其他地区出口相对较低。从贵州省进口区域结构来看，主要进口区域分布较广，主要进口区域为亚洲地区，2016年亚洲地区进口总额为50 682美元；其次为北美洲，进口总额为 15 084 美元；大洋洲为 11 336 美元；拉丁美洲、欧洲、非洲地区相对较低（见图 4—98）。

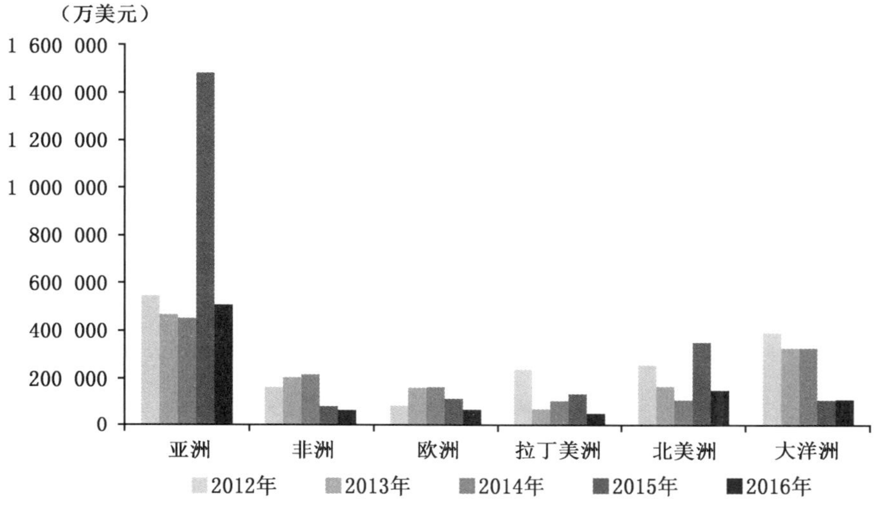

资料来源：根据《贵州省统计年鉴》数据绘制。

图 4—98　贵州省按地区分进口商品总额

4.3.3　多边贸易对西部地区产业发展的影响

1.“一带一路”国家进出口贸易主要集中于一般贸易和其他贸易①

2017 年，新疆超过广西成为西部地区与“一带一路”国家进出口总额最多的地区，2017 年新疆与“一带一路”国家进出口总额为 284.2 亿美元，较 2016 年增长 91.9%。四川、内蒙古、陕西和宁夏地区较 2016 年与“一带一路”国家进出口总额增速在 20%以上（见图 4—99）。

西部地区与“一带一路”国家的进出口均以一般贸易方式为主，2017 年一般贸易出口占比有所下降，来料加工装配贸易有所提升，边境小额贸易占比较高，2017 年进口贸易中一般贸易占比较高，进料加工贸易与边境小额贸易次之（见图 4—100 和图 4—101）。

2. 机械及运输设备为四川省主要进出口产品

2005 年至 2014 年，四川省进出口总额呈上升趋势，近年来进出口总

① 《“一带一路”贸易合作大数据报告(2018)》。

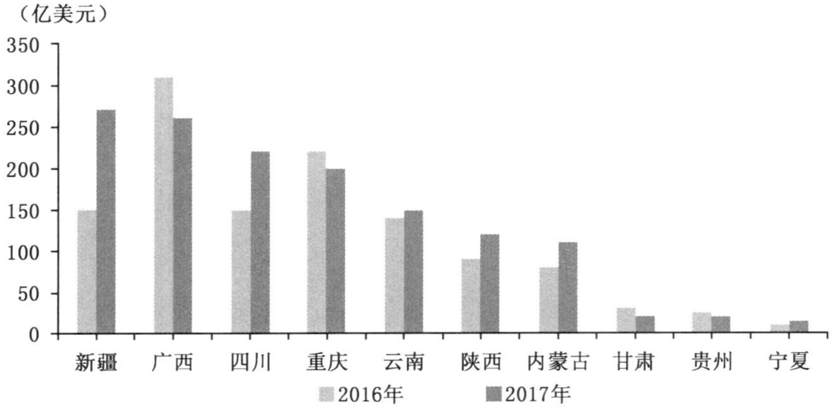

资料来源：国家信息中心，《“一带一路”贸易合作大数据报告(2018)》。

图4—99 2017年西部各省、市、自治区与“一带一路”国家进出口总额

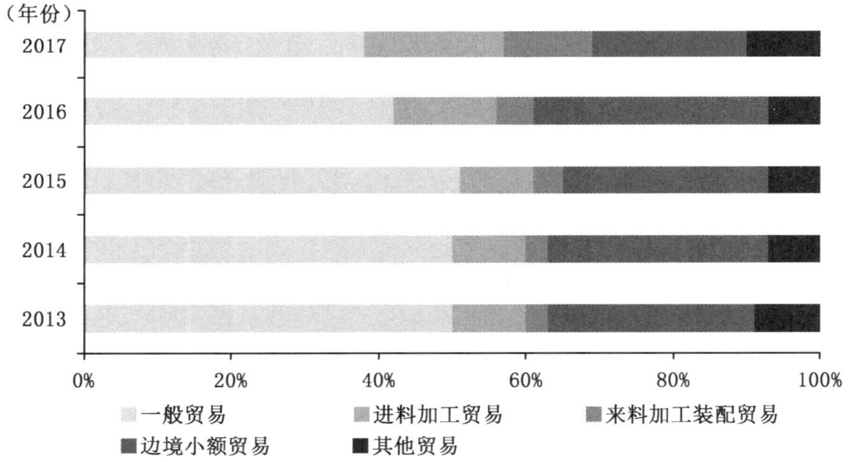

资料来源：国家信息中心，《“一带一路”贸易合作大数据报告(2018)》。

图4—100 2013—2017年西部地区与“一带一路”国家的进口贸易情况

额有所下降。至2016年，四川省进出口总额为4 934 941万美元，出口总额为2 795 498万美元，进口总额为2 139 443万美元(见图4—102)。

数据表明，2013年至2016年四川省初级产品中食品及活动物类为主要出口类型，其次为矿物燃料、润滑油及有关原料，再次为饮料及烟类产品。2016年，食品及活动物类初级产品出口总额为71 820万美元，矿

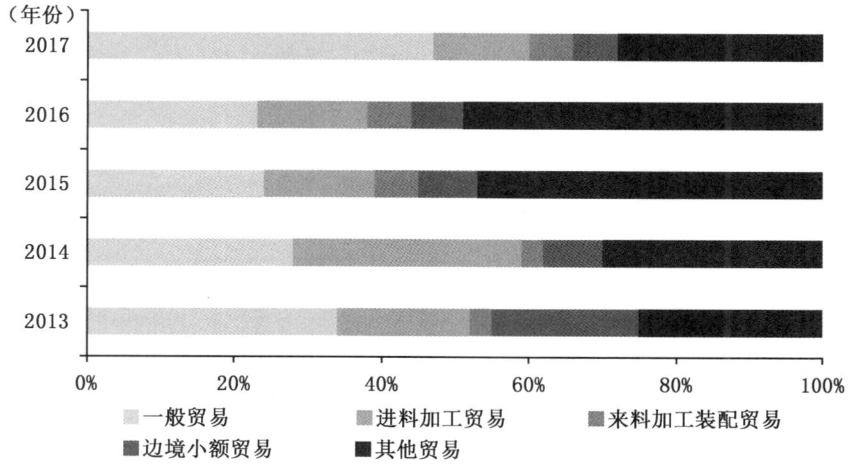

资料来源：国家信息中心，《"一带一路"贸易合作大数据报告(2018)》。

图 4—101　2013—2017 年西部地区与"一带一路"国家的出口贸易情况

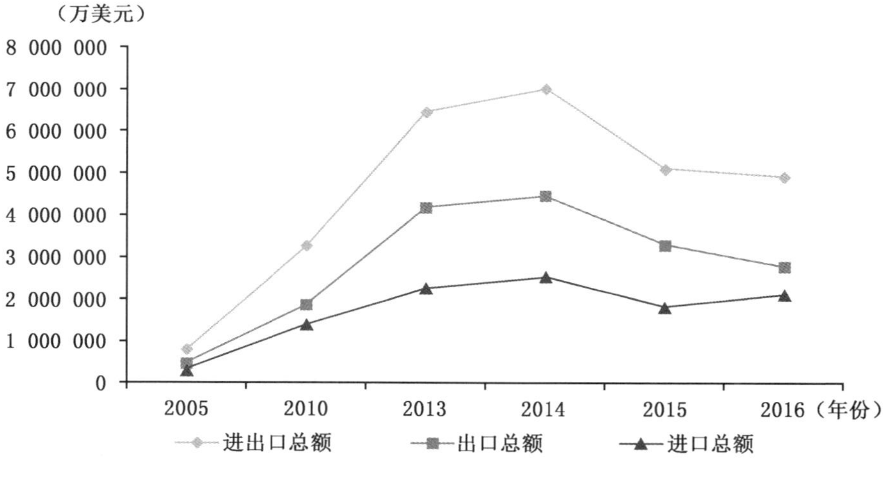

资料来源：根据《四川省统计年鉴》绘制。

图 4—102　四川省进出口总额变化情况

物燃料、润滑油及有关原料等达到 26 442 万美元(见图 4—103)。

四川省近年来出口制成品中，机械及运输设备为主要出口制成品。2016 年，机械及运输设备制成品出口额达到 1 853 546 万美元，其次为按原料分类的制成品为 255 456 万美元及杂项制品为 299 076 万美元(见

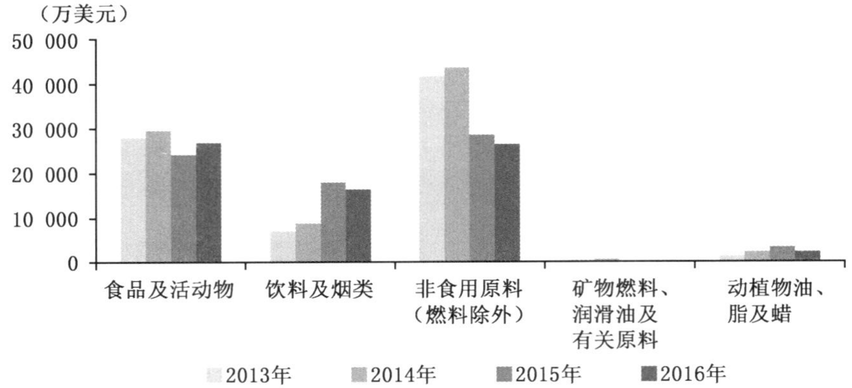

资料来源：根据《四川省统计年鉴》绘制。

图4—103　2013—2016年四川省出口初级产品金额

图4—104）。

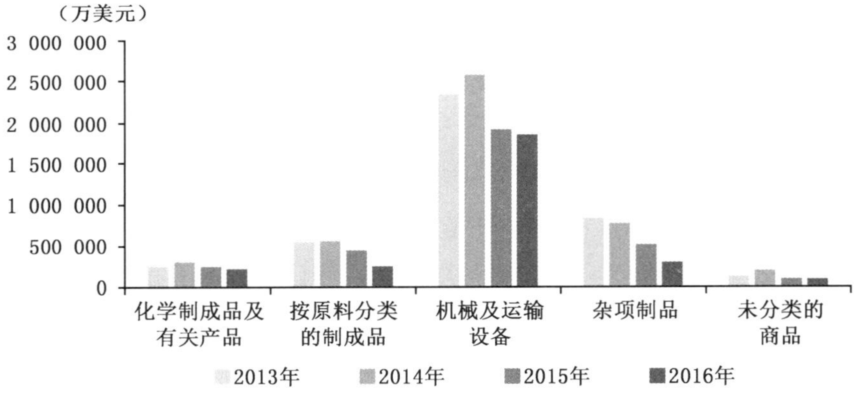

资料来源：根据《四川省统计年鉴》绘制。

图4—104　2013—2016年四川省出口工业制成品金额

四川省近年来初级进口制成品中，非食用原料为主要进口制成品。2016年，进口额达到105 114万美元，其次为食品及活动物17 408万美元，再次为饮料及烟类，矿物燃料、润滑油及有关原料，动植物油、脂及蜡（见图4—105）。

四川省近年来进口工业制成品中，机械及运输设备为主要进口制成品，2016年进口额达到1 708 665万美元，其次杂项制品为96 490万美

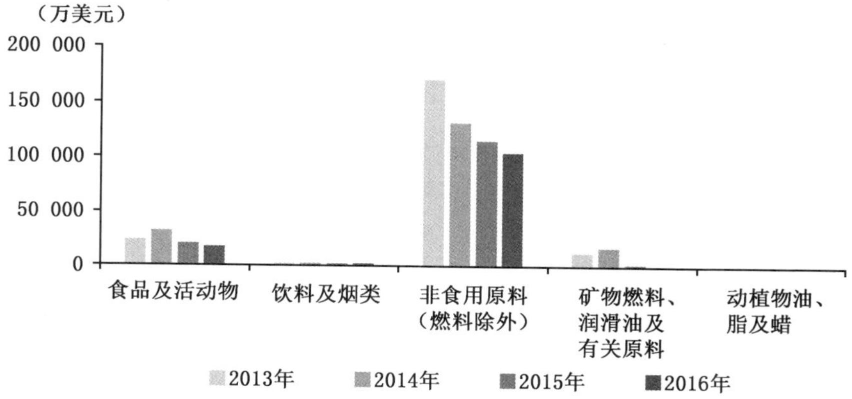

资料来源：根据《四川省统计年鉴》绘制。

图 4－105　2013－2016 年四川省进口初级产品金额

元，再次为未分类的商品及按原料分类的制成品等（见图 4－106）。

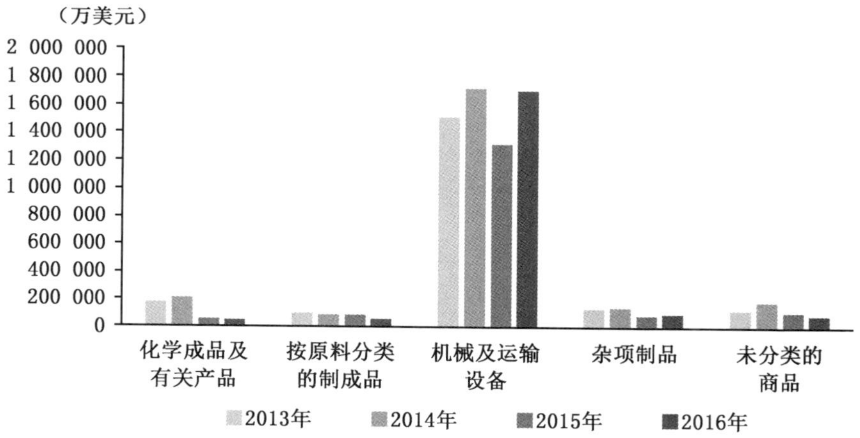

资料来源：根据《四川省统计年鉴》绘制。

图 4－106　2013－2016 年四川省进口工业制成品金额

4.3.4　西部地区多边贸易发展条件

1. 西部地区多边贸易资源

西部地区自然资源丰富，开发利用程度低。西部地域辽阔，人均耕地 2.05 亩，是全国平均水平的 1.38 倍；有 33.95 亿亩未利用土地，占全国的86.69%;有适宜开发为农用地的未利用土地5.9亿亩,占全国的54%。西部地区探明储量的矿产有138种;45种主要矿产品中保有储量占全国50%以上的有24种,保有储量占全国33%—50%的有11种;全国97.2%的盐、86.9%的煤炭集中分布在西部地区;全国22%的石油、28.5%的天然气储量集中分布在新疆①。

西部地区经济基础薄弱,经济发展受交通、市场资源要素聚集能力等限制。整体交通网络并不发达,公路、铁路欠缺,公路物流成本普遍高于全国平均水平,严重影响了与其他地区的合作交流。此外,通信设施欠缺,网络化普及难度较大,目前,土地、融资、物流、行政四大成本仍然较高,在一定程度上抑制了传统产业与新兴产业的发展②。西部地区企业装备落后,生产技术水平低,技术进步的贡献率较小,产业结构不合理。改革开放以来,西部地区经济和社会发展都取得了长足进展,但与东部相比,还存在着较大的差距。西部地区在"一带一路"发展中,与接壤的14个国家进行贸易往来,有可能实现产业互补与产业链的构建,开放型经济发展也促进了西部地区交通、物流等通道建设,提高了基础设施水平③。

(1)资本要素不断积累。近年来,从2008年到2017年,西部地区固定资产投资完成额从35 948.8亿元增长到169 715.037亿元,累计增长372.1%。近3年,固定资产投资完成额持续上升,占全国固定资产投资完成额的比重略微有上升的趋势(见图4—107)。

(2)人力资本。受到地理环境和历史因素影响,西部地区整体的文化教育水平不高,专业型、技术型、综合型人才较少。从2009年到2017年,西部地区常住人口先减后增,近年来人口呈逐年上升的趋势。2017年,西部地区总人口达到3.77亿人(见图4—108)。西部地区研发人才数量总体呈增长趋势。2013年,研发人才数量达到73.9万人,至2015年,西部地区研发人才数量为71.3万人,较2013年降幅达3.5%(见图4—109)。

---

① 甘肃省科学技术厅产业处.西部地区人口、资源、环境与经济协调发展研究,http://www.gsstc.gov.cn/News_Notice/detail.php? n_no=4028。

② 朱敏,国家信息中心经济预测部,西部地区经济发展存在的问题及对策建议,http://www.sohu.com/a/225083478_115495。

③ 刘华.论中国西部经济发展的优势和潜力.中国集体经济,2017(19):7—8.

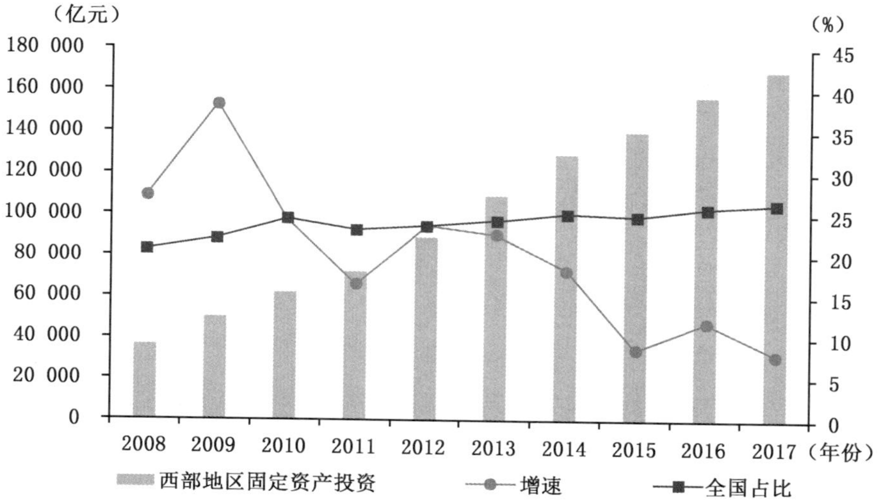

资料来源：根据万得数据库相关数据绘制。

图 4—107　西部地区固定资产投资完成额情况、增速及全国占比

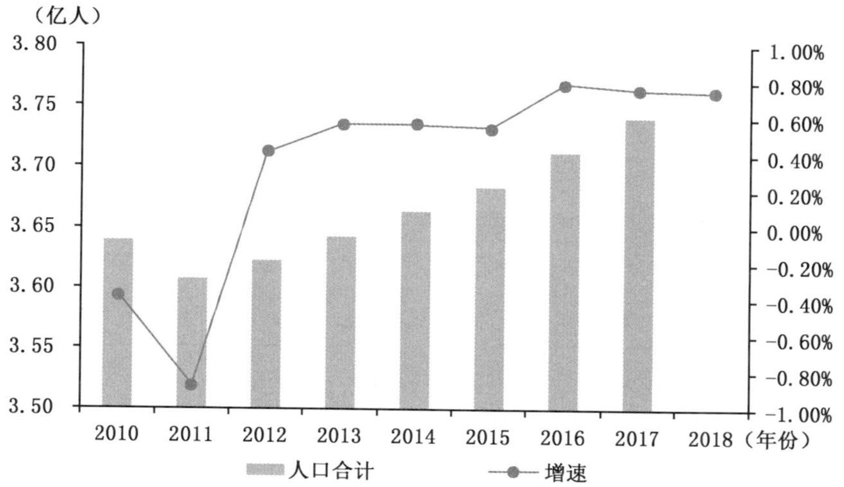

资料来源：根据万得数据库相关数据绘制。

图 4—108　2009—2017 年西部地区常住人口合计与增速

2. 西部地区多边贸易政策

西部地区重点外贸平台包含 3 个自由贸易实验区、20 个综合保税区（见表 4—11）。重庆、四川、陕西自贸区根据各地区的发展条件，分别制

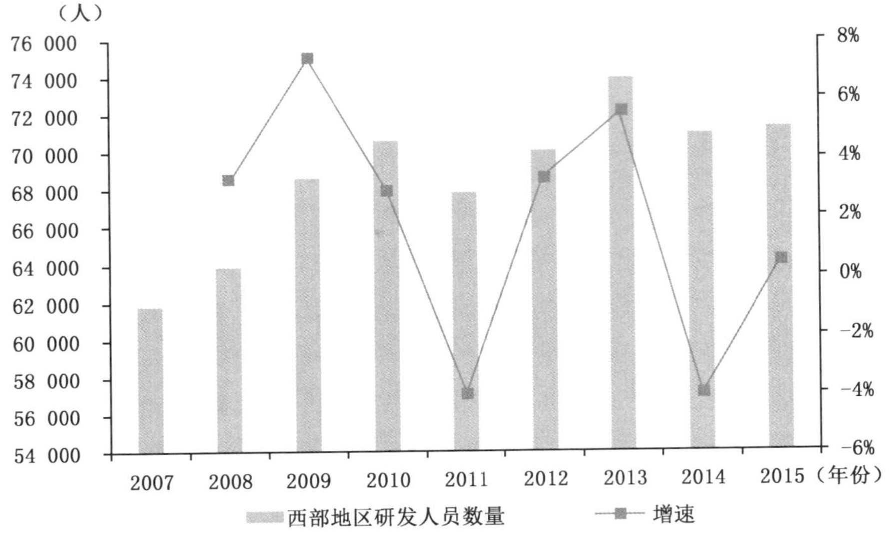

资料来源：根据万得数据库相关数据绘制。

图4—109　西部地区研发人员数量与增速

定了多边贸易制度。

表4—11　　西部地区重点外贸平台

外贸平台	数量	名称
自由贸易实验区	3	中国(重庆)自由贸易试验区、中国(四川)自由贸易试验区、中国(陕西)自由贸易试验区
综合保税区	20	重庆西永、江津、西安、西安航空基地、西安高新、成都高新、贵州遵义、贵阳、贵安、乌鲁木齐、喀什、阿拉山口、兰州新区、南宁、广西凭祥、昆明、红河、银川、满洲里、鄂尔多斯

资料来源：各省、市、自治区相关统计数据。

重庆自贸试验区支持和鼓励发展贸易新业态、新模式。提出促进加工贸易转型升级，建立产业梯度转移的国际加工基地，完善全流程产业链，提高贸易附加值；促进服务贸易发展。同时，重庆自贸试验区推进跨境投融资便利化改革创新；支持重庆自贸试验区内符合条件的单位和个人按照规定双向投资境内外证券市场；逐步允许境外企业参与商品期货交易；支持在重庆自贸试验区内设立证券投资基金，引导符合互认条件的基金产品参与内地与香港基金产品互认；支持在重庆自贸试验区内设立证券投资基金，引导符合互认条件的基金产品参与内地与香港基金产品

互认；支持在重庆自贸试验区内设立证券投资基金，引导符合互认条件的基金产品参与内地与香港基金产品互认。

在国家战略层面，重庆自贸试验区内推进出市、出海、出境通道建设，构建国际多式联运体系，发展国际铁路联运、江海联运、铁海联运和国际陆路运输，构建覆盖全球主要经济体的航空运输网络。重庆自贸试验区应当完善与"一带一路"沿线国家负责海关、检验检疫、标准认证业务的部门和机构之间的通关合作机制，开展货物通关、贸易统计、贸易供应链安全与便利化、检验检测认证等方面的合作，逐步实现信息互换、监管互认、执法互助①。

四川自由贸易试验区强调构建立体全面开放新格局。坚持"四向拓展，全域开放"，深度融入"一带一路"建设、长江经济带发展等国家战略，着力建设一批对外开放战略枢纽和支点。支持建设南向开放重要门户，依托川南经济区、攀西经济区、川东北经济区对接粤港澳大湾区、北部湾经济区、珠三角地区，巩固提升南向开放合作机制、川港合作会议机制，积极参与中国—东盟框架合作和中国—中南半岛、孟中印缅、中巴等国际经济走廊建设，推进国际产能、经贸、文旅合作。打造东向开放高端产业承接地，主动对接长江经济带和长三角地区，加快承接美、日、韩和长江经济带先进生产力转移。建设西向对欧合作国家级平台，支持成都打造西部国际门户枢纽城市，促进与欧洲国家高端服务业、先进制造业合作。探索建设北向开放桥头堡，主动参与中、俄、蒙经济走廊建设②。

自贸试验区积极发挥引领辐射带动作用。四川自贸区依托"临空、临铁、临江"的优势，大力提升互联互通水平，四川自贸试验区成都青白江铁路港片区提升互联互通水平，构建向西向南开放大通道。目前，西向中欧班列（成都）已打通5条国际战略通道，连接境外19个城市、国内14个城市。南向稳定运行经广西钦州的"蓉欧＋"东盟班列、越南河内的国际铁路联运班列，正加快推进与广西北部湾、中远海运、香港新华集团的合作平台搭建。创新推出国际会展检验检疫监管新模式，有力支持四川会展

① 详见中国（重庆）自由贸易试验区管理试行办法，http://www.cq.gov.cn/publicity/gmjjglgyzcjg/jjyh/556705。

② 详见《中国（四川）自由贸易试验区协同改革先行区建设实施方案》，http://www.sc.gov.cn/zcwj/xxgk/NewT.aspx?i=20180827204136-119096-00-000。

经济发展，带动、联动构建多层次开放格局。

4.3.5　本节小结

1. 西部地区GDP始终占全国GDP的较低比例，四川省是西部省份中唯一突破“三万亿”的省份，并与周边陕西、重庆实现联动发展

近年来，西部地区GDP增速总体呈下降趋势，2017年增速有所回升，贵州保持了强劲的增长势头。传统产业发展平稳，四川、重庆、陕西三省市高新技术产业发展迅速，汽车制造业、计算机通信等产业发展迅速。

2. 西部地区货物贸易出口近年有所下降，进口近年来持续上升

重庆市出口始终排列第一，远超其他省、市、自治区。广西、重庆、四川三省、市、自治区近年来进口金额呈上升趋势，贵州地区货物贸易进出口增速明显。2017年，广西、四川、重庆三省、市、自治区货物贸易进出口排名前三，加工贸易有所发展，机电产品、高新技术产品进出口保持增长趋势。

3. 亚洲、大洋洲地区和中亚地区是西部地区主要进出口市场，西部地区中广西是自亚洲、大洋洲地区进口最多的地区

2017年，西部地区与“一带一路”沿线国家或地区进出口总额为1 434.2亿美元，较2016年增长15.6%，占全国与“一带一路”沿线国家或地区进出口总额的10.0%，占西部地区外贸进出口总额的45.8%①。2017年，西部地区对“一带一路”沿线国家或地区出口商品主要集中于电机、电气设备及其零件和锅炉、机器、机械器具及零件，两者合计占西部地区对“一带一路”沿线国家或地区出口额的43.5%。

4.4　东北地区产业发展动态分析

东北地区包括辽宁、吉林、黑龙江三省。东北地区是新中国工业的摇篮，有着雄厚的工业基础，以重型工业和资源型工业为主，是全国最大的重化工和装备制造业基地，区域工业化和城镇化都走在中国各地区的前

① 国家信息中心，“一带一路”大数据中心等.《“一带一路”贸易合作大数据报告(2018)》[M]. 2018.5.

列。长期以来，东北地区市场化程度偏低、国有经济比重过高、民营经济发展艰难，产业结构呈现出偏资源型、重化工型的特征，不能快速适应市场的变化，科技与产业发展融合不够，新兴产业发展缓慢。2012年以来，东北地区无论是经济增速还是经济总量占全国的比重，都出现了大幅度的下滑甚至负增长的状况。为此，2015年10月，国家发改委印发《东北地区培育和发展新兴产业三年行动计划》，2016年4月，中共中央、国务院发布《关于全面振兴东北地区等老工业基地的若干意见》，2016年11月，国家发改委出台《东北振兴"十三五"规划》，大力推动东北地区实施创新驱动发展战略，进一步完善经济体制和机制，培育新兴产业集群，全面推进经济结构优化升级。2018年前三季度，东北三省GDP增速均低于全国平均水平，全国各省GDP总量排名中，辽宁省排第14名，吉林省排第24名，黑龙江省排第25名。

4.4.1　东北地区产业发展总体情况

1. 东北经济增长仍有压力，区域经济发展差异明显

东北地区经济趋稳回升，但增长仍然面临压力。从GDP总量和增速来看，东北地区2018年前三季度GDP总量为37 830亿元，同比增长3.6%（远低于全国平均增速①），占全国的比重为5.8%（较上年同期下降0.4%）。其中，辽宁省（18 012.4亿元）、吉林省（9 957.68亿元）、黑龙江省（9 859.5亿元），见图4—110。从投资增速来看，2018年前三季度东北地区投资增长1.7%，与上年同期相比增速下降明显（见图4—111）。

东部地区内部差异明显，辽宁省增速高于其他两省。辽宁省自2017年以来，经济已现回暖迹象，2018年前三季度GDP增速达到5.4%，较上年同期增长了2.6%，经济呈现出稳中向好的态势。吉林省2018年前三季度GDP同比增长4%，较上年同期回落1.7%，说明吉林经济在供给侧改革的背景下，下行压力依然较大。黑龙江省2018年前三季度固定资产投资完成额比上年同期下降3.7%，GDP增速为5.1%，较上年同期下降了1.2%，不难看出黑龙江经济也面临较大的增长压力。

2. 三次产业结构持续优化，地区结构性差异较突出

---

①　根据现价数据计算的名义增速（如无特别指出，下同）。

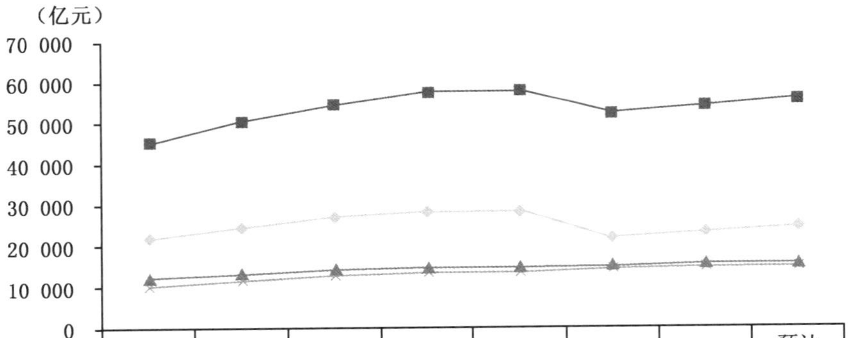

	2011年	2012年	2013年	2014年	2015年	2016年	2017年	预计2018年
辽宁	22 227	24 846	27 213	28 627	28 669	22 247	23 409	24 782
吉林	10 569	11 939	13 046	13 803	14 063	14 777	14 945	14 932
黑龙江	12 582	13 692	14 455	15 039	15 084	15 386	15 903	15 860
东北地区	45 378	50 477	54 715	57 469	58 101	52 410	54 256	55 574

注：2018年全年数据为2017年第四季度与2018年前三季度数据之和（如无特别指出，下同）。

资料来源：根据万得数据库相关数据绘制。

图4－110 2011－2018年东北地区GDP总量变化趋势

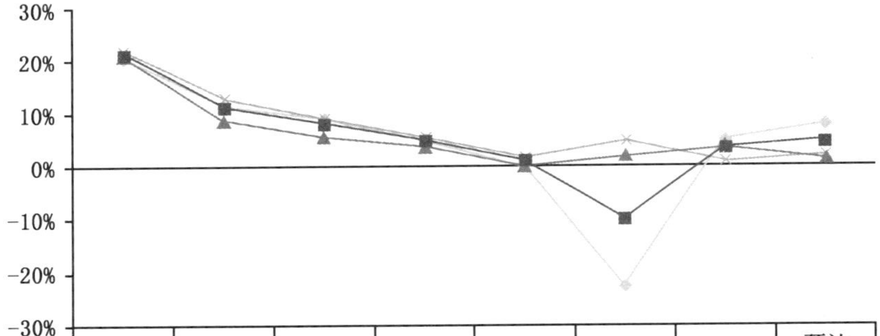

	2011年	2012年	2013年	2014年	2015年	2016年	2017年	预计2018年
辽宁	20.4%	11.8%	9.5%	5.2%	0.1%	-22.4%	5.2%	8.1%
吉林	21.9%	13.0%	9.3%	5.8%	1.9%	5.1%	1.1%	2.2%
黑龙江	21.3%	8.8%	5.6%	4.0%	0.3%	2.0%	3.4%	1.6%
东北地区	21.0%	11.2%	8.4%	5.0%	1.1%	-9.8%	3.5%	4.6%

资料来源：根据万得数据库相关数据绘制。

图4－111 2011－2018年东北部地区GDP增速变化趋势

2007 年以来，东北地区三次产业结构持续优化，主要呈现出的特征是三产比重不断提升，二产比重持续下降，一产比重较为稳定。2015 年，东北地区三产比重首次超过二产比重，东北经济开始呈现出“三二一”的产业结构；预计 2018 年，东北地区三次产业结构为 10.1∶36.5∶53.4，三产比重比 2017 年提高了 1.3 个百分点(见图 4—112)。

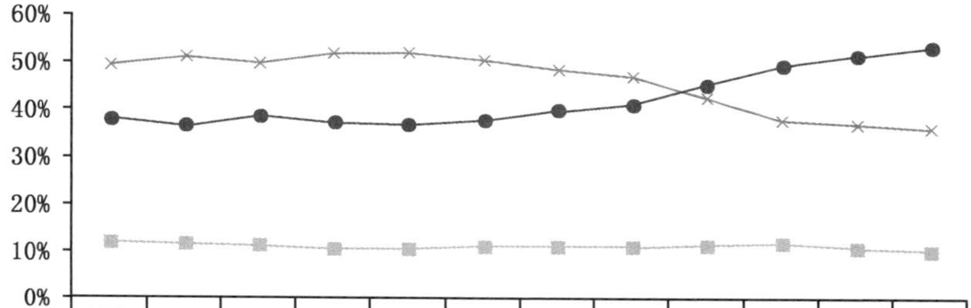

	2007年	2008年	2009年	2010年	2011年	2012年	2013年	2014年	2015年	2016年	2017年	预计2018年
第一产业	12.0%	11.6%	11.4%	10.6%	10.8%	11.3%	11.3%	11.2%	11.4%	12.1%	11.0%	10.1%
第二产业	49.7%	51.3%	49.9%	52.0%	52.3%	50.8%	48.8%	47.4%	43.0%	38.2%	37.3%	36.2%
第三产业	38.2%	37.1%	38.7%	37.3%	36.9%	37.9%	40.0%	41.5%	45.6%	49.7%	51.7%	53.7%

资料来源：根据万得数据库相关数据绘制。

图 4—112　2007—2018 年东北地区三次产业结构变化趋势

分省来看，2018 年东北三省三次产业结构迥异，层次分化明显。辽宁省三次产业结构为 7.8∶39.8∶52.4，总体上与全国水平较为接近；吉林省二产比重高达 45%(比上年降低 1.8 个百分点)，重工业结构特征较为突出；黑龙江省三产比重高达 58.7%，而二产占比仅为 23.5%，三次产业结构合理程度明显高于全国平均水平，并且高于辽宁省和吉林省(见表 4—12)。

表 4—12　2018 年东北地区三次产业结构

区　域	一产增加值(亿元)	二产增加值(亿元)	三产增加值(亿元)	三次产业结构
辽宁	1 923	9 860	12 999	7.8∶39.8∶52.4
吉林	855	6 714	7 363	5.7∶45.0∶49.3
黑龙江	2 825	3 721	9 315	17.8∶23.5∶58.7

续表

区　域	一产增加值（亿元）	二产增加值（亿元）	三产增加值（亿元）	三次产业结构
东北地区	5 603	20 295	29 677	10.1：36.5：53.4
全国	66 411	359 130	459 940	7.5：40.6：51.9

资料来源：根据万得数据库相关数据整理。

3. 传统产业发展遭遇“瓶颈”，新兴产业发展尚不充分

从传统产业发展情况来看，2010—2016年，东北地区传统产业①主营业务收入呈现“先增后减”的态势（见图4—113），2013年达到峰值后持续降低，从2015年起已低于2010年的产业规模，占东北地区工业企业主营业务收入的比重从2010年的27%下降到2016年的21%。其中，辽宁省、黑龙江省传统产业主营业务收入变化趋势与整个东北地区高度相似，而吉林省近几年较为平稳。从部分代表行业来看，2017年，黑龙江省石油化工产业规模以上工业企业增加值下降4.0%，吉林省主要工业产品如原油、纸制品、水泥、铁合金等产量均有较大幅度的下滑，增速分别为−29.4%、−12.8%、−12.5%、−45.1%。2018年前三季度，吉林省石油化工、食品、建材产业规模以上工业增加值同比增速分别为−0.6%、−1.4%、−7.1%。总体来说，东北地区传统产业规模和效益近两年出现大幅下滑。

从高新技术产业发展情况来看，2016年，东北地区高新技术产业主营业务收入为4 015亿元，同比下降了−6%，延续了2015年的负增长态势，远低于全国10%的平均增速（见图4—114）。分省来看，2016年，吉林省高新技术产业主营业务收入和增速都最高，分别为2 068亿元和11.9%。2018年前三季度，吉林省高新技术产业工业增加值增速达到16.8%，比上年同期增长7.9个百分点；辽宁省高新技术产业主营业务收入自2015年起低于吉林省，2016年高新技术产业实现主营业务收入1 459亿元，增速均为负值，但近两年出现好转，2017年辽宁省规模以上

① 为便于分析，选取部分传统产业，以透视东北地区传统产业的发展特征。部分传统产业包括煤炭开采和洗选业，食品制造业，纺织业，木材加工及木、竹、藤、棕、草制品业，家具制造业，造纸及纸制品业，石油加工、炼焦及核燃料加工业，黑色金属冶炼及压延加工业，有色金属冶炼及压延加工业。

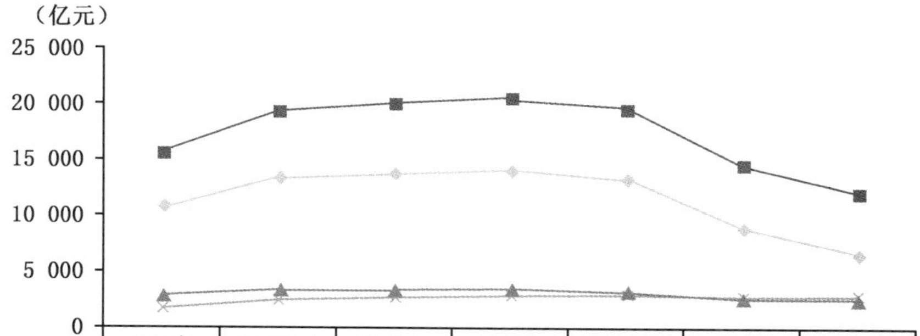

	2010年	2011年	2012年	2013年	2014年	2015年	2016年
辽宁	10 887	13 475	13 845	14 230	13 459	9 035	6 645
吉林	1 838	2 600	2 854	2 918	2 989	2 907	2 936
黑龙江	2 935	3 350	3 379	3 528	3 242	2 680	2 595
东北地区	15 661	19 425	20 078	20 677	19 690	14 622	12 176

资料来源：根据《东北三省统计年鉴》数据绘制。

图 4－113　2010－2016 年东北地区传统产业主营业务收入

装备制造业[①]增加值同比增长 7.4%，占全省规模以上工业增加值的 32%。2018 年前三季度，辽宁省高新技术制造业增加值同比增长 16.9%。其中，新能源汽车产量同比增长 5.8 倍，城市轨道车辆产量同比增长 42.8%，工业机器人产量同比增长 17.7%；黑龙江省高新技术产业主营业务收入最低，2016 年仅为 488 亿元，同比下降 21.6%。总体来说，东北地区反映新动能的新兴产业发展尚不充分。

4.4.2　东北地区多边贸易发展情况

1. 东北地区货物贸易增速回升，占全国的比重逐步下降

从货物贸易总量变化情况来看，2007 年以来东北地区进出口总额经历了两次下滑。一次是受 2008 年全球金融危机，影响 2009 年进出口总额降至谷底；一次是自 2015 年起受东北经济不景气的影响，进出口增速降至谷底。2018 年，东北地区货物贸易进出口额达到 1 555 亿美元，同比增速达到 14%。从货物贸易全国占比来看，2007 年以来东北地区进出口总额占比基本维持在 4%左右，自 2015 年起占比进一步下滑至 3.3%左

① 装备制造业主要包括汽车制造业，通用设备制造业，计算机、通信和其他电子设备制造业，铁路、船舶、航空航天和其他运输设备等行业。

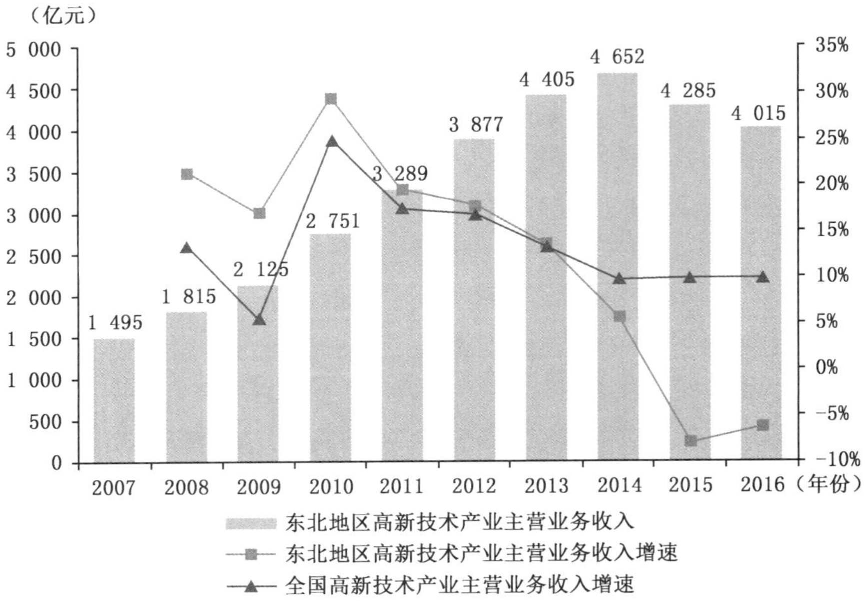

资料来源：根据万得数据库相关数据绘制。

图 4—114　2007—2016 年东北地区高新技术产业主营业务收入及增速

右，见图 4—115。从东北三省内部来看，辽宁省凭借沿海沿边的区位优势，加上近年来大连保税区、沈阳综合保税区和丹东"国家重点开发开放试验区"建设步伐的加快，外贸总量在东北三省处于绝对领先地位，是东北地区对外贸易的主要区域①。黑龙江省具有得天独厚的与俄合作的优势，因此，对外贸易规模在东北地区排名第二。处于东北三省中间地带的吉林省，外贸规模和增速均最低。2018 年前三季度，辽宁省进出口总额 847 亿美元，比上年同期增长 15%；吉林省进出口总额 161 亿美元，比上年同期增长 16%；黑龙江省进出口总额 188 亿美元，比上年同期增长 40%。

从货物贸易进口和出口来看，进口额及出口额的变化趋势与进出口总额变化趋势一致（见图 4—116），且自 2011 年起长期处于贸易逆差状态。近年来，东北地区进口总额占全国的比重维持在 4.4%左右，而出口

① 刘志高，张薇，刘卫东．中国东北三省对外贸易空间格局研究[J]. 地理科学，36(9)：1349—1358.

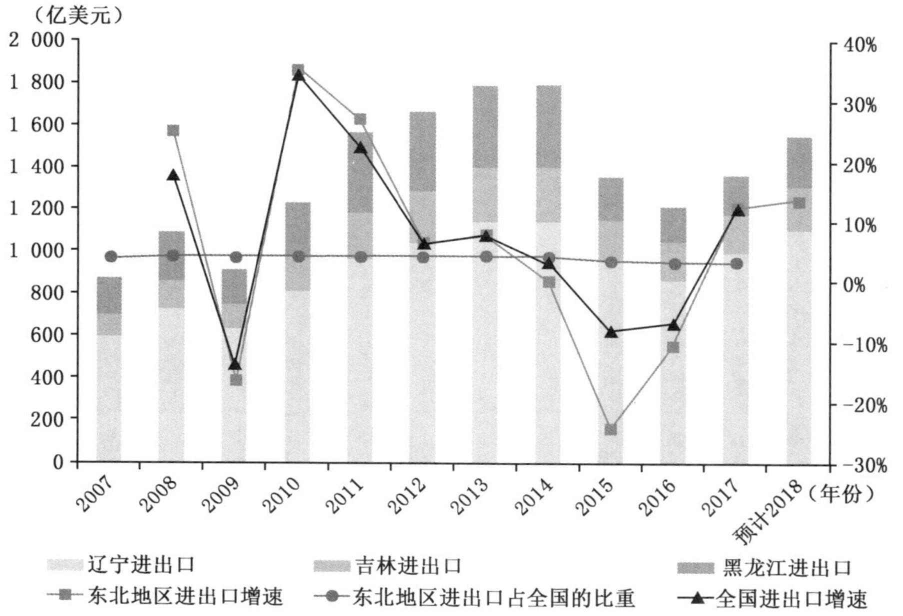

资料来源：根据万得数据库相关数据绘制。

图 4－115　2007－2017 年东北地区货物贸易进出口总额、增速及占全国的比重

总额占比下滑至 2.4％左右（见图 4－117）。从东北三省内部来看，2018 年前三季度，辽宁省出口总额 367 亿美元，增长 11％；进口总额 480 亿美元，增长 19％。吉林省出口总额 37 亿美元，增长 14％；进口总额 124 亿元，增长 16％。黑龙江省出口总额 32 亿美元，下降 21％；进口总额 156 亿美元，增长 67％。

总体来看，东北地区货物贸易进出口波动较大，近两年增速略有回升，但占全国的比重逐渐下降。导致以上这些问题的原因主要有：东北三省对外开放时间相对较晚，经济总量小，国有企业比重过高，产业结构单一，产业支撑乏力，产业创新不足；体制机制僵化，内部各自为政，部门协调配合有待加强；周边国家开放环境欠佳、政策稳定性差，且与周边国家互联互通不畅、开放合作平台亟须加强[①]。上述不利因素在全球经济危机和贸易摩擦的冲击下，对东北外贸的影响更为明显。

① 刘志高，张薇，刘卫东．中国东北三省对外贸易空间格局研究[J]. 地理科学，36(9)：1349－1358.

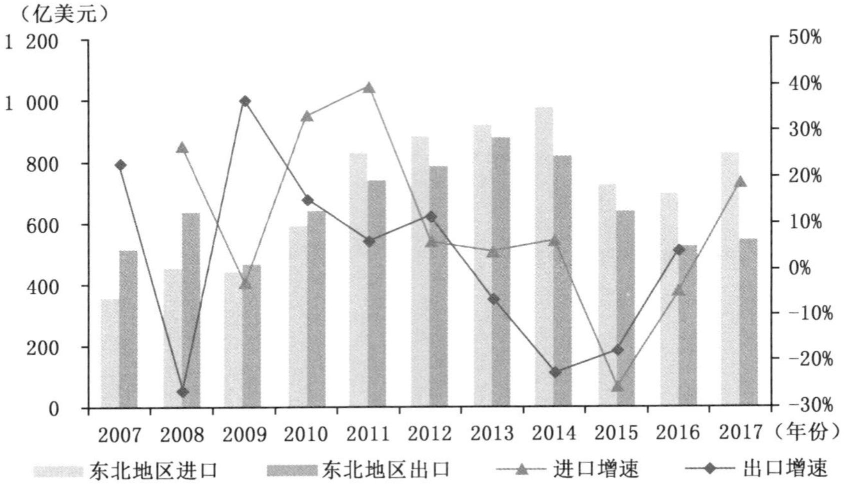

资料来源：根据万得数据库相关数据绘制。

图 4—116　2007—2017 年东北地区货物贸易进口总额、出口总额及增速情况

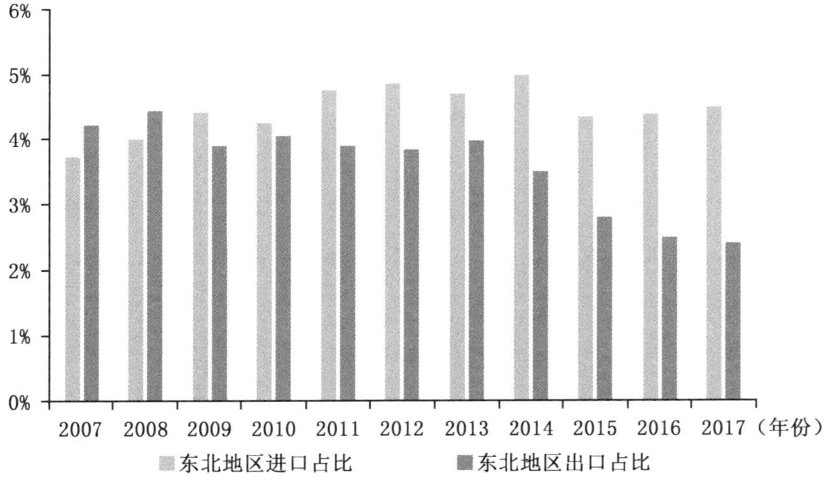

资料来源：根据万得数据库相关数据绘制。

图 4—117　2007—2017 年东北地区货物贸易进口总额、出口总额占全国的比重

2. 东北地区服务贸易增势良好，贸易逆差幅度持续拉大

近年来，东北地区服务贸易增势良好。从服务贸易总量变化来看，2006 年以来，东北地区进出口额除在 2009 年略有下降外，其他年份均保

持了10%以上的增速，且多数年份高于全国平均增速，见图4－118。2016年，东北地区服务贸易进出口总额达到369.6亿美元。“十二五”期间，东北地区服务贸易进出口增长133.1%，增速显著高于长江经济带(77.1%)、京津冀地区(64.6%)①。从服务贸易占比来看，东北地区服务贸易进出口额占对外贸易的比重从2007年的9.9%升至2016年的23.3%，且自2013年起超过全国服务贸易进出口额占对外贸易的比重(2016年，全国服务贸易进出口额比重为14.4%)；东北地区服务贸易进出口额占全国服务贸易的比重从2006年的3.2%升至2016年的5.9%，见图4－119。从东北三省来看，辽宁省2016年服务贸易进出口总额225亿美元，比上年同期增长9%，是东北地区服务贸易的主要区域。吉林省2016年服务贸易进出口总额76亿美元，比上年同期增长29.25%。黑龙江省2016年服务贸易进出口总额68亿美元，比上年同期增长12%。

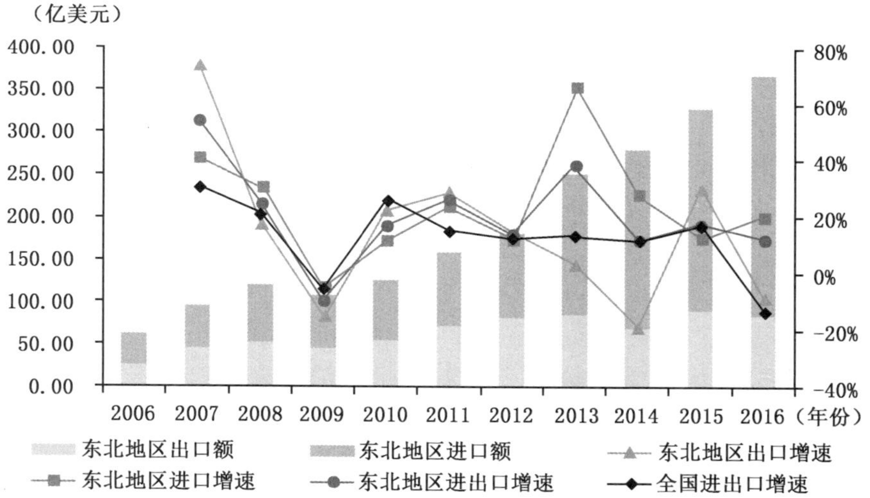

资料来源：根据相关文献数据绘制②。

图4－118 2006－2016年东北地区服务贸易进出口情况

从服务贸易进口和出口来看，2016年，东北地区服务贸易出口额

① 商务部等，《服务贸易发展“十三五”规划》。

② 迟明园，金兆怀．东北地区服务贸易对经济增长的影响[J].当代经济研究，2018(6)：73－79.

83.53亿美元,进口额286.08亿美元。东北地区长期处于服务贸易逆差状态,贸易逆差从2006年的11亿美元扩大至2016年的203亿美元。从东北三省内部来看,2016年,辽宁省服务贸易出口额为61.96亿美元,负增长3.2%;进口额为163.43亿美元,增长15%。吉林省出口额为13.46亿美元,增长9%;进口额为62.65亿美元,增长28%。

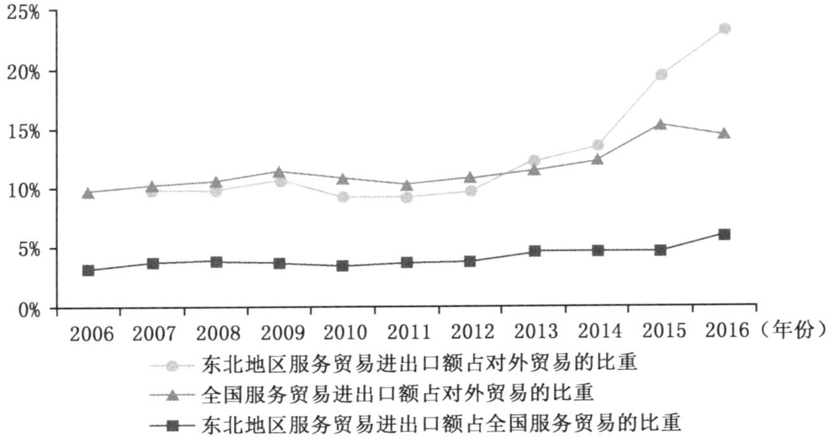

资料来源:根据国家商务部、相关文献数据绘制。

图4-119 2006-2016年东北地区服务贸易占比情况

从服务贸易的重点领域来看,运输服务、旅游服务、软件服务外包等领域在东北地区服务贸易中占据重要位置,软件服务外包已经成为东北地区服务贸易的主要发展模式。以服务贸易总额占辽宁省50%的大连市为例,2000-2011年软件服务外包对服务贸易出口的年均贡献率达到35%,是大连服务贸易发展的主要动力。从2005年开始,大连软件服务外包产业增加值占全市GDP的比重超过4%,初步显现出未来支柱产业的雏形,软件服务外包业务超过业务总额的50%以上。在全国31个服务外包示范城市中,东北地区有5个城市,分别为大连、大庆、长春、沈阳和哈尔滨。大连市先后被国家授予"国家软件产业国际化示范城市""中国服务外包示范城市""国家软件出口基地""中国服务外包基地城市"等称号,是全国软件产业授牌最多的城市,拥有东软、华信、海辉三家连续多年排名全国软件出口前三位的本地企业。近年来,大连软件和服务外包产业在外包规模、平均增速等方面保持着全国领先地位。2012年,大连软件和服务外包业产值突破千亿元，成为全国第一个软件和服务外包千亿产业集群①。此外，大庆市服务外包发展势头也非常强劲。截至2017年底，大庆市在“商务部业务系统统一平台”累计注册服务外包企业662家。全市服务外包执行金额17.74亿美元，发展规模不断扩大②。

总体来看，东北地区服务贸易进口增势良好，但逆差不断扩大，服务业国际竞争力仍然较弱。服务贸易出口结构不够合理，多集中于运输、旅游等传统服务业，而在金融服务、专有权利使用费和特许费、保险服务以及电影、音像等技术含量和附加值高的行业比例偏低，未来通过服务贸易来促进东北地区经济发展仍存在较大的空间③。从商务部公布的全国各省市服务贸易进出口数据情况看，辽宁服务贸易额在全国仅列位第九，大连在五个计划单列市中名列最后，且大连服务贸易规模相比北京、上海、天津等市仍有不小差距。

3. 日本是最大的商品出口地，德国是最主要的商品进口国

从贸易市场来看，东北地区主要面向东北亚和“一带一路”国家发展外向型经济。近年来，“一带一路”倡议为东北对外开放提供了历史性的机遇和巨大的政策红利，东北三省与东南亚、中东地区等“一带一路”沿线区域的贸易规模有所增长（见图4－120），2017年，东北地区与“一带一路”国家的贸易额占地区进出口总额的41.7％，增速在四大地区中最快，较2016年增长22.0％④。2018年前三季度，辽宁省对日本出口478.3亿元，增长8.0％；对欧盟出口347.5亿元，增长17.3％；对美国出口285.1亿元，增长7.4％。在“一带一路”沿线国家中，对蒙、俄及中亚等7个国家和地区出口62.6亿元，增长19.6％；对中东欧16国出口30.7亿元，增长14.1％。

日本是东北地区最大的商品出口地。从国别来看，日本、德国、韩国

① 刘薇娜．国外及国内主要城市服务贸易促进政策研究——兼论对大连的启示[J]．东北财经大学学报，2016(6)：88－95.

② 大庆网，大庆市服务外包综合评价位列东北地区第二，http://hlj.people.com.cn/GB/n2/2018/1023/c220075－32189851.html。

③ 迟明园，金兆怀．东北地区服务贸易对经济增长的影响[J]．当代经济研究，2018(6)：73－79.

④ 国家信息中心等，《“一带一路”贸易合作大数据报告(2018)》，https://baijiahao.baidu.com/s?id＝1599771226855207684&wfr＝spider&for＝pc。

和美国等发达国家仍然是东北地区主要的贸易伙伴。其中，日本是东北地区最大的商品出口目的地，俄罗斯是东北地区的第二大出口国。此外，美国、韩国、巴基斯坦和东南亚地区，尤其是新加坡、越南和马来西亚等也是东北地区重要的商品出口目的地，见图 4－120。德国是东北地区最主要的商品进口国。2014 年，东北地区从德国进口的商品总额占东北总进口额的 15.85%，俄罗斯是第二大进口国。日本、美国、韩国以及盛产石油的中东地区，特别是沙特阿拉伯、阿联酋和阿曼等国也是东北地区重要的进口国①。

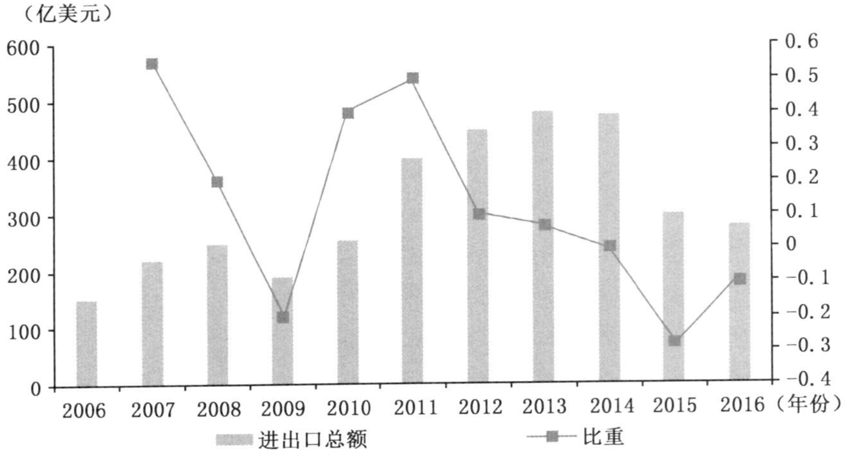

图 4－120　2006－2016 年东北地区对“一带一路”沿线国家进出口总额及占的比重

分省来看，辽宁省最主要的出口目的地是日本、美国和韩国。辽宁省对“一带一路”沿线国家或地区的出口主要集中在新加坡、越南、马来西亚和印度尼西亚等东南亚地区。辽宁省主要的进口地比较分散，最主要的进口来源国是德国、日本和韩国。沙特阿拉伯、阿联酋和阿曼等中东地区是辽宁省在“一带一路”沿线上的重要进口国。吉林省最大的出口国是朝鲜，其次是日本。在“一带一路”沿线地区，吉林省最主要的贸易伙伴是俄罗斯、伊朗和马来西亚。吉林省最主要的进口国是德国和日本。黑龙江省最主要的出口国是俄罗斯，印度、伊拉克、老挝和印度尼西亚等也是黑龙江省

① 刘志高，张薇，刘卫东．中国东北三省对外贸易空间格局研究[J]．地理科学，36(9)：1349－1358．

重要的出口国。黑龙江省最主要的进口国也是俄罗斯，蒙古是黑龙江省第二大进口来源国。此外，美国以及部分欧盟国家等也是黑龙江省重要的进口国，主要进口交通运输设备、光学设备、电气机械和航空器等商品①。

4. 一般贸易占据主导地位，外企和国企成为进出口的主力军

从贸易方式来看，辽宁省 2018 年前三季度一般贸易出口 1 356.1 亿元，增长 13.7%，占出口总额的比重为 57%；加工贸易出口 872.7 亿元，下降 1.8%。在对"一带一路"国家贸易中，2017 年，东北地区一般贸易出口额为 155.9 亿美元，较 2016 年增长 28.5%，占所有贸易方式出口额的 62.9%。进料加工贸易、来料加工装配贸易、其他贸易、边境小额贸易自 2013 年以来出口额总体呈下降趋势。与此同时，一般贸易进口增长迅猛，2017 年进口额为 234.5 亿美元，较 2016 年增长 47.6%，占所有贸易方式进口额的 63.6%；其他贸易自 2013 年以来总体呈上升趋势，进口额为 56.7 亿美元，较 2013 年增长 120.1%，是东北地区的第二大进口贸易方式，占所有贸易方式进口额的 15.4%②，见图 4—121。

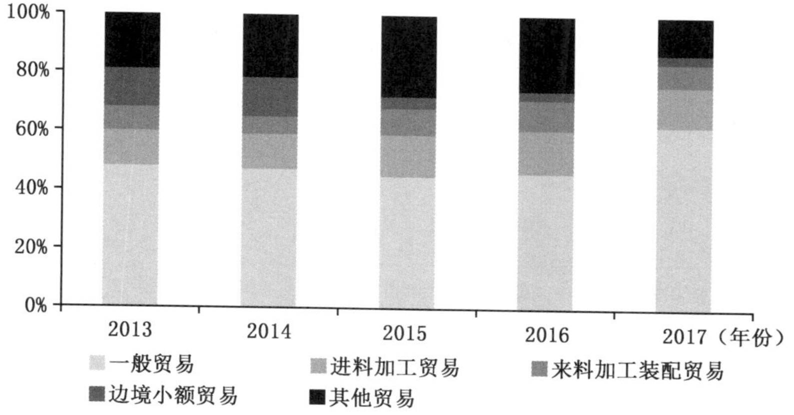

资料来源：国家信息中心等，《"一带一路"贸易合作大数据报告(2018)》。

图 4—121　2013—2017 年东北地区对"一带一路"国家出口的主要贸易方式比重

① 刘志高，张薇，刘卫东．中国东北三省对外贸易空间格局研究[J]. 地理科学，36(9)：1349—1358.

② 中商情报网，2018 年东北地区与"一带一路"贸易数据分析，http://www.askci.com/news/finance/20180518/0924051123361_5.shtml。

从经济类型来看，区别于全国和其他地区的民营企业是进出口主力，东北地区国有企业和外商投资企业则是最大贸易主体。2017年，辽宁省外商投资企业进出口总额占比最高(2 878亿元，增长12.5%)，其次为民营企业(1 938.7亿元，增长10.1%)、国有企业(1 919亿元，增长37.9%)。而2017年吉林省进出口总额构成中则依次为外商投资企业(533.5亿元，增长3.7%)、国有企业(339.5亿元，增长30%)、民营企业(164.5亿元，增长0.1%)。在对“一带一路”国家出口中，国有企业逐渐超过民营企业，成为东北地区的第一大贸易主体。自2013年起，东北地区民营企业出口额逐年走低，占所有贸易主体出口额的比重从2013年的59.1%下降至2017年的33.3%；东北地区国有企业占所有贸易主体出口总额的比重从2013年的22.2%逐年上升至2017年的40.3%，2017年首次超过民营企业；外资企业占所有贸易方式出口总额的比重从18.4%逐年上升至2017年的26.3%①，见图4—122。

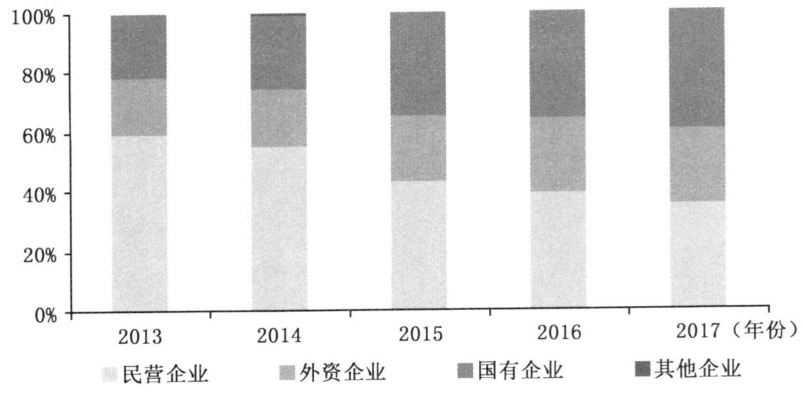

资料来源：国家信息中心等，《“一带一路”贸易合作大数据报告(2018)》。

图4—122 2013—2017年东北地区主要贸易主体对“一带一路”国家出口的比重

5. 机电是主要的进出口商品，高新技术产品进口额逐年增长

从进出口产品来看，东北地区机电产品出口占比最高，其次为钢材、高新技术产品、农产品、船舶。机电产品进口占比最高，其次是原油、农产品、高新技术产品。此外，东北地区机电产品进出口总额远高于高新技术

① 中商情报网，2018年东北地区与“一带一路”贸易数据分析，http://www.askci.com/news/finance/20180518/0924051123361_5.shtml。

产品进出口总额，且高新技术产品和机电产品进口额均大于出口额。但近几年东北地区高新技术产品进口额逐年增长，2015—2017 年平均增长 9.1%，高于全国平均 2.0%的增速，见图 4—123 和表 4—13。

分省来看，辽宁省主要进口机电产品、原油、农产品、高新技术产品、汽车零配件，主要出口机电产品、高新技术产品、钢材、农产品、服装及衣着附件，与东北地区主要进出口商品契合。吉林省主要进口机电产品、汽车零配件、汽车、高新技术产品等高技术含量产品，主要出口机电产品、农产品、服装及衣着附件等以劳动密集型为主的产品。黑龙江省主要进口原油、农产品、机电产品、高新技术产品、肥料等以资本密集型和技术密集型产品为主，主要出口机电产品、农产品、服装以及衣着附件、成品油、鞋类等以劳动密集型和技术密集型为主的产品。

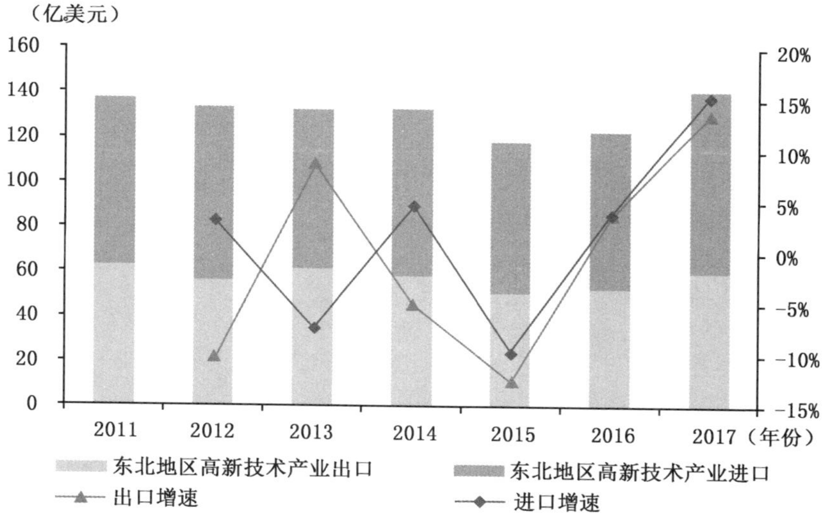

资料来源：根据万得数据库相关数据绘制。

图 4—123　2011—2017 年东北地区高新技术产业进出口情况

表 4—13 2017年东北地区机电产品和高新技术产品进出口情况

2017年机电产品进出口情况(单位:亿美元)						
全国排名	地区	进出口			出口金额	进口金额
		金额	近三年平均增速	全国占比		
13	辽宁	318.0	—1.34%	1.48%	179.2	138.8
19	吉林	130.2	0.63%	0.61%	14.2	116.0
25	黑龙江	38.0	—0.28%	0.18%	22.9	15.1
东北地区		486.2	—0.74%	2.26%	216.3	269.9
全国		21 495	0.77%	—	13 144	8 351
2017年高新技术产品进出口情况(单位:亿美元)						
全国排名	地区	进出口			出口金额	进口金额
		金额	近三年平均增速	全国占比		
15	辽宁	110.3	9.39%	0.88%	55.6	54.7
23	吉林	24.4	9.09%	0.20%	2.9	21.5
27	黑龙江	6.4	5.80%	0.05%	1.7	4.7
东北地区		141.1	9.17%	1.13%	60.2	80.9
全国		12 515	1.98%	—	6 674	5 840

资料来源:根据国家商务部数据整理。

4.4.3 多边贸易对东北地区产业发展的影响

1. 对外开放度呈下降趋势,出口对经济增长的贡献度高于进口

从外贸依存度来看,2007年以来东北地区外贸依存度不断下降,与全国的趋势保持一致,但远低于全国平均水平。2017年,东北地区外贸依存度为16%,仅为全国外贸依存度平均值(32%)的一半,见图4—124。

从外资依存度来看,自1999年起东北地区外资依存度超过全国平均水平,2003年达到顶峰,近年来出现断崖式下滑(部分与统计部门调整了数据口径有关)。2016年,东北地区外资依存度为1.42%,略高于全国平均值(1.13%),见图4—125。

从外贸依存度和外资依存度变化趋势来看,近年来,东北地区对外开放度整体呈下降趋势,2016年起略有回升,与此相对应的则是东北地区经济自2012年以来的持续下滑,以及2016年以后东北地区经济的逐渐回暖。这说明作为拉动经济增长的"三驾马车"之一的外贸回暖既可以拉

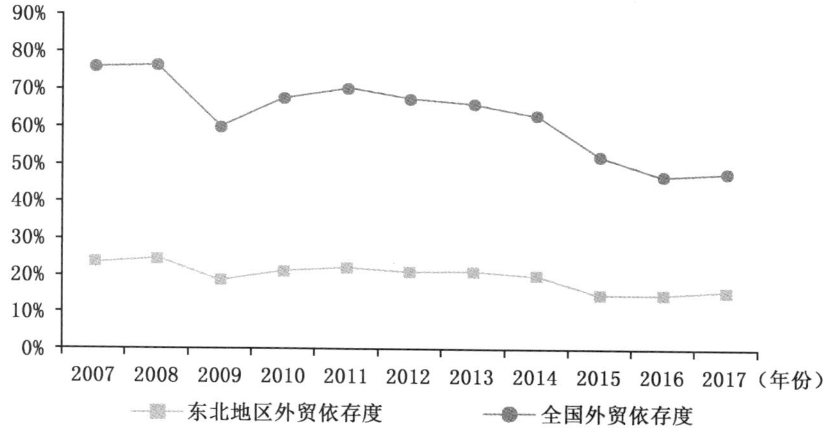

注：外贸依存度＝进出口总额/国内生产总值×100%，反映国民经济对外贸的依赖程度，是衡量对外贸易对经济增长促进作用的一个重要指标。

资料来源：根据万得数据库相关数据绘制。

图 4—124　2007—2017 年东北地区与全国的外贸依存度变化情况

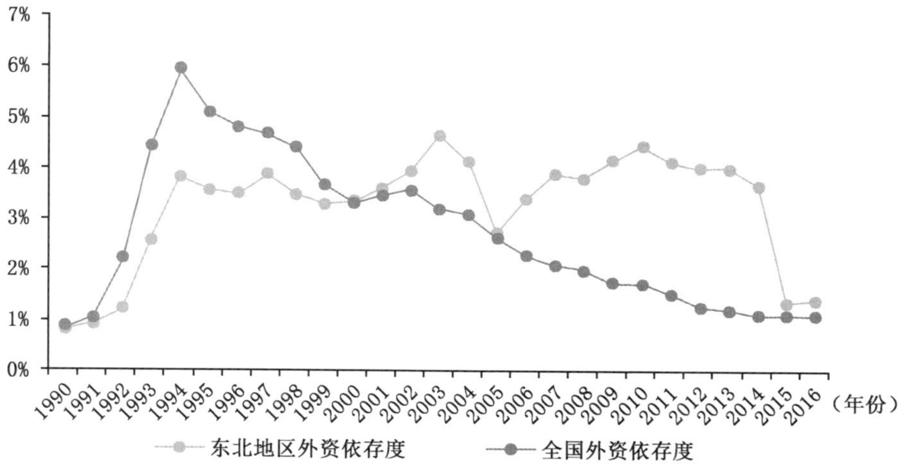

注：外资依存度＝实际外商直接投资额/国内生产总值×100%，反映国民经济对外资的依赖程度，是衡量外资对经济增长贡献度的一个指标。

资料来源：根据万得数据库相关数据绘制。

图 4—125　1990—2016 年东北地区与全国外资依存度变化情况

动东北经济的发展，同时也是东北经济企稳回暖的信号灯。有关研究发现，东北地区对外贸易和经济增长之间存在紧密联系，且出口贸易对经济增长的贡献度高于进口贸易对经济增长的贡献度。如研究证明，辽宁省对外贸易对经济增长具有较强的促进作用。出口增长率每增加1%，GDP滞后一期增长0.21%，并且随着滞后期影响减弱。而进口增长率对GDP的促进作用不太明显①。

2.“一带一路”倡议助力产能输出，推动地区制造业产销两旺

机电产品在东北地区进出口商品中占主导地位，近年来呈下降趋势。改革开放以来，东北地区出口商品结构逐步由劳动密集型向资本、技术密集型产品过渡，突出表现是机电产品在东北地区进出口商品中逐渐占据主导地位；但近年来随着东北地区经济下滑，开始出现下降趋势。东北地区的主要进口商品包括机电产品、原油、汽车零配件、农产品、高新技术产品等技术和资源密集型产品，主要出口商品包括机电产品、农产品、高新技术产品、钢材、服装及衣着附件等技术和劳动密集型产品（见表4—14），机电产品是工业制成品的重要组成部分，但东北地区近年来出现了大幅度的下降②。

表4—14　　2016年东北地区主要进出口商品金额及其占比

排名	进口			出口		
	商品	金额（亿元）	占比（%）	商品	金额（亿元）	占比（%）
1	机电产品	1 703.6	34.3	机电产品	1 347.6	33.03
2	原油	1 261.8	25.4	农产品	382.2	9.37
3	汽车零配件	525.7	10.58	高新技术产品	350.1	8.58
4	农产品	490.3	9.87	钢材	335.7	8.23
5	高新技术产品	462.7	9.31	服装及衣着附件	278.2	6.82

资料来源：刘志高，张薇，刘卫东．中国东北三省对外贸易空间格局研究[J]. 地理科学，36(9)：1349—1358。

① 张庆君．辽宁省对外贸易与经济增长关系的实证分析[J]. 大连海事大学学报（社会科学版），2007(1)：65—70.

② 刘志高，张薇，刘卫东．中国东北三省对外贸易空间格局研究[J]. 地理科学，36(9)：1349—1358.

矿物燃料等是东北地区对“一带一路”国家或地区的主要进出口商品。2017 年，东北地区对“一带一路”国家或地区出口的商品主要集中于 HS 商品编码第 27 章(具体包括矿物燃料、矿物油及其蒸馏产品、沥青物质、矿物蜡，简称“HS 27”)、第 72 章(钢铁，简称“HS 72”)。HS 27 出口额 44.9 亿美元，较 2016 年增长 80.2%，占东北地区对“一带一路”国家或地区出口额的 18.1%；HS 72 出口额 35.8 亿美元，较 2016 年增长 12.3%，占东北地区对“一带一路”国家或地区出口额的 14.4%。其中，辽宁省是东北地区对“一带一路”国家或地区出口 HS 27、HS 72 最主要的省份，其 HS 27 出口额为 44.5 亿美元，较 2016 年增长 94.3%，占东北地区对“一带一路”国家或地区出口 HS 27 总额的 99.1%；HS 72 出口额为 35.1 亿美元，较 20 16 年增长 13.8%，占东北地区 HS 72 总出口额的 98.0%[①]，见图 4—126。

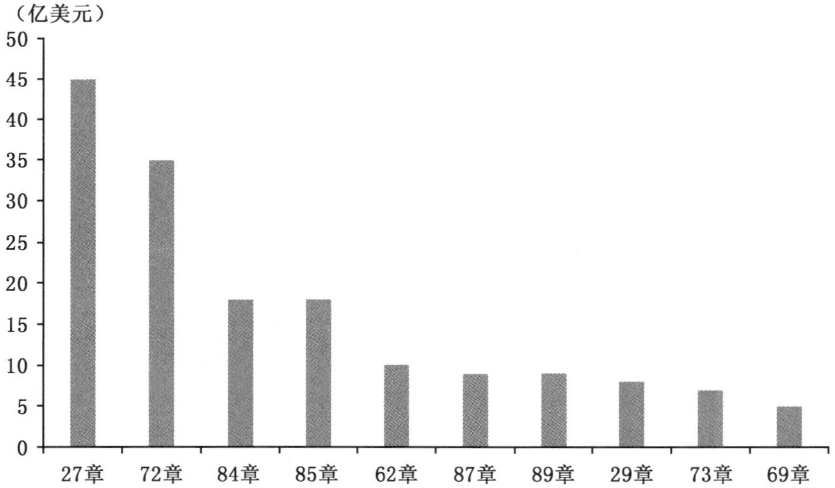

资料来源：国家信息中心等，《“一带一路”贸易合作大数据报告(2018)》。

图 4—126　2017 年东北地区对“一带一路”国家或地区出口前 10 位商品

伴随传统产业过剩产能的输出，辽宁省前三季度制造业实现产销两旺。长期以来，东北地区对外贸易的主要商品结构以机电、能源等传统支柱产业的产品为主。近年来，随着东北经济的下滑、“一带一路”倡议的实

① 中商情报网，2018 年东北地区与“一带一路”贸易数据分析，http://www.askci.com/news/finance/20180518/0924051123361_5.shtml。

施，东北地区对外贸易结构也发生了变化，部分传统产业的过剩产能输出到“一带一路”沿线国家或地区，尤其是以辽宁省为主要出口地的矿物燃料等产品。与此相对应，2018年1—9月，辽宁省制造业工业增加值增长10.7%，特别是高新技术产业增加值同比增长16.9%，高于全省平均增幅7.2个百分点，这说明辽宁省工业的创新能力正在不断增强。同时，前三季度工业品出口继续保持较快增长，出口交货值同比增长18%，显示辽宁省制造业实现产销两旺。

4.4.4 东北地区多边贸易发展条件

1. 东北地区多边贸易资源

辽宁省凭借沿海沿边的区位优势，加上近年来大连保税区、沈阳综合保税区和丹东“国家重点开发开放试验区”建设步伐的加快，外贸总量在东北三省处于绝对领先地位。黑龙江省也具有得天独厚的与俄合作的优势，因此，对外贸易规模在东北地区排名第二。而吉林省由于处于东北三省中间地带，外贸规模和增速均最低。

(1)口岸资源

东北三省在发展边境贸易方面具有得天独厚的地理优势：与俄罗斯、朝鲜接壤，且边界线总长达4 646公里，拥有43个沿边口岸，主要包括黑河、同江、绥芬河、漠河等[①]。其中，辽宁省共有国家一类口岸13个。其中，水运口岸9个、空运口岸2个、陆路(铁路)口岸2个。黑龙江省拥有国家一类边境口岸15个，其中，水运口岸10个、公路口岸4个、航空口岸4个、铁路口岸1个。对俄贸易占全国的1/4。吉林省有18个口岸、通道分布在中朝、中俄边境一线，其中，有16个中朝口岸、通道，2个中俄口岸，包括长春航空、长春铁路和大安港3个内陆口岸。

(2)旅游资源

东北地区拥有丰富的旅游资源，拥有发展旅游业的巨大优势和潜力，近年来，东北地区旅游产业已经形成一定的规模，年接待入境旅游人数逐年增多，旅游外汇收入也持续增加。其中，辽宁省拥有国家级风景名胜区

---

① 白小伟，杨薇．东北地区经济增长与对外贸易关系研究——基于VAR模型的实证分析[J].现代商业，(2017)12:63－66.

7 处、省级风景名胜区 7 处；国家级旅游景区（点）93 家，其中，4A 级有 24 家。

（3）资本要素

2008—2017 年，东北地区固定资产投资先升后降，从 2008 年的 8 882 亿元升至 2013 年的 24 791 亿元，随后一路下降到 2017 年的 6 445 亿元，占全国的比重也从 2008 年的 6%下降至 2017 年的 1%，见图 4—127。2018 年前三季度，东北地区投资同比增长 1.7%，增速略有回升。

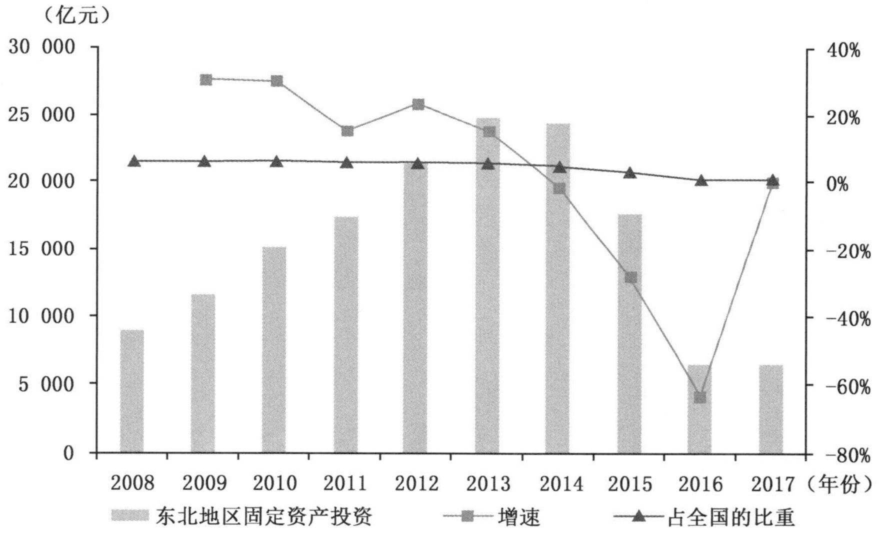

资料来源：根据万得数据库相关数据绘制。

图 4—127　2008—2017 年东北地区固定资产投资完成额情况

（4）人力资本

从 2007 年到 2017 年，东北地区常住人口先增后减，基本维持在 1.09 亿人左右，近年来呈现人口逐年下降的趋势，见图 4—128。从 2007 年到 2015 年，东北地区研发人员数量从 45 985 人增长到 55 729 人，平均增速为 2.4%，见图 4—129。

2. 东北地区多边贸易政策

为全面振兴东北地区的老工业基地，有效落实中央的决策部署，2017 年年初国家海关正式印发了《海关总署关于支持新一轮东北振兴的若干

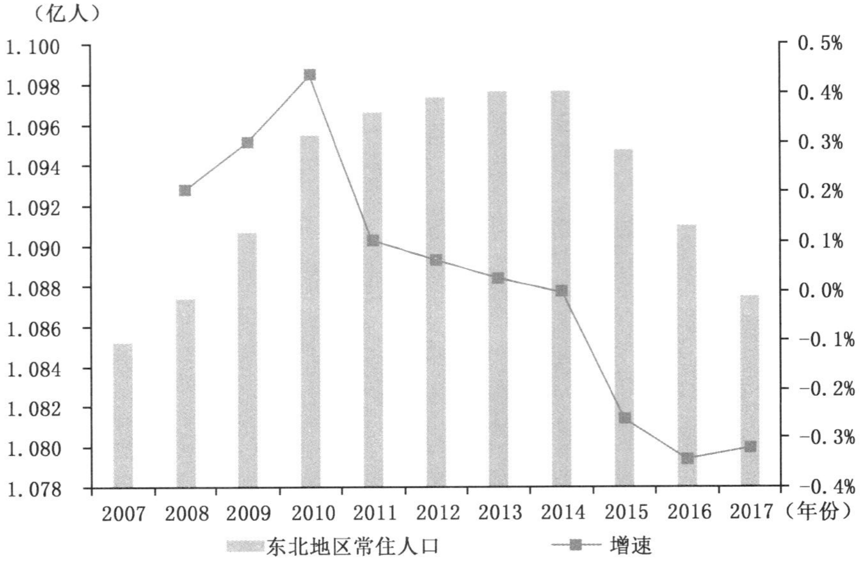

资料来源：根据万得数据库相关数据库绘制。

图 4-128　2007-2017 年东北地区常住人口

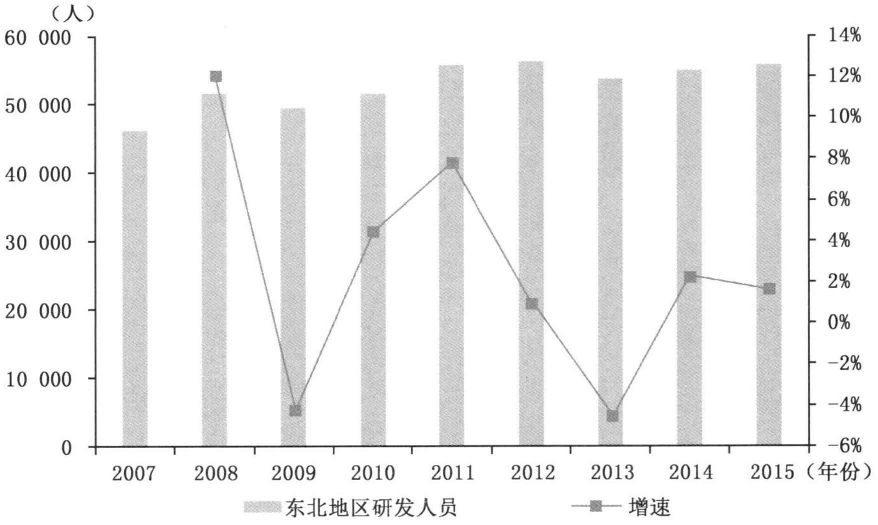

资料来源：根据万得数据库相关数据绘制。

图 4-129　2007-2015 年东北地区研发人员数量变化情况

举措》(简称《22条举措》),对促进东北地区参与“一带一路”建设,支持东北地区产业结构调整,促进贸易方式创新发展,推进跨境电子商务创新发展及服务贸易等带来了一系列利好政策。该举措明确支持高端装备制造业发展,对新能源汽车、高端医疗器械、轨道交通装备及机器人智能装备等科技含量高的产业给出了一系列的外贸优惠政策。2018年前三季度,辽宁省出口商品金额中,属于高新技术产品的电子技术、计算机集成制造技术、集成电路同比增长抢眼,分别增长达76%、46%和120%。

东北三省有关贸易促进的政策体系起步相对较晚。2016年1月,辽宁省制定了《辽宁省人民政府关于加快发展服务贸易的实施意见》(辽政发〔2016〕7号),提出旅游、国际工程承包、现代物流和供应链管理服务、商业会展、信息技术服务、医疗和生物医药服务、教育、科技服务、对外文化贸易、离岸服务外包十大重点领域;并发布了一系列促进对外贸易发展的政策,如《辽宁省人民政府办公厅关于加强进口的实施意见》(辽政办发〔2016〕20号)、《辽宁省人民政府关于推进服务业供给侧结构性改革促进全面振兴的实施意见》(辽委发〔2016〕27号)、《辽宁省人民政府办公厅关于进一步激发社会领域投资活力的实施意见》(辽政办发〔2017〕108号)。黑龙江省也在2016年12月发布了《黑龙江省人民政府关于印发黑龙江省促进外贸回稳向好若干措施的通知》(黑政发〔2016〕34号)、《黑龙江省支持对外贸易发展十条措施》(黑政规〔2018〕12号)、《黑龙江省人民政府关于促进外资增长若干措施的通知》(黑政规〔2018〕5号)。吉林省也在2016年4月发布了《吉林省加快服务业对外开放实施细则》,从服务进出口、跨境电子商务、境外投资与合作和口岸建设四个方面提出了八条主要政策措施。

中国(辽宁)自由贸易试验区是中国设立的第三批自贸区之一。辽宁自贸试验区的实施范围为119.89平方公里,涵盖三个片区:大连片区59.96平方公里、沈阳片区29.97平方公里、营口片区29.96平方公里。其中,大连片区重点发展港航物流、金融商贸、先进装备制造、高新技术、循环经济、航运服务等产业,推动东北亚国际航运中心、国际物流中心建设进程,形成面向东北亚开放合作的战略高地;沈阳片区重点发展装备制造、汽车及零部件、航空装备等先进制造业和金融、科技、物流等现代服务业,提高国家新型工业化示范城市、东北地区科技创新中心发展水平,建设具有国际竞争力的先进装备制造业基地；营口片区重点发展商贸物流、跨境电商、金融等现代服务业和新一代信息技术、高端装备制造等战略性新兴产业，建设区域性国际物流中心和高端装备制造、高新技术产业基地，构建国际海铁联运大通道的重要枢纽。

4.4.5 本节小结

1. 东北地区经济增长仍有压力，区域经济发展差异明显。2018年前三季度，GDP同比增长3.6%，远低于全国平均增速。辽宁经济呈现出稳中向好的态势，增速高于吉林省和黑龙江省。传统产业发展遇到"瓶颈"，反映新动能的新兴产业发展尚不充分，吉林省和辽宁省相对较好。

2. 东北地区货物贸易增速回升，服务贸易增势良好，但对外贸易逆差幅度持续拉大。软件服务外包是东北地区服务贸易的重点领域，但国际竞争力仍然较弱。分省来看，辽宁省是东北地区货物贸易进出口的主要省份（预计2018年货物贸易总额占东北地区的73%），黑龙江省次之（16%）。从区域市场来看，日本是东北地区最大的商品出口国，德国是最主要的商品进口国，"一带一路"沿线国家或地区贸易额占进出口总额的41.7%。一般贸易占据贸易方式的主导地位，外企和国企是进出口的主力军，机电产品是东北地区主要的进出口商品。

3. 东北地区近年来对外开放度呈逐年下降的态势，与此相对应的则是东北地区经济自2012年以来的持续下滑。研究发现，东北地区出口贸易对经济增长的贡献度要高于进口贸易的贡献度，但也存在对外贸易对经济增长贡献度低等问题。"一带一路"倡议助力东北地区传统过剩产能的输出，直接带动东北地区制造业产销两旺。2017年，矿物燃料等产品成为东北地区对"一带一路"沿线国家或地区主要的贸易商品。2018年1—9月，辽宁省工业企业实现出口交货值1 811.6亿元，比上年同期增长18.0%，带动辽宁省制造业实现产销两旺。

4. 东北地区拥有开展边境贸易的特色优势，但近年来面临人才流失、常住人口不断减少、固定资产投资增速及占全国的比重不断下降的问题。与此同时，东北地区相关贸易促进政策体系尚不完善，这些因素均导致了东北地区对外贸易增长缓慢。未来，东北地区应在充分发挥出口带动经济增长的基础上，适时调整进口策略，支持紧缺资源和原料进口，鼓励和引进国外的先进技术、先进设备和创新成果，以加快地区产业结构的优化和升级。

4.5　四大区域产业发展与多边贸易比较分析

全国四大区域各有其独特的多边贸易条件，地理条件、人力资源、对外开放程度、政策环境、产业基础等情况均存在较大差异，因此必然产生不同的多边贸易发展状况和产业发展情况。东部地区拥有良好的产业基础与社会经济条件，地理位置、交通条件、人力资本、创新资源等方面均具有明显的优势，东部地区多边贸易明显优于其他地区。中西部地区多边贸易条件与东部地区相比虽然存在一定的差距，但受益于东部地区产业转移和“一带一路”建设的影响，多边贸易状况有所改善，保持较快增长。东北地区虽然在地理位置方面存在一定的先天优势，但由于市场化程度偏低、国有经济比重过高、民营经济发展艰难，产业结构偏资源型、重化工型等特点，产业发展与多边贸易增速均处于全国平均水平以下。

4.5.1　区域产业发展总体态势

1. GDP总量

从GDP的体量来看，2018年东部地区GDP达到480 996亿元，占全国GDP的比重由53.55%小幅下降至53.3%。中部地区的GDP达到192 658亿元，西部地区GDP达到172 103亿元，中部与西部的GDP差距进一步扩大（见图4－130）。东北的GDP为56 752亿元，是四个地区中GDP占比唯一下降的区域。

从GDP的增速来看，2018年中部地区为9.16%，在四个区域中横向比较排名第一，其余地区依次为西部（9.15%）、东部（7.4%）、东北（4.6%）（见图4－131）。纵向来看，东部和中部地区GDP增速继续下滑。

2. 四大区域产业结构

总体来看，四大区域都呈现“三二一”的产业结构。从变化的趋势来看，第三产业占比普遍呈上升的趋势，第一产业占比和第二产业占比则普遍呈下降的趋势。具体来看，东部地区第三产业占比最高，达到

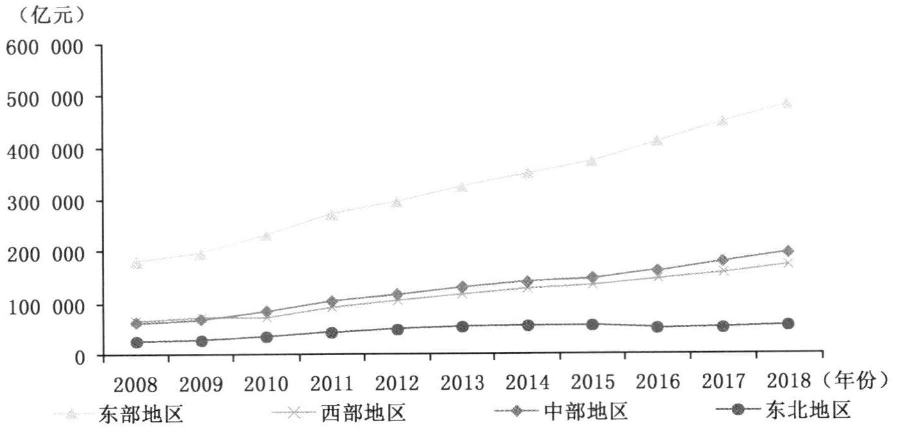

资料来源:根据国家统计局数据、万得数据库数据绘制。

图 4—130　2008—2018 年地区 GDP 体量变化趋势

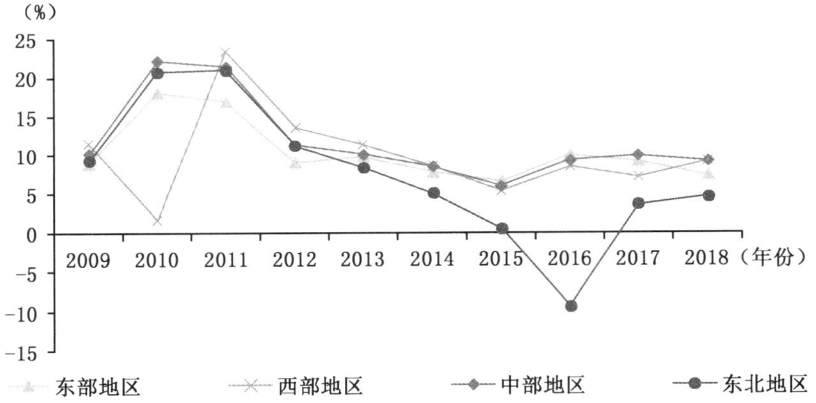

资料来源:根据国家统计局数据、万得数据库数据绘制。

图 4—131　2009—2018 年地区 GDP 增速变化趋势

54.83%;中部地区第二产业占比最高,达到 44.91%;而西部的第一产业占比最高,为 11.09%(见表 4—15)。

表 4—15　四大地区三次产业结构比较

项　目	2017 年				2018 年			
	东部	西部	中部	东北	东部	西部	中部	东北
第一产业占比	4.72%	11.39%	9.55%	11.87%	4.40%	11.09%	8.69%	10.08%
第二产业占比	41.60%	41.19%	45.42%	37.34%	40.76%	40.21%	44.91%	36.52%
第三产业占比	53.68%	47.42%	45.03%	50.78%	54.83%	48.71%	46.40%	53.40%

注:西藏 2018 年前三季度的产业结构数据缺失,表中西部预计 2018 年产业结构数据不包含西藏。

2018 年预计数据为 2017 年第四季度与 2018 年前三季度之和(如无特别指出,下同)。

资料来源:国家统计局、万得数据库数据。

4.5.2　区域多边贸易发展状况比较

1. 东部地区进出口贸易遥遥领先

从货物贸易出口的金额来看,东部地区遥遥领先,2018 年预计达到 20 014.74 亿美元(见图 4—132),首次突破“两万亿”美元大关,其余地区预计出口金额依次是西部地区(2 040.21 亿美元)、中部地区(1 945.66 亿美元)、东北地区(576.85 亿美元)。从货物贸易出口的增速来看,西部地区最高,2018 年预计增速达到 14.29%,其次是中部(11.77%)、东部(7.81%)、东北(5.91%),其中,东北是唯一一个环比增速上升的地区(见图 4—133)。

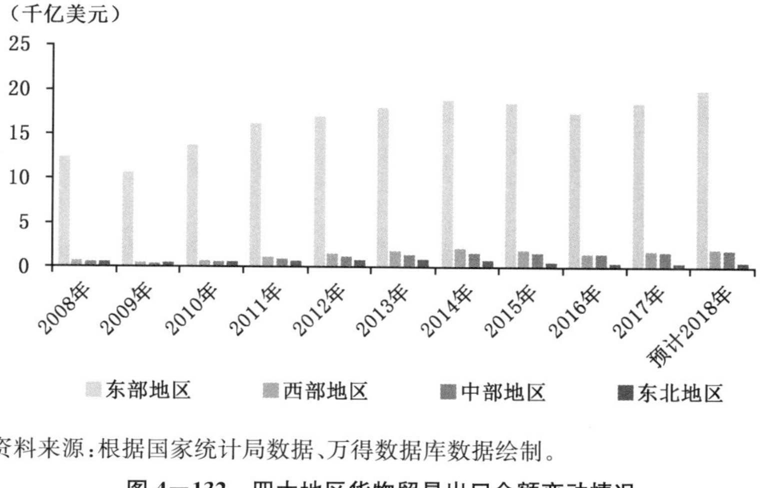

资料来源:根据国家统计局数据、万得数据库数据绘制。

图 4—132　四大地区货物贸易出口金额变动情况

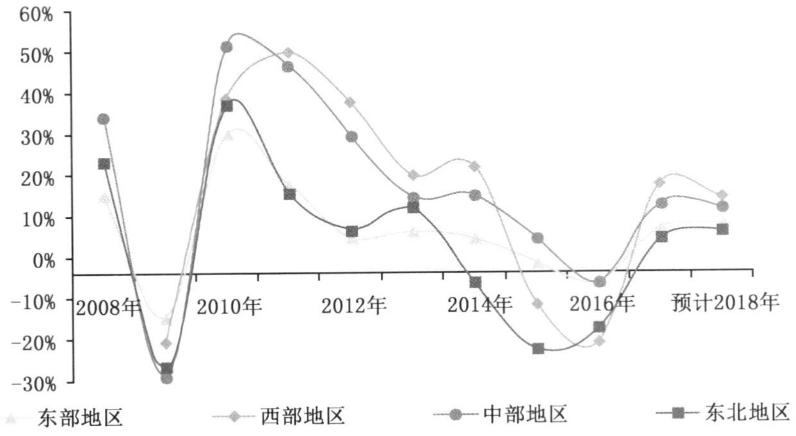

资料来源：根据国家统计局数据、万得数据库数据绘制。

图4－133 四大地区货物贸易出口增速变动情况

从货物贸易进口来看，东部地区占据主要地位，2018年进口金额达到17 407.98亿美元（见图4－134），占全国进口的比例超过80%，其余地区进口金额依次是西部地区（1 540.82亿美元）、中部地区（1 172.38亿美元）、东北地区（978.43亿美元）。从货物贸易进口的增速来看，东北地区最高，2018年预计增速达到18.84%，其次是东北地区（17.25%）、中部地区（15.88%）、东部地区（14.07%）（见图4－135）。比较货物贸易出口与进口的增速，可以发现，进口增速普遍高于出口增速。

货物贸易差额变动趋势分化。从货物贸易差额来看，东部、中部和西部都是顺差，只有东北地区是逆差。从变动趋势来看，2016年以后，东部地区顺差在缩小，而中部与西部地区的顺差在扩大，东北地区的逆差在扩大（见图4－136）。

2. 服务贸易集中在东部地区

2018年，我国服务进出口保持较快增长。1－7月，服务贸易进出口总额29 754亿元，同比增长9.9%，占外贸进出口总额的15.1%。其中，出口9 875亿元，增长14.6%；进口19 879亿元，增长7.7%，仍然保持贸易逆差状态。从区域分布看，我国服务贸易仍然集中在东部地区，占全国服务贸易总额的八成以上。1－7月，东部、西部、中部和东北地区分别实现服务进出口额24 835.8亿元、1 988.4亿元、1 592.2亿元和1 071.5

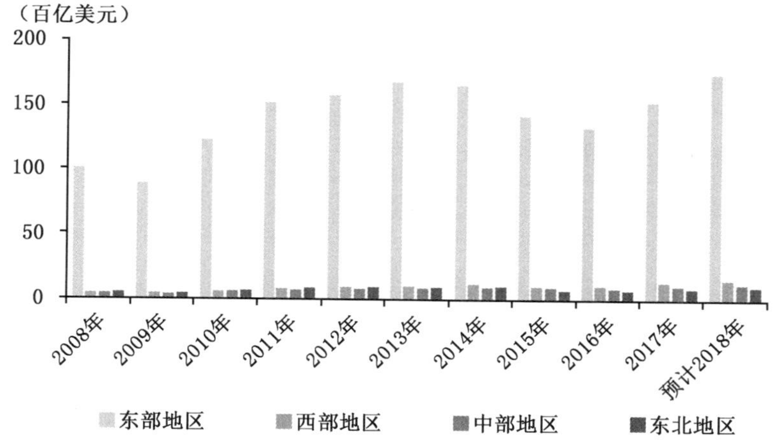

资料来源:根据国家统计局数据、万得数据库数据绘制。

图 4—134　四大地区货物贸易进口金额变动情况

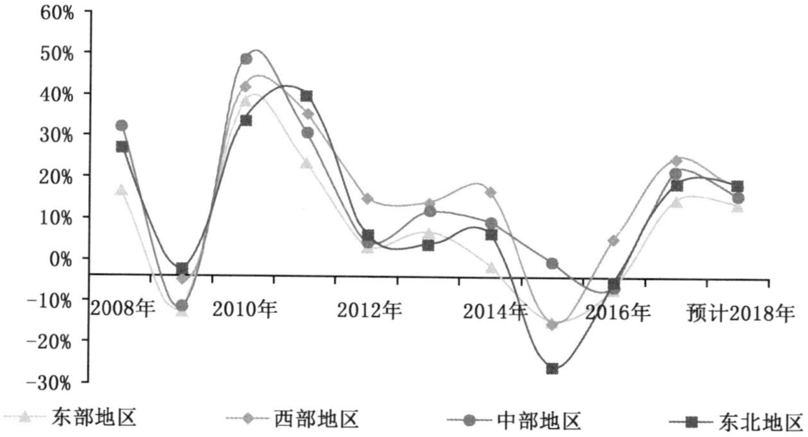

资料来源:根据国家统计局数据、万得数据库数据绘制。

图 4—135　四大地区货物贸易进口增速变动情况

亿元。东部和西部地区增速最快,分别为 12.9%和 11.6%,高于同期全国服务进出口增速(见表 4—16)。

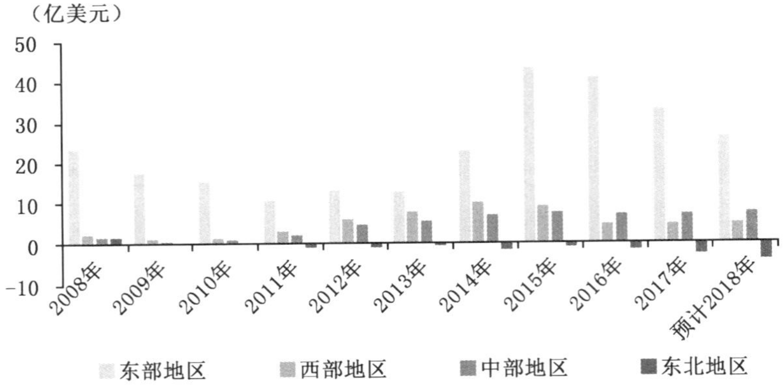

资料来源:根据国家统计局数据、万得数据库数据绘制。

图4—136 四大地区货物贸易顺差与逆差变动情况

表4—16 四大区域2018年1—7月服务贸易状况

指 标	东部地区	西部地区	中部地区	东北地区
服务贸易进出口总额(亿元)	24 835.8	1 988.4	1 592.2	1 071.5
服务贸易占全国的比重(%)	84.2	6.7	5.4	3.6
服务贸易同比增速(%)	12.9	11.6	—	—

资料来源:根据商务部数据制成。

3. 加工贸易由东部向中、西部地区转移

近年来,中、西部地区加工贸易增长较快,已呈现出从东部向中、西部地区转移的趋势。加工贸易是我国的第二大贸易方式。随着东部地区产业结构调整的深化,东部地区加工贸易在全国加工贸易中所占比重逐年下降,而中、西部地区占比有所增加。2006年,中、西部地区加工贸易出口额仅占全国的2.6%①,而到2017年,仅西部地区的加工贸易额就占到全国加工贸易额的9.7%②。2018年前三季度,中部安徽、江西、河南、湖北、湖南加工贸易额占全国加工贸易总额的11.39%(见图4—137)。

4. 中、西部地区高新技术产品出口快速增加

① 加工贸易:东部和中、西部实行差别政策,http://www.china.com.cn/economic/txt/2007—07/24/content_8568756.html。

② 卢伟. 中国宏观经济研究院国土开发与地区经济研究所. 是什么在阻碍西部地区对外开放?——外贸篇

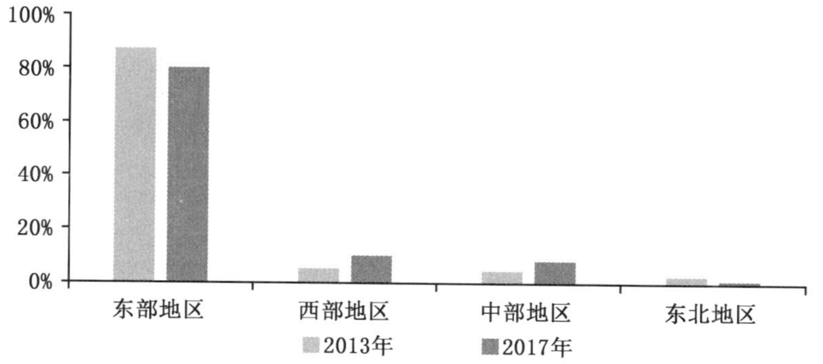

资料来源：根据《“一带一路”贸易合作大数据(2018)》绘制。

图 4—137　四大地区在“一带一路”国家或地区加工贸易出口中的比重

从高新技术产品出口金额来看，东部地区的体量最大，2016 年，出口金额达到 4 824 亿美元，其余依次是中部地区(570.42 亿美元)、西部地区(473.88 亿美元)、东北地区(52.91 亿美元)(见图 4—138)。从增速来看，东部地区近年来高新技术产品出口额呈下降趋势，2016 年同比增速为—9.74%，对应的出口占比从 83.59%降到 81.47%；其余三个地区均为正增长，其中，西部地区增速最快，同比增长 5.85%；中部地区(同比增长 3.62%)和东北地区(同比增长 3.98%)，增速较为接近(见图 4—139)。

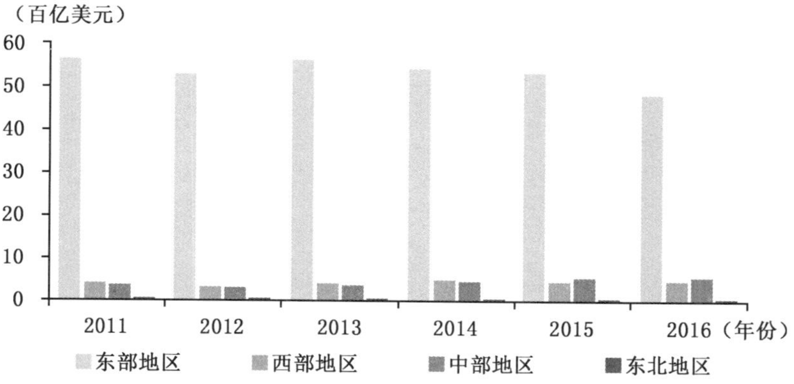

资料来源：根据国家统计局数据、万得数据库数据绘制。

图 4—138　四大地区高新技术产品出口金额变动情况

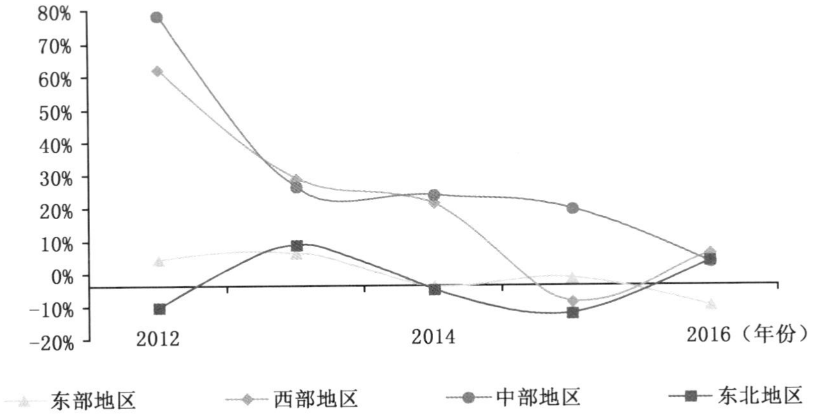

资料来源：根据国家统计局数据、万得数据库数据绘制。

图4－139　四大地区高新技术产品出口增速变动情况

高新技术产品进口情况与出口情况相似，东部地区的进口体量最大，2016年，进口金额达到4 350.33亿美元，但是西部地区进口额达到392.54亿美元，超过了中部地区的进口金额（369.26亿美元），东北地区2016年进口金额最小，为70.12亿美元（见图4－140）。从增速来看，东部地区和中部地区均为负增长，增速依次为－5.68％和－6.20％，其中，东部地区已经连续3年负增长，而中部地区在2016年首次增速下滑，为负。西部地区和东北地区均为正增长，增速较为接近，依次为3.83％和3.88％（见图4－141）。

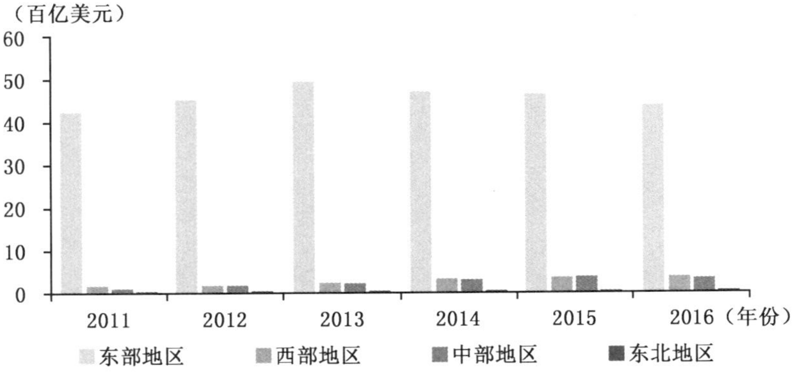

资料来源：根据国家统计局数据、万得数据库数据绘制。

图4－140　四大地区高新技术产品进口金额变动情况

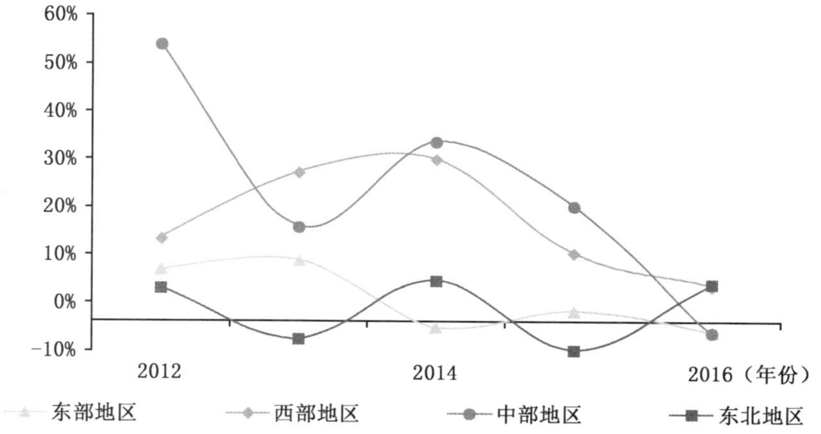

资料来源：根据国家统计局数据、万得数据库数据绘制。

图 4—141　四大地区高新技术产品进口增速变动情况

5.“一带一路”对西部及东北地区对外贸易拉动明显

2017 年，东部、西部、中部和东北地区与“一带一路”国家或地区贸易进出口总额分别为 11 494.1 亿美元、1 434.2 亿美元、858 亿美元、616.9 亿美元，分别增长 13.1%、15.6%、9.4%、22%。其中，“一带一路”对西部地区和东北地区的对外贸易拉动作用更为明显，2017 年，西部地区和东部地区与“一带一路”国家贸易额分别占地区对外贸易总额的 48.1% 和 41.7%（见表 4—17）。

表 4—17　2017 年四大区域与“一带一路”国家或地区贸易情况

项目＼地区	东部地区	西部地区	中部地区	东北地区
进出口总额（亿美元）	11 494.1	1 434.2	858	616.9
其中：出口额（亿美元）	6 224.9	687.9	582	247.9
同比增长（%）	13.1	15.6	9.4	22
占全国的比重（%）	79.8	10	6	4.3
占进出口的比重（%）	35.1	48.1	33.3	41.7

资料来源：根据《“一带一路”贸易合作大数据（2018）》制成。

4.5.3　区域多边贸易发展条件

1. 中、西部地区资本推动产业发展

资本仍然是推动中国经济发展的主要力量。其中，中、西部地区资本对经济发展的贡献率最大。2017年，东部、西部、中部和东北地区资本形成总额分别为210 203亿元、111 060亿元、100 390亿元、29 843亿元，投资对GDP的贡献率分别为46.74%、64.96%、55.95%、55.00%（见图4—142），西部地区的投资为推动经济发展的绝对力量。

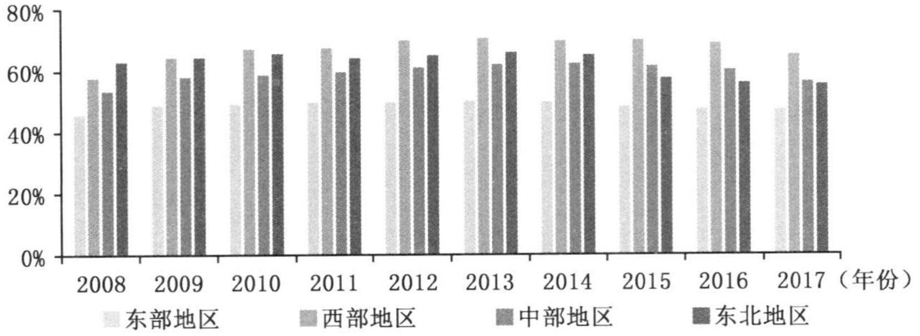

资料来源：根据万得数据库相关数据绘制。

图4—142　2008—2017年四大区域投资对GDP的贡献率

同时，中、西部地区固定资产投资非常活跃。2017年，东部、西部、中部和东北地区固定资产完成额分别为265 837亿元、166 571亿元、163 400亿元、30 655亿元，其中，西部地区和中部地区单位GDP固定资产投资完成额分别占97%和91%（见图4—143）。资本在中西部地区的产业发展中有十分重要的地位。

2. 东部地区人力资源丰富，人力资本水平较高

地区人力资源存在较大差异。从人力资源数量来看，东部地区人力资源较为丰富，西部地区则呈现地广人稀的格局。2017年，东部、西部、中部和东北地区常住人口数分别为5.3亿人、5.04亿人、3.69亿人、1.087 5亿人（见图4—144）。其中，西部地区人口保持较快增速，近年来，基本为10%左右，而东北地区人口增长缓慢，2014—2016年连续三年出现负增长，2017年，人口增速仅为0.04%。东部地区人口密度最高，2017年达到5.96百人/平方公里；西部地区人口密度最低，为0.74百人/平方公里（见图4—145）。

从人力资源质量来看，地区分布不均衡依然显著，且地区差异呈扩大趋势。东部地区和东北地区人力资源水平较高，而中、西部地区相对较

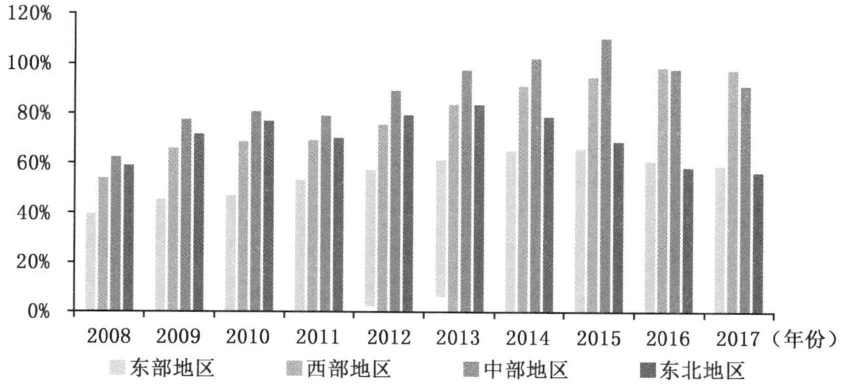

资料来源：根据万得数据库相关数据绘制。

图 4－143　2008－2017 年四大区域每单位 GDP 固定资产投资完成额所占比重

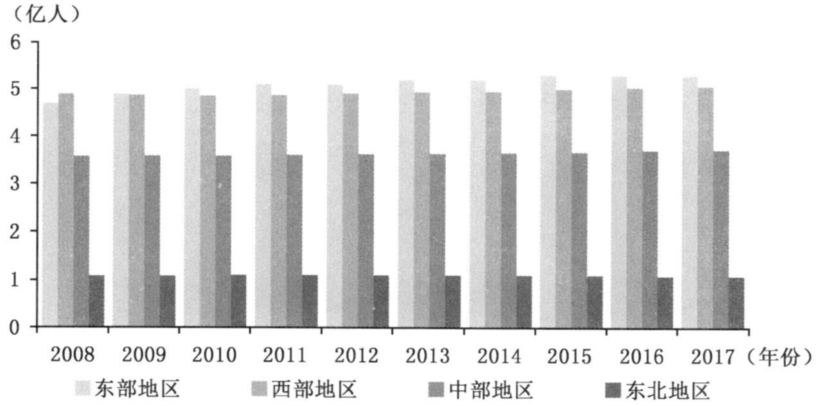

资料来源：根据万得数据库相关数据绘制。

图 4－144　2008－2017 年四大区域常住人口数

低。2011 年以来，东部地区大专以上人口数占比稳步增长，由 11%增长至 2016 年的 14.7%，东北地区同样维持在较高水平，2016 年高达 14.8%。中、西部地区则增幅不大，2016 年分别为 9.8%和 9.7%（见图 4－146）。

东北地区研发人员优势明显，东部地区研发人员数量快速增加。东北地区研发人员数保持在较高水平，近年来，每万人研发人员数基本保持在 5 左右。同时，东部地区研发人员数呈快速增长态势，每万人研发人员

资料来源：根据万得数据库相关数据绘制。

图4－145　2008－2017年四大区域常住人口密度

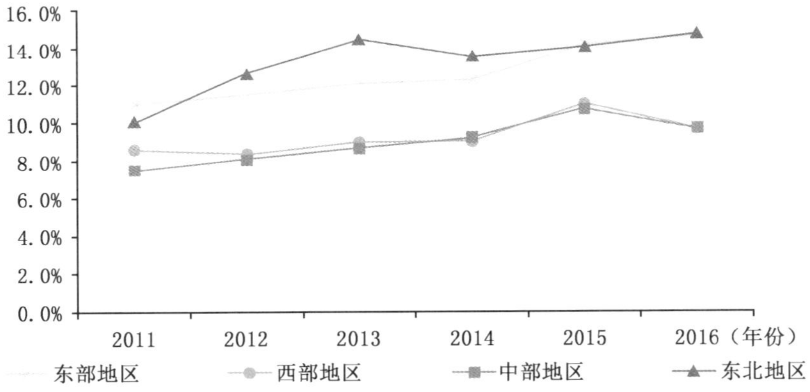

资料来源：根据万得数据库相关数据绘制。

图4－146　2011－2016年四大区域大专以上人口占比

数从2008年的2.94增长至2015年的3.53。中部地区同样略有增长，而西部地区研发人数则呈下降趋势（见图4－147）。

3. 教育资源东多西少，东部地区教育投入力度大

教育资源同样存在区域不均衡，总体呈东多西少的分布格局。基础教育资源密度东部地区和中部地区明显高于西部东区和东北地区，西部地区县级小学密度基本在10以下。从高校资源看，985/211高校基本分布在东部地区。其中，211高校东部地区有63所，中部地区有17所，西

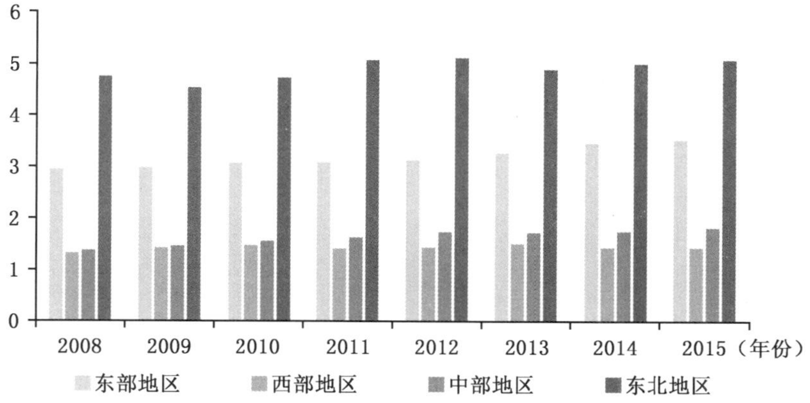

资料来源：根据万得数据库相关数据绘制。

图4—147　2008—2015年四大区域每万人研发人员数

部地区有25所，东北地区有11所，大部分西部地区省内仅1所。

东部地区教育投入同样高于其他地区，并呈现快速增长趋势。2016年，东部地区人均教育资源投入（财政支出）为2 930元/人，同比增长8.04%，分别为西部、中部和东北地区的1.50倍、1.41倍和1.39倍（见图4—148）。东北地区增速最慢，2016年仅比上年增长5.8%。

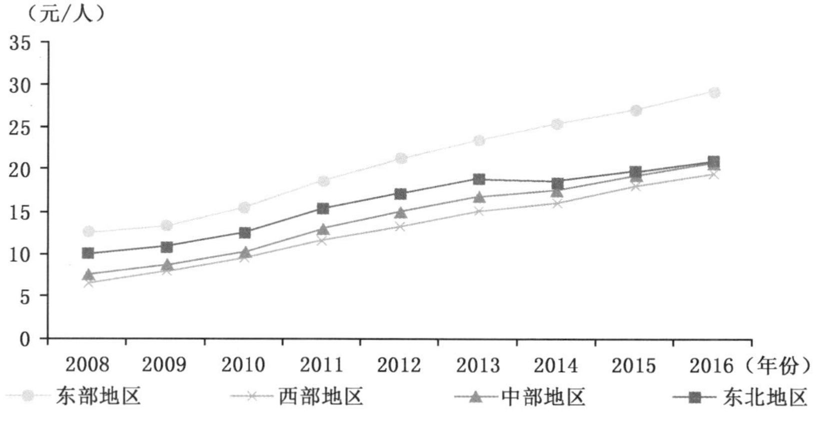

资料来源：根据万得数据库相关数据绘制。

图4—148　2008—2015年四大区域人均教育投入

4. 东部地区对外贸易地理条件优势明显

目前，国际货运仍然以水路运输为主，东部地区由于地理位置优越，拥有十分丰富的港口资源，占全国一类水港数量的绝大部分。以宁波—舟山港为例，该港口是我国深水岸线资源最丰富的地区，水深15米以上的岸线有200.7公里，水深20米以上的岸线有103.7公里，穿越港区的国际航道能通行30万吨级以上的巨轮，具有强大的远洋货运能力。2013年，宁波—舟山港成为全球首个8亿吨港，货物吞吐量达到8.1亿吨。截至2018年10月，宁波—舟山港当年已累计挂靠2万标准箱及以上集装箱船100艘次。

陆港则主要集中在西部地区，占全国对外开放一类口岸数的近60%，见表4—18。2014年，新设立的西安国际港务区是我国最大的国际陆港，也是我国第一个不沿江、不沿海、不沿边的国际陆港，具有运输、贸易、物流、信息等多个功能。

表4—18　　中国对外开放一类口岸数

	东部地区	西部地区	中部地区	东北地区	合　计
空港	22	16	9	8	55
陆港	12	40	2	15	69
水港	88	13	8	22	131
合计	122	69	19	45	255

资料来源：根据黄凯龙、林丽霞，《口岸专题》(2009)制成。

5. 差异化区域对外贸易政策

东部沿海地区继续发展加工贸易，并充分发挥转型升级示范带动作用。《对外贸易发展“十三五”规划》指出，沿海地区要继续发展传统劳动密集型加工贸易产业，鼓励电子信息、移动通信等辐射和技术溢出能力强的先进制造业加工贸易发展，促进提质增效，促进沿海地区加工贸易转型升级，向品牌、研发、分拨和结算中心等产业链高端延伸①。珠三角加快加工贸易转型升级示范区建设，进一步完善东莞、苏州加工贸易转型升级试点城市建设并总结示范企业经验，上海市提出推进自贸试验区制度创新，江苏省提出加快建设国际营销服务体系并积极参与“一带一路”建设。

① 详见《对外贸易发展“十三五”规划》，http://www.mofcom.gov.cn/article/h/redht/201701/20170102498080.shtml。

中、西部地区加快承接产业转移。《对外贸易发展“十三五”规划》指出，稳妥推进国内外企业，将整机生产、零部件、原材料配套和研发结算环节向内陆沿边地区转移，形成产业集群。对海关特殊监管区域设立向中、西部倾斜，培育和建设一批加工贸易转移重点承接地，加大对加工贸易梯度转移重点承接地的支持力度，重点加强承接地的公共服务平台建设、员工技能培训、招商引资、就业促进等工作。在严禁污染产业和落后产能转入的前提下，结合国家重点产业布局，综合运用财政、土地、金融等差异化政策，支持加工贸易向中、西部地区的转移[①]。其中，西部地区加快发展国际铁路和国际公路运输，中部地区加快内河运输、公路运输与铁路运输，河南、四川、重庆等通过自贸试验区引领带动多边贸易发展。

东北地区重视边境贸易、加工贸易、服务贸易以及跨境电子商务的发展，对新能源汽车、高端医疗器械、轨道交通装备及机器人智能装备等科技含量高的产业给出了一系列的外贸优惠政策，并通过各种措施促进外贸平稳发展[②]。其中，黑龙江省主要通过综合保税区建设、财税政策支持和营商环境优化等政策措施促进对外贸易平稳发展[③]；辽宁省提出要通过行政手续简化、费用减免、金融支持、税收减免等政策措施推动多边贸易的发展[④]；吉林省则指出加快境外投资与合作和口岸建设等。

6. 服务贸易政策比较分析

自国务院印发《关于加快发展服务贸易的若干意见》以及开展服务贸易创新发展试点以来，上海、天津、海南、深圳、杭州、武汉、广州、成都、苏州、威海10个省市和哈尔滨、江北、两江、贵安、西咸5个国家级新区开展服务贸易创新发展试点陆续成立，部分地区还提出了地区专项政策。上海市提出“邮轮旅游发展试验区”建设；广州市推行穗港服务贸易自由化的相关政策；陕西西咸区关于强化产业招商、加强宣传推荐的政策实施。

---

① 详见《对外贸易发展“十三五”规划》，http://www.mofcom.gov.cn/article/h/redht/201701/20170102498080.shtml。

② 详见《海关总署关于支持新一轮东北振兴的若干举措》，http://ln.chinadaily.com.cn/2017—03/30/content_28736237.html。

③ 详见《黑龙江省人民政府关于促进外资增长若干措施的通知》，http://www.shui5.cn/article/2a/119781.html。

④ 详见《辽宁省人民政府办公厅关于加强进口的实施意见》，http://www.law-lib.com/law/law_view.asp? id=516977。

同时，天津、武汉、贵安等5个试点城市和地区还进一步提出了《服务贸易发展试点配套政策措施》与《服务贸易创新发展试点任务明细表》两套细则等。

东部地区重点发展金融、运输、旅游等服务贸易。其中，上海提出运输、旅游、文化、中医药服务、技术贸易、服务外包、人力咨询、法律会计等；杭州提出旅游、文化、电子商务、金融保险等；广州则重点发展运输、旅游、服务外包、展会、知识产权、教育、技术服务、文化和体育服务等。

西部地区重点发展服务外包和运输等服务贸易。其中，成都提出发展服务外包、技术服务、研发设计、会展、广告、咨询、金融等生产性服务和餐饮、演艺、体育、教育等特色服务。西咸新区将运输、物流、金融、旅游、维护和维修服务等列为优先推进领域，将文娱、教育、分销等列为重点发展领域。

中部地区重点发展建筑、运输和旅行等服务贸易。武汉市将建筑、运输、旅游列为传统优势领域，将文化、体育、教育以及中医药列为特色领域。

东北地区重点发展旅游、运输、软件服务外包等服务贸易。其中，辽宁省提出了旅游、国际工程承包、现代物流和供应链管理服务、商业会展、信息技术服务、医疗和生物医药服务、教育、科技服务、对外文化贸易、离岸服务外包十大重点领域。

在优化支持政策方面，各地区侧重于财政税收金融支持，部分地区提出专项资金支持。其中，威海、广州等地提出设立2 000万元服务贸易资金用于建设公共服务平台、国际认证技术研发等工作，重庆江北新区更是设立总额高达1亿元的扶持基金。其中，15个城市与地区均在政策中提到有关服务贸易创新发展的专项资金设立。海南省对部分企业给予高达1 000万元的贴息补贴。

4.5.4 本节小结

1. 从区域经济发展看，东部地区依靠其雄厚的产业基础和便利的政策条件获得了发展先机，无论是经济总量、经济增速还是产业结构都处在全国“领头羊”的位置，成为全国经济发展的示范区域和转型发展的探索者。中部地区经济稳定增长，产业结构处在持续优化中，高新技术产业的高速增长也强化了中部地区经济增长的动力。西部地区与中、东部地区的经济总量和增速差距有所加大，区域中各省经济发展分化趋势明显。东北地区仍然处在传统产业加速衰落、新兴产业发展动能尚未形成的“产业结构陷阱”中，总体经济增长压力较大。

2. 从多边贸易发展情况看，东部地区货物进出口贸易占全国的绝大部分，多省在对外贸易总量中名列前茅，服务贸易也主要集中在东部地区，但进出口增速逐渐放缓。中部地区外贸依存度则基本稳定，但利用外商投资额不断增加，加工贸易发展迅速，带动货物进出口，尤其是高新技术产品出口呈现高速增长的态势；西部地区贸易出口总额则有所下降，受产业转移的影响，加工贸易在全国中的比重略有增长，“一带一路”沿线国家或地区是西部地区的重要出口地。东北地区贸易逆差持续扩大，2018年货物贸易增速回升，服务贸易增势良好，“一带一路”倡议助力东北地区传统过剩产能的输出。

3. 从多边贸易发展条件看，东部地区对外开放程度高，无论是区位条件、人力资源、科研投入还是政府政策支持方面均具有较大优势，贸易条件成熟。中部地区开放力度不断提升，劳动力资源丰富，在承接东部地区产业转移中有一定的优势，增长动力强劲。西部地区资本是推动经济发展的重要因素，漫长的边界线和“一带一路”倡议为西部地区对外贸易提供了便利条件。东北地区对外开放度呈逐年下降的态势，较高的人力资本水平和海陆两便的区位优势使得地区对外贸易尤其是边境贸易潜力仍然存在。

4.6 本章小结

本章分析了中国四大区域各有其独特的多边贸易条件，其多边贸易的发展对产业发展起到了不同的支撑作用。

1. 东部地区多边贸易与产业发展相互促进

东部地区对外贸易优势明显，一方面，东部地区发展条件优越，对外开放度高、港口条件便利、交通发达、人力资本充足、教育资源丰富；另一方面，东部地区拥有良好的产业基础与社会经济条件。这些条件既有利于地区产业的发展，也有利于对外贸易的开展。东部地区第三产业和高技术产业发展相对发达，这也导致了东部地区高新技术产品出口以及服务贸易占全国的很大一部分比例，而国际需求同时又促进了相应产业的发展，形成了多边贸易与产业发展相互促进的良性循环，有助于产业国际竞争力的提升。同时，开放的环境和良好的政策支持也为对外贸易和产业发展提供了肥沃的土壤。转型升级，研究"新技术、新产业、新模式、新业态"是东部地区发展的主要任务。东部地区的成功经验值得其他地区学习，其示范带动作用也有待进一步发挥。

2. 中部地区产业转移推动加工贸易的发展

中部地区劳动力资源丰富，人力成本相对较低，同时资本较为活跃。中部地区承接东部的产业转移，产业结构持续改善，经济稳步增长，极大地促进了多边贸易的开展。近年来，中部地区实际利用外商投资额保持上升，对应的外资依存度也在上升，开放力度持续增加，对外贸易保持高速增长。中部地区产业发展和对外贸易间积极的相互影响正在逐步加强，未来应该抓住"一带一路"的巨大发展机遇，转变贸易增长方式，扩大服务业出口，加快形成以服务经济为主导的地区产业结构。

3. 西部地区产业发展滞后，不利于对外贸易的开展

西部地区是我国区域开放布局中的"短板"，存在开放资源和平台分布极不均衡、开放主体培育严重不足、开放成本较高、开放环境不优等问题，这些问题既制约了地区经济的发展，也不利于对外贸易的开展。"一带一路"为西部地区带来了新的契机，2017 年与相关国家的进出口量呈增长态势，国内产业的西部转移也为地区的产业发展提供了机遇。然而，总体而言，对外贸易对地区产业发展的促进作用有限，对西部地区的开发任重而道远。

4. 东北地区对外贸易对产业发展的推动作用没有完全发挥

东北地区贸易环境相对较好，其在地理位置、港口条件以及人才方面均有一定的优势，但遗憾的是，这种优势并没有为东部地区的对外贸易以及产业发展提供助力。东北地区虽然有着较长、较多的边境线，但城市的运输基础设施比较落后，没有形成较好的产业规模，再加上政府的支持不够，缺失龙头企业，使得东北对外贸易程度比较低。同时，从产品结构看，东北出口的商品主要是一些技术含量低、加工程度低、附加值低的产品，在国际竞争中处于不利地位。此外，东北对外贸易的产品资源消耗大，缺

少自主品牌,所获得的经济利润较低,难以对地区产业的发展发挥积极作用。东北地区应充分发挥其地域优势和人才储备,立足现有产业基础,确立适合自身发展的产业,并充分抓住"一带一路"的契机,积极参与到"一带一路"建设中去,提高对外开放水平。

四大地区经济状况、产业结构、区位条件、资源禀赋以及贸易政策的差异造成了各地区多边贸易发展的巨大差异,这种差异又进一步促进了区域经济和产业发展的不均衡。在制定对外贸易政策和参与多边贸易的过程中,各区域要充分利用自身的优势,取长补短,有针对性地制定相关的贸易政策,更好地促进区域产业经济的发展。

副报告

贸易视角下上海制造业转型升级路径与对策

1

国际贸易与产业转型升级理论分析

1.1 国际贸易理论发展历程简要回顾

1.1.1 古典贸易理论

古典贸易理论最早源于 18 世纪 Adam Smith 在生产分工的基础上提出的绝对优势理论;19 世纪初期,David Ricardo 在《政治经济学及赋税原理》中提出比较优势理论,Ricardo 认为国际贸易分工不限于绝对成本优势差异,还取决于生产商品的机会成本。Ricardo 的比较优势理论的产生标志着国际贸易理论体系的建立。古典贸易理论是从生产技术差异的角度来解释国际贸易的起因与影响的。只不过,在古典生产函数中,劳动是唯一的生产要素,因此,生产技术的差异就具体化为劳动生产率的差异,在这种情况下,劳动生产率的差异就是国际贸易产生的一个重要起因。

1.1.2 新古典贸易理论

新古典贸易理论是基于要素禀赋差异的贸易理论。20世纪,瑞典经济学家 Eil F. Heckscher 提出了要素禀赋理论,而后1930年代 Heckscher 的学生 Beltil G. Ohlin,在其代表作《地区间贸易和国际贸易》中对要素禀赋理论进一步充实,从而形成了 H-O 理论。该理论的主要观点是:在技术条件相同的国家,比较成本差异来源于商品生产的要素密集度差异和要素充裕度差异,所以一国应出口那些本国要素充裕的产品、进口本国要素稀缺的产品。国际贸易不仅影响贸易双方的产品市场价格,而且造成各国要素市场价格的变动。产品价格和要素价格的变动不仅仅影响一国的生产和消费,还会产生各要素之间收入的再分配。而要素在国内各部门之间的流动或要素储备比例的变动也会反过来影响生产和贸易模式。

1.1.3 产业内贸易理论

传统的国际贸易理论,主要是针对国与国、劳动生产率差别较大的和不同产业之间的贸易,但自20世纪60年代以来,随着科学技术的不断发展,国际贸易实践中又出现了一种与传统贸易理论的结论相悖的新现象,即国际贸易大多发生在发达国家之间,而不是在发达国家与发展中国家之间;而发达国家间的贸易,又出现了既进口又出口同类产品的现象。为了解释这种现象,国际经济学界产生了一种新的理论——产业内贸易理论。20世纪70年代末期开始,Krugman[①]、Helpman[②]和 Grossman[③] 等放松了古典和新古典贸易理论假设,用不完全竞争、规模经济、产品差异和消费多样性分析了产业内贸易形成的原因,形成了产业内贸易理论。该理论较好地解释了发达国家之间产业内贸易发展的原因。

---

① Krugman, P., "A Model of Innovation, Technology Transfer and the World Distribution of Income", *Journal of Political Economy*, 1979, 87(2).

② Helpman, D. T. C. E., "International R&D Spill-overs", *European Economic Review*, 1995, 39(5).

③ Grossman, G. M., Helpman, E., *Innovation and Growth in the Global Economy*, The MIT Press, 1991.

1.1.4 新兴古典贸易理论

20 世纪 80 年代以来，杨小凯[①]等人通过引入交易费用和专业化经济，并运用边际分析法，将分工思想形式化，形成新的分析框架——新兴古典贸易理论。新兴古典贸易理论认为，贸易是社会分工和专业化决策的结果，贸易产生的原因是专业化与分工带来的内生优势，在社会分工中各人后天选择了不同的专业才产生了同种产品的生产率的差别和某一方面的优势，从而形成了贸易的基础。而 20 世纪 90 年代，对外直接投资和跨国公司内部化迅猛发展，新贸易理论对此解释有限，经济学家又开始从公司内的贸易现象进行研究。21 世纪初，Marc Melitz[②] 进一步放宽企业同质性的假设 ，分别建立了企业内生边界模型（Endogenous Boundary Model of the Firm）和异质性企业模型（Trade Models with Heterogeneous Firms），从而将对国际贸易的解释建立在异质性企业这一微观层面上。

1.2 产业转型升级理论介绍

1.2.1 产业结构视角

经典产业结构理论主要包含三方面的内容：一是产业结构动因和实现机制，主要考察国际贸易和国际投资、供需结构等对产业升级的影响和内在机制；二是以产业结构的内在规律为研究对象；三是从产业结构转型升级与经济发展的联系角度展开研究。

1.2.2 动态比较优势视角

哈佛大学教授 Hausman[③] 提出比较优势演化理论，认为一个国家拥

---

① 杨小凯，《分工和经济组织：一个新兴古典微观经济学分析框架》，北荷兰出版公司 1994 年版。

② Marc J. Melitz，"The Impact of Trade on Intra-industry Reallocations and Aggregate Industry Productivity"，*Econometrics*，2003：71(3).

③ Hausman，" The Structure of the Product Space and the Evolution of Comparative Advantage"，CID Working Paper，No. 146，2006.

有的能力决定了该国能够生产和出口产品的种类，也决定了产品升级的路径。林毅夫、蔡昉[①]等经济学家提出基于比较优势的发展中国家发展战略，认为要素禀赋结构与产业转型升级是因果关系，产业转型升级是因要素禀赋结构改变而带来的。林毅夫认为，产业和技术的转型升级与投入结构有关，而要素成本则与一国的资源禀赋结构息息相关，所以产业和技术的转型升级的关键在于国内要素禀赋结构的变化。从发展中国家来看，技术的进步是通过向发达国家学习而来的。

1.2.3 价值链理论视角

全球价值链理论（Global Value Chain，后文简称GVC理论）的形成源于20世纪80年代Porter、Kogut两位学者提出的价值链理论。Porter[②]在对公司竞争优势和公司行为进行分析时，发现公司价值创造的过程主要包含两方面内容：一是支持性活动，包括技术、原材料供应、财务和人力资源等；二是基本活动，包括售后服务、运输、生产和营销等。支持性活动和基本活动在公司创造价值的过程中是互相联系的，并构成公司行为链条——价值链。Kogut[③]则认为，"价值链是原料、劳动和技术组织到一起，而形成的各种投入环节过程"，而单个企业可能将价值增值的全过程纳入企业等级体系中，也有可能只参与价值链中的某一环节。同时，Kogut还认为国际商业战略形式是根据企业竞争力和一国的比较优势相互作用来设定的。

1.3 国际贸易对产业转型升级的影响

1.3.1 进出口贸易对产业动态比较优势的影响

国际贸易通过技术溢出使发展中国家获得技术进步和要素积累，即

① 林毅夫、蔡昉、李周，比较优势与发展战略——对"东亚奇迹"的再解释，《中国社会科学》，1999年5月。

② Porter，M.，*The Competitive Advantage of Nations*，New York：Free Press，1990.

③ Kogut，Bruce，Designing Global Strategies：Comparative and Competitive Value-Added Chains. *Sloan Management Review*，1985，26(1).

发展中国家可通过进、出口贸易,获得依附于商品和服务上的技术等。通过贸易的形式,这些技术等从一国转移到另一国。进口贸易是技术溢出和后发国家要素积累的重要渠道。发展中国家通过对进口商品中蕴含的技术进行模仿、学习、消化与吸收,从而实现技术进步,在不断地模仿和学习的过程中,也锻炼了本土的开发人员、工程师等,不知不觉地实现了人力资本积累和提高的目的。

1."干中学"效应及二次创新

以我国沿海地区加工贸易制造业为例,"干中学"效应是指这些企业在进口国外设备和核心零部件进行组装生产的过程中,通过了解、摸索、学习、吸收并掌握这些核心先进设备和核心零部件的关键技术和知识,逐渐具备生产中间产品的能力,从而最终提高了国内生产效率,并积累了人力资本。"干中学"实际是一个模仿和吸收的过程,首先制造出功能较少、质量相对较低、缺乏品牌的山寨产品,尔后通过技术和人才的不断学习和积累进行二次创新,逐渐制造出功能、质量等与国外企业相当的产品。

2. 链接效应和竞争效应

国际分工使各国的企业处于不同的全球价值链环节,从行业间或部门间来看,这种国际分工模式带来了链接效应;从行业内部来看,又产生了竞争效应。进口贸易通过链接效应带来技术进步和要素积累的机制是:拥有先进技术的跨国公司掌握了全球价值链的核心环节,为确保自身产品的竞争力,会对全球价值链环节的前向和后向的相关部门提出技术水平要求。反过来看,即进口国的进口部门会通过上下游产业链与相关部门产生产业关联,这种产业关联会带来技术进步。进口贸易通过竞争效应带来技术进步和要素积累的机制是:一方面,面临获取跨国公司订单的竞争压力,迫使国内企业自觉提高技术和管理水平;另一方面,当某一进口商品涌入国内时,生产同类商品或替代品的国内企业无疑面临压力。若本身技术就相对落后,则必须奋起直追,否则企业将在国内市场上消失,本国市场被进口商品占领;若与国外技术相当,为继续保持市场份额,也必须不断地进行技术创新、降低成本等。

3. 引入效应

技术落后国家在进口先进技术和设备时,拥有先进技术的公司为成功出售自己的产品,会介绍产品的创新点、优点和部分参数给技术落后国家的顾客，从而产生技术外溢。卖出产品后，还需要派出工作人员对其技术落后国家的员工进行岗前培训，包括设备使用、维护及维修等。在对商品的讲解、培训和交流过程中，必定会产生或多或少的技术外溢，而这个过程也产生了国内的人力资本。

4. 其他效应

除上述几个效应之外，进口贸易还可通过规模经济的开发效应、进口国制度的演进、消费观念的改变、产业结构的调整等间接影响进口国的技术进步和要素积累，见图 1。

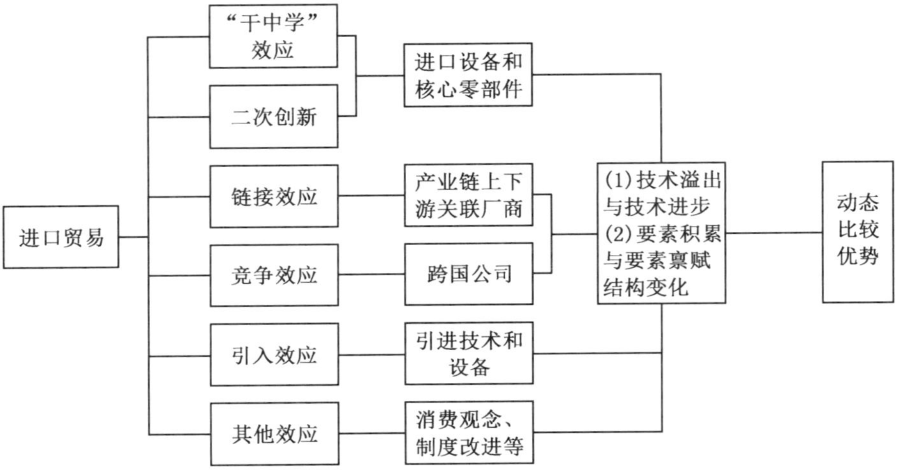

图 1 进口贸易对产业动态比较优势变化的影响渠道和机制

相对于进口贸易，就出口贸易对技术溢出和要素积累影响的研究非常少。其渠道分析一般主要集中于以下几种：(1)流通效应和示范效应。发展中国家中有能力从事出口的企业往往相对国内其他企业，技术更为先进、管理水平更为高超，其他企业可以向出口企业学习，通过人口流动，可挖掘出口企业的先进管理经验和技术人才。(2)"出口中学"效应和竞争效应。出口企业在国际市场上更加容易接触先进技术，舞台更大，竞争也更激烈，促使出口企业一方面更加主动、积极地学习先进技术，另一方面也促使其为保持竞争力不断地进行研发、改造技术。(3)要素重配效应。在企业异质性的新贸易理论框架下，出口贸易等对企业间的要素配置起到了十分关键的作用，出口贸易等将挤出低生产率的企业，导致生产要素向高生产率的企业流动,从而促进了加总生产率的提升。(4)政策效应和其他效应。发展中国家的创新补贴和出口退税政策可增加创新产出,见图 2。

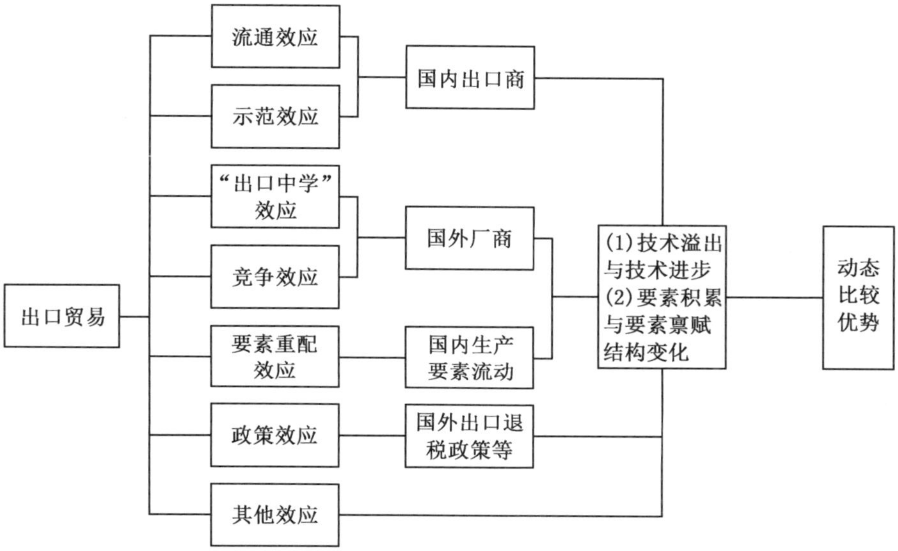

图 2 出口贸易对产业动态比较优势变化的影响渠道和机制

1.3.2 进出口贸易对产业市场边界规模的影响

开展国际贸易,必然带来市场的扩大。国内外市场的不断开拓,无疑会有力地带动经济增长。先看出口,出口企业往往是面对世界市场来组织生产,市场容量大,容易获得规模经济效应。所谓规模经济,是指随着产品数量的增加,单位产品的成本会降低,从而提高经济效益。事实上,许多工业部门要求有适度的初始规模,具有规模经济的性质,如汽车、电冰箱、电子计算机等,采用大规模生产的方式可以使成本降低很多。如果一国的企业在为国内消费者提供这一类商品的同时,还能在国际市场上销售同类产品,那么不仅企业能提高赢利水平,而且国内公众也只需支付较低的价格。不仅如此,在出口贸易的带动下,一个工业部门的发展又可以带动一系列工业部门的发展,以至于各种各样的从属的工业部门都建立起来。因为在经济运行中,各产业之间呈现出各种联系。所谓"联系",

是指一个部门在投入和产出上与其他部门之间的联系。这种联系有两个方面：一是后向联系，即某个部门与向它提供投入的部门之间的联系；二是前向联系，即某个部门与吸收它的产出的部门之间的联系。如果出口产业是“联系效应”大的主导产业，就可取得很大的“乘数效果”，带动其他一系列部门的发展，从而循环往复地连续推动国民收入和就业量的增加，推动经济的持续发展。

再看进口。从国外引进国内没有生产的产品，往往能起到开拓国内市场、引导新产业成长的作用。由于国内仍未生产，一时无法确定新产品会有多大的市场，即在一定的价格条件下社会需求量究竟是多少。当国内进口需求很大，以致即使高关税壁垒也难以阻挡进口时，国内企业就得到了明确的生产信号，进口替代的工业由此发展起来。实践证明，进口替代是许多国家，尤其是发展中国家走向工业化的第一步。这个过程就是进口商品刺激国内需求，进而导致进口替代工业部门的产生。如果条件具备，那么进口替代部门还能转变为出口部门。进口国外的新产品还可促进一国产品的不断更新换代。

1.3.3 进出口贸易对产业竞争力的影响

一国对外开放，参与国际贸易，实际上就是把本国的企业纳入与外国企业的竞争之中。一方面，技术和设备的进口将直接促进国内生产的发展和生产率的提高，其作用类似于创新对增长的刺激，而且还节省了创新的成本，同时持续的进口产品的激烈竞争将促使本国的企业提高效率。竞争必然加速低效率的企业退出市场的过程，同时促使高效率的企业达到合理的规模，从而优化本国的市场结构，改善本国企业的实力。即使本国企业在本国市场上处于垄断地位，仍然不得不面对国际竞争的压力，为了自身的生存而努力降低成本、提高竞争力。另一方面，出口企业不得不同外国生产同类商品的企业竞争。为了扩大在国外的市场份额，出口企业就必须坚持不懈地努力生产出成本低、质量好的商品去参与竞争，并不断按国际市场需求结构的变化调整自己的产品结构，按国际标准生产，按国际营销惯例行事。这无疑会刺激企业素质的提高，同时出口的扩大使得创新活动所能获得的收益上升，从而反过来刺激本国企业的产品和技术的创新，带动经济增长。

2

上海进出口贸易发展整体分析

2.1 上海进出口贸易特征的阶段性演变

自 1840 年开埠以来，上海成为中国最重要的贸易、航运、金融中心，乃至远东的经济中心。其中，对外贸易是带动上海各项事业发展的引擎，起到了龙头牵引的作用。新中国建立以后，上海虽然作为国内工商业中心的地位没变，但国际贸易基本上停滞，其中心地位让位于香港及南亚中心城市。1978 年，改革开放成为上海国际贸易发展的一个历史转折点，经过至今四十年的发展历程，上海已经发展复苏成为一个国际化的贸易、金融中心。

上海的外贸发展历程可以概括为几个阶段：一是探索转轨时期，1979—1991 年，上海市政府大力推进简政放权，搞活经营，推进外贸经营承包制度。二是 1992—2001 年，国务院开始开放浦东地区，邓小平南方谈话，上海继续放开步伐，外贸取得了快速发展，上海形成了全方位、多层次和宽领域的对外开放格局，在发展规模、运行质量、管理体制等方面都发生了深刻的变化，进入新中国成立以来发展最快、最好的阶段。三是2002—2008年，我国加入WTO后，上海市的进出口市场格局也作了重大的调整，贸易发展视野投向了消费水平高、市场容量大、购买力强的欧美市场。2003年，欧盟一举超越日本，跃居上海市最大进出口市场；2005年，美国超越日本，升至第二，此后连续数年欧盟、美国和日本始终分列上海市进出口市场前三名。四是2009—2017年，国际金融危机爆发后，由于国际市场、欧美等主要经济体需求疲软，上海出口放缓趋势明显，而同期我国迅速出台了一系列的应对危机举措，国内需求旺盛，其间进口虽也有放缓趋势，但整体势头明显好于出口。此后在“十二五”期间，上海服务贸易规模约占全国的30%，消费品进口占全国三成，跨国公司地区总部集中度名列中国境内城市首位，这些数据充分证明了上海开放型经济水平的稳步提升。

2.1.1 以改革开放为分水岭的上海进出口贸易状况

改革开放后，随着国内工业的发展，本市和外地的轻工、化工、冶金和机电等产品逐步进入国外市场；原来出口的各类纺织品、工艺品等也都有较快的增长。1985年，上海进出口总值为48亿美元，比1982年的38.93亿美元增长23.3%，平均每年递增7.3%，其中，生产资料进口额飙升至18.13亿美元，生活资料进口额为1.92亿美元。此后至1991年，上海出口一直保持快速增长，1991年出口总额达到57.4亿美元，进口总额在1989年之后有了轻微下滑，到1991年，又反弹至23.04亿美元，如图3所示。

总的来看，改革开放初期，上海的出口总额及增长速度超过了进口总额，上海出口商品总额构成中出口以轻纺产品和农副产品为主、重工业产品为辅(见图4)。1978年，上海的出口总额为28.93亿美元，其中，轻工业产品出口额为16.36亿美元，重工业产品出口额为3.55亿美元，农副产品出口额为9.02亿美元。到1982年，轻工业产品的出口总额发展到20.37亿美元，重工业产品的出口额上升为7.05亿美元，农副产品的出口额上升为8.63亿美元；进口额为1.33亿美元，其中，进口生产资料为0.83亿美元，生活资料为0.5亿美元，具体如图5所示。

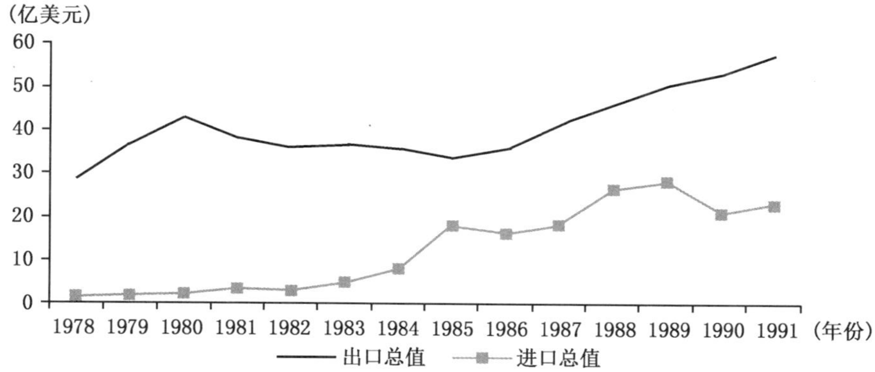

数据来源:《上海统计年鉴》。

图 3 1978—1991 年上海进出口商品总值情况

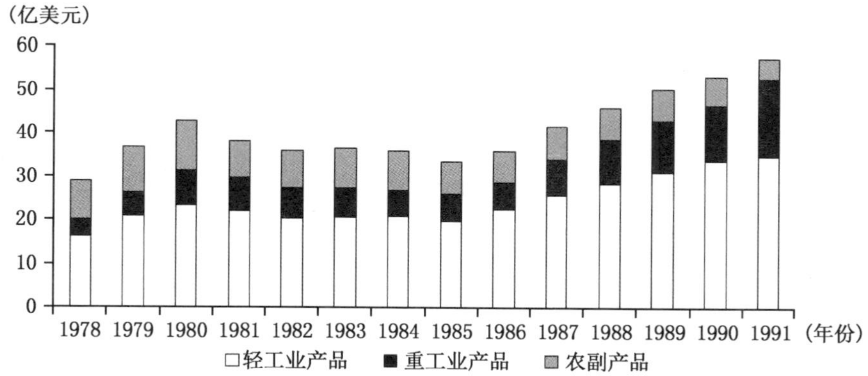

数据来源:《上海经济年鉴》。

图 4 1978—1991 年上海外贸出口商品总额及构成

2.1.2 以邓小平南巡为分水岭的上海进出口贸易状况(1992—2001 年)

1992 年,上海进出口贸易是自改革开放以来发展速度最快的一年,全年累计进出口总额达 97.57 亿美元,比上年增长 21.32%。其中,出口额为 65.55 亿美元,比上年增长 14.35%;进口额为 32.02 亿美元,比上年增长 38.49%。此后每年进口均保持稳定增长,1999 年,上海市外贸进口额超过出口额,具体见图 6。

20 世纪 90 年代中期,随着进料加工贸易总额明显增长,外商企业进

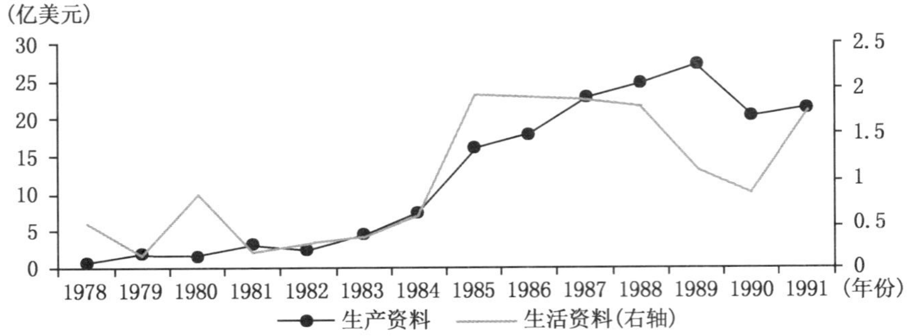

数据来源:《上海经济年鉴》。

图5　1978—1991年上海外贸商品进口结构

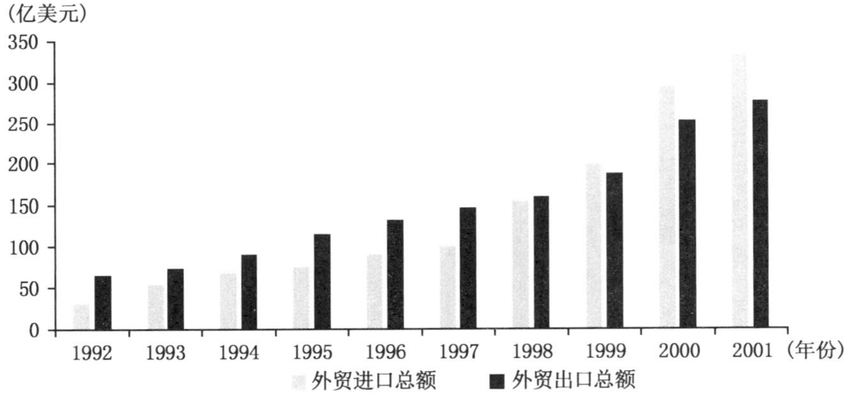

数据来源:《上海统计年鉴》。

图6　1992—2001年上海外贸进出口总额

口加工料、件总额上升,出口类中轻纺产品与重工业产品总额大幅度增长,农副产品总额逐渐减少,出口的多元化缓解了上海外贸出口的市场压力,以机电产品为代表的重工业产品出口增长较快,具体见图7。

1997年,虽然遭遇东南亚金融危机,市政府将外贸出口视为上海经济发展的动力之一,大力发展龙头产品和加工贸易。出口市场方面,美国市场一直保持稳定上升趋势,日本市场在1997—1999年出现了波动,中国香港市场1999年同样下滑,德国市场的增长速度逐渐加快。2001年,以日本、中国香港为代表的亚洲仍然是上海最大的出口市场,其次是北

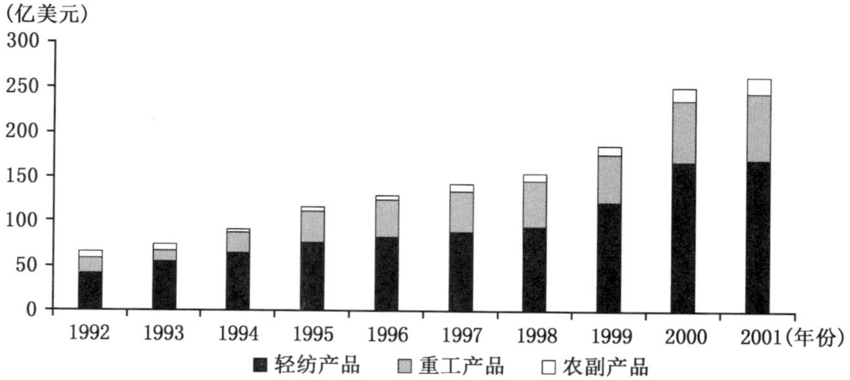

注:上海外贸进出口商品结构统计口径自1997年起,原先的出口商品结构按国际贸易标准(SITC)分类,图中的1997—2001年数据均按照SITC分类计算而得。

数据来源:《上海经济年鉴》《上海商贸年鉴》《上海统计年鉴》。

图7 1992—2001年上海市对外贸易商品出口结构

美、西欧,具体见图8。

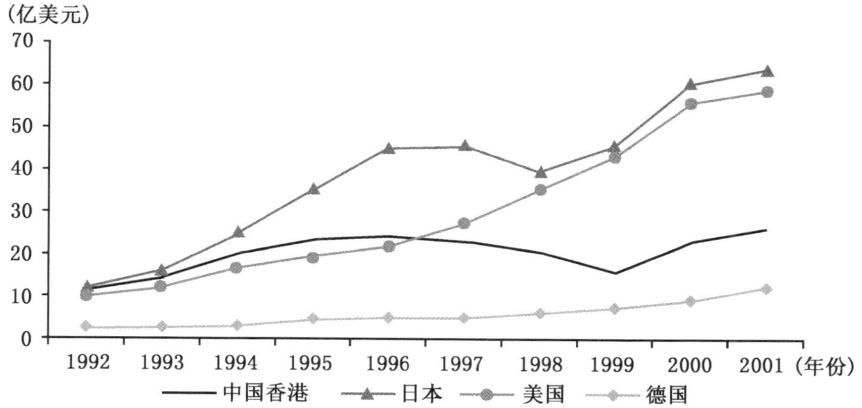

数据来源:《上海统计年鉴》。

图8 1992—2001年上海外贸出口主要国家与地区

在进口方面,上海对中国香港和日本的进口增速在1997年和1998年由于金融危机而明显下滑,1999年至2001年开始反弹,其中,进口日本的增速最快,欧洲的德国增长显著,北美的美国增长较多,具体见图9。进口的生产资料一直保持稳定上升趋势,且以机电产品为主;生活资料进口增长速度在 2000 年之前较为缓慢，之后迅速加快，具体见图 10。

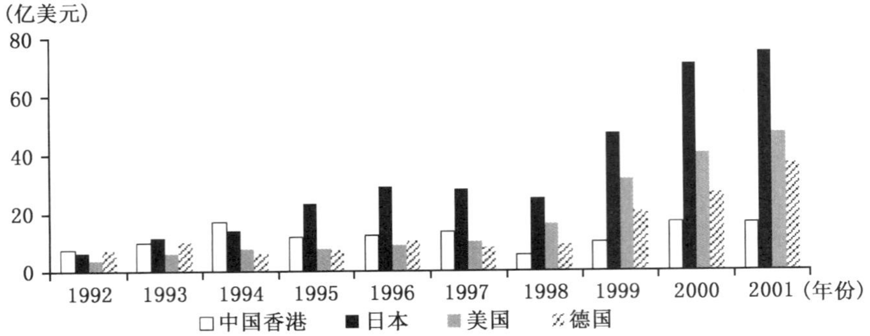

数据来源：《上海统计年鉴》。

图 9　1992—2001 年上海外贸进口主要国家与地区

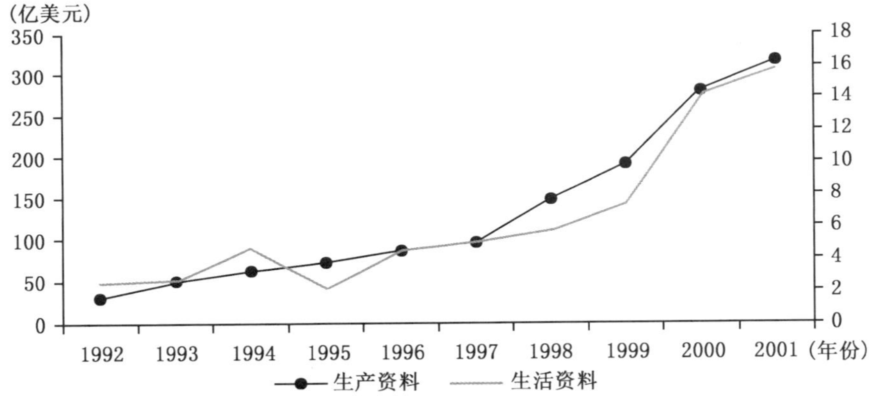

注：上海外贸进出口商品结构统计口径自 1997 年起，原先的进出口商品结构按国际贸易标准(SITC)分类，图中的 1997—2001 年数据均按照 SITC 分类计算而得。

数据来源：《上海经济年鉴》《上海统计年鉴》《上海商贸年鉴》。

图 10　1992—2001 年上海外贸进口结构

在引进技术设备方面，从 1992 年到 2000 年上海进口设备成交总额均有小幅涨跌，总体保持增长状态，但在 2001 年增速明显上升，从 2000 年的 10.455 8 亿美元上升至 26.203 6 亿美元，德、日、美三国是上海引进技术设备的主要国家，具体见图 11 和图 12。

数据来源:《上海统计年鉴》。

图 11 1992—2001 年上海市引进技术设备成交总额

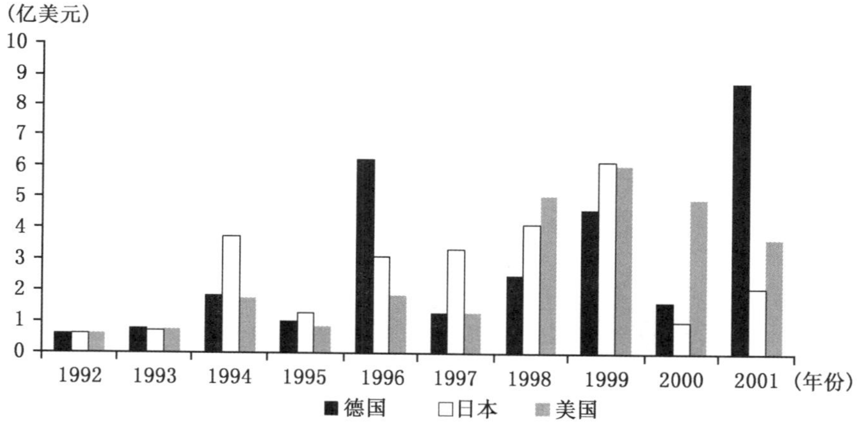

数据来源:《上海统计年鉴》。

图 12 1992—2001 年上海引进技术设备成交金额主要进口国

2.1.3 以中国加入世贸组织为分水岭的上海进出口贸易状况(2002—2008 年)

21 世纪初,随着我国的入世,关税税率下调和部分贸易管制条件取消,上海外贸进口增速也较上年有所加快,一般贸易进口增长平缓,加工贸易仍然是进口的最主要方式。外贸出口总额在 2007 年再次超过进口总额, 在此期间,上海的外贸进出口差额从逆差再次转变为顺差,2008 年上海外贸进出口 3 321.38 亿美元，为 2000 年的 6.07 倍，年均增长 25.3%；其中，出口总额 1 693.50 亿美元，进口总额 1 527.88 亿美元，分别为 2000 年的 6.68 倍和 5.20 倍，年均分别增长 26.8%和 22.9%。在进口的种类中，机械及运输设备、矿物能源、化学原料及其制成品是进口的主要结构，且机械及运输设备进口远远超过其他，具体见图 13 和图 14。

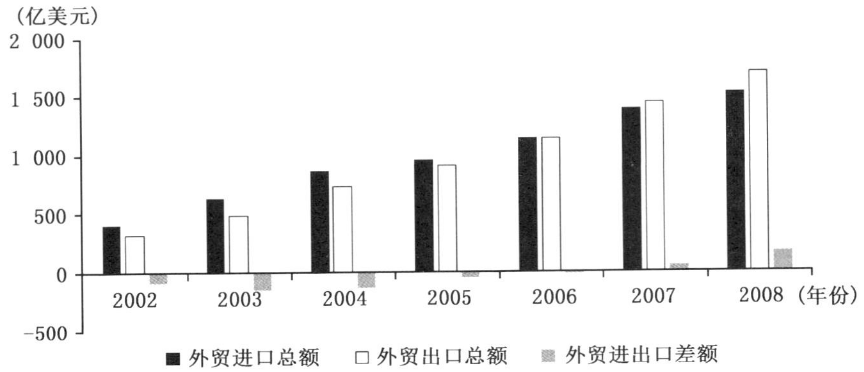

数据来源:《上海统计年鉴》。

图 13 2002—2008 年上海外贸进出口总额及差额

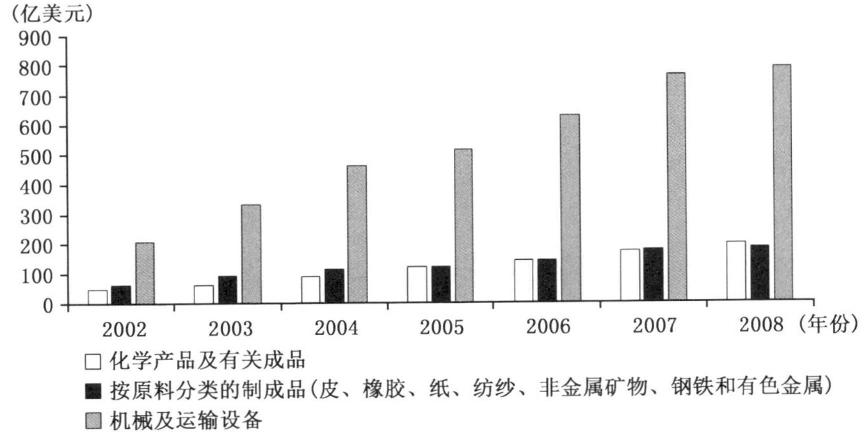

数据来源:《上海经济年鉴》。

图 14 2002—2008 年上海外贸主要进口商品结构

从国外引进的高新技术设备进口继续保持增长，2005 年稍有回落，但之后几年迅速反弹。美国、日本和德国为上海最主要的技术设备进口国，其中，引进美国的技术设备增长较为平稳，但引进日本与德国的技术设备总额更高，且两者的引进总额相差不大。2008 年，上海从日本、德国和美国三个市场进口的技术设备实际成交金额分别为 55.72 亿美元、54.65 亿美元和 31.94 亿美元，具体见图 15 和图 16。

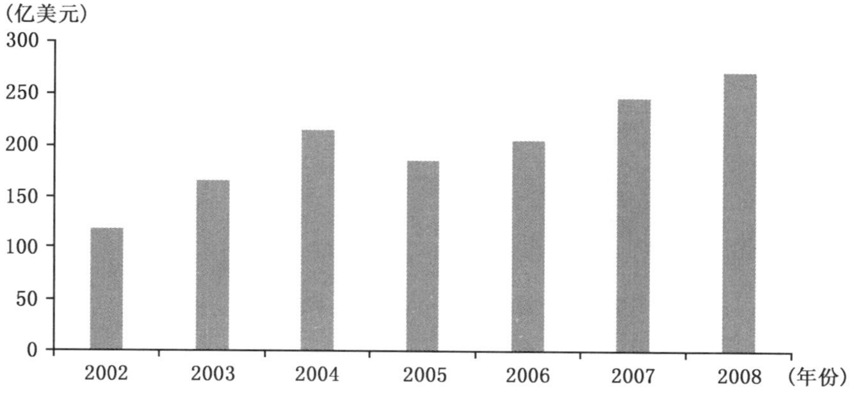

数据来源:《上海统计年鉴》。

图 15 2002—2008 年上海市引进技术设备成交额

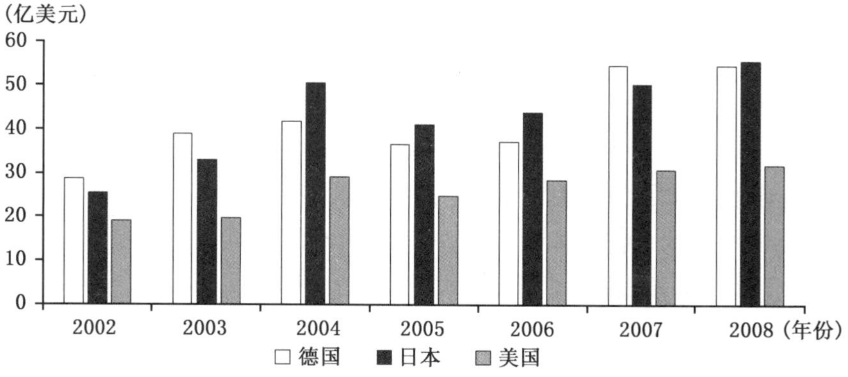

数据来源:《上海统计年鉴》。

图 16 2002—2008 年上海引进技术设备的主要国家

2002 年，在上海的进口商品中亚洲市场进口大幅增长，其中，日本、中国台湾、韩国成为进口最多的三个国家或地区。中国台湾、韩国增速较快；日本进口总额较高，2008年为262.22亿美元，欧洲市场进口保持原来的增长态势，德国仍然是上海在欧洲的最大进口国；北美市场仍以美国为主，但进口增长放慢，具体见图17。

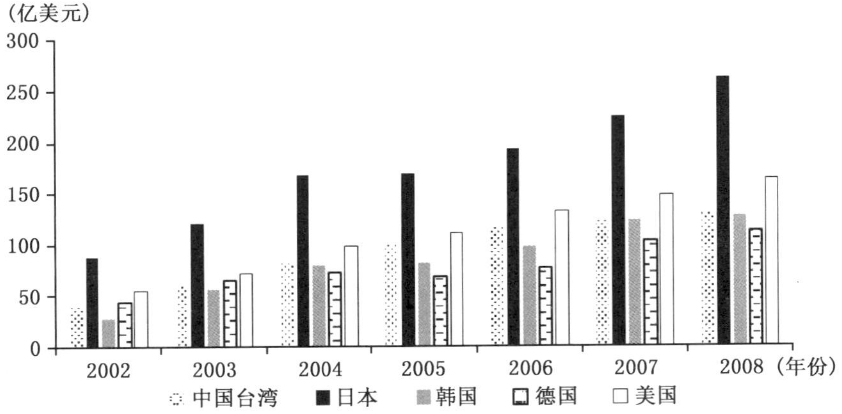

数据来源：《上海统计年鉴》。

图17 2002—2008年上海外贸进口主要国家与地区总额

在此期间，上海主要出口商品的总额均全面增长，在出口的产品中，2008年机电及运输设备产品仍是上海出口的大宗商品，所占比重升至44.3%；出口额较高的是机械及运输设备，出口额为1 026.5亿美元，同比增长20.3%；按原料分类的制成品和杂项制品也有一定的增长，由于入世后取消了部分纺织品、服装出口的配额，使这两类传统产品的出口增速明显加快，具体见图18。出口市场的多元化是推动上海外贸出口增长的有利因素，尤其是入世后上海对美国的出口异常活跃，出口规模迅速扩大，替代日本成为上海出口最大的市场；香港为亚洲市场第二；由于欧盟受金融危机的影响较大，消费需求明显萎缩，导致上海对其出口增速回落；此外，德国仍然是上海在欧洲最大的出口市场，具体见图19。

2.1.4 以2008年金融危机为分水岭的上海进出口贸易状况(2009—2017年)

2009年，受全球金融危机造成外需严重不足的影响，上海外贸出口同比负增长。出口额为1 419.14亿美元，同比增长−16.20%；进口额为

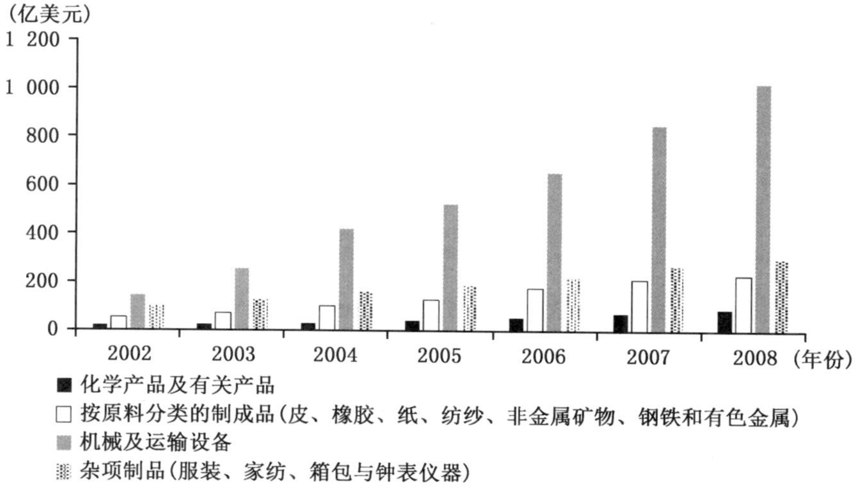

数据来源:《上海经济年鉴》。

图 18 2002—2008 年上海主要外贸商品出口结构

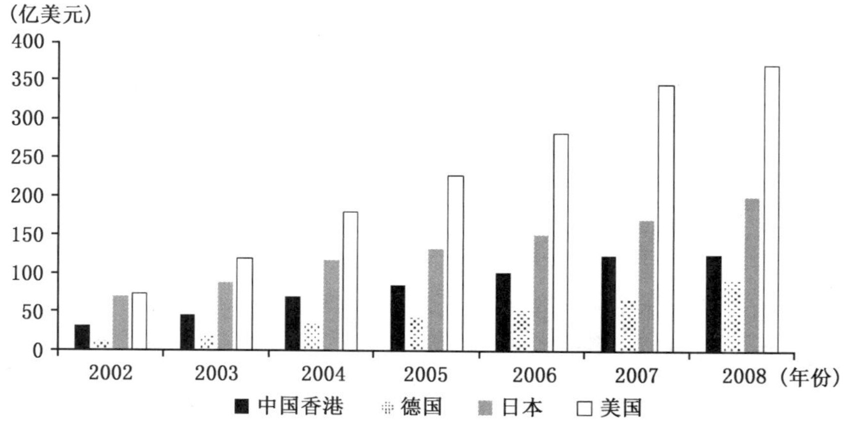

数据来源:《上海统计年鉴》。

图 19 2002—2008 年上海外贸出口主要国家与地区总额

1 358.17 亿美元。此后上海进出口贸易逆差继 1999 年和 2002 年之后再次出现且逐步扩大,从 2010 年的−73 亿美元扩大到 2017 年的−887.6 亿美元,具体见图 20。

进口结构方面,上海市机电产品进口增幅下降。2009 年,上海机电

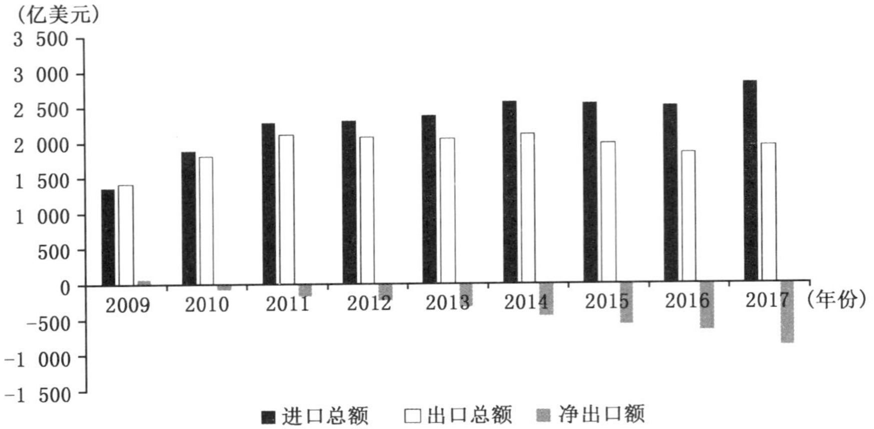

数据来源:《上海统计年鉴》。

图20 2009—2017年上海外贸进出口总额及差额

产品进口额为787.4亿美元,同比下降15.0%,机电产品进口额占全市进口总额的58.03%;高新技术产品进口额为508.73亿美元,同比下降16.51%,比上年同期减少了34.3个百分点。此后高新技术产品进口增长缓慢,而机电产品进口逐年增加至2014年的水平,2015年、2016年稍有回落,2017年又恢复至2014年的水平,具体见图21。

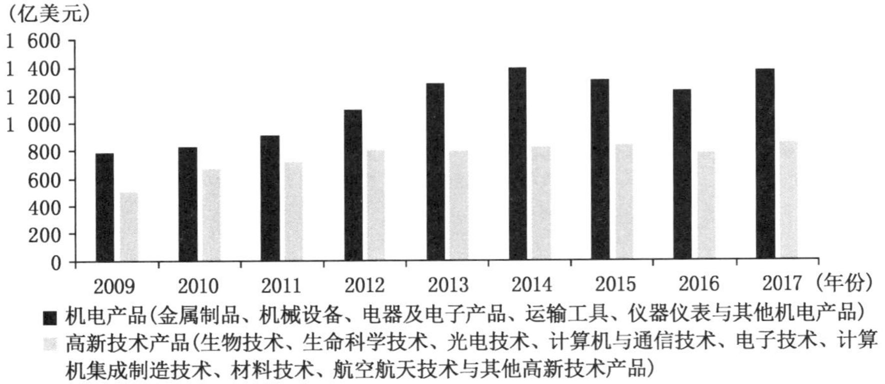

注:自2014年起,上海外贸进出口商品结构由原来的SITC分类改为机电产品与高新技术产品,具体类别依据上海海关主要进出口商品目录,本图2009—2013年数据均按照此两类计算而得。

数据来源:《上海商贸年鉴》、《上海统计年鉴》、上海海关。

图21 2009—2017年上海主要外贸商品进口结构

技术引进方面，高新技术设备引进总体保持增长，少数年份微微下跌，如2012年、2015年。主要引进技术设备的国家除日本、德国和美国之外，英国也在逐渐增加，2014年，引进英国的技术设备成交额为72.664 8亿美元，超过了美国的62.964 5亿美元，具体见图22和图23。

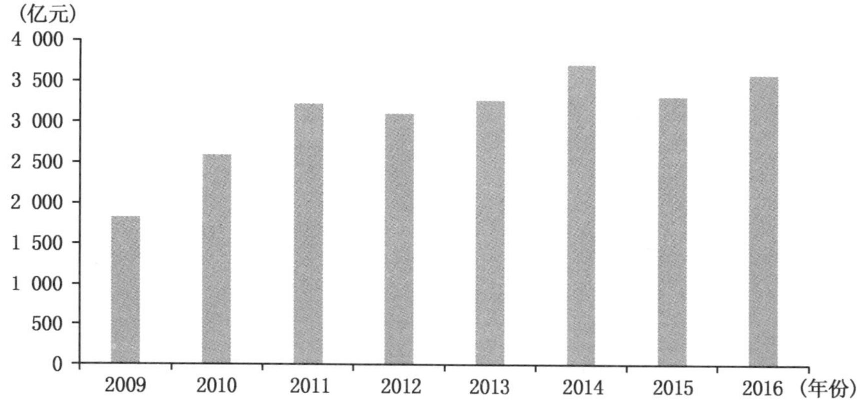

数据来源：《上海统计年鉴》。

图22 2009—2016年上海引进技术设备实际成交金额

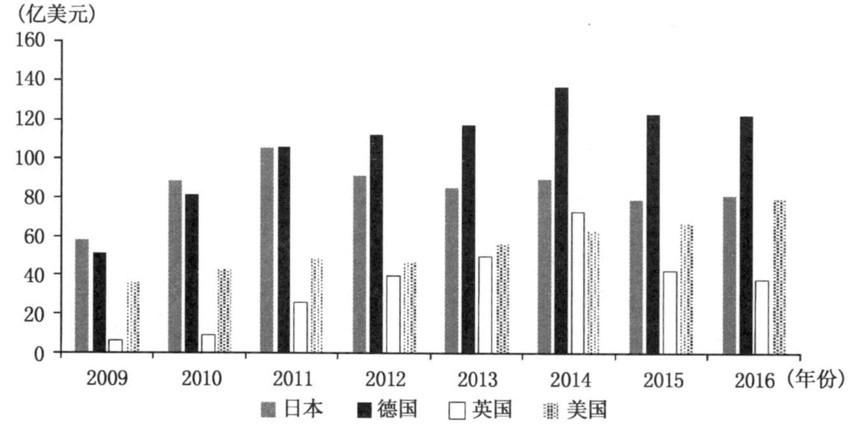

数据来源：《上海统计年鉴》。

图23 2009—2016年上海引进技术设备主要国家实际成交金额

2009—2016年，上海的亚洲进口市场除了传统的日本和韩国以外，马来西亚市场增长明显，几乎与中国台湾持平。2009年，来自马来西亚的进口额为48.2亿美元,2012年、2013年达到了惊人的158.7亿美元和137.67亿美元,欧盟市场中瑞士增长显著,从2009年的21.89亿美元飙升至2016年的179.84亿美元。此外,来自美国和德国市场的进口额也保持稳定增长,澳大利亚市场的进口额也有了较快的增长,具体见图24。

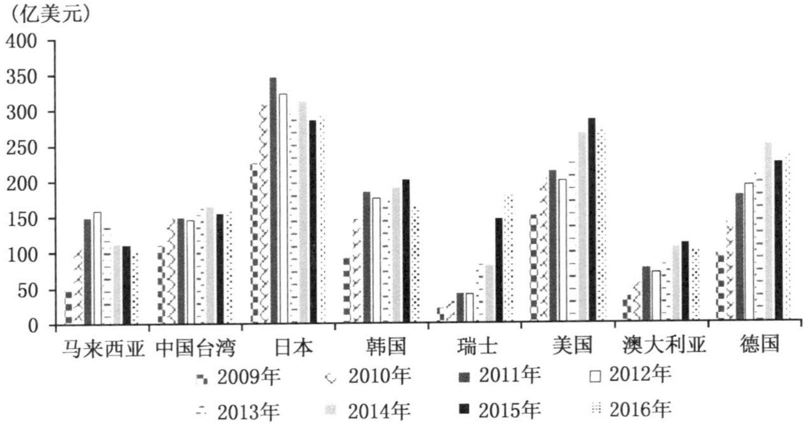

数据来源:《上海统计年鉴》。

图24　2009—2016年上海外贸主要进口国家与地区

出口商品结构方面,2009年,上海机电产品和高新技术产品的出口额分别为1 025.96亿美元和636.16亿美元,同比分别增长－13.57%和－10.79%,比上年同期分别回落了34个百分点和30个百分点,但此后至2017年,机电产品和高新技术产品出口基本保持稳定。机电产品和高新技术产品出口在经历了2015年、2016年连续两年走低后,从2017年开始反弹,高新技术产品出口占全市的比重超过40%,具体见图25。主要市场的出口方面,对欧盟市场以德国和荷兰为主,对亚洲出口的比重最大,主要为中国香港、日本、韩国和新加坡,美国出口市场居所有国家和地区之首,具体见图26。

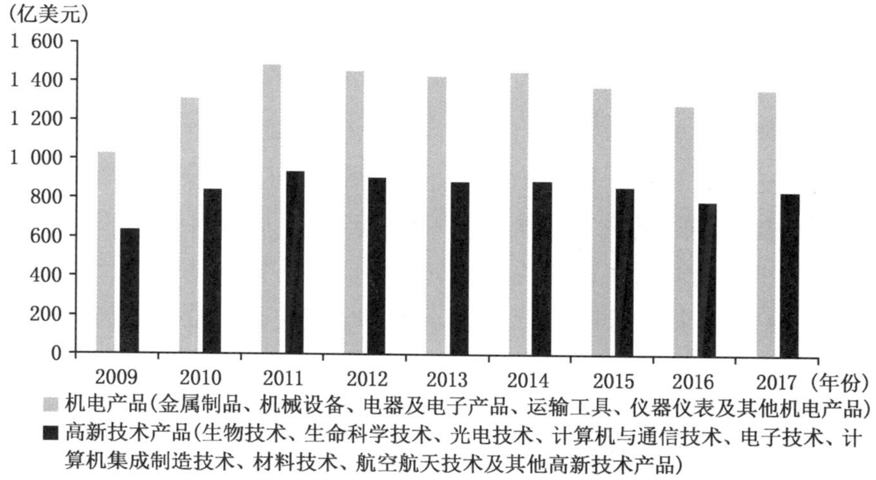

注:自2014年起,上海外贸进出口商品结构由原来的SITC分类改为机电产品与高新技术产品,具体类别依据上海海关主要进出口商品目录,本图2009—2013年的数据均按照此两类计算而得。

数据来源:上海海关、《上海统计年鉴》、《上海商贸年鉴》。

图25 2009—2017年上海主要外贸商品出口结构

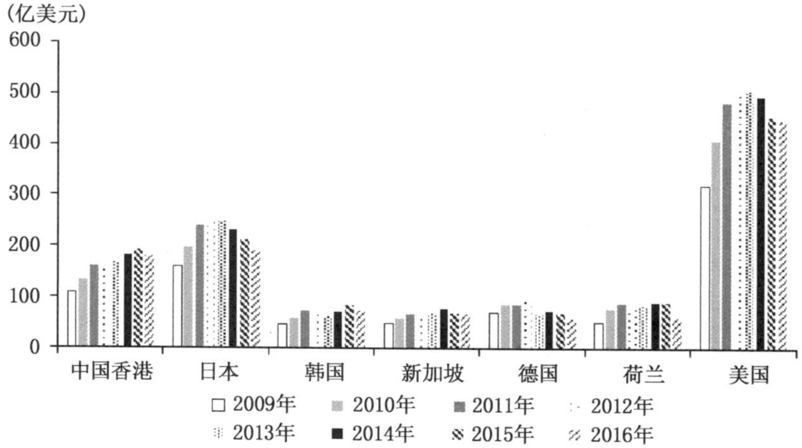

数据来源:《上海统计年鉴》。

图26 2009—2016年上海外贸商品出口主要国家与地区总额

2.2 上海外贸对经济发展的影响

放眼当今时代，多边贸易在一个国家和地区的综合竞争力中扮演的角色越来越重要，成为国家经济增长和区域经济与产业发展的重要基础，贸易便利化在国际竞争中的重要作用日益凸显。改革开放以来，上海的对外开放度与上海的多边贸易发展有密切的关系，从国际贸易中心建设到第一个自由贸易试验区的设立，再到自由贸易港的设立与建设，上海始终走在我国扩大开放、深化改革、推动贸易自由化的前列。上海经济在高速增长的同时，通过多边贸易与上海国际贸易中心的建设，推动了上海制造业的发展与结构的转型，使制造业更深地融入全球经济体系中。

2.2.1 上海市进出口贸易对经济发展的影响

2005年之前，上海市外贸进出口基数小、增速高，是拉动上海市经济增长的重要引擎；2005年之后，受基数变大及经济增长减缓的影响，上海市外贸增长趋缓，结构优化诉求明显。2005年至今，上海市外贸进出口波动增长。三个增速转折点分别为2009年、2010年和2012年。2009年受金融危机影响，进出口增速触底，同比下降13.8%；2010年，逆势增长32.8%，是近十年来的最高增速；2012年为负增长，同比下降0.2%；2013年回暖；2014年明显回暖，同比增长5.6%。将上海市外贸进出口增速与上海市GDP增速（扣除价格、人口增长等因素后以美元计价）对比，虽然外贸增速的波动幅度大于GDP的增速，但二者在走向上基本一致，上海市GDP历年增速的三个转折点也分别出现在2009年、2010年和2012年，具体见图27。

从航运来看，1978年改革开放之初，上海港集装箱吞吐量仅0.8万TEU，到1994年，上海港实现100万TEU。上海港随着我国经济发展的不断加速，集装箱吞吐量增长也很迅速。2000年，上海港实现集装箱吞吐量500万TEU，2003年实现1 000万TEU，2006年突破2 000万TEU，2011年实现3 000万TEU，2017年上海港集装箱吞吐量终将突破4 000万TEU大关。上海港集装箱吞吐量的迅猛增长，是上海国际航运中心建设的成果体现。4 000万TEU的年集装箱吞吐量意味着上海港

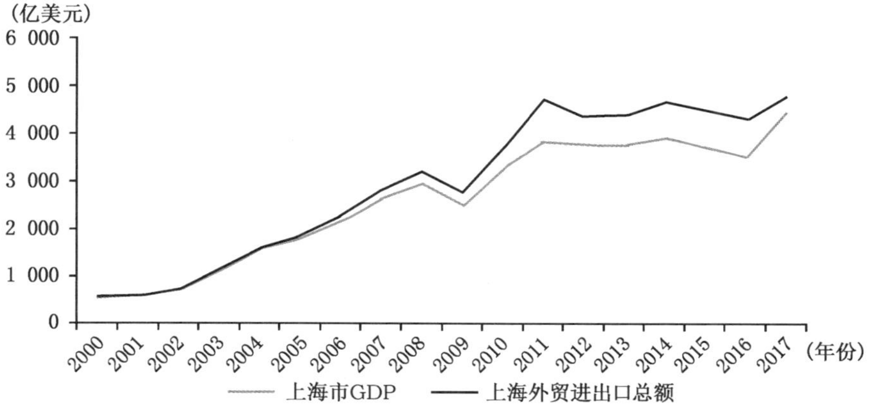

数据来源:《上海统计年鉴》。

图 27　上海市 GDP 与外贸进出口总额

作为世界集装箱枢纽的超前地位。作为21世纪海上丝绸之路与长江经济带相互连接的江海联运重要节点,上海港的吞吐量有着促外贸、稳增长,成为引领长三角,带动长江流域,辐射全国的"龙头"地位,具体见图28。

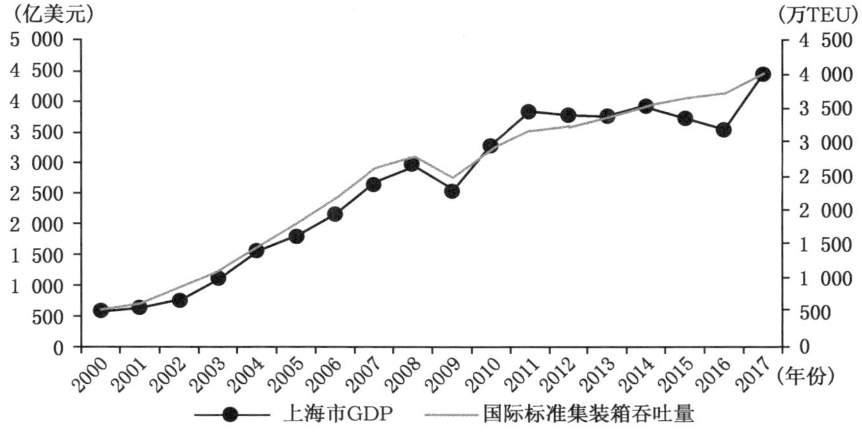

数据来源:《上海商贸年鉴》。

图 28　上海市 GDP 与上海港国际标准集装箱吞吐量

2.2.2　上海市国际贸易中心建设及其对经济发展的影响

上海港位于长江三角洲前缘，居中国18 000公里大陆海岸线的中部，扼长江入海口，地处长江东西运输通道与海上南北运输通道的交汇点，是中国沿海的主要枢纽港。上海市外贸物资中99%经由上海港进出，每年完成的外贸吞吐量占全国沿海主要港口的20%左右。上海建设"国际贸易中心"的定位，最早是在2001年国务院批复"上海城市总体规划"时得以明确的。"十一五"期间，上海航运基础设施建设发展迅速，港口吞吐能力大幅提升，集疏运体系不断完善，公路建设进展顺利，航空枢纽建设取得重大突破，航运服务业发展得到进一步的重视和加强。2009年，国务院19号文《关于推进上海加快发展现代服务业和先进制造业建设国际金融中心和国际航运中心的意见》进一步明确了上海国际航运中心发展的战略目标和任务，上海国际航运中心建设由注重基础设施建设转入提升基础设施能力与发展服务软环境并举的阶段。继国际金融中心和国际航运中心这一国家战略目标确立之后，2009年10月，商务部和上海市联合签署协议，共同推进上海国际贸易中心建设。2016年8月，上海市人民政府印发《"十三五"时期上海国际贸易中心建设规划》通知，指出，上海国际贸易中心建设紧紧抓住自贸试验区、国内贸易流通体制改革发展综合试点、跨境电子商务综合试验区、服务贸易创新发展试点、构建开放型经济新体制综合试点试验等一系列先行先试的机遇，进一步提升国际贸易中心建设的能级和水平，为全市发展做出更大贡献。

得益于沿海经济的增长需求和长江广阔的经济腹地，近年来，上海的转口贸易增长较为稳定，2016年，在全球贸易形势持续低迷的背景下，上海口岸贸易占全球和全国的比重稳步上升，口岸货物进出口额达68 820亿元，占全国的28.3%，占全球的3%以上，规模已超越中国香港、新加坡等传统国际贸易中心城市。海关数据显示，2014年，上海转口贸易额达到3 968.33亿美元，2017年突破至历史新高4 065.94亿美元，有力地推动了上海国际贸易中心发展建设。从国际上重要的国际航运中心城市的发展经验来看，通过发展航运中心国际中转功能推动城市的转口贸易，从而推动城市贸易中心功能的发展。香港、新加坡等城市的发展经验证明了这一点。目前，上海港主要以国内转运服务为主，其服务半径以长三角地区为主，约占上海港吞吐量的90%，可见上海港尚未离开历史上的埠际中转功能框架，而中国香港、新加坡的港口国际中转率达50%以上，具体见图29和图30。

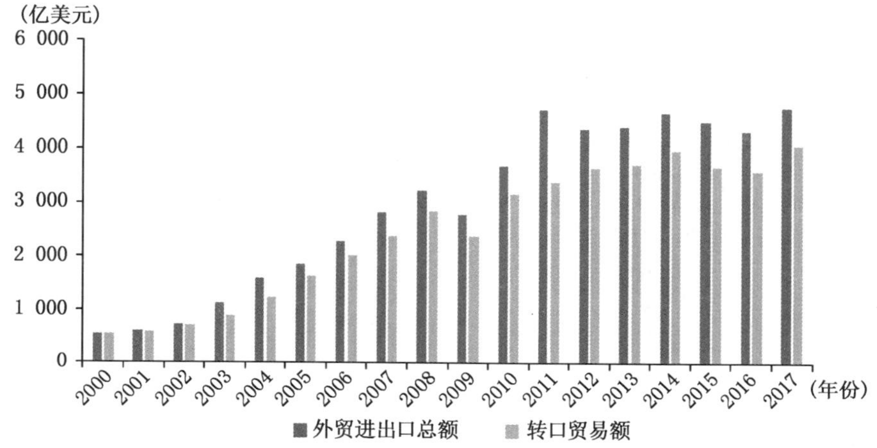

数据来源：《上海统计年鉴》《上海商贸年鉴》。

图29 上海市外贸进出口总额与转口贸易额

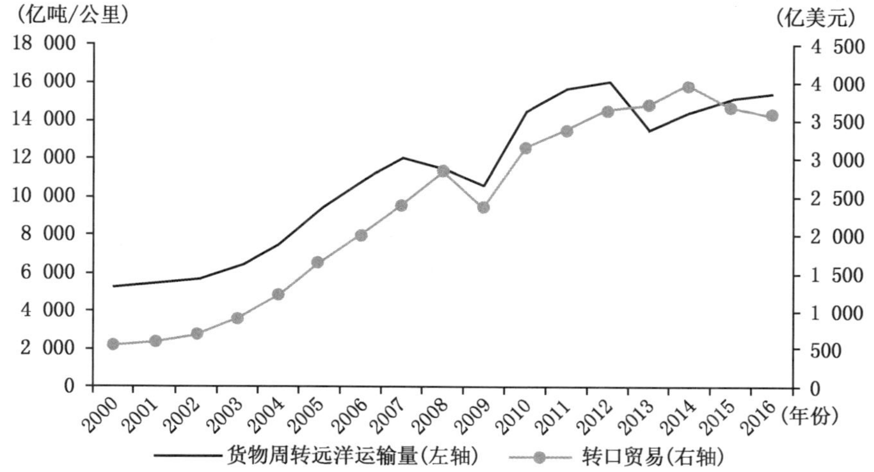

数据来源：《上海统计年鉴》《上海商贸年鉴》。

图30 上海港转口贸易额与货物周转远洋运输量

2.2.3 上海自贸区建设对经济发展的影响

自由贸易试验区的建设就是主动适应知识经济全球化，通过以知识和技术为主导的国际交易机制的建设，推动中国从制造经济向创新经济转型和发展。在产业转型方面，借助自贸试验区，可以有效地推动制造业扩大开放、离岸创业合作、产业数据对接、优化企业服务机制、创新要素资源配置方式等方面持续发展。通过自贸区内外联动，加大对包括外资在内的各类企业的招商引资力度；通过建立自贸区与全市产业园区联动机制，优化产业布局定位和集聚导向，加快培育经济增长。对于上海来说，自由贸易试验区将成为上海乃至中国经济结构调整的战略高地。其中，包括跨境贸易、离岸金融、研发服务在内的新兴产业将成为自由贸易区重点投资和发展的产业领域。与此同时，还可通过自贸区制度创新的溢出效应，研究和提升先进制造业产业链国际竞争力的监管模式，试点数控机床、工程设备、通信设备、飞机零部件等进口再制造，探索境外投资者以人民币的形式向科技型中小微企业的股权投资方式及监管机制创新。2015年4月，上海自贸区完成扩区，覆盖范围也从外高桥、洋山港扩展至陆家嘴、世博园区、张江和金桥。“十二五”期间，从上海自贸区挂牌以来，新设外商投资企业近4 900家，实际投资总额近70亿美元；新设内资企业超过2.6万家，注册资本总额接近1万亿元人民币，具体见图31。从2015年开始，在外商投资高速增长的持续带动下，2016年，外高桥保税市场合计完成各类商品交易额12 488.43亿元，比上年增长9%；外高桥保税区工业出口交货值近3年增长迅猛，从2013年的170.56亿元增长到2017年的196.7亿元。同时，张江高科园区工业总产值近年也有了明显增长，但工业出口交货值增长幅度不明显，具体见图32和图33。

总体来看，2016年，上海自贸区规模以上工业总产值为4 312.84亿元；2017年，自贸区内规模以上工业总产值达到4 924亿元，外贸进出口总额达到1 350亿元，吸引了包括全球三大国际船舶管理公司——威仕、中英、贝仕，28家知名资产管理机构以及银行、保险、基金等领域的知名企业入驻；2018年，全球知名新能源汽车厂商特斯拉入驻该区，反映了制造业扩大对外开放的引资效果。

在上海自由港方案形成的刺激下，自贸区内的港口、物流、仓储、商务

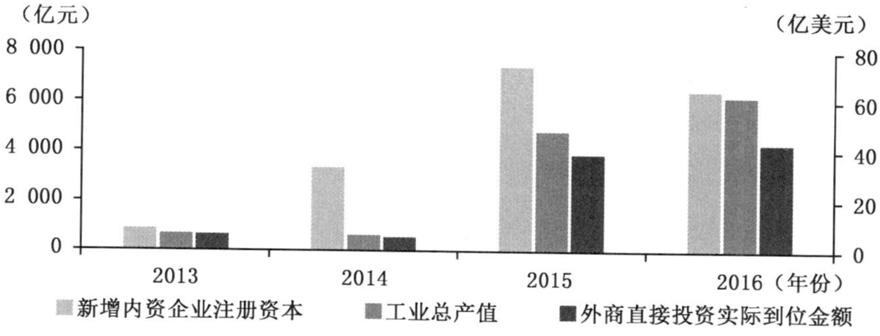

数据来源:《上海浦东年鉴》。

图 31 上海自贸区发展概况

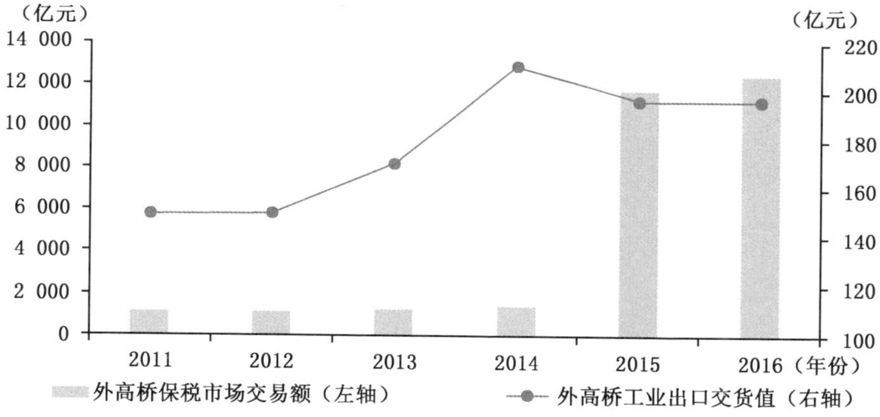

数据来源:《上海浦东年鉴》。

图 32 外高桥保税市场交易额与工业出口交货值

等相关行业产业迎来利好,区内的加工贸易、转关贸易和出口贸易等受到提振,上海建设自由贸易港区,将进一步促进洋山港向国际一流枢纽大港迈进。建设自由港对于上海制造业的意义在于:一是创新功能助推保税区实体经济发展,包括依托海关特殊监管优势发展高科技企业,发挥全产业链优势,引导跨国公司高端发展;二是以全产业链服务培育复合型总部,通过上下游功能叠加、业务拓展,引导企业向总部转型;三是发挥自贸区优势,促进产业资本、产业空间、平台服务、业务合作、专业人才的区内外联动,进而把上海真正建设成为国际金融中心,成为"一带一路"的桥头

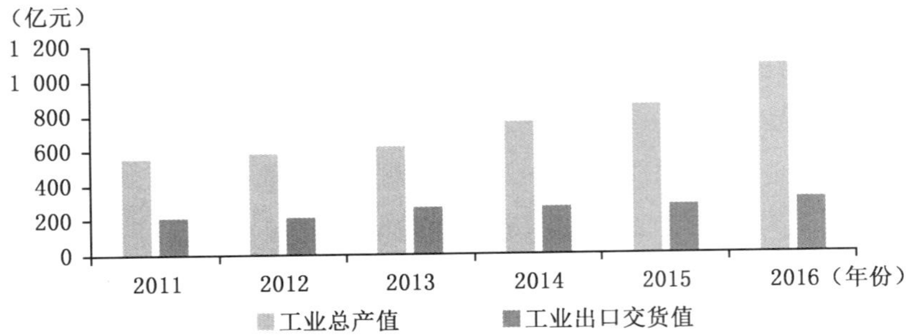

数据来源:《上海浦东年鉴》。

图33 张江高科园区工业总产值与出口交货值

堡,为中国经济发展增添新的动力。数据显示,2016年,上海港集装箱吞吐量达到3 659万标准集装箱,已超过新加坡和中国香港,成为全球最大的集装箱港口。上海目前正在筹建的自由港属于中国(上海)自由贸易试验区的一种,主要位于洋山保税港区和上海浦东机场综合保税区等海关特殊监管区域内,且该区域属于自贸区范围。

3

进出口贸易对上海制造业发展的影响分析

时下,上海的制造业转型升级应该放在新一轮全球产业分工体系、全球多边贸易体系变化创新的背景下来考虑,需要在上海作为卓越全球城市的发展、长三角区域一体化战略、自贸区发展新战略和金融创新战略中进行定位与发展,让企业成为制造业转型升级的主体,走全球资源整合、开放创新之路一定是大势所趋。

3.1 上海制造业发展的目标与基础

3.1.1 现阶段上海制造业发展的目标

一是注重统筹重点产业布局。以上海制造引领支撑现代产业体系建设,加快转型高端发展之路。要超前布局未来前沿产业,聚焦信息网络、空天海洋等领域,实施一批基础前沿工程;加快培育战略性新兴产业,聚焦民用航空、生物医药等领域,加快培育形成新的经济增长点;改造提升传统优势产业，聚焦汽车、化工等领域，加快智能化技改提升。目前正在加快制定集成电路、民用航空产业发展等行动计划，推动产业链、创新链的联动发展。

二是注重优化协调推进机制。上海将从扩大开放、制度供给、土地资源、产融结合、品牌宣传等八方面保障措施，加强统筹协调、务实推进。近期，要加快推出振兴历史经典品牌、高成长性创新企业培育等一系列配套政策。

三是注重瞄准目标持续发力。未来三年里，围绕加快建设全球卓越制造基地的总体目标，设定了三个分项目标：就是到 2020 年，要初步建成世界级新兴产业发展策源地，初步建成若干世界级先进制造业集群，初步建成世界级制造品牌汇聚地。

全力推进上海制造业转型升级，最紧要的是抓牢关键核心技术、高端产业集群、过硬质量品质这三个环节，叫响“四名六创”。要以“四名”（名品打造、名企培育、名家汇聚、名园塑造）为引领，带动上海制造优势更优、特色更特、强项更强；以“六创”（技术创新、品牌创响、质量创优、融合创智、集群创建、绿色创先六个专项行动）为支撑，推动经济发展的质量、效率和动力变革，最终要实现“四个更加”，就是让上海制造的技术更先进、生产更智能、产品更高端、品牌更响亮。

3.1.2 上海制造业的现有基础

上海素有“近代中国工业中心”之称，经过多年的改革开放和全球经济一体化的洗礼，上海的现代工业开始呈现出良好的态势。上海根据发展阶段转换和国家战略目标导向，先后在资本和技术密集型重化工业、融入国际产业分工的外向型产业和战略性新兴产业发展中，率先创新突破，转型升级，确立了上海制造业的发展优势。从 20 世纪 80 年代后期到 90 年代初期，上海制造业率先推动资本技术密集型重化工业发展，确立了工业化中期的上海制造业发展优势。在“调整中发展”和“发展中调整”的战略引领下，以上海石化、宝钢、上海大众等项目为标志，加快推动从轻纺工业到重化工业的转型升级，制造业成为改革开放初期上海经济快速增长的核心支撑。从 20 世纪 90 年代中期到 21 世纪初期，上海在发挥比较优势、适应性融入国际产业分工中率先突破，确立了工业化中后期的制造业发展优势。在浦东开发开放和“四个中心”(国际经济中心、国际金融中心、国际贸易中心、国际航运中心)建设目标的引领下,“在发展和调整中提升”的战略取得重要进展。以上海华虹 NEC 为项目主体的 909 工程,使上海成为中国集成电路产业的开路先锋,电子信息、装备、汽车、钢铁、石化和生物医药六大重点产业的发展优势也不断提升。

2008 年国际金融危机以来,随着劳动力、土地等资源要素成本快速上升,上海经历了从高新技术产业化,到发展战略性新兴产业,再到加快培育新产业、新技术、新业态和新模式的发展历程,上海制造业朝着中高端升级迈出坚实的步伐。以临港为代表的大型、新型化的先进制造业不断发展,对上海的工业乃至长三角地区的先进制造业,起到越来越明显的引领和支撑作用。C919 大型客机、ARJ-21 新支线客机、“海洋石油 981”深水半潜式钻井平台、重型燃气轮机、华力微电子 12 英寸生产线等重大项目取得突破,以集成电路设计、新一代宽带无线移动通信网和新型显示等领域为重点的制造业中高端升级加快推进,上海制造业已成为上海科创中心和四个中心建设的重要支撑。在上海所依托的长三角地区,既有阿里巴巴等互联网巨头,同时也有上汽集团、上海电气等制造业领军企业,确立了工业互联网发展中最重要的制造业与互联网融合发展优势。上海建设具有全球影响力的科技创新中心形成的前沿技术创新能力,与上海及长三角腹地产业发展优势基础上形成的数据体量优势和市场规模优势相结合,可以为上海在国际产业制高点竞争中率先突破,占据主动地位,创造重要的支撑条件和发展优势。上海可以依托互联网巨头和制造业领军企业,打造具有国际影响力的企业级工业互联网平台,依托长三角的产业基础优势、数据体量优势和市场规模优势,培育跨行业、跨领域的工业互联网平台,支撑国家层面的工业互联网参考结构和标准体系建立,代表国家参与国际制高点竞争。同时,通过工业互联网平台,又可以为上海、长三角和全国范围的企业提供大数据服务、云制造服务等,依托工业互联网的数据信息共享和系统集成,支撑和带动上海和更大范围企业的数字化、网络化、智能化向中高端升级。

3.2 上海制造业发展现状分析

3.2.1 上海制造业的比较优势变化

一般来说，对比较优势绩效的测度指标运用最广泛的莫过于显示性比较优势指数。显示性比较优势指数最初由巴拉萨(Balassa，1965)提出，是指一国某类商品出口额占该国总出口额的比重相对于世界上该类商品出口额占世界总出口额比重的大小，该指标反映了一个国家某一产业或产品的出口与世界平均水平的相对优势，在进行国际竞争力比较时被广泛采用。

$$RCA_{ij}=\frac{X_{ij}/\sum_{j=1}^{n}X_{ij}}{\sum_{i=1}^{m}X_{ij}/\sum_{i=1}^{m}\sum_{j=1}^{n}X_{ij}}$$

式中，RCA_{ij} 表示 i 国 j 类产品的显示性比较优势指数；X_{ij} 表示 i 国 j 类产品的出口额，$i=1,2\cdots,n$；分子表示 i 国 j 类产品出口额占该国总出口中的比重，分母表示世界总出口中 j 类产品的出口额。一般而言，$RCA_{ij}>1$，表示 i 国 j 类产品处于比较优势；$RCA_{ij}<1$，则处于比较劣势，RCA_{ij} 值越大，则比较优势越强；$RCA_{ij}\geqslant 2.5$，表示 i 国 j 类产品具有极强的比较优势；$1.25\leqslant RCA_{ij}<2.5$，表示 i 国 j 类产品具有较强的比较优势。一般来说，RCA 指数用作国家或地区之间的比较，不过中国制造业总规模较大，上海制造业在全国也占据相当大的份额(大于一些制造业规模较小的国家)。本报告通过上海制造业在国际贸易中相对份额的变化来考察其比较优势的变化。

$$RCA_{\text{上海制造业}}=\frac{\text{上海工业制成品出口额/上海货物出口总额}}{\text{世界工业制成品出口额/世界货物出口总额}}$$

自浦东开发开放以来，总的来说，上海制造业指数稳定地处于1.14－1.40之间，说明上海制造业在国际市场上具有较强的比较优势。而且从比较优势变化的趋势来看，上海制造业在国际市场上的相对份额比较稳定，且有不断提高的趋势。从1990－2011年看，受亚洲金融危机影响的1998－1999年，受非典影响的2004年，以及受国际金融危机影响的2008年曾出现一定程度的波动，*RCA* 指数总的来说处于上升趋势，从1990年的1.16上升至2010年和2011年的1.4，说明上海制造业比较优势不断增强。

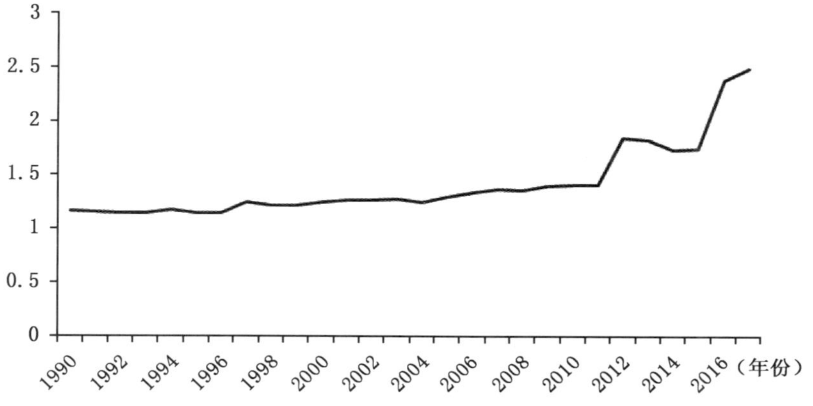

数据来源：Wind。

图34 1990—2017年上海制造业 *RCA* 指数

3.2.2 比较优势变化中上海制造业的要素禀赋特征

李嘉图认为，比较优势源于劳动生产率和技术水平的差异，而Heckscher-Ohlin模型则认为，相同技术水平情况下，比较优势源于相对要素禀赋的差异，比较优势演化理论则认为国家和地区的发展水平也是影响国际分工和产业升级的重要因素。因此，根据数据的可得性，本报告初步将制造业比较优势来源的测度指标分为三类：第一类侧重于要素禀赋，包括资本要素和劳动力要素，如外商投资企业进口总额、技术合同成交金额和制造业人员平均工资等；第二类是体现技术水平的要素，包括体现工业结构变化的技术合同成交金额、研发经费企业内部支出；第三类是体现发展水平的变量，即加工贸易出口额等。

外来资本要素方面，自2001年加入世贸组织后，上海外商投资企业进口总额持续增加，为上海制造业的发展带来了充分的资本要素。2009年，受金融危机的影响，外商进口总额有所下降，但2010年后又马上恢复增长，自此至2015年保持增长态势，2016年稍有回落。与此同时，外商投资企业出口总额也在逐年保持增长，除了2009年稍有下降，2011年，外企出口总额达到最高，为 1 423.799 亿美元，此后逐年缓慢回落。从总的趋势来看，外商投资企业的净出口总额经历了 2008 年的最高值 94.335 亿美元以后，从 2011 年开始，外企进口超过出口，净出口为负值，一直保持下降到 2016 年，具体见图 35。

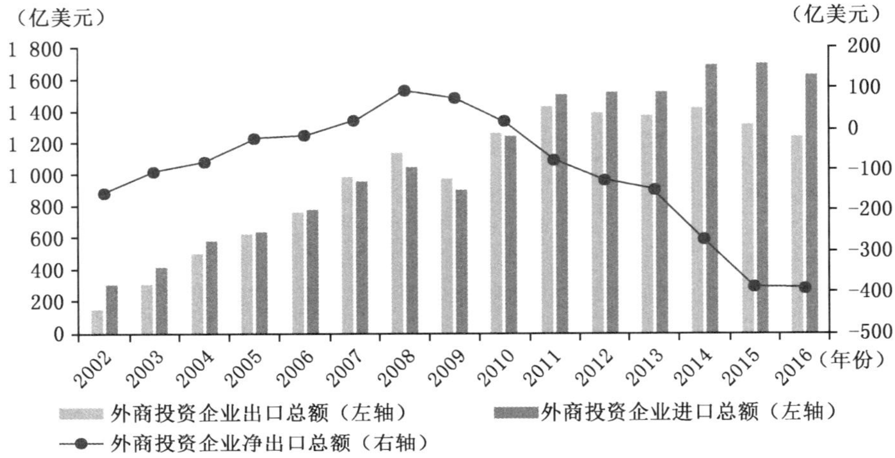

数据来源：《上海商贸年鉴》。

图 35　上海外商投资企业进口总额、出口总额及净出口总额

劳动力要素方面，近年劳动力价格越来越高，制造业人员年平均工资增长也随之加快，从 2000 年的 13 207 元涨到 2016 年的 96 813 元，上海制造业发展劳动力成本上升趋势明显，具体见图 36。从 2005 年开始，制造业从业人员数保持整体增长、局部下降的趋势，大体与上海加工贸易出口额发展态势相符，2009—2012 年制造业从业人员稍有减少，2013 年和 2014 年达到饱和，此后逐渐减少，具体见图 37。

在技术水平发展要素中，近年来随着上海 GDP 的增长，工业企业的研发经费内部支出和技术合同的成交金额也保持同步增长，尤其是近 10 年来，规模以上工业企业的研发支出增长速度超过了技术合同成交金额，企业的技术水平要素发展态势良好，科研转化效率较高，具体见图 38。

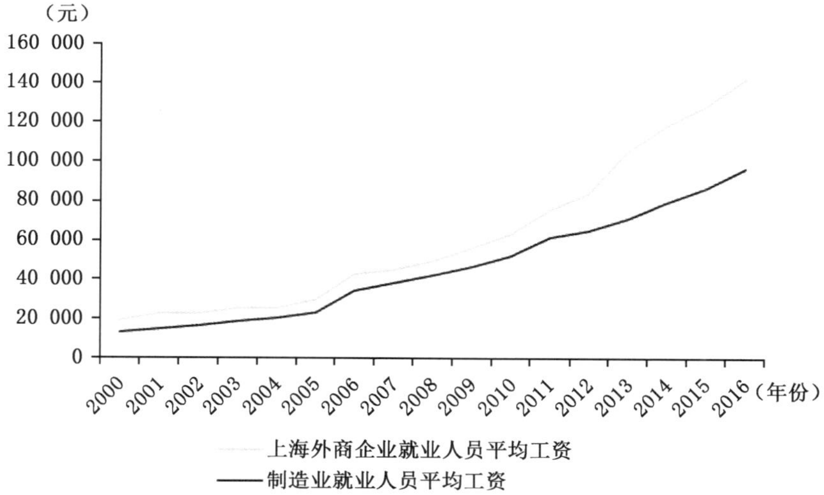

数据来源：《上海统计年鉴》。

图 36　上海外商企业与制造业就业人员平均工资

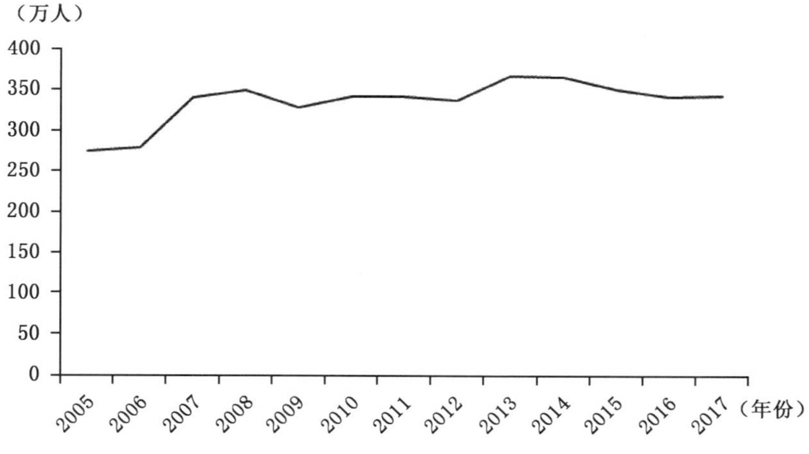

数据来源：《上海统计年鉴》。

图 37　上海市制造业从业人员数

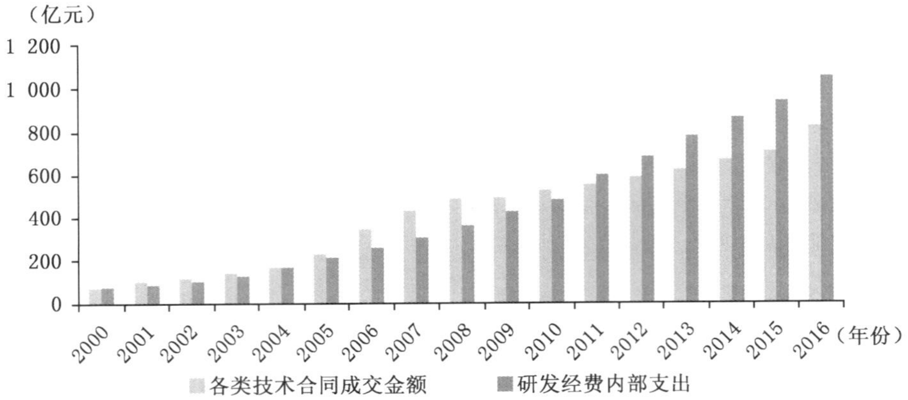

数据来源:《上海统计年鉴》。

图38 上海市企业科研支出与技术合同成交金额

3.3 上海对外贸易对制造业产生的影响

3.3.1 上海制造业进口贸易的技术溢出效应

当前我国正在加快优化投资营商环境,进一步提升外资利用质量,充分发挥外资溢出效应,引导外资结构从以制造业和重化工业为主向以高新技术产业为主转变。同时,技术溢出效应意在推动生产要素从引进、释放到培育的战略提升,借助高新技术和设备的进口来加速“上海制造”进入全球价值链的中高端,推动上海市新兴产业发展和产业结构升级。近年来,随着上海引进技术设备到货金额的增加,各类技术合同成交金额也随之增长,具体见图39。

3.3.2 上海制造业出口贸易对产业竞争力的影响

上海的制造业出口主要分为高新技术产品和机电产品,加入世贸组织后,上海制造业出口贸易的增长大大提高了产业竞争力,在高新技术产品出口贸易的带动下,高新技术产业利润总额从2006年的119.26亿元飙升至2016年的334.58亿元,利润增长趋势和速度与出口贸易大致相符,具体见图40。

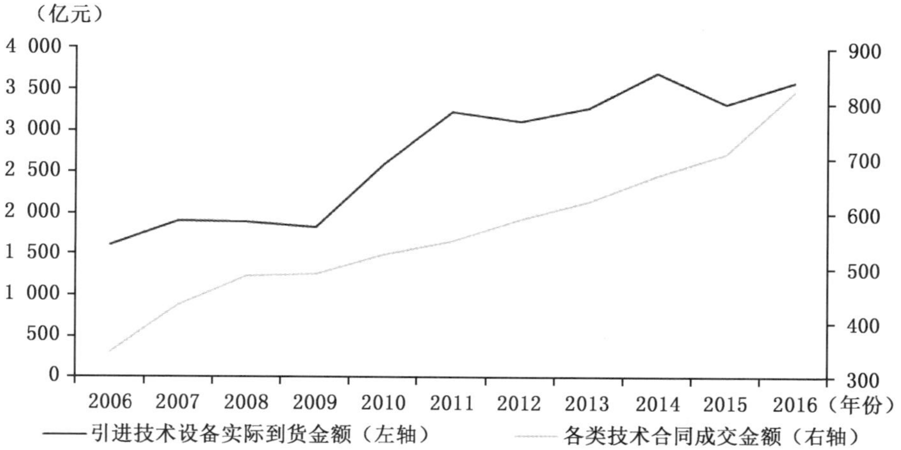

数据来源:《上海统计年鉴》。

图 39 上海引进技术设备实际到货金额与各类技术合同成交金额

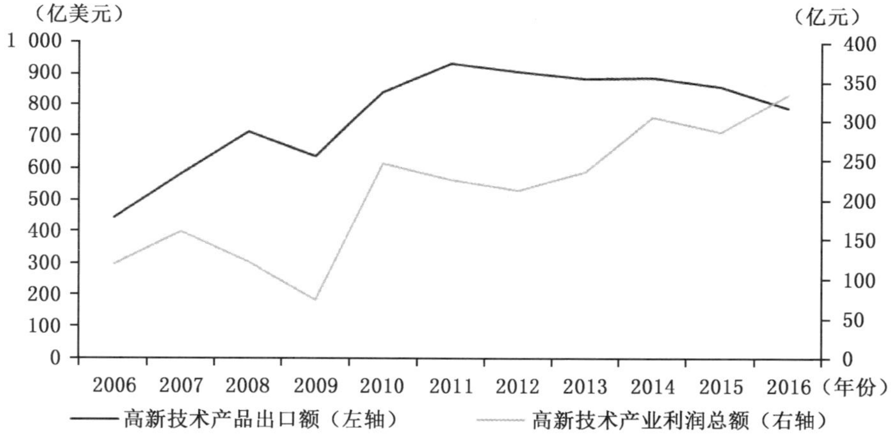

数据来源:《上海统计年鉴》。

图 40 上海市高新技术产业利润总额与高新技术产品出口额

3.3.3 生产性服务贸易对上海制造业转型升级的影响

生产性服务业的融入能有效提高产业发展效率和质量。生产性服务业是促进其他部门增长的产业,是制造业融合发展的黏合剂。发达国家生产性服务质量已经全面融入制造业产前、产中和产后全过程。产品过程和过程开发、设计、后勤、价值链管理等服务投入的重要性已经超过诸如企业技术质量、人力资源质量、资产数量等传统因素，对提高制造业发展效率和质量、提升企业竞争力具有重要意义。另外，围绕客户需求为核心的生产性服务要素的投入，也将大大提升产品在市场上的接受程度和受欢迎程度，成为企业利润的增长点。近年来，上海生产性服务贸易发展较快，每年均保持稳定的增长，从2005年的268.112亿美元增长到2016年的1 761.33亿美元，具体见图41。

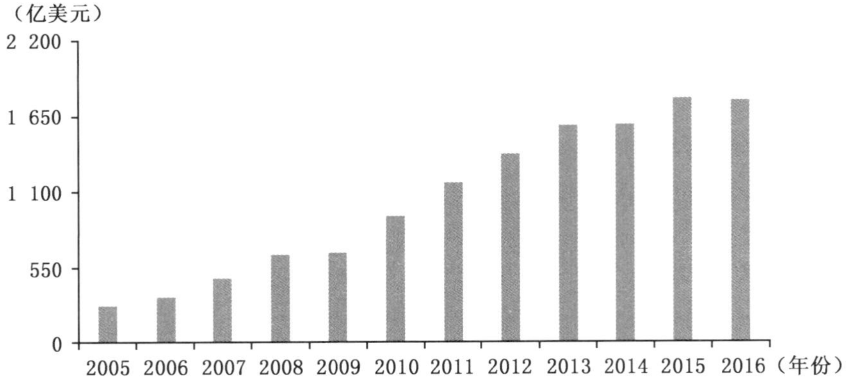

数据来源：《上海统计年鉴》。

图41 上海生产性服务贸易总额

上海目前处于工业化的中后期阶段，工业化过程中制造业的增长需要生产性服务业的拉动，产品设计与研发、市场调研、市场拓展、品牌营销、售后服务、创意策划、会展等生产性服务业的发展，不但可以帮助企业发现市场、创造需求，增强市场控制力和差异性竞争能力，还可以带动技术进步和创新，引领产业向产业链高端延伸。因此，生产性服务贸易将推动工业总产值的增长，两者的走势也基本一致，具体见图42。从近十年来看，上海的生产性服务贸易总额与六大工业行业利润总额的走势也基本一致，具体见图43。

3.3.4 上海高新技术产业进口依赖性较强

近年来，上海高新技术产业销售总值自2011年达到最高值6 950.67亿元后，此后5年内稍有回落，然而，高新技术产品进口则一直保持较稳

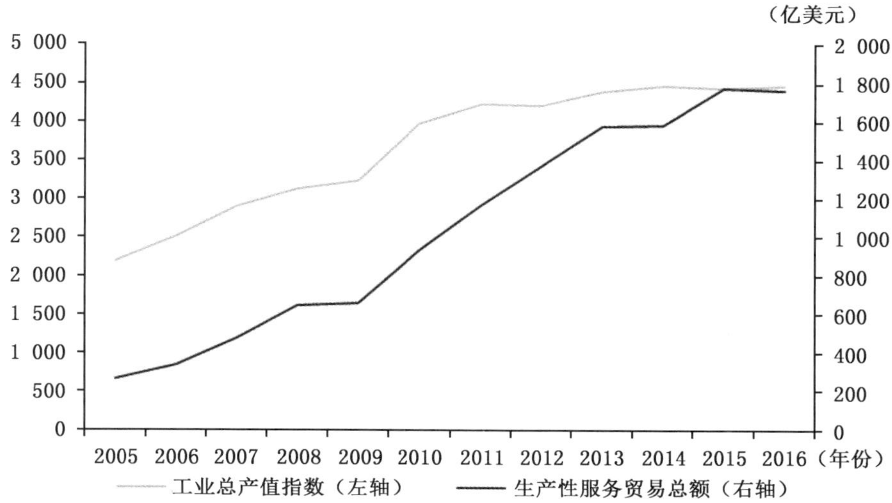

数据来源:《上海统计年鉴》。

图 42 上海生产性服务贸易总额与工业总产值指数

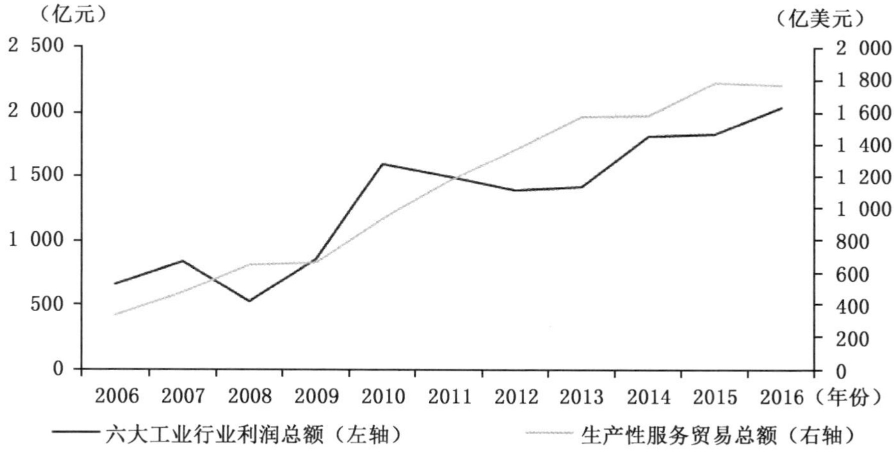

数据来源:《上海统计年鉴》。

图 43 上海六大工业行业利润总额与生产性服务贸易总额

定的上升趋势,从 2006 年的 3 110 亿元增长至 2016 年的 5 157 亿元。总体来看,上海高新技术产业对进口的依赖性较强,且逐年保持一定的上升态势,2015 年达到了最高值 80%,2016 年稍有回落,但仍然保持在近 80%的高位,具体见图 44。

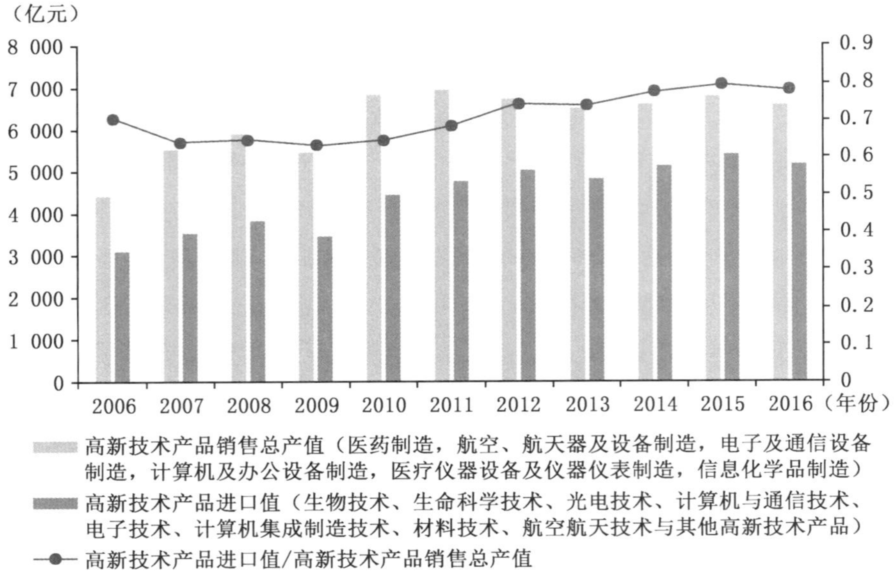

数据来源:《上海统计年鉴》。

图 44 上海高新技术产业进口依赖性

3.4 贸易战背景下上海制造业面临的机遇与挑战

3.4.1 现阶段上海制造业面临的机遇

(1)上海具备国家政策优势,制度环境优越。从国家政策优势来看,首先,国际经济中心、金融中心、贸易中心、航运中心在上海集聚,是中央政府对于上海发展的战略定位,更是上海发展先进制造业的极佳政策优势,也由此将带来大量的重大产业项目和国家资金的倾斜。上海是工信部首批认定的 8 个两化融合试验区之一,2016 年上海两化融合指数高居全国首位,工业云、智能制造等在汽车、装备、航空等已经成为“标配”。电子商务交易额达到 1.64 万亿元,互联网金融企业占据全国半壁江山。在旅游、餐饮、娱乐等领域集聚了一批具有全国影响力的信息服务企业,信息技术产业总规模达到 1.2 万亿元,信息服务业增加值占全市 GDP 的比重达到 7%。此外,目前,上海在航空航天、造船、汽车等制造业领域已具备不小的优势,这些领域正是国家在《中国制造 2025》规划中所强调的高端制造业。在高端制造业上的重大创新突破将是上海实实在在的自主研发成果,这也意味着将在建设科创中心过程中起到标杆作用,同时带动相关生产性服务业的集聚,其中也包括服务业。目前以服务经济为主的产业结构基本形成,大大提升了城市服务能级,为持续打响"上海服务"品牌夯实了根基。

(2)长三角三省一市组建的区域合作进一步强化产业协同,实现更大范围的资源整合共享,基于制造业结构的差异性和互补性,有利于形成区域性的专业化优势产业发展格局,为上海制造业转型升级提供广阔的发展空间。长江三角洲地区,作为全国发展基础最好、体制环境最优、整体竞争力最强的地区之一,是我国经济最具活力、开放程度最高、创新能力最强的区域之一,是"一带一路"和长江经济带的重要交汇点,已成为亚太地区重要的国际门户、全球重要的现代服务业和先进制造业中心。当前,长三角地区的合作进入了以上海为龙头的一体化创新突破全面深化的新阶段。2014 年,习近平总书记在上海考察时强调:要继续完善长三角地区合作协调机制,加强专题合作,拓展合作内容,加强区域规划衔接和前瞻性研究,努力促进长三角地区率先发展、一体化发展。对上海而言,全市的资源尤其是土地资源有限,要想在有限的土地上获得更高的附加值,势必要将原先的产业淘汰,使产业转型升级。数据显示,上海制造业占 GDP 的比重曾出现逐年下跌之势。并且上海 6 000 多平方公里已聚集了 2 400 万人,人口密度过高会造成环境恶化、房价高企、基础设施负荷过重等"大城市病"问题,因此,疏解势在必行。从产业角度看,2017 年上海就强力推动制造业创新中心、产业创新工程、工业强基建设,发布人工智能发展意见,促进与实体经济深度融合;同时,聚焦产业链的关键环节,制定和实施高端装备首台套、新材料首批次、软件首版次意见等创新性政策,推动技改审批改革,加快调整转型结合,全年战略新兴制造业总产值比上年增长 5.7%,增速同比提高 4.2 个百分点。

(3)2018 年,特朗普政府计划对数百亿美元的中国进口商品征收关税,同时限制中国的技术转让和并购业务,迫使中国缩减美国认为不公平的贸易和投资行为;特朗普在白宫签署了一份总统备忘录,引用 1974 年《美国贸易法》的第 301 条款,允许针对海外的据称不公平的贸易政策采取单方面行动。美国对中国的出口中，机械和交通运输设备(航空航天、电子设备、机械设备、汽车、仪器仪表)占比最高，达 48.2%，其他占比较高的类别依次为非食用原料、化学成品、食品及动物。更为细致的分类中，汽车和航空航天、电脑及电子产品、农产品、化学制品、机械设备、废旧材料是美国对中国出口较多的产品；美国大豆、集成电路出口对中国市场的依赖程度较高。从中国对美产品制裁的程度和敏感性两个维度来看行业受益度：一是我国行业受到针对美国的贸易保护政策正面影响程度排序如下：化工产品＞新能源相关产品＞农产品、塑料橡胶制品，此外，汽车、大豆等美国重要行业且对出口较多/依赖度较高的品类，也可能会受到中国的“双反”而造成进口相对受限；虽然中美在化工产品上相互反倾销的行为都很多，但差异明显。二是从中国各行业美国进口的敏感度来看，以在出口中的占比为依据，军工、航空航天＞植物产品＞汽车＞仪器仪表＞谷物，如果中美贸易冲突升级至全面限制的程度，对国内的以上行业相对有利，中国反制举措下农业、软件、光学医疗设备、部分汽车经销商有可能会受益于中国对美部分商品关税的提升。

3.4.2 上海制造业面临的挑战

首先是关键的工业原材料和制造业配套件的大量短缺，上海的大飞机研制工程和第三代核电站研制工程，不仅机载设备、原材料和配套件等大量依赖进口，飞机发动机、核岛设备密封件还面临国外禁运，已成为两项重大国产化工程的“卡脖子”环节。多年来，我国制造业虽然发展迅速，但依靠的是材料的粗加工和终端产品的组装。有句俗话说得好：“基础不牢，地动山摇。”目前大批核心关键材料还需依赖进口，我国关键新材料自给率仅为 14%。在华为、中兴、大疆等品牌大批量攻占国际市场的时候，中国制造基础的发展已经刻不容缓。

其次是外贸中的技术溢出效应存在较多的不利条件。虽然上海驻有诸多跨国公司的亚太总部，对上海制造业的技术和发展有着很大作用，但是要使技术溢出效应推动上海经济增长的正面效应得到充分发挥，还存在着很多制约因素。一方面，跨国公司在直接投资中实施“技术锁定”策略。这种策略是跨国公司基于实施全球战略以及应对国际技术市场激烈竞争而采取的新举措，许多跨国公司就是利用这种技术锁定来加强上海乃至中国该行业对它们的技术依赖，从而牟取巨额的垄断利润。上海的航空航天、通信设备等产业中都可以找到跨国公司技术锁定的踪迹。如在计算机制造业中，虽然跨国公司不断缩小技术锁定范围，但最终只锁定芯片技术，这一锁定始终成为我国计算机产业中的一道坎；另一方面，母国政府的政策限制也是重要的因素。在这方面，美国的对华技术出口限制表现得淋漓尽致。美国政府只许可一些低水平的技术转让，而对可能涉及军事用途的军民两用先进技术则采取完全封杀的态度。例如，2001年上半年，美国著名的半导体制造商公司 SMIC 准备在上海投资 15 亿美元建立一个芯片生产厂，为了投资需要，SMIC 通过美国应用材料公司的申请向中国转让两项电子光束系统技术。但由美国国防部、国务院和商业部组成的技术出口审查委员会极力反对并利用各种口实阻挠，最后这项正常的国际技术转让项目流产。

4

以贸易推动制造业发展案例分析——新加坡

4.1 新加坡自由贸易发展历程与概况

4.1.1 新加坡港口的发展历史

新中国成立之前，新加坡是一个以转口贸易为主的完全自由港；在1960年前，新加坡一直是殖民经济中的贸易中转站，经济以贸易和商业为主，工农业居其次。在这种单一畸形的经济结构中，新加坡的转口贸易成为国民经济的支柱，而工业基础却十分薄弱，仅有的绝大部分也是为转口贸易服务的加工、装配等简单工业。此后新加坡逐渐向综合功能的有限自由港的方向发展。1959年，新加坡自治政府成立，成为英联邦中的一个自治邦，同时新加坡自由港也遭遇了发展的困境。

新中国成立初期，新加坡实行的进口替代工业化战略，是通过限制一些产品的进口来达到保护国内刚起步工业的目的。1966年，新加坡国会颁布了《自由贸易区条例》,并于1969年在裕廊港码头设立第一个自由贸易区。与其他国家的自由贸易区不同,新加坡的自由贸易区并不是通过优惠政策吸引外资来发展加工制造业,它实质上是一个免税区。以进口替代工业化政策,使新加坡形成了以制造业为支柱的合理产业结构,并带动了对外贸易、交通运输、金融业以及旅游业的发展。1967年底,新加坡转而实行面向出口的工业化政策,颁布了《经济扩展奖励(豁免所得税)法案》。1970年和1975年,为了增强其产品在国际上的竞争力,新加坡又两次修改以上法案,鼓励企业投资于资本和技术密集型的工业。由此,新加坡开始了面向出口的工业化路程,同时解除了对232种商品的进口关税。1979年,新加坡政府提出了"第二次工业革命",从20世纪80年代开始,新加坡政府重点发展高新技术产业,注重传统产业的发展与革新,尤其是积极推动物流、金融、商贸等现代服务业的发展和输出。20世纪90年代,新加坡进入多功能自由港繁荣期,政府投入大量的资金建设港口,发展自由贸易区。1990年,新加坡港口集装箱吞吐量跃居世界第一位,时至今日,新加坡仍然在全球集装箱港口的排名上名列前茅。整体来看,新加坡经济增长很大程度上乃是得益于其贸易的发展,而贸易收支作为经常账户中最主要的部分直接影响新加坡制造业和经济的发展,从新加坡统计局的数据来看,新加坡经常账户占GDP的比例从20世纪80年代初期的负值,发展到2016年的20%,其间虽然有所波动,但大体上仍然呈上升的趋势,这充分说明贸易对于新加坡经济发展的重要性。

4.1.2　现阶段新加坡自由港功能定位

新加坡自由港的发展成就得益于政府的正确定位。新加坡政府以勤政和廉洁著称,政治精英们审时度势,对国家经济发展形势和依赖路径总是保持清醒的认识,在新加坡经济发展的重要依托——自由港的建设过程中,新加坡政府实施了一系列行之有效的政策,包括税收优惠、贸易自由、金融自由、投资自由、货物及人员流动自由等。从新加坡的进出口贸易额来看,从20世纪80年代初期至90年代中期,新加坡的进出口贸易额基本相当,此后,在实行出口导向的工业政策和新加坡政府发起的"第二次工业革命"的作用下,出口贸易额开始超过进口贸易额,且两者基本保持一致的增长幅度,具体可见图45。经过半个多世纪的奋斗,新加坡自由港已经发展成为国际著名的航运中心，新加坡也成为金融中心和新兴工业化国家。现在，新加坡政府不仅全面实行贸易自由开放政策，而且通过简化通关程序，提高自由贸易区内货物装卸和运送的效率，使得货物可在新加坡境内自由转移或出口，提升自由港的国际贸易竞争力。时至今日，新加坡自由港已发展成为集仓储、贸易、加工和金融等功能于一体的新型国际性港口。目前，全球超过 90%的货物可以自由进出新加坡而不需要缴纳关税，应税商品只有酒类、烟草产品、石油产品以及车辆四大类。

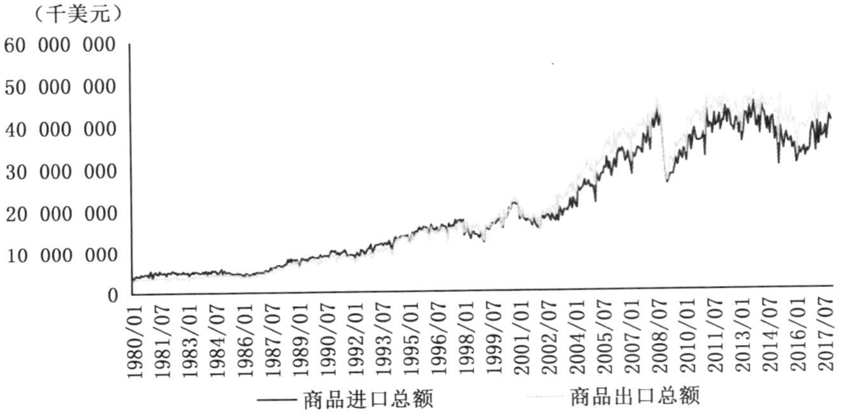

数据来源：新加坡统计局。

图 45　新加坡外贸商品进出口总额

新加坡的自由贸易区等海关特殊监管区功能繁多，包括仓储、贸易转运、吸引外资、生产加工、金融中心、休闲消费等，可重点归纳为以下几点：(1)仓储和贸易转运功能。利用货物进出口不课征关税、不受进口配额限制、通关便利、进仓时间短、仓储费用低廉等优惠条件，新加坡自由港吸引了世界各地的转运货物在其区内的物流中心、保税仓库进行储存，或待恰当时机销往国内市场，或者转运到其他国家，从中获得大量的附加收益。(2)吸引外资和加工制造功能。在自由港内设立出口加工区和工业园区，主要目的是为了吸引外商直接投资，在区域内设立工厂，进行产品的生产加工，进而供应出口，在此过程中刺激经济增长，解决劳动力的就业问题。同中国香港至今仍以劳动密集型制造业为主的情况不同的是，新加坡的产业在政府的大力鼓励和支持下，转型升级比较成功。(3)国际金融中心功能。新加坡地处欧、亚、非交通要道，有利的地理位置使之成为世界金融活动昼夜进行的接力点。新加坡自独立以来政局稳定，投资风险小。作为世界第二大集装箱港口，拥有技术先进且运转良好的通信网络，可以实现与世界各贸易、金融中心的密切联系。这些都为新加坡金融业的发展奠定了良好的基础。

正是在这种有利条件下，新加坡以制造行业出口加工为代表的转口商品贸易发展迅猛，同时为了获取价值链中的高附加值的部分，新加坡的主要转口商品贸易皆集中于电子产品和电器类等高附加值产品，从 20 世纪 90 年代开始，新加坡就逐渐发展高附加值的产品贸易，其中，电器类的转口贸易一直保持稳定的增长，而电子产品类的转口贸易在 2008 年金融危机后出现了下降，2009 年后才开始缓慢上升，但恢复较为缓慢，具体见图 46。

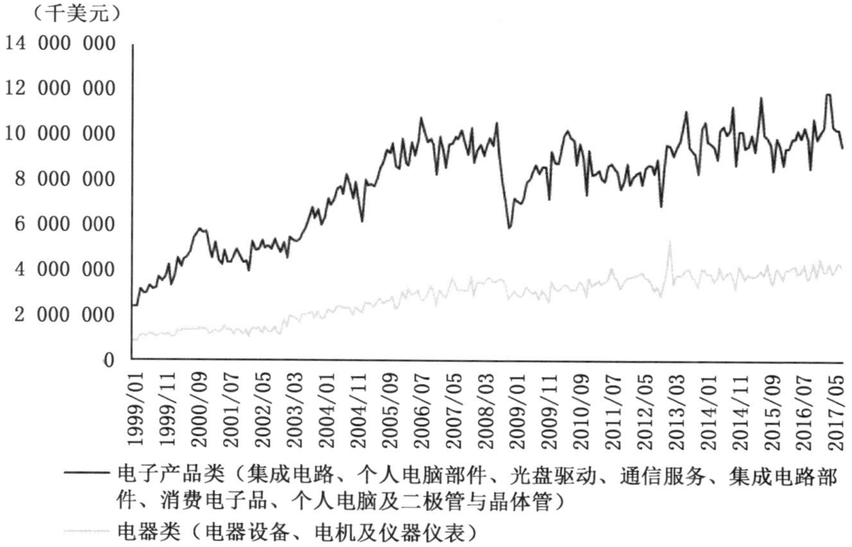

数据来源：新加坡统计局。

图 46　新加坡主要转口商品贸易额

4.1.3　新加坡的自由贸易区发展概况

新加坡自由贸易园区的主要业务以转口贸易为主，进入园区内的货物在不改变其性质的前提下可以重新包装、分类和拆并箱,但是深加工被限制,区内基本没有制造业。新加坡的自由贸易区均以围墙等方式加以封闭,未经海关部门准许,任何人不得擅自进入或居住其内。新加坡自由贸易区的功能较为简单,主要是以发展转口贸易、提供物流附加价值为目的,货物可以在同一自由贸易区内自由运送,海关多不加以干涉。坐落于港口腹地的物流中心不仅可提供"集装箱货运站"的功能,同时能够支持分类、加工、包装等附加值活动。到目前为止,新加坡一共开辟了7个自由贸易区,其中6个是处理海运货物,主要进行货物的进出口、包装以及转运,新加坡樟宜国际机场是唯一一个空运货物自由贸易区。樟宜机场的自由贸易区和裕廊港的自由贸易区分别由樟宜机场集团和裕廊海港私人有限公司掌管,其余的5个海运自由贸易区均由新加坡港务公司经营,分别为丹戎巴葛自由贸易区、森巴旺自由贸易区、岌巴自由贸易区、布拉尼自由贸易区和巴西班让自由贸易区。除森巴旺码头位于新加坡的北岸,与马来西亚隔水相望外,其余海港区都位于岛的南岸。若企业必须从事除简易加工以外的制造功能,且商品加工对时间的要求并不是很苛刻,则可以将其原料和半成品转移到港口腹地的物流分销园或工业区内进行。当原料或货物移至物流分销园区或工业区从事生产时,实质上已将货物进口至新加坡的征税区域,应依法完成进口申报程序,并缴纳进口的消费税或关税。

由于本国市场狭小,新加坡必须不断改善航运的基础设施和提高加工制造能力,推动制造业的出口。20世纪80年代,随着新加坡经济的腾飞,新加坡制造业的出口依赖性从80年代初期的60%上升到90年代初期的67%,90年代中后期虽然有所下降,但依然保持在60%以上,2000年以后,制造业出口依赖性再度上升,2016年已经接近70%,具体见图47。现在新加坡自由港的码头设备完善,处理货物效率极高,分别为远洋巨轮、邮轮、集装箱货轮,以及其他各种轮船提供服务。除了完善基础设施,重点发展金融服务业外,科技在新加坡国家发展战略中的地位逐渐上升。新加坡通过增加科研投入,培育人才,建立科技园区,鼓励跨国公司从事研发活动等措施,建立起了完整的科技发展体系。为了适应国际港口物流经营商的需求,要选择具有相关制造与国际物流基础结构的地点来从事特定产品的简单或深加工活动,再转运至下游客户,通常在港区或周边地区划出一部分区域作为工业区，新加坡港周边存在着大量进行加工再制造活动的工业区。

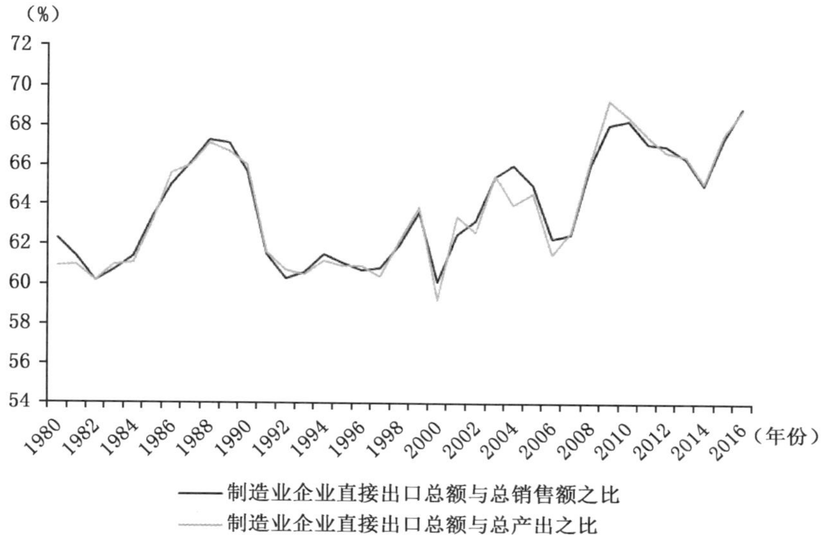

数据来源：新加坡统计局。

图 47　新加坡的制造业出口依赖性

伴随着其经济政策的调整，工业区也在不断地更新换代，由最初的发展劳动密集型工业转为发展资金和技术密集型工业，继而发展到现在的知识密集型工业。其中，规模最大、建设最早的当属裕廊工业区，其于1961年开始创建，现已发展为轻重工业齐备、基础设施完善、风景优美、颇负盛誉的花园式工业市镇。除裕廊工业区外，依据地理位置、经济、生产、技术等条件的不同，新加坡建设的工业区可分为六类：一是滨海区，发展造船、修船及其他海事工业；二是特种工业区，以生产飞机零件及提供飞机检修等服务著称；三是重工业区，着重建设石油化工、化学工业；四是中型及轻工业区，发展塑料制品、机械工具，自动化零件；五是食品及药品工业区；六是市区工业，主要从事各种轻工业。

4.2 新加坡制造业的演化路径分析

4.2.1 新加坡主导产业发展与结构调整的过程

新加坡的产业发展演化脉络较为清晰,主要表现为:以单一转口贸易为主的传统服务业——制造业发展为主,服务业属次要地位——制造业与服务业并重的发展格局——现代服务业成为国民经济的重头戏。

殖民时期,新加坡是一个以转口贸易为主的自由港,其产业结构是单一的转口贸易型经济,转口贸易和与之相关的经济部门却占到80%以上,而制造工业在新加坡国内生产总值中只占8.6%,其余的农业、渔业、采矿业和建筑业等发展严重不足,属于典型的殖民地经济结构。1959年自治后,新加坡转变单一的转口贸易改为多元化的经济结构,通过发展其经济结构中最薄弱也是最重要的制造业,推行工业化计划,推动经济全局发展。经过几年的发展,新加坡基本形成了以制造业为支柱的合理产业结构,其他产业包括对外贸易、交通运输、金融业以及旅游业的发展也初见成效。在此期间,为了保护国内刚刚起步的工业,并且继续保持自由港的地位,新加坡在制定关税政策时,尽力保证征税项目少、进口配额宽、征收税率低。同时,狠抓基础设施建设,着重扩建港口码头,发展水、电和煤气等公用事业。从1959年自治到1980年,新加坡实行了一系列的工业化计划,工业成为国民经济的主要部门,服务业中的对外贸易、交通运输、金融和旅游业也有所发展,但相比于制造业而言,仍属于次要地位。

1980年以后,新加坡进入快速工业化时期,主要表现为奋起直追的出口导向型制造。1986年,新加坡制定了以制造业和服务业为“双引擎”的经济发展战略。工业从劳动密集型向资本和技术密集型过渡,投资的密集型产业包括电子、电脑、精密仪器加工、机械、医药等高附加值产业。炼油业、电子业和海事工业(包括造船、修船、海洋石油勘探设备制造)已成为新加坡工业中的三大支柱产业。通信、物流、航运和货运设备等服务业带动了商务和金融服务业的大发展。1985年,新加坡国内生产总值的比重为:制造业占29%、贸易业占24.3%、金融和商业服务业占16.9%。经济结构发生了变化,转口贸易在国民经济中的比重相应地减少。传统工业逐渐被淘汰，取而代之的是高、新、尖工业，如精密仪器、高密磁盘驱动器和医药产品等。

20 世纪 90 年代，新加坡进入产业结构调整期，主要表现为强化制造业发展和提升综合竞争力。1998 年以后，新加坡进入具有全球竞争性的知识密集型经济时代。会展业、多媒体工作室、废水循环处理与过滤技术、数码和互动媒体产业、生化制药等新兴的现代服务业发展迅速。目前，新加坡自由港的工业比重较大，且多为外向型工业，以资本和技术密集型产业为主，如电子业、石油化工业、机械制造业等就占制造业产值的 80%以上。目前，新加坡是世界上最大的电脑磁盘驱动器生产国和第五大半导体生产国，与此相关的资讯科技业已成为新加坡增长势头最迅猛的产业。同时新加坡也是软件业的“总部经济”所在地，吸引了全球的顶尖软件和服务公司。在密集型工业中，高科技、高附加值工业又占有较大比重。新加坡的企业以大中型为主，像一些走在世界前列的行业则是被跨国公司垄断。主要工业除电子电器、炼油及船舶修造这三大支柱部门以外，还有纺织、食品、交通设备、建筑等也较发达。

4.2.2 新加坡贸易优惠政策演化

1959 年，新加坡颁布了《新兴工业(豁免所得税)法案》和《工业扩展(豁免所得税)法案》，鼓励对新兴工业的投资，并根据投资资本的多寡，给予豁免 2—5 年 40%的所得税；如果出口额达到一定的限度，其缴纳的所得税可减少为 4%。1960 年，为了保护国内工业，新加坡开始对某些商品征收关税，但是征税项目少，税率较低，除了对烟、酒、汽油征税外，还对肥皂和清洁剂征税。到 1963 年，一些工业开始投产，征税项目增加到 30 种，包括收音机和各类石油产品。1965 年，由于工业化的继续推进，征税项目扩大到 183 种，包括橡胶制品、建筑材料等。到 1969 年，新加坡的关税保护达到最高峰，共对 398 种进口商品征收关税。

为了降低关税保护对转口贸易的影响，新加坡国会颁布了《自由贸易区条例》，并于 1969 年正式设立自由贸易区。1969—1979 年间，《经济扩展奖励(豁免所得税)法案》规定，新加坡工业区为外资投资企业所提供的主要优惠政策有：

(1)免征进、出口税；

(2)降低公司所得税率,从40%降至20%,对拥有巨额投资及引进、采用先进生产技术的新兴工业企业,给予五至十年的免税期;

(3)十五年内可以享受只课征4%的出口利润税优惠,通常的出口利润税税率为40%;

(4)外资企业可以自由选择独资经营或合资经营;

(5)资本和投资利润可以自由汇出;

(6)外资企业可以雇用外籍经营管理人员和技术人员,不受限制,并获得入境方便;

(7)为了提高工业区的管理工作效率,裕廊镇管理局拥有独立处理问题的充分权力,等等。

1970年,国会又对1967年的法案进行修改,称为《1970年经济扩展鼓励(豁免所得税)法案》。为了鼓励技术密集型的工业,1975年,国会通过的《经济扩展奖励(豁免所得税)(修正)法案》规定,对新兴工业的免税期延长至10年。修正法案为了鼓励小型而高度专门化的辅助工业,特取消了一个原先的规定,即对厂家在有资格享受新兴工业地位之前必须有不少于100万元的固定资本开支的限定。

以上这些法案的基本精神,就是要通过鼓励扩大投资和出口,迅速地实现输出的增加和资本、技术的流入,以促进工业的发展和现代化。这个基本精神反映了新加坡对资本、市场、技术的新要求,即从主要是依靠本国资本转为依靠外来投资,特别是依靠国际跨国公司的投资,以利用跨国公司现有的销售市场和引进先进的技术,从而实现由主要是依靠本地市场转为面向国际市场,由主要是发展劳动密集型的工业转为发展资本和技术密集型的工业。这就是所谓的由代替进口的资本和技术密集型的工业策略转变为促进出口的策略。这种政策的演化,使新加坡工业化的着重点完全放在吸引外资尤其是跨国公司的投资上。因此,自1967年的法案颁布后,在大力促进出口的口号下,新加坡一方面利用已建立了的工业化初步基础,另一方面采取一系列稳定国内政治局面的措施,为大量吸引外资创造条件,从此,外资开始蜂拥投入新加坡,投资设厂的数量和规模迅速增加,经济建设快速发展。

可见,新加坡优惠政策的演化特点由循序渐进,由最初的小尺度、小范围的优惠政策逐渐向大尺度、大范围的优惠政策发展,并且通过政策的实施，引导资金流向与相应时期国家发展目标相吻合的经济部门，即进口替代性工业—面向出口型工业—技术密集型工业—金融服务业—其他新兴服务业。

4.3 新加坡自由港与上海自贸区建设的比较分析

4.3.1 区域优势比较

新加坡是一个面积只有几百平方公里的城市岛国，自然资源匮乏、国内市场狭小。新加坡自由港的成功发展主要是自治后政府正确决策的结果，在奠定工业化的基础上，充分利用其位于国际航线节点的地理优势发展转口贸易，通过只对少数商品征税、根据投资性质和期限给予所得税的减免等优惠政策来吸引外资和技术，发展面向出口的制造业和服务业。新加坡开放性的经济政策做到了扬长避短，利用与世界经济体系高度紧密的联系推动新加坡的发展。

与新加坡自由港相比，上海自由贸易试验区在发展之初就具有相当的优势：一是具有良好的产业基础。上海的开放型经济规模较大，跨国企业众多，具备较为完善的贸易、航运等服务性产业，港口的集装箱吞吐量更是居于世界首位。二是上海具有较好的地理区位。上海地处中国经济增长极之一的长三角地区，背靠国际化城市——上海市，拥有发达的陆路、空运和海运立体交通网络，地理位置虽然不及新加坡东南亚地区交通节点那般重要，但是也可谓十分优越。通过强大的交通网络支撑，不仅可以快速实现内地资源能源的汇聚，而且为利用国外先进的资金、技术、人才等资源提供了充分的便利性。同时，广阔的长三角经济圈和内陆腹地为其提供了广阔的市场资源。三是上海拥有较成熟的监管制度和管理经验。2009 年，上海市人民政府设立了综合保税区管理委员会，管理规范、高效。在综合保税区的基础上建立自由贸易试验区，有助于创新监管服务模式，促进各类要素的自由流动。

4.3.2 自贸区功能比较

新加坡自由港政策是国家层面的经济发展战略，作为综合型的自由港，其在功能上几乎囊括了新加坡国家发展的主要产业部门，并具备一般自由贸易区的仓储物流、加工制造、吸引外资、国际贸易、服务输出等主要功能。在暂免征关税的前提下，货物可以在自由贸易区内进行规定期限和范围内的免费仓储和转运，海关较少加以干涉，进出口贸易尤其是转口贸易发达。工业区可以吸引外商直接投资，发展如电子、炼油、生物医药等资本和技术密集型产业，形成产业集聚效应。新加坡特别注重发挥自身在现代服务业上的优势，在金融、航运领域做到世界领先水平，成为国际著名的离岸金融中心、亚太地区集资中心和世界航运中心。

与新加坡自由港相比，在上海自由贸易试验区总体方案出台之前，各保税（港）区的功能主要是进出口贸易、航运、物流，以及相关的服务业等。而且与新加坡整个国家都是自由港不同的是，上海自由贸易区试验区是中国经济发展的区域战略，是新一轮开放政策的“试验田”，因此，在功能上，它采取重点发展的战略。上海自由贸易试验区的开设主要是针对与外向型经济密切相关的产业部门，重点是进行贸易、金融、航运等服务业的开放，几乎没有制造业。上海自由贸易试验区较成立前的各保税区，主要是通过增强开放力度对原有功能进行升级，作为我国目前为止最具开放性的海关特殊监管区，提高了服务业各经济要素的自由度。除转变贸易方式、创新监管服务新模式外，最大的突破要数金融领域，上海自由贸易试验区拟推行利率市场化、汇率自由汇兑，实现人民币资本项目开放，构建离岸金融中心，具体包括推进国际贸易结算中心、融资租赁、期货保税交割功能、扩大保税船舶登记试点规模等十项功能的先行先试。

就航运功能而言，新加坡属于中转型航运中心，不仅港口位置优越、配套服务完善，而且港口运营高效且费用低廉。新加坡本国市场狭小，货运量较小，其航运中心的货流是得益于周边区域经济发达，提供了大量的国际中转货物。目前，上海港口吞吐量居于世界首位，但是绝大部分属于直接进出口，国际中转比例较低。上海国际航运中心建设虽然已经粗具规模，但是发展较弱，在争夺国际航运中转货物运输时，无论是港口运作效率还是软件环境都不具备明显的优势，因此在完善航运软件环境、增强竞争力方面有待提高。

4.3.3 发展模式比较

殖民地时期的新加坡是完全意义上的转口贸易港，1959年自治后在工业化战略的贯彻下兴建了大量的工业区，逐渐转变为以面向出口为主的工贸结合型自由港。随着 20 世纪 70 年代末经济重组的进行，新加坡通过税收优惠、引进投资、技术和专业人才等措施，将工业发展的重点从劳动密集型产业转向资本和技术密集型产业，提高了产品的附加值和在国际市场上的竞争能力。到 90 年代(1985－1995 年)，新加坡又确立了将服务业作为新的经济增长引擎的战略，并逐渐发展成为亚洲的航运中心和金融中心。进入 21 世纪以来，以服务业、信息产业为中心，新加坡经济发展呈现出国际化、自由化、高科技化的发展特征，新加坡的综合型自由港逐渐形成。此外，新加坡在 21 世纪初开始建立与其他国家和地区的双边自由贸易协定，目前已成为世界上签订自由贸易协定最多的国家之一。自由贸易协定是自由经济发展到高级阶段的表现，可以帮助新加坡与世界外部市场紧密联系，弥补其自身的先天缺陷。部分协定不仅可以促进国家间的贸易往来，刺激经济增长，而且对于维护新加坡的经济安全甚至政治安全都有着重要的意义。

1990 年，我国设立了第一个保税区——上海外高桥保税区。作为我国开放程度最高的海关特殊监管区，主要从事保税仓储、出口加工和进出口贸易。外高桥保税物流园区是 2003 年为了向外高桥保税区提供配套服务而设立，以增强其物流功能。洋山保税港区是 2005 年设立的我国第一个保税港区，是上海建设“国际航运发展综合试验区”的功能区，主要开展进出口贸易及航运服务。浦东机场综合保税区创建于 2009 年，是为了发挥其亚太航空复合枢纽港的优势，积极打造“临空服务创新试验区”而设立的，主要从事物流、融资租赁、保税展销等临空功能型服务产业。上海自由贸易试验区的建立，通过对以上几个保税(港)区的整合，加强它们之间的区域联动，在吸收多年成功经验的基础上，扩大投资开放，促进贸易方式转型、金融领域创新、税收和监管制度改革，在原有基础上增强了开放性，在探索新的要素转移和资源配置模式的过程中，促进外贸及投资便利化进程，逐渐形成“可复制”“可推广”的经验。

4.3.4 管理模式比较

新加坡政府为了对各港口和码头进行有效的管理，保证转口贸易的顺利进行，于 1964 年成立了新加坡港务局。其归属国家交通部管理，对大多数码头及其港口设施、仓储设施等拥有所有权。其港务委员会为法定机构,有政府指派的人员、商会、工业、军界等方面代表参加。1996年,新加坡政府实行政企分离的管理体制,将港务局重组为新加坡海事港务局和新加坡PSA有限公司。PSA在2003年更名为国际港务集团。新加坡海事港务局隶属于新加坡交通部,负责新加坡的海事利益以及促使新加坡成为世界级海港和国际海事中心。目前,樟宜机场自由贸易区和裕廊港口的自由贸易区分别由樟宜机场集团和裕廊海港私人有限公司掌管经营,管理着其余5个港口的自由贸易区。这3个自由贸易区的管理机构都是民营化的企业,代替政府行使管理经营权,定期向政府有关部门汇报工作。新加坡这样改制的目的是使自由贸易区的管理更加灵活和独立,减少政府的干预。

新加坡海关是隶属于财政部的执行部门,负责进口许可、出口管理、关税及消费税的征收,保税仓库、自由贸易区的管理及部门内人员的教育培训等。新加坡的海关监管十分透明、高效,这一方面是因为新加坡政府一向以廉洁勤政著称,另一方面得益于清晰的税制,便于贸易商理解。海关、检疫等部门24小时服务,提供全天候的货物通关和转口服务,克服了世界各地因时差问题所产生的货物等候时间,加快了货物运送的效率。

与新加坡政府对自由贸易区的几乎零干预和企业化管理完全不同的是,上海自由贸易试验区管理委员会是上海市人民政府的派出机构,负责上海自由贸易试验区范围内相关改革试点的任务和行政事务。经过多年的发展,新加坡自由港模式趋于成熟,经济开放性程度已经达到较高水平,对自由贸易区进行企业化管理可以通过政府干预,提高经济活动管理的灵活性和效率。我国的改革开放虽然进行了四十年,但是由于人口众多、经济结构复杂、区域发展的差异性大,导致我国经济转型缓慢,改革红利释放的作用有限。上海自由贸易区试验区的设立,是我国对外开放的一次"试水"。

2013年9月27日,中国政府公布了《上海自由贸易试验区总体方案》,9月29日10时正式挂牌成立。9月30日,上海市政府发布自贸区管理办法,宣布成立中国上海自由贸易试验区管理委员会,简称"管委会",性质为市政府派出机构,具体落实自贸试验区的改革任务。管委会统一承担原由上海外高桥保税区管理委员会、洋山保税港区管理委员会、上海综合保税区管理委员会分别负责的有关行政事务。在监管服务方面,我国借鉴国外自由贸易区和自由港的经验,对之前的上海综合保税区的管理遵循“境内关外”原则,享受海关治外法权,免予惯常的海关监管,集中体现“一线放开,二线管住,区内自由,入区退税”的通过原则。在实际操作中,虽然也执行“一线放开,二线管住”的原则,但与真正的“境内关外”仍有一定的差距,境外货物进入保税区需要向海关备案,区内货物流转也需要向海关备案。上海自由贸易试验区建成后,“先入区、后报关”是海关“一线放开”监管制度创新的重要内容,也是海关最先推出的试点,即将区内企业凭进口舱单信息,将货物先行提运入区,再在规定时限内(运输工具进境日),向海关办理进境备案清单申报手续,试点范围已从海运推广至空运渠道。为帮助新增试点企业更好地适应“先入区、后报关”的模式,海关将建立联系人制度,进一步畅通海关与试点企业的联系。

4.4 作为贸易城市的新加坡制造业发展启示

4.4.1 充分发挥政府和市场各自的优势,推动创新

新加坡从贸易港口转变为制造业中心乃至高新技术领导者,并在亚太地区排名第一,不仅得益于建立了有效的创新体系,而且还得益于新加坡的文化开放,政府部门和领导者在推动创新方面具有远见,并执行有力。简言之,新加坡之所以成为最具创新力的亚太城市,政府发挥了关键的作用。充分发挥政府和市场各自的优势,及时顺应并调节好政府和市场的关系,也是新加坡政府推动创新的经验。无论全球经济环境多么优劣,新加坡政府始终奉行坚定的亲商政策,采取的措施包括减少企业所得税税率,降低雇主的公积金(公积金)缴交率,以及为办公室租金封顶等。此外,根据洛桑国际管理学院《2014 年世界竞争力年鉴》,新加坡在经济体清廉程度方面位居亚洲第一、世界第五;在经商环境中官僚作风最少的国家中位居亚洲第一、世界第四,也是重要的影响因素。

4.4.2 优越的自由经贸投资氛围

新加坡关税很少，可以说是自由港，自由贸易程度在全球名列前茅。早在20世纪60年代末，新加坡政府即在本岛西部裕廊工业区的裕廊码头设立了自由贸易区，为再出口的公司和企业提供免税区。至今，新加坡已经陆续设立了8个自由贸易区。对外，新加坡拥有亚洲最广泛的自由贸易协定(FTA)网络，已经与美国、日本、澳大利亚、新西兰、欧洲自由贸易联盟成员国、海湾合作委员会、东盟、约旦、中国、智利、韩国、印度和巴拿马等主要经济体签署协议。此外，新加坡已签署42项投资保证协议(IGA)，旨在帮助保护在新加坡注册的公司在其他国家/地区的投资，以降低非商业风险。如何通过有效的税收制度安排，降低人才集聚发展以及创新创业的成本，也将成为上海科技创新中心建设必须面对的重要议题。

4.4.3 推进科技成果的商业化应用

科技成果的商业化应用是创新的最终目的，新加坡建设创新城市的重要举措之一是完善科技成果转化相关机制，协助科研人员创办企业，以鼓励高校及科研院所将研究成果转化成可销售到市场的产品或技术，实现知识产业化。目前，新加坡推进科技成果转化的方法主要从以下三个方面着手：

一是制定知识产权保护机制。知识产权的管理与保护对于科技成果转化来说至关重要，完善的知识产权管理制度可极大地提高大众创业的积极性。为了推进科技成果商业化，新加坡政府施行了许多知识产权保护措施，包括机构的改制设立、法律的完善及政策的激励等，目前已形成较为完备的知识产权保护及管理机制。

二是推行《概念验证资助计划》，鼓励科技成果的商业化应用。科研人员在为自己的科技成果寻求投资时，需要进行概念验证，证明其科技成果具有技术可行性及商业价值。2008年，新加坡国立研究基金会推行《概念验证资助计划》(Proof of Concept Grants，POC)，旨在为公立科研机构及高校的科研人员提供资金，鼓励他们进行进一步的研究，以实现科技成果的商业化应用。

三是完善资本市场体制，协助科研人员创办企业。科研人员创办企业是实现科技成果商业化的重要途径，完善的资本市场可为科研人员创新创业提供有力的支撑。在新加坡高科技开发的早期，政府即通过税收激励和财政资助计划直接支持风险投资，通过免缴税收等方式补偿风险企业因投资项目赔本而造成的损失，并先后设立科技风险投资基金（TIF）、政府投资基金（GIF）等风险投资基金，鼓励创新创业。

5

贸易视角下上海制造业转型升级思路

改革开放 40 年来，上海经济在高速增长的同时，也更深地融入了全球经济体系。目前，我国经济已由高速增长阶段转向高质量发展阶段。上海构建更加开放的贸易合作创新体系，有利于吸纳和整合全球创新资源，支撑上海制造业转型升级。上海制造业转型升级有两个出发点：一是补短板，即针对我国产业体系中制造业发展的短板尤其是核心产业技术、核心零部件的开发与制造，如半导体、集成电路、芯片、高端医疗装备、精密机床、航空航天等产业；二是创未来，即把握全球制造业未来发展的趋势，直接瞄准国际领先的行业，加快创新研发力度，大力协同发展，如人工智能、智能装备、工业互联网、机器人、基因医疗、卫星服务产业等。而上海多边贸易、贸易便利化的发展与自由贸易港区的进一步高质量建设，构建更加开放的贸易合作产业创新体系，吸纳和整合全球资源特别是人力资源、技术资源和创新资源，对加快上海制造业的上述转型升级是十分重要的。

5.1　构建开放型贸易合作创新体系，提高制造业价值链地位

开放创新是经济全球化和创新网络化背景下的重要趋势。经济全球化推动了全球价值链的分工协作，创新多极化趋势的增强加速全球化创新网络的形成。传统、封闭、独立、线性的创新方式和过程正在被开放、合作、网络化的创新模式所取代。构建开放型的贸易合作创新体系是加快制造业转型升级的重要举措，也是提高上海市在全球制造业价值链中的地位的必然要求。

5.1.1　加大企业、科研院所与国际相关科技机构的合作力度，扩大合作范围

政府要开展国际合作，搭建多样化的国际创新合作平台，实现互利共赢，既要加强各国大学、研究机构的科技合作和人员交流，又要鼓励企业层面开展市场导向的技术引进、转移与合作创新。鼓励企业以更加开放的姿态，积极融入全球产业分工合作，更好地利用国际和国内两个市场、两种资源，努力提升上海市加工贸易在全球价值链中的地位。按照上海市重点产业布局，引导企业有序开展国际产能合作，推动国际合作与国内产业转型升级良性互动，既要加强与发达国家的科技合作，又要加强与发展中国家的科技合作，促进共同发展。

5.1.2　有序扩大科技计划的开放水平

要根据不同的目标，分领域、分步骤、有重点地推进上海市科技计划对外开放，有效利用全球科技和人才资源。一是要加强上海市科研单位和国际组织的科技合作计划，支持上海科技企业与境外产、学、研合作项目，特别是要加强在基础研究等方面的国际合作，共同探索人工智能、物联网、云计算等尖端科技产业领域，利用产业结构调整的时机，大力发展上海市产业体系中制造业发展的短板尤其是核心产业技术、核心零部件的开发与制造，如半导体、集成电路、芯片、高端医疗装备等，继续加大上海市财政对国际科技合作计划的投入力度。二是吸引在上海的外资企业

和研究机构参与上海科委、各科研院所的科技计划项目，发挥跨国企业和研发机构的技术溢出效应，提高原始创新能力。

5.1.3　加强高科技园区开放与合作的创新力度

一是加强张江高科、漕河泾、杨浦科创中心等高科技园区和国外创新园区等的区域创新合作。构建国际区域协同创新平台，在创新园区之间进行对接；推动上海与国外创新城市及创业孵化器建设，增强各地区的区域创新合作能力。二是加大开放创新改革先行先试力度。建议在自主创新示范区等区域，加大对开放创新的改革探索。重点针对本市创新环境与国际规则接轨、市区科技计划开放、合作建立研究机构和产业合作园区等方面进行先行先试。此外，我们还要多措并举支持企业走出去，鼓励跨国公司深度融入国家创新体系，建立与国际规则接轨的创新政策体系，积极参与国际创新治理，从而加快构建开放创新体系，在开放合作中更好提升创新能力。

5.2　大力发展生产性服务贸易，实现制造业的转型升级

当前制造业服务化，以及服务业外包化、数字化、高端化、融合化趋势加快，服务贸易成为引领全球贸易增长的新引擎，对实现上海市制造业转型升级发挥着日益重要的推动作用。生产性服务业涉及农业、工业等产业的多个环节，具有专业性强、创新活跃、产业融合度高、带动作用显著等特点，是全球产业竞争的战略制高点。加快发展生产性服务业，是向结构调整要动力、促进经济稳定增长的重大措施，既可以有效激发内需潜力、带动扩大社会就业、持续改善人们的生活，也有利于引领产业向价值链高端提升。

5.2.1　鼓励企业向价值链高端发展

鼓励有能力的工业企业重点围绕提高研发创新和系统集成能力，发展市场调研、产品设计、技术开发、工程总包和系统控制等业务。加快发展专业化设计及相关定制、加工服务，建立健全重大技术装备第三方认证

制度。促进专利技术运用和创新成果转化，健全研发设计、试验验证、运行维护和技术产品标准等体系。重点围绕市场营销和品牌服务，发展现代销售体系，增强产业链上下游企业的协同能力。强化期货、现货交易平台功能。鼓励分期付款等消费金融服务方式。推进仓储物流、维修维护和回收利用等专业服务的发展。

5.2.2 大力发展生产性服务贸易

首先，今后上海应逐步降低生产性服务进口的贸易壁垒和限制，如数量限制、人员流动限制和信息移动壁垒等，进一步增加生产性服务市场对外开放度，加大生产性服务进口的力度，充分发挥其对生产性服务业发展和制造业升级的促进作用。其次，鼓励制造业行业通过服务外包的方式进口生产性服务，增加生产性服务的进口规模，发挥其促进制造业升级的作用。增加生产性服务进口的种类，满足制造业升级多方面的需求，发挥生产性服务种类增加对制造业升级的促进作用。最后，应进一步增加金融服务、保险服务、通信服务、计算机和信息服务、专有技术等生产性服务的进口，一方面，优化生产性服务的进口贸易结构，另一方面，更好地发挥生产性服务进口贸易对制造业升级的推动作用。生产性服务分工越细化、种类越多、服务质量和服务效率越高，越有利于增强制造业企业产出的多样性和异质性，提高制造业企业的差别定价能力和获利能力，从而促进制造业向“生产＋服务”的转型。

5.2.3 加快生产制造与信息技术的服务融合

鼓励将数字技术和智能制造技术广泛应用于产品设计和制造过程，丰富产品功能，提高产品性能。运用互联网、大数据等信息技术，积极发展定制生产，满足多样化、个性化的消费需求。促进智能终端与应用服务相融合、数字产品与内容服务相结合，推动产品创新，拓展服务领域。发展服务于产业集群的电子商务、数字内容、数据托管、技术推广、管理咨询等服务平台，提高资源的配置效率。

5.3 优化资本、人才等资源要素配置，改善制造业发展环境

制造业资源要素成本的上升，不仅仅是上海一地面临的问题，也是当前整个中国制造业的共同困境。制造业要素成本持续上涨主要的表现有生产要素价格攀升、土地供应趋紧成本上升、劳动力供应结构性短缺，传统的生产成本优势相对减弱，资源节约成本、环境保护成本和生态建设成本不断上升，交易成本不断增加等方面。未来上海市一方面要通过要素资源的重新配置推动制造业的转型升级，另一方面还需进一步提高人力资本和技术资本增量，实现比较优势动态变化，通过不断改善发展制造业的政策环境，鼓励资本和人才向高新技术制造业流动。

5.3.1 强化土地资源的有效配置，推行产业用地全生命周期管理

土地全生命周期管理指的是对土地利用进行全要素、全过程、多部门的共同监管，以土地出让合同为平台，将项目建设投入、产出、节能、环保、本地就业等经济、社会、环境各要素纳入合同管理。在产业用地的全生命周期管理中，重点要突出以下环节：一是严格产业准入，通过提高土地供给质量，保障产业发展，加强产业招商和土地资源统筹，坚持全市产业发展“一盘棋”，把产业绩效平均水平作为未来产业准入的底线标准，坚持各区产业准入“一把尺”，优选产业项目，完善产业全要素管理要求，切实提高产业项目质量。二是严格产业项目绩效评估和土地退出机制，在产业用地利用的全过程中，按照投产、达产、达产后每3—5年等节点开展产业绩效综合评估工作，并基于绩效评估结果，按照出让合同关于产业绩效的约定，对低效利用的产业用地实施土地退出机制。三是严格落实共同监管机制，强化落实区政府产业用地管理的主体责任，按照土地出让前“谁提出，谁监管”的原则，依托土地全生命周期管理信息系统实施监管，土地部门强化竣工履约管理，产业部门强化产业绩效综合评估管理，共同为提高全市产业用地的绩效水平协同发力。

5.3.2 规划实施重点人才工程，改善上海市制造业人才培养机制

一是制造业与教育融合发展工程，主要依托职业教育产教融合工程、现代职业教育质量提升计划等，加强实习实训基地建设，强化教师实践能力培养，提高人才培养与制造业发展需求的吻合度。二是创新型专业技术人才开发工程，通过实施中国制造领军人才培养项目，在普通高校建设一批产、学、研合作示范学院等，加强产、学、研合作，提升工科学生的实践能力；依托专业技术人才的知识更新工程、“千人计划”“万人计划”等培养和引进一批高层次专业技术人才。三是能工巧匠和高技能人才培育工程，通过职业教育人才培养模式改革试点、重点领域技术技能紧缺人才培养基地建设等，着力培养制造业技术技能紧缺人才；依托高技能人才振兴计划等，大力开展高技能人才培训。四是企业经营管理人才发展工程，适应先进制造业发展和实施“走出去”战略的需要，通过企业经营管理人才素质提升工程、国家中小企业银河培训工程，打造一批优秀企业家，加快提升制造业企业经营管理人才专业化水平。五是全员质量素质提升工程，实施质量素质教育行动，建设质量相关专业教育示范基地，支持各地举办质量素质提升研修项目等。

5.3.3 创新产业投融资机制，推动战略性新兴产业发展

加大对高新技术制造业的财政支持力度，制定并完善财税激励政策，对融合性新兴产业实行税收返还、营业税免征优惠、所得税减免等激励政策。对于那些具有专业技术、独到科技服务能力的个人或小微企业出台有针对性的税收优惠政策，确保他（它）们在为大型企业提供技术服务的同时，不断发展和壮大。改进支持方式，探索建立生产性服务业与制造业融合专项基金以支持相关企业和园区建设。完善金融机构对科技新兴企业的服务体系，拓展其债务融资渠道，实施担保贷款、信用贷款、知识产权质押贷款扶持。发挥股权投资、多层次资本市场融资创新作用，组建重点领域的产业基金、并购基金和细分市场基金。探索在国资国企改革中形成新的投融资机制。完善产业主管部门与金融机构信息沟通机制，通过多种形式的银企对接，提高企业的融资率。

5.4 科学规划贸易中心建设，努力扩大产业技术溢出效应

科学规划国际贸易中心建设，加快建设开放度更高、便利化更优的自贸试验区，营造透明、规范、高效的贸易便利化环境，促进战略性新兴产业和高技术产品出口，提高中高端、高附加值商品出口的比重，打造新的出口主导产业，推动出口以消费品为主向消费品和资本品并重转变。

5.4.1 继续推进自贸试验区和特色自由贸易港建设

赋予自由贸易试验区更大的改革自主权，探索建设上海自由贸易港。因此，要鼓励外高桥加工贸易区、综合保税区大胆试、大胆闯、自主改，强化改革举措系统集成，在自贸试验区创造极简极优的营商环境；要按照党中央的部署，逐步探索、稳步推进上海自由贸易港建设，着眼于推动货物、资本、技术、人才等优质生产要素自由、高效流动，探索更加灵活的政策体系、监管模式和管理体制，同时加强风险防控体系建设，为全国其他地方全面深化改革开放、进一步改善营商环境积累新经验、探索新路径。

5.4.2 充分发挥口岸集散优势，实行积极的进口政策

不断提升进口规模，优化进口商品结构，扩大产业技术的溢出效应，重点支持先进设备、先进技术进口，鼓励制造企业引进、消化、吸收、再创新，扩大大型机械设备、飞机、船舶、海工设备及零部件进口；鼓励企业完善营销渠道，扩大进口优质消费品，支持外贸企业进入关键零部件和系统集成制造领域，提升电子信息、汽车及零部件、医疗设备、航空航天等辐射和技术溢出能力强的产业出口能力，推动货物贸易与服务贸易的深度融合，鼓励加工贸易企业承接研发设计、检测维修、高端设备再制造、物流配送、财务结算、分销仓储等业务。深化知识产权国际合作，推动构建更加开放包容、平衡有效的知识产权国际规则；进一步完善知识产权保护中心布局，加快建立更加便捷、高效、低成本的维权渠道。

参考文献

1. Drayse, M. H. Globalization and Innovation in A Mature Industry: Furniture Manufacturing in Canada [J]. *Regional Studies*, 2011, 45(3): 299—318.

2. 白小伟，杨薇. 东北地区经济增长与对外贸易关系研究——基于VAR模型的实证分析[J]. 现代商业，2017(12)：63—66.

3. 贺燕丽，钱进，李志猛. 我国轻纺工业所处的发展阶段[J]. 浙江经济，1992(2)：22—24.

4. 陈丹，戚桂杰，常健. 我国纺织工业发展战略的调整[J]. 山东大学学报(哲学社会科学版)，2002(3)：76—79.

5. 陈玲，薛澜. 中国高技术产业在国际分工中的地位及产业升级：以集成电路产业为例[J]. 中国软科学，2010(6)：36—46.

6. 陈虹. 中国对外贸易结构与产业结构的关系研究[D]. 吉林大学，2011.

7. 迟明园，金兆怀. 东北地区服务贸易对经济增长的影响[J]. 当代经济研究，2018(6)：73—79.

8. 崔浩. 加入WTO与中国机电行业对外贸易[J]. 中国工业经济，2002(2)：39—46.

9. 高峰. 基于外贸依存度的我国产业结构调整分析——使用改进后的测算方法[J]. 前沿，2013(7)：83—85.

10. 郭京京，穆荣平，张婧婧，等. 中国产业国际竞争力演变态势与挑战[J]. 中国科学院院刊，2018，33(1)：56—67. ??

11. 黄南. 世界新兴产业发展的一般规律分析[J]. 科技与经济，2008，21(5)：31—34.

12. 孔祥敏. 中国传统产业在知识经济时代的前途[J]. 长白学刊，

2001(6):42—45.

13. 雷虹. 我国机电产品对外贸易与机电行业增长的实证研究[D]. 重庆大学,2006.

14. 李丹. 服务贸易结构优化[D]. 辽宁大学,2010.

15. 李荣林,姜茜. 我国对外贸易结构对产业结构的先导效应检验——基于制造业数据分析[J]. 国际贸易问题,2010(8):3—12.

16. 李鹏飞. 促进传统产业转型升级的政策转型研究——基于产业技术经济特征的分析[J]. 当代经济管理,2017(10).

17. 李廉水, 杜占元. "新型制造业"的概念、内涵和意义[J]. 科学学研究, 2005, 23(2):184—187.

18. 罗百辉. 中国制造业发展现状及其对策. 价值中国网,2011.

19. 刘动,王志永,李敬远,等. 浅谈中国加工制造业发展现状[J]. 中国科技博览,2015(16):171—171.

20. 刘晓玲. 我国出口导向型战略的历史回顾及评价[J]. 湖南工程学院学报(社会科学版),2015,25(4):23—26.

21. 刘红英,杨志江. 进出口贸易、绿色发展效率与区域差异——基于中国各地区面板数据的实证研究[J]. 江苏商论,2018(4):62—66.

22. 刘华. 论中国西部经济发展的优势和潜力[J]. 中国集体经济,2017(19):7—8

23. 刘志高,张薇,刘卫东. 中国东北三省对外贸易空间格局研究[J]. 地理科学,36(9):1349—1358.

24. 柳剑平,张兴泉. 产业内贸易、产业结构差异与中美贸易摩擦——与中日贸易摩擦的比较分析[J]. 世界经济研究,2011(5):27—32.

25. 刘薇娜. 国外及国内主要城市服务贸易促进政策研究——兼论对大连的启示[J]. 东北财经大学学报,2016(6):88—95.

26. 马弘,滕越,徐嫄. 中美贸易摩擦升级战略思考——基于日本经验的视角[J]. 国际贸易,2018(3).

27. 裴长洪,余颖丰. 国际贸易发展分析与前景[C]. 国际经济分析与展望,2013.

28. 裴长洪. 中国贸易政策调整与出口结构变化分析:2006—2008[J]. 经济研究,2009(4):4—16.

29. 唐维维. 中国传统产业的“贫困化增长”[J]. 重庆工学院院报(社会科学版),2008(10):60—65.

30. 王小梅,秦学志,尚勤. 金融危机以来贸易保护主义对中国工业出口的影响研究[J]. 国际贸易问题,2014(9):88—97.

31. 魏浩. 中国进口商品的国别结构及相互依赖程度研究[J]. 财贸经济,2014,35(4):69—81.

32. 魏然. 我国高技术产品对外贸易对产业增长的影响研究[D]. 北京交通大学,2014.

33. 吴国平. 中国与墨西哥产业和贸易结构比较[J]. 拉丁美洲研究,2009,31(5):12—22.

34. 谢建国,黄秋月. 反倾销与中国的出口损害——基于美国对华贸易反倾销案例数据的研究[J]. 世界经济研究,2014(2):41—47.

35. 谢众,郑梦炜. 出口活动、贸易强度与制造业行业生产率——来自我国中部地区的经验数据[J]. 工业技术经济,2017,36(6):11—20.

36. 杨萍. 我国战略性新兴产业与传统产业协同发展路径研究[J]. 改革与战略, 2014(12):125—127.

37. 杨汝岱,朱诗娥. 中国对外贸易结构与竞争力研究:1978—2006[J]. 财贸经济,2008(2):112—119.

38. 杨汝岱,朱诗娥. 珠三角地区对外贸易发展的国际比较,《国际贸易问题》,2007 年第 21 期。

39. 张曙霄,蒋庚华. 中国服务贸易商品结构分析[J]. 东北师范大学学报(哲学社会科学版),2009(4):53—61.

40. 张群. 中国货物贸易结构演进研究[D]. 东北师范大学,2015.

41. 张智革,吴薇. 中国对外贸易依存度的动态分析[J]. 国际经贸探索,2011,27(10):19—26.

42. 张燕,陈漓高. 从对外贸易角度看中国产业升级的路径——基于投入产出法的实证分析[J]. 世界经济研究,2007(12):42—48.

43. 张曙霄,蒋庚华. 中国服务贸易商品结构分析[J]. 东北师范大学学报(哲学社会科学版),2009(4):53—61.

44. 张群. 中国货物贸易结构演进研究[D]. 东北师范大学,2015.

45. 张燕,陈漓高. 从对外贸易角度看中国产业升级的路径——基于投入产出法的实证分析[J].世界经济研究,2007(12):42—48.

46.张于喆.美国促进自主创新的特点和基本经验[J].全球科技经济瞭望,2014(5):26—31.

47.张智革,吴薇.中国对外贸易依存度的动态分析[J].国际经贸探索,2011,27(10):19—26.

48.赵强，胡荣涛.加快传统产业改造和升级的步伐[J].经济经纬，2002(1):28—31.

49.张庆君,辽宁省对外贸易与经济增长关系的实证分析[J].大连海事大学学报(社会科学版),2007(1):65—70.

图书在版编目(CIP)数据

2018中国产业发展年度分析报告:多边贸易的视角/芮明杰,王小沙主编.—上海:上海财经大学出版社,2019.4

ISBN 978-7-5642-3252-8/F·3252

Ⅰ.①2… Ⅱ.①芮… ②王… Ⅲ.①产业发展-研究报告-中国-2018 Ⅳ.①F124

中国版本图书馆CIP数据核字(2019)第065829号

□ 丛书策划 王永长
□ 责任编辑 石兴凤
□ 封面设计 张克瑶

2018中国产业发展年度分析报告

——多边贸易的视角

芮明杰 王小沙 主编

上海财经大学出版社出版发行
(上海市中山北一路369号 邮编200083)
网 址:http://www.sufep.com
电子邮箱:webmaster @ sufep.com
全国新华书店经销
上海华业装璜印刷厂印刷装订
2019年4月第1版 2019年4月第1次印刷

710mm×1000mm 1/16 31印张(插页:2) 492千字
定价:86.00元